企業法務と労働法

土田道夫 編

「企業法務と労働法」研究会 著

商事法務

はしがき

　本書は、「企業法務と労働法」をテーマとして、企業法と労働法の関係に関する理論的考察を行うとともに、企業法と労働法の多様な交錯領域について、CASE（事例）を用いつつ、実務的観点を踏まえて検討する書である。

　労働法は、民法、商法・会社法、知的財産法、倒産法、独占禁止法、情報法、国際私法等とともに、企業法（business law）の一翼を担い、企業の適正な運営を規律・促進する役割を担う法である。

　第一に、労働法は、企業の法令遵守（コンプライアンス）の主要な領域を構成し、企業価値に影響しうる。不当な人事処遇、長時間労働、ハラスメント、過労死・過労自殺など、労働法令違反が内部告発や公益通報を通して外部化し、企業価値に影響を及ぼす例は枚挙に暇がない。したがって、労働法コンプライアンス体制や内部通報制度を確立し、法的リスク管理を実行することは、企業法務の中心を成す予防法務の役割として重要である。また、企業が適正な労働時間管理、ハラスメント対策、従業員のキャリア形成支援、ワーク・ライフ・バランス支援、ダイバーシティ人事（男女の雇用平等・LGBT雇用）等の先進的な人事施策を進めることは、企業価値を高め、社会にアピールする戦略となりうる。その意味で、労働法コンプライアンスは、戦略法務の一環を成す。

　第二に、労働法は、伝統的な企業法・企業法務においても重要な意義を有する。まず、民法との関係では、2017年改正民法に盛り込まれた定型約款規定と就業規則との適用関係、債権の消滅時効規定の改正・債務引受規定の新設が労働契約の規律において有する意義等が問題となり、企業法務の課題となる。また、会社法との関係では、企業の組織変動（合併、事業譲渡、会社分割等）や株式取得型M&A（株式交換、株式移転、株式譲渡等）においては、人事管理や労使間の交渉関係の規律は労働法の対象となるため、会社法とともに労働法の知見が必須となる。労働災害等の悪質な労働法令違反については、取締役の対第三者責任規定が多用されており、企業法務として十分留意する必要がある。関連して、労働法令違反防止体制の構築は、会社法上の内部統制システム構築義務を構成する事項であり、ここでも企業法務の役割が重要となる。

　また、知的財産法務においても、営業秘密・守秘義務、競業避止義務、職務発明・職務著作等の多くのテーマについて人事管理が重要となるため、知的財

i

産法とともに労働法の知見が必須となる。さらに、各種の倒産法制（破産法、会社更生法、民事再生法）においては、労働債権の保護、労働関係の存否、再建型手続における整理解雇等が重要論点となり、企業法務の重要な領域を形成している。独占禁止法との関係では、退職労働者の守秘義務・競業避止義務の規律や移籍制限に関する規律、フリーランスなど雇用によらない就労の保護が新たな課題となり、企業法務においても注目されている。企業がグローバルな事業活動を展開する上で重要な国際的雇用・人事管理については、法の適用に関する通則法および民事訴訟法において、それぞれ労働契約に関する準拠法規定と国際裁判管轄規定が設けられ、企業法務の必須の課題となりつつある。

　以上を要するに、企業法務の様々な課題を適切に解決するためには、適正な人事管理と労働法の理解が不可欠となる。私は、こうした認識に立って、労働法と企業法の交錯領域に関する研究を進めるとともに、企業法務における労働法の重要性をアピールしてきた。

　また、私は、以上の研究成果を踏まえて、勤務校である同志社大学大学院法学研究科に「ビジネス関連科目」の一つとして設置された「企業法務と労働法」という科目を担当している。そこでは、「企業法・企業法務と労働法」に関する理論的研究を行うとともに、上記の交錯テーマを取り上げてケーススタディを行い、企業法務部門を志す大学院生・学部生の法務能力を養成するための教育を実践している。本科目を含め、同志社大学大学院は、全国でも最も本格的に企業法務教育を展開している教育機関（大学院）であると自負している。

　本書は、こうした「企業法務と労働法」に関する研究・教育の成果の一端を世に問うべく企画された。本書は、「第1部　理論編」と「第2部　実務編」から成り、第1部 **1**「企業法・企業法務と労働法」において、企業法・企業法務と労働法の関係について土田が理論的考察を行うとともに、**2**「CSR（企業の社会的責任）・コンプライアンスと労働法」を小畑史子教授に執筆していただいた。

　第2部では、上述した企業法の各分野と労働法の交錯テーマを取り上げ、企業法と労働法の交錯という理論的観点を踏まえつつ、企業法務という実務的観点を重視して解説を行っている。そのため、各項目の冒頭に **CASE** を設けてケーススタディ・スタイルを採用し、**解説**に続けて**解答欄**を設けて解答を提示した。また、**CASE** 設問において、企業法務対応（予防法務対応）を問う設問

を設け（たとえば、「会社は、このような問題の発生を防ぐために、どのように対応すべきであったか」「本 CASE について、法務部門として改善すべき点は何か」等）、それに対する解答も設けた。第 2 部執筆担当者は、同僚の上田達子教授を除いて、上述した同志社大学大学院法学研究科の「企業法務と労働法」演習に参加した研究者 OBOG である。また、CASE の多くも、「企業法務と労働法」を受講する大学院生が作成した設問を改善したものであり、それら大学院生（現在は、多くが企業の法務部門で活躍している OBOG）の氏名は、各項目末尾に「執筆協力者」として明示した（付記した年度は、大学院入学年度）。

　労働法は、企業法の一翼を担う法である——この観点から一貫して行ってきた労働法研究・教育の成果である本書が、多少なりとも企業法・企業法務の研究と教育に貢献することがあれば、これに過ぐる喜びはない。

　本書については、商事法務の木村太紀氏が内容・表現の適切さや文献・裁判例のチェックを含め、極めて丁寧かつ周到に編集を行い、サポートして下さった。ご尽力に対し、厚くお礼申し上げる。

　また、本書の索引作成については、同志社大学大学院法学研究科前期課程松本恵里氏、美保拓也氏、阪悠歌氏、藤本菜帆氏、小栁菜穂氏、西本拓充氏、野底渓氏、樽岡明咲氏、佐藤宏樹氏、山下理華氏、吉田啓悟氏にお世話になった。記して謝意を表したい。

2019 年 10 月

執筆者を代表して

土 田 道 夫

目　次

第1部　理論編

1　企業法・企業法務と労働法 ——————————————————— 2

- Ⅰ　企業法と労働法の関係性——労働法学の立場から ························· 2
  - 1　企業法としての労働法の意義・機能 ································· 2
  - 2　企業法における労働法の特色 ····································· 4
  - 3　コーポレート・ガバナンスと労働法 ······························· 8
    - (1)　コーポレート・ガバナンスとその変化（8）
    - (2)　労働法学によるアプローチ（9）
- Ⅱ　企業法と労働法の交錯テーマに関する考察 ························· 14
  - 1　法令遵守体制の構築と労働法（第2部**11**） ··················· 14
  - 2　債権法改正と労働法（第2部**1**） ························· 16
  - 3　会社法と労働法——取締役の対第三者責任・内部統制システム構築義務
    （第2部**4**） ·· 19
  - 4　会社法と労働法——企業の組織変動・M&Aと労働法 ················· 20
    - (1)　事業譲渡（第2部**2**）（21）
    - (2)　会社分割（第2部**2**）（22）
    - (3)　会社解散と解雇（23）
    - (4)　株式取得型M&A（第2部**3**）（24）
  - 5　知的財産法と労働法 ·· 27
    - (1)　営業秘密の保護・守秘義務（第2部**6**）（27）
    - (2)　不正競争防止法と競業避止義務（第2部**6**）（28）
    - (3)　職務発明（第2部**7**）（29）
  - 6　倒産労働法（第2部**5**） ···································· 32
  - 7　国際労働関係法（第2部**9**・**10**） ························ 34
    - (1)　労働契約の準拠法（34）
    - (2)　労働契約の国際裁判管轄（35）
    - (3)　評　価（36）
  - 8　個人情報保護法と労働法（第2部**12**） ························ 36

v

目　次

　　　(1)　労働者のセンシティブ情報の保護（37）
　　　(2)　個人情報の本人開示（38）
　　9　独占禁止法と労働法（第2部 **8**）‥‥‥‥‥‥‥‥‥‥‥‥‥‥39
　　　(1)　使用者の単独行為の規律──守秘義務・競業避止義務（39）
　　　(2)　労働組合法と独禁法の規律の競合（41）
　　　(3)　雇用によらない自営的就労の規律（41）

2　CSR（企業の社会的責任）・コンプライアンスと労働法── 43

Ⅰ　序‥‥‥‥‥‥‥‥‥‥‥‥‥‥‥‥‥‥‥‥‥‥‥‥‥‥‥‥‥‥‥43

Ⅱ　CSR 黎明期‥‥‥‥‥‥‥‥‥‥‥‥‥‥‥‥‥‥‥‥‥‥‥‥‥‥44

　1　CSR をめぐる世界の動きとわが国の対応‥‥‥‥‥‥‥‥‥‥44

　2　CSR とコンプライアンス‥‥‥‥‥‥‥‥‥‥‥‥‥‥‥‥‥45

Ⅲ　CSR の本質とわが国の労働 CSR‥‥‥‥‥‥‥‥‥‥‥‥‥‥‥47

　1　「労働」CSR に先駆けた「環境」CSR‥‥‥‥‥‥‥‥‥‥‥47

　2　CSR として「労働」が意識された意味‥‥‥‥‥‥‥‥‥‥48

　3　労働 CSR として取り上げられる公益的性質の事項‥‥‥‥‥49

　4　わが国の労働 CSR‥‥‥‥‥‥‥‥‥‥‥‥‥‥‥‥‥‥‥‥50

Ⅳ　現在の CSR・コンプライアンスと労働法‥‥‥‥‥‥‥‥‥‥‥50

　1　世界における CSR をめぐる現代の動き‥‥‥‥‥‥‥‥‥‥50

　2　最近のわが国の CSR をめぐる動き‥‥‥‥‥‥‥‥‥‥‥‥53

　3　近年の労働法分野の立法・法改正‥‥‥‥‥‥‥‥‥‥‥‥54

　4　ダイバーシティ雇用関連の変化‥‥‥‥‥‥‥‥‥‥‥‥‥54

　5　情報的手法の活用‥‥‥‥‥‥‥‥‥‥‥‥‥‥‥‥‥‥‥56

　6　公益的性質の事項に関する現状‥‥‥‥‥‥‥‥‥‥‥‥‥58

　7　法と CSR の重なりとそれぞれの意義‥‥‥‥‥‥‥‥‥‥60

Ⅴ　結　語‥‥‥‥‥‥‥‥‥‥‥‥‥‥‥‥‥‥‥‥‥‥‥‥‥‥‥‥61

第2部　実務編

1　債権法改正と労働法── 64

CASE 1　消滅時効・雇用関係規定・危険負担・定型約款‥‥‥‥‥‥‥‥64

CASE 2　雇用によらない働き方と定型約款‥‥‥‥‥‥‥‥‥‥‥‥‥65

目　次

解説 ……………………………………………………………………………68

1　はじめに ……………………………………………………………………68

2　債権の消滅時効——特に賃金請求権・安全配慮義務との関係に着目して

　　……………………………………………………………………………69

　⑴　概　説（69）

　⑵　不法行為による損害賠償請求権に関する特例（70）

　⑶　人の生命・身体侵害に係る損害賠償請求権に関する特例（71）

　⑷　労働契約への影響（72）

3　定型約款規制 ………………………………………………………………73

　⑴　定型約款の該当性要件（74）

　⑵　雇用によらない就労形態に対する約款規制の適用（75）

　⑶　定型約款の契約への組入れ（75）

　⑷　定型約款による契約内容の変更（79）

　⑸　労働契約法と民法の規定の関係性——就業規則（ひな形含む）の内容
　　規制に着目して（81）

解答 ……………………………………………………………………………85

2　会社法と労働法①——事業取得型 M&A（合併・会社分割・事業譲渡）——96

CASE 1　合併・会社分割における労働契約の承継と労働条件の不利益変更 ……96

CASE 2　事業譲渡局面での労働契約の承継と労働条件の不利益変更 …………98

解説 …………………………………………………………………………100

1　事業取得型 M&A の労働契約上の意義 ………………………………100

　⑴　総　論（100）

　⑵　労働契約との関係性（101）

2　事業取得型 M&A の手法と労働法上の諸問題 ………………………102

　⑴　各 M&A 手法の概要（103）

　⑵　労働契約の承継の問題（104）

　⑶　労働条件の不利益変更の問題（110）

　⑷　集団的労働法上の問題（115）

解答 …………………………………………………………………………116

vii

目 次

3 会社法と労働法② ――株式取得型 M&A ―――――― 130

CASE 1 M&A に伴う労働条件変更・解雇／買収企業の使用者性 ………… 130

CASE 2 デュー・デリジェンス／表明・保証条項／不当労働行為 ………… 131

解説 ……………………………………………………………………… 133

　1　株式取得型 M&A の意義 …………………………………………… 133

　2　被買収企業における法律問題 ……………………………………… 134

　　(1)　労働条件の変更（135）

　　(2)　解　雇（136）

　3　買収企業における法律問題 ………………………………………… 137

　　(1)　買収企業の労契法上の使用者性（2 条 2 項）（137）

　　(2)　買収企業の労組法上の使用者性（7 条）（138）

　4　人事・労務デュー・デリジェンス、表明・保証条項 …………… 141

　　(1)　人事・労務デュー・デリジェンス（141）

　　(2)　表明・保証条項（142）

解答 ……………………………………………………………………… 144

4 会社法と労働法③ ――取締役の責任 ―――――――――― 156

CASE 1 大企業における取締役の責任 ………………………………… 156

CASE 2 中小企業における取締役の責任 ……………………………… 158

解説 ……………………………………………………………………… 160

　1　はじめに …………………………………………………………… 160

　2　安全配慮義務 ……………………………………………………… 160

　　(1)　安全配慮義務とは（160）

　　(2)　過労死・うつ病自殺事案における安全配慮義務の内容（161）

　　(3)　因果関係・過失相殺（162）

　3　取締役に対する責任追及の方法 ………………………………… 163

　　(1)　取締役の義務（163）

　　(2)　会社法 429 条の要件（163）

　4　労働法遵守体制構築義務の具体化 ……………………………… 167

　　(1)　安全配慮義務と労働法遵守体制構築義務（167）

　　(2)　まとめ（171）

解答 ……………………………………………………………………… 172

viii

目　次

5　倒産労働法 ——————————————————————— 183

CASE　会社更生手続下における整理解雇 ………………………………… 183

解説 ……………………………………………………………………… 185

1　企業倒産時における雇用をめぐる法律問題——労働法と倒産法の交錯 ····· 185

2　整理解雇法理 ………………………………………………………… 187

(1)　概　説（187）

(2)　人員削減の必要性（188）

(3)　解雇回避努力義務の履行（188）

(4)　人選の合理性（190）

(5)　解雇手続の相当性（191）

3　会社更生手続下における整理解雇 ………………………………… 191

(1)　解雇権の所在（191）

(2)　整理解雇法理の適用問題（192）

(3)　「人員削減の必要性」判断のあり方（194）

(4)　「解雇回避努力義務の履行」判断のあり方（197）

4　会社更生手続下における更生管財人の発言と不当労働行為 ……………… 198

解答 ……………………………………………………………………… 200

6　知的財産法と労働法①——営業秘密の管理・競業避止義務 − 208

CASE 1　不正競争防止法・契約上の守秘義務・競業避止義務 ……………… 208

CASE 2　退職後の競業避止義務 ………………………………………… 209

解説 ……………………………………………………………………… 210

1　営業秘密の管理 ……………………………………………………… 210

(1)　意　義（210）

(2)　不正競争防止法上の営業秘密の保護（211）

(3)　契約上の守秘義務（215）

2　競業避止義務 ………………………………………………………… 217

(1)　在職中の競業避止義務（217）

(2)　退職後の競業避止義務（218）

解答 ……………………………………………………………………… 222

ix

目　次

7　知的財産法と労働法②——職務発明・職務著作 —————— 231

CASE 1　職務発明と相当の利益 ……………………………………………… 231

CASE 2　職務著作 ……………………………………………………………… 233

解説 ……………………………………………………………………………… 234

 1　職務発明と相当の利益 …………………………………………………… 234

  ⑴　意　義（234）

  ⑵　労働法との関係（235）

  ⑶　権利帰属の要件（237）

  ⑷　相当の利益（238）

 2　職務著作と労働法 ………………………………………………………… 244

  ⑴　概　説（244）

  ⑵　職務著作の要件（244）

解答 ……………………………………………………………………………… 245

8　独占禁止法と労働法 ————————————————————— 255

CASE 1　労働組合法上の労働者——フランチャイズ契約 ………………… 255

CASE 2　引抜き防止協定・退職後の競業避止義務 ………………………… 257

解説 ……………………………………………………………………………… 258

 1　労働組合法上の労働者 …………………………………………………… 258

  ⑴　意　義（258）

  ⑵　判断基準（259）

  ⑶　フランチャイズ契約（261）

  ⑷　労働組合法上の労働契約（264）

 2　独占禁止法と労働法の適用関係 ………………………………………… 265

  ⑴　問題の所在（265）

  ⑵　独占禁止法と労働法・労働組合法の適用関係（266）

 3　競争法（独占禁止法）の規律 …………………………………………… 267

  ⑴　人材獲得市場と独占禁止法（267）

  ⑵　発注者の共同行為の規律（268）

  ⑶　発注者の単独行為の規律（269）

解答 ……………………………………………………………………………… 271

目　次

9　グローバル人事——国際労働関係法① ——————— 279

CASE 1　外国人社員の解雇 ……………………………………… 279

CASE 2　外国人社員の競業行為 ………………………………… 280

解説 ……………………………………………………………… 282

 1　労働契約の準拠法 ……………………………………… 282

  ⑴　問題の所在（282）

  ⑵　準拠法の基本的ルール——法の適用に関する通則法（283）

  ⑶　日本国内で就労する労働者（284）

 2　当事者自治の限界——強行規定の適用 ………………… 285

  ⑴　通則法上の強行規定（285）

  ⑵　絶対的強行法規（286）

  ⑶　日本国内で就労する労働者（286）

 3　労働契約の国際裁判管轄 ……………………………… 287

  ⑴　概　説（287）

  ⑵　日本国内で就労する労働者（288）

 4　外国人社員の労働契約 ………………………………… 288

  ⑴　外国人の在留・就労資格、労働法の適用関係（288）

  ⑵　労働条件——退職後の守秘義務・競業避止義務、解雇（289）

解答 ……………………………………………………………… 290

10　グローバル人事——国際労働関係法② ——————— 306

CASE 1　海外勤務の根拠 ………………………………………… 306

CASE 2　海外勤務社員のメンタルヘルス ……………………… 307

CASE 3　海外勤務社員の不正行為 ……………………………… 308

CASE 4　海外勤務社員の兼職 …………………………………… 309

解説 ……………………………………………………………… 309

 1　労働契約の準拠法 ……………………………………… 309

  ⑴　問題の所在（309）

  ⑵　海外勤務労働者（310）

  ⑶　海外勤務地法が企業に不利なケース（312）

 2　通則法上の強行規定 …………………………………… 312

 3　労働法の域外適用 ……………………………………… 313

xi

目　次

　　4　労働契約の国際裁判管轄 ……………………………………………… 314
　　5　海外勤務の法的根拠 …………………………………………………… 314
　　　(1)　概　説（314）
　　　(2)　ハイリスク地域における海外勤務の法的根拠（315）

　解答 ……………………………………………………………………………… 316

11　コンプライアンス体制の構築と労働法 ―――――――― 331

　CASE　週刊誌に対する企業不正の内部告発 ………………………………… 331

　解説 ……………………………………………………………………………… 336

　　1　内部告発者の保護に関する判例法理 ………………………………… 337
　　　(1)　内部告発の正当化根拠と告発内容（338）
　　　(2)　真実相当性と目的の公益性（339）
　　　(3)　手段と方法の相当性（340）
　　2　公通法による保護 …………………………………………………… 342
　　3　内部通報制度の構築 ………………………………………………… 343
　　　(1)　通報窓口（345）
　　　(2)　通報対象の範囲（345）
　　　(3)　真実相当性と目的要件（346）
　　　(4)　不利益取扱いの禁止、通報者と被通報者の秘密保護（347）
　　　(5)　社内リニエンシー（348）
　　　(6)　通報義務（349）
　　　(7)　調査協力義務（350）

　解答 ……………………………………………………………………………… 351

12　企業の情報管理 ――――――――――――――――――― 364

　CASE 1　出向先・取引先への従業員情報の提供 …………………………… 364
　CASE 2　評価情報等の開示請求、SNS 利用に関する規律・調査 …………… 366

　解説 ……………………………………………………………………………… 367

　　1　法制度の枠組み ……………………………………………………… 367
　　　(1)　法制度の概要（367）
　　　(2)　法的規律を受ける主体（368）
　　　(3)　法的保護を受ける情報（369）
　　2　情報の取得・提供 …………………………………………………… 370

　　　　目　次

　　(1)　概要と特徴（370）
　　(2)　情報の取得（371）
　　(3)　情報の提供（372）
　3　情報の利用・管理 ……………………………………………………… 373
　　(1)　概要と特徴（373）
　　(2)　情報の利用（374）
　　(3)　情報の管理（375）
　4　本人の関与 …………………………………………………………… 375
　　(1)　概要と特徴（375）
　　(2)　利用目的の通知と保有個人データの開示（375）
　　(3)　保有個人データの訂正等（376）
　　(4)　保有個人データの利用停止等（376）

　■解答 ……………………………………………………………………… 377

13　女性の活躍──ダイバーシティ人事 ──────── 389

CASE 1　妊娠中の軽易業務転換に伴う降格措置と均等法9条3項 …………… 389

CASE 2　育児中・育休取得後の配転命令の有効性、育休取得後の処遇 ……… 390

解説 ……………………………………………………………………… 392
　1　女性の活躍──ダイバーシティ人事 ………………………………… 392
　2　妊娠・出産等を理由とする不利益取扱いの禁止 …………………… 394
　　(1)　マタニティ・ハラスメントという用語（394）
　　(2)　妊娠・出産等を理由とする不利益取扱いの禁止（394）
　3　女性の活躍推進施策──ダイバーシティ人事 ……………………… 399
　　(1)　成果主義人事・賃金と人事考課（399）
　　(2)　職務等級制度における配置転換（配転）（401）

　■解答 ……………………………………………………………………… 403

14　パワー・ハラスメントへの対応 ─────────── 414

CASE　上司から部下への言動と損害賠償請求・懲戒処分の可否 ………… 414

解説 ……………………………………………………………………… 417
　1　職場のパワー・ハラスメントとは何か ……………………………… 417
　　(1)　パワー・ハラスメントの概念（417）
　　(2)　職場における雇用管理上の措置義務の新設（418）

xiii

目　次

　　2　行為類型に関する裁判例 ……………………………………………………419
　　　　(1)　脅迫・名誉毀損・侮辱・ひどい暴言（精神的な攻撃）(420)
　　　　(2)　上司から部下への言動と不法行為の違法性判断 (421)
　　3　パワー・ハラスメントと法的責任 …………………………………………422
　　　　(1)　加害者の責任 (423)
　　　　(2)　使用者の責任 (423)
　　4　パワー・ハラスメントと懲戒処分 …………………………………………426

　解答 ……………………………………………………………………………………427

15　「働き方改革」と労働法務——労働契約法20条／パートタイム・有期雇用労働法 ——————— 439

CASE　有期・無期契約労働者間における労働条件相違の適法性 …………439

解説 …………………………………………………………………………………………441

　　1　問題の所在 ……………………………………………………………………441
　　2　労働契約法20条 ………………………………………………………………442
　　　　(1)　概　説 (442)
　　　　(2)　要　件 (443)
　　　　(3)　効　果 (449)
　　3　パートタイム・有期雇用労働法 ……………………………………………450
　　　　(1)　概　説 (450)
　　　　(2)　通常の労働者と同視すべき短時間・有期雇用労働者に対する差別的取扱いの禁止 (450)
　　　　(3)　不合理な待遇の禁止 (451)
　　　　(4)　「同一労働同一賃金ガイドライン」(452)
　　　　(5)　説明義務 (453)
　　　　(6)　行政ADR (455)

　解答 ……………………………………………………………………………………456

事項索引 ……………………………………………………………………………………473

xiv

凡 例

1 法 令

会更	会社更生法
会社	会社法
憲	憲法
公通	公益通報者保護法
個人情報	個人情報の保護に関する法律
個人情報則	個人情報の保護に関する法律施行規則
個人情報令	個人情報の保護に関する法律施行令
通則	法の適用に関する通則法
特許	特許法
独禁	私的独占の禁止及び公正取引の確保に関する法律
派遣	労働者派遣事業の適正な運営の確保及び派遣労働者の保護 等に関する法律
破産	破産法
番号	行政手続における特定の個人を識別するための番号の利用 等に関する法律
不競	不正競争防止法
民	民法
民再	民事再生法
民訴	民事訴訟法
労安衛	労働安全衛生法
労基	労働基準法
労契	労働契約法
労組	労働組合法

2 判例集・雑誌

季労	季刊労働法
金判	金融・商事判例
金法	金融法務事情
ジャーナル	労働判例ジャーナル
ジュリ	ジュリスト
中労時	中央労働時報

xv

凡　例

判タ	判例タイムズ
別冊中労時	別冊中央労働時報
法教	法学教室
法時	法律時報
民集	最高裁判所民事判例集
民録	大審院民事判決録
労経速	労働経済判例速報
労旬	労働法律旬報
労判	労働判例
労民集	労働関係民事裁判例集

3　文　献

荒木	荒木尚志『労働法〔第3版〕』（有斐閣、2016）
荒木＝菅野＝山川	荒木尚志＝菅野和夫＝山川隆一『詳説労働契約法〔第2版〕』（弘文堂、2014）
菅野	菅野和夫『労働法〔第11版補正版〕』（弘文堂、2017）
土田・概説	土田道夫『労働法概説〔第4版〕』（弘文堂、2019）
土田・労働契約法	土田道夫『労働契約法〔第2版〕』（有斐閣、2016）
西谷	西谷敏『労働法〔第2版〕』（日本評論社、2013）
野川＝土田＝水島編	野川忍＝土田道夫＝水島郁子編『企業変動における労働法の課題』（有斐閣、2016）

執筆者一覧

土田道夫（つちだ　みちお）　　　同志社大学教授
　　[第1部1、第2部3、7、9、10担当]

小畑史子（おばた　ふみこ）　　　京都大学教授
　　[第1部2担当]

上田達子（うえだ　たつこ）　　　同志社大学教授
　　[第2部13、14担当]

石田信平（いしだ　しんぺい）　　専修大学教授
　　[第2部11担当]

篠原信貴（しのはら　のぶたか）　駒澤大学教授
　　[第2部15担当]

天野晋介（あまの　しんすけ）　　首都大学東京准教授
　　[第2部4担当]

坂井岳夫（さかい　たけお）　　　同志社大学准教授
　　[第2部12担当]

山本陽大（やまもと　ようた）　　労働政策研究・研修機構副主任研究員
　　[第2部5担当]

河野尚子（こうの　なおこ）　　　世界人権問題研究センター嘱託研究員
　　[第2部6、8担当]

岡村優希（おかむら　ゆうき）　　関西外国語大学助教
　　[第2部1、2担当]

第1部

理論編

1

企業法・企業法務と労働法

I　企業法と労働法の関係性——労働法学の立場から

　本章では、企業法（business law）と労働法・労働法学の関係に関する理論的考察を行い、企業法における労働法の位置づけを明確化するとともに、企業法と労働法の交錯領域を概観し、その意義と課題について考察する。

　企業法に関する明確な法的定義は存在しないが、一般に、企業活動を規律し、企業が事業を運営する上で遵守すべき諸法と定義することができる。民法、商法、会社法、知的財産法、金融商品取引法、独占禁止法、倒産法、個人情報保護法、租税法、国際私法がここに属する。そして、労働法は、労働関係・労使関係の側面で企業の適正な運営を規律・促進する法として機能し、企業法の一環を形成するものと解される。

1　企業法としての労働法の意義・機能

　では、労働法が企業法の一環を形成する法と解される理由は何に求められるのか。

　第一に、労働者（従業員）は、企業の主要な構成員であり、利害関係者（stakeholders）である。したがって、労働者・使用者（企業・会社）間の法律関係を規律する労働法は、企業法の一翼に位置づけられる。「あらゆる制度を支えるのは人であ」り（知的財産推進計画 2004）、「人」の中心が労働者（従業員）

である以上、これは当然のことである。労働法の基本理念である労働者保護および労使自治の原則については、企業法全体の中に適切に位置づける必要がある（2参照）。

　第二に、労働法は、広く企業法の一翼を担い、企業経営を監視しつつ支援する役割を担う。まず、労働法は、法令遵守（コンプライアンス）の主要な領域を構成し、企業価値に大きく影響しうる。周知のとおり、労働法コンプライアンスの欠如が内部告発や公益通報を通して外部化し、企業価値に影響を及ぼす例は極めて多い。したがって、労働法について法令遵守体制（法令等の周知徹底、従業員研修、行動規範の策定、内部通報制度）を確立し、実行することは、企業法にとって極めて重要な課題である。紛争処理システムの観点からは、労働審判法をはじめとする企業外紛争処理が整備されつつある今日、公正かつ効率的な企業内紛争処理システムを整備して紛争の外部化を防ぐことは急務の課題といえる。この意味で、労働法は、それ自体が企業法の一翼を担う法である。

　また、企業が適正な労働時間管理、労働安全衛生体制・安全配慮義務履行体制の確立、ハラスメント対策、従業員のキャリア支援、ワーク・ライフ・バランス支援、男女雇用平等の促進等の先進的な人事施策を進めることは、労働法コンプライアンスと CSR（Corporate Social Responsibility ＝企業の社会的責任）の実行を意味するとともに、社会へのアピールを高め、企業価値を高める戦略となる。逆に、企業がこうした施策を怠り、深刻な労働紛争を招けば、企業価値の低下に直結し、企業の存立に影響しうる。したがって、企業が労働法に即してこれら人事施策を実行することは、企業法の観点からも重要である。

　第三に、労働法は、伝統的な企業法の課題においても重要な意義を有する。まず、会社法との関係では、企業組織の変動（事業取得型 M&A ＝合併、事業譲渡、会社分割）や企業買収（株式取得型 M&A）における組織再編の規律は会社法の役割であるが、労働関係・人事管理の規律（労働契約の承継、労働条件の変更）は労働法の役割である。会社分割の場合、分割の組織法的規律は会社法（2条29号・30号、757条以下、762条以下）が担う一方、労働関係の規律は労働法（労働契約承継法、商法等改正法附則5条）の役割であり、それら法令を遵守して人事異動を適正に実行しない限り、会社分割が完結しないことは判例が教えている[1]。また近年には、使用者の悪質な労働法令違反（労働災害、割増賃金不払い、会社解散、解雇等）について、一般的不法行為（民709条）とは別に、会社法上の取締役の対第三者責任規定（会社429条）を適用して判断する裁判

第1部　理論編

例が急増し、労働法と会社法の新たな接点を示している。

　また、知的財産法分野では、営業秘密（不競2条6項）をめぐる不正競争（同2条1項7号等）・守秘義務、競業避止義務、職務発明（特許35条）等の多くのテーマについて労働法との交錯が生じ、労働法の正しい理解が求められている。さらに、各種の倒産法制（破産法、会社更生法、民事再生法）においても、労働債権の保護、整理解雇の有効性、労働者代表の関与のあり方等が重要な論点となり、「倒産労働法」と呼ぶべき法分野を形成しつつある。法令遵守（コンプライアンス）に関しては、法令遵守体制と内部通報制度の構築によって着実に実行する必要があるが、そのためには、労働法（公益通報者保護法）の理解が不可欠となる。独占禁止法との関係では、労働者の守秘義務・競業避止義務の規律や移籍制限に関する規律、フリーランスなど雇用によらない就労の保護等が労働法との交錯テーマとして登場している。企業がグローバルな事業活動を展開する上では、国際的雇用・人事管理（外国人社員の雇用管理、海外勤務管理）が必須となるところ、その法的規律としては、法の適用に関する通則法において労働契約に関する準拠法規定が設けられ（12条）、民事訴訟法においても、労働契約に関する国際裁判管轄規定（3条の4）が設けられた結果、「国際労働関係法」と呼ぶべき法分野が形成されている。

　以上を要するに、労働法は、それ自体が企業法の一翼を担うとともに、多くの分野において各企業法と交錯するため、企業が直面する法的課題を適切に解決するためには、労働法の正しい理解が不可欠となる。その意味で、企業法としての労働法の重要性は日々増しているといえよう。企業法と労働法の交錯領域については、Ⅱで概観する。

2　企業法における労働法の特色

　上記のとおり、労働法は企業法の一翼を形成するが、他方、以下の点で大きな特色を有する。労働法の特色としては、①その主体である労働者・労働組合が企業の利害関係者であると同時に、多くの場合に企業（使用者）との間で対抗関係にあること、②個々の労働者と企業（使用者）との間では厳然たる交渉力・情報格差が存在し、ここから労働者保護の要請が労働法の基本的要請とな

---

1)　日本アイ・ビー・エム事件・最二判平成22・7・12民集64巻5号1333頁。

ること、③利害関係者である労働者（従業員）自体が多様化しつつあり（女性の職場進出、ワーク・ライフ・バランスの進展、非正規雇用の激増等）、それに対応するための法制度が登場していること（雇用機会均等法の改正、女性活躍推進法の制定、労働契約法における有期労働契約法制の導入、短時間・有期雇用労働法制定、労働者派遣法の改正）、④①②を前提に、労働者・労働契約保護を内容とする制定法・判例法理が発展するとともに、⑤労使自治の原則が労働法の基本理念とされ、個別的労働関係においては合意原則（労契3条1項）および労働条件対等決定の原則（労基2条1項）が重要となり、企業・労働組合間では集団的労使自治が基本となること、⑥法規範の性格としては、伝統的には、公法的規制（労基法等における刑事制裁・労働基準監督行政、労組法上の不当労働行為に関する行政救済制度）が中心であり、労働契約を私法的に規律する規範は判例法理に委ねられ、実定法が乏しいまま推移してきたこと等が挙げられる。

このうち、⑥については、こうした公法的サンクションは、多くの企業法において、法の実効性確保のために多用されている手法であり、企業法としての基本的性格を損なうものではない。また近年には、労契法の制定（2007年）を中心に、私法規範が増加しており、他の企業法と比較すればなお見劣りするものの、私法的規律が進展している。そして、そのことは、雇用社会・企業社会における「法の支配」の強化を意味する。近年における社会経済の変化・グローバリゼーションは、社会各層における「法の支配」を促し、企業法ももとよりその例外ではないが、労働法における制定法（私法）の増加は、企業に対して労働法の遵守（法の支配）を迫るものにほかならない[2]。

これに対し、①②④⑤は、他の企業法にない労働法の重要な特質であり、労働法を企業法として把握する場合も、その特質を正しく認識する必要がある。

まず、①②については、労働者・労働組合が企業との間で対抗関係にあり、労働者保護が労働法の基本的要請となることを踏まえて、企業法・労働法の交錯領域において、労働法が保護しようとする法益が不当に侵害されないよう解釈論・立法論を展開する必要がある[3]。前記のとおり、労働法は、多くの領域

---

2) 「司法制度改革審議会意見書——21世紀の日本を支える司法制度」（2001）は、「法の支配」の理念を「公平な第三者が適正な手続を経て公正かつ透明な法的ルール・原理に基づいて判断を示す」ことに求め、立法・司法の役割の重要性を説いている。

3) 同旨、根本到「組織再編をめぐる法的問題」毛塚勝利編『事業再構築における労働法の役割』（中央経済社、2013）32頁。

第1部　理論編

で伝統的企業法と交錯するという意味で企業法の一翼を形成するが、それは同時に、多くの領域において企業法の保護法益と労働法の保護法益が対立する状況をもたらすため、両者の適切な調整が必須となるのである。典型例として、ⓐ企業組織再編における迅速な企業再編の要請・株主利益最大化原則の要請と労働契約・労働条件保護の要請の対立、ⓑ取締役の対第三者責任規定（会社429条）における経営判断原則と労働者保護の要請の対立、ⓒ営業秘密の保護・守秘義務・競業避止義務における企業秘密・情報保護の要請と労働者の情報利用の自由・職業選択の自由の対立、ⓓ職務発明における企業の安定的な特許運用の利益と発明従業者の権利・利益の対立、ⓔ倒産労働法における迅速な企業再生の要請・更生計画等の実行の必要性と労働者保護の要請の対立、ⓕ国際労働関係法における準拠法選択の自由・裁判管轄選択の自由と労働者保護の要請の対立が挙げられる。詳細は、Ⅱで考察する。

　次に、④については、労基法・労契法を中心とする個別的労働関係法および労組法を中心とする集団的労働法が整備・発展しており、企業法はその存在を正しく認識し、尊重すべきである。特に、個別的労働関係法においては、労基法・労契法等の制定法のみならず、採用から退職・解雇に至る雇用の全ステージをカバーする膨大な判例法理が形成されており、制定法とともに労働法コンプライアンスの対象となる。

　さらに、⑤については、労使自治の原則（個別的労使自治・集団的労使自治）を企業法の中に適切に位置づける必要がある。労使自治の原則は、労働者が企業との間で対抗関係・交渉関係にあること（個別的労働契約、集団的労使関係）から要請される原則であり、企業法は、その意義を正しく認識し、尊重すべきである。まず、個別的労使自治においては、労使間の合意尊重の要請（合意原則＝労契3条1項）・労働条件対等決定の原則（労基2条1項）が重要となるとともに、個別的人事管理の進展に伴い、労契法や判例法理に即した個別的交渉関係が日々展開されている（賃金の決定・変更、人事考課、個別的労働時間管理、人事異動、企業組織再編に伴う異動、守秘義務・競業避止義務等）。企業法は、企業の主要な構成員であり利害関係者である労働者（従業員）について、労働法がこうした実質的労使自治と対等関係の促進を基本理念としていることを認識し、尊重する必要がある[4]。また、個別的労使自治尊重の観点からも、企業法の保護法益と労働法の保護法益の適切な調整が必須となる。

　一方、集団的労使自治については、憲法28条・労働組合法を中心とする集

団的労働法の目的は、労使間の団体交渉を中心とする労使自治を促進し、労使の実質的対等関係を促進することにある[5]。上記のとおり、近年には個別的人事管理が進行しているが、その制度設計を担うのは、集団的労使自治の当事者である労働組合と企業であり、企業法は、その意義・機能を正しく認識する必要がある。また、集団的労使自治の上記機能は、労働組合が企業との間で対抗関係にあり、両者の権利・利益の適切な要請が重要となることを示すと同時に、企業の利害関係者として位置づけられることを示す根拠ともなる。すなわち、集団的労働法は、企業と労働組合・従業員集団の交渉・対話（団体交渉・労使協議）を促進しつつ（使用者の団体交渉義務（労組7条2号））、従業員・労働組合を軽視した企業行動（不当労働行為（同7条））にペナルティ（不当労働行為救済制度（同27条以下））を科すことによって、労働組合を利害関係者として尊重するよう促進する法制度に位置づけることができる[6]。

　最後に、③については、企業は、労働者（従業員）の多様化に応じた法制度の進展を認識しつつ、そうした多様化を踏まえた人事制度改革（ダイバーシティ雇用）に積極的に取り組むことが企業価値の向上をもたらすことを認識し、企業法の対象に位置づける必要がある。

---

4)　合意原則・労働条件対等決定の原則の意義については、土田・労働契約法12頁、19頁以下参照。

5)　土田・概説350頁以下参照。

6)　本文に述べた労働法の①②④⑤⑥の特質は、労働法が企業法であると同時に社会法としての性格を有することを示している。すなわち、労働法が対象とする労働契約は、企業という組織を舞台に長期にわたって展開される契約である（組織的性格・継続的性格）とともに、使用者の指揮命令下の労働（他人決定性）および労働者・使用者間の交渉力・情報格差を特質とし、労働と労働者の身体・人格が不可分に結びつくこと（人格的性格）から、労働者の生命・身体や人格的利益に対するリスクを内在する契約である（土田・労働契約法7頁以下参照）。そして、こうした特質ゆえに、労働法は、労基法等の労働保護法において労働条件の最低基準を定め、刑事制裁・行政監督等の公法的サンクションを活用するとともに、労使間の交渉力・情報格差を抜本的に是正するため、労働組合の法認と団体交渉・集団的労使自治の促進を内容とする集団的労働法（憲28条、労組法）。これらの規律は、憲法上は生存権（25条）、勤労条件の法定（27条2項）および労働基本権（28条）に基礎を置くものであるところ、これら基本的人権は、自由権から区別された社会権としての性格を有しており、ここから労働法は社会法としての性格を帯びる（土田道夫「民法（債権法）改正と労働法」季労267号（2019）刊行予定参照）。こうして、労働法は、企業法であると同時に、企業法の中に解消されえない性格を有していると考えられる。

3　コーポレート・ガバナンスと労働法

(1)　コーポレート・ガバナンスとその変化

　次に、企業法と労働法の関係性については、コーポレート・ガバナンス（Corporate Governance）における労働法・労働者の位置づけについて考察する必要がある。前記のとおり、労働者が企業の重要な利害関係者であるとしても、企業法の中核を成す会社法においてはどうであろうか。企業を統治する者（主権者）は誰かという問題（広義のコーポレート・ガバナンス）を形成する問題である。この点、コーポレート・ガバナンスは、狭義には、会社経営が適法かつ合理的に行われるようにする仕組み（経営監視の仕組み）をいい、広義には、会社を統治する者（主権者）は誰かという問題を意味するが、ここでは後者を中心に考える。また、コーポレート・ガバナンスという場合、法的概念としてのコーポレート・ガバナンスと、実質的意義におけるコーポレート・ガバナンスを区別して考える必要がある[7]。

　まず、法的概念としてのコーポレート・ガバナンスについては、会社法学上は、株主価値モデル（shareholders model）が採用されている。それによれば、会社法は、経営者に対し、剰余権者である株主の長期的な利益を最優先させることを求めており、そのことが、会社に法令・社会規範を遵守させつつ、その富の最大化による社員への分配の実現に資するものとされる[8]。会社法学上は、多元主義モデル（株主とともに、従業員を含む利害関係者の利益を重視する考え方＝ stakeholders model）も見られるものの、株主価値モデルが主流を成しているといえよう。また、東京証券取引所が2015年に公表した上場会社を対象とする「コーポレートガバナンス・コード」（2018年改訂）も、基本原則1として「株主の権利・平等性の確保」を謳い、「上場会社は、株主の権利が実質的に確保されるよう適切な対応を行うとともに、株主がその権利を適切に行使することができる環境の整備を行うべきである」としている。株主の権利擁護が第一

---

7)　労働法学におけるコーポレート・ガバナンス論の基本文献として、荒木尚志「日米独のコーポレート・ガバナンスと雇用・労使関係――比較法的視点から」稲上毅＝連合総合生活開発研究所編著『現代日本のコーポレート・ガバナンス』（東洋経済新報社、2000）209頁。概観として、土田・労働契約法35頁以下。

8)　落合誠一『会社法要説〔第2版〕』（有斐閣、2016）47頁以下。同旨、江頭憲治郎『株式会社法〔第7版〕』（有斐閣、2017）22頁。

の原則であることを示唆するものといえよう。

　一方、実質的意義におけるコーポレート・ガバナンスを見ると、日本では、高度成長期以降、企業経営における従業員の発言力が相対的に強く、企業経営は、従業員を含む利害関係者の利益を重視して行われてきた（多元主義モデル）。その結果、企業は経営者と労働者が価値を共有する共同体としての性格を帯び、長期安定雇用と安定的労使関係が形成されてきた。しかし、1990年代以降のグローバリゼーションに伴い、実質的意義における日本型コーポレート・ガバナンスは、法的概念としてのコーポレート・ガバナンス（株主価値モデル）への接近を余儀なくされる。その画期となったのは、2005年にアメリカ法を参考に制定された会社法であり、その後も、株主価値モデルに立脚した改正が進行している（株主代表訴訟（847条）、監査役制度の強化（335条3項）、会社分割等の企業組織再編法制の整備、指名委員会等設置会社制度（404条）等）。それは必然的に、コーポレート・ガバナンスにおける労働者の位置づけを低下させる可能性を有しているが、これに対抗する立法政策は進展していない。日本の多元主義モデルは、堅牢な法制度（たとえば、ドイツの企業法制（共同決定法：Mitbestimmungsgesetz））に依拠するものではなく、あくまで一種の「慣行」として成立したにとどまり、脆弱な面を有している[9]。また、日本の多元主義モデルを支えてきた労働組合の組織率は継続的に低下しており（2018年には17.0%）、その影響力が低下してきたことも、上記の傾向に拍車をかけている。

(2)　労働法学によるアプローチ

　こうした状況を踏まえると、労働法学の側からのコーポレート・ガバナンスへのアプローチとしてはいかなる方法があるか。

　第1に、コーポレート・ガバナンスの変化（株主利益の最大化と労働者利益の軽視）への対抗軸となる解釈論を、労働契約法上の労働条件変更法制（労契9条、10条）・解雇権濫用規制（同16条）を中心とする現行労働法によって構築する必要がある[10]。たとえば、企業買収・企業組織変動の場面では、買収当事者が買収を契機に労働条件の不利益変更や解雇を強行したり、譲渡当事者が

---

9)　荒木・前掲注7)259頁参照。

10)　詳細は、土田道夫「M&Aと労働法の課題——株式取得型M&Aを中心に」野川＝土田＝水島編295頁参照。

第1部　理論編

特定労働者の労働契約の承継を恣意的に拒否するなど、企業の長期的発展や労働者の利益を犠牲にして短期的利益を追求するケースが見られるが、労働法は、こうした短期的・機会主義的行動を制御する機能を営みうる。裁判例では、株式取得型 M&A の事例において、債務超過解消後の買収から半年も経過しない時点で被買収企業が買収企業の主導の下で実行した労働条件変更の合理性を否定した例[11]や、事業譲渡事案において、譲受会社が再雇用後の労働条件変更に同意しない労働者の再雇用を拒否したことにつき、当該契約内容を公序（民90条）違反により無効と判断した上、残余の労働契約承継合意によって労働契約の承継を肯定した例[12]があるが、これら裁判例は、労働法がこうした対抗軸としての機能を発揮した象徴的な事例である。

　第2に、より重要な課題は、会社法ないし株主価値モデルへの対抗軸となる立法を整備することである。この点、労契法（2007 年制定）が解雇権濫用規制（16条）を規定したことについては、コーポレート・ガバナンスの観点から、随意的雇用原則（employment at will）を維持しているアメリカのように、労働者が経済状況に応じて自由に量的調整の対象となる存在ではないことを確認し、多元主義モデル（stakeholders model）の根拠を明示した意義があると指摘されている[13]。また、視野をさらに広げると、労契法制定前の 2004 年頃から今日にかけては、労働立法の制定や法改正が相次いでいるが（労働審判法制定、公益通報者保護法制定（2004 年）、雇用機会均等法抜本改正、法の適用に関する通則法制定（労働契約規定の創設 = 2006 年）、民事訴訟法改正（労働契約に係る国際裁判管轄規定の創設 = 2011 年）、労契法改正（有期労働契約法制の創設 = 2012 年）、高年齢者雇用安定法改正（65 歳までの雇用確保措置の義務化 = 2012 年）、等々）、こうした動向は、雇用社会における「法の支配」の促進を意味するとともに、コーポレート・ガバナンスの観点からは、主要な利害関係者（stakeholder）としての従業員の地位を法的に再認識し、労働法の側から多元主義モデル（stakeholders model）を提示する意義を有するものと解される。

　さらに、2018 年、働き方改革推進法（働き方改革を推進するための関係法律の整備に関する法律）が成立した。この法律は、主に7法の改正から成り、特に、

---

11)　クリスタル観光バス事件・大阪高判平成 19・1・19 労判 937 号 135 頁。
12)　勝英自動車学校（大船自動車興業）事件・東京高判平成 17・5・31 労判 898 号 16 頁。
13)　荒木尚志「労働契約法の 10 年——制定・展開と課題」ジュリ 1507 号（2017）36 頁。

①労基法改正（時間外労働の上限規制（36条）、年休制度の改正＝使用者の時季指定付与義務の創設（39条）、高度プロフェッショナル制度の導入（41条の2）等）、②労働時間等設定改善法の改正（勤務間インターバル制度の導入）、③労働安全衛生法改正（産業医・産業保健機能の強化等）、④短時間労働者及び有期雇用労働者の雇用管理の改善等に関する法律（短時間・有期雇用労働法）制定（非正規雇用の労働条件・待遇改善）、⑤労働者派遣法改正（同上）が重要である。

　このうち、①の中の時間外労働の上限規制（改正労基36条）は、従来は行政指導の基準にとどまってきた時間外労働の上限規制を強化し、罰則付きで規制する強行規定に転換するものであり（原則限度時間は1か月につき45時間、1年につき360時間（3項・4項））、④は、従来から存在した不合理な労働条件相違の禁止（労契20条（有期雇用労働者）、パートタイム労働法8条（パートタイマー））を統合して8条として規定する（これに伴い労契20条は削除）とともに、労働条件相違に関する事業主の説明義務を規定する（14条）などして、非正規雇用の労働条件改善を図るものである（**第2部15**参照）[14]。これら立法は、上述した労働立法の動向を継承して従業員の法的地位を再認識するとともに、株主と対置されるべき多様な利害関係者（stakeholder＝従業員、顧客、取引先、債権者等）の中でも、顧客・取引先に比べて劣位に置かれてきた従業員（労働者）の法的地位を強化する意義を有しており、コーポレート・ガバナンス（多元主義モデル）の観点からも注目すべきものといいうる[15]。

---

14)　働き方改革推進法については、土田・概説8頁、128頁以下、154頁以下、325頁以下および土田道夫「働き方改革推進法の意義と課題」自由と正義70巻4号（2019）8頁参照。

15)　土田道夫「働き方改革推進法の制定」ビジネス法務19巻8号（2019）30頁参照。後述するとおり、コーポレートガバナンス・コードは、基本原則2として「株主以外のステークホルダーとの適切な協働」を掲げた上、ステークホルダーとして「従業員、顧客、取引先、債権者、地域社会」を列挙するが、日本社会においては、従業員の利益は顧客・取引先・債権者の利益よりも軽視されてきたのが実情と解される。その象徴である長時間労働問題に着目すると、日本では、顧客重視のビジネスモデルが存在してきたため、企業も労働者も顧客の過剰要求を拒否できず、いわば長時間サービスの競争が行われ、これが長時間労働をもたらしてきたものと考えられる。改正労基法36条による時間外労働の上限規制（長時間労働の是正）の政策は、こうした利害関係者間のアンバランスな状況を是正し、従業員（労働者）の利益と利害関係者としての地位を保護する意義を有している（土田道夫「『働き方改革』の過去・現在・未来——同一労働同一賃金、長時間労働の是正」法学教室443号（2017）67頁参照）。

第1部　理論編

　ところで、労働法のこうした機能は、労働法学のみならず、企業実務や会社法学においても承認されていると思われる。もともと日本においては、株主のみを主権者と捉える狭溢な見方は少数にとどまり、企業は、従業員を含む多様な利害関係者の利益を考慮した経営行動の重要性を認識している[16]。また前記のとおり、会社法学上は、株主価値モデルが支持されているが、そこでも、労働法による企業行動の制御が否定されているわけではない。それによれば、会社法は、経営者に対し、株主利益最大化原則（株主価値モデル）に沿った経営決定を求めているものの、労働法の要請が法の適用順序からして株主利益最大化原則より優先するのであれば、経営者がそれに従うべきことは当然と解されている。すなわち、労働法固有の規律によって株主以外の利害関係者の利益を擁護することは何ら否定されていないのである[17]。この観点からも、労働立法の整備および労働法解釈論の提示が重要となる。

　第3に、会社法における労働者（従業員）の位置づけを明確化し、会社法の規範について労働者利益の保護を内容とする解釈論を提示する必要がある。そうした解釈論としては、特に、企業の法令違反行為に関する取締役の対第三者責任規定（会社429条）・取締役会の内部統制システム構築義務（同362条）をめぐる解釈論が挙げられる。これら会社法規範は、労働法を含む法令違反の防止体制の構築・運用が取締役・取締役会の任務となることを示しており、会社法が労働者を利害関係者として位置づけ、その利益を保護する法規範として機能しうることを示している（Ⅱ3参照）。また、会社法上の制度や契約が間接的に企業の労働法コンプライアンスを促進する機能を営むこともある。たとえば、M&Aの過程で買収企業が被買収企業に対して行う人事・労務デュー・デリジェンスの場合、それによって判明した労働法令違反等の問題を被買収企業が是正しない限り、買収企業が投資を取り止める可能性が高いため、間接的に被買収企業の労働法コンプライアンスを促進するものと解される（Ⅱ4(4)）。

　また、会社法における多元主義モデル（stakeholders model）の可能性を示す動きとして、前述したコーポレートガバナンス・コードが挙げられる。すなわ

---

16)　古くは、稲上＝連合総合生活開発研究所編著・前掲注7)所収の経営者アンケート（1999）、新しくは、労働政策研究・研修機構「今後の雇用ポートフォリオと人事戦略に関する調査」（2009）参照。これら調査については、土田・前掲注10)296頁注81参照。

17)　落合・前掲注8)49頁、57頁。江頭・前掲注8)25頁も参照。

ち、コーポレートガバナンス・コードは、前掲基本原則1（「株主の権利・平等性の確保」）に続く基本原則2として、「株主以外のステークホルダーとの適切な協働」を掲げ、「上場会社は、会社の持続的な成長と中長期的な企業価値の創出は、従業員、顧客、取引先、債権者、地域社会をはじめとする様々なステークホルダーによるリソースの提供や貢献の結果であることを十分に認識し、これらのステークホルダーとの適切な協働に努めるべきである」と述べる。コーポレートガバナンス・コード自体は、法的拘束力をもたないソフト・ローであるが、上場会社の行動を規律する原則を網羅した規範として重要な意義を有する。そのコーポレートガバナンス・コードが、従業員を筆頭とする多様なステークホルダー（stakeholders）との協働を第2の基本原則として謳ったことは、会社法上、株主価値モデルが堅持されつつも、多元主義モデルが部分的に摂取されつつある状況を示していると思われる[18]。また、コーポレートガバナンス・コードは、基本原則2を補充する原則2-4として「女性の活躍促進を含む社内の多様性の確保」を掲げているが、これは、企業による先進的な人事施策の実行が企業価値を高める戦略となりうること（Ⅰ1）をソフト・ローとして促すものとして注目に値する。

　第4に、株主価値モデルの対抗軸となりうるコーポレート・ガバナンス論（多元主義モデル）については、引き続き労働法学の立場から探求する必要がある。そうした議論としては、①労働関係の組織論的把握を前提に、労働者（従業員）を企業組織の成員に位置づけて企業統治参加の保障にアプローチする見解[19]、②労働者・労働組合に企業のモニタリング機能（社会的・法的規範を実現するためのステークホルダーによる企業システムに対する監視・制御機能）を認める立場からアプローチする見解[20]、③ドイツ法を参考に、多元的モデルを法制度として確立することを主張する見解[21]、④労働者代表との労使協議の活性化によって多元主義モデルの将来を展望する見解[22] 等が見られるが、特

---

18)　コーポレートガバナンス・コード・基本原則2の意義については、中村直人＝倉橋雄作『コーポレートガバナンス・コードの読み方・考え方〔第2版〕』（商事法務、2018）82頁参照）。土田・労働契約法37頁、土田・前掲注10)297頁も参照。

19)　石田眞「コーポレート・ガバナンスと労働法」季刊企業と法創造2巻2＝3号（2006）28頁以下。

20)　毛塚勝利「企業統治と労使関係システム——ステークホルダー民主主義論からの労使関係の再構築」石田眞＝大塚直編『労働と環境』（日本評論社、2008）47頁。

第1部　理論編

に④の見解は、現実性を有する立論として注目される。日本型多元主義モデル
を支えてきた労働組合の組織率が低下する中、労働組合を補完する労使協議や
従業員代表制の制度化は、改めて喫緊の検討課題となりつつある。

Ⅱ　企業法と労働法の交錯テーマに関する考察

本項では、Ⅰ2で紹介した企業法と労働法を交錯するテーマのうち主要な
ものを概観し、その意義と課題について考察する。各テーマの詳細は、本書第
2部（実務編）の各項目を参照されたい。

1　法令遵守体制の構築と労働法（第2部11）

前記のとおり、企業における法令遵守（コンプライアンス）の欠如は、労働
者による内部告発・公益通報を通して外部化し、企業価値の低下をもたらすこ
とから、法令遵守体制を確立し実行することは、企業法の重要な課題である。
この点、内部告発とは、「企業外の第三者に対して、公益保護を目的に、企業
内の不正行為を開示すること」をいい、本来は企業秩序違反行為として懲戒・
解雇の対象となるが、一定の要件を満たせば正当行為として保護される。内部
告発の正当性は、①目的の公益性、②告発内容の真実性・真実相当性、③内部
通報を行うなど企業内部で不正行為の是正に努めたこと（内部通報前置）、④手
段・態様に著しく不当な点がないこと、の各要素を総合して判断され、正当と
認められれば懲戒事由該当性・解雇事由該当性を否定される[23]。

一方、公益通報者保護法は、内部告発に関する判例法理とは別に、一定の法
令行為に関する公益を行った労働者（公益通報者。2条2項）について、解雇そ

---

21)　神作裕之「コーポレート・ガバナンス論と会社法」稲上＝連合総合生活開発研究所編
　　著・前掲注7)179頁。
22)　大内伸哉「コーポレート・ガバナンス論の労働法学に問いかけるもの——従業員利益
　　を守るとはどういうことか」日本労働研究雑誌507号（2002)28頁。
23)　土田・労働契約法495頁参照。代表的裁判例として、大阪いずみ市民生協事件・大阪
　　地堺支判平成15・6・18労判855号22頁。

14

の他の不利益取扱いの禁止等の保護を規定している（3条以下）。特に問題となる行政機関以外の第三者への通報の要件としては、5点の例外を除いて内部通報が基本とされている（3条3号）。

内部通報は、内部告発や公益通報者保護法において内部通報前置が重視されていることからも看取されるとおり、基本的に正当な行為であり、内部通報者は懲戒処分から十全に保護されるべきである[24]。すなわち、内部通報については、原則として正当行為として懲戒事由該当性を否定し、もっぱら私益を図るなど著しく不当な目的で行われたり、被通報者や関係者の名誉・プライバシーを侵害するなど著しく不当な手段・態様で行われた場合にのみ、例外的に懲戒事由該当性を肯定すべきである。また、内部通報内容の真実性・真実相当性については、殊更問題とすべきではない（公益通報者保護法上も、内部通報については、通報対象事実が生じ、または生じようとしていると思料することで足りるとされている（3条1号））。

また、上記のような内部通報の意義に鑑み、企業法・企業法務としては、内部通報制度を適切に設計・運用することが重要な課題となる。そのためには、内部通報窓口を社内外に設置し、通報の受理・調査・是正措置・フォローアップ等の一連の対応を適切に行うこと、内部通報に関する厳格な守秘義務を設け、通報者の不利益取扱いを禁止すること、上記体制・手続を就業規則等に明記し、周知させることが必須となる[25]。また、単に制度を整備するだけではなく、有効に機能させることが重要である。裁判例では、労働者の内部通報を理由とする不利益配転につき、正当な内部通報に対する制裁的人事として権利濫用（労契3条5項）と判断した例[26]があるが、この事案は、内部通報者の不利益取扱い禁止や守秘義務が制度化されていたにもかかわらず、実際には全く機能していない事案であった。このことは、内部通報制度においては、その設計もさることながら、実際の運用が極めて重要であることを教えている。

この点で注目されるのが、前述したコーポレートガバナンス・コードである。すなわち、コーポレートガバナンス・コードは、基本原則2を補充する原則と

---

24) 土田・労働契約法499頁以下参照。
25) NBL法務研修委員会「事例で作る法務研修のレシピ 第11回」NBL 1047号（2015）78頁。
26) オリンパス事件・東京高判平成23・8・31労判1035号42頁。

第1部　理論編

して、内部通報に係る適切な体制整備とともに運用状況の監督を掲げ、これら
を取締役会の責務と定めている（原則2-5）。このことは、労働法上の制度であ
る内部通報体制の整備を会社法上の内部統制システム構築義務（会社362条4
項6号）に位置づけたことを意味しており、内部通報制度がコーポレート・ガ
バナンスにおいても重要な意義を有することを示している。のみならず、同
コードが内部通報制度の運用状況の監督を取締役の責務として明示したことは、
制度の運用こそが重要であることを示唆しており、意義深いものがある。

　さらに、最近の高裁裁判例は、企業グループ全体で法令遵守体制の一環とし
てコンプライアンス相談窓口を設けて相談に対応する体制を設けながら、別会
社従業員からセクハラを受けた従業員からの相談に十分対応しなかったことに
つき、就業環境に関して労働者の相談に応じて適切に対応すべき雇用契約上の
付随義務（就業環境相談対応義務）違反を認め、債務不履行に基づく損害賠償
責任を肯定している[27]。内部通報制度の重要性を如実に示すものといえよう。

2　債権法改正と労働法（第2部1）

　民法は、いうまでもなく企業法の基本法であるが、2017年に成立した改正
民法（債権法）は、労働法にも影響を与えうる事項を含んでいる。特に、①雇
用契約規定の改正のほか、②人の生命・身体の侵害による損害賠償請求権の消
滅時効（167条、724条の2）、③定型約款規定・不当条項規制（548条の2）、④
債務引受（470条1項）、⑤契約上の地位の移転（539条の2）が重要である[28]。

　①については、特に、雇用契約における報酬請求権について624条の2を新
設し、労働者が労働に従事できなくなった場合（労働者が使用者の責めに帰すこ
とのできない事由によって労働に従事することができなくなったとき（1号）・雇用
が履行の中途で終了したとき（2号））に、ⓐ既にした履行の割合に応じた報酬請

---

27)　イビケン事件・名古屋高判平成28・7・20労判1157号63頁。なお、イビデン事件・
　最一判平成30・2・15労判1181号5頁は、本文記載の企業グループの法令遵守体制の
　趣旨・状況によれば、グループ統括会社についても、労働者の申出の具体的状況によっ
　ては信義則上の就業環境相談対応義務を負う場合があると述べた上、本件では、上記義
　務違反は認められないと判断し、これを肯定した上記原判決を破棄している。
28)　本項については、山川隆一「債権法改正と労働法」安永正昭＝鎌田薫＝能見善久監修
　『債権法改正と民法学Ⅰ　総論・総則』（商事法務、2018）123頁、土田・前掲注6）参照。

16

求権（既履行分の報酬請求権）を肯定することを規定したことと、ⓑ期間によって報酬を定めた場合の解約申入れは次期以後についてなしうる旨の制限規定の対象を、従来の労使双方による申入れから使用者による解約申入れのみに限定したこと（同627条2項）の2点が重要である。いずれも、労働者の退職の自由を考慮した改正であり、労働契約法上、重要な意義を有している。

　②については、人の生命・身体の侵害による損害賠償請求権の消滅時効が延長されており、本類型の損害賠償請求権の消滅時効は、債務不履行責任・不法行為責任を問わず、主観的起算点（債権者が権利を行使できることを知ったときを基準）の場合は5年、客観的起算点（債権者が権利を行使できるときを基準）の場合は20年とされ、共通の規律に服することとなる。その趣旨は、生命・身体が法益として特に重要であることと、時効完成を阻止するための措置を期待できない可能性があることに求められている。この点、従来の労災民事訴訟における使用者の損害賠償責任の根拠としては、不法行為構成では損害賠償請求権が3年の時効消滅に服するのに対し、債務不履行構成では10年と長く、被害者保護が手厚いことから、後者の構成（安全配慮義務構成）が主流とされてきたが、改正民法によれば、債務不履行構成の時効面でのメリットは後退することになる。労災民事訴訟への影響が注目される。

　③については、改正民法は、定型約款の定義、契約内容への組入れの要件・効果を規定した上、約款条項のうち「相手方の権利を制限し、又は相手方の義務を加重する条項であって、その定型取引の態様及びその実情並びに取引上の社会通念に照らして〔民法〕第1条第2項に規定する基本原則に反して相手方の利益を一方的に害すると認められるものについては、合意をしなかったものとみなす」と規定する（組入れ除外規定（548条の2第2項））。この定型約款の規律は、企業法全体に多大な影響を与える規律であるが、労働法との関係では、就業規則法制への影響が予想される。もっとも、就業規則については、労基法・労契法が特別法として存在するため、就業規則は定型約款には該当せず、定型約款法制の直接適用はないものと解される。しかし、労契法7条が規定する労働条件の合理性（「合理的な労働条件」）は抽象度の高い概念である上、現実の就業規則には、不当条項と理解される可能性がある相当数の条項が含まれている（使用者に広範な契約内容決定・変更権限を認める条項〔時間外労働条項、配転・出向条項、賃金の一方的減額条項、退職金不支給・減額条項、包括的競業避止義務条項等〕）。そこで、こうした就業規則規定の解釈に際しては、組入れ除

第 1 部　理論編

外規定の趣旨を十分摂取すべきであろう。具体的には、労働契約の成立・展開・終了に関する判例法理（採用内定・試用期間、配転・出向・転籍・休職、兼職規制、守秘義務・競業避止義務、服務規律、不本意退職の規律等）を任意法規（デフォルト・ルール）に位置づけ、そこから著しく乖離する就業規則条項の合理性を否認するアプローチが考えられる[29] [30]。

　さらに、④債務引受の規律および⑤契約上の地位の移転は、従来は民法に規定のなかった法的規律である。③は、出向における賃金支払義務の規律について重要な意義を有する規定である。また、④は、転籍における使用者の地位の移転に関する規律に影響するものと解される。

　以上のほか、当初構想されていた債権法改正の提案は、現代社会の大変動に応じた債権法全体の包括的・体系的な見直しを内容としており、労働法・労契法の解釈・運用に多大な影響を及ぼしうる事項を含んでいた（民法（債権法）改正検討委員会「債権法改正の基本方針」（2009 年）、法制審議会民法（債権関係）部会「民法（債権関係）の改正に関する中間的な論点整理」（2011 年 4 月）、同「民法（債権関係）の改正に関する中間試案」（2013 年 2 月））。すなわち、「中間的な論点整理」は、現代社会における種々のサービス給付契約に関する新たな概念として「役務提供契約」の概念を提唱しており、ここでは雇用契約・労働契約

---

29)　加えて、組入れ除外規定（改正民 548 条の 2 第 2 項）は、不当条項規制とともに、従来は不意打ち条項として議論されてきた条項を含む趣旨と解されるところ、この規律も就業規則法理にとっては有益である。すなわち、労契法 7 条、10 条はともに、就業規則の拘束力の要件（手続的要件）として周知要件を規定している。周知とは、労働者が知ろうと思えば知りうる状態にしておくことをいうが（荒木＝菅野＝山川 113 頁）、不意打ち条項規制の趣旨を踏まえれば、就業規則が労働者にとって不意打ちとならないよう、換言すれば、労働者が就業規則に盛り込まれていることを合理的に予測できるよう事前の実質的周知を求めることが適切であろう。たとえば、就業規則規定が複雑多岐にわたるケースでは、使用者が就業規則に関する十分な説明・情報提供によって労働者が規則内容を認識できる状況を提供することを求め、それを欠くケースでは就業規則の契約内容補充効・変更効を否定する解釈が考えられる（土田・労働契約法 167 頁参照）。

30)　なお、改正民法の定型約款法制に対しては、民法改正前に構想されていた約款法制（本文で後述する「中間的論点整理」「中間試案」が提案していた約款法制）と比較して、合意原則・私的自治の原則との関係で大きな問題点を有していることが民法学説から指摘されている。この点については、特に、河上正二『『約款による契約』と『定型約款』」消費者法研究 3 号（2017）1 頁、山本敬三「改正民法における『定型約款』の規制とその問題点」同書 31 頁参照。また、民法改正前に構想された約款法制から見た就業規則法制（労契 7 条）の問題点については、土田・労働契約法 164 頁注 197 を、改正民法の定型約款法制と就業規則法制の関係については、山川・前掲注 28) 147 頁以下参照。

との関係が重要な課題とされていた。また、「中間試案」の段階では、総則規定である公序良俗について、暴利行為に関する準則を規定することが提案され、契約に関する基本原則として付随義務・保護義務が提案され、契約交渉段階に関する規律として情報提供義務が提案され、事情変更の法理や継続的契約が提案されていた。改正民法には結実しなかったが、今後も検討を継続すべき重要な課題であることは疑いない[31]。

3 会社法と労働法——取締役の対第三者責任・内部統制システム構築義務（第2部4）

前記のとおり、会社法上の取締役の対第三者責任規定（429条）は、労働法と会社法の新たな交錯領域を形成している。特に、労働災害に関しては、使用者（企業）の責任（安全配慮義務違反、不法行為責任）とは別に、取締役について安全配慮義務の履行体制構築義務を善管注意義務と解し、その懈怠を理由に、会社法429条に基づく取締役の損害賠償責任を肯定する裁判例が増加している[32]。すなわち、同条1項によれば、取締役が職務を行うについて悪意または重大な過失があったときは、それによって第三者に生じた損害を賠償する責任を負うところ、その中核的要件である任務懈怠は、労働関係法規を含む法令違反行為に関する取締役の善管注意義務を内容とすることから、取締役は、会社に対する善管注意義務として、会社に安全配慮義務（労契5条）を遵守させる義務（安全配慮義務履行体制構築義務）を負い、これに違反して労働者（第三者）に損害を発生させた場合は損害賠償責任を負う[33]。

会社法のこうした規律は、労働災害に遭遇した労働者に対する法的救済手段を多様化し、その実効性を高めるとともに、取締役に対し、過重労働等の労働法令違反行為を防止する体制の構築・運用を要請する意義を有している。もと

---

31) 役務提供契約については、山川・前掲注28)152頁以下参照。

32) 代表的裁判例として、大庄ほか事件・大阪高判平成23・5・25労判1033号24頁、サン・チャレンジほか事件・東京地判平成26・11・4労判1109号34頁。

33) 取締役の善管注意義務（会社429条1項）の対象となる法令は、「会社がその業務を行うに際して遵守すべきすべての規定」を含むと解されているため（野村證券損失補填株主代表訴訟事件・最二判平成12・7・7民集5巻6号1767頁）、労働関係法規も含まれることになる。

第1部　理論編

より、取締役の第三者責任には、経営判断原則（取締役の善管注意義務違反については、取締役の経営判断に裁量を認めた上、その判断過程・内容に著しく不合理な点がないか否かを審査するとの判断枠組み）[34] による制約があり、取締役に過大な責任を課すことは適切でないが、悪質な労働災害事案において取締役の安全配慮義務履行体制構築義務違反を肯定する判例法理は動かないところであろう。取締役が善管注意義務として安全配慮義務履行体制構築義務を負う根拠は、会社の運営にとって労使関係が不可欠であることとともに、労契法5条の存在に求められる[35]。

安全配慮義務履行体制構築義務は、取締役会が負う内部統制システム構築義務（会社362条4項6号）を構成する義務でもあり[36]、このことは、会社法が労働者を利害関係者（stakeholder）に位置づけ、その利益を保護する法規範として機能しうることを示している（Ⅰ3(2)）。

以上のほか、会社法429条は、解雇・整理解雇、不当な目的による会社解散、賃金不払い、労働時間法令違反（割増賃金不払い）等の事案でも肯定されており、その射程は拡大しつつある[37]。

4　会社法と労働法──企業の組織変動・M&Aと労働法

会社法と労働法を交錯するテーマとしては、企業の組織変動・組織再編の規律が重要である。以下、事業譲渡・会社分割（事業取得型M&A）、会社解散、

---

34)　伊藤靖史ほか『会社法〔第4版〕』（有斐閣、2018）233頁参照。

35)　近年の裁判例（前掲注32）サン・チャレンジ事件）は、会社の代表取締役が安全配慮義務遵守体制構築義務を負うことの根拠として、安全配慮義務が労基法、労働安全衛生法および労契法の各法令から導かれるものであることを掲げており、妥当と解される。

36)　取締役会が負う内部統制システム構築義務（会社362条4項6号）の内容については、会社法施行規則100条1項が規定しており、同項4号は、「使用人の職務の執行が法令及び定款に適合することを確保するための体制」を掲げるところ、同号の「法令」は、会社法に限定されるものではなく、特に制限はないと解されているため、労契法5条に基づく安全配慮義務履行体制構築義務を含むものと解される。

37)　会社解散に伴う解雇につき、JT乳業事件・名古屋高金沢支判平成17・5・18労判905号52頁、整理解雇につき、甲総合研究所事件・東京地判平成27・2・27労経速2240号13頁、不当労働行為等の目的をもって行われた会社解散につき、ベストマン事件・名古屋地一宮支判平成26・4・11労判1101号85頁、割増賃金不払いにつき、昭和観光事件・大阪地判平成21・1・15労判979号16頁。

20

株式取得型 M&A に分けて概観する。

(1) 事業譲渡（第2部2）

　まず、事業譲渡については、労働契約承継排除の不利益への対処が課題となる。この点、事業譲渡は、譲渡当事者間の契約に基づく債権行為であるから、事業を構成する個々の権利義務の承継手続を要し、全当事者の同意が必要となる（特定承継ルール）。この結果、譲渡会社・譲受会社は、譲渡契約において一部労働者の労働契約の承継を排除することができる。裁判例もこの帰結を認めており（合意承継説）、それによれば、当事者が事業譲渡に伴う労働者の採用を譲受会社の専権事項とする旨の特約（採用専権条項）を締結すれば、特約の効力が優先され、対象から排除された労働者の労働契約承継は否定される[38]。これに対して学説は、承継排除の不利益を重視する立場から多様な承継論を提起しているが、未だ裁判所を説得するには至っていない[39]。

　したがって、ここではやはり立法論が重要となる。この点、会社分割については労働契約承継法が制定されているが、同じく事業取得型 M&A であり、しかも、権利義務承継の性質が特定承継であるがゆえに労働契約承継排除の不利益がより大きい事業譲渡については、立法的規律の必要性が説かれながら成立していない[40]。この点は、最近の 2015 年における再検討（厚生労働省「組織の変動に伴う労働関係に関する研究会報告書」）においても同様であるが[41]、上述した労働契約承継排除の不利益に鑑みると、この消極的立法政策には疑問がある。

　この点、上記の「組織の変動に伴う労働関係に関する研究会報告書」は、労

---

38)　東京日新学園事件・東京高判平成 17・7・13 労判 899 号 19 頁。土田・労働契約法 610
　　頁参照。事業譲渡に伴う労働契約承継を肯定した前掲注 12)勝英自動車学校（大船自動
　　車興業）事件も、基本法理としては合意承継説を採用した上、譲受会社再雇用後の労働
　　条件変更に同意しない労働者を排除するとの契約内容に着目して公序違反により無効と
　　解し、労働契約承継を肯定したものであり、いわば例外法理に属する。
39)　学説については、土田道夫「事業譲渡における労働契約承継法理の可能性──解釈
　　論・立法政策の提言」法時 90 巻 7 号（2018)36 頁参照。
40)　厚生労働省「企業組織変更に係る労働関係法制等研究会報告」(2000)、厚生労働省
　　「企業組織再編に伴う労働関係上の諸問題に関する研究会報告」(2002)。
41)　https://www.mhlw.go.jp/stf/seisakunitsuite/bunya/0000109754.html
　　2016 年に公表された厚生労働省の新指針（平成 28 厚労告 318 号）も、承継排除の不
　　利益については、裁判例による一定の救済が行われていることを簡潔に紹介するにとど
　　まる。

第1部　理論編

働契約の承継について、全労働契約当然承継ルールの導入可能性を検討した上
で否定している。確かに、当然承継ルールは硬直的な面があり、会社法が趣旨
とする迅速な企業再編の要請と矛盾しうるとともに、その立法化は事業譲渡自
体を阻害し、かえって雇用の拡大を阻害する可能性がある。しかし、事業譲渡
における労働契約承継の立法論を当然承継ルールに限定する必要はない。すな
わち、特定承継ルール（合意承継説）を基本としながら一定の修正を施す規律
は、立法論として可能であり、たとえば、「労働契約の承継を当事者間合意に
よって決することを原則としつつ、明示の反対特約（採用専権条項・承継排除特
約）に不当な動機・目的がある場合は、例外的に労働契約承継を認める」との
規定が考えられる。会社法への対抗軸となる立法論の重要性に鑑みれば、こう
した柔軟な立法政策も十分検討すべきであろう[42]。

(2)　会社分割（第2部 2）

　会社分割における労働契約の承継については、労働契約承継法が部分的包括
承継ルールを採用しており、労働契約承継排除の不利益は存在しない。一方、
同ルールは、労働契約の一身専属性の原則（民625条1項）を修正したもので
あり、これによれば、承継事業に主として従事する労働者の労働契約は当然承
継され（労働契約承継法3条）、承継強制の不利益が発生するため、承継の要件
である5条協議（商法等改正法附則5条）の内容が議論されてきた。しかし、
この点も、日本アイ・ビー・エム事件（前掲注1)）によって一応の決着がつけ
られた。すなわち、同事件は、5条協議の趣旨につき、会社分割に伴う労働契
約の包括承継（承継3条）が労働者の地位に重大な変更をもたらしうることか
ら、分割会社に対し、承継事業に従事する個々の労働者との間で協議を行わせ、
当該労働者の希望等を踏まえつつ承継の判断をさせることによって、労働者の
保護を図ることにあると解した上、分割会社が5条協議を全く行わず、または、
著しく不十分な説明・協議しか行わなかった場合は、労働者は、労働契約承継
法3条が定める労働契約承継の効力を争うことができる（労働者は分割会社に
対し、労働契約上の地位にあることの確認を求めることができる）と判断した。適
切な判断と解される[43]。

　ところで、会社分割の法的性格は、会社法制定によって大きく変化した。す

---

42)　土田・前掲注39)41頁参照。

なわち、会社分割の対象は、従前の「営業の全部又は一部」から「事業に関して有する権利義務の全部又は一部」に改められた（会社2条29号・30号）ため、「事業」概念に拘束されない柔軟な権利義務の承継が認められ、理論的には、一部の権利義務の承継を排除することも可能となった（特定承継ルールへの接近）。これに対し、労働契約承継法は、「事業」を単位とする部分的包括承継ルールを維持している（2016年に改正された労働契約承継法8条に基づく指針（平成28年厚労告317号）（以下「改正承継法指針」という）第2の2(3)イ参照）。

　この結果、労働法においても新たな議論が生じている。すなわち、上記の新たな規律によれば、会社分割のスキームを用いつつ、労働条件の不利益変更を内容とする労働契約承継を転籍合意によって行うことも理論的には可能とされるところ、これは労働者に不測の不利益をもたらすことから、その可否が新たな論点となった。この点については、労働契約承継法の部分的包括承継ルールを潜脱するものとして公序に反し無効と判断する裁判例[44]の登場を契機に議論が行われている。そして、学説では、本件のようなケースは、承継事業に主として従事する労働者が会社分割としては承継態様から排除された場合であるから、労働契約不承継への異議申出権（労働契約承継法4条）の問題として捉えれば足りるものとされ、転籍合意による労働条件変更に異議のある労働者は4条所定の異議を申し出ることができ、異議申出によって従前の労働条件を内容とする労働契約が承継されると説く見解が有力である[45]。改正承継法指針（第2の2(5)イ）も、①労働契約を転籍によらずに会社分割により承継させる場合は労働条件がそのまま維持されることや、転籍の結果、労働者が承継から排除される場合は同法4条の異議申出が可能であることを当該労働者に説明すべきこと、②異議申出により労働契約は労働条件を維持したまま承継されるため、これに反する転籍合意は効力を否定されること等を定めている。

(3)　会社解散と解雇

　使用者は、営業の自由（憲22条1項）に基づき、会社解散の自由を有しており、株式会社においては、株主総会の特別決議を経て会社を解散することがで

---

43)　日本アイ・ビー・エム事件を踏まえて判断した最近の裁判例として、エイボン・プロダクツ事件・東京地判平成29・3・28ジャーナル65号1頁。
44)　阪神バス事件・神戸地尼崎支判平成26・4・22労判1096号44頁。
45)　荒木443頁、土岐将仁「判批」ジュリ1484号（2015)133頁参照。

第1部　理論編

きる（会社471条3号、309条2項11号）。会社解散を理由とする解雇について
は、裁判例は、①営業の自由を重視する観点から、会社解散が真実解散である
限り有効と解する例[46]と、②会社解散決議が有効であっても解雇の効力は別
途判断されるべきとして、会社解散の必要性や解雇手続の相当性を中心に審査
する例[47]に分かれてきた。

　この点、会社解散を理由とする解雇は、整理解雇と同様、労働者側に帰責事
由がない解雇であり、かつ、全従業員の解雇をもたらす点で整理解雇以上に深
刻な不利益をもたらすことを考えれば、会社解散については使用者決定の自由
に属する事項と考えるにせよ、それに伴う解雇の有効性については、労契法
16条によって別途、実質的な審査を行うべきであろう（②説）。前述した企業
法の保護法益と労働法の保護法益の調整という観点（Ｉ2）からは、会社解散
の自由（使用者決定の自由）と、それとの間で対抗関係にある労働者の法益
（雇用保障の利益）の適切な調整を図ることが必須となる。ただし、事業廃止の
必要性を厳格に判断することは、会社解散の自由（営業の自由）を過度に制約
する結果となるため、解雇手続の相当性（労働者に対する説明、経済的補償・再
就職支援措置等）に重点を置いて判断すべきものと解される[48]。

(4)　株式取得型M&A（第2部 3）

(ア)　買収企業の使用者性

　株式取得型M&Aとは、企業が株式交換・株式移転・株式譲渡等の手法に
よって別企業の株式を取得し、買収することをいう。その特色は、株主の変更

---

46)　大森陸運ほか2社事件・神戸地判平成15・3・26労判857号77頁等。
47)　三陸ハーネス事件・仙台地決平成17・12・15労判915号152頁等。
48)　この点、最近の裁判例は、①説を採用した上、会社が解散の事前に解散・解雇に関す
　　る説明・告知手続を十分尽くしていなかった事実を認定しつつも、解雇の必要性と合理
　　性が認められる場合は、そうした手続上の瑕疵により当然に解雇権濫用が肯定されるこ
　　とにはならないと述べ、解雇を有効と判断している（石川タクシー富士宮ほか事件・東
　　京高判平成26・6・12労判1127号43頁）。しかし、会社解散を理由とする解雇の特質
　　を考えれば、解雇の手続的義務（説明・協議）については整理解雇以上に厳格に解すべ
　　きであり、使用者は、信義則（労契3条4項）に基づき、この手続を誠実に履行する義
　　務を負うと考えるべきである。本件裁判例は、会社解散を理由とする解雇の特質を看過
　　するとともに、会社解散の自由（使用者決定の自由）を重視するあまり、労働者の保護
　　法益（雇用保障の利益）を過度に軽視する判断と解される（土田道夫「判批」判時2327
　　号（2017）174頁参照）。

24

によって株主構成が変動する一方、使用者に変更はなく、被買収企業が使用者としてそのまま存続することにある。したがって、株式取得型 M&A においては、事業譲渡・会社分割（事業取得型 M&A）におけるような労働契約承継排除の問題は発生しない。他方、株式取得型 M&A においては、買収企業が被買収企業に支配株主としての影響力を行使し、労働条件の不利益変更や解雇を実行させることがあるため、これら問題をめぐる紛争が発生しうる。そして、買収企業は原則として使用者たる地位に立つことはないものの、上記のようなケースでは、買収企業の労契法上・労組法上の使用者性が問題となる。こうして、株主（買収企業）に対する労働法の適用の可否という新たな課題が発生する。これは、株主価値モデル（I 3(1)）に伴い、機関投資家や投資ファンド等の「物言う株主」が増大したことに起因する課題である[49]。

このうち、①買収企業の労働契約法上の使用者性（労契 6 条）については、法人格否認の法理（法人格濫用の法理）の適用が問題となり、②労組法上の使用者性については、被買収企業の労働組合が買収企業に団体交渉を申し入れた場合の団体交渉義務（労組 7 条 2 号）が問題となる。

まず、①については、法人格の濫用の要件は、支配会社が従属会社を意のままに支配しているという客観的要件（支配の要件）と、それについて違法または不当な目的を有しているという主観的要件（目的の要件）に求められる[50]ところ、買収企業が被買収企業の株式の大多数を保有し、被買収企業の取締役会を支配するなどして経営方針・人事方針を決定した上、労働組合の排斥目的など不当な目的によって被買収企業に労働条件の不利益変更・解雇を行わせた場合は、法人格の濫用が成立しうる。

一方、②については、雇用主（労働契約上の使用者）以外の企業であっても、基本的労働条件について「雇用主と部分的とはいえ同視できる程度に現実的かつ具体的に支配、決定することができる地位にある場合」は労組法 7 条の使用者に当たるとの判例法理が確立している[51]ところ、買収企業が事業計画・賃金計画や人事方針を策定し、被買収企業が事実上これに従って労働条件を決定・変更するなど、買収企業が株主としての地位を超えて（逸脱して）労働条

49）　詳細は、土田・前掲注 10）257 頁以下参照。
50）　土田・労働契約法 70 頁、土田・概説 33 頁参照。
51）　朝日放送事件・最三判平成 7・2・28 民集 49 巻 2 号 559 頁。

第 1 部　理論編

件を実質的に決定していると評価できるほどの支配力を有している場合は、上記判例法理に従って労組法上の使用者性を肯定すべきである。以上の解釈は、「物言う株主」が株主価値モデルに依拠して行う短期的・機会主義的行動を制御する役割を営むのであり、まさにコーポレート・ガバナンスの変化への対抗軸となる解釈論（Ⅰ 3 (2)）に位置づけることができる[52]。

(イ)　人事・労務デュー・デリジェンス／表明・保証条項

前記のとおり（Ⅰ 3 (2)）、M&A の過程では、買収企業が被買収企業に対して人事・労務デュー・デリジェンス（買収監査）を行うことが多い。このデュー・デリジェンスは、間接的に被買収企業による労働法令の遵守（労働法コンプライアンス）を促進する機能を有するものと解される。すなわち、株式取得型 M&A においては、被買収企業が買収後も労働契約当事者（使用者）としてそのまま存続し、使用者責任を負うことから、被買収企業が買収後も買収企業から投資を受け続けるためには、人事・労務デュー・デリジェンスの結果、判明した人事・労務管理上の長所を維持しつつ、逆に問題点として判明した事項の解決・改善に取り組むことが不可欠となる（労働法令違反の是正は、M&Aの実行条件とされることもある）。そうした問題点を改善しないまま買収後に労働問題が発生すれば、労働者との関係で訴訟問題となるばかりか、買収企業による投資打切りの要因となるし、上記労働訴訟によって企業価値が下落し、買収企業（株主）に損害が発生すれば、買収企業による株主代表訴訟（会社 847条 1 項）の原因ともなりうるからである。こうして、人事・労務デュー・デリジェンスは、M&A 後の労働法コンプライアンスを促進する機能を営むものと解される。

また、同じく M&A 法上の契約条項である表明・保証条項も同様の機能を有するものと解される。表明・保証条項とは、買収契約上、買収企業が被買収企業に労働法令違反等がない旨を表明させ、被買収企業がそれに違反した場合は補償責任を負う旨の契約条項をいうところ、同条項によれば、被買収企業が労働法令違反等について虚偽の表明を行った場合は補償責任を免れないため、やはり労働法コンプライアンスを促進する機能を有するものと考えられる[53]。

---

52)　土田・前掲注 10) 297 頁参照。
53)　土田・前掲注 10) 287 頁以下参照。

5 知的財産法と労働法

　知的財産法と労働法を交錯するテーマも多い。以下、営業秘密の保護・守秘義務・競業避止義務、職務発明に限定して概観する[54]。

(1) 営業秘密の保護・守秘義務（第2部 6 ）

　不正競争防止法（不競法）は、営業秘密に関する不正競争として、事業者から示された営業秘密（2条6項）を図利加害目的で使用・開示する行為を定めており（同条1項7号）、守秘義務の実質的法源として機能する。一方、労働法上は、在職中（労働契約継続中）・退職後（労働契約終了後）を問わず、契約において守秘義務を設けることができるため、不競法との関係が問題となる。

　この点については、不競法上の「営業秘密」は秘密管理性・有用性・非公知性を要件として厳格に解釈され、図利加害目的という主観的要件が加重されるのに対し、契約上の守秘義務は「営業秘密」に当たらない事項にも及び、主観的要件は故意・過失で足りるなど、不競法より広範に秘密・情報を保護するものと解されている[55]。特に、秘密管理性については、同要件は不競法が創設した要件であり、守秘義務には及ばないため、秘密管理性を欠く情報も、秘密としての客観的価値を有する限りは守秘義務の対象となる。その代わり、守秘義務違反の効果としては、不競法のような強力な制裁（差止請求（3条1項））は予定されず、契約法上の救済（損害賠償請求（民415条））にとどまる。このように、営業秘密と守秘義務の要件・効果が大きく異なるのは、不競法が知的財産法として競争市場の公正な秩序の維持・規律を目的とするのに対し、守秘義務は、労使間の利益調整という枠組みの中で、もっぱら使用者の利益の保護を目的とする義務に位置するという点に求められよう。

　ところが、近年には、契約上の守秘義務について、その対象を不競法上の営業秘密より広範に解しつつも、労働者の情報取扱い等の行動を萎縮させるべき

---

54) 知的財産法と労働法の交錯テーマに関する包括的研究として、「労働法と知的財産法の交錯——労働関係における知的財産の法的規律の研究」日本労働法学会誌132号（2019）参照。本書は、日本労働法学会第135回大会（2018年）において、本書執筆者中、石田信平氏、天野晋介氏、河野尚子氏および私が報告を担当し、「労働法と知的財産法の交錯」と題するシンポジウムを行ったものの成果である。

55) 土田・労働契約法123頁。西谷189頁も参照。

第1部　理論編

ではないとの観点から、営業秘密の要件（秘密管理性、非公知性）と同一の要件を求める裁判例が登場している[56]。これによれば、守秘義務の範囲は、上述した労働法・知的財産法の法理念や保護法益の違いを超えてほぼ同一と解されることになりうる。知的財産法と労働法の関係をめぐる新たな論点を提起するものであり、理論的考察を深める必要がある[57]。

(2)　不正競争防止法と競業避止義務（第2部 6）

　競業避止義務は、在職中（労働契約継続中）の義務と退職後（労働契約終了後）の義務に分かれる。退職後の競業避止義務については、職業選択の自由（憲22条1項）を考慮して、契約上の明確な根拠を求めるとともに、ⓐ労働者の地位、ⓑ前使用者の正当な利益の有無、ⓒ対象職種・期間・地域から見て職業活動に過大な制約を及ぼさないこと、ⓓ代償の有無という4要素を総合して厳格に判断される。また、ⓔ手続的要件としては、使用者は、競業避止特約の締結に際して労働者に必要な情報を提供すべきものと解されている[58]。

　不競法と競業避止義務の関係については、同法が営業秘密の保護のみならず、競業それ自体の規制にも及ぶか否かが論点となる。この点については、要件論・効果論の両面で積極説が生じている。まず、根拠・要件論としては、裁判例上、競業避止義務が不競法上の営業秘密の保護を目的としているか否かによって根拠・要件を二分する判断が示されている[59]。この見解は、競業避止義務が不競法上の営業秘密の保護を目的としている場合は契約上の根拠を不要と解するとともに、伝統的要件論に従って総合判断を採用しつつ、それ以外の場合は契約上の明示の根拠を求めるとともに、義務内容の最小限度の限定と代償を要件とする厳格解釈を採用する。また、効果論としては、競業行為の差止請求について、営業秘密の不正使用・開示を伴う競業に対して不競法の差止請

---

56)　関東工業事件・東京地判平成24・3・13労経速2144号23頁、レガシィ事件・東京地判平成27・3・27労経速2246号3頁は、有用性要件も肯定。エイシン・フーズ事件・東京地判平成29・10・25 LEX/DB 25449017も参照。

57)　この論点については、河野尚子「営業秘密・不正競争防止法と守秘義務」前掲注54）日本労働法学会誌132号（2019）17頁参照。

58)　土田・労働契約法710頁以下。

59)　東京リーガルマインド事件・東京地決平成7・10・16労判690号75頁。

求規定（3条1項）の直接適用を認める学説が登場している[60]。

　一方、これに対しては、不競法はあくまで営業秘密の不正使用・開示を対象とする立法であり、競業行為自体を対象とするものではないとして批判し、根拠・要件を一元的に解するとともに、差止請求規定の適用を否定する見解が見られる[61]。これによれば、不競法は、確かに不正の競業を含む図利加害目的で行う不正競争に対する規律を定めているが、これは規制対象行為を目的面から限定したものであり、競業それ自体を規制しているわけではなく、したがって、競業避止義務の根拠・要件・効果は、不競法とは別に、労働契約法の問題として扱うべきものとされる。

　これら見解の対立は、労働法と不競法の関係性をめぐる対立であるとともに、より高次の次元では、労働者の職業選択の自由と企業の秘密・情報保護の間の調整に係る対立を意味しており、理論的検討を深める必要がある[62]。

(3)　職務発明（第2部 **7**）

　職務発明（特許35条）は、特許法の中核的制度を意味するが、同時に労働法との親和性も有している。もともと職務発明は、従業者（特許35条1項）の職

---

60)　石田信平「営業秘密保護と退職後の競業規制（3・完）——アメリカにおける不可避的開示論の形成と展開を踏まえて」同志社法学319号（2007）250頁。

61)　土田・労働契約法719頁、土田道夫「競業避止義務と守秘義務の関係について」中嶋士元也先生還暦記念『労働関係法の現代的展開』（信山社、2004）209頁。

62)　以上のほか、知的財産法と労働法の交錯テーマというよりは、労働法固有の課題であるが、守秘義務と競業避止義務の関係も問題となる。この点については、競業避止義務が退職労働者の職業活動自体を禁止する点で職業選択の自由への制約度が高いのに対し、守秘義務は、営業秘密その他の秘密・情報の漏洩のみを規制する義務であり、競業避止義務より穏健な手段であることから、競業避止義務ほどの厳格な要件を課すべきではないと説く見解がある。これによれば、守秘義務については、競業避止義務のように、義務期間の限定や代償を要件と解する必要はないとされる（土田・労働契約法709頁、同・前掲注61）196頁）。一方、これに対しては、こうした両義務の峻別論を批判し、①守秘義務も競業避止義務も、不競法を超える秘密・情報の保護を目的とする場合は、退職労働者の職業選択の自由を制限することに変わりはなく、また、②退職労働者は在職中に得た知識・情報等を活用して転職することが多いことを考えても、退職後の守秘義務が職業選択の自由に対して有する制約度は高いと解し、上述した競業避止義務の判断要素を適用して判断することを主張する見解もある（石田信平「営業秘密保護と退職後の競業避止義務」前掲注54）日本労働法学会誌132号（2019）34頁。②の理由を重視して判断した最近の裁判例として、播磨殖産事件・大阪地判平成29・3・14 LEX/DB 25545730）。引き続き検討を深めるべきテーマといえよう。

第1部　理論編

務に属する行為の結果として行われる発明であるから、労働義務の履行過程における事象を意味する。また、2004年改正特許法35条3項が規定していた職務発明の対価（相当の対価）も、特許法上特許を受ける権利等の承継の対価（特許法上の特別の給付）を意味するが、実質的に考えれば、職務発明（労働の遂行・成果）の価値を評価して支払われる給付という点で賃金との共通性を有していた。特許法35条は、2004年改正により、対価の決定に関して使用者等と従業者等が行う「協議の状況、……基準の開示の状況、……従業者等からの意見の聴取の状況等を考慮して、……不合理と認められるものであってはならない」と規定し、対価決定に至る手続を重視する制度を採用したが（同条4項。2015年改正後は5項）、これは、賃金決定に関する労働法の規律を摂取し、使用者・従業者の交渉を促進する規範に転化したものと評価することができる[63]。

　ところで、特許法35条は、2015年に再度改正され、特許を受ける権利を使用者帰属とすることを可能としつつ、（選択的使用者原始帰属）、従業者が相当の利益（相当の金銭その他の経済上の利益）を受ける権利を有することを内容とする法制度に改められた（35条3項・4項）。特許法は長らく、特許を受ける権利について従業者原始帰属（創作者主義）を採用しつつ、従業者が使用者に権利を承継させた場合の相当対価請求権を保障してきたが（2004年改正においても同じ）、2015年改正により、選択的使用者帰属およびそれを前提とする相当利益請求権の制度に転換したのである。

　この改正を契機に、3つの理論的課題が生じている。第一は、特許を受ける権利の帰属と従業者の利益請求権に関する理論的・法政策的研究の深化という課題である。この点、労働法・労働契約においては、労働の成果物と報酬に係る権利義務について、労働者が産み出す成果を全て使用者に帰属させつつ、その対価として賃金請求権を肯定する原則（一般雇用原則）が採用されているが、職務発明制度も、上述した2015年改正により、一般雇用原則に大きく接近するに至った[64]。この立法政策について、知的財産法学においては、知的財産権一般に関する創作者主義（権利の創作者帰属）を修正して、特許を受ける権利を使用者に帰属させつつ（一般雇用原則）、従業者の利益請求権について、従

---

63)　この点については、土田道夫「職務発明とプロセス審査——労働法の観点から」田村善之＝山本敬三編『職務発明』（有斐閣、2005）171頁以下、180頁以下参照。土田・労働契約法148頁も参照。

30

業者に対する発明のインセンティヴの付与という観点から、国家が一般雇用原則を一部修正して賃金以外の特別の利益請求権を肯定する政策には合理性があると説く見解が有力である[65]。労働法学上も、選択的使用者原始帰属の立法政策に合理性を認めつつ、職務発明という高度の知的創造行為に対する公正な給付として相当利益請求権を法定することが適切として改正特許法を支持する見解が見られるが[66]、引き続き検討を深める必要がある。

第二に、2015年改正に伴い、多くの企業は、契約・勤務規則その他の定めによって特許を受ける権利の使用者帰属を実現している。この点、2015年改正前の相当の対価は、従業者原始帰属（創作者主義）を前提に、特許を受ける権利の承継の対価と把握されたため、賃金から峻別されうるものであった[67]。しかし、2015年改正後は、選択的使用者原始帰属の下、職務の成果（特許を受ける権利）が使用者に帰属する一方、その対価として従業者の相当利益請求権が保障されることから、職務発明・相当利益請求権と労働契約上の労働義務・賃金請求権との関係が理論的に重要な課題となる。私は、相当の利益は①労働の対価（賃金）であると同時に、②高度の知的創造行為に対する特許法上の特別給付という二重の性格を有するものの、特許法が前記の政策目的から従業者の相当利益請求権を法定したことに鑑み、同法の特別給付としての性格を優先させることが適切と考える。この結果、相当の利益は賃金としての性格を捨象され、労基法11条や労契法2条、6条の「賃金」から除外されるとともに、労基法・最低賃金法等の賃金に関する規律の適用を除外されることになる[68]。

---

64) もっとも、特許を受ける権利の法人帰属を実現するためには、あくまで契約・勤務規則その他の定めによる規定を要するのであり、それが行われない限り、特許を受ける権利は従業者に帰属するという意味で、従業者原始帰属（創作者主義）がデフォルト・ルールとされていることに留意を要する。

65) 横山久芳「職務上作成される創作物の権利の帰属について――『創作者主義』と『一般雇用原則』の二つの視点からの検討」日本工業所有権学会年報39号（2016）189頁以下、吉田広志「職務発明規定の平成27年改正について」日本工業所有権学会年報39号（2016）258頁。

66) 土田・労働契約法145頁、土田道夫「職務発明・職務著作と労働法の規律――労働法と知的財産法の交錯問題に関する一考察」日本労働法学会誌132号（2019）55頁以下。

67) 土田・前掲注63)150頁参照。裁判例として、野村證券事件・知財高判平成27・7・30 LEX/DB 25446764。

68) この点については、土田・前掲注66)60頁以下参照。この結果、相当の利益を賃金・賞与に含めて支給することは原則として許されないと解される。

第1部　理論編

もとより、引き続き理論的考察を要する課題である。

第三に、職務発明に対する特許法・労働法の適用関係のあり方については、職務発明と相当の利益を「労働条件」と解し、特許法35条とともに労働法の適用を肯定すべきか否かが問題となる。学説・裁判例では肯定説がある[69]一方、職務発明と相当利益は使用者・労働者間の関係ではなく使用者・発明者間で生ずる問題であり、産業政策上の考慮に基づく制度であることを理由に否定する見解もある[70]。否定説によれば、職務発明制度に対する労働法の適用は否定され、たとえば、2015年改正を受けて使用者が職務発明規程を改訂した場合（相当利益の付与が2015年改正前の基準に基づく相当対価の額を下回る結果をもたらす改訂等）も、就業規則による労働条件の不利益変更の規律（労働条件変更の合理性審査（労契10条））は否定されることになる[71]。それは必然的に、職務発明について、労働法が主眼とする労使間の適切な利益調整を困難とする事態をもたらしうる。こうした況を踏まえて、職務発明に対する特許法・労働法の適用関係のあり方に関する考察を深める必要がある。

6　倒産労働法（第2部5）

倒産労働法の課題としては、倒産における賃金債権の保護（破産149条、会更130条、127条2号、132条1項、民再122条、119条2号、121条）が重要であるが、紙幅の関係上、ここでは再建型手続における整理解雇の問題を取り上げる[72]。まず、民事再生手続・会社更生手続下の整理解雇に対する解雇権濫用

---

69)　土田・前掲注63)152頁、土田・前掲注66)66頁。同旨、松岡政博「職務発明と労働法——実務の立場から」ジュリ1302号（2005）115頁。特許法35条の指針（同条6項）は、契約、勤務規則その他の定めによって相当利益の決定基準を規定する場合につき、契約、勤務規則その他の定めには労働協約・就業規則が含まれるため、相当利益の決定基準を労働協約・就業規則で定めることも可能としつつ、当該基準について労働法上の効力が発生した場合も、当該利益の不合理性が直ちに否定されるわけではなく、不合理性の判断はあくまで同条5項に基づいて行われると述べている。特許法35条と労働法の重畳適用を認めつつ、35条の規律が従業者に有利な場合にその優先適用を肯定する立場と解される。

70)　木村陽一「新たな職務発明制度」L&T24号（2004）17頁、深津拓寛ほか『実務解説職務発明——平成27年特許法改正対応』（商事法務、2016）212頁。

71)　深津ほか・前掲注70)212頁。

72)　土田・労働契約法703頁以下参照。

規制（労契 16 条）の適用の可否が問題となるが、裁判例は肯定説を採用している[73]。再建型手続の場合、企業が解散することなく存続して雇用を継続する可能性があること、民事再生計画・会社更生計画ともに、関係債権者の利害調整という倒産法の観点からは入念に検討されたものと評価できる一方、労働者の雇用保障の観点からの検討は十分なものとはいい難いこと、手続上も、過半数組合等への意見聴取等はある（民再 24 条の 2、会更 22 条 1 項等）ものの、異議申立等のより実質的な労働者保護手続が存在しないことを考えると、こうした実質的司法審査が行われるのは当然といえよう。

　問題は、整理解雇の具体的判断において、再建型手続の特質をどのように考慮するかである。この点については、会社更生手続下の整理解雇について、解雇が会社更生計画に従って行なわれたことを重視して有効と判断した裁判例がある（日本航空（客室乗務員）事件）[74]。本件では、整理解雇の 4 要素のうち人員削減の必要性の有無が重要な争点となったが、これは、本件会社が整理解雇時点では認可更生計画を上回る営業利益を計上し、自己資本比率が増大するなど、人員削減の必要性に疑念を生じさせる事情が存在したためである。しかし、前掲日本航空（客室乗務員）事件は、上記事情を主張する労働者側主張を斥け、人員削減策を盛り込んだ更生計画の合理性およびそれを実行する必要性を重視して人員削減の必要性を肯定した。

　そこで検討するに、更生計画が利害関係人（株主・債権者）の利害損失の慎重な調整を経て策定されていることや、管財人による更生計画の遂行（会更 209 条 1 項）の要請を重視すれば、この判断は首肯しうる面があり、コーポレート・ガバナンスの観点からも注目される判断である。他方、更生計画が利害関係人（株主・債権者）の利害の慎重な調整を経て策定されたとしても、これを過度に重視すると、結局、労働者の利益が十分考慮されないまま策定された更生計画をそのまま是認する結果となり、会社更生手続下の整理解雇に対する解雇権濫用規制の適用を空洞化する結果をもたらしかねない。そこで学説では、人員整理の必要性の判断時点を、人員削減策を含む更生計画策定時ではな

---

73)　会社更生手続下の整理解雇につき、日本航空（運航乗務員）事件・東京高判平成 26・6・5 労経速 2223 号 3 頁、民事再生手続下の整理解雇につき、山田紡績事件・名古屋高判平成 18・1・17 労判 909 号 5 頁。

74)　東京高判平成 26・6・3 労経速 2221 号 3 頁。

第1部　理論編

く最終的な整理解雇時に置くことで、より実質的な判断を行うべきことを示唆する見解もある[75]。本件は、最高裁が労働者の上告を棄却・不受理として決着したが[76]、倒産労働法における検討課題を残しているように思われる[77]。

7　国際労働関係法（第2部 9・10）

国際労働関係法において重要な法律問題は、労働契約についてどの国の法を適用すべきかという「労働契約の準拠法」の問題と、労働契約紛争はどの国の裁判管轄に服するのかという「労働契約の国際裁判管轄」の問題である。この点については、近年、2つの重要な立法が成立した。すなわち、準拠法に関しては、2006年、法例を全面改正して法の適用に関する通則法（通則法）が成立し、国際裁判管轄に関しては、2011年、民事訴訟法・民事保全法の改正によって国際裁判管轄法制が整備され、ともに労働契約規定を設けた[78]。

(1)　労働契約の準拠法

まず、通則法は、契約の準拠法について当事者自治の原則を採用しつつ（7

---

75)　池田悠「会社更生手続における整理解雇の有効性――日本航空（整理解雇）事件」「倒産と労働」実務研究会編『概説　倒産と労働』（商事法務、2012）172頁。

76)　日本航空（客室乗務員）事件・最二判平成27・2・4 LEX/DB 25505801、日本航空（運航乗務員）事件・最一決平成27・2・5 LEX/DB 25505802。

77)　最近では、倒産法と労働法の対抗関係および労使関係の場面における労働法の優越性を明示する裁判例が登場している（日本航空事件・東京高判平成27・6・18労旬1850号49頁、最二決平成28・9・23 LEX/DB 25543912（使用者側の上告棄却・不受理））。事案は、会社の更生管財人（企業再生機構）のディレクター等が行った発言（争議権が確立された場合、それが撤回されるまで、会社更生計画案で予定する3500億円の出資をすることはできない旨の発言）の支配介入（労組7条3号）該当性が争われたものであり、判決はこの点を肯定したが、その際、判旨は、仮に上記発言の基礎を成す機構執行部の判断が管財人としての経営判断としては相当かつ合理的なものであったとしても、それを労働組合に伝達することが不当労働行為に該当するか否かは別問題であり、労組法7条3号によって別途検討されるべきものであると述べ、組合運営への支配介入該当性を肯定している。更生管財人といえども、その任務とは別に、労使関係の面では労働法を遵守すべきであるとの明晰な判断を示したものとして重要である。

78)　本項の詳細は、日本国内就労労働者につき、土田道夫「外国人労働者の就労と労働法の課題」立命館法学357・358号（2015）1649頁を、海外勤務労働者につき、同「海外勤務労働者と国際労働関係法の課題」村中孝史ほか編『労働者像の多様化と労働法・社会保障法』（有斐閣、2015）262頁を参照。

条）、労働契約については、準拠法の選択がない場合に備えて、法律行為の成立・効力は当該法律行為に最も密接な関係がある地の法によるとの規律（最密接関係地法ルール＝8条1項）を規定する。そして、労働契約の特例として12条3項を設け、労務提供地法（労務を提供すべき地の法）を最密接関係地法と推定し、労務給付地法を特定できない場合は雇入事業所所在地法（労働者を雇い入れた事業所の所在地の法）を最密接関係地法として推定する旨規定している。労働契約においては、当事者は通常、実際に労務が履行され、労働条件管理や指揮命令が行われる場所の法に服する意思を有していると考えられるため、12条3項がこの2つの要素を重視する規律を設けたことには合理性がある。

　また、通則法12条1項は、当事者が最密接関係地法以外の法を準拠法として選択した場合も、労働者の一方的意思表示によって最密接関係地法中の特定の強行規定の適用を認める特例を規定し、同条2項は、最密接関係地法として、労務提供地法（労務提供地法を特定できない場合は雇入事業所所在地）を推定すると規定する。特定の強行規定の典型は、当事者の権利義務を規律する私法的強行規定であり、労契法中の強行規定（解雇権濫用規制（16条）等）や、雇用機会均等法・労契承継法中の強行規定が代表例である。また、労組法中の労働協約規定や、判例法理中、強行的性格を有するものも特定の強行規定に該当する。さらに、労基法・労働安全衛生法等の労働保護法や労組法は、いわゆる絶対的強行法規と解され、日本国内で就労する労働者については、当事者の意思にかかわらず当然に適用される。

(2)　労働契約の国際裁判管轄

　国際裁判管轄の決定とは、日本で就労する労働者が労働紛争について民事訴訟を提起する場合の裁判管轄を決定することをいう。この点については、2011年の民事訴訟法・民事保全法の改正によって国際裁判管轄法制が整備され、労働契約に関する規定が設けられた。

　すなわち、改正民事訴訟法は、労働者が個別労働関係民事紛争について訴えを提起する場合、労働契約上の労務提供地または雇入事業所所在地が日本国内にあるときは、日本の裁判所に裁判管轄を認める旨を規定する（3条の4第2項）。また、専属的管轄合意（契約当事者が明示の合意によって外国等の裁判所を専属的管轄裁判所として指定する合意）については、①労働契約終了時の合意であって、契約終了時における労務提供地の裁判所を指定する合意である場合お

第1部　理論編

よび②労働者が合意された国の裁判所に訴えを提起し、または、その合意を援用した場合に限り有効とすることを規定している（3条の7第6項1号・2号）。

(3)　評　価

以上2つの立法は、いずれも、準拠法選択の自由・裁判管轄選択の自由を制限し、労働者保護を優先させる立法政策を採用したものである。まず、通則法によれば、特に日本国内で就労する労働者の場合、当事者が労働契約で準拠法選択を行っていない場合、労務提供地法である日本法が最密接関係地法と推定され、また、当事者が外国法を準拠法選択した場合も、労働者は最密接関係地法中の特定の強行規定の適用を主張できることから、日本人・外国人を問わず、日本の労働法を適用して保護することが可能となった。一方、改正民事訴訟法は、日本国内で就労する労働者に対し、日本の裁判所への提訴（アクセス）を容易にした点で画期的な意義を有している。特に、専属的管轄合意について厳格な要件を規定した点は、外国裁判所の管轄指定を安易に肯定する結果をもたらしてきた従前の法的状態を劇的に変化させるものである。こうして、国際的労働関係法については、実体法・手続法両面で立法が整備され、グローバル化した雇用社会における「法の支配」が格段に進んだものと評価できる。労働法が堅牢な私法規範に結実した代表例といえよう[79]。

8　個人情報保護法と労働法（第2部12）

2003年、民間企業と公共部門の双方における個人情報の保護を目的とする基本法として個人情報保護法（個人情報の保護に関する法律）が制定され、2015年には重要な改正を施された。労働法との関係で重要な2015年改正事項としては、①「要配慮個人情報」の新設、②個人情報の開示・訂正・利用停止等に係る請求権の明確化、③個人情報取扱事業者の拡大、④利用目的の変更要件の緩和等が挙げられる[80]。

---

79)　外国人労働者の労働契約・労働条件については、土田・労働契約法854頁以下、土田・前掲注78)立命館法学357・358号1659頁以下を参照。

(1) 労働者のセンシティブ情報の保護

2015年改正個人情報保護法は、「要配慮個人情報」の概念を新設し、原則として本人同意を得ない限り取得できない旨の規律を設けた（17条2項）。「要配慮個人情報」とは、「本人の人種、信条、社会的身分、病歴、犯罪の経歴、犯罪により害を被った事実その他本人に対する不当な差別、偏見その他の不利益が生じないようにその取扱いに特に配慮を要する……個人情報」（2条3項）をいう。病歴を含め、特に配慮を要するセンシティブ情報を規定したものであり、労働契約においても重要な意義を有する。例外的に本人同意を得る必要がない場合としては、法令に基づく場合や、人の生命・身体・財産の保護のために必要がある場合であって、本人同意を得ることが困難な場合など、政令で定める場合を含めて6点が規定されている（17条2項）。また、要配慮個人情報については、オプトアウト方式による第三者提供が禁止される（23条2項）。

また、労働者のセンシティブ情報の法的保護については、近年、個人情報保護法上の利用目的による制限規定（個人情報16条1項）違反の有無が争われた裁判例がある[81]。事案は、病院に勤務する労働者が他の病院の検査によってHIV感染と判明した後、当該他の病院医師から連絡を受けた労働者の上司らが本人同意を得ないままHIV感染情報を共有して就労に関する方針を話し合い、同人に欠務を指示したというものであるが、判旨は、上記情報共有について、個人情報取得の目的である診療目的の範囲を超える利用であり、個人情報の目的外利用に該当すると判断した上、HIV感染情報は、他人に知られたくない個人情報に該当するから、上記目的外利用は特段の事情がない限りプライバシー侵害の不法行為（民709条）を成立させると判断し、病院の損害賠償責任を肯定している。妥当な判断と解されるが、特に、個人情報保護法16条1項違反行為を原則としてプライバシー侵害行為と判断した点は、労働法との関係

---

80) 2015年改正については、宇賀克也『個人情報保護法の逐条解説〔第5版〕』（有斐閣、2016）、砂押以久子「近時の法改正と労働者の個人情報の取扱い――改正個人情報保護法・マイナンバー法・ストレスチェック制度」季労253号（2016）139頁参照。なお、個人情報保護法に関しては、厚生労働省が「雇用管理に関する個人情報の適正な取扱いを確保するために事業者が講ずべき措置に関する指針」（平成16・7・1厚労告259号）を公表し、また、厚生労働省および経済産業省が「個人情報の保護に関する法律についての経済産業分野を対象とするガイドライン」（平成16・10・22厚労・経産告4号）を公表しており、企業の具体的行為規範を知る上で重要である。

81) 社会医療法人A会事件・福岡高判平成27・1・29労判1112号5頁。

第1部　理論編

で重要な意義を有する。この点、従来、公法（行政法）である個人情報保護法の私法上の意義は明らかでなかったが、本判決は、プライバシー侵害の不法行為の構成を用いて同法の私法上の意義を肯定した点に意義がある[82]。

(2)　個人情報の本人開示

個人情報保護法によれば、本人は、個人情報取扱事業者に対し、当該本人が識別される保有個人データの開示を請求することができ（28条1項）、事業者は、上記請求を受けたときは、政令で定める方法により、遅滞なく当該個人データを開示しなければならない（同2項）。2015年改正前は、本人の求めに応じて「事業者は、……開示しなければならない」との義務規定だったのを改め、本人の請求権規定としたものである。この点、改正前は、事業者の義務規定であったため、労働者を含む本人が事業者を被告として個人情報を開示するよう訴えを提起した場合、裁判上の請求として認められるか否かについて見解が分かれていたが、改正後は、この点は異論なく肯定されるものと解される。労働契約においては、人事考課情報など、労働者が開示を求めることに利益を有する情報は少なくないことから、労働法上も重要な意義を有する改正である。

もっとも、個人情報の本人開示請求権には例外があり、本人または第三者の生命・身体・財産その他の権利利益を害するおそれがある場合（個人情報28条2項1号）のほか、「事業者の業務の適正な実施に著しい支障を及ぼすおそれがある場合」が挙げられる（同項2号）。このため、たとえば人事考課情報についても、「業務の適正な実施に著しい支障を及ぼすおそれがある場合」に当たると判断されれば不開示も許容されることになる。しかし、近年普及している成果主義人事の下では、人事考課の本人開示が人事考課権の適正な行使（公正

---

82)　以上のほか、個人情報保護法違反について不法行為が成立しうる場面として、利用目的の特定・通知（個人情報15条、18条）、要配慮個人情報の取得（同17条2項）、安全管理措置・従業者の監督（同20条、21条）、第三者提供（同23条1項）が挙げられる。たとえば、事業者（使用者）が特定・通知目的を超えて労働者の個人情報を利用した場合（人事考課目的を特定・通知していないのに同目的のために利用した等）、本人同意を得ないまま第三者に提供した場合（たとえば、取引先の便宜を図るために従業員名簿を提供）は、それぞれプライバシー権侵害の不法行為が成立しうる（第三者提供に関する不法行為の否定例として、前掲注81）社会医療法人A会事件）。また、個人情報を取り扱う従業員が無断で第三者提供するなど、従業員が個人的に行った不法行為について使用者責任（民715条）が発生する場合もある。

な評価）の重要な要素となること[83]から、人事考課情報データの不開示が許されるのは、業務の適正な実施に具体的かつ現実的な障害をもたらすおそれのある場合など例外的な場合に限られると考えるべきであろう[84]。

9　独占禁止法と労働法（第2部 8 ）

　独占禁止法（独禁法）は、事業者間の公正かつ自由な競争を促進するとともに一般消費者の利益の確保と国民経済の健全な発展の促進を目的とする法であり（1条）、事業者がカルテル、不当な取引制限、私的独占、優越的地位の濫用等によって市場支配力を不当に形成・維持・強化することを規制している。この点、従来の独禁法運用上、公正取引委員会は、労働契約など請負以外の就労形態は同法2条1項所定の「事業」に当たらないと解し、同法の適用に慎重な姿勢を示してきた。しかし、近年には、使用者（発注者）による不当な守秘義務・競業避止義務の設定、移籍制限（使用者の単独行為）や、引抜き防止協定・賃上げ抑制（使用者の共同行為）など、労働法のみならず、独禁法上も問題となる事象が発生している。一方、長期雇用制度の変化、ITの進展による外部人材・高度専門人材活用の増加等を背景として就労形態が多様化し、フリーランスなど雇用（労働契約）によらない自営的就労が増加している。

　そこで、公正取引委員会は、2017年、「人材と競争政策に関する検討会」を設置し、使用者の人材獲得競争等に関する独禁法の適用関係の理論的整理を行い、2018年2月15日、「人材と競争政策に関する検討会報告書」を公表した[85]。以下、「報告書」を参考に、労働法と独禁法の交錯テーマについて整理するが、紙幅の関係上、使用者の共同行為の規律については割愛する[86]。

(1)　使用者の単独行為の規律——守秘義務・競業避止義務

　前記のとおり（Ⅱ5）、守秘義務・競業避止義務（特に退職後の両義務）は、

---

83)　この点については、土田・労働契約法289頁以下参照。
84)　労働者のプライバシー・個人情報保護をめぐるその他の論点については、土田・労働契約法133頁以下参照。
85)　http://www.jftc.go.jp/cprc/conference/index_files/180215jinzai01.pdf
86)　詳細は、土田道夫「人材獲得市場における労働法と競争法の機能」ジュリ1523号（2018）48頁参照。

第1部　理論編

労働法と知的財産法を交錯する代表的テーマであるが、報告書は、使用者の単独行為に対する独禁法の規律について、これら両義務を主要な対象として検討している。報告書は、使用者の単独行為の規律に係る基本的考え方を、①自由競争減殺・競争の実質的制限、②競争手段の不公正さ、③優越的地位の濫用の各観点から整理した上、守秘義務・競業避止義務について検討している。具体的には、①自由競争減殺の観点からは、役務提供者が他の発注者に対して役務を提供することを抑制する効果を有する場合は独禁法上の問題となり、特に両義務の内容・期間が過大であるほど問題となりやすいこと、②競争手段の不公正さの観点（一般指定14項参照）からは、使用者が役務提供者に義務を課す際に虚偽または不十分な説明を行っている場合は独禁法上の問題となること、③優越的地位の濫用の観点（独禁2条9項5号）からは、取引上優越的地位にある発注者が役務提供者に両義務を課すことで役務提供者が他の発注者に対して役務を提供する機会を喪失させ、不当に不利益を与える場合は独禁法上の問題となること、その際、発注者が代償措置を講じている場合は、代償措置の有無・内容・水準の相当性等が考慮されることを指摘する。

　この点、守秘義務・競業避止義務については、労働法と知的財産法の交錯という観点からは、営業秘密・企業秘密・情報保護の要請と労働者の情報利用の自由・職業選択の自由の調整が主要な課題となるが（Ⅰ2・Ⅱ5）、独禁法の観点からは、市場における公正かつ自由な競争の促進という同法の保護法益を踏まえた新たな法的規律が可能となる。特に、報告書が指摘する独禁法上の競業避止義務の評価基準（①自由競争減殺の観点による義務内容・期間の過大性（実体的基準）・②優越的地位の濫用の観点による代償措置の有無・内容（実体的基準）・③競争手段の不公正さの観点による使用者の説明の適切性（手続的基準））は、競業避止義務の労働法上の評価基準（Ⅱ5⑵のⓒ・ⓓ・ⓔ）と共通しており、両法の規律が接近する可能性を示している（報告書も、競業避止義務に関する労働法上の判断基準が独禁法上の評価に際して参考となると指摘する（第6・2））。他方、守秘義務・競業避止義務について労働法が求める要件と、独禁法が求める要件は異なりうるのであり、例えば競業避止義務の場合、労使間の適切な利益調整を本旨とする労働法の観点からは合理的で有効と評価される競業避止特約（退職労働者の競業を禁止することに正当な理由があり、義務内容が過大でなく、高額の代償が支給されるケース等）も、退職労働者が特に優れた人材であるため、同人の競業を禁止し、他の使用者に対する労務の提供を不可能とすることが自

40

由で公正な競争秩序を著しく阻害すると評価される場合は、独禁法上は違法と解される可能性がある（自由競争減殺、拘束条件付取引（一般指定12項））。つまり、退職労働者の守秘義務・競業避止義務は、独禁法（競争法）上は労働法以上に厳しく規制される可能性がある点に留意する必要がある。

(2) 労働組合法と独禁法の規律の競合

近年には、前述した雇用・就労形態の多様化に伴い、労働契約以外の契約形態によって役務を提供する者（カスタマー・エンジニア、修理代行店等）の労組法上の労働者性が争われ、肯定される事例が複数登場している[87]。ところで、これら役務提供者が労働組合を結成して事業者と団体交渉を行い、労働協約を締結した場合、労組法によって保護される反面、独禁法上は「不当な取引制限」（2条6項）として禁止の対象となる可能性がある[88]。

そこで、労組法と独禁法の適用関係が問題となるが、報告書は、労働者は独禁法上の事業者に当たらないとして同法を当然適用除外してきた従来の公正取引委員会の立場を改めつつ、労働法が規律する分野については、独禁法の適用が問題となりうる場合も原則として独禁法の問題とはならないとする立場（労働法優先適用論）を採用し、労働組合の活動に対する独禁法の適用除外を肯定している。独禁法の適用除外に係る理論構成は複数存在するが、そのうち、労働組合については、労働法令に準拠した行為であるとして適用除外を肯定する見解に近い立場といえよう[89]。

(3) 雇用によらない自営的就労の規律

前記のとおり、近年には、フリーランスなど雇用によらない自営的就労が増加しているが、報告書は、独禁法（競争法）の観点から問題となる事業者の行為につき、労働契約のみならず、請負・委任を含む全ての労務供給契約につい

---

87) たとえば、INAXメンテナンス事件・最三判平成23・4・12労判1026号27頁。土田・概説355頁以下参照。

88) 本文に述べるとおり、報告書は、ある役務提供者が労働者に該当すれば事業者でないとして独禁法を当然適用除外する従来の公取委の立場を改めている。

89) 荒木尚志「労働組合法上の労働者と独占禁止法上の事業者——労働法と経済法の交錯問題に関する一考察」渡辺章先生古稀記念『労働法が目指すべきもの』（信山社、2011）200頁以下。土田・前掲注86)54頁も参照。

第1部　理論編

て検討し、労働者以外の役務提供者を保護対象と解している。この点、労働法
（労契法・労基法）は、両法上の労働者（労契2条1項、労基9条）のみを適用対
象とするため、労働者と認められない限り両法の保護は及ばず、法的保護が
All or Nothing となりがちである。これに対し、報告書によれば、事業者の単
独行為（退職後の守秘義務・競業避止義務等）および共同行為（引抜き防止協定・
賃上げ抑制行為等）の規律に加え、役務提供に伴う成果物の利用制限行為の規
律は、労働者以外の役務提供者に広く適用され、独禁法の保護対象となる。

　この結果、雇用によらない自営的就労者に対する法的保護が強化される可能
性がある。具体的には、フリーランスや芸能界・スポーツ界においては、一般
企業の労働者以上に、①事業者がフリーランス等との契約上、事業者による一
方的契約更新を認めて移籍制限条項を設けたり、②事業者に一方的に有利な契
約条項（守秘義務・競業避止義務条項、報酬の一方的減額条項等）を盛り込む実態
があると指摘されている。報告書は、①について、自由競争減殺の観点からは、
事業者が役務提供者を自らへの役務提供に専念させ、または役務提供者の育成
に要する費用を回収する目的で合理的に必要な範囲で専属義務を課すことは直
ちに独禁法上問題となるものではないが、専属義務の内容・期間が過大な場合
は独禁法上の問題となり、優越的地位の濫用の観点からは、事業者が課す専属
義務が役務提供者に過大な不利益を及ぼす場合は独禁法上の問題となると述べ
る。②の契約条項も、優越的地位の濫用として独禁法の適用を受ける可能性が
ある[90]。

　今後は、報告書が提示する独禁法上の優越的地位の濫用法理を具体化した不
当条項規制を設けることを柱として、厚生労働省「雇用類似の働き方に係る論
点整理等に関する検討会中間整理」（2019年6月）が掲げる契約内容の透明化
規定（①契約条件の明示、契約の締結・変更・終了に関するルールの明確化、②報
酬の支払確保、報酬額の適正化、③就業条件の規律等）の導入も含め、雇用によ
らない自営的就労に関する新たな契約法（労契法に隣接する契約法）を構想する
ことが課題となろう[91]。

（土田道夫）

---

[90]　芸能事務所とタレント間の専属マネージメント契約につき、元アイドルほか事件・東
　　京地判平成28・1・18判時2316号63頁。
[91]　土田・前掲注86)53頁も参照。

2

CSR（企業の社会的責任）・コンプライアンス と労働法

I 序

　企業は社会的存在であり、社会的責任を果たさなければならない。その企業が果たすべき責任は CSR（Corporate Social Responsibility）と呼ばれる。

　国は、国民を守り社会の秩序を維持するために必要と考えられる法規を整える。労働者を保護し、また雇用社会を望ましい状態に保つため、企業に対し義務づけ等を行う労働法を整え、企業を規制の対象とする。

　法の規制対象となった者は、法令を遵守（コンプライアンス）しなければならない。労働法の規制対象となった企業は、コンプライアンスを求められる。

　ところで、国が労働法により企業を規制する場合、すなわち企業が規制に服し労働法を遵守する場合、企業としては労働法の目的である労働者保護や雇用社会の望ましい状態の実現に寄与することとなる。それは企業が社会的責任を果たす行為の一つであると捉えることもできる。土田道夫教授は、労働法の機能は CSR を推進する上でも重要であると指摘されている[1]。

　このことは、わが国の労働 CSR の議論において重要な意味を有する。それを念頭に置きつつ、わが国の現在の CSR・コンプライアンスと労働法の有り様を、CSR 黎明期のそれと比較しつつ明らかにすることが本稿の目的である。

1）　土田道夫教授は、CSR につき労働法コンプライアンスとの関係を土田・労働契約法 28-29 頁において論じられている。

第 1 部　理論編

II　CSR 黎明期

1　CSR をめぐる世界の動きとわが国の対応

CSR・コンプライアンス・労働法は、わが国においては、深く結びついている。

わが国における CSR 元年は 2003 年といわれる[2]。その頃、世界においては、携帯電話やパソコン、スポーツ用品の関連企業が、自社やその関連企業・工場における児童労働や劣悪な労働環境等により社会的責任を蔑ろにしていると非難を浴び、人道的観点から、また投資家や取引先企業や消費者から排除されたくないという経済的観点から、各企業が CSR の取組みを開始していた[3]。国連では 1999 年のグローバル・コンパクトにおいて、人権・環境・労働基準等についての企業の自発的イニシアティブが強調され[4]、2000 年に改定された OECD の多国籍企業行動指針においても、「環境」・「消費者利益」等とともに「雇用及び労使関係」が項目立てされており、児童労働廃止、強制労働撤廃、職業上の健康・安全確保等が重要課題として挙げられていた[5]。ISO においても SR（Social Responsibility 組織の社会的責任）規準の作成が進められていた[6]。

その流れの中で、国際的に活動する日本企業や、グローバル企業と取引のある日本企業をはじめとする企業において、CSR に取り組む必要が認識され、

---

2)　稲上毅＝連合総合生活開発研究所編『労働 CSR——労使コミュニケーションの現状と課題』（NTT 出版、2007）3 頁〔稲上〕。

3)　小畑史子「企業と持続可能社会：CSR の役割」松下和夫編著『環境ガバナンス論』（京都大学学術出版会、2007）116 頁、稲上ほか編・前掲注 2)116 頁〔小畑史子〕。

4)　1999 年の世界経済フォーラムでアナン事務総長が提唱した。日本企業も富士ゼロックス等が参加した。小畑史子「我が国における CSR と労働法——厚労省の中間報告書を視野に入れて」季刊労働法 208 号（2005）3 頁、小畑・前掲注 3)115 頁。稲上ほか編・前掲注 2)6 頁〔稲上〕。

5)　多国籍企業に対する勧告として 1976 年に作られた OECD 多国籍企業行動指針の 2000 年改訂版。小畑・前掲注 4)3 頁、小畑・前掲注 3)115 頁。

6)　ISO 26000 は 2001 年から検討が開始された。小畑・前掲注 3)115 頁。稲上ほか編・前掲注 2)6 頁〔稲上〕。

44

CSR に関する議論が開始された。東証一部上場企業の多くが「社会・環境報告書」「サステナビリティ・レポート」といったものを公表し、いかに CSR に熱心に取り組んでいるかをアピールしていた[7]。

日本経団連は 1996 年の企業行動憲章の改正で「実質的な CSR 憲章」を作成し、2004 年改正では、CSR の観点から、実行の手引きの見直しがなされた[8]。

経済同友会は、「『市場の進化』と社会的責任経営」というサブタイトルのある「第 15 回企業白書」を 2003 年に刊行し、CSR とは「企業と社会の相乗発展のメカニズムを築くことによって、企業の持続的な価値創造とより良い社会の実現をめざす取組」と宣言した[9]。

連合は、2006 年の重点政策に「均等待遇、労働契約、最低賃金、労働時間管理などのルール強化」と「公正かつ人間的、持続可能なグローバル社会・経済の実現」を盛り込み、後者は雇用・労働・人権・環境重視の CSR と従業員重視の原則の定着であるとした[10]。

厚生労働省は 2004 年に「労働における CSR のあり方に関する研究会中間報告書」をまとめたが、CSR を推進する主体は企業であり、国はそれに資するよう情報提供や判断材料を提供するなど、側面支援していくことに意義があるとした[11]。

2 CSR とコンプライアンス

当時、わが国においては、度重なる企業の不祥事のため、企業のコンプライアンスが大きな注目を浴びていた。企業の不祥事が相次ぐ中で CSR の議論が深まっていったことを背景に、コンプライアンスこそが CSR の中心であると

---

7) 秋山をねほか「＜座談会＞いまなぜ CSR なのか」法律時報 76 巻 12 号 (2004)19 頁〔大崎貞和発言〕、小畑・前掲注 4)3 頁。

8) 厚生労働省「第 4 回労働における CSR のあり方に関する研究会」(2004 年 5 月 26 日)資料参照。小畑・前掲注 4)3 頁、稲上ほか編・前掲注 2)24 頁〔稲上〕。

9) 稲上ほか編・前掲注 2)25 頁〔稲上〕。

10) 厚生労働省「労働における CSR のあり方に関する研究会中間報告書」(厚生労働省平成 16 年 6 月 25 日発表。座長谷本寛治一橋大学教授) 付表 3。小畑・前掲注 4)3 頁、小畑・前掲注 3)116 頁。稲上ほか編・前掲注 2)26 頁〔稲上〕。

11) 同研究会の CSR の捉え方については小畑・前掲注 4)4 頁参照。稲上ほか編・前掲注 2)37 頁〔稲上〕。

第 1 部　理論編

いう理解がなされた[12]。

　このことを示す調査結果を紹介しよう。

　企業の社会的責任（CSR）と労働組合の課題に関する研究委員会（主査：稲上毅）が 2005 年に行った企業別組合（有効回答数 558 組合）とその企業（有効回答数 378 社）を対象とする 2 種類のアンケート調査の結果、興味深い事実が浮かび上がった[13]。

　すなわち、企業自身が何を果たすべき CSR と考えているのかの回答として、第一に「法令遵守のための社員教育」、第二に「地球温暖化ガスの数値目標による削減」、第三に「不正行為防止のための内部通報システムの構築」、第四に「65 歳に向けた雇用延長」、第五に「健康・メンタルヘルスの管理改善」、第六に「グリーン調達・購入」、第七に「環境負荷の小さい商品開発・製造」、第八に「地域清掃・緑化など地域社会貢献」、第九に「障害者雇用の充実」が多かった。逆に「女性管理職の外部開示」、「有給休暇取得率の外部開示」、「正社員と短時間勤務者との均等待遇促進」、「子会社等での ILO 中核的労働基準遵守」、「育児介護支援策の外部開示」などを CSR と見ている企業は 25％に満たなかった[14]。

　企業別組合が何を「貴社が果たすべき社会的責任」と考えているかについて、回答の多かったものは第一に「法令遵守のための社員教育」、第二に「65 歳に向けた雇用延長」、第三に「健康・メンタルヘルスの管理改善」、第四に「地球温暖化ガスの数値目標による削減」、第五に「実質労働時間の短縮」、第六に「育児介護休業の取得促進」、第七に「地域清掃・緑化など地域社会貢献」、第八に「不正行為防止のための内部通報システムの構築」であった。逆に解答が少なかったのは「女性管理職の外部開示」、「子会社等での ILO 中核的労働基準遵守」、「株主資本利益率の向上」、「有給休暇取得率の外部開示」、「女性管理職の登用促進」、「正社員と短時間勤務者との均等待遇促進」、「障害者雇用率の外部開示」、「育児介護支援策の外部開示」等であった[15]。

　国際的に見れば、CSR は、国家により制定される法律の遵守と必ずしも密

---

12)　小畑・前掲注 4)4 頁、5 頁。
13)　稲上ほか編・前掲注 2)38 頁〔稲上〕。
14)　稲上ほか編・前掲注 2)40 頁〔稲上〕。
15)　稲上ほか編・前掲注 2)41 頁〔稲上〕。

接な関係があるとは捉えられていない[16]。なぜなら、企業とは、国家が誕生する前から存在するものも多くあり、企業の社会的責任についても、国家の誕生する前から問題とされてきたとの認識があるからである。また、企業は一国の中でのみ活動するわけではなく、国単位で存在する法規による規制を超えて活動することも関係する[17]。しかし、わが国においては CSR（Corporate Social Responsibility 企業の社会的責任）とは、コンプライアンスをその主要な内容とすると捉えられたのである。

Ⅲ　CSR の本質とわが国の労働 CSR

1　「労働」CSR に先駆けた「環境」CSR

　国連のグローバル・コンパクトによれば、CSR とは「人権」、「環境」、「労働基準」から成る[18] が、公害の経験を有するわが国においては、「労働」が CSR として意識されるのが、「環境」よりも遅かった[19]。労働 CSR よりも環境 CSR の方が進展が早かった理由としては、他に、労働とは異なり、環境については、企業が CSR を意識して行動しなければ全てのステークホルダーが何らかの被害を受ける可能性があり、各ステークホルダーが自分の問題として企業の行動を注視するインセンティブをもつという本質がある[20]。また「環境」が全世界共通の数値目標を立てやすいという特徴があるのに対し、「労働」

---

16)　Corporate Social Responsibility Green Paper, Promoting a European Framework for Corporate Social Responsibility（July 2001）, COM（2001）366 final. 小畑・前掲注 3）122 頁。

17)　それゆえにこそ 2000 年に改定された OECD の多国籍企業行動指針が重要であった。小畑・前掲注 4）2 頁、稲上ほか編・前掲注 2）106 頁、118 頁〔小畑〕。

18)　小畑・前掲注 3）115 頁、稲上ほか編・前掲注 2）106 頁〔小畑〕。

19)　（社）日本経済団体連合会企業行動委員会／社会貢献推進委員会社会的責任経営部会「CSR（企業の社会的責任）に関するアンケート調査結果」（2005 年 10 月 21 日）、小畑・前掲注 3）117-119 頁。同論文では、他に我が国に終身雇用制を採用し家族主義的経営を行っていた企業が多かったことや、企業別組合が多かったこと等も関連したと指摘している。稲上ほか編・前掲注 2）107 頁〔小畑〕。

20)　小畑・前掲注 3）120 頁、稲上ほか編・前掲注 2）107 頁〔小畑〕。

第 1 部　理論編

が自国の文化や伝統とそこから生まれる価値観、歴史的経緯に照らしつつ取り組む課題であることも、原因となった[21]。

2　CSR として「労働」が意識された意味

「労働」については伝統的に労使の交渉で決められ、国が最低基準を法で定めるなどしてチェック機能を果たしてきたが、それに加えて CSR として「労働」が意識されたことの意味は、「労働」に関して受益者以外のステークホルダーへの企業の説明責任を打ち上げたところにある[22]。

CSR として「労働」が意識される前は、企業の労働の面への責任については、労使と国以外のステークホルダーの監視は想定されていなかった。CSRとして「労働」が意識されることとなれば、労働者の保護が、国家と労使だけでなくそれ以外の部外者すなわち一般市民、消費者、株主、投資家、NGO 等も監視・関与すべき問題となる[23]。

労働 CSR に数えられる事項の中には、外部労働市場の問題など社会に直結する問題であるため一般市民が関心を持つべきものが含まれている[24]。たとえば外部労働市場の問題については、特定の企業に雇用された労働者に限らず、失業問題・雇用問題に直結する社会全体に関係する問題であるといえ、環境CSR と同様、受益者が一般市民、全ステークホルダーであると考えることができるから、より強く一般市民の監視にさらすべきであるということができる[25]。また、社会に直結する問題に限らず、労働時間などの労働者の健康に関わる事項は各企業が労働者をどのように処遇しているかは各ステークホルダーが関心をもつことが許される社会的性格の事柄であるから各ステークホルダーが意見を表明し情報開示を求めることができるとも考えられる[26]。企業社会の現実が社会をよりよくするための障害になっているからこそ、一般市民の評価にさらすべきであるという考え方である。たとえば長時間労働がメンタ

---

21)　小畑・前掲注 3)120 頁、稲上ほか編・前掲注 2)108 頁〔小畑〕。

22)　小畑・前掲注 3)120 頁、稲上ほか編・前掲注 2)115 頁〔小畑〕。

23)　小畑・前掲注 3)121 頁、稲上ほか編・前掲注 2)115 頁〔小畑〕。

24)　稲上ほか編・前掲注 2)115 頁〔小畑〕。

25)　稲上ほか編・前掲注 2)115 頁〔小畑〕。

26)　稲上ほか編・前掲注 2)116 頁〔小畑〕。

ルヘルスの悪化やその末の自殺の増加等の社会問題を助長しているならば、企業は各ステークホルダーから厳しい目を向けられ、それらの企業の中の問題に対応することを迫られる[27]。

3 労働 CSR として取り上げられる公益的性質の事項

　山川隆一教授も前述のアンケート結果を踏まえ、わが国の企業や労働組合において、12 年前に、労働分野の中で企業の社会的責任に属すると考えられていた事項は、「65 歳に向けた雇用延長」「社員の健康・メンタルヘルスの管理と改善」「障害者雇用の充実」「育児休業介護休業の取得促進」「実質労働時間の短縮」など、一般市民や社会全体に影響をもたらす公益的色彩の強い事項であったと指摘された[28]。すなわち、高齢者雇用促進は、少子高齢化が進む中で国の活力に関わる問題であり、障害者雇用促進は単に市場機能に委ねることのできないノーマライゼーションや自立支援に関わる問題であり、安全衛生も、生命や身体という労働関係を超えた社会活動の基礎に関わる事項であった[29]。以上のもの以外で企業により CSR の問題ととらえられていた事項は、「育児介護休業の取得促進」「実質労働時間の短縮」であり、前者はやはり少子高齢化への対応の一環といいうるもので、後者は労働者の健康という安全衛生に関係するもので、やはり公益的色彩を有する[30]。

　その一方で、「正社員と短時間勤務者の均等処遇の促進」「女性管理職の登用促進」等、公益との関連性が強いと考えられるものであっても、CSR の問題とは意識されていない事項も存在した[31]。この点は今後の課題であり、また若年雇用の促進、職業能力開発の促進、外国人雇用の適正化の促進についても CSR の問題として取り上げられてよい、と山川教授は指摘されていた[32]。

---

27)　稲上ほか編・前掲注2)116 頁〔小畑〕。
28)　稲上ほか編・前掲注2)130 頁〔山川隆一〕。
29)　稲上ほか編・前掲注2)130 頁〔山川〕。
30)　稲上ほか編・前掲注2)131 頁〔山川〕。
31)　稲上ほか編・前掲注2)131 頁〔山川〕。
32)　稲上ほか編・前掲注2)132 頁〔山川〕。

第 1 部　理論編

4　わが国の労働 CSR

以上から知られるように、わが国における労働 CSR とは、企業が責任を果たすべき公益的性質を有する雇用・労働に関する事項につき、企業がコンプライアンスの観点から労働法上求められる行動をとり、また労働法の求めるレベルを超えてまたは労働法の存在しない領域につき自主的取組みを進め、それらの結果を、労使と行政以外に対し情報開示し、説明責任を果たすことである。

CSR の主要な内容がコンプライアンスであるため、労働法の内容が CSR の主要部分と重なるところに、わが国の CSR・コンプライアンス・労働法をめぐる議論の特徴がある。

労働 CSR の本質は、公益的性質を有する事項を中心に、労使と国のみでなくあらゆるステークホルダーに対し説明責任を果たすことにあるが、黎明期においては、高齢者雇用、メンタルヘルス改善、障害者雇用、育児休業取得促進、労働時間短縮がそれぞれ当時のレベルで目指されており、正規・非正規労働者の均等処遇促進、女性管理職登用、若年者雇用促進、職業能力開発促進、外国人雇用適正化等の取組みは進んでいなかった。

Ⅳ　現在の CSR・コンプライアンスと労働法

1　世界における CSR をめぐる現代の動き

まず、最近世界で注目された CSR の事例を概観しよう。

携帯電話やスポーツ用品の関連企業に替わり、社会的責任を果たしてないのではないかとの非難を浴びたのは、ファストファッション業界の企業である[33]。一方で、たとえ社会的責任を果たしていない企業の製品であっても、価格が安くデザインが優れていれば消費者は購入するという事実はあるものの、他方、そのような企業を信頼しない消費者や投資家（ESG 投資については後述

---

33)　鳥羽達郎＝岸本寿生「アパレル小売企業の商品調達と共通価値の創造：インディテックスの事例研究」世界経済評論 691 号（2017）82 頁。

する）、取引先が存在することも事実である。アメリカ合衆国の G、イタリア
の B、スウェーデンの H、日本の F などは、各国にまたがる契約工場やその
下請け工場における長時間労働、苛酷な雇用条件、劣悪な労働環境、児童労働
などの問題が明るみにされ、社会的非難の対象となった[34]。

　そのような中で、CSR の観点から高く評価された企業の一つとして、ZARA
を率いるインディテックスがある[35]。同社は、世界の繊維産業に従事する労
働者の基本的な権利を守ることを目的とする非営利組織が株主となったことが
影響し、2015 年度には 1725 の供給業者が運営する 6298 の工場に対して合計 1
万 977 回の監査を実施した[36]。この監査活動においては、競合他社と異なり、
当初から外部の専門機関を積極的に活用し監査の客観性を担保した[37]。行動
規範に背く行為が発覚した場合、供給業者や労働者と対話しながら改善策を模
索し、安定した取引関係を構築しようと努めるが、それでも改善する姿勢が見
られない業者については、取引関係を解消する。2015 年度は 65 社と取引を解
除している[38]。

　のみならず同社は、法令遵守、人権などに関するワークショップを定期的に
開催し、供給業者に対する生産技術や安全性を高める教育に取り組む一方、女
性の自立支援の活動や専門的職業訓練に取り組む地域開発計画を推進する等、
結果的に児童労働を抑制すると期待できる社会貢献にも力を入れている[39]。

　グローバル企業が社会的責任を果たし、非難を浴びることなく業績を伸ばす
ために、このような努力を行っていることは注目に値する。またそのような企
業と取引をする各国の企業・工場が、社会的責任の観点から非難されることの
ない行動をとっていることが、取引存続の条件となっていることも重要である。
さらに、企業の社会的責任に重きを置いて行動する投資家が、出資する企業に
大きな影響を与えうることにも留意が必要である。

　以上は最近の一事例に過ぎないが、わが国の企業も、グローバル企業である
場合やグローバル企業との取引を行っている場合、グローバル企業と取引を行

---

34)　鳥羽＝岸本・前掲注 33)86 頁。
35)　鳥羽＝岸本・前掲注 33)84 頁。
36)　鳥羽＝岸本・前掲注 33)87 頁。
37)　鳥羽＝岸本・前掲注 33)87 頁。
38)　鳥羽＝岸本・前掲注 33)88 頁。
39)　鳥羽＝岸本・前掲注 33)88 頁。

第1部　理論編

う企業のサプライチェーンの中に組み込まれている場合には、厳しい監査にさらされる可能性があり、また有力な投資家から出資を得ようとすれば、そして世界の消費者から支持されるためには、社会的責任を果たしていることが要件となりうるといえる。

　ここで現在、企業の社会的責任を重んじて投資先を選定するという社会的責任投資（SRI, Social Responsibility Investment）[40]を源流とするESG投資が盛んとなっていることを取り上げよう。ESG投資とは、財務分析だけでなく、環境（Environment）・社会（Social）・企業統治（Governance）の分野への企業の取組みを踏まえて投資先を選定する手法であり、ESGの要素を考慮して投資先を選ぶポジティブスクリーニング、特定の企業や業種を投資先から除外するダイベストメント、株主の立場から経営に関与していく株主エンゲージメント等の方法がある。環境や社会の観点を加味して投資先を選び株主の立場から経営陣と対話する英米中心に広がっていた社会的責任投資は、元々キリスト教から始まっていることもあり、特定の投資家による特定の投資行動と思われがちだが、ESG投資は、全ての機関投資家に関わり、また投資の全ての側面でESGを考慮する[41]。

　このような理解は、国連が大きく関与して2006年4月に公表した責任投資原則（Principles for Responsible Investment：PRI）が、機関投資家にE（地球温暖化への対応等）・S（原材料調達先の労働環境等）・G（法令遵守・情報開示等）の視点を取り込んだ投資を求め、署名を求めたことと大きく関係する[42]。2017年3月末時点で日本の年金積立金管理運用独立行政法人（Government Pension Investment Fund：GPIF。2015年に署名機関となった）を含む、世界で1701機関の機関投資家が責任投資原則に署名しており、その運用資産総額は62兆ドル（6820兆円）で、日本人全員の個人金融資産1700兆円と比べても相当高額である[43]。

　環境や社会に配慮した投資は利益を犠牲にするものという考え方は、今や実

---

40)　厚生労働省・前掲注8)資料、厚生労働省・前掲注10)付表1参照。小畑・前掲注4)4頁、小畑・前掲注3)115頁。

41)　水口剛『ESG投資——新しい資本主義のかたち』（日本経済新聞出版社、2017）15-16頁。

42)　水口・前掲注41)16-17頁。

43)　水口・前掲注41)17頁。

52

証研究により否定されているという[44]。環境や社会の要素が投資の経済的価値に直接結びつくことがあり、その場合にはそれらの要素を考慮することが受託者責任の一部であるし、そうでない場合でも他の投資と比べて財務的なリスクとリターンの面で劣るものでなければ付随的に環境や社会の便益を考慮することは受託者責任違反に当たらないという見解がアメリカ労働省から示されている[45]。

2 最近のわが国の CSR をめぐる動き

　この15年あまり、大企業を中心に、CSR に関する報告書の公表は粛々と継続されている[46]。それらの企業は「労働」に関して、受益者のみならず受益者以外のステークホルダーに対しても、報告書に記載されている内容については説明責任を果たしてきたといえる。各企業の取組みを一覧にした「CSR 総覧」と呼ばれる大部の資料も毎年公表されている[47]。小規模な企業の中には、ESG 投資や世界的不買運動と無関係なものもありうるが、法令遵守と無関係なものはありえない。法規制の対象として、またコンプライアンスという CSR を果たすべき主体として、あらゆる企業が、その後の立法や法改正への対応を迫られた。

　この15年、わが国の労働法は多くの面で変化した。それらの変化の一つの特徴は、公益的性質の事項に関する立法や法改正が相次いだことである。特にダイバーシティ雇用に関する法改正や法の制定が多く行われた。他の角度から見た特徴としては、情報開示を利用する等、非規制的手法によるアプローチが多用されたことがある。労使当事者以外への情報開示は CSR の重要な意義であるが、法によってもそれが求められたといえる。

　以下、具体的に検討しよう。

---

44)　水口・前掲注41)31頁。
45)　水口・前掲注41)33-34頁。
46)　『CSR 企業総覧』(東洋経済新報社、2003 ～ 2018)の各年度の記載により明らかにされている。
47)　前掲注46)。

第 1 部　理論編

3　近年の労働法分野の立法・法改正

　まず、この15年あまりの公益的性質の事項に関する労働法の立法と法改正
を概観しよう。

　高齢者雇用安定法で65歳までの雇用の確保が目指された。障害者雇用促進
法で雇用率が引き上げられ、また合理的配慮義務の規定が加えられた。次世代
法で育児休業取得等に関する計画策定や認定制度が設けられた。青少年雇用促
進法で労働者の募集を行う者および募集受託者が学校卒業見込み者に対する労
働者の募集の際に、青少年の募集および採用状況、職業能力開発および向上な
らびに職場への定着の促進に関する取組みの実施状況等の提供に努めることを
義務づけ（13条）、実施状況が優良な事業主に対し、規準に適合する事業主と
しての認定を与えること（15条）等を定めた。女性活躍推進法で、301人以上
の企業に対し、女性管理職比率や労働時間に関する情報を確認し計画を策定す
る等の義務づけがなされた。また過労死防止法が制定され、昨年には、働き方
改革として、時間外労働の上限が設けられ[48]、非正規労働者と正規労働者の
不合理な格差を是正する[49]法改正がなされた。政府が外国人労働者の受入れ
拡大へと舵を切ったことに対応する法整備も進行している[50]。

　公益的性質の事項を中心に多くの立法や法改正がなされたことが明らかであ
る。

4　ダイバーシティ雇用関連の変化

　この15年あまりで生じた法の制定や改正には、雇用におけるダイバーシ
ティすなわち、女性、高齢者、障害者、早期に離職する青少年等、従来労働市
場や職場において十分に力を発揮していなかったグループの雇用に関するもの
が多く見られた。雇用関係において多少の配慮が必要となる場合がある労働者
を、どのように受け入れるかに焦点を当てた法改正や法の制定が、障害者雇用

---

48)　労基法36条6項。
49)　短時間労働者及び有期雇用労働者の雇用管理の改善等に関する法律。
50)　厚生労働省第137回労働政策審議会職業安定分科会提出資料10 - 2（http://www.
　　mhlw.go.jp/stf/newpage_03764.html）。

54

促進法における雇用率の改定・合理的配慮義務等[51]であり、高齢者雇用安定法における高年齢者雇用確保措置であり（9条）、育児介護休業法の充実であり、女性活躍推進法、青少年雇用促進法等である。

　そうした労働者が多く含まれる非正規労働者の処遇改善に関する法改正もなされた[52]。

　世界的な潮流であるダイバーシティ・マネジメントにおいては、雇用のみでなく、雇用した後の人事も重要であるが、障害者雇用促進法の合理的配慮義務、女性活躍推進法の計画策定・公表項目、青少年雇用促進法の認定制度等からは、そうした人事を法が視野に入れていることが知られる。休職期間満了時に復職することができる治癒の状態に至っているかが問題となった裁判例[53]や、性同一性障害の労働者の従来と異なる性として職場で生きる権利に関する裁判例[54]、労災にあった外国人労働者の労災保険給付の額に関する裁判例[55]等、ダイバーシティ・マネジメントに関連する裁判例も部分的に蓄積されてきた。労働施策総合推進法により、今後も、外部労働市場の問題等につき、条文が設けられていくと予想される[56]。

　このようなダイバーシティ・マネジメント関連の立法・法改正が続く背景には、労働力不足があり、また条約批准に向けての動きがあり[57]（障害者等）、さらには長時間労働やメンタルヘルスを損なう労働者の増加、介護離職、若者を使い捨てるブラック企業等の社会問題があった。社会が企業に対し、経営効率一辺倒ではなく、社会的責任を意識した行動をとることを期待する流れが強

---

51)　障害者雇用については土田・労働契約法 93-97 頁に詳しい。永野仁美＝長谷川珠子＝富永晃一編『詳説障害者雇用促進法——新版平等社会の実現に向けて（増補補正版）』（弘文堂、2018）も参照。

52)　前掲注 49)参照。

53)　JR 東海事件判決・大阪地判平成 11・10・4 労判 771 号 25 頁の影響を受けた西濃シェンカー事件・東京地判平成 22・3・18 労判 1011 号 73 頁等につき、小畑史子『裁判例が示す労働問題の解決』（日本労務研究会、2012）54-64 頁。

54)　S 社（性同一性障害者解雇）事件・東京地決平成 14・6・20 労判 830 号 13 頁。小畑史子『最新労働基準判例解説第 2 集』（日本労務研究会、2006）328-349 頁。

55)　改進社事件・最判平成 9・1・28 判時 1598 号 78 頁。

56)　厚生労働省第 40 回労働政策審議会提出資料 10 - 3（http://www.mhlw.go.jp/file/05-Shingikai-12602000-Seisakutoukatsukan-Sanjikanshitsu_Roudouseisakutantou/0000177790.pdf）も参照。

57)　土田・労働契約法 93 頁、永野＝長谷川＝富永編・前掲注 51)参照。

第1部　理論編

まった。

　使用者に広く認められている採用の自由の制限となりうることから、慎重な議論が行われた上の改正・立法であるが、この15年で大きく変化したことは確実である。

　今後は、外国人労働者の受入れ拡大の動きの中で、ヨーロッパで議論となった、宗教上の理由から職場でスカーフを着用することが許されるか[58]等の問題等も、わが国でも議論が深められることとなろう。

　多様な労働者を雇用し、各労働者の事情に配慮した働き方を工夫すること、すなわちダイバーシティ・マネジメントは、CSRとして企業に求められるところである。他方で労働法においては、労働力不足等を背景にダイバーシティ・マネジメント関連の立法や法改正が盛んに行われ、企業は法の規制対象としても、ダイバーシティ・マネジメントに取り組むよう求められるようになったのである。

5　情報的手法の活用

　この15年あまりの立法や法改正において、情報的手法をはじめとする非規制的手法をとるものが多く見受けられたことも特筆に値する。CSRとの関連でいえば、かつては、情報的手法をはじめとする非規制的手法は、労働に関する法政策ではなく環境に関する法政策の中に多く見られた。筆者は12年前に、その点で、環境に関する法政策と、直接規制的手法を重視する労働に関する法政策とが大きく異なっていると指摘していた[59]。それがこの12年で、労働に関する法の領域で、公益的性質の事柄に関する立法や法改正が相次ぎ、非規制的手法をとるものが増大したのである。

　情報開示等の非規制的手法によるアプローチをとる例としては、前述の青少年雇用促進法が挙げられている。同法は、ブラック企業・若者使い捨て企業へ

---

58)　2017年11月1日に京都大学で開催した「職場におけるイスラム女性のヘッドスカーフ着用禁止の可否」についてのシンポジウムでは、ルンド大学のAnnamaria Westregord教授がEU裁判所の裁判例やフランスにおける立法等につき紹介し、広島市立大学のAzam Nurhizar准教授がイスラム教徒にとってイスラムの教えとは宗教というより人生そのものであるとの分析を披露し、フロアの意見が二分された。

59)　小畑・前掲注3)124頁。

の対応のため、新規学卒者の募集・求人に関して情報開示の範囲を職安法よりも広げた（13条、14条）[60]。求職者が得られる情報を充実させることにより、求職者の労働市場における選択肢をより豊富化することができるが、これは、憲法22条の職業選択の自由を実質化する意味を持つ[61]。転職の道を選択する際にも有用であり、労働市場の流動化に資する面もある[62]。

　社会一般における情報開示の例としては、女性活躍推進法が挙げられる。同法は、次世代法を更に進化させ、一定規模以上の事業主に対して、女性の職業生活における活躍の推進のための行動計画の策定を求めるとともに当該行動計画および当該事業主の事業における女性の職業生活における活躍の推進に関する情報につき、公表を義務づけ（8条5項、16条）、さらに認定制度も整え、また女性活用に関する取組みが優れていることを公共事業の受注で考慮するという制度も規定した[63]。同法により、賃金や労働時間等の労働条件等の「働きやすさ」に関する情報とともに、キャリアアップの可能性など「働きがい」に関する情報の開示への道も開かれた[64]。

　また、情報開示の一つである企業名公表も、障害者雇用促進法・男女雇用機会均等法・派遣法・労働安全衛生法・育児介護休業法・高齢者雇用安定法・労基法（の長時間労働）等多くの法律の履行確保方法として採用されている[65]。わが国の社会においては、法令違反をしていないという社会的信頼性に関わる情報が開示されることも、法違反の抑止という重要な意味を有する[66]。

　近年労働法において情報開示という手法が多用されているが、労働に関して企業が情報を開示して社会に向けて説明責任を果たすという仕組みは、Ⅲ4で指摘したCSRの機能に類似している[67]。このような類似点はあるが、CSR

---

60)　山川隆一「労働市場における情報開示等の規律と労働政策」季刊労働法256号（2017）82頁。

61)　山川・前掲注60)85頁。

62)　山川・前掲注60)85頁。

63)　小畑史子「女性活躍推進法の意義――労働時間・女性管理職比率を中心に」日本労働法学会誌130号（2017）102頁以下。なお、今年の改正で虚偽記載につき企業名公表等のサンクションが設けられた。

64)　山川・前掲注60)89頁。

65)　山川・前掲注60)90頁。

66)　山川・前掲注60)91頁。

67)　情報的手法等の非規制的手法を採用する法政策がCSRと調和的であると指摘したものに小畑・前掲注3)124頁。

第1部　理論編

が企業の自主的取組みとしての情報開示であるのに対し、労働法における情報開示は企業が望まないとしても開示させられるという相違がある。

企業は法的に情報開示を求められれば、情報の確認を行うため、それが開示項目につき自らを省みる契機となりうる[68]。また、競合他社と比較されても遜色ない実質を備えようと努力する契機ともなりうる[69]。情報的手法を採用する次世代法が育児休業取得を促進する効果があったことは研究により確認されている[70]。逆に、罰則付きで義務づけを行う規制的手法とは異なり、虚偽を開示する企業や、開示はするものの開示した数値が悪くても一顧だにしない企業も存在しうる。

情報開示した数値が優良であれば政府が認定を行ったり、入札で有利に取りはからうといった女性活躍推進法のような経済的手法が併用された場合は、入札をとることが死活問題である企業にとっては、数値を上げる強力なインセンティブとなる[71]。本来、法が情報的手法を採用することには、義務づけという手法を採用する場合に生じうる副作用を避けることができるという利点がある。しかし、先に述べた強力な経済的手法との併用等により、CSRとしての情報開示とは異なり、端的な義務づけに近い強い強制力を持ちうることに留意が必要である[72]。

6　公益的性質の事項に関する現状

以上のような、労働力不足への対応を急ぐ必要性や働く権利の保護の必要性等を背景になされた立法や法改正を経た後、企業の公益的事項に関する状況はどのように変化しただろうか。

障害者雇用については、平成29年6月1日現在の障害者の雇用者数は49万人と、前年比で4.5％の増加となり、14年連続で過去最高となった[73]。

---

68)　小畑・前掲注63) 111頁。
69)　小畑・前掲注63) 105頁。
70)　厚生労働省「次世代育成支援対策推進法に基づく一般事業主行動計画及び認定制度に係る効果検証研究会報告書」(2013年9月20日)、小畑・前掲注63) 103頁。
71)　小畑・前掲注63) 108頁。
72)　小畑・前掲注63) 108頁。
73)　https://www.mhlw.go.jp/stf/houdou/0000187661.html

高齢者雇用については、平成28（2016）年の労働力人口比率を見ると、65〜69歳で44.0％で2004年の34.4％以来上昇傾向である。70歳以上はおおむね14％で推移している[74]。

女性の雇用については、生産年齢人口における女性の就業率は、均等法施行の昭和61（1986）年に53.1％だったのが、平成28（2016）年に66.0％となった[75]。

女性の育児休業取得率は平成14年に64％だったが、平成28年には81.8％と、育児休業制度の着実な定着が図られている。しかし、第1子出産後の女性の継続就業割合を見ると、53.1％（2015（平成27）年度）となっており、いまだに半数近くの女性が出産を機に離職している。また、男性の約3割が育児休業を取得したいと考えているとのデータもある中、実際の取得率は3.16％（2016年度）にとどまっている[76]。

役職別管理職に女性が占める割合の推移を見ると、係長級については、平成27年度17.0％（平成17年度10.4％）、課長級9.8％（平成17年度5.1％）、部長級6.2％（平成17年度2.8％）である[77]。

若者については、15〜24歳の完全失業率が、2016（平成28）年には5.1％（前年差0.4ポイント低下）、25〜34歳については、4.3％（前年差0.3ポイント低下）と、前年より回復している。また、2017（平成29）年3月卒業者の就職内定率を見ると、大学については97.6％（2017年4月1日現在）、高校については98.0％（2017年3月末現在）と、いずれも前年同期に比べ上昇（大学0.3ポイント、高校0.3ポイント）したものの、支援を要する新卒者等に対しては、きめ細かい就職支援に引き続き取り組む必要があるとされている。フリーター数は、2016年には155万人となり、前年（2015（平成27）年167万人）と比べて12万人減少となっているが、一方、若年無業者数については2016年には57万人となり、前年（2015年56万人）と比べて1万人増加となっている[78]。

---

74) https://www 8.cao.go.jp/kourei/whitepaper/w-2017/html/zenbun/s 1 _ 2 _ 4.html

75) www.gender.go.jp/about_danjo/whitepaper/h 29/zentai/html/honpen/b1_s 00_01.html 2018（平成30）年度には69.6％になった。http://www.gender.go.jp/about_danjo/whitepaper/r 01/gaiyou/index.html

76) 「平成29年度版厚生労働白書」198頁。

77) 「平成28年度版厚生労働白書概要版」173頁。2017（平成29）年度には、係長級18.4％、課長級10.9％、部長級6.3％となった。https://www.mhlw.go.jp/wp/hakusyo/kousei/18-2/

78) 前掲注76)254頁。フリーター数は、平成15年度に217万人であったが、平成29年度は152万人となった。https://www.mhlw.go.jp/wp/hakusyo/kousei/18-2/

第1部　理論編

外国人について見ると、日本で働く外国人労働者数は、2016年10月末では前年差で19.4％増の108万人となり、2007年に外国人雇用状況届出を義務化して以降、過去最高を更新し、初めて100万人を超えた[79]。

7　法とCSRの重なりとそれぞれの意義

Ⅱで指摘したように、わが国ではCSRの主要な内容がコンプライアンスであると捉えられてきたため、労働法の内容が充実すれば、企業はCSRとして、内容が充実した労働法を遵守しようと対応する。労働法で定められた内容を、企業が、法の規制対象としてもCSRとしても達成しようとすることとなる。それゆえに、上記の前進が、企業が（場合によっては労働力不足も意識しつつ）自主的に取り組んだ結果としての前進である場合もあれば、法令遵守として対応した結果としての前進である場合もある。

すなわちこの十年あまり、わが国の労働法は、企業の社会的責任と考えられる事項について、義務規定をおく（障害者雇用促進法・高齢者雇用安定法・労働契約法・育児介護休業法等）、情報開示をさせる（次世代育成支援対策推進法・女性活躍推進法・青少年雇用促進法等）等してきた。多くの企業が、これらの労働法の充実に合わせ、法の規制対象としてもCSRとしても対応をとってきた。

法には企業の自主的活動に任せていては進まない事項も進める強い効果がある。2005年のアンケートでCSRとして取り組む課題と捉えられていなかった事項[80]や山川教授が今後の課題と指摘していた事項[81]については、法の（義務）規定（コンプライアンスとしてCSRとしても取り組む）がおかれたことは大きな意義を持ったと考えられる。今後も非正規労働者と正規労働者の処遇の不合理な格差の是正や時間外労働時間の上限規制等、企業の自主的活動によっては必ずしも変革が進まなかった事項について、立法・法改正により企業が対応していく様を見ることができると予測される。

---

79) 「平成29年度版労働経済の分析」43頁。厚生労働省「外国人雇用状況の届出状況」によれば、外国人労働者数は、2017（平成29）年10月末で、127万8670人だったとされている。https://www.mhlw.go.jp/wp/hakusyo/kousei/18-2/

80) Ⅱ2参照。

81) Ⅲ3参照。

60

V 結 語

　CSRは、国際的潮流を見れば明らかなように、たとえ法規制が行われていない事項についてでも、企業が社会的存在であるという本質ゆえに、また企業が取引を失わないためにも投資を呼び込むためにも消費者離れを起こさないためにも怠るべきでない課題であることに昔から変わりはない。ESG投資の観点からは、巨額の資金を擁し幅広い企業に分散投資するユニバーサル・オーナーが、安定した環境や健全な社会の構築のために、法規制では解決できないグローバルなESG課題のスピーディーな解決に結びつく投資を行おうと、各企業により開示されたESG情報を精査して各企業を評価し、対話を望んでいることも重要である[82]。

　他方、わが国では、従来、法令がなく企業がCSRとして取り組んでいた、または取り組むことが望ましいが取り組んでいなかった事項につき、法令が登場し、法による規制の対象としても、CSRの中心的内容である法令遵守の観点からも、企業が公益実現に向けて努力することがますます求められている。

　また、労使当事者以外への情報開示はCSRの重要な意義であるが、法によっても情報開示という手法が公益実現のために採用されることが増え、そこにCSRと労働法との重なりが生じている。

　＊この研究は平成27-29年度科学研究費助成事業（基盤研究（c）「ダイバーシティ・マネジメントと労働法」課題番号15 K 03150）の助成を受けている。

　　　　　　　　　　　　　　　　　　　　　　　　　　　　（小畑史子）

---

82)　水口・前掲注41)38頁、199頁。なお、同書151頁によれば、GPIFが2017年7月に採択したESG指数の中に「MSCI日本株女性活躍指数」が入っており、日本のESG投資家の間でも、雇用や働き方への関心が高まると考えられている。

第**2**部

実務編

1

債権法改正と労働法

CASE 1 消滅時効・雇用関係規定・危険負担・定型約款

1 Y_1 社は、スマートフォンアプリの開発や WEB ページ作成等を行う IT 企業である。X_1 は、2020 年 4 月に総合職正社員として Y_1 社に雇用された。

2 X_1 の雇用時に交わされた個別契約書には「X_1 の労働条件は Y_1 社就業規則による」との文言が記載されていた。Y_1 社からは「全社員にこの条件でやってもらっている。疑問があればその内容を開示するし、質問にも真摯に対応する。2 週間程度考える時間を与えるので、承諾するかどうか考えて欲しい。ただし、承諾しないならば採用は見送らざるをえないことは申し添えておく」との説明があった。どうしても採用されたかった X_1 は、その内容を確認することなく、その場で契約書に署名・押印した（同期入社の労働者全員が同様の経緯を経て採用された）。

3 2021 年 5 月 1 日、Y_1 社の経営陣と意見が対立した X_1 は、就業規則所定の「勤務態度が不良な場合」に該当するとして、再教育や配置転換が全く行われないまま解雇された。なお、Y_1 社就業規則には、「Y_1 社の責めに帰すべき事由によって就労が不能となった場合であっても、その期間中の賃金の請求はできないものとする」旨の規定が設けられている。

4 2022 年 4 月 1 日、Y_1 社は、タクシーの配車アプリの制作を受注した。X_1 と同期入社の X_2 は、同アプリの開発チームに配属されたが、月 100 時間にもわたる時間外労働、日常的な厳しい指導や叱責、度重なる仕様変更等が行われたため、心身に不調をきたしてしまった。それでも無理をして労働を続けていたところ、10 月 31 日に急性心筋梗塞により死亡した。Y_1 社就業規則上、賞与については、6 月 1 日または 12 月 1 日時点で在籍している者に支払われるとされていたため（年 2 回支給）、下半期分は X_2 には支払われなかった。なお、賞与

は年功部分が4割、成果対応部分が6割として構成されていたところ、後者については、人事考課を厳正に行った上で個別的な決定がなされていた。X₂の遺族が2025年4月に労働基準監督署に労災申請をしたところ、同年12月に労災認定がなされた。

5　Y₁社の業績は、熾烈な価格競争によって悪化の一途を辿っていた。そこで、2025年2月1日、Y₁社は、就業規則を変更し、全労働者の賃金を一律20%カットすることとした。同月5日、Y₁社は、変更の背景事情や変更内容について、全従業員に対して客観的な資料を配布して丁寧な説明を行った。その上で「質問があれば相談窓口が対応するので、家族とも相談の上、同意書に署名捺印をして2週間後までに人事部まで持ってきて欲しい」との説明を行った。X₁と同期入社のX₃は、これに強い不満を感じながらも、転職先のあてもなかったため、家族にも相談の上、同月14日に同意書を提出した。結果として、退職者3名を除く全ての労働者が同意書を提出した。

設問1　解雇が無効であることを前提として、X₁は、Y₁社に対して、労働契約上の地位確認および解雇期間中の賃金を請求することはできるか。

設問2　安全配慮義務違反があったことを前提として、X₂を相続した遺族によるY₁社に対する損害賠償請求は認められるか。なお、訴訟提起は2028年9月とする。

設問3　X₂を相続した遺族は、Y₁社に対して、2022年度下半期の賞与の支払いを請求できるか。

設問4　X₃は、Y₁社に対して、就業規則変更前の水準での賃金支払いを請求できるか。

CASE 2　雇用によらない働き方と定型約款

1　Y₂社は、食品宅配サーヴィスのスマートフォンアプリを提供するプラットフォーマーである。具体的なサービス形態は「①顧客がアプリを通じて加盟店（レストラン等）に注文→②近くにいる一定の配達パートナー（配達を請け負う個人事業主）に対してアプリを通じて配達業務が生じたことを通知（請負契約の申込み）→③配達パートナーがアプリ上で配達の請負を承諾（この時点で請負契約が成立）→④配達パートナーが自転車を用いて実際に配達業務を完了させる→⑤報酬が支払われる」というものである（加盟店から得る手数料、

第2部 実務編

顧客から得る配達料、および、配達パートナーから得る手数料がY₂社の収入となる)。

2 2020年4月現在、Y₂社の配達パートナーの総数は10万人に達している。Y₂社は、これらの者との契約を画一的に処理するために下記の「配達パートナー規約」を定めている。

配達パートナー規約（抜粋）

第2条（配達パートナーの資格）

1 配達パートナーとなるには、次の各号に定める要件を満たさなくてはならない。

  一 自転車を運転する技能を有していること

  二 スマートフォンを所持してY₂社アプリを利用できること

  三 業務遂行に際してY₂社所定の装備品（リュックサック）を使用すること

第3条（業務請負契約の成立・履行）

1 業務請負契約は、Y₂社アプリから通知されるオファーに対して、各配達パートナーが任意に承諾することによって成立する。

2 契約上の義務の履行方法については、各配達パートナーの裁量に委ねられる。

第4条（報酬基準）

  Y₂社から配達パートナーに支払われる報酬は次のとおりとする。

  一 受け取り報酬 一律300円

  二 配達報酬 1km当たり200円

  三 受け渡し報酬 一律250円

第8条（手数料）

1 配達報酬パートナーは、手数料として、Y₂社に配達報酬の20%を支払わなければならない。

2 Y₂社は、前項に規定する手数料を控除した上で、報酬を支払うものとする。

第157条（その他費用）

1 配達パートナーは、Y₂社所定の装備品を使用する費用として配達報酬の5%を支払わなければならない。

2 Y₂社は、前項に規定する費用を控除した上で、報酬を支払うものとする。

3 Y₂社との配達パートナー契約を解約する場合には、事務手数料として、2万円を支払うものとする。

第208条（本規約の改廃）

  Y₂社は、自らの裁量において、本規約を一方的に変更できるものとする。

---

3 2020年4月1日、X₄は、配達パートナーとして登録をした。その際、アプリの画面においては、上記規約が表示された後、これが契約内容となることについて「承諾する」と「承諾しない」のボタンのみが表示された。「承諾する」を選択しないと配達パートナーとしての登録ができないことに加え、条項

の内容が複雑多岐にわたるため、X_4 はその内容を特に読まないまま、機械的に「承諾する」ボタンを選択した。

　4　2020 年 5 月、X_4 は、振り込まれている報酬額が自らの計算よりも少ないことに気づいた。そこで、Y_2 社に問い合わせたところ、手数料として 20％（規約 8 条）、その他費用として 5％（規約 157 条）が控除された結果であるとの説明を受けた。

　5　2022 年 12 月、Y_2 社は、スマートフォンの新機種に対応するためのアプリの改修費用や、増加する配達パートナーや顧客に対応するためのサーバーの管理費用の増大に対応するため、受け取り報酬を一律 200 円（規約 4 条 1 項 1 号）に、配達報酬を 1 km 当たり 100 円（同項 2 号）に、受け渡し報酬を一律 150 円（同項 3 号）に、手数料を 30％（規約 8 条）に変更することとした（本件不利益変更）。そこで、その内容と実施日を事前にアプリ上で通知した上で、2023 年 1 月より実施することとした。この変更に不満を感じる場合には、事務手数料として一定の費用を負担した上で（規約 157 条 3 項）、配達パートナー契約を解約できる扱いとした。また、経過措置として、1 年以上継続して稼働していた配達パートナーについては、2023 年 3 月までは従前の報酬・手数料が維持されるものとした。X_4 は、この変更に不満を感じながらも、好きな時に好きな分だけ働くことができるという自由さに魅力を感じていたため、契約を解約しなかった。

設問 1　X_4 は、Y_2 社に対して、手数料・その他費用を控除しない金額での報酬支払いを請求できるか。

設問 2　X_4 は、Y_2 社に対して、本件不利益変更前の水準での報酬支払を請求できるか。

設問 3　仮に、本件不利益変更の際に、アプリにおいて、変更後の条件を表示させた上で、「承諾する」と「承諾しない」のボタンが表示され、前者を選択しないと新規の受注ができない扱いとされた場合において、X_4 が「承諾する」ボタンを選択したとき、**設問 2** の場合とどのような差異が生じうるか。

第 2 部　実務編

　解説

1　はじめに

　2017 年 5 月に民法の一部を改正する法律（平成 29 年法律第 44 号）が成立し、債権法関係の諸規定が改正された（施行日は 2020 年 4 月 1 日）。その改正項目として雇用契約規定（第 3 編第 2 章第 8 節）が含まれていることはもとより、民法が私法の一般法であり、その特別法である労働法の規範的前提になること等を踏まえれば、労働契約関係を規律する法的ルールにも大きな影響が及ぶことが想定される。

　今回の改正の具体的な公的議論[1]は、法制審議会に設置された民法（債権関係）部会によって行われた[2]。当初は、改正項目が非常に多岐にわたり、その内容としても、役務提供契約という新たな典型契約類型の導入、事情変更制度の導入、契約締結段階における情報提供義務の導入や、継続的契約に関する一般規定の導入など、労働契約と重大な関係性を有するものが多数含まれていた。そのため、債権法改正が労働法分野に及ぼす影響については慎重な議論がなされてきた[3]。しかし、改正項目は議論の進展とともに次第に削減され、最終的な改正法の段階では、労働法分野への影響は当初想定されていたものよりも小さいものとなっている。

　とはいえ、労働契約との関係で検討を要する改正項目は依然として残されており、それらが労働契約関係にどのような影響を及ぼすのか（または及ぼさないのか）についての検討は必要不可欠である。そこで、本項では、労働契約との関係で重要となる項目として、債権の消滅時効、危険負担、定型約款規制、および、雇用契約規定を中心に取り上げる。その中でも、消滅時効制度の改正

---

1)　それ以前にも、学会や法曹界の有志による改正の議論やその成果が多数見られた。その代表としては、民法（債権法）改正検討委員会（委員長：鎌田薫）が公表した『債権法改正の基本方針』（商事法務、2009）が挙げられる。この基本方針は、法制審議会の民法（債権法関係）部会においてあくまで参考資料の一部として取り扱われるに過ぎないものであることが確認されている（同部会第 1 回会議議事録参照）。
2)　同部会の議論状況については、法務省 HP（http://www.moj.go.jp/shingi 1/shingikai_saiken.html：最終アクセス 2019 年 5 月 1 日）で閲覧することができる。
3)　そのような議論の代表としては、中間的な論点整理までを踏まえた、土田道夫編『債権法改正と労働法』（商事法務、2012）が挙げられる。

は、賃金請求や安全配慮義務を理由とする損害賠償請求に関する規律を大きく修正しうる点で、また、定型約款規制の創設は、労働者の労働条件の決定・変更や雇用によらない就労に係る契約内容の決定・変更に影響を及ぼしうる点で、特に慎重な検討が必要である。そこで、**解説**ではこれら2項目に注力することとし、その他の問題については**解答**の中で適宜言及する形で検討を進める。

2 債権の消滅時効——特に賃金請求権・安全配慮義務との関係に着目して

(1) 概 説

債権の消滅時効は、今回の民法改正において最も大きな変更が加えられた制度の一つである。改正前の債権の消滅時効には、①時効期間の不統一性（職業別の短期消滅時効（170条～174条）の存在）、②原則的時効期間の相対的長期性（上記短期消滅時効期間（1～3年）に比して10年（167条1項）という長期にわたる原則的時効期間の設定）、③時効起算点の客観性（権利者の主観とは無関係に「権利を行使することができるとき」（166条1項）から進行）という点に特色が見られた[4]。

しかし、①職業別の短期消滅時効については、他の債権との区別を設けることに合理的な理由が見出し難いこと等から[5]、改正民法では、それらを削除して時効期間の統一化が図られた。その上で、②いかなる水準で統一するかについては、これを従来の原則的時効期間の10年としてしまうと多くの事例で時効期間が大幅に長期化してしまう懸念があることから[6]、時効期間の短縮化が企図された。もっとも、時効期間を単純に短縮化してしまうと、債権者の権利行使の機会を不当に奪ってしまう懸念があることから、改正民法では、③客観的起算点（権利行使可能時）から10年という従来の時効期間は維持した上で、「債権者が権利を行使することができることを知った時」という主観的起算点が新たに導入された。そして、この新たな主観的起算点を用いる場合の時効期

---

4) 山野目章夫「時効(1)時効期間、時効の起算点、時効効果」潮見佳男ほか編『詳解 改正民法』（商事法務、2018）75頁。
5) 法制審議会民法（債権関係）部会資料（以下、「部会資料」という）31・2-4頁。
6) 部会資料63・2-3頁。

第2部　実務編

間を5年とすることで、債権者保護と時効期間の統一化・短縮化の要請とを両立させる制度設計がなされた[7]。

　以上の結果、改正民法166条1項では、債権者が債権を行使できることを知った時（主観的起算点）から5年間（1号）、または、権利を行使できる時（客観的起算点）から10年間（2号）という2種類の原則的消滅時効期間が定められるに至った（170条〜174条は削除し原則的時効期間に統合）。

(2)　不法行為による損害賠償請求権に関する特例

　債権の中でも、不法行為を理由とする損害賠償請求権は、経年に伴って立証が困難になる等の特徴を有している[8]。そこで、改正前の民法では、「（上記請求権は、）被害者又はその法定代理人が損害及び加害者を知った時から3年間行使しないときは、時効によって消滅する（前段）。不法行為の時から20年を経過したときも、同様とする（後段）」として、その消滅時効に特例が設けられていた（724条）。

　この後段部分をめぐっては、20年という期間制限を長期消滅時効または除斥期間のいずれを定めたものと解するのかについて、解釈上の議論があった。判例は基本的には除斥期間とする立場を採用していたが[9]、個別事案における結果の妥当性を担保するために、その立場を必ずしも完徹しているとはいえない判断も示していた[10]。翻って、学説上は、結果の妥当性と論理的一貫性を両立させる等の観点から、長期消滅時効と解する見解が有力化していた[11]。このような一定の混乱状況の中で、改正民法は、後段部分について、長期消滅時効を定めたものと明定し、従来の判例の立場を転換させる規定を採用した[12]。旧来の前段・後段部分を共に消滅時効と整理したことで、時効の援用に対して信義則や権利濫用規制を適用する余地が生まれ、個別事案における結果の妥当性を一貫して確保できるようになった[13]。

---

7)　部会資料78A・13頁、澤野和博「消滅時効」安永正昭ほか監修『債権法改正と民法学Ⅰ 総論・総則』（商事法務、2018）550頁。

8)　梅謙次郎『民法要義巻之三』（有斐閣、1897）904頁。

9)　最一判平成元・12・21民集43巻12号2209頁。

10)　最三判平成21・4・28民集63巻4号853頁。

11)　大村敦志＝道垣内弘人編『解説 民法（債権法）改正のポイント』（有斐閣、2017）60-61頁〔石川博康〕。

(3) 人の生命・身体侵害に係る損害賠償請求権に関する特例

改正前の民法では、人の生命・身体侵害に係る損害賠償請求権について、消滅時効に特例は設けられておらず、その他の債権と同様の規制に服するものとされていた（債務不履行構成の場合は 167 条 1 項、不法行為構成の場合は 724 条）。

しかし、生命・身体という重要な法益が害され、深刻な被害が生じた（場合によっては日常生活すら困難になってしまった）債権者側に対して、時効完成を阻止するための措置を期待できない例も少なくないこと等から、上記請求権については、他の債権よりも権利行使の機会をより手厚く保護することが適切である[14]。そこで、改正民法では、消滅時効に特則を設け、時効期間を一部延長している。すなわち、債務不履行構成をとる場合には、客観的起算点からの時効期間（10 年間）を 20 年間に延長し（167 条）、不法行為構成をとる場合には、主観的起算点からの時効期間（3 年間）を 5 年間に延長している（724 条の 2）。他方で、債務不履行構成の場合の主観的起算点からの原則的時効期間（5 年）、および、不法行為構成の場合の客観的起算点からの時効期間（20 年）について特例は設けていない。

その結果として、上記請求権については、債務不履行構成・不法行為構成のいずれによる場合であっても、主観的起算点からの時効期間が 5 年に、客観的起算点からの時効期間が 20 年に統一されることとなる[15]。そして、両構成の各起算点が基本的には一致すると解されているので、人の生命・身体侵害に係る損害賠償請求については、少なくとも消滅時効の点では、いずれの法的構成を採用するのかによる差異は認められないものとなった。

---

12) 潮見佳男『民法（債権関係）改正法の概要』（金融財政事情研究会、2017）48 頁。具体的には、不法行為による損害賠償請求権は、被害者またはその法定代理人が損害及び加害者を知った時（主観的起算点）から 3 年間（改正民 724 条 1 号）、または、不法行為の時（客観的起算点）から 20 年間（同条 2 号）行使しない場合に、時効消滅するものと定められた。

13) 窪田充見「時効(3)時効期間の特例」潮見ほか編・前掲注 4)94 頁。その他にも、消滅時効と改めることで、時効の完成猶予や更新（松久三四彦「時効(2)時効障害」潮見ほか編・前掲注 4)83-88 頁参照）の余地も生じ、被害者保護の範囲が拡大しうることになる。

14) 部会資料 63・8-9 頁。

15) 潮見佳男『新債権総論 I』（信山社、2017）177 頁は、部会での議論に照らして、「権利を行使することができる時」（改正民 166 条 1 項 2 号）と「不法行為の時」（同 724 条 2 号）、および、「権利を行使することができることを知った時」（同 166 条 1 項 1 号）と「損害及び加害者を知った時」（同 724 条 1 号）を同一と解している。

第 2 部　実務編

(4)　労働契約への影響

(ア)　賃金支払請求権への影響

　労働契約から生じる基本的債権である賃金支払請求権については、2 年間という短期消滅時効が定められている（労基 115 条）。改正前民法が「月又はこれより短い時期によって定めた使用人の給料に係る債権」について 1 年間の短期消滅時効を定めていたところ（174 条 1 号）、この規定はその特則として位置づけられるものである[16]。

　しかし、上記のとおり、民法上の短期消滅時効の規定（改正前民 170 ～ 174 条）は削除され、原則的な制度（改正民 166 条 1 項）に統合された。他分野の特別法においては民法改正に合わせた法改正がなされているが（製造物責任法 5 条、不正競争防止法 15 条等）[17]、労基法の上記規定は未だ改正されていない。現在、厚生労働省内に「賃金等請求権の消滅時効の在り方に関する検討会」が設置され、時効制度の改正の要否やその内容についての議論が行われているが、未だ結論は出ておらず、具体的な改正スケジュール等も不透明な状況である[18]。現状のまま改正民法が施行されると、賃金支払請求権については、特別法である労基法が一般法である民法を修正し、より短い時効期間（2 年）を定めるということになるが、そのことの合理性を問う指摘がなされる等、議論の進展を注視する必要性がある[19]。

(イ)　安全配慮義務違反に基づく損害賠償請求権への影響

　安全配慮義務は労働者の生命や身体の安全確保を趣旨とするものである（労契 5 条参照）。そして、この義務への違反を理由とする損害賠償請求については、不法行為構成・債務不履行構成のいずれによっても行うことができるところ（請求権競合）、改正前の時効制度の下では、後者の構成（10 年・改正前民

---

16)　菅野 441 頁。

17)　潮見・前掲注 12)47-48 頁。

18)　同検討会の議論状況については、厚生労働省 HP（https://www.mhlw.go.jp/stf/shingi/other-roudou_503103.html：最終アクセス 2019 年 9 月 1 日）で閲覧することができる。

19)　もっとも、労基法上の短期消滅時効は、労働者保護だけでなく、資料保存等に係る使用者の事務の煩雑性への対処をも趣旨としていることから、民法と統一すべきかについては慎重な検討が必要とされている（賃金等請求権の消滅時効の在り方に関する検討会「論点の整理」（2019 年 7 月 1 日）参照）。なお、賃金だけでなく、退職金その他の請求権についても、民法改正との関係で検討を要する。

167 条）の方が前者の構成（3 年・同 724 条）よりも時効期間が長く、被災した労働者側の権利行使の機会をより広く保障することができるという点がメリットとして挙げられていた。他方で、遺族固有の慰謝料請求権（同 711 条）が認められない等のデメリットもあり、両者の構成には一長一短があった[20]。

　しかし、上記のとおり、改正民法においては、人の生命・身体侵害に係る損害賠償請求についての特例が新たに導入された（167 条、724 条の 2）。安全配慮義務の趣旨が上記の点に求められる以上、その違反を理由とする損害賠償請求がこの特例の適用を受けることは明らかである。そして、前述のとおり（前掲注 15）参照）、時効の起算点[21]と時効期間が一致するものとされていることからすると、請求権の競合を認めることの意義は、少なくとも消滅時効に関する限りでは乏しいものとなったといえる[22]。

3　定型約款規制

　約款とは、一般に「多数の契約に用いるために予め定式化された契約条項の総体」等と定義される[23]。もっとも、その厳密な定義自体が論争的であるとともに[24]、規制対象が過度に広範にわたる懸念があることから、今回の改正では、「定型約款」という民法上固有の概念が新たに導入され、これに該当する条項群のみが規制対象とされた[25]。

　このように規制対象を厳密に画する立場が採用されていることから、まず

---

20)　そこで、実際の訴訟においても、多くの事例で両構成が並列的に主張されている状況が看取される。

21)　もっとも、起算点の文言の違いが、単なる表現上の問題に過ぎないのか、規範的意義を持つのかについては、依然として慎重な見解も見られる。この点については、学説・裁判例の蓄積を待たねばならない。

22)　もっとも、不法行為構成と債務不履行構成についての時効期間の統一化は、あくまでも人の生命・身体侵害の事例に限られるものであるので、その他の法益侵害を理由とする損害賠償請求については、いずれの構成をとるのかによって時効期間の差異は残されることになる点にも留意しなければならない。この点、債務不履行構成と不法行為構成による相違点の全体像については、潮見・前掲注 15）180-181 頁。

23)　民法（債権法）改正検討委員会編『詳解・債権法改正の基本方針 II——契約および債権一般(1)』（商事法務、2009）81 頁、中田裕康『契約法』（有斐閣、2017）32 頁。

24)　河上正二『約款規制の法理』（有斐閣、1988）113-137 頁。

25)　大村 = 道垣内編・前掲注 11）379 頁〔角田美穂子〕。

もって、ある条項群が「定型約款」の定義に該当するのかが問題となる。この点、労働契約は集団的な性質を有しており、労働者集団に画一的に適用される条項群がいくつか存在する。とりわけ、就業規則、労働協約、労働契約のひな形（特に就業規則を用いる場合）が重要であるが、これらは定型約款該当性が肯定され、改正民法上の定型約款規制の適用対象となるのであろうか。

(1) 定型約款の該当性要件

定型約款は「定型取引において、契約の内容とすることを目的として……特定の者により準備された条項の総体」と定義される（改正民548条の2第1項柱書）。ここでいう定型取引も民法上の概念であり、「ある特定の者が不特定多数の者を相手方として行う取引であって、その内容の全部又は一部が画一的であることがその双方にとって合理的な」取引のことを指すものとされている（同項）。

ここでは、まず、定型取引該当性を肯定するための2要件（不特定多数要件・画一性に係る合理性要件）を充足した上で、定型約款該当性を最終的に判断するための要件（契約内容化目的要件）を充足するかどうかが問題となっている（定型約款規制の適用要件）[26]。

この点、立法経緯等に照らせば、就業規則および契約のひな形としての就業規則については主に不特定多数要件を充足しない点で[27]、労働協約については主に契約内容目的化要件を充足しない点で[28]、定型約款規制の適用要件を

---

26) 該当要件の内容については、大澤彩「定型約款(1)みなし合意・不当条項規制・開示」潮見ほか編・前掲注4)398頁以下、筒井健夫＝村松秀樹編著『一問一答 民法（債権関係）改正』（商事法務、2018)243頁以下、山下友信「定型約款」安永正昭ほか監修『債権法改正と民法学Ⅲ 契約(2)』（商事法務、2018)138頁以下、日本弁護士連合会編『実務解説 改正債権法』（弘文堂、2017)358頁以下、山本豊「改正民法の定型約款に関する規律について」深谷格＝西内祐介編著『大改正時代の民法学』（成文堂、2017)383頁以下等参照。

27) 不特定多数要件は就業規則法制への影響を避けるために設けられたという立法経緯が存在する（法制審議会民法（債権関係）部会第96回会議議事録〔安永貴夫発言〕）。なお、山川隆一「債権法改正と労働法」安永ほか監修・前掲注7)148頁以下、および、山下・前掲注26)142頁も参照。

28) 条項群の準備後に交渉を経ることが予定されている場合には契約内容目的化要件の充足性が否定されうるところ（部会資料83-2・38頁参照）、労働協約は実質的な交渉（団体交渉）を経て締結されるため、同要件を充足すると解するのは困難である。

充足しないと解するのが穏当な解釈であると考えられる[29]。そうであれば、定型約款規制が労働条件の決定・変更に及ぼす影響はない（従前通りの法的状況が維持される）のであるから、実務上の対応は特段不要ということになる。

しかしながら、上記要件についての議論を詳細に検討すると、就業規則および契約のひな形としての就業規則については、定型約款該当性を肯定する余地があるものと解される。この点、どのような解釈が判例・裁判例において採用されるのかが不明確な現状においては、定型約款規制が及ぶとした場合の対応を明らかにしておく必要があろう。そこで、これらの定型約款該当性についての議論は別稿に譲ることとして[30]、本稿では、以下、定型約款該当性が肯定されることを前提とした議論を展開することとする。

(2) 雇用によらない就労形態に対する約款規制の適用

雇用によらない就労形態のうち、特にプラットフォーマーを用いた自営型就労については、多数の契約関係を画一的に処理するための条項群が用いられることが少なくないが、その定型約款該当性についてはどのように考えるべきであろうか。

ここでは、立法過程に照らした穏当な解釈を提示することも困難であるから、上記の定型約款該当性の要件に従い、個別的に判断していくほかないと思われるところ、該当性を肯定しうる事例も少なくないと解される（**解答 CASE 2 設問 1** 参照）。この場合には、民法上の定型約款規制によって、そのような就労者の利益保護が図られることとなる。

(3) 定型約款の契約への組入れ

(ア) 組入れ要件

本来的に、契約内容は双方当事者の合意によって決定されるものであるが、

---

29) 立法経緯については、石上敬子「定型約款規定の意義と射程（上）——法制審議会民法（債権関係）部会における実務をめぐる応酬」大阪経済法科大学経済学論集 41 巻 2 号（2018）15 頁以下で詳細な分析がなされている。

30) 岡村優希「民法（債権法）改正と労働法——労働契約に対する定型約款規制の適用に関する覚書」季労 266 号（2019）203 頁以下。なお、以下の解説・検討部分にもこの論文と重複するところがあるが、本稿においては、実体面での規律に焦点を当てた検討を行う。

第2部　実務編

改正民法においては、「（相手方が）定型約款を契約の内容とする旨の合意（包括的合意）をしたとき」（548条の2第1項1号）または「定型約款を準備した者（定型約款準備者）があらかじめその定型約款を契約の内容とする旨を相手方に表示[31]していたとき」（同項2号）には、相手方が「個別の条項（の全てに）についても合意をしたものとみなす」と定め、その例外を認めている（同項柱書）。

　特に2号は、1号のような包括的合意すらもない状況で、定型約款準備者による表示のみで契約内容が決定されること（＝定型約款準備者による契約内容の一方的決定）を認めるものであるため、合意原則（改正民521条2項）との抵触がより懸念される規定となっている[32]。

(イ)　組入れ除外規制

　このような一方的決定を無制約に認めてしまうと、相手方の利益が害される恐れがある。そこで、改正民法は、「（定型約款の）条項のうち、相手方の権利を制限し、又は相手方の義務を加重する条項であって、その定型取引の態様及びその実情並びに取引上の社会通念に照らして第1条第2項に規定する基本原則（＝信義誠実の原則）に反して相手方の利益を一方的に害すると認められるものについては、合意をしなかったものとみなす」（548条の2第2項）と定め、定型約款による契約内容決定に制約を課している（組入れ除外制度）[33]。

　この規定についてまず問題となるのは、どのような基準と比較して権利をより制限する（または義務を加重する）といえるのかである。この点、類似の規

---

31)　ここでいう表示は、約款の利用についての表示であって約款内容の表示ではない。表示の意義については、鹿野菜穂子「『定型約款』規定の諸問題に関する覚書き」消費者法研究3号（2017）81-82頁等参照。

32)　河上正二「民法（債権関係）改正要綱──とくに『定型約款』について」ジュリ1480号（2015）83頁では、このことをもって、本規定は合意の推定という効果にとどめてきた従来の判例の立場（大判大正4・12・24民録21輯2182頁）を修正するものであり、制度説ないし法規説への転換をもたらすようにも見えるとの指摘がなされている。川地宏行「民法改正における定型約款の組入要件と内容規制」伊藤進先生傘寿記念『現代私法規律の構造』（第一法規、2017）130頁も同旨と思われる。もっとも、これに対しては、契約説の立場からも説明が可能であるとの有力な見解が示されている（沖野眞已「『定型約款』のいわゆる採用要件について」消費者法研究3号（2017）116-124頁、同「消費者契約における定型約款の組入要件」現代消費者法39号（2018）24頁、鹿野菜穂子「民法改正と約款規制」法曹時報67巻7号（2015）20-21頁、山本・前掲注26）397-398頁、中田・前掲注23）40頁）。

定である消費者契約法 10 条においては、任意規定という比較基準が明示されているのに対して、本規定ではそれが明示されておらず、解釈問題となる。学説上は、消費者契約法と同様に任意規定を比較基準とする見解も見られるが[34]、他方で、それに限られないより広い比較基準を設定しうるとの見解も存在する[35]。ここでは、差し当たり、立法過程に照らした議論として、「（定型約款の）当該条項がなかったとすれば適用され得た明文の任意規定、判例によって民商法等の解釈として承認された種々の準則、明文のない基本法理等」を比較基準とすべきとする見解を参照しておく[36]。そして、それらの規範的な基準がいずれも存在しない場合には、定型約款の当該条項がなかったと仮定した場合における事実状態を比較基準とせざるをえないと解される[37]。

その上で問題となるのが、どのような条項が信義誠実の原則（民 1 条 2 項）に反して相手方の利益を一方的に害すると認められるのかである。この問題を考察するに当たっては、本規定が、従来は「不意打ち条項」と「不当条項」として区別されてきた条項[38]を包括した上で、それらに係る要件効果を合わせて規定するという一元的構成を採用している点に留意しなくてはならない[39]。

そもそも、これら規制は本来的には異質のものであり、不意打ち条項規制が、契約締結過程における個別具体的な事情（取引の経緯等）とそこにおける当事

33) その他にも、改正民法は、定型約款の内容表示に係る請求に応じる義務を定型約款準備者に課している（548 条の 3 第 1 項）。契約説の立場からすると約款の開示の問題と契約内容形成の問題とを関連づけることも考えられるが、改正民法では、基本的には両者の問題を切り離す立場が採用されている（部会資料 75 B・11-12 頁、81 B・16-17 頁参照）。ただし、これには事前の開示請求に係る例外が定められている（同条 2 項）。

34) オムリ・ベンシャハー＝金山直樹「約款規制のための基本的手法」法時 89 巻 3 号（2017）62 頁。

35) 丸山絵美子「『定型約款』に関する規定と契約法学の課題」消費者法研究 3 号（2017）165 頁、大澤彩「『定型約款』時代の不当条項規制」消費者法研究 3 号（2017）183-184 頁。

36) 山本豊「定型約款の新規定に関する若干の解釈問題」ジュリ 1511 号（2017）50 頁。

37) 森田修「約款規制：制度の基本構造を中心に（その 1）」法教 432 号（2016）97 頁。

38) 前者は約款に盛り込まれていることが合理的に予測できない条項を指し、後者は、そのような予測ができるものの、その内容自体が不当である条項のことを指す。現在の約款理論の支配的見解によれば、前者については契約内容への組み込み自体を否定するのに対して、後者については組込みを肯定した上で、それを無効にするという規制を行うことが想定されている。

39) 山本敬三「改正民法における『定型約款』の規制とその問題点」消費者法研究 3 号（2017）56-57 および 61-64 頁、川地・前掲注 32）131-133 頁。

者の主観を問題とする手続的な規制であるのに対して、不当条項規制は、条項の内容自体が客観的・抽象的に妥当といえるのかを問題とする実体的な規制である[40]。それゆえ、効果面についても、不意打ち規制が契約への組入れ自体を否定する成立レベルでの規制であるのに対して、不当条項規制は一度組み入れられた条項を事後的に無効とする効力レベルの規制であると理解されてきた[41]。

このような経緯を踏まえると、組入れ除外という効果のみを定める本規定をどのように解釈するのかが問題となるが、信義則という極めて抽象的な規範概念が用いられていること等から、これら2種類の規制を（理論的には不明確さが拭えないものの）1つの規範として統合するものと理解し、運用していくことが想定される[42]。そうすると、組入れ除外の有無は、各契約が締結された個別具体的な取引経緯等（手続面）を考慮しつつ[43]、当該条項の内容の客観的な妥当性（実体面）も合わせて審査した上で判断されることになろう[44]。この点、条文上では、考慮要素が「定型取引の態様及びその実情並びに取引上の社会通念」と抽象的に定められていることに加えて、信義則という最も抽象性・汎用性の高い指導的理念が用いられていることから[45]、本規定のもとでは極めて柔軟な組入れ除外規制が可能であると解されている[46]。

以上のようにして、改正民法は、本来的な合意原則を一部修正して多数の契約を画一的に処理するという社会的要請に応えつつ、信義則に違反するような一定の条項の組入れを否定することで、相手方の利益保護にも配慮している。

---

40)　大澤・前掲注35)188頁。

41)　平野裕之『新債権法の論点と解釈』（慶應義塾大学出版会、2019)302頁。

42)　部会資料83-2・39-40頁、山本・前掲注39)60-61頁。

43)　森田修「約款規制：制度の基本構造を中心に（その4)」法教435号（2016)96頁、井上聡＝松尾博憲＝藤澤治奈「鼎談 改正民法の実務的影響を探る（第3回）定型約款」NBL 1117号（2018)37-38頁、潮見・前掲注12)230頁、山田創一「定型約款に関する債権法改正の考察」名城法学66巻3号（2016)286頁。

44)　部会資料83-2・39-40頁、山下・前掲注26)155頁。

45)　村松秀樹＝松尾博憲『定型約款の実務Q&A』（商事法務、2018)103-104頁。

46)　もっとも、規制に柔軟性がある反面、その明確性には限界があり、どのような条項が組入れ除外規制の対象になるのかが曖昧であるとの指摘がなされている（山本・前掲注39)62-63頁、山下・前掲注26)154-157頁、森田・前掲注43)96頁。

⑷　定型約款による契約内容の変更

一度決定された契約内容については、その後の経済的・社会的状況の変化等によって変更を迫られる場合が少なくない（この要請は特に継続的契約に顕著である[47]）。原則論からすると、そのような変更は不特定多数の相手方との個別合意によって行うべきものであるが、実際上は全ての者から合意を得ることは困難である[48]。これでは、定型約款による契約関係の画一的処理（契約内容の画一的変更）の要請に悖ることになる。

そこで、改正民法は、変更後の定型約款の条項に対する相手方の合意を擬制する制度（みなし合意制度）を設けている（548条の4第1項）。具体的に、変更合意が擬制されるのは、「定型約款の変更が、相手方の一般の利益に適合するとき」（1号）または「定型約款の変更が、契約をした目的に反せず、かつ、変更の必要性、変更後の内容の相当性、この条の規定により定型約款の変更をすることがある旨の定めの有無及びその内容その他変更に係る事情に照らして合理的なものであるとき」（2号）である。この規定の特徴は、変更に対する相手方の同意は必要とされておらず、定型約款準備者に（定型約款の変更を通じて）契約内容を一方的に変更することを認めているところにある[49]。

改正民法548条の4第1項1号は、利益的な変更であれば相手方も同意を与えるのが通例であるということを考慮した規定であり[50]、相手方の利益保護の観点からも特段問題はないものと解される[51]。

これに対して、同項2号は相手方にとって一般に不利益となる変更をも許容する規定であるので、その利益保護との関係から特に慎重な解釈が求められる。

まず、この規定では、契約目的に反しないことが求められている。ここでい

---

47)　平野裕之『債権各論I』（日本評論社、2018）48頁。

48)　石川博康「契約改訂規範としての定型約款変更法理の特質とその理論的定位」現代消費者法39号（2018）31頁、筒井＝村松編著・前掲注26）257頁。なお、部会資料75B・15頁も参照。

49)　山下・前掲注26）167-168頁、筒井＝村松編著・前掲注26）257頁、大澤・前掲注35）193-194頁、山本・前掲注26）415-416頁。これに対しては、文言上明確に要求されているわけではないものの、相手方の同意があることを要件とすべき旨の見解がある（桑岡和久「定型約款の変更」法時90巻8号（2018）83-84頁）。この点についてはさらなる議論の蓄積を待たなければならないが、相手方の同意の要否については、これを不要とする労契法10条との関係性をめぐる議論にも影響しうる。

50)　筒井＝村松編著・前掲注26）259頁。

第2部　実務編

う契約目的は、契約当事者（特に相手方）の単なる主観ではなく、客観的事情によって決定される[52]。

その上で、本規定では、①変更の必要性、②変更後の内容の相当性、③この条の規定により定型約款の変更をすることがある旨の定めの有無及びその内容、④その他変更にかかる事情に照らして、当該変更に合理性があることが要求されている。

まず、①については、定型約款の変更が要請された背景事情が考慮される。具体的には、公益的な理由が認められる場合や法改正に対応する場合には基本的には必要性が認められるものと解されるが、事業の経営上の理由から不利益変更を行う場合に必要性を肯定できるかについては議論がありうる。この点については、変更する対象が中心的な契約条件かどうか[53]、契約期間の定めがあるかどうか[54]や、不利益性がどの程度のものか[55]が考慮されうるとの見解が示されている[56]。ここでは、経営上の理由による不利益変更をおよそ否定するという立場の一方で[57]、極めて厳格な要件のもとでこれを許容する立場も想定されうるが[58]、未だ定説はなく、学説・裁判例の蓄積が期待される[59]。

次に、②については、変更後の約款の内容が審査される（変更内容自体についての実体的審査）。ここでは、既存の契約条件（変更前の約款の内容）が存在し

51）　もっとも、相手方の「一般の」利益を問題としているため、一部の相手方に不利益となる変更であっても1号の要件を満たす可能性はあり、その場合には当該相手方の利益保護の観点から問題が生じうる（村松＝松尾・前掲注45）127頁）。これに対しては、相手方一般の利益とは、相手方「全員」にとっての利益のことを意味するとの見解も示されているところ（第193回参議院法務委員会会議録13号16頁〔小川秀樹政府参考人発言〕、これによればそのような不利益の発生は回避できることになる。

52）　筒井＝村松編著・前掲注26）259頁。もっとも、客観性を重視しつつも、当事者の主観を考慮要素から除外しない見解も見られる（第99回会議議事録〔村松秀樹幹事発言〕7頁）。

53）　付随的でなく中心的な条件を変更する場合には高度の必要性が必要であり、単に経営判断の失敗を相手方に転嫁する場合には必要性が否定されること等が想定される。

54）　有期契約ならば更新時に変更が可能であるから必要性を基本的には否定すること等が想定される。

55）　軽微な変更であれば、必要性の程度も緩和して判断すること等が想定される。

56）　山下・前掲注26）170-171頁。

57）　山下・前掲注26）170-171頁。

58）　村松＝松尾・前掲注45）131-132頁。

59）　その他にも、相手方の合意を得るのが困難であるという事情も考慮される（村松＝松尾・前掲注45）128頁）。

80

ているため、それとの比較という観点から相当性が判断されることになる[60]。

次に、③については、いわゆる変更留保条項が存在するかどうか、それがどのような内容を定めているのか[61] が考慮される[62]。当該条項が変更の対象や条件等を具体的に定めている場合には、それに従った変更を行う場合の合理性が肯定されやすくなるものと解される[63]。

最後に、④については、①②③に該当しない幅広い事情が考慮される。たとえば、相手方に対して変更を拒否したり契約から離脱したりする機会が付与されているのか[64] や、不利益軽減措置が講じられているのか[65] が考慮される[66]。

以上のように、改正民法は、相手方に不利益を課す約款変更であっても、厳格な要件のもと、約款準備者がこれを一方的に行うことを認めている。

(5) 労働契約法と民法の規定の関係性——就業規則（ひな形含む）の内容規制に着目して[67]

前述したとおり、就業規則（ひな形含む）については定型約款該当性を肯定する余地がある。しかし他方で、これらについては、労契法にも一定の規律があることから、民法と労契法の規定の適用関係をどのように解するのかが問題となる。ここでは、契約の締結場面と変更場面に大別した後、それぞれをさら

---

60) 桑岡和久「定型約款(2)定型約款の変更」潮見ほか編・前掲注4)416頁。
61) 過度に広範な変更留保条項が定められている場合には、そもそも組入れ除外規制（改正民548条の2第2項）によって契約への組入れが否定されることになることから、ここで問題となる変更留保条項の抽象性は一定程度限定的なものとなっていることが想定される（潮見・前掲注12)234頁参照）。
62) 部会資料88-2・5-6頁。
63) 部会資料88-2・5-6頁。
64) 桑岡・前掲注49)86頁、同・前掲注60)416-417頁。もっとも、合理性要件を肯定する上で離脱機会の保障は限定的な機能を果たすにとどまるとする見解も見られる（石川・前掲注48)40頁）。
65) 筒井＝村松編著・前掲注26)260頁。
66) ところで、相手方にとって不利益な変更をするからには、その内容を相手方に通知することが重要となる。そこで、定型約款準備者には、変更する旨、変更内容、及び、自らが定める効力発生時期をインターネットその他の適切な方法によって事前に周知する義務が課されており、これを行わなければ変更の効力を生じさせることができないものとされている（改正民548条の4第3項）。なお、同条1項1号の有利変更の場合には、周知要件と変更の効力発生が関連づけられた規制は行われない（松尾弘『債権法改正を読む——改正論から学ぶ新民法』（慶應義塾大学出版会、2017)191頁）。

第2部　実務編

	契約の締結場面		契約の変更場面	
	合意あり	合意なし	合意あり	合意なし
労契法	6条 （内容規制なし） ＊合意原則 c.f. 自由意思による同意の法理 A	7条 （内容規制あり） ＊合理性 B	8条、9条反対解釈 （内容規制なし） ＊合意原則 c.f. 自由意思による同意の法理 C	10条 （内容規制あり） ＊合理性 D
民法	548条の2第1項1号 →548条の2第2項 （内容規制あり） ＊信義則 A′	548条の2第1項2号 →548条の2第2項 （内容規制あり） ＊信義則 B′	変更① 548条の4 （内容規制あり） 合意原則② （内容規制なし） 組入れ③ 548条の2第1項1号→548条の2第2項 （内容規制あり） C′	548条の4 内容規制あり ＊利益適合性 ＊契約目的適合性＋合理性 D′

に合意の有無で分けて検討する必要がある。

　第一に、契約の締結場面において、合意を媒介として労働条件決定を行う場合（すなわち就業規則がひな形として機能する場合）について見ると、民法548条の2第2項に内容規制が定められている一方で（A′）、労契法には内容規制が設けられていない（A）[68]。そうすると、特別法上の規定がなく、一般法である民法が適用されることになるので、民法548条の2第2項所定の信義則による内容規制が及ぶものと解される。

---

67)　労契法と民法の適用関係の機序についても、岡村・前掲注30)において検討した。そこでは、自由意思による同意の法理（山梨県民信用組合（退職金減額）事件・最二判平成28・2・19民集70巻2号123頁）について、これによる純粋な内容規制が可能かどうかを場合分けした検討を行ったが、本稿においては、調査官解説の基本的立場に照らして（清水知恵子「判批」法曹時報70巻1号（2018）316頁以下）、内容規制を否定することを前提として検討を行う。また、表中のAの場面で労契法7条を類推適用すべきとする見解や、表中のCの場面で労契法7条または10条を類推適用すべきとする見解もあるが、実務面に焦点を当てるという本書の性格上、本稿においては割愛する。

82

これに対して、合意を媒介とせずに労働条件を決定する場合について見ると、民法548条の2だけでなく（B′）、労契法7条（B）にも規定がある。このように適用領域が重複する以上は、特別法である労契法の規定が優先して適用されることになるので、契約内容についての実体的審査が同法7条の合理性要件を通じて行われることになる。

第二に、契約の変更場面において、合意を媒介とせずに労働条件を変更する場合を見ると、民法548条の4だけでなく（D′）、労契法10条にも規律が置かれている（D）。したがって、ここでは特別法である労契法が優先して適用されることになるので、変更内容についての実体的審査は同法10条の合理性要件を通じて行われることになる。

これに対して、合意を媒介として労働条件を変更する場合（すなわち変更後の就業規則がひな形として機能する場合）においては、労契法に内容規制は定められていない（C）[69]。他方で、この場合に民法の定型約款規制の適用があるのかという点も明らかではなく、次の3つの解釈が想定される（C′）。

まず、①定型約款の変更に関する規定を適用し（改正民548条の4）、その内容規制を及ぼすことが考えられる。②しかし、文言上、この規定は合意を得ない一方的変更に対して適用されるものであることから[70]、内容規制を否定する見解も想定される（合意原則）。この場合には、合意の成立の有無を慎重に判断することになるところ、手続面での審査が行われることは別として、さらに内容審査までを行うことができるのかは依然として不透明なままである。仮にこれを否定するならば、定型約款準備者（使用者）と相手方（労働者）の間には本来的に情報・交渉力の格差があるにもかかわらず、合意を得さえすれば内容規制が一切及ばないとする解釈をとることになるが、このような解釈は約款規制の実効性や結果の妥当性を担保する観点からは問題があるといえよう。

そこで、③定型約款の組入れ規制を及ぼすことが想定される。そもそも、定型約款の組入れと変更の差異は相対的なものであり、変更については、これを

---

68) 契約の締結場面についても自由意思による同意の法理が妥当するとする学説があるものの、前述のとおり、本稿では同法理による内容規制を否定する立場によるので、内容審査についての規定は、労契法には存在しないというべきであろう。
69) 自由意思による同意の判例法理が存在するものの、前述のとおり、本稿では同法理による内容規制を否定する立場をとる。
70) 村松＝松尾・前掲注45)142頁。

第2部　実務編

変更後の新たな定型約款の組入れと構成する余地がある[71]。加えて、定型約款の合意組入れの規定（改正民548条の2第1項1号）は、労契法7条のように、文言上、適用場面を契約締結時に明示的に限定しているわけではない。このような解釈であれば、合意がないことを前提とする変更の規定を条文の文言に反して適用することを避けつつ、内容規制（組入れ除外規制）の適用を肯定できることになるので、規制の実効性や結果の妥当性の担保も可能となろう[72]。

　これらの解釈のうち、①をとれば、定型約款の変更にかかる改正民法548条の4による内容規制が及び、②をとれば、明文規定による内容規制はおよそ否定される可能性があり、③をとれば、定型約款の組入れにかかる同548条の2第2項による内容規制が及ぶことになる（いずれの解釈をとったとしても、特別法である労契法による内容規制が及ばない（そもそもCの場面で適用されるべき明文規定が存在しない）ことは改めて明記すべきである）[73]。

　以上のように、就業規則（ひな形含む）の定型約款該当性を肯定する以上は、一般法・特別法という論理関係を基準とした適用条文の選択が問題となる。ここでは、各条文の適用領域を明確にすることを前提として、それに重複が見られるのかを検討することが必要となるが[74]、この点については、現状では、上述のとおりに整理しておくべきであろう。

---

71)　三枝健治「約款の変更」法時89巻3号（2017）73頁、大澤・前掲注35)201頁参照。

72)　他方で、立法過程においては、契約の締結場面が組入れ規制の典型的な適用場面とされていたことから、このような解釈が妥当ではないとの見解も想定されうる。

73)　自由意思による同意の法理による規律も考えられなくはないが、前述のとおり、本稿ではこれによる内容規制を否定する立場を前提としている。なお、判例法理の射程についての理解にもよるが、②の場合には、自由意思による同意の法理による規制が及びうる点には別途注意を要する（**解答 CASE 1 設問 1** および**設問 4** 参照）。

74)　このような検討方法は、周知や開示等の手続的規制についてもそのまま妥当しうる。なお、労契法7条、10条は、契約内容規律効の前提として事前の周知（実質的周知）義務を課すのに対して、改正民法548条の3は組入れの効力とは基本的に切り離した上で開示請求応諾義務を課し（ただし、事前の開示請求があった場合の応諾は組入れの要件とされている）、同548条の4第3項は、同条1項1号の場合は変更効と切り離した形で、同項2号の場合は変更効の要件とした形で、周知義務を課している。

84

解答

CASE 1 設問 1

X_1 については、解雇が無効であることが前提とされているので、地位確認請求は認められると解される。その上で、解雇期間中の賃金（未払賃金）請求が可能なのかが問題となる。

この点、改正前の民法536条2項によると、債権者（使用者）の責めに帰すべき事由によって債務（労務提供義務）を履行することができなくなったときは、「債務者（労働者）は、反対給付（賃金）を受ける権利を失わない」とされていた。この規定が、民法の改正によって、「債権者（使用者）は、反対給付の履行を拒むことができない」との規定に改められた（改正民536条2項）。ここでは、債務者の反対給付請求権の消滅の有無という観点から定められた従来の規定が、債権者の反対給付義務の履行拒絶の可否を問題とする規定に改められているものの、この改正は、規範的な内容を変更するものではなく、旧法下での取扱いを維持するものであるとされている[75]。したがって、Y_1 社（債権者）の無効な解雇によって労務を提供することができなかった X_1（債務者）は、反対給付である賃金の支払いを請求できる（Y_1 社は反対給付である賃金支払義務の履行を拒絶することができない）のが原則となる。

しかし、本件においては、Y_1 社の就業規則上、「Y_1 社の責めに帰すべき事由によって就労が不能となった場合であっても、その期間中の賃金の請求はできないものとする」旨の規定が設けられている。学説・裁判例上、民法536条2項の規定が任意規定であるとされていることを踏まえると[76]、この規定が契約内容となっているのであれば、X_1 の賃金支払請求が認められない可能性がある。

この点、Y_1 社就業規則は、労契法7条を媒介として X_1 の労働契約の内容を規律しているのではなく、個別合意を媒介としてこれを行っている（労契6条）。したがって、ここでは、同法7条所定の合理性要件が課されていないため、契約内容自体についての実体的審査（実体的内容審査）を行うべき法的根

---

75) 筒井＝村松編著・前掲注26)229頁。

76) 我妻栄『債権各論上巻（民法講義 V_1）』（岩波書店、1954)99-100頁、ほけんの窓口グループ事件・大阪地判平成28・12・15 ジャーナル61号22頁。

拠は存在しない。もちろん、自由意思による同意の法理が適用され[77]、契約内容を一定程度考慮した上で合意の有無が判断される可能性はあるが、あくまでも手続面に焦点を当てたものであるため、労契法7条のような純粋な内容審査が行われるわけではない。本件のように、説明の実施や質問対応、熟慮期間の設定、および、書面による明確な合意が存在する場合には、合意が成立していると評価するのが妥当であるため、労働法の規律だけを見れば、X₁の上記請求は認められないことになろう。

もっとも、**解説3**(1)で述べたとおり、ひな形としての就業規則については、定型約款該当性を肯定する余地がある。この立場を前提とすると、**解説3**(5)で検討したように、契約締結場面において、合意を媒介として労働条件決定を行う場面（前述のA・A′の場面）では、民法上の組入れ除外規定（548条の2第2項）が適用され、信義則に照らした内容規制が行われうる。

この点、**解説3**(3)(イ)で述べたように、まず、任意規定を比較基準として設定した上で、これよりも相手方の権利を制限するかどうかが問題となるところ、Y₁社就業規則の上記規定は、民法536条2項の任意規定によれば生じるはずの賃金請求権を奪うものであるため、相手方（労働者）の権利を制限しているものといえる。そして、前述のとおり、説明の実施等が丁寧に行われている本件においては、取引の手続面で信義則に反する事情があるとは認められない。これに対して、内容面からすると、危険負担規定の適用排除は、契約内容の中心的内容とはいえない周辺部分について理論的に専門的な規定を設けるものであり、そのような条項を設けることが一般的に浸透しているとまではいえないことから考えると、X₁が合理的に予測できないところで不意打ち的に利益を制限する規定であるといえるので、信義則に反すると評価して、契約内容への組入れを除外すべきであると考えられる。

以上より、X₁は、Y₁社就業規則の規定にもかかわらず、民法536条2項を根拠として、Y₁社に対して解雇期間中の賃金を請求できるものと解される。なお、同時に遅延損害金も問題となりうるが、ここでは、法定利率に係る民法404条の改正によって変動利率制が導入され、利率が当面の間は従来の5%から3%に引き下げられている点に注意が必要である[78]。

---

77) 学説上、この法理は、変更段階だけでなく、締結段階でも妥当すると解されている（土田・労働契約法20頁等）。

設問 2

本設問においては、安全配慮義務違反の存在が前提とされているので、X_2（を相続した遺族）の Y_1 社に対する損害賠償請求は認められると解されるが、損害の発生から訴訟提起までに相当の期間（約 6 年）が経過していることから、当該請求権の時効消滅の有無が問題となる。

この点、従来、不法行為（3 年）または債務不履行（10 年）のいずれの構成をとるかによって異なっていた時効期間は、改正によって、人の生命・身体侵害に関する限りで統一された（**解説 2**(3)）。具体的に、消滅時効は主観的起算点から 5 年（短期）、客観的起算点から 20 年（長期）とされたが、期間の面から見て、本件で問題となるのは前者である。

まず、債務不履行構成の場合には「債権者が権利を行使することができることを知った時」から進行を開始する。仮に後者についてであれば、X_2 が死亡した時点（2022 年 10 月）で、安全配慮義務違反による損害が生じており、それゆえに損害賠償請求権が生じているという事情があることから、客観的に見て権利行使が可能であるとして時効の進行を認めても良い[79]。しかし、前者については、客観的に権利行使が可能かどうかではなく、権利行使が可能であると債権者側が認識したかどうか（債権者側の主観）が問題となる。この点、X_2 は心臓病によって死亡しているところ、そこから直ちに、業務起因性が認められて損害賠償請求が可能であると X_2 の遺族が認識できたとまでは評価できないであろう。もちろん、X_2 の死亡が長時間・加重労働の最中に起こったものであるという事情をもって、権利行使可能性を認識していたといえなくもない。しかし、本制度が被害者側の救済を趣旨としていること、それゆえに長期消滅時効での運用が原則であるとされていること[80]からすると、そのようにして容易に短期消滅時効の進行を認める解釈をとることは妥当ではないだろう。本件においては、早くとも、業務起因性が認められる余地があると思慮するに至ったと解される労災申請の時点（2025 年 4 月）、または、業務起因性が行政によって認められた労災認定の時点（2025 年 12 月）以後から、X_2 の遺族

---

78) 同規定の内容については、日本弁護士連合会編・前掲注 26)94-96 頁参照。

79) 日鉄鉱業事件・最三判平成 6・2・22 民集 48 巻 2 号 441 頁等。いわゆる損害発生時説（土田・労働契約法 546 頁）。

80) 潮見佳男ほか編著『Before/After 民法改正』（弘文堂、2017)81 頁〔金山直樹〕参照。

第 2 部　実務編

が権利行使可能性を認識したものと評価すべきであると考えられる。そうすると、本件訴訟はそれから 5 年以内に提起されたものであるので、消滅時効（短期消滅時効）によって請求が妨げられることはないと解される。

　また、不法行為構成の場合についても、時効の起算点が一致するものと理解されていることを前提とすれば、同様の結論が導かれうるものと解される（**解説 2** (4)(イ)）。この場合には、遺族固有の損害賠償請求権（民法 711 条）が認められることにも留意が必要である。

　設問 3

　本設問においては、X₂の雇用が途中で終了したという事実が賞与の請求にどのような影響を及ぼしうるのかが問題となる。

　ここでまずもって指摘すべきは、民法の雇用関係規定の改正により、履行割合に応じた報酬請求権の存在が明文で認められたという点である。そもそも、期間によって報酬が定められた場合には、当該期間を経過した後でなければこれを請求することができないものとされていた（624 条 2 項・本件における賞与もこのような報酬と解される）。しかし、これでは、期間途中で労働義務の履行ができなくなった場合の報酬請求権の所在が不明確なものとなってしまう[81]。そこで、改正民法では、624 条の規定を残しつつ、「使用者の責めに帰することができない事由によって労働に従事することができなくなったとき」（624 条の 2 第 1 号）、または、「雇用が履行の中途で終了したとき」（同条 2 号）のいずれかの場合に限り、既にした履行の割合に応じた報酬を請求する権利があると定められるに至った。本件においては、X₂の死亡によって雇用が履行の途中で終了したと解されることから[82]、本規定の適用を受けるものと考えられる。

　そうすると、2022 年 6 月 2 日から 12 月 1 日までの期間のうち、X₂は同年 6 月 2 日から 10 月 31 日までの間は労働義務を履行したのであるから、その期間に応じた割合で賞与を請求できるように見える。しかし、賞与は賃金（ないし報酬）としての性格だけでなく、功労報償、生活補填や、将来の労働への意欲向上策としての性格をも有している[83]。それゆえ、上記期間に労働に従事し

---

81)　部会資料 73 A・1 頁。
82)　部会資料 81-3・22 頁。
83)　菅野 421 頁。

たからといって、そこから直ちに割合的な賞与請求権を認めることは適切ではない[84]。仮に、支払条件や内容等が特定されているなど、賃金の後払い的な性格が強いと評価される場合であれば、割合的な賞与請求権を認める余地がある[85]。他方で、そうでない場合には、単純な賃金ないし報酬として賞与の性格を把握することは困難であるので、割合的な請求権については、その存在を否定せざるをえないものと解される。

この点、本件において、賞与は、確かに年功的に決定される部分が4割を占める点で、賃金的な性格が少なからず含まれているといえる。しかし、残りの6割は成果部分であり、その金額も各回に厳正な人事考課実施した上で個別的に決定されるものであることから、そのような賃金としての性格に消化されない複合的な性格を有しているものと解される。したがって、本件においては、割合的な賞与請求権を認めることは困難であると考えられる。

また、定型約款規制によって支給日在籍要件の契約内容への組入れ自体を否定し、危険負担に係る民法536条2項を根拠とした賞与請求が行われることも考えられる。この点については、支給日在籍要件がなければ存在したであろう状態（支給日に在籍していなくとも割合的な賞与請求権が生じるという状態）との比較において、X_2の権利が制限されていることから、組入れ除外が認められる可能性もなくはない。しかし、上述のように本件賞与は賃金以外の性格を多分に有しており、その中には将来の労働へのインセンティブ付与という性格も含まれていることからすると、支給日在籍要件の設定が信義則に反するとまでいえるかについては、相当の疑問があることから、契約への組入れを否定することは困難と解される。

以上のように、本件における賞与は賃金としての性格がそれほど明確なものとは認められないので、X_2による賞与請求は、その全部または一部を問わず、否定せざるを得ないだろう。

設問4

本設問は、労働者の同意を得て行う不利益変更の問題である。この点については、**解説3**(5)で述べたとおり、労契法上の内容規制が存在しない領域（C）

---

84) 山川・前掲注27)137-138頁。
85) 日本弁護士連合会編・前掲注26)485頁。

第 2 部 実務編

であるところ、ここに民法上の定型約款規制が適用されるのかについては複数の可能性がある（C'）。

まず、定型約款規制の適用を否定する見解によると、ここでもっぱら問題となるのは、労働者の自由意思に基づく同意があったかどうかである。これについては、X_3 の賃金が 20％低下するという重大な不利益が生じているものの、Y_1 社は、客観的な資料を配布した上で丁寧な説明を行い、個別相談に対応する体制も整えていたこと、2 週間の猶予を与えて労働者に熟慮の機会を与えたこと、同意書への署名・捺印という明確な方法で同意を得たことに照らすと、X_3 の本件不利益変更への同意は、その自由な意思に基づいてなされたと認めるに足りる合理的な理由を備えたものと評価できることから[86]、就業規則変更前の水準での賃金支払請求は認められないものと解される。

これに対して、定型約款規制の変更に係る規定を適用する見解や組入れに係る規定を適用する見解によれば、反対の結論が導かれる可能性がある。

まず、前者については、不利益変更であるということから、改正民法 548 条の 4 第 1 項 2 号の要件を充足するかどうかが問題となる（規定内容については**解説 3**(4)参照）。この点、契約目的について見ると、労働契約は労務提供を行う対価として賃金を得るという契約であるところ（労契 6 条参照）、本件変更は、給付の内容を質的に変更する訳ではない（金額を低下させるにとどまる）ことから、契約目的に反するとまではいえないであろう[87]。しかし、合理性要件について見ると、本件変更は、賃金という労働契約の中心的内容に対して、その 20％カットという重大な不利益をもたらすものである。それにもかかわらず、本件変更が必要となった理由は、公益的なものではなく、雇用コストの低減という単なる事業経営上のものである。したがって、本件変更は使用者の経営上の失敗を労働者側に転嫁させるものに過ぎないと評価せざるをえないことから、合理性要件の充足性を肯定するのは困難であると考えられる。このことから、上記賃金支払請求は認められうると解される。

---

86) 同意の認定方法については、山川隆一「労働条件変更における同意の認定——賃金減額をめぐる事例を中心に」菅野和夫先生古稀記念論集『労働法学の展望』（有斐閣、2013）227 頁以下参照。

87) もっとも、給付の性質を変更しなくとも、契約の本質的要素である対価の不利益変更を行うことが契約目的に反するとの見解もあり（大澤・前掲注 35）200 頁）、これを前提とすると、民法 548 条の 4 第 1 項に基づく変更効は否定されることになる。

次に、後者については、組入れ除外規制（改正民548条の2第2項）の有無が問題となる。この点、本件変更がなかった場合に想定される状態（減額前の賃金請求権の肯定）と比較すると、X_3の権利を制限するものといえる（この意味において、組入れ除外規制を用いる場合であっても、従前の労働条件との比較という視点が持ち込まれうると解される）。その上で、本件における変更後の約款の組入れが信義則に反するのかについては、中心的契約内容である賃金を20％カットするという重大な不利益を与えることをもって、信義則違反が肯定される可能性があるとの厳格な立場が想定される。他方で、総合職正社員の労働契約は定年までの長期間にわたって継続することが予定されていること、その期間において市況が厳しくなることが全く想定されていないわけではないこと、それに対応するためには内部的な雇用コストの調整が不可欠である（解雇規制・長期雇用慣行により外部的な調整は柔軟性を欠く）こと[88]を考慮すれば、信義則違反を否定する余地がないと断定的に解することも妥当ではないだろう。

以上のように、一方で、定型約款規制の適用を否定する見解をとるか、組入れ除外規定の適用を肯定する見解を採用した上で緩やかな判断を行うと、X_3の上記賃金支払請求は認められる可能性があり、他方で、定型約款の変更に係る規定を適用する見解を採用するか、組入れ除外規定の適用を肯定する見解を採用した上で厳格な判断を行うと、この請求が認められない可能性がある。本設問については、どのような法的構成を採用するのか、その上でどのような判断を行うのかによって、結論が変わりうると解さざるをえない。

CASE 2

本ケースを検討するにあたり、あらかじめ指摘すべきは、X_4が労契法上の労働者ではないということである。配達パートナーは、いつ・どこで稼働するか、受信した依頼を承諾するか否か、どのようなルートで配達するのかについての広範な裁量を有している点で、Y_2社の指揮命令下で労務を提供しているとは認められないからである[89]。それゆえ、本ケースにおいては、労契法の

---

88) 荒木尚志「不当条項、契約締結過程の説明義務・情報提供義務、申込みに変更を加えた承諾（留保付承諾）、時効」土田編・前掲注3) 221頁参照。
89) 労働者性の判断基準については、土田・労働契約法53頁以下（特に個人請負については61頁）参照。

第2部　実務編

適用は否定されることから、もっぱら民法の規定が問題となる。

設問1

　本件において、X₄は、Y₂社が準備した配達パートナー規約（以下本件規約）に包括的な同意を与える形で、契約を締結している。それゆえ、このような包括的同意によって上記規約が契約内容を決定しうるのかが問題となる。

　ここで、本件規約が定型約款に該当すれば、民法548条の2第1項1号による組入れが可能となることから、前提問題として定型約款該当性を検討する必要がある（要件については**解説3**⑴参照）。本件において、配達パートナー契約は、本件規約2条所定の軽微な資格要件を充足すれば誰でも締結することが可能であって、その個性に着目した取引が行われるわけではない（不特定多数要件）。また、極めて多数にわたる配達パートナーの契約を画一的に処理できるという意味で定型約款準備者であるY₂社にとって合理性があり、他方で、他の配達パートナーと平等に取り扱われるという意味で相手方であるX₄にとっても合理性があるといえる（合理性要件）。そして、規約の内容については個別交渉が予定されておらず、これを一括して全ての配達パートナーに適用することが企図されている（契約内容化目的要件）。これらのことから、上記規約は、定型約款に該当するといえ、その内容が契約内容に組み込まれることになる（改正民548条の2第1項1号）。

　もっとも、改正民法上、定型約款については、組入れ除外規定（548条の2第2項）が設けられている（要件については**解説3**⑶**(イ)**参照）。この点、確かに、本件規約8条および157条は、これが存在しない場合に比べて、配達パートナーであるX₄の権利を制限するものといえる。しかし、同規約8条所定の手数料について見ると、Y₂社の構築したビジネスモデルは、サーヴィス提供の対価として、配達パートナーから手数料を得ることで採算がとれるように設計されているものと解されることから、これを得ることが決して不合理であるとまではいえない。また、それを確実に回収するためにあらかじめ控除する規定を設けることも、必ずしも不合理なものとはいえない。また、その金額についても、配達パートナーに報酬の大部分を残す規定となっていることからすれば、同様に解される。したがって、この規定が信義則に違反するとまではいえないから、X₄のY₂社に対する手数料を控除しない金額での報酬支払請求は困難であると解される。

これに対して、その他費用については、配達パートナーの報酬額を減少させる点で共通項があるにもかかわらず、本件規約の157条という離れた場所に規定されている。これにより、約款規定の隠蔽効果が生じており、X_4 に対して不意打ち的に不利益が課せられていると考えられる。加えて、Y_2 社所定の装備品はリュックサックのみであり、その使用対価として継続的に報酬の5%を控除し続けるというのも、合理的とはいえない側面があるので、信義則に反するものといいうるであろう。したがって、X_4 は、その他費用については、これを控除しない金額での報酬支払を請求することができると解される。

設問2

本件における X_4 の報酬水準の引下げは、Y_2 社が本件規約を一方的に変更することによって行われた。これは、法的に見ると、定型約款準備者（Y_2 社）による定型約款（本件規約）の一方的な不利益変更を意味するため、改正民法548条の4第1項2号が問題となる。

この点、前述した要件に照らして判断する（**解説3**(4)参照）。まず、配達パートナー契約は、配達という労務の提供と報酬とを交換する契約であるところ、本件変更は報酬水準を数的に減少させるというものであり、この契約を質的に変容させるものとまではいえない[90]。したがって、契約目的適合性要件は充足すると解される。

次に、変更の合理性について、本件変更は、報酬水準という契約の中心的条件を大幅に引き下げるものである（受け取り報酬と配達報酬の50%カット、受け渡し報酬の40%カット、手数料の10%アップ）。それにもかかわらず、変更が必要となったのは、法令対応等の理由からではなく、事業において増大する費用をカバーするという経済的な理由によるものであり、Y_2 社の事業経営上の失敗を X_4 に転嫁することが企図されている。また、本件では変更留保条項が一応は設けられているものの（本件規約208条）、それは変更対象を特定していない無限定なものであり、その内容や程度を定めていない漠然不明確なものである。これらの事情から、本件変更は合理性を欠くものと評価せざるをえない。

したがって、X_4 は、Y_2 社に対して、本件不利益変更前の水準での報酬支払

---

90) もっとも、契約の本質的要素である対価の変更である点で、契約目的に反すると解する余地もある。

第 2 部　実務編

いを請求しうる。

設問 3

　本設問において、X_4 は、**設問 2** とは異なり、本件規約の変更に形式的にで
はあるが同意を与えている。したがって、ここでは、そもそもいかなる規定が
適用されるのかが問題となる。この点については、**解説 3**(5)で述べたとおり、
①変更に係る改正民法 548 条の 4 を適用するのか、②組入れに係る同法 548 条
の 2 第 1 項 1 号および 2 項を適用するのか、または、③そのいずれも適用せず
に合意原則の枠内で処理するのか、という 3 つの可能性が想定される。

　はじめに、①については、**設問 2** で行った検討がそのまま妥当することに
なるから、ここでは特段の検討は要しない。もっとも、本設問では、変更に同
意しない配達パートナーに対して契約を解約する機会を与えている点で、合理
性を肯定する余地があるようにも見える[91]。しかし、その際に、事務手数料
として 2 万円の支払いが求められており、これが解約へのディスインセンティ
ブになりうることからすれば、この点をもって合理性があるものと評価するこ
とは妥当でなく、変更効を否定すべきであると考えられる。なお、本問におい
ては一定の経過措置が設けられているが、その期間が 3 ヶ月と短いため、この
判断を覆して合理性を肯定するまでには至らないであろう。

　次に、②については、このような変更後の新しい定型約款の組入れがなかっ
たと仮定した状態（変更前の水準での報酬請求権があるという状態）よりも、相
手方である X_4 の権利が制限されているといえる（従前の契約条件との比較）。
そして、このような組入れは、その不利益性が極めて大きいものであるから
（不利益の内容については**設問 2** 参照）、不当性の強い条項であるとして信義則違
反が肯定され、組入れが否定される可能性があると解される。

　最後に、③については、一応合意がある以上、基本的には、①②のような内
容規制を行うことができないと解される。もっとも、大きな不利益を課す変更
である以上は、その同意を慎重に認定する必要性がある。この点、Y_2 社は、
特段の丁寧な説明等を行うことなく、アプリ上で変更に同意するか、新規の受
注を行えなくなるかの二者択一を迫っている。このような拙速な手続をもって、
X_4 が、既存の条件のまま配達パートナーとして稼働し続けるという権利が奪

---

91)　桑岡・前掲注 49)86 頁。

われることに自由意思をもって同意したと評価することは困難と考えられる。

　以上のように、本設問においては、X_4の同意を得ていることに端を発して、定型約款の変更に係る規制の適用に疑義が生じている（それゆえに3種類の解釈が想定されうる）という点で、**設問2**との差異が見られる。もっとも、結論自体は、①変更の合理性が否定される、②信義則に反して組入れが除外される、または、③同意の存在を認定することが困難であるとのいずれかの理由から、同様のものになると解される。

〔参考文献〕

　潮見佳男ほか編『詳解　改正民法』（商事法務、2018）、筒井健夫＝村松秀樹編著『一問一答　民法（債権関係）改正』（商事法務、2018）、大村敦志＝道垣内弘人編『解説　民法（債権法）改正のポイント』（有斐閣、2017）

＊本稿はJSPS科研費　（課題番号JP 18 H 05659、JP 19 K 20863）による成果の一部である。

（岡村優希）

2

会社法と労働法①——事業取得型 M&A （合併・会社分割・事業譲渡）

CASE 1　合併・会社分割における労働契約の承継と労働条件の不利益変更

　1　A社は、複数の事業を運営する大手家電メーカーであるが、アジアを中心とする新興国メーカーの台頭により業績が低迷していた。特に、薄型テレビ事業（以下、本件事業）については、熾烈な価格競争により設備投資に見合った利益を確保できず、大幅な赤字となっていた。

　2　そこで、A社は、2013年4月、価格競争と異なる方向性で活路を見出すべく、AI技術を活用した高付加価値のテレビを市場に出すことを決めた。しかし、音声認識機能や自動翻訳機能等の開発が困難を極めたため、2014年4月、この分野で既に優れた技術を有していたB社を買収する計画を立てた。B社はソフトウェア開発のみを行う小規模ベンチャー企業であったが、資金力不足のために具体的な製品開発につなげられない技術や特許を多数抱え、継続的な大幅赤字を計上していた。両社の交渉の結果、A社がB社を吸収合併することが決まり、同年10月1日に合併契約が締結された（効力発生日は2015年1月1日）。

　3　もっとも、高度エンジニア確保のための雇用コストの増大や管理部門の重複による余剰人員の発生が予測されたため、A社は事務系従業員の余剰分を合併直後に解雇することとした（この方針は合併契約締結後に決定され、B社の経営陣や労働者には通知されなかった）。経理部所属のX_1（総合職正社員）は、余剰人員であるとして2015年1月31日付で解雇された。大手企業であるA社には配転可能なポストがまだ数多く残されていたが、業績の低迷期であったので、雇用のスリム化を優先して配置転換を行わなかった。また、高度エンジニアのX_2は解雇を免れたが、全く説明もないまま同年1月1日付でA社就業規則が適用されたことにより、基本給がB社就業規則のときよりも20%減額され、給与月額の合計は70万円から58万円に減少した（その後、X_2は減額後の給与を3

年にわたって異議を述べずに受領した）。

4　その後、A社は、ユーザーアシスト機能の開発に成功し、2016年4月1日に新商品を発売したが、他社の同種製品が既に流通していたため、開発費用に見合った利益を上げることができず、業績が大幅に低下してしまった。そこでA社は、同年8月1日に、経営の効率化を図るため、本件事業を分社化する方針を打ち出した。具体的には、新たにC社を設立する新設分割の形をとった上で、分割対価として同社の全株式をA社に交付することとした。A社は、同月15日に、過半数組合であるD組合（総合職正社員のみを代表）に対して、本件分割についての説明会を実施した。そこでは、直ちに債務超過に陥るわけではないものの、本件事業の経営状況がかなり深刻な状況にあり、本件会社分割がどうしても必要である旨が説明された。その上で、エンジニアと営業部門の労働者のうち、本件事業に現段階で従事しており、その期間が勤続年数に比して相当程度長期にわたる者については、基本的に承継対象とされること等が説明された。これを受けてD組合が承継後の労働条件について質問したところ、A社は、総合職正社員に対する不利益措置（賃金減額、整理解雇等）について現状では具体的な計画がなく、就業規則もA社と同内容のものを作成予定であるが、経営再建のため、将来的にはそのような不利益措置が実施される可能性があることが明らかにされた。D組合はこれに猛反発し、本件会社分割の必要性の有無や程度を知るための客観的資料の開示を求めたり、不利益措置を行わない旨を確約するように要求したが、A社はこれを受け入れず、説明会を一方的に打ち切った。直ちにD組合は本件会社分割の撤回も視野に入れてA社に団体交渉を申し入れたが、同社は、上記説明会を開催したことに加え、分割スケジュールが遅れる懸念がある等として真摯に応じなかった。

5　その後、A社は、分割計画の作成に先立ち、本件事業に従事する労働者に対する個別協議を行った（同月16日から順次実施）。A社は、X₃（入社10年目・総合職正社員・高度エンジニア）が入社以来一貫して本件事業に従事してきた点で主従事労働者に該当すると判断したため、承継対象に含める考えである旨説明を行った（同月18日）。これに対して、X₃は、経営見通しの悪いC社への承継を希望しないと伝えた上で、仮にC社に承継されるとすればどのような業務に従事することになるのか、就業場所や就業形態はどのようなものになるのか等について質問した。しかし、迅速な会社分割を優先するA社は、人事専権事項であるとして真摯な対応を行わず、即日に協議を打ち切った。

6　X₄（入社6年目）は、京都工場の生産ラインにおける薄型テレビの組み立て作業に職務と勤務地が限定された無期転換労働者であり、入社以来一貫して本件事業に従事してきた。A社が必要かつ十分な説明、意見聴取、協議を行った

第 2 部　実務編

ところ（同月 20 日）、X₄ が A 社への残留を希望していることが明らかとなった。しかし、A 社としては、国内生産拠点の順次縮小が決定しているので残留は厳しく、また、仮に C 社に承継させるとしても、生産コスト削減の必要性があることに加え、将来的に国内生産拠点を縮小させる可能性があることから現在の労働条件を維持した形での承継は回避すべきであると考えていた。そこで、A 社は、上記協議の 1 週間後に、「X₄ は正社員ではないので主従事労働者には該当せず、承継対象に含まれない。職務と勤務地が限定されている X₄ は分割後に整理解雇の対象となるので、A 社に残留しても無意味である。もっとも、現状よりも賃金を 20％カットし、契約期間を 3 年に定めるという条件を定めた C 社就業規則（再雇用者専用規則）の適用に合意すれば、C 社による再雇用が可能である。これを希望する場合には、今すぐ退職届（分割の前日付）を提出する必要がある」との説明を行った。これを受けて、X₄ は不本意ながらも 8 月 31 日に退職届を提出した（10 月 31 日付）。その後、A 社は分割計画の作成を完了させ、X₄ に対する通知を行ったが、X₄ の労働契約の承継の有無や異議申出期限日等の記載はなかった。そして、A 社が法定の手続を経て本件会社分割を完了させた後、X₄ は 11 月 1 日付で予定通り再雇用された。

設問 1　X₁ が A 社に対して労働契約上の地位確認を請求することは可能か。

設問 2　X₂ が A 社に対して B 社時の賃金との差額を請求することは可能か。

設問 3　X₃ が A 社に対して労働契約上の地位確認を請求することは可能か。

設問 4　X₄ は、C 社に対して従前の労働条件による労働契約上の地位確認を請求できるか。

設問 5　本ケースについて、人事・法務上の対応として改善できる点はどこか。

CASE 2　**事業譲渡局面での労働契約の承継と労働条件の不利益変更**

1　2017 年 10 月、C 社の経営状況はコスト削減や新商品の開発等によって改善傾向にあったが、依然として厳しい状態が続いていた。その折、E 社（A 社や C 社とは一定の取引関係にあるが資本関係等の特段の関係性はない）が、C 社の技術力（特許・設備・技術者）に目をつけ、本件事業の譲渡を提案してきた。そこで、C 社は、親会社である A 社の指示に従ってこの提案を受け入れることとし、その後は全部譲渡を理由として解散する旨決定した。C 社と E 社は、同

年 11 月 11 日に事業譲渡契約を締結した（効力発生日は 2018 年 1 月 1 日）。

2　本件事業譲渡は、あくまでも技術力に着目したものであるので、E 社としては、管理部門や営業部門に所属する事務系労働者および工場作業に従事する労働者を承継することには消極的であった。そこで、C 社・E 社間の事業譲渡契約においては、少数の優秀な技術者を承継対象とする一方で、それ以外の大多数の労働者を譲渡対象から除外した上で、希望者のうち、E 社が必要と認めた者のみを再雇用する旨の条項が設けられた。この条項は、E 社が再雇用に新たに作成する専用就業規則（C 社就業規則よりも基本給 30％減・契約期間 3 年）の適用に同意する者の雇用のみを維持する意図で設けられたものであった。この賃金額は、職務の内容、当該職務の変更および配置の変更範囲その他の事情に照らして同等と解される E 社の無期契約労働者よりも 10％程度低い水準であった。

3　C 社の過半数組合である F 組合は、上記条項に強く反対し、その削除を求めて C 社に団体交渉を申し入れた（2017 年 11 月 20 日）。C 社は、これを受けて、客観的な資料を開示するなどして誠実に対応したが、最終的には完全親会社である A 社の意向に従う他ないとの一貫した説明を行った。この点、A 社は、グループ全体の経営計画・資金計画を実施するために管理規定を設けていたところ、それによれば、C 社が、経営上の重要事項（重要な事業の譲渡の可否やその条件を含む）の決定・変更、賃金制度の設計・変更を行うに際しては、A 社の取締役会の承認が必要とされていた。また、C 社の役員は、A 社によって、全て A 社の従業員・役員であった者から選任されていた（会社 319 条 1 項参照）。上記条項は、このようにして選任された役員が、A 社の承認を得るべく、その意向に従って設けたものであった（管理規定の違反に対しては特段のサンクションも設けられてはいなかったが、役員の改選（同 329 条 1 項参照）や任期途中での解任（同 339 条 1 項参照）に際してそのことが考慮される可能性があるため、C 社の役員は管理規定を厳守していた）。そこで、F 組合は、同年 12 月 1 日に A 社に対して団体交渉を申し入れたが、A 社は、F 組合に自らと労働契約関係にある労働者が加入していないとして、団体交渉に全く応じなかった。また、F 組合は、同時に E 社に対しても、再雇用条件の改善を求めて団体交渉を申し入れたが、現に契約関係にある労働者が加入していないとして拒否された。

4　その後、X_5（経理部・F 組合員）は上記条件に（強い不満を感じながらも）同意したため、事業譲渡と同日付で、E 社に再雇用された（結果として希望者のほとんどが再雇用された）。

第2部　実務編

設問1　A社・E社はF組合に対して団交応諾義務を負うか。

設問2　X_5はE社に対して労働契約の承継を主張できるか。また、労働条件はどうなるか。

設問3　本ケースについて、人事・法務上の対応として改善できる点はどこか。

解説

1　事業取得型 M&A の労働契約上の意義

(1)　総　論

　M&Aとは、一般に、個別資産の処分を超えて、会社や事業自体を移転させる取引行為のことをいう[1]。近年、新興国の台頭による国際競争の激化、AI・ICT・IoTをはじめとする技術革新の進展など、会社の置かれている経営環境は厳しさを増している。M&Aは、このような環境に適応し、経営の合理化や危機回避を図る上で重要な経営手段である。

　M&Aには、会社法上の組織再編行為[2]、事業譲渡、株式譲渡や第三者割当増資など、多様な手段が存在するところ、それらは、取引対象に応じて、事業取得型M&Aと株式取得型M&Aの2類型に大別される[3]。前者は、合併、会社分割や事業譲渡など、会社や事業を取引対象とするM&A類型であり、後者は株式譲渡や第三者割当増資など、株式を取引対象とするM&A類型である。前者では、会社や事業が既存の法人格の枠を超えて移転するのに対して、後者では、株式の取得（株主という法的地位の移転）を通じて、会社や事業が経済的に移転するにとどまる（たとえ支配株主が交代したとしても、会社の既存の法人格

---

1)　森・濱田松本法律事務所編『M&A法大系』（有斐閣、2015）23頁。なお、本稿では、Merger, Acquisition and Restructuring の略称として「M&A」という用語を用いることとし（伊藤靖史ほか『会社法〔第4版〕』（有斐閣、2018）370頁）参照）、企業組織の再編も検討対象に含めることとする。

2)　ここでは、会社の組織に関する訴えの対象となる行為（会社828条1項7号～12号）である合併、会社分割、株式交換および株式移転のことを指す（田中亘『会社法〔第2版〕』（東京大学出版会、2018）623頁参照）。

3)　金久保茂『企業買収と労働者保護法理──日・EU独・米における事業譲渡法制の比較法的考察』（信山社、2012）3頁。

100

が変更されたり、事業が他の法人格へ移転するわけではない）。それゆえに、一方で、急進的かつ緊密な M&A の実施を欲する場合には、対象会社や事業を自らの会社組織に組み入れることのできる前者が、他方で、漸進的かつ緩やかな M&A の実施を欲する場合には、既存の法人格の枠組みを維持できる後者が、それぞれ選択されることになる[4]。これらのうち、本稿で検討対象とするのは前者である（後者は **3** で検討される）。

(2) 労働契約との関係性

　事業取得型 M&A と株式取得型 M&A の間には、労働契約に対する法的影響が直ちに認められうるかという点で重大な差異が存する。上述のとおり、株式取得型 M&A における会社や事業の移転は既存の法人格の枠組を維持したまま実施される。それゆえ、法人格を基礎として構築される労働契約関係について見ると、M&A が実施されたとしても、契約の当事者構成に変更が加えられるわけではないし、契約の内容が変更されるわけでもない。労働契約上の使用者たる地位を有するのはあくまで対象会社であって株主ではないため、法的に見ると、株主が交代したとしても、労働契約関係に直接的な影響が及ぶことはない[5]。

　これに対して、事業取得型 M&A では、会社や事業の法人格を超えた移転が起こる。それゆえに、契約の当事者構成や契約内容の変更等に係る様々な法的問題が直接的に生じうる。たとえば、合併について見ると、対象会社の法人格は消滅し、その権利義務の一切が他の会社に承継される（会社の経済実態が法人格を超えて移動する）。それゆえ、対象会社の締結している労働契約は、M&A の実施によって、その当事者構成に直接的な変更（使用者の交代）を受けることになる[6]。また、事業譲渡では、譲渡会社の対象事業は譲受会社へと法人格を超えて移転する。その具体的な譲渡範囲については当事会社が契約で自由に

---

4)　土岐敦司＝辺見紀男編『企業再編の理論と実務——企業再編のすべて』（商事法務、2014）75-76 頁〔飯田岳〕。

5)　土田道夫「企業法と労働法学」日本労働法学会編『講座労働法の再生第 6 巻　労働法のフロンティア』（日本評論社、2017）247 頁。もっとも、M&A の後で、新たな支配株主（特に投資ファンド等）が大規模な雇用コストの削減措置（整理解雇や労働条件の不利益変更等）を実行することがある（土田道夫「M&A と労働法の課題」野川＝土田＝水島編 258 頁）。その場合には、M&A の間接的影響として労働契約上の問題が生じうる（→ **3** ）。

第 2 部　実務編

決定できるため、譲渡会社の清算を見越して事業の全部譲渡を行う事例であっても、労働契約を基本的に承継対象から除外した上で、必要な者のみを再雇用することが可能となる[7]。再雇用（契約の新規締結）という形をとる以上、労働条件の実質的な不利益変更（従前よりも低廉な条件での再雇用）や整理解雇（再雇用拒否）等、M&A による労働契約関係への直接的な影響が生じうる[8]。

　以上の特徴から、事業取得型 M&A は、労働契約に関する法的問題を生じさせる蓋然性が極めて高い M&A 類型であるといえる。加えて、そのような問題を労使自治のもとで解決するため、組合が団体交渉を申入れること等も想定される[9]。この場合には、労働者側による雇用事項・経営事項への関与がなされ、M&A の実施に影響が出る可能性がある。これらの事情に照らすと、事業取得型 M&A の実施に当たっては、個別的・集団的労働法上の法的リスクを正確に把握した上で、適切な対策を講じることが必要不可欠なものとなる。

2　事業取得型 M&A の手法と労働法上の諸問題

　事業取得型 M&A の手法としては、主に、合併、会社分割、および、事業譲渡が挙げられる。労働法上、明文の規律が設けられているのは会社分割のみであり、その他の手法についてはもっぱら解釈に委ねられている。上述のとおり、事業取得型 M&A の実施は労働契約関係に直接的な影響を及ぼしうるものであり、労働法上の様々な問題を生じさせる可能性があるが[10]、本稿では労働契約の承継、労働条件の不利益変更、および、集団的利益調整の問題を中心に検討する。

---

6)　これに対して、会社分割では、従前の使用者は解散せずに存続し、部分的な承継が起こるにとどまる。しかし、包括承継であるという点では合併と共通するため、一方的な当事者構成の変化という同様の問題が生じうる（ただし一定の立法上の規律が存在する点が異なる（**解説 2(2)(ウ)**））。

7)　小早川真理「企業の組織変更時における労働法上の問題」日本労働研究雑誌 570 号（2008）62-63 頁。

8)　島田陽一＝在間秀和＝野口大「企業組織再編と労働関係」ジュリ 1326 号（2007）171-172 頁〔島田〕。

9)　西谷 615 頁。

10)　事業取得型 M&A によって生じうる問題の全体像については、水島郁子「企業変動と労働関係」野川＝土田＝水島編 3-5 頁参照。

(1) 各 M&A 手法の概要

(ア) 合 併

合併とは、2つ以上の会社が合併契約によって1つの会社に合体することをいう[11]。これには、当事会社の1社（存続会社）だけを残して他社（消滅会社）を全て解散させ、その権利義務の全部を存続会社に承継させる吸収合併と（会社2条27号）、当事会社（消滅会社）の全てを解散させ、その権利義務の全部を合併により新たに設立する会社（新設会社）に承継させる新設合併（同条28号）の2つの類型が存在する。

合併により、消滅会社は清算手続を経ることなく当然に解散し（会社471条4号、475条1号）、その権利義務の全ては、債権者の同意を要することなく、存続会社・新設会社に当然に承継される（同750条1項、754条1項）。このようにして消滅会社の権利義務の全てを当然に承継させること（全部包括承継[12]）は合併の本質であるため、権利義務の承継を一部除外する趣旨の条項を合併契約に設けても、そのような条項は無効である[13]。

(イ) 会社分割

会社分割とは、会社（分割会社）が、その事業に関して有する権利義務の全部または一部を他の会社に承継させることをいう[14]。これには、既存の会社（承継会社）に承継させる類型（吸収分割・会社2条29号）と、新たに設立する会社（設立会社）に承継させる類型（新設分割・同条30号）の2つが存在する。

会社分割における権利義務の移転は、債権者の同意を必要としない点で、合併と同様に包括承継たる性格を有している[15]。もっとも、合併の場合は、消滅会社が解散することを前提として、その権利義務の全てが例外なく承継される（全部承継）のに対して、会社分割の場合は、分割会社の解散は必ずしも予定されておらず、その権利義務の一部のみを承継させること（部分承継[16]）が

---

11) 神田秀樹『会社法〔第21版〕』（弘文堂、2019）353頁。

12) 通常の用語法では単に包括承継というが、本稿では、会社分割における部分的包括承継との対比を明確にするため、全部包括承継と表記する。なお、包括承継は一般承継と呼称される場合もある。

13) 大判大正6・9・26民録23輯1498頁、谷口明史『合併の法務』（中央経済社、2017）3頁。

14) 伊藤ほか・前掲注1)395頁。

15) 土田・労働契約法618頁。

第2部　実務編

できる点が異なる。そして、具体的にどのような権利義務を承継対象とするかは、当事会社が吸収分割契約（吸収分割の場合）または新設分割計画（新設分割の場合）によって自由に決定できるのが基本となる[17]。

(ウ)　事業譲渡

事業譲渡とは、一定の事業目的のため組織化され、有機的一体として機能する財産の全部または重要な一部を譲渡することで、譲渡会社がその財産によって営んでいた事業活動の全部または重要な一部を譲受人に受け継がせることをいう[18]。具体的な譲渡対象については当事会社が譲渡契約において自由に決定することが可能となっている。

　もっとも、事業譲渡は合併や会社分割のような会社法上の特別の行為ではなく、個々の権利義務の譲渡を一括して行う通常の取引行為に過ぎないため、債務の免責的な引受けを行う場合には債権者の承諾が必要となる（特定承継）[19]。

(2)　労働契約の承継の問題

(ア)　総　論

事業取得型 M&A においては、会社や事業の法人格を超えた移転が起こるが、それに伴って労働契約が承継されるのかが問題となる。この問題は、M&A によって労働者側に生じうる不利益との関係で理解することが重要となる。

　そのような不利益としてまず挙げられるのが「承継されない不利益（承継排除の不利益）」である。たとえば、使用者が解散を予定して全事業を移転させる場合に、労働契約が承継対象に含まれないと、一方当事者の法人格の消滅に

---

16)　この部分性は会社法制定によって強化されており（権利義務を単位とする会社分割が可能となった）、特定承継（事業譲渡）への接近が見られる（有田謙司「事業譲渡における労働契約の承継をめぐる法的問題」毛塚勝利編『事業再構築における労働法の役割』（中央経済社、2013)99-102頁）。もっとも、継続的契約である労働契約は複数の権利義務の束として理解されるところ、これらを個別的に分解して承継させることは会社分割制度上予定されていない（労働省労政局労政課編『労働契約承継法』（労務行政研究所、2000)168頁）ことから、事業譲渡との差異は依然として残されている。

17)　原田晃治「会社分割法制の創設について（下）——平成12年改正商法の解説」商事法務1566号（2000)4頁以下。

18)　最大判昭和40・9・22民集19巻6号1600頁。

19)　伊藤ほか・前掲注1)437頁。

2　会社法と労働法①——事業取得型 M&A（合併・会社分割・事業譲渡）

よって労働契約関係の維持が不可能となり[20]、雇用が喪失するという不利益が生じうる。また、一部事業の移転であっても、採算事業の全てを移転させる（不採算事業のみを残す）事例において、残された労働者には、経営悪化を理由として労働条件の不利益変更や整理解雇が行われたり、最悪の場合には破産手続開始の決定を受けて使用者が解散し、雇用が喪失する等の不利益が生じうる。

他方で、労働者側には「承継される不利益（承継強制の不利益）」が生じる可能性もある。たとえば、M&A によって新規に設立する会社に不採算事業の全てを移転させる（採算事業のみを残す）事例で、承継対象に含まれてしまうと、承継先の経営悪化を理由とする労働条件の不利益変更や整理解雇、さらには解散による雇用喪失等の不利益が生じうる。また、M&A の後には重複部署の整理や事業所再編に伴う配置転換が行われることが少なくないところ、それによって職務内容や勤務地が不利益に変更されたり、従前業務から切り離される等の不利益が生じる可能性もある。

以下では、労働者側にこのような不利益が生じうることを念頭に、事業取得型 M&A における労働契約の承継の問題を検討していく。

(イ)　合　併

全部包括承継を旨とする合併においては、使用者側に承継対象選択の自由が認められておらず（合併契約中の承継排除条項は無効である）、全労働者の労働契約が例外なく一括して承継されることになるので[21]、承継されない不利益が生じることはない[22]。他方で、労働者の同意（民 625 条 1 項）がないまま承継が行われるので[23]、承継される不利益は生じうる。もっとも、合併では承継を拒否したとしても残る会社がない（消滅会社は解散する）ので、雇用継続の

---

20)　その他、解散前に解雇が行われる可能性もあるところ、当該解雇が無効（労契 16 条等）と判断されたとしても、最終的に一方当事者の法人格が消滅する以上、労働契約関係の維持は基本的に不可能となる。

21)　なお、個別契約だけでなく労働協約も当然に承継されるものと解されている（外尾健一『労働団体法』（筑摩書房、1975) 652 頁等）。

22)　もっとも、承継拒否が解雇と評価される余地は残されており、それが無効と判断されない限りは（労契 16 条、労組 7 条 1 号等参照）、労働者との契約関係を事後的に解消することができる（同和火災事件・大阪地決昭和 24・5・17 労民集 4 号 44 頁（不当労働行為事案））。

23)　根本到「組織再編をめぐる法的問題」毛塚編・前掲注 16) 43 頁。

105

第2部　実務編

観点から、このような不利益が問題となることはほとんど想定されない[24]。

　以上の理由から、合併については、労働契約の承継に関する法的問題は基本的に生じないものと解されており[25]、特段の立法的規律や判例法理の展開も見られない[26]。

　㋒　会社分割①——実体的規律

　部分的包括承継を旨とする会社分割においては、使用者側に承継対象選択の自由が認められている。それも、包括承継であるという点で合併と同様に労働者の同意が不要であるとされているので、使用者（消滅会社）は、自らの裁量（分割計画の作成）または承継会社との合意（分割契約の締結）によって、承継対象となる労働者とそうでない労働者とを一方的に（＝労働者意思とは無関係に）選別することができる。それゆえ、会社分割では、承継されない不利益と承継される不利益の双方が生じうる。

　このような不利益に対する立法的対処を行うために会社分割に伴う労働契約の承継等に関する法律（以下、承継法）が制定されている。ここでは、承継対象とされた事業に主として従事している労働者（主従事労働者）[27]であるかを基準として、労働契約の承継にかかる実体的規律が設けられている。まず、①主従事労働者の労働契約は、分割契約（計画）に承継する旨の定めがある場合には、当然に承継される（3条・労働者の同意（民625条1項）は不要[28]）。②反対に、分割契約（計画）に承継する旨の定めがない場合には、主従事労働者が書面による異議を申し出ることで、自らの労働契約を強制的に承継させること

---

24)　厚生労働省「企業組織変更に係る労働関係法制等研究会報告」(2000)第3Ⅱ2(2)。

25)　野川忍『労働法』（日本評論社、2018）491頁。

26)　ただし、全部包括承継ルールを潜脱するような形で労働者の承継を否定しようとする場合には、一定の規制が行われている。たとえば、消滅会社が組合員を事前に解雇したことが不当労働行為に該当して無効であると判断されれば、消滅会社との契約が存続したものと扱われ、その契約が包括的に承継される結果として、被解雇労働者は存続会社に対する地位確認請求を行うことができるものとされている（日本合同トラック事件・松江地判昭39・6・4労民集15巻5号610頁）。

27)　主従事労働者該当性については、「分割会社及び承継会社等が講ずべき当該分割会社が締結している労働契約及び労働協約の承継に関する措置の適切な実施を図るための指針（平成12年労働省告示第127号、平成28厚労省告示第317号（改正））」第2の2(3)において判断基準が示されている。

28)　日本アイ・ビー・エム事件・東京高判平成20・6・26労判963号16頁。

ができる（4条・これにより主従事労働者の承継されない不利益に対処）。次に、③主として従事していないにもかかわらず、分割契約（計画）に承継する旨の定めがある場合には、当該非主従事労働者が書面による異議を申し出ることで、自らの労働契約の承継を強制的に否定することができる（5条・これにより非主従事労働者の承継される不利益に対処）。

これらとは対照的に、承継法は、非主従事労働者の承継されない不利益については立法的対処を行っておらず、また、主従事労働者の承継される不利益についてはこれを甘受させることを認めている（3条（使用者は主従事労働者の意思に反してでも承継を強制できる））[29]。このことからすると、同法は、主従事労働者を承継し、非主従事労働者を承継しないことを基本として、それに反する取扱いをする場合には労働者側に異議申出権を認め、基本に立ち返る機会を認めるにとどまるものとも理解される[30]。

ところで、上記の実体的規律の実効性担保のためには、異議申出権の行使の可否を判断するのに必要かつ十分な情報が提供される必要がある[31]。承継法2条はこの点に係る一定の通知義務を使用者に課しており（2条通知）、その違反があった場合、労働者は異議申出権を適法に行使したのと同様の効果を主張することができる（詳細は**2**(3)(ウ)参照）。

(エ)　**会社分割②──手続的規律**

以上のように実体的規律による労働者保護が予定されているとはいえ、労働者に認められているのは使用者による選定を受けて事後的に異議申出権を行使することにとどまる。しかし、会社分割は全労働者に影響を及ぼしうるものであるし、契約が実際に承継されるのかについて個々の労働者は重大な利害関係を有しているので、労働者側の意思を全く反映しないことは適切ではない。

そこで、承継法7条は、過半数組合または過半数代表者と協議を行い、労働

---

29)　成田史子「会社分割における労働者の保護」野川＝土田＝水島編48頁。

30)　以上の個別契約上の問題に加えて、承継法では、労働協約についても明文規定が設けられている。すなわち、協約の規範的部分について、承継会社・設立会社は、分割会社が組合と締結していた協約と同一内容の協約を、当該組合と新たに締結したものとみなされる（6条3項）。また、協約の債務的部分についても新規締結が擬制されうるが（同項）、組合の合意を得ることができれば、分割契約（計画）に定めを置くことで、その一部の承継のみにとどめることが可能である（同条1項・2項）。

31)　労働省労政局労政課編・前掲注16)171頁。

第 2 部　実務編

者の理解と協力を得るよう努力すべき義務を使用者に課している（7条措置）。
ここでは、会社分割が全労働者に影響を及ぼしうる点に鑑みて、分割に至る背
景事情、債務履行の見込み（債務超過分割も可）に関する事項、主従事労働者
該当性の判断基準や労働協約の承継に関する事項等について協議を行わせ、労
働者の集団的な意思を反映させることが企図されている[32]。

　加えて、商法等改正法附則 5 条は、対象事業に従事する労働者、および、対
象事業に従事しないが承継対象に含められた労働者と個別的に協議すべき義務
を使用者に課している（5条協議）。これは、関係する労働者個人の意思を分割
会社による承継対象決定の判断過程に反映させ、その手続的保護を図ることを
趣旨とするものであり[33]、分割後に勤務する会社の概要、債務の履行の見込
みに関する事項（債務超過分割も可）、主従事労働者該当性の判断基準等につい
ての説明・意見聴取を実施の上、当該労働者に係る労働契約の承継や分割後に
予定される業務内容等について協議することが求められている[34]。

　5条協議は強行的な義務を課すものであるため、これが全く行われなかった
り、説明や協議の内容が著しく不十分でその趣旨に反することが明らかな場合
には、労働者は労働契約承継の効力を争うことができる[35]。具体的には、分
割会社に対する地位確認や、労働契約に基づく賃金請求等が可能となる[36]。
これに対して、7条措置は努力義務を課すものに過ぎないため、これに違反し
ても特段の法的効果は生じない。もっとも、7条措置における情報提供の不十
分さ等は 5 条協議義務違反の有無を判断する一事情として考慮されうる[37]。

---

32)　労働省労政局労政課編・前掲注16)228頁、改正指針・前掲注27)第2の4(2)。
33)　原田晃治「会社分割法制の創設について〔中〕──平成一二年改正商法の解説」商事
　　法務 1565 号（2000)10 頁、日本アイ・ビー・エム事件・最二判平成 22・7・12 民集 64
　　巻 5 号 1333 頁。
34)　改正指針・前掲注27)第2の4(1)イ。
35)　前掲注33)日本アイ・ビー・エム事件。
36)　エイボン・プロダクツ事件・東京地判平成29・3・28労判1164号71頁（新設分割に
　　おいて承継対象とされた労働者が、手続上の瑕疵を理由に、主位的請求として分割会社
　　に対する地位確認と賃金・賞与の支払いを請求した事案。裁判所は、「（原告である労働
　　者と被告である使用者との間で）もたれた話合いの内容は、少なくとも、法が5条協議
　　を求めた趣旨に反することが明らかであるから、原告は、本件会社分割による被告から
　　…（設立会社）への労働契約承継の効力を争うことができる」として、上記主位的請求
　　を認容した）。
37)　前掲注33)日本アイ・ビー・エム事件。

108

㈘ 事業譲渡

　事業譲渡における労働者の引き継ぎについては、特定承継という性格から、労働契約を承継対象に含める譲渡型と、労働契約を承継対象から除外した上で譲受会社が労働者を雇い入れる再雇用型の2類型が存在する[38]。前述の通り、事業譲渡においては使用者が譲渡契約を通じて承継対象を自由に決定できることからすると、前者の類型では承継される不利益が、後者の類型では承継されない不利益が特に問題となる。

　この点、特定承継は包括承継とは異なり労働者の同意を必要とすることから（民625条1項等）[39]、当事会社が譲渡型を用いたとしても、承継される不利益が強制されることはない[40]。他方、再雇用の局面では譲受会社に採用の自由が認められ、労働者の側で採用を強制することができないのが基本であるため、承継されない不利益が生じうる。

　このような不利益に対処するため、学説・裁判例においては様々な労働契約承継法理の展開が見られる。この点、従来は、事業を労働力を含む有機的組織体であると理解した上で、当該組織体（＝事業）の譲渡によって労働契約は当然に承継されるとして、承継されない不利益を直接的に回避しうる見解（当然承継説）が見られた[41]。しかし、このような見解は特定承継という性格と必ずしも整合しないため、近年は、当然承継を否定の上、承継の有無は当事者間の合意によって決定されるとする見解（合意承継説）が定着しつつある[42]。

　ここでは、譲渡前後での事業の実質的同一性に着目した上で、黙示の合意に

---

38)　土田道夫「事業譲渡における労働契約承継法理の可能性——解釈論・立法政策の提言」法時90巻7号（2018）35頁。なお、本稿において「承継」という言葉を用いる場合には、使用者の交代の際に契約の継続性が維持される（したがって労働条件も維持される）取扱いを指し、他方で、「再雇用」という言葉を用いる場合には、契約の継続性が否定され、旧使用者との契約と新使用者との間の契約がそれぞれ別個のものとして観念される（したがって労働条件が必ずしも継続されない）取扱いを指している。

39)　本庄淳志＝大内伸哉「民法625条」土田道夫編『債権法改正と労働法』（商事法務、2012）52-53頁。

40)　労働協約の承継についても当事者の合意が必要となるのが基本である（池田悠「事業譲渡と労働契約関係」野川＝土田＝水島編63-64頁参照）。

41)　本多淳亮『労働契約・就業規則論』（一粒社、1981）139頁、播磨鉄鋼事件・大阪高判昭和38・3・26労民集14巻2号439頁、中央労済・全労済事件・横浜地判昭和56・2・24労民集32巻1号91頁等。

42)　菅野717頁、土田・労働契約法609頁。

第2部　実務編

よる承継を肯定するなどして承継の機会を拡大させる解釈も見られるが[43]、譲渡契約において明示的な承継排除条項（反対特約・採用専権条項）が設けられた場合には、そのような黙示の合意を認めることはできず、労働契約の承継も否定されることになる（合意承継説の限界）[44]。

　もっとも、当該排除条項が強行法規[45]に違反する場合には、契約自由への介入が正当化され、労働契約の承継が肯定される可能性が出てくる。裁判例においては、労働条件の不利益変更目的で設けられた採用専権条項を「原則として全労働者を承継するが、例外的に不利益変更に同意しない者の承継を排除する」趣旨のものと分解して解釈した上で、例外部分のみを公序違反（民90条）を理由に無効と判断し、労働契約の承継を認める事例が見られる[46]。

　その他にも、裁判例においては、譲渡会社・譲受会社間の合意による契約承継を肯定できなくとも、意思解釈を通じて譲受会社・労働者間で直接的に労働契約締結の個別合意が成立するとして譲受会社の雇用責任を肯定する事例や[47]、譲渡会社と譲受会社の法人格の別異性を否定し（法人格否認）、譲受会社との契約関係の存在を認める事例[48]等が見られる。上述のように合意承継説には一定の限界があるが、これらの解釈論上の承継法理の展開により、承継されない不利益が生じる場面が一定程度限定されている。

(3)　労働条件の不利益変更の問題

(ア)　総　論

　事業譲渡型M&Aでは、複数の会社が一つになったり、事業が労働者を伴って他の法人格（会社）に移転させられることになるが、通常はそれぞれの会社

---

43)　Aラーメン事件・仙台高判平成20・7・25労判968号29頁、タジマヤ事件・大阪地判平成11・12・8労判777号25頁等。

44)　東京日新学園（控訴）事件・東京高判平成17・7・13労判899号19頁。

45)　具体的には、不当労働行為の禁止（労組7条各号）や公序良俗規制（民90条）等が挙げられる。不当労働行為については、労働委員会の救済命令による採用強制がありうる（青山会事件・東京高判平成14・2・27労判824号17頁）。

46)　勝英自動車学校（大船自動車興業）事件・東京高判平成17・5・31労判898号16頁。

47)　ショウ・コーポレーション事件・東京高判平成20・12・25労判975号5頁。

48)　新関西通信システムズ事件・大阪地決平成6・8・5労判668号48頁、日進工機事件・奈良地決平成11・1・11労判753号15頁、サカキ運輸ほか事件・福岡高判平成28・2・9労判1143号67頁等。

において労働条件は異なっている。しかし、労働契約は集団的性格を有しており、複数の労働者の労働条件を画一的に処理することが求められる[49]。また、一つの会社に所属する以上は出身会社にかかわらず労働者を公平に処遇することが求められる[50]。そこで、事業取得型 M&A の実施後[51] には、労働条件の統一が行われるのが一般的である[52]。これは法的には労働条件の変更を意味すると基本的に考えられるが、統一化の過程で不利益な内容への変更が行われる場合がある。

(イ) 合 併

このような不利益変更は、画一的処理の要請から就業規則によって行われることが少なくないところ[53]、合併の事例においては、労契法 10 条による合理性審査が行われることになる。そもそも、包括承継を旨とする合併では、労働契約の継続性が維持され、労働条件もそのまま引き継がれる。それゆえ、合併後に、それよりも低廉な条件を定める就業規則を適用することは、一度引き継がれた条件を事後的に引き下げることになるからである。

同条の合理性審査は「労働者の受ける不利益の程度」と「労働条件の変更の必要性」の比較考量を基本として行われるところ[54]、合併後に労働条件の統一化を図るという事情があれば変更の必要性は高度のものと判断されうるが[55]、その一事をもって不利益変更が当然に正当化されるわけではない（統一化の要請は合理性審査の一考慮要素に過ぎない）。

他方で、就業規則による不利益変更は、使用者の一方的な変更による場合だ

---

49)　土田・労働契約法 10-11 頁。
50)　三上安雄「労働契約の承継、整理解雇をめぐる問題」市民と法 77 号（2012）47-48 頁以下。
51)　特に被買収会社側の経営状態が悪い場合には、当事者間の交渉力格差から、労働条件統一や雇用コスト削減のための不利益変更を M&A の実施に先立って実施することが要求される場合もある。この問題については、長谷川聡「賃金処遇制度の見直しをめぐる法的問題」毛塚編・前掲注 16)219 頁以下参照。
52)　もっとも、新設分割に限っては、複数の会社を出自とする労働者が同一法人に所属するわけではないので、労働条件統一の要請は後退するものと解される。
53)　長谷川・前掲注 51)196 頁。なお、合併後の労働条件の統一は労働協約によって行われることもあるが、この場合には労使自治尊重の要請から裁判所による審査は緩やかに行われる（朝日火災海上保険事件・最一判平成 9・3・27 労判 713 号 27 頁。
54)　合理性審査の内容については、土田・労働契約法 560 頁以下。

第 2 部　実務編

けでなく、労働者の同意を得て行われる場合がある。この場合には、労契法
10 条の合理性審査は行われないことになる（労契 9 条反対解釈）[56]。もっとも、
形式的な同意があれば良いというわけではなく、労働者が自由意思に基づいて
同意したと認めるに足りる合理的な理由が客観的に存在するか否かが慎重に判
断され、結果的にその存在が否定される場合には、当該変更後の就業規則によ
る契約内容の規律は否定されることになる[57]。

㈦　会社分割

　会社分割においては、部分的とはいえ包括承継が生じることに変わりはない
ので、就業規則による労働条件の低廉化は不利益変更に該当し、合併と同様に
労契法 10 条による規制が及ぶことになる[58]。しかし、**CASE 1** のように経営が
悪化している状態で会社分割が行われる場合には、雇用コストの削減は喫緊の
課題となるため、使用者側には、（その当否は別として）同条の規制の枠外で柔

---

55)　大曲市農協事件・最三判昭和 63・2・16 労判 512 号 7 頁。もっとも、この判断の一般
　化については慎重であるべきであると解されている（長谷川・前掲注 51）226 頁、岩渕正
　紀「判批」ジュリ 916 号（1988）85 頁、岩村正彦「判批」ジュリ 926 号（1989）115 頁等）。
56)　労契法 9 条反対解釈については合意基準説と合理性基準説を基軸とする学説上の議論
　があるが（学説状況については、土田道夫「労働条件の不利益変更と労働者の同意」西
　谷敏先生古稀記念論集『労働法と現代法の理論（上）』（日本評論社、2013）350 頁以下、
　荒木尚志「就業規則の不利益変更と労働者の合意」法曹時報 64 巻 9 号（2012）1 頁以下
　等参照）、最高裁は、後掲・山梨県民信用組合（退職金減額）事件において、合意基準
　説に親和的な立場を採用したものと解されている（荒木 380 頁、水町勇一郎「判批」
　ジュリ 1491 号（2016）5 頁、土岐将仁「判批」法教 436 号（2017）10 頁、皆川宏之「判
　批」村中孝史＝荒木尚志編『労働判例百選〔第 9 版〕』（有斐閣、2016）47 頁、井川志郎
　「判批」労判 1158 号（2017）12 頁等参照）。
57)　山梨県民信用組合（退職金減額）事件・最二判平成 28・2・19 民集 70 巻 2 号 123 頁。
　なお、本法理は直接的な賃金減額以外の場面でも用いられてきてはいるが（Chubb 損害
　保険事件・東京地判平成 29・5・31 労判 1166 号 42 頁、デイサービス A 社事件・京都地
　判平成 29・3・30 労判 1164 号 44 頁、社会福祉法人佳徳会事件・熊本地判平成 30・2・
　20 労判 1193 号 52 頁等）、その射程がどこまで拡張されるのかについては未だ不透明な
　部分がある。学説上は、本判決の法理は重要な労働条件について広く妥当するとの有力
　な見解が示されている（野田進「判批」労旬 1862 号（2016）35 頁）。
58)　その他、労使間の個別合意による変更も考えられるが、自由意思に基づく合意の法理
　は合併の局面に限定されるものではないため（ニチネン事件・東京地判平成 30・2・28
　労経速 2348 号 12 頁、ナカヤコーポレーション事件・大阪地判平成 29・9・8 ジャーナ
　ル 69 号 44 頁等）、会社分割にも同様に妥当するものと解される（後述の譲渡型の事業
　譲渡についても同様）。

2　会社法と労働法①──事業取得型M&A（合併・会社分割・事業譲渡）

軟に不利益変更を行うインセンティブが生じる。

　そのための具体的方策として、分割会社が、主従事労働者との労働契約を合意解約した上で、当該労働者を従前よりも不利益な労働条件で承継会社に転籍させる旨の合意を得ることが想定される（吸収分割の事例）。その過程では、当該労働者からの同意を得るために、2条通知を実施しないまま[59]、①上記のとおり不利益的な労働条件で転籍するか、②分割会社を退職して失業するか、③業務内容や職場等を問わず分割会社以外で就労するかのいずれかを選択させるとともに、分割契約に労働契約の承継を除外する旨の条項を設けるというような事例が想定される[60]。ここで、当該労働者がこれらの選択肢の中では比較的穏当な①を選択した場合に、上記転籍合意は有効なのか。そして、当該労働者は、承継会社に対して、従前の労働条件による労働契約上の地位確認を請求することができるのか。

　この点、そもそも、主従事労働者には異議申出権（承継4条1項）が認められていることは前述したとおりである。したがって、仮に、当該労働者がこれを行使していれば、上記転籍合意が無効となり、その労働契約は従前の労働条件を維持したまま承継会社に承継されたはずである（同4条4項）[61]。しかし、上記想定事例においては、分割会社が2条通知を怠ったため、その権利行使の

---

59)　2条通知を行うと、当該労働者に対して、自らが主従事労働者に該当し、異議申出権を行使すれば従前通りの労働条件での契約承継を実現できることを認識させてしまうことになる。そこで、これを避けようとする分割会社が、2条通知を行わないまま、本文以下で述べる選択肢を提示することが想定される。

60)　この事実関係は、阪神バス事件・神戸地尼崎支判平成26・4・22労判1096号44頁に沿ったものである。

61)　この見解（限定無効説）は、土岐将仁「判批」ジュリ1484号（2015）133-134頁において提唱されたものであるが、その後、改正指針・前掲注27）第2の2(5)イ(ハ)にも摂取されていると解されており（荒木443頁）、実務上も参照すべき重要性が高いものと考えられる。これに対して、前掲注60)阪神バス事件判決は、上記転籍合意を、承継法の趣旨を潜脱するものであるとして、公序良俗違反（民90条）を理由に無効とした（同判決の詳細な分析については、竹内（奥野）寿「事業譲渡、会社分割と労働条件の変更」野川＝土田＝水島編118-122頁参照）。限定無効説が主従事労働者に選択権を留保する（転籍に同意する場合には異議申出権を行使しないでおくことができる）のに対して、同判決が公序良俗違反を問題にし、そのような選択権を必ずしも留保するわけではない点で、両者には重大な相違が見られる。もっとも、効果面に着目すると、限定無効説のもとでも、異議申出権の行使があった場合には、前掲注60)阪神バス事件判決と同様の帰結がもたらされることになる。

第2部　実務編

機会が奪われてしまっている。このようにして、適法な異議申出権行使の機会を奪われてしまった場合、当該主従事労働者は、事後的に、これを行使したのと同様の効果（＝会社分割の効力発生前に異議申出権の行使があったものとして、会社分割と同時にその労働契約が労働条件を維持したまま承継されるという効果）を主張できるものとされている[62]。それゆえ、使用者側が従前よりも低廉な労働条件の実現を欲する場合には、あくまでも通常の不利益変更の規制の枠内で、これを行う必要性がある。

(エ)　事業譲渡

事業譲渡については、譲渡型と再雇用型に分けて考える必要がある。まず譲渡型においては、労働契約がそのままの形で承継されるため、譲渡前後を通じて労働条件（契約内容）も維持されるのが原則となる[63]。そうすると、労働条件を譲渡会社時のものと比べて低廉な内容にすることは労働条件の不利益変更を意味する。それゆえ、労働条件の統一を就業規則によって行う場合には労契法10条（または自由意思による同意の法理）の規律が及ぶことになる。ここでは、労働条件の統一を図るという事情があれば変更の必要性は高度のものと判断されうるが[64]、不利益性の程度等に照らした総合考慮が行われる点には注意すべきである[65]。

これに対して、再雇用型においては、労働契約はそもそも承継されず、譲受会社による労働者の新規採用（労働契約の新規締結）が行われるに過ぎない。それゆえ、譲渡の前後で労働条件を維持すべき要請が働かないため、労働条件が従前よりも低廉な内容となったとしても、形式上、労働条件の不利益変更の

---

62)　土岐・前掲注61)134頁。

63)　研究会報告・前掲注24)第3のⅢ2(1)。もっとも、包括承継である会社分割とは異なり（前掲注16)参照）、特定承継である事業譲渡では、一部の利益的な権利義務を承継対象から除外することで、実質的な不利益変更が行われる可能性もある（継続的契約である労働契約は複数の権利義務の集合体として理解されるところ、事業譲渡が特定承継たる性格を有しており、個々の権利義務を単位として承継対象を決定できる点を考慮すると、労働条件の一部を個別的に切り離した承継も可能であるようにも見える）。このような不利益変更をめぐる議論については、竹内（奥野）・前掲注61)107-108頁参照。

64)　首都高トールサービス西東京事件・東京地判平成23・1・26労経速2103号17頁。もっとも、事業譲渡直後に大幅な賃金減額をする場合には必要性が否定される可能性もある（広島第一交通事件・広島地決平成10・5・22労判751号79頁）。

65)　公共社会福祉事業協会事件・大阪地判平成12・8・25労判795号34頁。

2 会社法と労働法①——事業取得型 M&A（合併・会社分割・事業譲渡）

問題は生じないことになる。特に、就業規則を用いた使用者による一方的な労働条件決定については労契法7条が適用されるところ、同条の合理性審査は従前の労働条件との比較という視点を欠く緩やかなものであるため、同法10条が適用される譲渡型の場合よりも契約内容規律効がより広く認められうる[66]。

(4) 集団的労働法上の問題

これまで述べてきたとおり、事業取得型 M&A は労働者の法的地位や利益に大きな影響を及ぼすものであるので、労働組合がその実施の是非をめぐって事前に団体交渉を申入れることが考えられる。この点、M&A の実施は高度の経営判断に属する事柄ではあるが、労働条件に密接な関連性を有する限りで[67]、義務的団交事項に該当しうる[68]（労働組合の経営関与機能）。団体交渉は M&A の円滑な実施を妨げる可能性もあるが、不当労働行為（労組7条2号）のリスクを避けるためには真摯な対応が求められる（ただし、合意成立までは不要）。

このような団体交渉は、複数の会社にまたがって行われることも想定される。特に、経営状況の悪化した会社や事業が M&A の対象となる場合には、使用者（被買収企業）と相手方（買収企業）との間には交渉力格差があり[69]、M&A の諸条件を相手方が一方的に決定することもありうる。また、企業グループの事例においては、親会社がグループ全体に係る経営上の意思決定権限を集権的に有している場合が少なくない。そうすると、実質的な交渉を行うためには、買収企業や親会社との直接的な交渉の機会を持つことが重要となる。

これは、いわゆる労組法上の使用者性（労組7条2号）の問題であり、学説上は支配力説と労働契約基本説に大別される議論が存在するが[70]、裁判例・命令例は次のような見解を示している。まず、M&A の相手方については、①近い将来に雇用関係が成立する現実的かつ具体的可能性がある場合[71]、②雇用主と部分的に同視できる程度に労働条件等を支配・決定している場合（ただ

---

66) 荒木＝菅野＝山川 112 頁。これに対して、学説上では、譲渡局面での採用は契約の純然たる新規締結とは異なるとして、労契法 10 条を類推適用すべきとする見解や、7 条の合理性審査でも従前との比較を行う余地があるとの見解が見られる（竹内（奥野）・前掲注 61）110-112 頁。

67) 栃木化成救済命令取消事件・東京高判昭和 34・12・23 労民集 10 巻 6 号 1056 頁。

68) 小畑史子「企業変動と労働組合法上の使用者」野川＝土田＝水島編 171 頁。

69) 安西愈「企業の再編と労働関係上の問題」リーガルエイド研究 6 号（2000）111 頁参照。

70) 学説状況については菅野 953-955 頁参照。

第2部　実務編

し現在はほとんど見られない)[72]、③当事会社に実質的同一性が認められる場合[73]に労組法上の使用者性が肯定されるものとされている[74]。

次に、親会社については、当該会社が「（子会社の）労働者の基本的な労働条件等を雇用主と同視できる程度に現実的かつ具体的に支配、決定することができる地位にある場合」には、「その限りにおいて」労組法上の使用者性が肯定されるものとされている[75]。ここで問題となる支配・決定の対象は労働条件等であって子会社でないため[76]、親会社は、子会社に対する経営上の支配権限を行使する場合であっても、団交で問題となる労働条件の決定を子会社の裁量に委ねることで、労組法上の使用者性を否定することができる[77]。

以上のようにして、M&Aについて主導的立場にある会社と直接交渉する機会を付与し、団体交渉を実質化させるための一定の対処がなされている。

解答

CASE 1 設問 1

結論：X_1 のＡ社に対する地位確認は認められる。

---

71)　盛岡観山荘病院事件・中労委平成20・2・20命令集140集813頁、日立精機事件・千葉地労委平成15・10・29命令集127集128頁（ただし否定例）、東陽社事件・東京都労委平成10・8・4命令集111集168頁

72)　甲府月星商事ほか2社事件・山梨地労委平成13・7・23命令集120集162頁、JR北海道・日本貨物鉄道（不採用）事件・東京高判平成12・12・14労判801号37頁（ただし否定例）等。

73)　静岡フジカラーほか2社事件・静岡地労委平成16・8・24命令集129集782頁（ただし否定例）、吾妻自動車交通ほか1社事件・福島県労委平成20・5・27労判960号94頁等。

74)　裁判例・命令例の整理・分析については小畑・前掲注68)176-182頁によった。

75)　高見澤電機製作所ほか2社事件・東京地判平成23・5・12別冊中労時1412号14頁。なお、東芝アンペックス事件・神奈川地労委命令昭和59・3・31命令集75集307頁も参照。

76)　水町勇一郎「団体交渉の主体」土田道夫＝山川隆一編『労働法の争点』（有斐閣、2014)179頁。

77)　シマダヤ事件・中労委平成16・12・15命令集130集1118頁、中労委（大阪証券取引所）事件・東京地判平成16・5・17労判876号5頁等。なお、西谷敏『労働組合法〔第3版〕』（有斐閣、2012)156-157頁も参照。

2 会社法と労働法①——事業取得型 M&A（合併・会社分割・事業譲渡）

　X_1 の地位確認請求が認められるためには、A 社による解雇が客観的に合理的な理由を欠き、社会通念上相当と認められない無効なものであるという必要がある（労契 16 条）。より具体的には、本件解雇が X_1 に帰責性がない状況下で行われた整理解雇であるという点に着目すると、①人員削減の必要性、②解雇回避努力義務、③被解雇者選定の相当性、④説明・協議義務の 4 要件（ないし要素）に照らして、その有効性を判断することになる[78]。

　この点について、A 社は合併による余剰人員の発生を主たる根拠としているが、**解説 2**(1)(ア)で述べたとおり、合併は包括承継であるという点に本質があるため、合併それ自体が解雇を当然に正当化するわけではない。本件解雇の有効性については、労契法 16 条の要件を充足するか否かを上記考慮要素に照らして個別具体的に判断する必要がある。

　そこで、本件を見るに、A 社の経営状況が悪化しており、とりわけ本件事業が大幅赤字を計上している点に着目すると①人員整理の必要性は高いものと解される。しかし、A 社には配転可能なポストが残されている。X_1 が総合職正社員であり、契約上は職務や勤務地が限定されていない点を考慮すると、それらポストへの配転を全く検討しないままに解雇を断行することは、②解雇回避努力義務を尽くしたものとは評価できない。

　以上のことから、本件解雇は無効と判断せざるをえないので、X_1 の A 社に対する地位確認請求は認められるものと解される。

設問 2
　結論：X_2 の労働条件を不利益に変更することはできない。

　合併では全部包括承継が生じるので、労働契約は従前の条件を維持したまま承継されることになる。しかし、その後に労働条件を変更することまでが当然に禁止されるわけではない。

　この点、本件不利益変更は、X_2 に適用される就業規則が B 社就業規則から A 社就業規則に一方的に変更されたことに由来するため、これを行うには労契法 10 条の要件を充足する必要性がある（**解説 2**(3)(イ)）。同条によれば、「労働者の受ける不利益の程度」と「労働条件の変更の必要性」の比較考量を基本と

---

78)　土田・労働契約法 693 頁以下。

第2部　実務編

して、その他に「変更後の就業規則の内容の相当性（経過措置や代償措置の有無等）」、「労働組合（や労働者）等との交渉の状況」および「その他の就業規則の変更に係る事情」を考慮して合理性審査が行われ、合理性が否定される場合には変更後の就業規則による契約内容規律効は否定されることになる[79]。

　本件では、合併後に労働条件の統一を図るという事情があることから、変更の必要性は高度のものであると評価できなくもない。しかし、基本給が20％減額されるという重大な不利益が生じているにもかかわらず、X_2を含め、対象となった労働者に対する事前交渉等は全く行われておらず、賃金の急激な減少を緩和するための経過措置や代償措置の導入も行われていない。それゆえ、同条の合理性要件を充足しないものと評価されるので、A社就業規則がX_2の労働条件を規律する効力は認められないものと解される。

　もっとも、X_2が減額後の給与を異議を述べることなく3年にわたり受領していることをもって、就業規則の変更に個別的に同意したと評価される余地がある。この点、同意は黙示のものも含みうると解されるが、それが自由意思に基づくものと認めるに足りる合理的な理由が客観的に存在するかを慎重に判断しなければならない（**解説2**(3)(イ)）。本来的に労働者は使用者の指揮命令に服し、情報収集・交渉力についても劣後する関係にあるので、形式的な合意を過度に重視することは労働条件の対等決定原則（労契3条1項）に悖ることになるからである[80]。具体的には、変更による不利益の内容および程度、労働者が変更を受け入れる旨の行為を行うに至った経緯およびその態様、当該行為に先立つ情報提供または説明の内容等を考慮して、自由意思に基づく同意の有無が審査される。

　本件では、基本給の20％減という重大な不利益が生じていることから、より慎重な説明・情報提供が求められると解されるところ、A社はそのような手続を全く実施していない。このような状況下で、ただ減額後の賃金を受領しているからといって、労働者の自由意思に基づく同意があったと評価することは困難である[81]。したがって、本件不利益変更は、個別合意によるものとも認められないので、X_2の労働条件はB社時のものが維持されることになり、差

---

79)　土田・労働契約法 560 頁以下。

80)　池田悠「判批」日本労働法学会誌 128 号（2016）204 頁。

81)　NEXX 事件・東京地判平成 24・2・27 労判 1048 号 72 頁参照。

118

2 会社法と労働法①——事業取得型 M&A（合併・会社分割・事業譲渡）

額分の賃金を請求することができるものと解される。

設問 3

結論：X_3 の A 社に対する地位確認は認められる。

A 社が自らの作成した分割計画に基づいて X_3 を C 社に承継させようとしているのに対して、X_3 自身はこれに否定的な立場をとっている。

この点、部分的包括承継を旨とする会社分割においては、分割会社に承継対象選択の自由が認められているが、労働契約については承継法による一定の制約がある（**解説 2**(2)(ウ)）。入社以来一貫して本件事業に従事してきた X_3 は主従事労働者に該当すると解されるところ[82]、承継法上、主従事労働者は、承継対象から除外された場合には書面による異議を申し出て自らの契約を承継させることができる反面（5 条）、承継を拒否することは認められていない。それゆえ、主従事労働者の承継場面では、原則どおり使用者の選択の自由が認められることとなり、分割会社は労働者意思とは無関係に承継を強制することができる。そうすると、本件でも、A 社（分割会社）は X_3（主従事労働者）の契約を強制的に承継させることができるかのように見える。

しかし、商法等改正法附則では、手続的規律として 5 条協議が定められている。これによると、分割会社は、分割後に従事すべき業務や就業場所等について協議しなければならず、これを十分に実行しない場合には、承継の効力が否定され、分割会社に対する地位確認が認められることになる（**解説 2**(2)(エ)）。本件においては、X_3 がこれらの点について説明を求めたにもかかわらず、A 社は真摯に対応しなかった。必要な情報を提供することは十分な協議を行うための必須の前提であると解されるので、A 社は説明の不実施をもって 5 条協議義務に違反したものと評価できる。このことから、X_3 は C 社への承継を拒否し、A 社への地位確認を行うことが可能であると解される。

設問 4

結論：X_4 の C 社に対する当該地位確認は認められる。

---

82) 改正指針・前掲注 27) 第 2 の 2 (3)イ(イ)。

第2部　実務編

　X_4は、形式上、A社との労働契約を合意解約した上で、C社と労働契約を新規に締結している。これを純然たる新規締結の場面と捉えると、従前の労働条件を維持すべき要請は働かないため、**CASE 1**のような低廉な条件であっても、合意した以上はそれに拘束されるかのように見える（労契6条）。

　しかし、入社以来一貫して本件事業に従事してきたX_4は主従事労働者であると解されることから、承継法上は、異議申出によって労働条件を維持したままでの契約承継が保障されていたはずである（4条4項）。それにもかかわらず、A社は、X_4が主従事労働者には該当しないとの見解を一方的に述べ、2条通知を適法に実施しないままに（契約の承継の有無や異議申出期限日の通知を行わないなど）、残留して整理解雇されるか、退職して**CASE 1**のような低廉な条件で転籍を行うかの二者択一を迫り、雇用喪失を危惧したX_4から後者の選択肢での同意を強引に引き出している。

　このような転籍合意は、A社が2条通知を適切に実施しなかったことによって、主従事労働者であるX_4から適法な異議申出権（承継4条1項）の行使の機会を奪ったことで得られたものである（X_4としては、自らが主従事労働者に該当し、異議申出権を行使することでC社に労働契約がそのままの内容で承継されることを認識していれば、上記転籍に同意しなかったであろう）と評価される。そうすると、**解説2**(3)(ウ)で述べたとおり、この合意はX_4が事後的に異議申出権（承継4条1項）を行使したと評価されることで無効となるとともに、2条通知が適法に行使されたのと同様の効果が生じることになる（限定無効説）。具体的には、X_4がA社と締結していた労働契約は、承継法4条4項によって労働条件を維持したままC社に承継されることになる[83]。

　以上より、X_4は、C社に対し、A社に雇用されていたときと同一の労働条件において、労働契約上の地位確認請求を行うことができると解される[84]。

設問5（人事・法務上の改善点について）

　第一に、X_1については、配転可能性を検討しないままに拙速な解雇を行っ

---

83)　この点、前掲注60)阪神バス事件判決の判断枠組みによったとしても、退職または低廉条件での転籍の2つのみが選択肢として提示され、そのいずれかの選択を迫っている点で承継法の潜脱であると評価される本件においては、同様の結果がもたらされるものと解される（竹内（奥野）・前掲注61)124-125頁も参照）。

2 会社法と労働法①──事業取得型 M&A（合併・会社分割・事業譲渡）

た点に問題があった。全部包括承継である合併を選択する以上は、労働契約は同一性を保持したまま承継されるのであって、M&A を理由とする人員整理が当然に可能になるわけではないのであるから、A 社は解雇規制の適用があることを前提とした対応を行うべきであった[85]。

なお、本件においては、B 社に対して合併前に X_1 を解雇しておくように要求することも考えられた。この点、B 社が大幅な赤字を計上していたことや、小規模ベンチャー企業であるがゆえに配転可能なポストが乏しかったであろうことを考慮すると、合併後に A 社が解雇するよりも、合併前に B 社が解雇する方が有効性を肯定しやすいようにも思われる。

しかし、労契法 16 条の濫用性判断は規範的評価を伴うものであるため、後に合併が予定されているという事情がどのように評価されるのか不透明な部分がある。ここで、解雇の有効性が否定された場合には、X_1 と B 社との契約関係は解消されずに存続していたものとして扱われ、合併によって A 社はそれらを包括的に承継することになる（**解説 2 (2)(イ)**）。A 社としては、このようなリスクがあることを踏まえ、特に雇用コストが重大な懸念となる事例においては、そもそも合併という M&A 手法の採用が適切であるのかについても改めて検討する必要があったと考えられる。

第二に、X_2 については、労働条件を統一するためとはいえ、大幅な不利益変更を強行した点に問題があった。包括承継によって労働条件が維持されるのが原則となるのであるから、A 社としては、労働条件の不利益変更に関する規制が及ぶことを前提とした対策をとるべきであった。具体的には、労契法 10 条の合理性を肯定すべく、基本給の大幅減額という不利益性を緩和するための

---

84) なお、本来的に、X_4 は C 社への承継自体に否定的な立場をとっているが、承継法上、主従事労働者に承継を拒否する権利は与えられていないので、**設問 3** のように 5 条協議を怠ったという事情がない本件では、A 社への残留を認めることは困難と解される。また、C 社は労契法 10 条や個別合意によって労働条件を事後的に変更することはできるが、有期雇用への変更・賃金 20％減という重大な不利益変更が行われているにもかかわらず、情報提供等の手続が特段履践されていないことに照らすと自由意思による同意の存在を肯定するのは困難であるので、これが認められる可能性は低いものと解される。

85) X_1 が総合職であることからすると、その労働契約は職務・勤務地が無限定の無期契約であると解される。そうすると、配転可能なポストが残る本件では、解雇回避の一環として配転を行うことが要求されることから、X_1 の解雇は容易ではないと解される。X_1 については、退職金の増額や再就職の支援等を交渉材料として、労働契約を合意解約する方向性も検討すべきであったといえよう。

第2部　実務編

代償措置や激変緩和のための経過措置の導入を行ったり、X_2に対し十分な説明・協議を実施する等の対策をとるべきであった[86]。また、同条の合理性要件を充足するかが微妙な場合には、X_2の合意を得て不利益変更を行うことを検討すべきであった。そのためには、不利益性の程度に応じて十分な事前説明をし、熟慮期間を置いた上で、書面による明示的な合意を得ることが望ましいものと解される[87]。この点、本件のように不利益の程度が大きいケースでは、自由意思を担保するため、より慎重な手続が求められる点に注意が必要である[88]。

　第三に、X_3については、5条協議義務を適切に履行しなかった点に問題があった。X_3は典型的な主従事労働者であり、A社は自らの裁量（分割計画の作成）によって承継を強制できたにもかかわらず、分割スケジュールに拘泥するあまりに拙速な対応をしてしまい、承継が否定される事態を招いてしまった。A社は、承継法上、労働者利益の手続的保護に重要な位置づけが与えられている点に留意し、5条協議を慎重かつ確実に実行すべきであった。

　第四に、X_4については、不利益変更のために転籍型の雇用承継を行おうとした点に問題があった。労働条件の統一や雇用コストの削減の必要があるならば、このような承継法の潜脱と評価されかねないような行為を行うのではなく、正面から不利益変更や解雇を行うべきであった。この点、不利益性が著しいことから労契法10条の合理性要件を満たすことは困難かもしれないが、個別合意の方法によれば、手続的審査は厳格に行われる一方で、純然たる内容審査が必ずしも行われるわけではないことから、不利益変更の余地が残されているものと解される[89]。また、X_4は職務・勤務地が契約上限定されていることから、生産拠点の海外移転（＝国内工場の閉鎖）を実際に行う段階になれば、これを

---

86)　なお、B社の経営が深刻な状況にあった本件では、B社に対して事前に不利益変更を行うように要求することが考えられる。その場合には合併後に行うよりも不利益変更の合理性が肯定されやすくなるとも解されるが、他方で、合理性は規範的概念であることから、後に合併が予定されているという事情が合理性を否定する事情として考慮される可能性はあろう。

87)　荒木・前掲注56)27-28頁、山川隆一「労働条件変更における同意の認定——賃金減額をめぐる事例を中心に」菅野和夫先生古稀記念論集『労働法学の展望』（有斐閣、2013)227頁以下、前掲注58)ニチネン事件等参照。

88)　池田・前掲注80)208頁。なお、本件のように不利益性が大きいケースでは内容審査が行われる可能性も完全には否定できない（注89)参照）。

122

理由とする整理解雇は比較的容易に行うことができるものと解される。

　以上に加え、**CASE 1** では集団的労働法の観点からも課題が見られる。まず、A社は7条措置として過半数組合に対する説明会を実施しているが、その内容が不十分であったために団体交渉が申し入れられるに至った。A社は説明会の実施を理由として団体交渉に真摯に応じなかったが、7条措置は団体交渉を代替するものではないため[90]、A社の上記対応は団交拒否として不当労働行為（7条2号）に該当する可能性がある。これに対する行政上・司法上の救済によって円滑な会社分割が阻害されるリスク（団交応諾命令による分割スケジュールの遅延、不法行為（民709条）を理由とする損害賠償責任の発生等）を回避するためにも、A社はF組合の団体交渉の申入れに誠実に対応すべきであった。

　また、A社は7条措置として総合職正社員を代表するD組合（過半数組合）に対してのみ説明を行った。確かに、制度上は過半数組合と協議を行えば足りるのであるが、承継対象にはX_4等の非正社員も含まれるため、これら労働者を枠外に置いたまま手続を進めてしまうと、合同労組等を通じて団体交渉が申し入れられる可能性がある。この場合には会社外をも巻き込んで労使紛争がさらに拡大する懸念があるので、利害関係を有する労働者については、その種類を問わずに十分な説明等を行うことが望ましいと解される。

---

89)　神吉知郁子「判批」判時 2333 号（2017）180 頁、池田・前掲注 80）208 頁、水町・前掲注 56）5 頁等。もっとも、前掲注 57）山梨県民信用組合（退職金減額）事件判決は内容審査を必ずしも否定していないと読むことも可能であるとする見解や（山本志郎「判批」法時 88 巻 13 号（2016）262 頁）、交渉力格差が著しい場合には例外的に労契法 10 条の類推適用による内容審査が及ぶと解する見解も見られるため（土田・労働契約法 582-584 頁、河野尚子「労働条件の不利益変更をめぐる司法審査のあり方――労働者の個別合意による就業規則の不利益変更・労働協約の不利益変更を中心に」同志社法学 68 巻 6 号（2017）121 頁）、本件不利益変更が認められるのかについては不透明な部分が残されている。

90)　改正指針・前掲注 27）第 2 の 4(2)ハ。なお、団体交渉との違いという点からは、5 条協議についても注意が必要である。権利として構成され、労働者側（組合）からの申入れがない限りは使用者に義務（団交応諾義務）が生じない団体交渉とは異なり（憲 28 条）、5 条協議は端的に使用者（分割会社）側の義務として規定されている。それゆえ、労働者側からの申入れがなくとも、協議義務を任意に履行する必要性があり、これを怠った場合には、主従事労働者についてであっても、契約承継を否定されてしまうことになるからである。

第2部 実務編

CASE 2 設問 1

結論：A社・E社はF組合に対して団交応諾義務を負う。

F組合はC社の過半数組合であるが、A社・E社と直接的な労働契約関係にある労働者を組織していないため、一見すると、団交応諾義務は認められないとも考えられる。しかし、A社は本件譲渡の実施やその諸条件を実質的に決定する点で、また、E社は排除条項の導入を合意し（事業譲渡契約）、再雇用の有無や労働条件を決定する点で、F組合員（＝C社の労働者）の将来的な法的地位や利益に対して大きな影響力を有している。それゆえ、両社に団交への応諾を義務づけられるのかは交渉の実質性確保の観点から重要となる。

まず、A社はC社の親会社であるところ、親会社が「（子会社の）労働者の基本的な労働条件等を雇用主と同視できる程度に現実的かつ具体的に支配、決定することができる地位にある場合」に、労組法上の使用者性が肯定される（**解説2**(4)）。本件において、A社は、管理規定や役員の選任を通じて、C社が行う譲渡契約の内容の決定や賃金の決定に重大な影響力を有しているが、この点をもって上記要件を充足するといえるか。

この点、A社は、親会社ないし株主の立場からグループ全体の経営計画を実行する一環としての措置を講じているに過ぎないのであって、C社による直接的な決定と同視できる程度に現実かつ具体的な支配力や決定力を有しているとまではいえないのではないかとの見解も想定されうる[91]。

しかし、そもそも、親会社が子会社を通じて労働者の労働条件等を決定するという間接的な支配形態がとられる本件のような場合、このような厳格な立場をとると、団体交渉権に過度な制約を課してしまうことから妥当ではないと解される。上記判断基準における「直接的な」という文言については、団体交渉権保護の観点から、関接支配類型の特質を踏まえた柔軟な解釈が求められるというべきである[92]。そして、本件の実態面を見れば、C社の役員には、A社に背けば役員としての地位を失う可能性があったことから、A社の意向に従った譲渡契約を締結する以外の選択肢は実質的に与えられていなかったものと考え

---

91) ブライト証券他事件・東京地判平成17・12・7労経速1929号3頁参照。

92) 土田・前掲注5)282-284頁参照。なお、本件のように、親会社による子会社への経営介入の程度が強いと考えられる事例としてJUKI事件・東京都労委命令平成24・8・28命令集未登載等が存在する（親会社の団交応諾義務を肯定）。

2 会社法と労働法① ─ 事業取得型 M&A（合併・会社分割・事業譲渡）

られる。このことからすれば、A 社は、本件問題については、F 組合との関係で労組法上の使用者に該当し、団交応諾義務を負うものと判断されうる。

次に、事業譲渡の相手方である E 社については、近い将来に雇用関係が成立する現実的かつ具体的な可能性がある場合に使用者性が肯定される（**解説 2** (4)）。本件において、E 社は、F 組合員のうち優秀な技術者については契約を承継しており、また、それ以外についても不利益変更に同意する組合員を基本的に再雇用する意向を示した上で、実際に希望者のほとんどを採用したことからすると、この要件を充足するものと評価される。それゆえ、E 社は、労組法上の使用者に該当し、F 組合に対して団交応諾義務を負うと解される。

設問 2
結論：労働契約の承継は主張できない。E 社提示の労働条件となる。

X_5 の契約が承継されず、再雇用されるにとどまったのは、C 社・E 社間の譲渡契約に承継排除条項が設けられたことに由来する。この点、事業譲渡は特定承継たる性格を有するので、当事会社は承継対象を自由に選択できる。ここで合意承継説（**解説 2** (2)(オ)）を前提とすると、明示的な承継排除条項が設けられることによって労働契約の承継は否定されるのが基本であるため、本件でも X_5 の契約の承継は否定されるように見える。

しかし、裁判例においては、雇用維持のための一定の承継法理が形成されている。この点、不利益変更目的で再雇用型の承継方法を選択していることに着目すると、前掲勝英自動車学校（大船自動車興業）事件（**解説 2** (2)(オ)）との共通性が見出される。ここでは、採用専権条項を原則部分（全労働者の承継）と例外部分（不利益変更不同意者の排除）に分けて解釈した上で、後者部分のみを無効（民 90 条）として承継が肯定されているところ、本件でもこれに従えば X_5 の承継を肯定できるようにも見える。

もっとも、本来的に契約の自由が妥当する領域に介入する以上[93]、同判決の射程には一定の限界があり、具体的には、譲受人が対象事業の運営を継続していることに加えて、譲受人と譲渡人の経営者が雇用および労働条件の決定主体として実質的同一性を有していることが必要であると考えられている[94]。

---

93) 土田・労働契約法 614-615 頁。

125

第2部　実務編

もとより、事業譲渡（特定承継）には承継対象の選択を通じて譲受会社の責任を制限する機能があるところ[95]、上記のような主体の同一性がない場合にまで承継を強制することはこの機能を阻害することになり適切ではない。反対に、同一性が肯定される場合には一方的な人員整理を退職・再雇用という便宜的手段を用いて実現する点で解雇権濫用法理を潜脱するものと評価できることから、上記例外部分を公序無効とし、承継を肯定すべきと解される[96]。同一性が要求される所以はここにある。

　これを本件について見ると、E社とC社との間には資本関係等は存在せず、また、C社の親会社であるA社との間にも特段の関係性は見られず（両社と一定の取引関係があるにとどまる）、C社（ないしA社）の経営者がE社の労働者の雇用承継の有無や労働条件等を一方的に決定する権限を有しているとの事実は存しない。そうすると、C社（ないしA社）とE社の経営者が実質的同一性を有していると評価することは困難であるので、上記判決のように契約解釈の手法を用いてX_5の承継を強制することはできないものと解される。

　以上を前提とすると、E社によるX_5の採用は新規契約の締結の文脈で把握されることになり、E社就業規則の適用については労契法10条ではなく同7条の規制が及ぶことになる。この点、契約期間を3年と定め、月額賃金を25万円とすることについては、これらが絶対的な低水準というわけではなく、その他に合理性が否定されるべき特段の事情も見当たらないので、再雇用時の労働条件はE社提示の内容のものになると考えられる（もっとも、労契法20条による規制が及ぶ可能性がある。これについては**設問3**で検討する）。

　設問3（人事・法務上の改善点について）

　まず、A社の労組法上の使用者性が肯定されたのは、同社がF組合員の基本的な労働条件を具体的に決定していたと評価されることを理由とするものであった。そこで、A社としては、当該事項に関する労働条件の決定を全面的にC社の裁量に委ねることで、C社に対する経営上の支配関係を維持したまま使

94）　竹内（奥野）・前掲注61)97-101頁。

95）　金久保・前掲注3)7頁。

96）　公序違反の規範的根拠として解雇規制の潜脱を挙げる見解として、本久洋一「営業譲渡に際しての労働条件の不利益変更について――裁判例の分析」季労210号（2005）35-36頁、宮里邦雄「判批」ジュリ1294号（2005)174頁。

用者性を否定する余地を残すことが考えられる。もっとも、A社はグループ全体の経営計画を立案・実行する立場にあり、雇用が経営上の重要事項に属する以上、この点に関する影響力を完全に放棄することは現実的ではない。そこで、A社としては、子会社に選択肢を残すような経営上のコントロールを行うにとどめることに加え、影響力を行使すべき事項を最小限に限定することで、団交応諾義務の範囲を限定することはできる。使用者性は団交事項と関連する相対的概念であり、親会社が自ら決定していると評価される労働条件に限って団交応諾義務が認められるにとどまるからである（部分的使用者性）[97]。

　次に、E社の使用者性について。経営戦略上、E社としては、対象事業の重要な構成要素である労働者の承継や再雇用を完全には否定することができない以上、労組法上の使用者性を否定することは困難であると解される。ここで、F組合との団交に誠実に応じず、労使紛争を生じさせたまま事業譲渡を強行することは、不当労働行為の危険があるだけでなく、譲渡後の円滑な事業運営の阻害要因となる可能性もある。他方で、良好な労使関係を構築することができれば、譲渡後の事業運営を円滑にするというメリットを享受できる。これらの観点から、E社は、F組合との団体交渉に誠実に対応すべきであったといえる。

　次に、X5の契約承継・不利益変更について。まず、契約承継については結論として否定できていることから、後述の不当労働行為を除き、特段問題はないと解される（もっとも、実質的同一性の肯否については、相手方との資本関係等に照らして事前に検討しておくことが実務上重要と考えられる）。これに対して、不利益変更については、労働条件統一の範囲を超えるものであることから、労働条件相違に係る内容規制の適用が問題となりうる。

　この点、無期・有期労働者間で相違が見られる本件においては労契法20条[98]が適用されうるところ、同条の各考慮要素に特段の違いが認められないにもかかわらず、賃金水準の10％にわたる労働条件相違が見られることから、

---

97)　菅野和夫「会社解散をめぐる不当労働行為事件と使用者——四つの類型とその判断基準」安西愈先生古稀記念論文集『経営と労働法務の理論と実務』（中央経済社、2009）553-554頁。

98)　なお、労契法20条は、働き方改革推進法（平成30年法律第71号）の成立により、今後、パートタイム・有期雇用労働法8条に移行されることが予定されている（2020年4月1日施行。中小企業への適用は2021年4月1日）。なお、パートタイム労働法8条についても、一定の変更が加えられている。

第 2 部　実務編

不合理性が肯定されて不法行為責任が生じる可能性がある[99]。このような労働条件相違に係る規律は、有期契約労働者だけでなくパートタイム労働者についても存在することに加え（現パートタイム労働法 8 条）、無期労働者間の相違についても民法 90 条や 709 条等の一般規定による規制が及ぶ可能性が必ずしも否定できない。これらの点に照らすと、労働条件統一の範囲を超えるような不利益変更を行う場合には、労働条件相違に係る個別規制の適用を避けつつ[100]、既存労働者との均衡に配慮した条件設定にとどめることが望ましいものと解される。

そもそも、労働条件が不統一になることは、労働条件相違に係る規制の問題だけでなく、労働契約の画一的処理の困難化、労働者の分断による労使関係の不安定化や円滑な事業運営の阻害等の様々なリスクを生じさせることになる。実務上は、労働条件統一の範囲を超える不利益変更によって雇用コストの削減を図ることには慎重であるべきであろう。

他方で、人員整理の方法によれば、労働条件不統一の問題を生じさせることなく雇用コストを削減することができる。その場合には解雇規制（労契 16 条）が適用されることになるので、実務上は、あらかじめ、勤務地や職務内容等を契約上で可能な限り限定しておくことが重要となると解される。とはいえ、労働者なくして対象事業の運営は困難であるし、雇用不安を感じた労働者が機会を見つけて退職することで予期せぬ労働力不足が生じる恐れもあることから、過度な不利益的措置については慎重に検討すべきであろう。

以上に加えて、X_5 が F 組合員であったことから、その承継対象からの除外には不当労働行為のリスクがある。確かに、X_5 が組合員であることは承継排除の直接的な理由とはされていないが、学説上は、組合所属の事実、組合員に対する不利益取扱い、および、使用者による組合嫌悪の事実があれば、不利益取扱いが組合所属を理由とするものと推定されるとの有力な見解が示されている[101]。承継拒否は不利益取扱い（労組 7 条 1 号）に該当しうるものであり、現

---

99)　ハマキョウレックス事件・最二判平成 30・6・1 労判 1179 号 20 頁、長澤運輸事件・最二判平成 30・6・1 労判 1179 号 34 頁。

100)　もっとも、X_5 を無期雇用にして労契法 20 条の適用を回避することができたとしても、今度は雇用調整が困難になるという問題が生じうる。これについては、後述の通り、勤務地や職務内容等を契約上で可能な限り限定する等の対応が想定される（同 16 条）。

101)　西谷・前掲注 77) 191 頁。

職相当職への復職命令（行政救済）や譲受会社への地位確認（司法救済）が認められる可能性がある[102]。このようなリスクを避けるためには、承継拒否が不当労働行為意思によるものでないことを主張できる客観的根拠を備えておくことが重要である。

〔参考文献〕
　野川忍＝土田道夫＝水島郁子編『企業変動における労働法の課題』（有斐閣、2016）、毛塚勝利編『事業再構築における労働法の役割』（中央経済社、2013）

＊執筆協力者（五十音順）　藤澤佑介（2013年度生）　野崎卓也（2013年度生）　綿世斗輝（2013年度生）

＊本稿は、JSPS科研費（課題番号 JP 18 H 05659、JP 19 K 20863）による成果の一部である。

（岡村優希）

---

102)　池田・前掲注40)71頁。

3

会社法と労働法②——株式取得型 M&A

CASE 1　M&A に伴う労働条件変更・解雇／買収企業の使用者性

　1　中堅証券会社 A 社は、大手生保グループ Z 社の 100％子会社であったが、国内外の競争の激化に伴い経営が低迷したため、Z 社は、2016 年 8 月、A 社の株式 85％を準大手金融グループ B 社に売却した。B 社は、取締役 12 名中 8 名、監査役 3 名中 2 名を A 社に送り込み、新経営体制を敷いた。

　B 社は、同社および関係会社が相互に密接な連携の下、グループとして総合的に事業の発展を期すことを目的にグループ管理規程を定めている。同規程は、関係会社を「B 社ないしその役員が株式の 20％以上を所有し、B 社が関係会社と認めた会社」と定義した上、B 社がグループ関係会社に積極的な指導を行い、育成強化を図ることを基本方針として定め、関係会社の経営・財務・会計に関する重要事項のほか、関係会社役員の選任・解任、関係会社従業員の給与・昇給・賞与総額の決定および定期採用・中途採用等の事項を B 社による承認事項としている。また、関係会社の労働組合に対する回答・労働協約の締結は B 社に対する報告事項とされている。ただし、B 社・A 社間において、財産の混同や取引・業務活動の混同等の事実は存在しない。

　2　A 社の業績は、B 社傘下に入った 2017 年度にも回復せず、2017 年度上半期の売上高は前年度比で 3 割近く減少し、経常損失を生じる見込みとなった。そこで、A 社取締役会は B 社と協議の上、1 年間限りではあるが、全従業員の 2018 年度基本給を一律 5％削減する方針を決定した。しかし一方、A 社は、C 組合から賃上げ要求を受けていたため、同要求に沿った内容で 2018 年度賃金提示案を策定し、上記グループ管理規程に基づいて形式的ながら B 社に承認を求める手続を行ったところ、B 社は、①グループ管理規程に基づいてこれを承認せず、逆に、②A 社に対し、上記方針に基づく人件費を含む経理・財務状況の改善を

3　会社法と労働法②──株式取得型 M&A

強く求めた。B 社の意向を受けた A 社取締役会は、当初方針どおり、2018 年度基本給の一律 5％削減を決定し、同社の従業員中 65％を組織する C 労働組合に対して上記方針を内容とする就業規則改訂を提案し、7 回にわたって団体交渉を行ったが、合意に至らなかった。そこで A 社は、就業規則の基本給規程を改訂し、C 組合から意見を聴取した上で、所轄労働基準監督署に届け出るとともに、会社イントラネットを通して全従業員に周知させた。

　以上の状況を踏まえて、C 組合は、B 社に対しても、上記問題について団体交渉を求めたが、B 社は、「弊社は使用者ではない」として拒否した。

　3　その後、B 社は、A 社の積極的な経営改革を試みたが、C 組合は、A 社経営陣の経営方針に強く反発し、労使関係が著しく悪化した。A 社の業績も回復せず、むしろ 2018 年度の業績は悪化したため、B 社は、2019 年 2 月、A 社への投資と経営再建を断念し、解散させる方針に転じた。B 社の意向を受けた A 社取締役会は、2019 年 6 月 21 日、臨時株主総会を開催して解散決議を行い、同年 7 月 30 日付で C 組合員を含む全従業員を解雇した。その際、A 社は、全従業員を対象とする説明会を開催して解散および解雇の必要性について説明するとともに、他企業への再就職あっせんを行う旨表明したが、C 組合はこれに納得せず、B 社に対し、A 社の事業の継続と雇用の確保等を求めて団体交渉を申し入れた。しかし、B 社は、再び「弊社は使用者ではない」として拒否した。

設問 1　①A 社による就業規則の改訂および②A 社解散に伴う解雇については、いかなる法律問題があるか。その際、株式取得型 M&A の特質についてどのように考慮すべきか。

設問 2　A 社解散に伴い解雇された C 組合員ら A 社従業員は、B 社に対して、労働契約上の地位にあることの確認を求めることができるか。

設問 3　B 社は、C 組合の団体交渉申入れに応ずる義務を負うか。

設問 4　A 社および B 社としては、M&A を円滑に実施し、設問 2・設問 3に係る法的リスクを回避するため、企業法務・人事面でどのような点に留意すべきか。

CASE 2　**デュー・デリジェンス／表明・保証条項／不当労働行為**

　1　CASE 1 の 3 末尾をアレンジして、A 社は B 社の意向を受け、A 社を第三

第2部　実務編

者に売却する方針を決定した後、新興の金融グループであるY社との間で買収
交渉に入ったものとする。Y社は規模こそ大きくないものの、業績は飛躍的に向
上しており、リテール部門に強味を持つA社の買収に関心を抱いた。一方、A
社の従業員で組織するC組合は、会社買収に反対し、A社・B社に団体交渉を
求める等の活動を行っていた。このため、Y社は一時、A社の買収に消極的になっ
たが、B社との交渉を経て、2019年4月1日付で買収契約を締結した。

　2　Y社は、A社の買収に際して、A社の財務状況、法務部門および知的財産
に関してデュー・デリジェンスを行った。他方、Y社は、人事・労務デュー・デ
リジェンスに十分な時間を割くことができず、人事・労務関係の法令遵守状況
について確信を持つことができなかった。そこで、Y社はA社に対して以下の
表明・保証条項ⓐを提示し、契約締結に至った。「A社は、労働関係法令を遵守
しており、法令および司法・行政機関の判断に一切違反していない。仮に上記
違反が判明した場合、それによりY社が被った損害および不利益はA社が補填
するものとする」。

　一方、B社・A社は、買収後のC組合との間の労使関係を考慮して、Y社との
間で以下の表明・保証条項ⓑを締結した。「ⓘY社は、A社において、買収契約
締結後1年間は賃金その他の労働条件を変更せず、A社従業員の雇用を継続する
ものとする。ⓘⓘまた、A社における労働条件の運用方法についても一切の支配介
入を行わないものとする。仮にY社がこれに違反した場合は、これによってA
社が被った損害および不利益はY社が補填するものとする」。

　3　ところが、Y社はA社買収2か月後に、A社の業績向上策および従業員の
意欲向上策として、①従来の年功序列型賃金制度を改め、成果主義を基礎とす
る職務給制度に変更する方針を決定し、その意向を受けたA社取締役会は、就
業規則に基づく職務給制度の導入を決定した。ただし、賃金・賞与原資は維持
し、2年間の経過措置を設け、人事考課制度等の制度設計も適正に行われている。
また、②時間外労働に対する割増賃金（労基37条）の未払いが一部で生じてい
ることが判明したため、Y社は、未払賃金の支払いをA社に求めるとともに、
問題の再発を防止するため、監査業務担当社員を派遣することとした。

　4　A社は、以上2点について、C組合と3回の団体交渉を行ったが、C組合は、
①職務給制度の導入については表明・保証条項ⓑに違反するとして反対し、②
については、未払賃金の支払いには同意する一方、Y社の監査業務担当社員の派
遣については、同じく表明・保証条項ⓑに違反するとして同意しなかった。

　A社の報告を受けたY社は、①職務給制度導入に関しては、A社の業績向上に
必要な措置であると主張し、②未払賃金に関しては、そもそもA社が表明・保
証条項ⓐに違反している以上、当然の措置であると主張して譲らなかった。Y社

の意向を受けた A 社は、これ以上 C 組合との協議を重ねても進展の見込みがないと判断し、上記①②の措置を実行に移した。なお、C 組合の意見聴取、労働基準監督署への届出および従業員への周知は行われているものとする。

設問1 Y 社が行った①②の措置は、法的にどのように評価されるか。
設問2 **CASE 2** において、A 社を買収後、C 組合の活発な組合活動を嫌悪した Y 社が、投資継続の条件として C 組合委員長である D の解雇を要求し、その意向を受けた A 社が D を解雇したとする。いかなる法律問題が生ずるか。

解説

1 株式取得型 M&A の意義

M&A とは、事業や会社（企業）の取得を目的とする取引行為（組織法的行為を含む）をいう[1]。M&A は、広義には企業組織再編一般を意味し、会社法上の組織再編行為（合併、会社分割、株式交換、株式移転）のほか、事業譲渡、株式譲渡、第三者割当増資等、その手法も多様である。本項では、このうち株式取得型 M&A（株主の変更・交替による M&A）を取り上げ、労働法上の問題について検討する[2]。具体的には、企業が株式交換（会社 2 条 31 号）、株式移転（2条 32 号）、株式譲渡（127 条）、第三者割当増資（199 条、201 条 1 項）等の手法によって別企業の株式を取得し、買収する場合を対象とする。

M&A は、グローバルに展開する市場経済社会において、企業活動を活性化し、企業価値の向上を図る上で不可避かつ有意義な現象である。また、M&Aは、事業展開や事業再生の契機となり、雇用の維持や労働条件の改善に寄与し、労働者に利益をもたらすことも少なくない。しかし同時に、M&A は、雇用に負の作用を及ぼすこともある。すなわち、M&A の過程では、買収企業が被買収企業に支配株主としての影響力を行使し、労働条件の不利益変更や解雇を実

---

1) 伊藤靖史ほか『会社法〔第 4 版〕』（有斐閣、2018）370 頁。
2) 詳細は、土田道夫「M&A と労働法の課題——株式取得型 M&A を中心に」野川＝土田＝水島編 257 頁参照。

第2部　実務編

行させることがある。買収企業が支配株主として雇用・労働条件を支配しつつ、株主であるがゆえに労働法の規律を免れる事態が生ずるとすれば、それは、当事者間の公正な利益調整に反するとともに、「法の支配」の観点からも容認し難い事態となるため、法的規律が求められる。

　株式取得型 M&A（以下、単に「M&A」ともいう）においては、株主の変更や交替によって株主構成が大きく変動するが、他方、労働契約当事者（使用者）に変更はなく、被買収企業が使用者としてそのまま存続する。したがって、使用者の変更・交替に伴う法律問題（労働契約の承継・非承継、使用者変更に伴う労働条件の不利益変更・解雇等）は、基本的には発生しない。この点が、企業組織の再編に伴う契約当事者（使用者）の変更によってこうした問題が発生する事業取得型 M&A（合併・事業譲渡・会社分割。→ 2 ）との違いである。

　したがって、株式取得型 M&A の前後に行われる労働条件の変更や解雇も、もっぱら使用者たる被買収企業と労働者間の労働契約上の問題となり、通常の労働法の規律が適用され、M&A に固有の法律問題は生じない。また、買収企業が被買収企業の労働者との関係で労契法上・労組法上の使用者たる地位に立つことも、原則としてありえない。

　とはいえ、株式取得型 M&A においても、例外的とはいえ、株主（買収企業）に対する労働法の適用という問題が生じうる。前記のとおり、M&A においては、買収企業が被買収企業に支配株主としての影響力を行使し、労働条件の不利益変更や解雇を実行させることがあるところ、こうしたケースでは、買収企業の労契法上・労組法上の使用者性という問題が発生するからである。すなわち、株主である買収企業に対して、労働法上の規律をいかなる範囲で適用できるかという問題である。

2　被買収企業における法律問題

　本項では、株式取得型 M&A の結果、被買収企業において発生する労働条件変更および解雇の問題を取り上げつつ、M&A がいかなる法律問題を発生させ、または既存の法律問題にいかなる変容をもたらすかに着目して検討を行う。

(1) 労働条件の変更

(ア) 概　説

M&A に伴う労働条件の不利益変更には、①被買収企業が買収前に労働条件を変更した上で買収企業が買収する、②買収の過程で労働条件を変更する、③被買収企業が買収後に変更する、という３つの類型があるが、**CASE 1** は③の類型であり、最もポピュラーな類型と思われる。

CASE 1 における労働条件の不利益変更（2018 年度基本給の一律 5% 削減）は、就業規則の改訂によって行われている。就業規則による労働条件の不利益変更については、労契法 10 条の規律があり、労働条件変更内容の合理性と労働者への周知を要件に、変更就業規則が労働契約内容となって労使当事者を拘束すること（契約内容変更効）を規定している。同条は、労働条件変更の合理性について、ⓐ労働者の受ける不利益の有無・程度、ⓑ労働条件変更の必要性、ⓒ変更後の就業規則の内容の相当性、ⓓ労働組合等との交渉の状況、ⓔその他就業規則の変更に係る事情の５点を掲げている。労働条件変更の合理性は、基本的には、ⓐ労働者の不利益の有無・程度とⓑ労働条件変更の必要性との比較衡量によって判断されるが、実際にはⓐとⓑは拮抗することが多いため、ⓒ変更後の就業規則の内容の相当性が重要な考慮要素とされる。また、ⓓ労働組合との交渉の状況も、労使間の利益調整が行われているか否かを判断する要素として重視される[3]。

(イ) 株式取得型 M&A の特質

前記のとおり、株式取得型 M&A における労働条件の変更には通常の労働法の規律が適用され、M&A に固有の法律問題は生じない。しかし、以下の２点において M&A の特質を考慮する必要がある。

第１に、**CASE 1** では、買収企業（B 社）が被買収企業（A 社）に過半数の取締役を送り込んだ上、A 社が B 社の意向を受けて労働条件変更を行った可能性がある。このため、B 社の労契法上・労組法上の使用者性が問題となる（**3** で検討する）。

第２に、**CASE 1** のように、経営が悪化した企業を再建するために行われる M&A（救済的 M&A）においては、その点が労働条件変更の必要性の判断に影

---

3)　労契法 10 条については、土田・労働契約法 558 頁以下参照。

第 2 部　実務編

響する可能性がある。前記のとおり、就業規則による労働条件の不利益変更については、労働条件変更の必要性が重要な要素とされている（労契 10 条）ところ、救済的 M&A においては、通常の M&A（戦略的 M&A、投資目的 M&A）と比較して、より高度の必要性が認められるものと解される。

(2)　解　雇

(ア)　概　説

次に、A 社は、その再建を断念した B 社の意向を受けて解散し、全従業員を解雇している。これは会社解散（会社 471 条）に伴う解雇に当たるところ、この解雇については、一方では、営業の自由（憲 22 条 1 項）の観点から、別法人による事業承継の事実がない真実解散である限り、有効と解する裁判例が見られる[4]。他方、労契法 16 条の存在を重視して、会社解散が有効に行われた場合も、解雇の効力は別途判断されるべきものと解し、会社解散の必要性や解雇手続の相当性によっては解雇無効と判断する裁判例も少なくない[5]。もっとも、後者の裁判例も、会社解散の自由を尊重する観点から、事業廃止の必要性の厳格な判断を避け、解雇手続の相当性（労働者との説明・協議、経済的補償・再就職支援措置等）に重点を置いて判断している。

(イ)　株式取得型 M&A の特質

まず、**CASE 1** のように、被買収企業（A 社）が買収企業（B 社）の意向を受けて解散し、労働者を解雇する場合は、解雇が B 社の強い影響力の下で行われた可能性があるため、B 社の労契法上・労組法上の使用者性が問題となりうる（**3** で検討する）。

また、会社解散が真実解散であり、解雇が有効であったとしても、その原因が取締役の任務懈怠（業務執行上の善管注意義務・忠実義務違反）にある場合は、役員等の第三者に対する責任が発生し、被解雇労働者に対する取締役の損害賠償責任が生じうる（会社 429 条 1 項。「間接損害類型」に当たる）。この場合、B 社から派遣された取締役も、A 社取締役である以上、対第三者責任を負う場合

---

4)　最近では、石川タクシー事件・東京高判平成 26・6・12 判時 2294 号 102 頁。
5)　三陸ハーネス事件・仙台地決平成 17・12・15 労経速 1924 号 14 頁。本書**第 1 部 1** Ⅱ
4 (3)参照。

があることに注意を要する。**CASE 1 設問 1 の解答**にて検討する。

3 買収企業における法律問題

前記のとおり、株式取得型 M&A においては、買収企業は株主としての地位に立つにとどまり、原則として、被買収企業の労働者との間で法律関係に入ることはない。しかし、一定の場合には、買収企業がそうした法律関係に入り、労働者に対する法的責任を負うことがある。特に、買収企業の労契法上の使用者性および労組法上の使用者性が問題となる。

(1) 買収企業の労契法上の使用者性（2条2項）

CASE 1 設問 2 では、買収企業の労契法上の使用者性が問題となる。一般に、労働契約上の使用者は、労働契約を締結した当事者をいうが、例外的に、それ以外の者が使用者（労契2条2項）とされることがある（使用者概念の拡張）。これも、①企業が自己の雇用する労働者以外の労働者（社外労働者）を労働者派遣や請負によって受け入れて就労させる場合（社外労働者受入れの類型）と、②ある企業が他の企業を実質的に支配し、それを通して他企業労働者の雇用や労働条件に決定力を及ぼす場合（間接支配類型）に分かれる[6]。

M&A において買収企業の使用者性が問題となるのは②であり、ここで登場するのが法人格否認の法理である。法人格否認の法理とは、ある会社の独立の法人格を認めることが法人制度の目的に照らして著しく正義・衡平に反する場合に、特定の法律関係における法人格を否定し、その背後にある支配会社の法的責任を追及するための理論である。法人格否認の法理は、法人格の形骸化と法人格の濫用に分かれる[7]。

法人格の形骸化とは、実態が支配会社の一部門に過ぎないような従属会社について、その事実を根拠に法人格を否認し、支配会社に雇用責任を帰責する理論である。したがって、法人格の形骸化の要件は厳しく判断され、支配会社・従属会社間の財産の混同、取引・業務活動の混同、株主総会・取締役会の不開催等の事情を要すると解されており、否定裁判例が大半を占める。

---

6) 土田・労働契約法 65 頁以下、土田・概説 31 頁以下参照。

7) 土田・労働契約法 70 頁、土田・概説 33 頁。

第2部　実務編

　一方、法人格の濫用は、会社の背後にあって支配する者が違法・不当な目的
で会社の法人格を利用する場合に法人格濫用を認め、特定の法律関係について
支配会社に帰責する理論である。その要件としては、支配会社が従属会社を意
のままに支配しているという客観的要件（支配の要件）と、それについて違法
または不当な目的を有しているという主観的要件（目的の要件）が挙げられる。
法人格濫用が肯定された場合、労働者は、支配会社に対して、包括的労働契約
関係の存在を主張することができる[8]。

(2)　買収企業の労組法上の使用者性（7条）

　次に、**CASE 1 設問 3** では、買収企業の労組法上の使用者性が問題となる。
すなわち、被買収企業が買収企業の影響力の下で労働条件の不利益変更や解雇
を実行した場合に、被買収企業の従業員で組織する労働組合が買収企業に団体
交渉を申し入れた場合、買収企業は団体交渉義務（労組7条2号）を負うかと
いう問題である。

　労組法上の使用者については、次のように解されている[9]。すなわち、同法
7条2号は、使用者が正当な理由なく団体交渉を拒むことを不当労働行為とし
て禁止しているところ、同号の「使用者」は、労働契約上の使用者に限られず、
それ以外の者を含む広い概念を意味する。労組法上の使用者は、団体交渉権保
障の観点からは、団体交渉によって紛争を解決すべき必要性と適切性が認めら
れる者を意味し、不当労働行為制度の観点からは、使用者による団結権侵害行
為の排除・是正と正常な労使関係の回復という同制度の趣旨に即して確定され
るため、契約当事者としての使用者に限定する必要はないからである。もっと
も、使用者概念をどこまで拡張できるかについては見解が分かれるが、近年に
は、労働契約を基礎に考え、「労働契約関係ないしはそれに隣接ないし近似す
る関係を基盤として成立する団体的労使関係上の一方当事者」と解する見解
（労働契約基本説）が有力であり、中労委命令・裁判例の支持を得ている[10]。

---

　8)　菅野181頁（ただし、子会社の法人格が全く形骸化しており、かつ、子会社の組合壊
　　滅を目的とするなど明白な濫用があるケースに限られると説く）、西谷569頁など。裁
　　判例として、中本商事事件・神戸地判昭和54・9・21判時955号118頁。
　9)　菅野952頁以下、土田・概説425頁以下。
　10)　菅野953頁以下。学説については、竹内（奥野）寿「労働組合法7条の使用者」季労
　　236号（2012)211頁参照。

138

3 会社法と労働法②——株式取得型 M&A

　労組法上の使用者も、労働契約上の使用者と同様、①社外労働者受入れの類型と、②間接支配類型に分かれるが、M&A における買収企業の労組法上の使用者性は②の類型として問題となる。この点、判例は、①の類型について、受入企業の部分的使用者性を肯定する判断を示している[11]。すなわち、判例は、雇用主（労働契約上の使用者）以外の事業主であっても、「雇用主から労働者の派遣を受けて自己の業務に従事させ、その労働者の基本的な労働条件等について、雇用主と部分的とはいえ同視できる程度に現実的かつ具体的に支配、決定することができる地位にある場合には、その限りにおいて、右事業主は同条の『使用者』に当たる」と判断した上、受入会社（放送会社）が番組制作業務のために受け入れた請負企業労働者の勤務時間や労務提供の態様に関する限りで使用者に当たると判断し、受入会社の「部分的使用者性」を肯定している。

　これに対し、②の類型（間接支配類型）の典型を成すのは親子会社のケースであり、子会社従業員で組織する労働組合に対する親会社・持株会社の労組法上の使用者性（団体交渉義務の主体としての使用者性）が問題となる。中労委命令・裁判例は、ここでも前掲朝日放送事件（注11））の判断枠組みを用いて労組法上の使用者性を判断しているが、①の類型（社外労働者受入れ類型）と異なり、親会社・持株会社の使用者性を認めることには困難な面がある。すなわち、①類型のように、紛争当事者間に直接的使用関係がある場合は、「雇用主と同視できる程度の現実的かつ具体的な支配・決定」の関係を肯定しやすいのに対し、間接支配類型においては、親会社と子会社従業員との間には直接的使用関係が存在しない一方、親会社がこのような直接的支配を避けつつ、経営上の指示を通して労働条件を間接的に支配するケースが多いため、その使用者性を認めることは困難を伴うのである[12]。

　実際、裁判例・中労委命令は、親子会社のケースについて、前掲朝日放送事件の判断枠組みを適用した上、親会社の労組法上の使用者性の要件として、雇用主である子会社が労働条件について直接決定するのと同視できる程度の支配・決定力を有していることを求め、その結果、労組法上の使用者性を否定する傾向にある。たとえば、ある裁判例（ブライト証券ほか事件[13]）は、子会社

---

11)　朝日放送事件・最三判平成 7・2・28 民集 49 巻 2 号 559 頁。
12)　詳細は、土田・前掲注 2) 276 頁以下参照。
13)　東京地判平成 17・12・7 労経速 1929 号 3 頁。

139

第2部 実務編

が内部決定した賃上げ案について持株会社が承認しなかったため、子会社労働組合との間の団体交渉で当該賃上げ案を提示できず、実際に妥結した賃上げ率が低位となったという事案につき、持株会社がグループ全体の事業計画・賃金計画の策定や子会社による賃金方針の承認手続を通して、子会社の基本的労働条件に対して重大な影響力を有している事実を認定しながら、持株会社がグループの経営戦略的観点から行う管理・監督の域を超えて、雇用主が労働条件について直接決定するのと同視できる程度に現実的かつ具体的な支配力を有していたとは認められないと判断し、持株会社の使用者性を否定している。

　また、中労委命令（高見澤電機製作所事件[14]）は、子会社の組織再編に伴う労働条件変更に関する親会社の団体交渉拒否事案につき、子会社の業績が親会社に依存する関係にあり、そのことが子会社従業員の賃金等労働条件に影響を与えた可能性を認めながら、また、上記組織再編が親会社の方針の下に計画・実施された可能性を認めながら、子会社従業員の賃金・一時金は全て子会社・組合間の団体交渉により決定されており、親会社が関与していたとはいえないこと等として、親会社が雇用主と同視できる程度に現実的かつ具体的な支配力を有していたことを否定し、その使用者性を否定している。

　もっとも、これに対しては、間接支配類型の特質に鑑み、朝日放送事件の判断枠組みを用いる場合も、支配会社の労組法上の使用者性についてより柔軟に解釈すべきことを説く見解が見られる[15]。この見解は、間接支配類型については、支配会社が労働条件の直接的決定を避けつつ支配するという特質に鑑み、支配会社がその地位を逸脱して経営上の計画策定や意思決定を行い、子会社がそれに従って労働条件を決定している場合は、朝日放送事件が説く「雇用主と同視できる程度の現実的かつ具体的な支配・決定」を肯定し、労組法上の使用者性を肯定することが適切であると説く。これによれば、前掲中労委命令・裁判例のように、雇用主たる子会社が労働条件について直接決定するのと同視できる程度の支配・決定力を要件と解することは、団体交渉権保障の趣旨に照らして狭きに失し、適切でないと解される。この見解に立つ場合、親会社・持株会社は、企業グループの統括企業として子会社における労働条件の決定に実質的影響力を行使することが多いことから、労組法上の使用者性を肯定される可

14）　中労委平成 20・11・12 別冊中労時 1376 号 1 頁。
15）　土田・前掲注 2）281 頁以下参照。

能性がある。その典型例は、親会社等が事業計画・賃金計画や人事管理上の方針を策定し、子会社が事実上これに従って労働条件を決定・変更している場合であり、前掲ブライト証券ほか事件がこれに当たると解される。

裁判例の中には、上記学説と同様、間接支配類型の特質を考慮して判断する例が見られる。たとえば、完全親子会社における親会社の使用者性について、朝日放送事件に依拠しつつ、労働関係上の支配力とは別に、間接的支配の特質である資本関係や人事面の支配力の有無を判断要素に位置づけた上、親会社が子会社の全株式を保有し、役員のほとんどを送り込んでいたことに加え、子会社における賃金・労働条件が親会社による運送委託契約上の運賃により実質的に決定される関係にあったことから、「雇用主と同視できる程度の現実的かつ具体的な支配・決定」を認めて労組法上の使用者性を肯定した例がある[16]。

4 人事・労務デュー・デリジェンス、表明・保証条項

CASE 2 では、Y 社が行った①②の措置に係る法的評価の前提として、人事・労務デュー・デリジェンス、表明・保証条項が問題となる。

(1) 人事・労務デュー・デリジェンス

M&A においては、買収の基本合意を締結後、最終合意を締結する以前に、デュー・デリジェンス（Due Diligence）が実行されることが多い。デュー・デリジェンスとは、買収企業が被買収企業の企業価値を評価しつつ、買収の阻害要因となる事項を調査するために行う調査であり、「買収監査」と訳される（以下、「DD」ともいう）。デュー・デリジェンスは、買収の最終合意に反映されるため、その結果によっては、買収価格の下落や、買収自体の断念（ディールブレイカー）をもたらしうる。デュー・デリジェンスは、財務面の問題点を調査する財務 DD、法務面の問題点を調査する法務 DD、事業モデルや事業の問題点を調査するビジネス DD が重要であるが、人事・労務面の問題点や潜在リスクの有無を対象とする人事・労務 DD も重要性を増している[17]。

人事・労務 DD の内容・対象は多様であるが、特に、以下の事項が重視されている。すなわち、①賃金・人事制度とその運用、②人員規模の適正性、

---

16) シマダヤ事件・東京地判平成 18・3・27 労判 917 号 67 頁。

第2部　実務編

キーパーソンの調査、③労働法令等の遵守・違反状況（各種ハラスメント問題、不当な人事処遇の有無、管理監督者の範囲、労働災害、偽装請負問題、労働基準監督署による指導・是正勧告等の有無等）、④簿外債務・偶発債務の存否（未払賃金、未払時間外労働手当等）、⑤退職金・企業年金（制度の種類・運用状況）、⑥労働組合・労働協約関係の事項（労働組合の存否・状況、労使関係上の未解決問題、労働協約の内容と問題点等）等である。人事・労務 DD の結果によっては、買収企業は、M&A に先立って被買収企業に法令違反の是正を求め、その是正を取引実行条件とするほか、表明・保証条項を求めることがある。

(2)　表明・保証条項

(ア)　被買収企業による表明・保証

　上記のとおり、人事・労務デュー・デリジェンスは重要であるが、他方、デュー・デリジェンスは比較的短期間で実行する必要があり、また、被買収企業の協力を得られる範囲で実行できるにとどまるため、買収企業は、被買収企業が提供する情報の真実性に確信を持てないことが少なくない。そこで、買収企業が被買収企業に対し、その提供する情報が真実かつ正確であることを表明・保証させる旨の条項（表明・保証条項）を買収契約に設け、当該条項違反があれば、それによって買収企業が被った損害を補償する旨を約することがある[18]。前記③の事項（労働法令遵守事項）であれば、次のような条項である[19]。「A 社（被買収企業）は、労働関係法規を遵守しており、司法・行政機関の判断等、又は雇用契約等に一切違反しておらず、その虞もない。A 社において、セクシュアル・ハラスメントその他法令違反となるような労働関係は存在せず、その虞もない。」

---

17)　人事・労務デュー・デリジェンスの詳細は、長島・大野・常松法律事務所編『M&Aを成功に導く法務デューデリジェンスの実務〔第 3 版〕』（中央経済社、2014）、高谷知佐子編『M&A の労務ガイドブック〔第 2 版〕』（中央経済社、2009）69 頁以下が詳しい。表明・保証条項とともに、土田・前掲注 2)287 頁以下も参照。

18)　表明・保証条項については、長島・大野・常松法律事務所・前掲注 17)17 頁、高谷編・前掲注 17)60 頁以下、金丸和弘 = 森田恒平「M&A 取引における説明義務と表明保証責任（中）」判タ 1354 号（2011）13 頁など参照。表明・保証条項の法的性質については、損害担保責任と解する見解、物の瑕疵担保責任と解する見解、債務不履行責任と解する見解等があり、一致を見ていない。

19)　高谷編・前掲注 17)67 頁掲載の表明・保証条項。

142

表明・保証条項に関しては、同条項違反の事実があることを知らなかったことについて買収企業側に重過失がある場合を除いて、同条項に基づく被買収企業の損害補償責任が肯定されている[20]。上記 A 社の表明・保証条項についても、事実はそれに反して、買収前から従業員のうつ病自殺事件に基づく遺族による損害賠償請求訴訟が提起されており、買収後、巨額の賠償を命ずる判決が確定したため、A 社の企業価値が下落し、買収企業に損害が発生したようなケースでは、A 社の損害補償責任が肯定される可能性がある。

(イ) 買収企業による表明・保証

また、上記の条項とは逆に、譲渡企業・買収企業が M&A 後の労働関係・労使関係の運営に配慮して、買収企業が被買収企業における雇用・労働条件を維持する義務を負う旨の表明・保証条項を締結することもある。「買収企業は、被買収企業において買収後○年間は賃金その他の労働条件を継続させるものとする。また、従業員を不当に解雇させてはならない」といった条項である[21]。

こうした表明・保証条項は、**CASE 2** のような買収企業による M&A 後の拙速な労働条件変更を未然に防ぐとともに、買収企業の労働法コンプライアンスを促進する上で重要な意義を有している。もとより、表明・保証条項は、譲渡企業・買収企業間においてのみ効力を有するため、買収企業・被買収企業が同条項に違反して労働条件変更や解雇を行ったとしても、直ちにその効力が否定されるわけではない。しかし、買収企業の損害補償責任を発生させるため、上記のような事態に対する相当の抑止力を有するものと解される。また、表明・保証条項は、それに反する労働条件変更・解雇の無効に直結するわけではないとしても、その効力に大きく影響しうる（**解答 CASE 2 設問 1、本書第 1 部 1** Ⅱ **4** (4)(イ)参照）。

---

20) 東京地判平成 18・1・17 判時 1920 号 136 頁。東京地判平成 23・4・19 判時 2129 号 82 頁、東京地判平成 24・1・27 判時 2156 号 71 頁等も参照。
21) 高谷編・前掲注 17)62 頁掲載の表明・保証条項を参考に作成した。

第2部　実務編

解答

CASE 1 設問 1

1　就業規則の改訂

CASE 1 設問 1 ①では、A社が行った就業規則による労働条件の不利益変更（2018年度基本給の一律5％削減）の効力が問題となる。この点、**解説**で述べたとおり（**2**(1)）、**CASE 1** のような救済的M&Aにおいては、その点が就業規則による労働条件変更の必要性（労契10条）に影響し、通常のM&Aと比較してより高度の必要性が認められるものと解される。**CASE 1** の場合、2017年度上半期のA社の売上高は前年度比で3割近く減少し、経常損失を生じる見込みとなったとあるので、経営状況は相当深刻であり、労働条件変更の高度の必要性は認められるものと解される。

もっとも、就業規則変更の合理性は、労契法10条所定の要素を総合して判断されるのであり、労働条件変更の高度の必要性が認められたからといって、直ちに合理性が肯定されるわけではない。すなわち、労働条件変更の合理性は、ⓐ労働者の受ける不利益の有無・程度とⓑ労働条件変更の必要性との比較衡量を基本としつつ、ⓒ変更後の就業規則の内容の相当性やⓓ労働組合との交渉の状況を考慮して判断される（**解説2**(1)）ところ、**CASE 1** では、ⓐは基本給の一律5％削減という重大なものであるため、ⓒとⓓがポイントとなる。この点、**CASE 1** では、不利益変更の期間は2018年度1年限りと限定されており、A社はC組合との間で7回にわたって団体交渉を行っているため、それぞれⓒとⓓを肯定する方向に働く要因となる。しかし一方、基本給削減に伴う代償措置や関連労働条件の改善が皆無であることを考えると、ⓒが否定され、総合的に見て変更の合理性が否定される可能性もある[22]。

2　解　雇

CASE 1 設問 1 ②では、A社の解散に伴う解雇の効力が問題となる。**解説**で述べたとおり（**2**(2)）、会社解散に伴う解雇については、裁判例は、会社解散が真実解散である限り有効と解する例と、会社解散決議が有効に行われた場合も解雇の効力を別途判断すべきであると解する例に分かれる。この点については、労契法16条が存在する以上、後者の裁判例が妥当と解される。ただし、これら裁判例が説くとおり、使用者にも営業の自由（憲22条1項）が認められ

144

ることから、事業廃止の必要性については厳格に判断すべきではなく、解雇手続の相当性（労働者に対する説明、経済的補償・再就職支援措置等）に重点を置いて判断すべきであろう。一方、会社解散に伴う解雇が労働者に帰責事由のない解雇である以上、使用者はこれら手続を誠実に実行する必要がある。この点、**CASE 1** では、A 社は会社解散の決定後、従業員に対して説明会を開催して解散および解雇の必要性について説明するとともに、再就職あっせんを講じる旨表明していることから、これら手続・措置がどの程度丁寧に行われたかが解雇の有効性を決するポイントとなる[23]。

　また、会社解散に伴う解雇が有効とされた場合も、その原因が取締役の任務懈怠にある場合は、被解雇労働者に対する取締役の損害賠償責任が生じうる（会社 429 条 1 項）。**CASE 1** の場合、A 社取締役中 8 名は B 社からの派遣役員であるが、これら取締役も、A 社取締役である以上、対第三者責任を負う場合がある。たとえば、B 社出身の取締役が、A 社解散という B 社の意向を受けた後、A 社の経営再建策を講ずることもなく、漫然と B 社の意向に従って会社解散を実行し、労働者の解雇をもたらした場合、取締役に任務懈怠についての悪意または重過失が認められ、任務懈怠と解雇に伴う損害との間に相当因果関係が認定されれば、取締役の損害賠償責任が肯定される。この点、裁判例では、会社の代表取締役が違法な牛乳を再利用しない旨の指示・決定を懈怠したことにつき、任務懈怠による対第三者責任を認めて、会社解散に伴い解雇された労働者に対する損害賠償責任を肯定した例[24] や、代表取締役が不当労働行為および未払賃金債務の免脱目的をもって会社解散と解雇を行いつつ、実質上同一会社によって事業を継続したことにつき、代表取締役による放漫経営や会社経費

---

22)　なお、労働条件変更の必要性・合理性は、株式取得型 M&A の手法によっても異なりうるのであり、たとえば、第三者割当増資（会社 199 条）による場合は、被買収企業に資金が注入され、資本力が増強されるため、労働条件変更の必要性が低下し、変更の合理性が否定される可能性がある。裁判例では、親会社が経営危機に瀕した子会社に増資を行い、債務超過を解消した上で別企業に売却した後、子会社が買収企業の主導の下で買収から半年以内に労働条件変更を実行したこと（成果主義型の新賃金体系の導入、退職金制度の廃止）につき、買収から半年も経過しない時点で新賃金体系を導入しなければならないほどの差し迫った必要性は認められないとして変更の合理性を否定した裁判例がある（クリスタル観光バス事件・大阪高判平成 19・1・19 労判 937 号 135 頁）。M&A 後の拙速な労働条件変更が法的リスクを惹起させることを示す例である。

23)　この点については、土田道夫「判批」判時 2327 号（2017）174 頁参照。

24)　JT 乳業事件・名古屋高金沢支判平成 17・5・18 労判 905 号 52 頁。

第2部　実務編

の流用について損害賠償責任を肯定した例[25]があり、留意する必要がある。

CASE 1 設問 2
結論：A社従業員の労働契約上の地位確認請求は認められる余地がある。

　CASE 1 設問 2 では、買収企業の労契法上の使用者性が問題となり、法人格否認の法理の適用が論点となる。この点、CASE 1 は、買収企業（B社）が被買収企業（A社）の経営に深く関与し、雇用・労働条件の決定に影響力を行使している事例であり、事実関係によっては、法人格否認の法理によって買収企業の労働契約上の使用者性を肯定することが可能である。
　もっとも、法人格の形骸化を認めることは困難であろう。法人格の形骸化の要件は厳格に解される（**解説 3 (1)**）ところ、買収企業が親会社・持株会社となる場合は、親子会社関係において、反復継続的な取引・業務活動の混同や財産の混同が生じやすいが、本件では、そうした事実は存在しないからである。
　では、法人格の濫用はどうか。法人格濫用の要件は、親会社が子会社を意のままに支配しているという客観的要件（支配の要件）と、それについて違法または不当な目的を有しているという主観的要件（目的の要件）に求められる（**解説 3 (1)**）ところ、CASE 1 の場合、①B社はA社の株式の85％を保有し、②A社取締役会に取締役の過半数を送り込むとともに、グループ管理規程を定めてグループ会社の経営に深く関与していること、③A社従業員の労働条件の不利益変更（基本給の一律5％削減）に関しても、B社派遣者が過半数を占めるA社取締役会で検討され、B社の意向が反映されていると考えられること、④A社の解散と全従業員の解雇も、B社の意向を受けてA社取締役会が決定していること等から、B社は、A社の事業運営を支配し、A社解散についても一定の支配力を有していると評価されるため、支配の要件を充足するものと解される。一方、目的の要件に関しては、B社による経営改革にもかかわらずA社の経営不振が続いたために解散に至ったと見られることと、A社はC組合員のみを解雇したわけではなく全従業員を解雇しており、不利益取扱いの意思（労組7条1号）を認定することは困難であることの2点から、目的の不当性を認めることは困難と解される[26]。

---

25)　ベストマン事件・名古屋地一宮支判平成 26・4・11 労判 1101 号 85 頁。

もっとも、A社経営陣とC組合との関係が悪化していたことを考えると、A社の経営権を握っていたB社が、A社の経営悪化とともに、C組合を排斥する目的でA社の解散を決定し、その意向を受けてA社が解散に至った可能性もある。このように、被買収企業の解散について、その経営悪化と不当な目的が併存している場合は、目的の不当性を認め、法人格の濫用を肯定する余地がある。

　問題は、法人格の濫用が肯定された場合の効果であるが、前記の通説的見解（**解説3**(1)）によれば、A社従業員は、A社法人格の否認に伴い、B社に対して労働契約上の地位の確認を求めることができる。もっとも、近年の裁判例を見ると、法人格濫用の効果について、被買収企業や子会社の解散が真実解散である限り、買収企業・親会社の包括的雇用責任（労働契約の成立）を否定し、その効果を未払賃金請求および不法行為に基づく損害賠償請求（民709条）に求める例が少なくない[27]。これによれば、**CASE 1**についても、A社従業員のB社に対する地位確認請求を否定しつつ、未払賃金請求および不当労働行為を理由とする不法行為責任を肯定する法的処理も考えられる。

　なお、仮にB社が不当な目的（労働組合の壊滅等）をもってA社を解散させた後、別企業において同一事業を承継させた場合は、偽装解散に該当するため、法人格否認の法理によって、承継会社によるA社従業員の労働契約の承継を肯定することが可能である。すなわち、偽装解散においては、親会社が不当な目的（労働組合の壊滅等）をもって子会社を解散し（目的の不当性）、実質的に同一事業を承継している（新旧会社の実質的同一性）ことから、法人格の濫用が認められる。法人格濫用の効果としても、解散会社の事業を承継する別法人が存在するため、解散会社による解雇が無効とされれば（通常は、会社解散の必要性・人員削減の必要性を欠くことから無効とされる）、承継会社による労働契約承継が肯定される[28]。

---

26)　裁判例では、証券取引所による証券会社の解散につき、支配の要件（客観的要件）の充足を認めつつ、目的の不当性（不当労働行為意思）の充足を否定して法人格の濫用を否定した例がある（大阪証券取引所事件・大阪高判平成15・6・26労判858号69頁）。

27)　ワイケーサービス事件・福岡地小倉支判平成21・6・11労判989号20頁、第一交通産業事件・大阪高決平成17・3・30労判896号64頁など。土田・労働契約法72頁参照。

第 2 部　実務編

CASE 1 設問 3

結論：B 社の C 組合に対する団体交渉義務は肯定される余地がある。

CASE 1 設問 3 では、B 社（買収企業）の労組法上の使用者性（団体交渉義務の有無）が問題となる。**CASE 1** の場合、ⓐ B 社は A 社株式の 85％を保有してA 社取締役会に取締役の過半数を派遣し、グループ管理規程を策定した後、ⓑ ⅰ A 社が行った 2018 年度賃金提示案の承認要請について同規程に基づいて不承認とし、逆に、ⅱ A 社に対して人件費を含む経理・財務状況の改善を強く求めている。この結果、B 社出身者が過半数を占める A 社取締役会が労働条件の不利益変更（2018 年度基本給の一律 5％削減）を決定した可能性がある。また、ⓒ B 社が A 社解散の方針に転じた後は、A 社取締役会が B 社の意向を受けて会社解散と解雇を決定した可能性がある。こうした事実関係を踏まえると、B 社の労組法上の使用者性が肯定される余地が生じてくる。

もっとも、上記事実関係のうちⓐは、支配株主としての地位を逸脱する行動ではなく、いかなる立場に立とうとも、B 社の労組法上の使用者性を基礎づける事実たりえない。B 社のグループ管理規程を見ても、親会社・持株会社がグループ経営において子会社の経営に広範に関与することは当然であるから、同規程中、「関係会社の経営・財務・会計に関する重要事項のほか、関係会社の役員の選任・解任」を B 社の承認事項とすることは、親会社がグループの経営戦略的観点から行う管理・監督の域を超えるものではない。

これに対し、ⓑについては、法的評価が異なる可能性がある。ここでは、B 社はグループ管理規程において「従業員の給与・昇給・賞与総額の決定」を承認事項と定めた上、ⓑⅰ A 社による賃金提示案を不承認とし、ⓑⅱ A 社に対する人件費を含む経理・財務状況の改善を強く求めており、A 社における賃金原資総額の決定に実質的に関与しているからである。

とはいえ、このケースでも、**解説**で紹介した裁判例・中労委命令の立場（**3** (2)）に立てば、B 社の労組法上の使用者性を肯定することは困難と解される。

---

28)　典型的裁判例として、親会社が賃金体系の変更に頑強に抵抗していた子会社の労働組合を排除し、新賃金体系を導入するという不当な目的で子会社を解散したケースにつき、従属会社の事業を承継した会社の労働契約承継を肯定した事例がある（前掲注 27) 第一交通産業事件）。偽装解散については、土田・労働契約法 72 頁参照。

裁判例・中労委命令は、**CASE 1**のような間接支配類型についても、前掲朝日放送事件（注11））の判断枠組み（「雇用主と同視できる程度の現実的かつ具体的な支配・決定」）を適用した上、親会社・持株会社の使用者性の要件として、雇用主（労働契約上の使用者）である子会社が労働条件について直接決定するのと同視できる程度の支配・決定力を有することを求めているからである。そして、前掲ブライト証券ほか事件（注13））は、上記の立場を前提に、ⓑⓘに類似する事案につき、持株会社が子会社による賃金提示案の不承認を通して子会社従業員の労働条件に対して重大な影響力を行使している事実を認定しながら、持株会社がグループ会社の管理・監督の一環として行ったに過ぎず、雇用主が労働条件について直接決定するのと同視できる程度の現実的・具体的支配力を示すものではないと判断している。こうした判断を前提とすれば、**CASE 1**では、ⓑⓘⓘという新たな事実関係が加わっているものの、B社について、雇用主（労働契約上の使用者）である子会社（A社）が労働条件について直接決定するのと同視できる程度の支配・決定力を有しているとは認められず、その労組法上の使用者性は否定されるものと解される。

　一方、**解説**（**3**(2)）で紹介した批判的見解によれば、B社の労組法上の使用者性が肯定される可能性がある。この見解は、間接支配類型における親会社等の使用者性を実質的かつ柔軟に解釈する必要があるとの立場を前提に、親会社等が支配株主としての地位を逸脱して経営上の計画策定や意思決定を行い、子会社がそれに従って労働条件を決定している場合は、「雇用主と同視できる程度の現実的かつ具体的な支配・決定」を肯定し、労組法上の使用者性を肯定することが適切と説く。この観点から**CASE 1**を見ると、前述したⓐはともかく、ⓑ（賃金額の決定）の評価が異なる可能性がある。すなわち、ⓑⓘ B社はA社による賃金提示案を不承認としているところ、これはA社の賃金原資総額を決定するに等しい行為であるから、経営上の意思決定の域を超えて、賃金自体の決定に関与していると解することができる。また、ⓑⓘⓘ B社は、A社に対する人件費を含む経理・財務状況の改善要求を通して、A社における労働条件の不利益変更（2018年度基本給の一律5％削減）に深く関与しているが、これは、B社が経営上の指示・意思決定を介してA社従業員の労働条件決定に影響を及ぼしているものと評価できる。したがって、賃金額の決定（ⓑ）については、B社は、支配株主としての地位を逸脱し、雇用主であるA社と同視できる程度に現実的かつ具体的に支配・決定できる地位にあり、労組法上の使用者に該

第2部 実務編

当すると評価する余地がある。A社解散に伴う解雇（ⓒ）についても、ⓑⓘと同様に評価することが可能である。こうして、**CASE 1 設問3**においては、B社の団体交渉義務が肯定される余地がある[29]。

CASE 1 設問4

以上のとおり、**CASE 1** においては、B社（買収企業）は、労契法上の使用者性および労組法上の使用者性を肯定される可能性がある。では、B社およびA社（被買収企業）が上記のような法的リスクを回避するためにはどのように対応すべきであるか。ここでは、「投資ファンド等により買収された企業の労使関係に関する研究会報告書」（2006年5月26日）[30] および「持株会社解禁に伴う労使懇談会中間とりまとめ」（1999年）[31] が参考となる。

まず、前者の「研究会報告書」は、M&Aにおける買収企業（投資ファンド）の労組法上の使用者性が争われた紛争[32]を契機に公表されたものである。同報告書は、投資ファンドの労組法上の使用者性について、前掲注11) 朝日放送事件の判断枠組みによって処理すべきことを述べるとともに、良好な労使関係構築のための留意事項として、①投資ファンドが被買収企業の労働条件に介入する場合は、労組法上の使用者としての責任を負うことになることを認識する必要があること、②被買収企業における労働条件の決定については、同企業の組織内でプロセスを完結させることが望ましいこと、③被買収企業は、同企業の労働組合の団体交渉申入れに対して誠実に対応する必要があること、④被買収企業の労働協約については、投資ファンドによる買収や被買収企業の経営陣の交代があっても、適正な手続を経ない限りは効力に変化はないこと等を提言している。

また、後者の「中間とりまとめ」は、**CASE 1** で扱った持株会社の労組法上の使用者性について、やはり朝日放送事件の判例法理を適用して処理することが適切と述べつつ、持株会社の留意事項として、任務を企業グループの経営戦略の決定に特化すべきであり、事業会社の人事労務に関する方針を示すことは

---

29) 以上の詳細は、土田・前掲注2)280頁以下参照。
30) www.mhlw.go.jp/shingi/2006 / 05/dl/s 0519-4 .pdf
31) www.jil.go.jp/jil/kisya/rousei/991224_01_r/991224_01_r.html
32) この紛争（東急観光・AIP事件）については、土田・前掲注2)278頁参照。

あっても、人事や労働条件の決定にまで介入すべきではないと述べている。

　以上の「研究会報告書」「中間とりまとめ」が説く留意事項は、株式取得型 M&A における買収企業の規範モデルを明示した点で有意義である。これら規範モデルは、持株会社・投資ファンドが労組法上の使用者（7条）と評価されるリスクを回避するための留意事項として示されたものであるが、これら企業が労契法上の使用者（2条2項）と評価されるリスクを回避するための留意事項としても重要である。買収企業は、これら規範モデルに従って行動し、被買収企業における人事や労働条件のあり方に対して株主としての意見を示すにとどめ、労働条件決定や人事異動に介入しないよう留意する必要がある。すなわち、被買収企業における人事・労働条件については、被買収企業の判断および労使自治（被買収企業・労働組合間の交渉）を尊重すべきである。

　これに対し、**CASE 1** のように、買収企業が被買収企業の経営陣を支配し、子会社の賃金計画の不承認や経理・財務状況の改善要求によって被買収企業の人事・労働条件に深く関与することは、上記規範モデルを逸脱する行動と評価され、労組法上の使用者性・労契法上の使用者性を肯定される可能性がある。こうした法的リスクを回避するためには、「研究会報告書」「中間とりまとめ」の正確な理解が必須であり、買収当事者は、両文書に十分留意し、労働法の規律を遵守しつつ M&A を円滑かつ適正に実施する必要がある。

CASE 2 設問 1

結論：Y 社が行った措置①は、Y 社の損害補償責任を発生させるとともに、効力を否定される可能性がある。措置②については、法律上の問題はないと解される。

1　措置①について

　まず、措置①については、Y 社が A 社買収2か月後に A 社をして実行させた職務給制度の導入が、B 社・A 社との間で締結した表明・保証条項ⓑに違反しないかが問題となる。**解説**で述べたとおり（**4**(2)）、買収当事企業が表明・保証条項に違反した場合は、違反事実の不知について相手方に重過失がある場合を除いて、当該企業の損害補償責任が肯定される。この点、Y 社は、表明・保証条項において、ⓑ(ⅰ)「買収契約締結後1年間は賃金その他の労働条件を変更しない」旨と、ⓑ(ⅱ)「A 社における労働条件の運用方法についても一切の支

第 2 部　実務編

配介入を行わない」旨を約しているのであるから、措置①についても、表明・保証条項ⓑ違反として損害補償責任を負う可能性がある。

　もっとも、Ｙ社が行った措置①が表明・保証条項ⓑに違反するか否かについてはやや微妙な問題がある。というのも、職務給制度のような成果主義賃金制度の導入は、通常の労働条件不利益変更と異なり、賃金をストレートに削減するものではなく、個々の従業員の能力・成果（および人事考課）によって賃金を増減させる制度であるため、労働条件の不利益変更と評価できるかは微妙な点があり、したがってまた、表明・保証条項ⓑ（ⅰ労働条件の 1 年間継続・ⅱ支配介入の禁止）に違反するか否かについても微妙な点があるからである。また、成果主義賃金制度によって賃金原資総額が削減される場合は労働条件の不利益変更に該当するが、**CASE 2** では、賃金原資も維持されている。

　とはいえ、就業規則による成果主義賃金制度の導入については、当該制度の適用によって個々の従業員の賃金の不利益変更が発生する可能性があることに着目して、就業規則の変更に関する労契法 10 条所定の「労働条件〔の〕変更」（不利益変更）に該当すると判断するのが裁判例の大勢であり、通説も同様に解している[33]。したがって、Ｙ社が行った措置①は、やはり表明・保証条項ⓑⅰ（A 社買収後 1 年間の賃金・労働条件の継続）に違反するものと解される。同時にそれは、Ｙ社が主導して実行した点において、表明・保証条項ⓑⅱ（A 社労働条件の運用方法に関する支配介入の禁止）にも違反するものと解される。

　問題は、Ｙ社による表明・保証条項ⓑ違反が、A 社による労働条件変更（職務給制度の導入）の効力にいかなる影響を及ぼすかである。この点、**解説**で述べたとおり（**4**(2)）、表明・保証条項は、譲渡企業・買収企業間においてのみ効力を有するため、買収企業・被買収企業が同条項に違反して労働条件変更を行ったとしても、直ちにその効力が否定されるわけではない。しかし、**CASE 2** においては、A 社による就業規則変更の必要性・合理性（労契 10 条）が否定される可能性が高まるものと解される。

　すなわち、労働条件変更の合理性は、労働者の不利益の有無・程度と労働条件変更の必要性の比較衡量を基本としつつ、変更後の就業規則の内容の相当性

---

33)　ノイズ研究所事件・東京高判平成 18・6・22 労判 920 号 5 頁、トライグループ事件・東京地判平成 30・2・22 労経速 2349 号 24 頁等。学説として、荒木＝菅野＝山川 135 頁、土田・労働契約法 570 頁等。

や労働組合との交渉状況を考慮して判断される（**解説2**(1)）ところ、Y社が労働条件を変更しない旨の表明・保証条項を締結していたにもかかわらず、その影響力を行使してA社に労働条件変更を実行させたとすれば、その事実は、労働条件変更の必要性を大幅に減じ、変更の合理性と契約内容変更効を否定する方向に働く事情となるものと解される。もっとも、職務給制度のような成果主義賃金の導入については、一般論としては、変更の必要性を過度に厳格に解すべきではなく、A社が主張する業績向上策・意欲向上策で足りると解される[34]。しかし、**CASE 2**では、上記表明・保証条項が締結されている以上、よほど急迫した変更の必要性がない限り、条項所定の期間内の変更は避けるべきものである。本問の場合、A社の倒産危機等の急迫した変更の必要性は生じていないのであるから、変更の必要性を肯定することは困難である。他方、労働者の不利益および変更後の内容の相当性を見ると、賃金原資が維持され、2年間の経過措置や人事考課制度の整備が行われていることから、変更の合理性を肯定する方向に働く事情とはなるが、上記のとおり、変更の必要性自体が否定される以上、合理性を肯定することは困難である。したがって、Y社が行った措置①は、労働条件変更効（労契10条）を否定される可能性が高い。

2 措置②について

Y社が行った措置②については、A社による割増賃金の未払いを受けて、Y社がA社に対してその支払いを求め、また、賃金監査業務担当社員を派遣することが表明・保証条項ⓑに違反するか否かが問題となる。

まず、割増賃金支払いの要求については、法律上の問題はないと解される。ここでは、そもそもA社が表明・保証条項ⓐ（労働関係法規の遵守）に違反した点が問題であり、当該違反の結果、Y社は、当初予想していなかった簿外債務（未払割増賃金）によってA社の企業価値の低下という損害を被る可能性がある。のみならず、割増賃金未払いについては、罰則（労基119条、121条）や付加金（同114条）等の重い制裁があるため、この点でもA社の企業価値の低下は免れない。そして、表明・保証条項が人事・労務デュー・デリジェンスの時間的・物理的限界（**解説4**(2)）を考慮して、被買収企業における情報の真実性を担保するために締結されるものである以上、それに違反した被買収企業

34）　土田・労働契約法571頁参照。

第2部　実務編

（A社）に対して再発防止の措置を求めることには何ら問題はないと解される。

　では、Y社からの賃金監査業務担当社員の派遣についてはどうか。この点、C組合は、本件派遣は表明・保証条項ⓑⅱ（A社における労働条件運用方法への支配介入の禁止）に違反すると主張している。確かに、Y社がA社に社員を派遣して賃金に関する監査を行うことが「支配介入」に該当する可能性は皆無とはいえない。しかし、本件派遣は、あくまでA社における割増賃金未払問題の再発の防止を目的に行われたものであり、A社の賃金決定方法に対する不当な支配介入を目的とするものではない。したがって、本件賃金監査業務担当社員の派遣は同条項に違反せず、問題はないものと解される[35]。

　以上のとおり、買収当事者間の表明・保証条項は、M&Aにおける契約条項であると同時に、労働法のルール（労働条件の不利益変更（労契10条）、割増賃金支払義務（労基37条）の履行）に摂取され、間接的にせよ労働者・使用者間の権利義務を規律する機能を営むことがある。買収当事者としては、表明・保証条項がこのような労働法上の機能を有することに留意して同条項の締結・運用を行う必要がある[36]。

CASE 2 設問2

結論：Dの解雇については、不当労働行為（労組7条）の問題が発生しうる。

　この問題は、「第三者の強要による不当労働行為」として論じられる問題である。すなわち、第三者企業が投資・融資の打切り等の経済的圧力を背景に、使用者に対して労働組合員の解雇等の不利益取扱いを要求し、使用者が当該要

---

35) なお、**CASE 2**では、A社とC組合がY社からの賃金監査業務担当社員の派遣問題について団体交渉を行っているが、そもそもこうした外部人材（非組合員）の受入問題が労使間の義務的団交事項（労組7条2号）となるかも問題となる。この点については、こうした外部人材の受入問題は、原則として義務的団交事項とならないが、それが組合員の労働条件に影響を及ぼす場合に限り、例外的に義務的団交事項となるものと解される（同一企業内の非組合員の労働条件が義務的団交事項となる範囲につき、菅野852頁参照）。**CASE 2**の場合、C組合は、本件派遣が表明・保証条項ⓑⅱ（A社労働条件運用方法への支配介入の禁止）に該当すると主張しているので、C組合員の労働条件との関連性が認められ、その限りで義務的団交事項に該当するものと解される。

36) 人事・労務デュー・デリジェンスや表明・保証条項が労働法のルールとして機能し、コーポレート・ガバナンスのあり方に影響しうることについては、本書**第1部1**Ⅱ**4**(4)(イ)、土田・前掲注2)289頁以下参照。

求に応じなければ事業が困難となると判断して当該措置を行った場合に、当該措置が不当労働行為となるか否かという問題である。この問題は、使用者の不当労働行為意思の存否の問題に帰着するが、通説・判例は、仮に第三者の強要があったにせよ、使用者が自身の判断に基づいて不利益取扱いを行った以上は、不利益取扱いの不当労働行為（労組7条1号）が成立すると解している[37]。そしてその場合は、特段の事情がない限り、C組合の弱体化行為として支配介入（同条3号）も肯定される。したがって、こうした状況にある限り、Dの解雇については、A社の不当労働行為が肯定される。

　では、Y社（買収企業）についてはどうか。まず、Y社が純然たる第三者の地位に立つ場合は、不法行為（民709条）の問題として処理される。すなわち、Y社によるD解雇の要求とA社による違法な解雇の間に相当因果関係が認められれば、当該要求にDおよびC組合の団結権を侵害する点で違法性が認められ、第三者による団結権侵害の不法行為が成立しうる（ただし、損害は、Y社との関係では精神的損害の賠償（慰謝料）にとどまることになろう）。次に、Y社が支配株主としての地位を逸脱して労働条件や雇用問題を実質的に決定し、「雇用主と同視できる程度の現実的かつ具体的な支配・決定」要件（前掲注11）朝日放送事件。**解説3**(2)）を充足する場合は、労組法上の使用者と評価され、自ら不当労働行為責任を負う可能性がある[38]。この場合、労組法7条1号の要件との関係では、Y社によるDの解雇要求が、正当な組合活動の「故をもって」行われた「不利益な取扱い」に該当することになる。

〔参考文献〕
　「倒産と労働」実務研究会編『詳説　倒産と労働』（商事法務、2013）、毛塚勝利編『事業再構築における労働法の役割』（中央経済社、2013）

＊執筆協力者　江藤美佳（2013年度生）　宮崎なつみ（2013年度生）　小栗綾乃（2014年度生）

（土田道夫）

---

37)　菅野969頁、山恵木材事件・最三判昭和46・6・15民集25巻4号516頁。
38)　西谷敏『労働組合法〔第3版〕』（有斐閣、2012）194頁。

4

会社法と労働法③——取締役の責任

CASE 1 大企業における取締役の責任

　Q株式会社（以下、「Q社」という）は、飲食店経営等を業とする会社であり、東証一部に上場している取締役会設置会社である。Y_1は、Q社の代表取締役社長である。Y_2は、専務取締役人事管理本部長である。Y_3は、専務取締役店舗本部長である。Y_1〜Y_3は、全員取締役会の構成メンバーである。

　Q社では、時間外労働、休日労働に関する協定（以下、「三六協定」という）を締結していた。その内容は、所定労働時間8時間のところ、1日3時間、1か月45時間、1年360時間の延長労働をすることができることを原則としつつ、「繁忙期への対応として必要がある場合」には、1か月最大99時間、回数6回、1年については720時間を限度として延長することができるというものであった。また、三六協定には、「限度時間を超えて労働させる労働者に対する健康及び福祉を確保するための措置」として、労働者の勤務状況およびその健康状態に応じて、代償休日または特別な休暇を付与する、また必要があれば健康診断を実施する、と記されていた。この三六協定の内容は、全国にあるQ社の全店舗において同様であった。一方、Q社の給与体系は平成31年の法改正を踏まえた見直しが行われておらず、新卒者の場合、最低支給額19万4500円であり、その内訳は、基本給12万3200円、役割給7万1300円とされていた。役割給とは、あらかじめ給与に組み込まれた80時間の時間外労働に対する手当である。そして、設定された時間に達しなかった場合はその時間分を控除し、その時間を超えて勤務した場合は超えた実質分を残業代として支払うというシステムであった。なお、Q社のホームページでは、営業職19万4500円（残業代別途支給）と記載されていた。

　Sは、2019年3月に大学を卒業後、同年4月1日、新入社員としてQ社に入

社し、同月 10 日から甲駅前店で調理担当の従業員として勤務するようになった。
甲駅前店の営業時間は、午前 11 時 30 分から午後 2 時まで、午後 5 時 30 分から
午後 11 時までとなっていた。もっとも、午後 2 時までに客が入店すれば、それ
以降に注文を受け付けることもあった。

　甲駅前店において、S を含めた従業員の勤務時間、休憩時間を定めるワークス
ケジュールは、T 店長が作成し、パソコンに入力することでその内容を管理して
いた。また、ワークスケジュールには、月 80 時間の時間外労働が当然のものと
して組み込まれていた。

　甲駅前店では、従業員の毎月の各労働時間が 250 時間を超えることもしばし
ばあり、長時間労働が恒常化していた。S は、2019 年 4 月は 267 時間（うち時
間外労働 99 時間）、同年 5 月は 234 時間（うち時間外労働 61 時間）、同年 6 月
は 272 時間（うち時間外労働 99 時間）、同年 7 月は 269 時間（うち時間外労働
99 時間）も働いていた。甲駅前店は他店と比べると忙しい店舗で、甲駅前店の
社員の負担は、他店の従業員の負担と比べて重いものであった。S は T 店長に長
時間労働についての不満を伝えていたが、「他の社員は黙って働いているんだ。
君も頑張りなさい」と叱責された。

　Q 社の組織体制は、2019 年当時、Y_2 が統括する管理本部の下に人事管理部が
あり、人事管理部が従業員の労務管理を担当し、給与計算、勤怠時間の集計等
を行っていた。そして、人事管理部が、勤怠実績表の労働時間、給与計算上判
明する残業時間等を把握できる体制となっていた。しかし、実際には、各店舗
の従業員の労働時間、勤務時間の管理は各店舗の店長が行っており、人事管理
部は、店長らの報告を機械的に処理するだけであった。また、労働時間が長時
間にならないための仕組みとして、店長および店舗本部長が各従業員の勤務実
態を把握し、勤務時間、休暇日数等で問題がある労働者については、店舗本部
長が面談・指導を行い、必要な場合は代償休日や特別な休暇を付与することと
なっていた。しかしながら、店舗本部長は店長からの報告がない限りは積極的
に勤務実態を把握しようとはしなかった。一方で店長も、不調な労働者につい
て報告することは自己のマネジメント能力不足を指摘される危険性があること
から、報告することを躊躇していた。実際に、Q 社において、面談・指導が行
われたことはなかった。甲駅前店の場合、それぞれに該当するのは T、Y_3 である。
なお、Q 社の店長の中には、このような面談・指導の制度があることを知らな
い者も一定数おり、同制度は従業員の間では十分に周知されているとはいい難
かった。

　2019 年 8 月 11 日、S は自宅において自殺した。死亡当時、S は 24 歳であり、
同年 4 月 2 日に受けた健康診断でも、特に問題は見られなかった。死亡後に発

第2部　実務編

見されたSの日記には長時間労働の過酷さについて記されており、将来についての不安が綴られていた。Sの死亡を受けて、Sの遺族であるUは、Q社および取締役であるY₁〜Y₃に対して損害賠償請求を行おうと考えている。

なお、Sの自殺については、うつ病自殺として労災保険法の対象となる業務災害として認定されていることとする。

設問1　Uは、Q社およびY₁〜Y₃に対し、どのような請求をすると考えられるか。

設問2　Q社は、このような問題の発生を防ぐために、どのように対応すべきであったか。

CASE 2　中小企業における取締役の責任

　P株式会社（以下、P社という）は商店を前身とする小規模会社で、袋物、靴等の卸売業を営み、スーパーや小売業者を得意先としており、車での近畿・中国・中部地方の得意先回りが重要な営業活動であった。従業員数は約30名程度であった。

　AはP株式会社の代表取締役であり、創業者の息子としていわゆるワンマン経営を行っていた。Bは1972年よりP社で勤務しており、創業者の一族の右腕である。2019年当時65歳で勤続40年以上であり、営業部長である。Aは、Bに絶大な信頼を置いており、Bに依存する部分が多くあった。

　Bの主な業務は伝票の整理や商品管理などの作業のほか、営業担当者としての営業活動である。毎月のBの業務量の中には古くからの地方得意先回りが月10日程度組み込まれていた。この得意先回りは1回につき1泊から5泊程度の期間で、得意先を5〜30店舗程度回るものであり、朝早くに出発し、地方まで自ら運転を行い、その後得意先を回るというローテーションで行われており、総走行距離が1700kmに及ぶこともあった。地方の得意先回りについては、先方の意向もあり、Bのみが行っていた。

　P社では、Bを除く全社員についてタイムカードを用いた時間管理がなされていた。そして、2名の人事担当者がそれらの内容を一括管理していた。その情報は毎月Aにも報告され、前月30時間を超える時間外労働を行っている労働者については、Aが面談を行い、業務量の調整等を行っていた。しかしながら、Bについては、労基法41条の管理職に該当するということから、厳密な時間管理を

せず、Bの自主性に委ねていた。そのため、Aも人事担当者もBの労働時間を管理・把握はしていなかった。

Bは2013年に腰椎間板ヘルニアの手術を受けており、その後復帰したが、2018年初め頃から高齢のせいもあり、体調がすぐれず、店舗の奥で横になることもあった。死亡後にBの手帳から確認された情報によると、2018年頃までは月平均20時間の時間外労働相当であった。しかしながら、2019年1月に営業担当の従業員が2人退職し、同年2月にはさらに育児休暇取得のため1人の欠員が生じたこともあり、予定された発送業務が大幅に遅滞し、得意先から苦情が入るようになった。この頃を境に、Bの労働時間は増加していき、もともと責任感の強い性格ということもあり、一人で仕事を抱えるようになった。そのため、月平均80時間を超える時間外労働相当を余儀なくされた。

2019年3月頃Bは仕事中に立ちくらみと頭痛を訴え、Aに促されて自宅近くの病院で診察を受けたところ、脳血管障害等の所見はないものの高血圧との診断を受け、それ以後は降圧剤を服用することとなった。また医者からは、高齢ということもあり、少しの間仕事を休むように勧められた。Bは、診断結果ならびに医者の進言をAに伝えたところ、Aは早急に労働者を補充することをBに約束した。ただし、大黒柱であるBが欠けると仕事に大きな支障を来すことから、労働者を補充するまでは、引き続きBに頑張ってもらえるよう説得し、Bもしぶしぶ了承した。

2019年7月19日、出張中のBは得意先回りを行っていた石川県のホテルで就寝中に急性循環不全により死亡した。Bは、死亡する前の3日間で1000km を一人で運転していた。また死亡するまでの3か月間においても、病院診察前と同様、月平均80時間を超える時間外労働相当を続けていた。

Bの遺族のCはP社およびAに対して損害賠償請求を行おうと考えている。なお、本件に関しては、業務上災害の認定を受けているものとする。

設問1 CはP社および代表取締役Aに対して、どのような請求をすると考えられるか。また、その法的根拠は何か。

設問2 P社は、このような問題の発生を防ぐために、どのように対応すべきであったか。

第2部　実務編

解説

1　はじめに

　一般的に労働者は、企業による侵害行為（たとえば、企業の安全配慮義務違反
（労契5条）など）があった場合、債務不履行（民415条）あるいは不法行為
（同709条）に基づいて、企業に対して損害賠償請求を行う。しかしながら近
年、企業に対してだけでなく、会社法429条1項（取締役の対第三者責任）を
用いて、取締役らに対しても損害賠償請求を行う事案が、特に安全配慮義務関
連の訴訟で増加しており、多くの事案で取締役の責任が肯定されている。

　この点、取締役の対第三者責任を用いて責任追及を行うことは、企業の業務
執行を実際に行う取締役ら自身に責任を課すことで、企業の人事労務管理の改
善につながり、結果として労働法コンプライアンスを徹底させる効果を有して
おり、有意義なものである。一方で、その責任範囲を明確にしなければ、取締
役の業務執行を不当に委縮させる危険がある。わが国の取締役の報酬水準は諸
外国と比べそこまで高くないことからすると、多額の損害賠償責任が課せられ
るのを嫌うあまり、特に中小企業などでは、取締役の成り手がいなくなるとい
う問題も生じかねない。そこで本章では、安全配慮義務事例を用いて、会社法
429条の構造を紹介し、取締役らの負う労働法遵守体制構築義務について紹介
するとともに、同義務の履行において企業人事・法務としてどのような点に注
意すべきかを明らかにする。

2　安全配慮義務

(1)　安全配慮義務とは

　労災保険法は、労働災害について、迅速・公正な補償を行う。もっとも、そ
の補償は、保険給付であることから定額で、実損害には対応していない。また
被災労働者ないし遺族の精神的損害（慰謝料）は補償に含まれない。そのため、
労働災害に対する救済として債務不履行（民415条）あるいは不法行為（同709
条）を根拠とする損害賠償請求が重要となる。その際の根拠となるのが使用者
の安全配慮義務である。

　安全配慮義務の法理は、自衛隊員の公務災害に対する国の賠償責任について

争われた事案[1]で確立された。同法理は、私企業における労働契約関係についても拡大され[2]、現在では、労契法5条に明文規定が設けられた。

被災労働者あるいはその遺族は、安全配慮義務を労働契約上の付随義務（労契5条）として、債務不履行による損害賠償請求を行うか、あるいは、安全配慮義務を不法行為法上の注意義務[3]と解し、不法行為による損害賠償請求を行うことができる。いずれの構成をとるかによって、立証責任等の面で違いはあるが[4]、裁判実務においては、債務不履行と不法行為双方に基づく訴えを提起し、裁判所は、その請求原因に対応した判断を行うこととなる。なお、改正民法166条（債権等の消滅時効）、167条（人の生命または身体の侵害による損害賠償請求権の消滅時効）によると、消滅時効は債務不履行・不法行為を問わず、主観的起算点（債権者が権利を行使できることを知ったときを基準）の場合は5年、客観的起算点（債権者が権利を行使できるときを基準）の場合は20年と同様に取り扱われることになる[5]。

(2) 過労死・うつ病自殺事案における安全配慮義務の内容

判例は、安全配慮義務を、「その雇用する労働者に従事させる業務を定めてこれを管理するに際し、業務の遂行に伴う疲労や心理的負荷等が過度に蓄積して労働者の心身の健康を損なうことがないよう」配慮すべき義務と解している[6]。しかしながら抽象的な文言ゆえ、いかなる配慮が企業に求められるのかが不明瞭であり、同義務の具体化が必要となる。

まず、安全配慮義務は、労働者の心身の健康を損なわないような措置を講ずる義務である。そのため、業務災害が起きたことから直ちに義務違反となるのではなく、十分な措置を講じたかどうかという点が審査される。ここで求めら

---

1) 陸上自衛隊八戸車両整備工場事件・最三判昭和50・2・25労判222号13頁。
2) 川義事件・最三判昭和59・4・10労判429号12頁。
3) 電通事件・最二判平成12・3・24労判779号13頁。
4) 債務不履行構成は、立証責任の面（債務不履行の帰責事由の立証責任は使用者が負担する）で、労働者にとって有利となる。一方、不法行為構成の場合は、遺族固有の慰謝料請求が可能（民711条）となり、その点にメリットがある。
5) 土田道夫「労働契約法総則3規定の意義と課題」ジュリ1507号（2017）45頁。従来の時効は、債務不履行は10年、不法行為は3年となっており、債務不履行構成にメリットがあったが、債権法改正によって、時効は統一されることとなる。
6) 前掲注3)電通事件。

第2部　実務編

れる措置とは、「労働者の職種、労務内容、労務提供場所等……具体的状況によって異なる[7]」と解されている。したがって、使用者が十分な措置を講じたかどうかについては一律に判断するのではなく、企業規模や業種・業態等の具体的事情を考慮しつつ、事案ごとに検討する必要がある。そして、近年の裁判例を踏まえると、安全配慮義務の具体的内容としては、①労働時間・業務状況の把握、②健康診断や日常の観察に基づく心身の健康状態の把握、③適正な労働条件（労働時間・労働環境）の確保、④労働時間・業務軽減措置が挙げられる[8]。詳細については、4(1)で説明する。

(3)　因果関係・過失相殺

　使用者の安全配慮義務違反が肯定されたとしても、そもそも、過重業務と疾病・死亡との間に因果関係がなければ賠償責任は生じない。この因果関係は、労災認定における業務起因性の判断同様、過重業務が疾病・死亡の相対的に有力な原因となっているか否かがポイントとなる（相対的有力原因説）。

　労働者側に疾病・死亡における過失が存在する場合、債務不履行構成の場合は民法418条に基づき、一方、不法行為構成の場合は、同法722条2項の類推適用に基づき過失相殺がなされる。ここでは、労働者の私的要因（性格・心因的要因・治療の懈怠等）や外的要因が考慮される。裁判例においては、労働者の生活態度を理由に3割の過失相殺を認めた事案[9]や、医師の診断を受けなかったこと、および転居を伴う転勤や業務内容の変化という外因の存在を理由に2割の過失相殺を認めた事案[10]等がある。ただし最高裁[11]は、労働者の性格・心因的要因に基づく減額（素因減額）については、消極的な立場を示している。

---

7)　前掲注2)川義事件。

8)　土田・労働契約法528頁。

9)　フォーカスシステムズ事件・最大判平成27・3・4労判1114号6頁。

10)　公立八鹿病院組合ほか事件・鳥取地米子支判平成26・5・26労判1099号5頁。

11)　前掲注3)電通事件。

3 取締役に対する責任追及の方法

(1) 取締役の義務

取締役は、会社に対して委任の関係にあることから（会社330条）、民法644条に基づき善管注意義務を負うとともに、会社法355条に基づき忠実義務を負う[12]。そして、取締役が故意または過失によって両義務に違反した場合は、任務懈怠となり会社に対して損害賠償責任を負う（会社423条）。

一方で取締役と第三者との間には契約関係が存在しないことから、不法行為の要件を満たさない限り、損害賠償責任は生じない。しかし、株式会社が経済社会において占める地位の重要性、ならびに株式会社の活動が取締役の機関としての職務執行に依存することから、第三者保護のため、会社法429条が取締役の対第三者責任を規定している。

(2) 会社法429条[13]の要件

会社法429条1項のいう「役員」とは、取締役、執行役、監査役、会計参与、会計監査人を指す（会社423条）。また、「第三者」とは、基本的には、会社および本条により責任を負う取締役以外の者と広く解されている[14]。したがって、労働者ならびにその遺族も「第三者」に該当する。

(ア) 任務懈怠責任

「職務を行うについて」とは、会社に対する任務懈怠を指す。どのような取締役の行為が任務懈怠とされるのかについては、一元説と二元説の対立があ

---

12) 通説・判例は、忠実義務とは、民法644条に定める善管義務を敷衍し、かつ一層明確にしたにとどまり、通常の委任関係に伴う善管義務とは別個の高度な義務を規定したものではないという立場に立つ（最大判昭和45・6・24民集24巻6号625頁）。

13) 会社法429条1項の法的性質について、最高裁は法定責任説の立場をとっている。同条は第三者を保護するため特別の法定責任を定めたものであるとし、①同条と民法709条の不法行為責任との競合を認め、さらに②取締役の責任の範囲を直接損害だけでなく、一次的に会社に損害が生じ、その結果、二次的に第三者に対して損害が生じた場合（間接損害）についても認め（両損害包含説）、また③同条の悪意・重過失については、第三者に対する加害についてではなく、会社に対する取締役の任務懈怠について求める（最大判昭和44・11・26民集23巻11号2150頁）。

14) なお、株主を第三者に含めるかどうかについては、争いがある（東京高判平成17・1・18金判1209号10頁）。

第2部　実務編

る[15]。両説共に、故意・過失がある場合に、善管注意義務違反となり任務懈
怠となるが、法令・定款違反行為の場合に差異が生じる。まず、二元説は、法
令違反行為については故意・過失に関係なく直ちに任務懈怠と評価する（法令
違反＝任務懈怠）。ただし、取締役に故意・過失という帰責事由がない場合は、
賠償責任を否定する（立証責任は取締役）。一方、一元説は、取締役の善管注意
義務を「会社が法令に違反して行動することを防止する義務」と捉える。その
ため「法令違反＝任務懈怠」とはならず、法令違反を防ぐために善管注意義務
を尽くしたか、言い換えると、善管注意義務違反についての故意・過失があっ
て初めて任務懈怠と解する立場である（立証責任は追及側）。なお判例は、二元
説の立場を採用している[16]。

　「法令」の範囲について判例[17]は、特段の限定を加えない立場（非限定説）
を示しており、会社法・商法以外の隣接法領域における法令違反も、取締役の
会社に対する責任の原因となる。したがって当然、労働法も、「法令」に含ま
れる[18]。

(イ)　労働法と任務懈怠の関係

　任務懈怠について二元説を採用し、法令の範囲について非限定説をとる判例
の立場に従うなら、企業の安全配慮義務違反（労契5条）が認められた場合、
取締役の任務懈怠が直ちに肯定されることとなる。果たしてこのような解釈は
妥当であろうか。たとえば、割増賃金の不支給（労基37条）等、罰則が予定さ
れている法令違反であれば直ちに任務懈怠と評価しても違和感はない。なぜな
ら取締役の法令違反の認識を比較的明らかに認めやすいからである。一方、安
全配慮義務や権利濫用規制については、適法か違法かの判断をあらかじめ予想
することは困難であり、直ちに任務懈怠と解することには躊躇を覚える。たと
えば安全配慮義務は手段債務であり、またそこで求められる具体的な措置は企

---

15)　潮見佳男「民法からみた取締役の義務と責任――取締役の対会社責任の構造」商事法
　　務1740号（2005）38頁参照。

16)　野村證券損失補てん株主代表訴訟・最二判平成12・7・7民集54巻6号1767頁。

17)　前掲注16)野村證券損失補てん株主代表訴訟。

18)　サン・チャレンジほか事件・東京地判平成26・11・4労判1109号34頁は、労基法、
　　労働安全衛生法および労契法について、「法令」に該当するという立場を示しており、
　　妥当である。

業ごとに異なり、義務違反の判断は事例判断的要素が強く、予測可能性に乏しい。また、解雇規制（労契16条）や懲戒規制（同15条）等の権利濫用規制についても、企業規模や業種、特殊性という企業側の事情や、労働者の能力、非違行為の内容、過去の賞罰歴・貢献の程度という労働者側の事情など、様々な事情が総合考慮されることから、有効・無効の判断は事前に予測し難い。そうすると、任務懈怠の有無については、個々の法令の意義や解釈状況、さらには、取締役の行為の内容を総合的に判断して確定すべきであろう[19]。したがって、法令違反から直ちに任務懈怠を肯定するのではなく、取締役が「会社が法令に違反して行動することを防止する義務」に違反した場合、換言すると、善管注意義務に違反したか否かという点から任務懈怠を判断する一元説の立場が、適切と考える[20]。

㈡　善管注意義務と労働法遵守体制構築義務

上記のように、一元説を採用すると、労働法令違反は直ちに任務懈怠とならず、会社が法令違反行為をするに至ったプロセスにおいて、取締役に善管注意義務違反があった場合に任務懈怠が肯定される。それでは、ここで求められる取締役の善管注意義務とはいかなるものか。それこそが、取締役の労働法遵守体制構築義務であると考える。取締役は、善管注意義務の一環として、法令遵守義務を負う。法令の範囲についての「非限定説」の立場からしても、法令には労働法も含まれる（労働法遵守義務）。もっとも、労働法の中には、法令に違反するかどうかを明らかに判断できる規定もあれば、法令違反について事前に予測し難い規定もある。特に、安全配慮義務のような手段債務について、裁判所の事後的判断によって、取締役に結果責任を追及することは、取締役の経営判断を大きく萎縮させることになり、妥当ではない。したがって、このような労働法の特色を踏まえると、取締役が会社の責任者として労働法を遵守する体

---

19)　森本滋「会社法の下における取締役の責任」金法1841号（2008)15頁。

20)　土田・労働契約法533頁は、善管注意義務の手段債務としての性格との整合性、ならびに労働者・遺族の立証責任のメリットから「一元説」を支持している。なお、労働法関連の裁判例においては、一元説、二元説双方の見解が見受けられる。一元説をとる裁判例として、大庄ほか事件・大阪高判平成23・5・25労判1033号24頁。二元説の立場をとる裁判例として、A式国語教育研究所代表取締役事件・東京地判平成25・9・20労判1100号58頁。

第2部　実務編

制を適切に構築していた場合、すなわち、労働法遵守体制構築義務を尽くして
いる場合は、結果として会社の法令違反を招いたとしても、任務懈怠を否定す
べきであろう。このことは、会社法の諸規定からも導くことができる。同法
362条4項6号は、取締役会に「取締役の職務の執行が法令及び定款に適合す
ることを確保するための体制」整備の権限を付与している。そして具体的には、
大会社・指名委員会等設置会社・監査等委員会設置会社について、会社法上、
内部統制システム整備の決定と実施が義務づけられており、会社法施行規則
100条1項4号は、「当該株式会社の使用人の職務の執行が法令及び定款に適
合することを確保するための体制」の整備・決定を求めている。これらの規定
を総合すると、取締役は善管注意義務の一環として、労働法遵守体制構築義務
を負うと解釈することができる。

　それでは、取締役はどのような遵守体制を構築する必要があるのか。この点
で参考になるのが、大和銀行事件株主代表訴訟[21]である。裁判所は、会社が
営む事業の規模、特性等に応じたリスク管理体制（いわゆる内部統制システム）
を具体的に整備・決定すべき義務が取締役にあるとする。そして、「どのよう
な内容のリスク管理体制を整備すべきかは経営判断の問題であり、会社経営の
専門家である取締役に、広い裁量が与えられている」としている。そうすると、
取締役には、会社が営む事業の規模、特性等に応じて、労働紛争のリスクを避
けるための管理体制を整備・構築・運用すべき任務が存在することとなる。こ
のような管理体制の整備・構築・運用については、会社経営の専門家である取
締役に広い裁量が与えられているものの、その具体的な内容については、様々
な事件事故の経験の蓄積とリスク管理に関する研究の進展によって充実を図る
必要がある。つまり、労働法遵守体制構築義務の内容としては、裁判例・学説
の分析、ガイドライン（たとえば、「労働時間等設定改善指針[22]」等）の内容等
を通じた精緻化・明確化が求められる。詳細については、**4**(1)で扱う。

---

21)　大和銀行ニューヨーク支店損失事件株主代表訴訟・大阪地判平成12・9・20判タ1047
　　号86頁。
22)　「労働時間等見直しガイドライン（労働時間等設定改善指針）」平成20年厚生労働省
　　告示第108号。

(エ) 悪意・重過失

悪意・重過失とは、第三者に対する加害についてではなく、会社に対する任務懈怠について求められる。第三者としては、役員等の第三者に対する加害についての故意・過失（民 709 条）を立証するよりも、役員等の会社に対する任務懈怠についての悪意・重過失の方が容易に立証できる場合があり、不法行為に基づく損害賠償請求と比較して、会社法 429 条 1 項による損害賠償請求の方が第三者保護に資することとなる[23]。上記のように、取締役の任務懈怠は、取締役が十分な労働法遵守体制を構築しているか否かによって判断される。したがって、ここで求められる悪意・重過失とは、取締役が十分な労働法遵守体制を構築していないことについての悪意・重過失となる。そして、悪意・重過失のもと任務懈怠が認められると、取締役は第三者に対して相当因果関係にある範囲についての損害賠償責任を負う。

4 労働法遵守体制構築義務の具体化

(1) 安全配慮義務と労働法遵守体制構築義務

前述したように、安全配慮義務の具体的な内容としては、①労働時間・業務状況の把握、②健康診断や日常の観察に基づく心身の健康状態の把握、③適正な労働条件（労働時間・労働環境）の確保、④労働時間・業務軽減措置が挙げられる。そのため、これらの義務が履行できる体制を構築することが取締役の任務となり、悪意・重過失のもと、このような体制を構築していない場合は、任務懈怠による対第三者責任を負う。

---

23) 大会社の場合、その企業規模ゆえ、取締役らは、直接被災労働者を労務管理できないことから、第三者（労働者）に対する加害についての故意・過失を認めることは困難である（大庄ほか事件・京都地判平成 22・5・25 労判 1011 号 35 頁）。したがって、不法行為責任を追及することが困難な大会社の取締役との関係で、会社法 429 条 1 項による損害賠償請求が、重要な意義を有する。一方、前掲注 20) 大庄ほか事件高裁判決は、取締役の対第三者責任を認めたことから、直ちに不法行為責任をも肯定しているが、疑問がある（天野晋介「安全配慮義務違反と取締役に対する責任追及の可能性——大庄事件（大阪高判平成 23 年 5 月 25 日）を参考に」季労 236 号（2012)164 頁。同旨、土田・労働契約法 533 頁）。

第2部　実務編

(ア)　未然予防としての安全配慮義務履行体制

まず企業は、①労働時間・業務状況の把握、②健康診断や日常の観察に基づく心身の健康状態の把握を通じて、労働者の不調を未然に予防する必要がある（予防法務）。特に、恒常的に長時間労働をさせている場合は安全配慮義務違反が肯定されやすいことから、従業員の労働時間・業務状況を把握できる体制の構築が求められる。

なお、2018年6月に成立した「働き方改革関連法」において、長時間労働を是正するために、罰則付き時間外労働の上限規制が導入された（労基36条4項以下）。具体的には、①週40時間を超えて労働可能となる時間外労働の限度を、原則として、月45時間、かつ、年360時間とする（4項）、②臨時的な特別の事情がある場合として、労使が合意して労使協定を締結した場合は、その上限を年720時間とする（5項）、③労使協定を締結した場合でも、最低限、上回ることのできない上限として、ⓐ2か月、3か月、4か月、5か月、6か月の平均で、いずれにおいても、休日労働を含んで、80時間以内、ⓑ単月では、休日労働を含んで100時間未満、・ⓒ原則を上回る特例の適用は、年6月が上限、とされている（5項・6項）。同法施行後、上記上限を超えて労働させた場合は、結果として過労死基準を上回ることになるため、企業の安全配慮義務違反が肯定されやすくなると解すべきであろう。今後は、基準を満たした労働時間制度の構築・運用が必須となる。また、上限規制に反する違法状態を把握・是正するためには、内部相談窓口・内部通報体制を構築することにより、労働者の声を収集する必要がある。東京証券取引所の「コーポレートガバナンス・コード」（2018年6月1日）においても、内部通報の体制整備の実現と運用状況の監督を取締役会の責務と定めている（原則2-5・内部通報）[24]。適切な労働時間管理がなされているかを把握・是正するための安全配慮義務履行体制としては、内部通報体制の構築も必要であり、通報内容に真摯に対応し、それを検証した上で、改善が必要な場合は、雇用管理上必要な措置を講じることが求められる。

また、不調が疑われる労働者に対しては、労働者自身による申告がなくとも、上司による面談や法定外検診の受診を促すなど、労働者の状態を積極的に把握するべきである[25]。この点、ストレスチェック制度（労安衛66条の10）が重

---

24)　土田・労働契約法500頁。
25)　東芝事件・最二判平成26・3・24労判1094号22頁。

要となる[26]。2014 年の労働安全衛生法改正によって、2015 年 12 月から、50人以の労働者がいる企業に対して、ストレスチェックの実施が義務づけられている[27]。そして、「検査の結果、ストレスの程度が高い者」で、「検査を行った実施者が面接指導の実施が必要と認めた」労働者については面接指導の対象となり、その結果に基づき、使用者は必要に応じ就業上の措置を行わなければならない。ここでいう就業上の措置とは、労働者の実情を考慮し、就業場所の変更、作業の転換、労働時間の短縮、深夜業の回数の減少等の措置である。なお指針は、「ストレスチェックを受けない労働者」、「ストレスチェックの結果を事業者に提供することを同意しない労働者」、ストレスチェックの結果、「面接指導の要件を満たしているにもかかわらず、面接指導の申し出を行わない労働者」に対する不利益な取扱いを禁止している[28]。したがって、ストレスチェック制度を通じて労働者の状態を把握するためには、労働者の協力・同意が必要となる。労働者の状態を積極的に把握することは、企業の安全配慮義務履行体制において重要であることからすると、労働者に面接指導や法定外検診の受診を促す制度設計をあらかじめ就業規則等で定めておくことが求められる。

さらに、過労死を含む労働災害を防止するためには、適切な労働環境の確保が求められ、その点については、労働安全衛生法の規律を遵守する必要がある（労安衛 20 条以下）。具体的には、①機械、危険物、電機などのエネルギーから生ずる危険の防止措置（20 条）、②掘削、採石、荷役等の業務による危険、墜落や土砂崩壊などの危険の防止措置（21 条）などである。また、メンタルヘルスを含む労働災害の事前防止の観点から、労働者の健康管理に当たる産業医の選任義務（13 条）等も規定されており、安全配慮義務履行体制として、労働安全衛生法の遵守が求められる。

---

26) 詳細については、髙畑晶子「12 月義務化・従業員のストレスチェック制度への事業者側の対応」NBL 1054 号（2015）22 頁。

27) 労働者数が 50 人未満の企業については、実施義務が課せられていないものの、労働者の状態を積極的に把握する措置としてストレスチェック制度の有する意義は高い。そのため、自主的に同制度を実施することは、適切な安全配慮義務履行体制を構築する上で望ましい。

28) 厚生労働省「心理的な負担の程度を把握するための検査及び面接指導の実施並びに面接指導結果に基づき事業者が講ずべき措置に関する指針」（以下、「指針」という）。

第2部　実務編

(イ)　治療・改善としての安全配慮義務履行体制

　未然の予防にもかかわらず、不調な労働者が現れた場合は、③適正な労働条件（労働時間・労働環境）の確保、④労働時間・業務軽減措置を実施することによって、状況改善を図る必要がある。全社的に恒常的な長時間労働が蔓延しているような場合、適正な労働条件確保のためにその是正を図ることは必要不可欠である。そのような状態を把握しながらも放置・黙認することは、安全配慮義務違反を肯定する強い要因となる。基本給の中に時間外労働割り増し分をあらかじめ組み込むことは、一定の場合には許容される[29]が、そこに組み込む時間外労働時間が過剰であれば、長時間労働を前提としていると評価され、安全配慮義務違反が肯定されやすくなる[30]。

　次に、個別の労働者の不調に対しては、個別の対応が求められる。まず、労働者の不調を知りながらも、何ら対策をとらずそれを放置しているような場合は、安全配慮義務違反が肯定される傾向にある[31]。したがって、労働者の不調を把握した場合は、労働者による申告がなかったとしても、積極的な措置が必要となる[32]。具体的には、労働時間の削減やその他の業務軽減措置（業務量の軽減・軽易業務への配転、休職等）の履行であり、これらの措置を必要に応じて実施するために、あらかじめ就業規則等で制度化しておくことが適切な安全配慮義務履行体制として求められる。特に、配転や降格等を用いた業務軽減措置については、労働者のキャリアプランに悪影響を与えうることから、労働者との意見聴取・面談の実施を行った上で、決定するなど慎重に行うべきである。

　この点については、ストレスチェック制度が参考となる。指針は、就業上の措置を決定する場合には、「あらかじめ当該労働者の意見を聴き、十分な話し

---

29)　割増賃金を基本給にあらかじめ組み込むためには、①時間外労働について労使の合意（三六協定）が存在すること、②割増賃金に当たる部分が基本給の中で明確に区分されていること、③労基法所定の計算方法による額が定めた額を上回るときはその差額を支払うことが合意されていること、が必要となる（テックジャパン事件最高裁判決・最一小判平成24・3・8労判1060号5頁）。時間外労働に対する割増賃金を年俸に含める旨の合意があったものの、年俸額について、通常の労働時間の賃金に当たる部分と割増賃金に当たる部分とを判別できないとした事案として、医療法人社団康心会事件・最二判平成29・7・7労判1168号49頁。

30)　80時間分の割増賃金を基本給に組み込んでいたことが、安全配慮義務違反を肯定する上で重視された裁判例として、前掲注20)大庄ほか事件。

31)　岡山県貨物運送事件・仙台高判平成26・6・27労判1100号26頁。

32)　前掲注25)東芝事件。

合いを通じてその労働者の了解が得られるよう努めるとともに、労働者に対する不利益な取り扱いにつながらないように留意しなければならない」と規定している。努力義務としている指針の内容からすると、労働者の同意は要件となっていないものの、就業上の措置を実施する上では、労働者の納得を高めるためにも、意見聴取・面談の実施を行うことが望ましい。このように、産業医と連携をとり、労働者の不調に応じた適切な措置（業務軽減措置）を講じることができる制度・体制の構築が必要となる。

(ウ) 安全配慮義務履行体制の適切な運用・監視

上記のように、安全配慮義務の具体的な内容としては、労働者の状況把握を中心とする未然予防としての安全配慮義務履行体制の構築と、治療・改善段階における安全配慮義務履行体制の構築というステージに区分できる。もっとも、これら体制の整備だけでは不十分であり、制度・体制が適切に機能するよう、実効性確保に向けた取組みも必要となる。具体的には、全労働者に対する制度説明や、管理職や責任担当部署の社員が安全配慮義務履行体制を十分に理解し、それを適切に運用できるよう教育・研修を行うことが求められる[33]。さらに、制度が適切に運用されているかを監視・監督した上で、不備があるかどうかを常に精査し、不備がある場合はそれを改善し、企業にとって最良な安全配慮義務履行体制をアップデートしていくことが求められる。

(2) まとめ

このように、安全配慮義務における、取締役の労働法遵守体制構築義務としては、体制構築とその機能化ということになる。具体的には、3つの段階に分けることができる。すなわち、①安全配慮義務が尽くされるような体制の整備（適切な労働条件の設定・管理、制度の整備等）、②同体制の機能化に向けた取組み（管理職・責任者に対する教育・研修、労働者に対する制度の周知等）、③体制・制度が適切に運用されているかの監視・監督である。したがって、適切な体制構築を行い、また機能化に向けた教育・訓練等を行ったにもかかわらず、履行補助者である管理職や人事部等の担当部署がそれを運用する際に誤った判断を行い、結果として

---

33) 法令遵守のための従業員教育等の実効的な方策の実施を取締役の任務と解するものとして、名古屋高判平成 25・3・15 判時 2189 号 129 頁。

第 2 部　実務編

企業が安全配慮義務違反を問われたとしても、適切な安全配慮義務履行体制を構築している取締役に責任を課すべきではない[34]。一方、小規模会社の取締役のように、実際の制度運用の責任者として労働者を管理できる者もいる。この場合は、体制構築・機能化のみならず、その運用についても当然責任を負う。したがって、制度運用において誤った判断がなされた場合については、その運用に悪意・重過失が認められれば、対第三者責任を問われることとなる。また、取締役が自ら労務管理を行えることから、罹災労働者に対する故意・過失が認められやすくなり、不法行為責任も成立することとなろう[35]。

　近年、会社法 429 条を用いて取締役に責任追及を行う事案は、安全配慮義務事案に限られず、解雇や懲戒、残業代未払い等、様々な事案に登場している[36]。企業には、安全配慮義務履行体制のみならず、多様な事案に対処できるような労働法遵守体制の構築が求められる。労働法違反について社会的関心が高まる今日、企業価値を守るためにも、取締役の積極的な労働法遵守体制構築義務の履行が求められる。

解答

CASE 1 設問 1

≪Q 社について≫

結論：U は Q 社に対し、安全配慮義務違反を理由に不法行為あるいは債務不履行に基づく損害賠償請求を行うことができる。そして、結論として、Q 社の安全配慮義務違反が認められる。

---

34)　ヤクルト本社事件・東京高判平成 20・5・21 金判 1293 号 12 頁。
35)　おかざき事件・大阪高判平成 19・1・18 労判 940 号 58 頁。
36)　解雇について争われた事案として、A 式国語教育研究所代表取締役事件・東京高判平成 26・2・20 労判 1100 号 48 頁（結論として、違法解雇についての任務懈怠責任を否定）。対第三者責任ではなく、会員代表訴訟の事案であるが、懲戒解雇が無効となったことから、役員に対する任務懈怠を認めた事案として、渡島信用金庫（会員代表訴訟）事件・札幌高判平成 16・9・29 労判 885 号 32 頁。賃金の未払いについて争われた事案として、ブライダル関連会社元経営者ら事件・鳥取地判平成 28・2・19 労判 1147 号 83 頁（取締役の責任を肯定）。残業代未払いについて争われた事案として、昭和観光事件・大阪地判平成 21・1・15 労判 979 号 16 頁（取締役の責任を肯定）。

Sとの間で労働契約を締結しているQ社は、Sに対して、労契法5条に基づき安全配慮義務を負う。したがって、Q社が安全配慮義務に違反した場合で、その義務違反とSの死との間に因果関係がある場合は、債務不履行（民415条）あるいは、不法行為（同709条）に基づく損害賠償責任を負う。

本件は、医師による診断はないものの、Sの遺書の内容からして、うつ病自殺の事案といえる。そして、うつ病自殺については、精神障害によって、正常な認識や行為選択能力、自殺を思いとどまる精神的な抑制力が著しく阻害されている状態に陥ったもの（故意の欠如）と推定されることから、その死亡は労災認定される。したがって、民事損害賠償においても、Q社の安全配慮義務違反がSのうつ病をもたらした場合は、自殺であっても、損害賠償責任が肯定される。

安全配慮義務は手段債務であり、労働者の死亡から直ちに義務違反が肯定されるものではなく、労働者の職種、職務内容、労務提供場所、企業規模や業種・業態などの具体的状況を踏まえて、事例ごとにその義務違反を判断する必要がある。具体的には、①労働時間・業務状況の把握、②健康診断や日常の観察に基づく心身の健康状態の把握、③適正な労働条件（労働時間・労働環境）の確保、④労働時間・業務軽減措置が安全配慮義務の内容として挙げられる。したがって、Q社がこれらの措置を履行しているか検討する。

まず、Q社では、労基法の上限規制を踏まえた三六協定が締結されていたものの、Sは、死亡前4か月間において、378時間の時間外労働を含む過度な長時間労働を余儀なくされていた。この間の月平均の時間外労働は、約94時間であり、1か月について100時間を超えていないものの、「2箇月から6箇月までを平均して80時間を超過しないこと」という労基法36条6項3号の上限を超えるものであり、労基法に違反する状態であった。また、厚生労働省が定めた「心理的負荷による精神障害の認定基準」[37]に照らしても異常なものであった。Sの長時間労働について、T店長は把握していたものの、それを是正しようとしないだけでなく、長時間労働についての不満を伝えたSをきつく叱責するなど、法違反を黙認し、恒常的な長時間労働を強制していることが分かる。またQ社では、勤務時間や休暇日数等で問題のある労働者については、店舗

---

37) 厚生労働省「心理的負荷による精神障害の認定基準」基発1226第1号（平成23年12月26日）。

第2部　実務編

本部長による面談・指導という制度があり、また三六協定には、代償休日・特別休暇を付与するとの規定があったにもかかわらず、店舗本部長は、自らの責務に反し、各従業員の勤務実態を把握しようともせず、また、従業員を管理する店長も報告を躊躇する等、実質的にこの制度は機能していなかった。そのため、Sに対する労働時間の削減や業務軽減の措置はとられなかったことが認められる。

　以上の点から、Sのうつ病・精神障害は、Q社における恒常的な長時間労働が原因であるが、Q社は、その長時間労働を把握していたものの、それを是正しようともせず、むしろ長時間労働を助長し、必要な措置を怠っていた。したがって、Q社には安全配慮義務違反が認められ、債務不履行あるいは不法行為に基づく損害賠償責任を負う。

≪Y_1～Y_3について≫
結論：Uは、Q社の安全配慮義務違反を招いた原因はY_1～Y_3らの任務懈怠にあるとして、会社法429条に基づく損害賠償請求を行うことができる。そして、結論として、Y_1～Y_3の対第三者責任は認められる。なお、安全配慮義務違反についてQ社も損害賠償責任を負うことから、会社とY_1～Y_3らは、損害額に対して不真正連帯債務の関係に立つ。

　取締役は、善管注意義務の一環として、安全配慮義務履行体制構築義務を負うが、同義務が十分に尽くされている場合は、結論として対第三者責任（会社429条）を否定すべきである。以下、Y_1～Y_3が、安全配慮義務履行体制構築義務を尽くしたかを検討する。

(1)　Y_1について

　Y_1は、Q社の代表取締役であることから、経営者として、Q社労働者の生命・健康を損なうことがないような体制を構築すべき義務（安全配慮義務履行体制構築義務）を負っていたということができる。

　まず、Q社の三六協定は時間外労働の上限規制を踏まえたものであり、それ自体は、適法なものである。しかしながら実際には、月平均94時間を超える時間外労働が行われており、三六協定の基準が遵守されていたとは到底いい難い。また、労基法改正後も給与体系を見直さず、80時間分の時間外労働手当

174

が役割給として当然に賃金に組み込まれており、その分の時間外労働が前提となっていたといえる。そうすると、Q社経営者として、恒常的な長時間労働を黙認・放置していたと評価せざるをえない。この点、基本給の中に割増賃金を組み込むこと自体は違法ではなく、また、設定された時間に達しなかった場合に時間分賃金を基本給から控除したとしても、最低賃金を上回っていれば違法とはいえないことから、このような賃金体系をもって、恒常的な長時間労働をもたらしたという評価に対して否定的に解する見解もあろう[38]。しかしながら、たとえ控除が予定されていたとしても、労働者は、設定された時間（80時間）働くことが当然であると認識することに無理はなく、このような賃金体系から、80時間の時間外労働を行うことが義務であり、それに従わないことによって不利益が生じうるとの認識を持つ可能性は否定できない。さらに、時間外労働の上限規制が導入された現在においては、毎月80時間の時間外労働をさせた場合は労基法36条5項違反となることから、このような賃金体系は見直されるべきである。したがって、このような賃金体系を採用することは、労働者の長時間労働を助長しうるものであり、適切な安全配慮義務履行体制とは評価できない。

　Q社では、店長と人事管理部が各店舗の従業員の労働時間を管理・把握するという体制をとっており、勤務時間や休暇日数等、勤務実態において問題となる労働者については、店舗本部長による面談・指導を行う、また、必要な場合は、代償休日・特別休暇を付与するという制度を設けており、この点は安全配慮義務履行体制として評価できる点である。しかし、実際には、人事管理部は積極的に労働者の労働時間を把握しようとはせず、また、店長も不調者についての報告を躊躇するなど、体制・制度が十分に機能しているとはいい難い。また制度について理解していない店長も一定数いるなど、店長や人事管理部に対して安全配慮義務履行体制を認識させるための教育・研修も怠っている。そうすると、Q社の安全配慮義務履行体制自体に欠陥があるといわざるをえない。

　以上の点から、Y_1は、Q社代表取締役として、安全配慮義務履行体制構築義務を適切に尽くさなかった悪意・重過失が認められる。そのため、Uに対して、会社法429条に基づき損害賠償責任を負う。

---

38)　唐津恵一「従業員の過労死に関して取締役の会社法上の責任を認めた事例」ジュリ1427号（2011）159頁。

第 2 部　実務編

(2)　Y_2・Y_3 について

　Y_2・Y_3 も取締役会の構成メンバーとして、安全配慮義務履行体制構築義務を負う。しかしながら、Y_1 同様、長時間労働を前提とする労働条件を黙認・放置しており、また、労働時間・勤務実態を把握する体制・制度も十分に機能しておらず、体制構築が不十分である。

　また Y_2 は、専務取締役人事管理本部長として、統括する人事管理部が適切に従業員の労働時間を把握するよう直接命令・指導ができたにもかかわらず、その運用責任者としての任務を怠っている。また Y_3 は、専務取締役店舗本部長として、不調者に対する面談・指導を行う立場にあるにもかかわらず、店長らの報告がない限りは積極的に勤務実態を把握しようとはせず、また店長の一部には、同制度を知らない者もいるなど、その制度を適切に運用する責務を十分に尽くさなかったことが分かる。

　以上の点から、Y_2・Y_3 は、取締役として安全配慮義務履行体制構築義務を尽くさなかったといえ、任務懈怠についての悪意・重過失が認められる。そのため、U に対して、会社法 429 条に基づき損害賠償責任を負う。

CASE 1 設問 2

　以上のとおり、Q 社のみならず取締役 Y_1 ～ Y_3 の損害賠償責任が肯定される。では、Q 社ならびに取締役らは、どのような対応をすべきであったか。

　前述したように、Q 社は労働者に対して安全配慮義務を負う。そして取締役らは、善管注意義務の一環として会社の安全配慮義務が履行できるような体制を構築すべき義務を負う（安全配慮義務履行体制構築義務）。同義務の内容としては、①体制整備、②機能化、③監視・監督が挙げられる。

　安全配慮義務履行体制の整備については、2 つの側面がある。すなわち、不調な労働者を出さないように「予防」する体制整備と、不調な労働者が出た場合に対応する「治療・改善」のための体制整備である。まず、「予防」体制として重要なのが、適切な労働条件の設定であり、特に労働時間の適切な設定・管理は最重要課題である。働き方改革関連法の一環としての労基法 36 条改正が成立し、時間外労働の上限規制が設けられたことから、月 45 時間を超える時間外労働は、6 か月間しか認められない。そのため、Q 社のようにあらかじめ 80 時間分の時間外手当を基本給に組み込むことは、上限規制に反し、また結果として過労死基準を上回るものとなることから、安全配慮義務違反が肯定

176

される可能性が高くなる。したがって、今回の法改正に伴い、給与体系の見直しも必要であり、基本給に時間外手当分を含めるとしても、45時間を上限として、例外的にその上限を超える必要がある場合は、別途割増賃金を支払うという労働条件への変更が求められる。またQ社のように、人事管理部が主導となり、従業員の勤怠時間の集計を行うことは、適切な労働時間管理として求められる。また、長時間労働が見受けられた場合に、上司との面談・指導を行うという制度も安全配慮義務を尽くしていると判断される要素になろう。その意味でQ社は労働時間管理について適切な体制をとっていたと評価できるものの、その機能化・運用が不十分であったことが義務違反という評価に繋がったといえる。また本ケースでは取り上げていないが、Q社は、東証一部上場企業であり、50名を超える労働者がいると思われる。そうすると、ストレスチェックの実施等、労働安全衛生法令に即した法令履行体制の整備も当然に行う必要がある。

　予防体制が構築できたとしても、不調な労働者が出ることを完全に防ぐことは不可能である。そこで、そのような労働者に対する「治療・改善」のための体制構築が次に求められる。具体的には、不調な労働者を把握できる体制（自主申告・上司による報告等）の構築、医師による検診・受診の打診を可能とする制度の整備などである。そして、労働者に従前の労務提供をさせることが困難であるレベルに達した場合は、労働時間短縮・業務軽減措置の実施や配転による業務変更、あるいは、休職命令等を行う必要がある。なお、その際には、労働者の納得を得るための意見聴取や面談などの措置を行うことが望ましい。そのため、あらかじめ就業規則等において、このような措置を可能とする規定の整備が必要となる。労基法改正に伴い、三六協定の特別条項を締結する際には、勤務間インターバル制度等の「限度時間を超えて労働させる労働者に対する健康及び福祉を確保するための措置」を設定する必要がある[39]。そのため、設定した措置が十分に機能し履行されるよう、就業規則や安全配慮義務履行体制の整備が求められる。安全配慮義務が保護するものは、人の生命・身体という最も重要な法益である。したがって、最悪の事態を避けるためにも、労働者の申告がなかったとしても、労働者が危険な状態にあると判断した場合は、積極

---

39)　「労働基準法第三十六条第一項の協定で定める労働時間の延長及び休日の労働について留意すべき事項等に関する指針」厚生労働省告示第323号。

第2部　実務編

的な措置を講じるべきである。

　適切な体制を構築したとしても、その体制がきちんと機能しなければ意味が
ない。したがって、安全配慮義務履行体制が機能するために、その運用主体
（管理職・責任者）に対する教育・研修は必須である。また、労働者が自らの不
調を自主申告できるよう、制度内容について全従業員に説明することも求めら
れる。事例において、不調者に対する面談・指導という制度が構築されていた
ものの、Q社の管理職・責任者・従業員の中には同制度について知らない者も
一定数いたとの記述がある。この点は、体制が構築されていたとしても、それ
が実際に機能していないことを意味し、この点も安全配慮義務違反と判断され
る要因となる。

　最後に、体制・制度が適切に運用されているかの監視・監督が必要となる。
前述した大和銀行事件は、リスク管理体制の整備については経営判断の問題で
あり、取締役に広い裁量が与えられているとするものの、その管理体制の内容
は、経験の蓄積や研究の進展によって、充実していくものであるとしている。
つまり、安全配慮義務履行体制についても、一度体制を構築すればよいという
わけではなく、常に体制の改善・見直しを行う必要がある。したがって、その
運用実態をきちんと把握し、不備がある点については、随時見直しをしていく
必要がある。また時間外労働の上限規制のように、法改正の内容を踏まえた体
制の見直しも必要である。本件Q社は、法改正を踏まえた三六協定の締結は
行っていたものの、給与体系の見直しまでは行っていなかった。法改正の影響
はあらゆる場面に現れることから、企業法務・人事担当者は、法改正の動向な
どについて常に注視する必要があろう。

　上記のように、適切な安全配慮義務履行体制を整備し、それが適切に運用さ
れている場合は、取締役の任務懈怠責任を否定すべきである。一方、適切な体
制を整備したとしても、本事案のT店長のように、適切な運用を行わない履
行補助者が現れることも避けられない。そのような場合は、取締役の任務懈怠
責任は否定されるものの、会社の安全配慮義務違反は肯定されよう。このよう
に取締役の責任を体制構築という点に限定することで、取締役らの業務執行に
対する萎縮を排除することができる。

CASE 2 設問 1

《P社について》

結論：CはP社に対し、安全配慮義務違反を理由に不法行為あるいは債務不履行に基づく損害賠償請求を行うことができる。そして、結論として、P社の安全配慮義務違反が認められる。

死亡前約6か月について、Bは月平均80時間を超える時間外労働を行っており、厚生労働省の「脳・心臓疾患の認定基準[40]」に照らしても、Bの労働時間は過酷な状況にあったといえる。確かに、Bが労基法41条の管理監督者に該当することから、タイムカード等による労働時間管理を行っていなかったため、勤務時間を正確に把握し難いとP社は主張[41]しているが、2019年初頭から3名の欠員が生じる等、営業の責任者としてBの業務量は明らかに密度が濃くなっていること、また予定された発送業務が大幅に遅滞し、得意先から苦情が入るという状況からすると、Bがそれまで以上に長時間労働をしていたことは容易に推認できたはずである。また少なくとも2019年8月以降は、取締役であるAは、Bから医師の診断結果を聞いている。このことからすると、少なくとも、それ以降は、Bの労働時間を積極的に削減するなど、業務内容の見直しを行うべきであった。それにもかかわらず、P社は、早急に労働者を補充することを約束したのみで、Bの業務量を削減する等の積極的な措置を講じなかった。また、長期間にわたり自動車の運転による出張を命じており高齢のBに対して明らかに身体的、精神的な限度を超えた過重労務を強いていたものと評価できる。

したがって、本件P社には安全配慮義務違反が認められ、債務不履行あるいは不法行為に基づく損害賠償責任を負う。

《Aについて》

結論：Cは、P社の安全配慮義務違反を招いた原因は、代表取締役Aの任務

---

40) 厚生労働省「脳・心臓疾患の認定基準」基発第1063号（平成13年12月12日）。

41) 労働時間規制が適用除外されていたとしても、安全配慮義務が免除されるわけではない。裁量労働制労働者についても当然に安全配慮義務を負うとした裁判例として、エーディーディー事件・大阪高判平成24・7・27労判1062号63頁。

第2部　実務編

懈怠にあるとして、会社法429条に基づく損害賠償請求を行うことができる。また、民法709条の不法行為に基づく損害賠償請求を行うことができる。そして、結論として、Aの対第三者責任・不法行為責任は認められる。

　P社の従業員数は30名と小規模であり、従業員の労務管理については、2名の人事担当者が行っていたものの、そこで管理されている情報は全てAにも報告されていることからすると、P社の負うべき安全配慮義務履行体制は、P社の代表取締役であるAの業務執行・運用を通じて実現されるべきものであると認められる。Aは、Bの過酷な業務内容を認識しながらもそれを改善しようとせず、結果としてBに長時間労働を強いたこととなる。AはP社が適宜適切に安全配慮義務を履行できるように業務執行・運用できる唯一の主体としての義務を負担しながら、悪意・重過失によりこれを放置した任務懈怠があり、結果として対第三者責任（会社429条）を負うこととなる。また、Aは、直接、Bの労働時間を把握・管理でき、積極的な労働時間削減措置・業務軽減措置をとれる立場にあったにもかかわらず、そのような措置を講じなかったことから、民法709条の故意・過失も認められ、不法行為上の責任も負う。なお、P社の損害賠償責任は既に肯定されているが、代表取締役AのBに対する不法行為責任が肯定されることから、P社には別途会社法350条責任（代表者の行為についての損害賠償責任）が生じることについても付言しておく。

CASE 2 設問2

　CASE 1 設問2で見たように、取締役の安全配慮義務履行体制構築義務の内容としては、①体制整備、②機能化、③監視・監督が挙げられる。一般的に大企業においては、体制構築を行う者と実際にその体制を運用する者は異なる。一方、本事例のような小規模会社については、体制構築を行う取締役が自ら運用の任務を負う。そのため、小規模会社の取締役については、さらに④安全配慮義務履行体制の適切な運用という任務が課せられる。従業員数6名の企業において安全配慮義務違反が争点となった裁判例では、会社の規模・陣容に照らし、代表取締役の業務執行のみが、企業の安全配慮義務の履行を実現する手段であるとし、結果として、代表取締役の任務懈怠責任を肯定している[42]。

　本事例では、代表取締役Aは、毎月の従業員の労働時間を把握し、過重な時間外労働があった場合は、面談を行い、業務量を調整しており、この点から

すると適切な体制構築・運用がなされているともいえる。しかし、Bに対して
は、管理職であるということから労働時間を管理・把握しておらず、この点は、
安全配慮義務違反が疑われる。管理監督者に対する労働時間規制の適用除外や
裁量労働制等、労働者の自主性に委ねる労働時間制度が適用されている場合も、
安全配慮義務を履行するための労働時間管理は必須である[43]。また、Aは、B
の不調を見抜き病院での診断を促したという点は、安全配慮義務の履行・運用
として適切なものといえるが、Bによる業務軽減の申し出に応じなかった点は、
責められるべき事情である。確かに、小規模会社の場合は、一人の従業員の負
う負担が大きく、一人でも欠員が生じると会社業務に大きな支障が生じること
となろう。しかしながら、安全配慮義務違反がもたらす損害の大きさを考慮す
ると、最悪の事態を招く前に、積極的な措置をとるべきである。本事例のよう
に、労働者自身からの申し出がある場合は、それを真摯に受け止め、積極的な
業務軽減措置の履行や休職命令の発動等の措置をとることが望ましい。またそ
れによって人員が不足するような場合は、中途採用による人員募集や当該労働
者の休職期間について非正規雇用で代替する等の人員確保措置を検討すること
も必要であろう。確かに人員確保については、高いコストがかかることは否定
できない。しかしながら、労働者の生命・身体という最高の法益を守るために
は、短期的な利益を追求するのではなく、中長期的視野に立った制度運用が求
められる。

　なお、小規模会社の場合は、取締役が安全配慮義務を履行する際の運用責任
を負い、実際に労働者の不調を把握できることから、会社法429条による責任
追及のみならず、不法行為に基づき責任が追及されることもある[44]。

〔参考文献〕
　保原喜志夫＝山口浩一郎＝西村健一郎編『労災保険・安全衛生のすべて』（有斐
閣、1998）、吉川義春『取締役の第三者に対する責任』（日本評論社、1986）、南健

---

42)　前掲注35)おかざき事件。同様の判断をしたものとして、竹屋事件・津地判平成29・
　　1・30労判1160号72頁。
43)　前掲注41)エーディーディー事件。裁量労働制の下で働く労働者についての事案であ
　　るが、このことは、労基法41条の適用者についても同様のことがいえる。
44)　会社法429条責任と不法行為責任は選択的関係にある（ネットワークインフォメー
　　ションセンターほか事件・東京地判平成28・3・16労判1141号37頁）。

第 2 部　実務編

悟「取締役の労働者に対する損害賠償責任——取締役の対第三者責任規定の適用範囲」労旬 1737 号（2011）

＊執筆協力者　井口翔悟（2013 年度生）　山村謙太朗（2013 年度生）

（天野晋介）

5

倒産労働法

CASE 会社更生手続下における整理解雇

　Y社は、国際旅客事業および国内旅客事業等の旅客運送事業を展開している株式会社である。一方、Xらは、いずれもその職種を客室乗務員に限定して、Y社と期間の定めのない労働契約を締結し、旅客航空機における機内サービス等の業務に従事していた者である。Y社には従来から、パイロット（運航乗務員）をもって組織されるA労働組合、客室乗務員をもって組織されるB労働組合、整備職員や地上職員をもって組織されるC労働組合が存在しており、XらはいずれもB組合の組合員であった。なお、このうちC組合は、Y社における全従業員の過半数を組織している。

　Y社は、ここ数年間における旅客需要の急激な減少等に起因して経営が悪化したため、2017年1月19日に東京地方裁判所に対して会社更生手続開始申立てを行った。かかる申立てを受けて、東京地方裁判所は同日、C組合から意見を聴取した上で、会社更生手続開始決定を行い、Z弁護士を更生管財人に選任した（以下、Z管財人）。そして、Z管財人が2017年8月31日に東京地方裁判所に対して提出した更生計画案においては、Y社は同年3月31日時点で、総額約1兆円の債務超過に陥っていることが指摘されるとともに、①財務健全化計画として、既存株主に対しては100％減資を実施すること、一般更生債権者に対しては87.5％の債務免除を求めること、およびリファイナンス（借換え）による更生債権の一括弁済へ向けた努力を継続すること等が、また②事業計画として、2017年末までに国際線の事業規模を4割、国内線の事業規模を3割削減すること、人件費をはじめとする各種コストを圧縮すること等が、さらに③人員削減計画として、事業規模に応じた人員体制とするため、2017年末までにY社全体で約5000人の人員を削減することが掲げられた。

第2部　実務編

　かかる裁判所への更生計画案の提出に先立って、Y社側は各労働組合に対して、更生計画案の内容に関する説明会を実施しており、特に各組合が組織対象とする職種についての削減目標を中心に説明が行われた。その後、上記更生計画案は、2017年9月19日締切の債権者投票において、96%以上の同意をもって可決され、東京地方裁判所は、C組合に対し事前に意見聴取を行った上で、同月30日にこれを認可する旨の決定をした。なお、更生計画（案）中においては、更生計画遂行中に生じた予想超過収益金の使途について、「原則として、更生計画の遂行に必要な費用、もしくは裁判所の許可に基づく共益債権等の支払いまたは借入金の返済に充てる」と定められていた。

　かかる更生計画（案）に基づいて、Z管財人は、Y社の客室乗務員については事業規模の縮小に合わせる形で550名を削減することを目標として設定し、上記の説明会においても、その旨の説明がB組合に対してなされた。そして、Y社側は、更生計画（案）に掲げられた人員削減目標を達成するために、2017年4月から10月にかけて、4回にわたり、全職種を対象として希望退職者の募集を実施した（以下、「本件希望退職措置」という）。これらの措置は、いずれについても55歳以上の管理職および45歳以上の一般職を対象として行われ、退職条件として、会社都合と同率の支給係数による基本退職金に加え、応募者の年齢に応じた特別退職金を支給するとともに、外部機関による再就職支援サービスを提供するというものであった。その結果、運航乗務員および整備職員については削減目標が達成されたが、客室乗務員および地上職員については削減目標に届かなかった。中でも、客室乗務員については、本件希望退職措置に応募したのは500名にとどまり、削減目標に50名分達しなかった。そのため、Z管財人は、客室乗務員に対する整理解雇を実施せざるをえないとの結論に達した。

　そこで、2017年11月1日に、Y社側はかかる整理解雇の人選基準について、B組合と協議を開始した。Y社側が当初提示した人選基準案は、年功序列型の賃金制度をとるY社では、高年齢者の人件費が高いことから、客室乗務員のうち年齢が高い者の順に解雇するというもの（以下、「年齢基準」という）であった。しかし、これに対しては、年齢が高い者であっても扶養家族がいる場合には、解雇により被る不利益が大きいことから整理解雇の対象外とすべきとの主張がB組合からなされたため、最終的な人選基準として、扶養家族がいることを除外事由とする年齢基準が策定された。

　なお、かかる協議の過程では、B組合から、人員削減の対象となる客室乗務員らについて、地上職への配置転換の可能性を検討すべきとの主張がなされた。しかし、これに対してY社側は、客室乗務員はその職種が限定されていることに加え、地上職員についてもいまだ人員削減目標が達成できていないことを理

由に、地上職への配転を行うことは困難であると回答した。また、これを受けたB組合は、客室乗務員間でのワークシェアリングの措置（一人当たりの労働時間・賃金を短縮した上で全員の雇用を維持する措置）を検討すべきとも主張したが、これに対してY社側は、上記更生計画においては人件費の圧縮および縮小された事業規模に応じた人員体制の構築が求められていることから、ワークシェアリングは抜本的な措置とはなりえず、かかる措置を講じることはできないと回答した。

ところで、Z管財人は2017年11月30日に、主要取引銀行5行との間で、更生債権の早期弁済を目的としたリファイナンス契約を締結するための基本合意（以下、「本件基本合意」という）を行ったところ、かかる本件基本合意の中では、「更生計画に記載されている諸施策（人件費の圧縮や人員削減を含む）の実現に重大な支障が生じていないこと」が、リファイナンスの前提条件として定められていた。

2017年12月9日、Z管財人は、上記の人選基準に基づいて整理解雇対象とされたXら50人の客室乗務員に対して、会更法61条1項に基づいて、同人らとの労働契約を解除する旨の通知（以下、「本件契約解除」という）を行った。これに対して、Xらは、本件契約解除は無効であるとして、Y社に対し労働契約上の地位にあることの確認を求めて訴えを提起した。

その後、2018年3月28日に、Y社は本件基本合意に基づくリファイナンスにより、主要取引銀行5行から約2500億円の融資を受け、これに自己資金を加えて更生債権等約4000億円を繰上償還し、同日、会社更生手続の終結決定を得た。なお、Y社は、2017年10月以降、毎月、更生計画を上回る営業利益を上げ続けており、2017年度決算では過去最高となる2000億円の営業利益を達成していた。

設問1 Xらの請求は認められるか：Z管財人がXらに対して行った本件契約解除は有効と評価できるか。

設問2 Z管財人としては、このような法的紛争の発生を防ぐためにどのように対応すべきであったか。

解説

1 企業倒産時における雇用をめぐる法律問題——労働法と倒産法の交錯

企業が倒産という事態に至った場合において、労働者ないし労働関係をめぐ

第2部　実務編

る法律問題は、大きく分けて、以下の3つの領域において生じうる[1]。

①まず第一は、労働債権の保護をめぐる問題である。これは、賃金債権をはじめ、労働者が使用者に対して有する債権のうち、いかなる範囲のものについてまで、財団債権や共益債権等としての優越的地位を認めるべきかという問題である。②また第二は、労働関係の終了および変更をめぐる問題である。これはすなわち、倒産を理由に、企業側が労働者を解雇（整理解雇）することや、就業規則の変更等を通じて労働条件を従前よりも不利益に変更することが許されるのかという問題である。③そして第三は、倒産手続に対する労働者代表の関与をめぐる問題である。これは、労働組合等の労働者代表が、倒産法上の諸規定あるいは労働組合法に基づく団体交渉によって、どの程度の範囲で、倒産手続に関与することができるのかという問題である。

周知のとおり、わが国における法的な倒産手続には清算型（破産手続）と再建型（民事再生・会社更生手続）とが存在するが、いずれの手続下においても、これら①～③の問題は発生しうる。しかし、それらの処理において労働法が適用されるべき場面であっても、直ちには、倒産時以外（いわば平時）におけるのと同様の形をもってこれを適用すべきことにはならない。なんとなれば、企業が倒産手続という局面に至っている以上、債権者の集団的満足の最大化という倒産法の目的を無視することはできないからである（その上でさらに、上記の各倒産手続は、それぞれ固有の目的をも有している）。かくして、企業倒産手続下における雇用・労働をめぐる法律問題に対する労働法の解釈・適用のあり方については、倒産法の目的と労働法の目的との調整という視点から、平時とは別途の考察を加える必要があるといえよう。

そこで本項では、先ほど見た①～③の問題のうち②にフォーカスし、その中でも上記の意味での調整の要請が特に強く働く、会社更生手続下における整理解雇の問題について取り上げる。この問題は、2010年の日本航空（JAL）の経営破綻を契機に、近年社会的にも大きな注目を集めているものであるが、そこにおいては、会社更生手続の中で更生管財人によって整理解雇が行われた場合に、いわゆる整理解雇法理がそもそも適用されるのか否か、また適用されると

---

1)　荒木尚志「倒産労働法序説――再建型倒産手続における労働法規範と倒産法規範の交錯」「倒産と労働」実務研究会編『詳説　倒産と労働』（商事法務、2013）5頁以下、池田悠「労働法と倒産法」論究ジュリスト28号（2019）28頁。

5 倒産労働法

すればそれは平時における適用のあり方とどの程度異なったものとなるのかが問われることとなる。

2 整理解雇法理

(1) 概 説

ここではまず、3以下における検討の前提として、本項で問題となる「整理解雇法理」とは、企業倒産時以外の平時においてはどのような内容のものとして適用されるのかを、確認しておこう。

この点、そもそも「整理解雇」とは、企業が経営上の理由から人員削減のために行う解雇をいう。通常、企業の就業規則には、「会社の経営上やむをえない事由があるとき」や「事業の縮小その他事業の運営上やむをえない事由があるとき」等が解雇事由の1つとして規定されており、整理解雇はかかる規定を根拠として行われるものである。

そして、整理解雇も解雇の一類型に他ならないことから、解雇権濫用法理（労契16条）が適用されることとなるが、その他の類型の解雇とは異なり、整理解雇はその原因が使用者側に由来するものである点に、大きな特徴がある。そのため、従来の裁判例は、整理解雇が解雇権の濫用に該当するか否かの判断に当たっては、①人員削減の必要性があること、②使用者が解雇を回避するための努力を行っていること、③解雇対象者の選定が合理的なものであること、④解雇手続が相当なものであること、の4点に着目して判断を行ってきた。

そして、これら①〜④相互の関係性については、近年では、これら①〜④は、あくまで当該整理解雇が権利濫用か否かを総合考慮により判断するに当たっての主要な考慮「要素」であると捉えるのが、裁判例の趨勢となっている（要素説[2]）。もっとも、かかる要素説の立場をとる裁判例においても、①〜④のいずれかを大きく欠いている事案においては、直ちに当該整理解雇の権利濫用性が肯定される傾向にある[3]。なお、訴訟の場においては、使用者側が①〜③の存在についての主張・立証責任を負担し、労働者側は④の欠如について、主

---

2) 最近の例としては、学校法人専修大学（専大北海道短大）事件・札幌地判平成25・12・2労判1100号70頁等がある。

3) 山川隆一『雇用関係法〔第4版〕』（新世社、2008）268頁。

187

第 2 部　実務編

張・立証責任を負担することとなる[4]。

　これらを踏まえ、以下では、上記①～④の各考慮要素をめぐる判断のあり方について見ていきたい。

(2)　人員削減の必要性

　この点、まず第一に、整理解雇は人員削減を必要とする程度の経営上の理由に基づくものでなければならない。もっとも、ここでいう「人員削減を必要とする程度」については、人員削減を行わなければ倒産が必至であるといった状況までは要求されてはいない。裁判例[5]は、「企業の合理的運営上やむをえない必要に基づく」場合には人員削減の必要性を認めており、基本的に使用者の経営判断を尊重する姿勢を示している。

　ただし、企業の財政状況に全く問題がなかったり、整理解雇後に新規採用を行う等、使用者の行動に矛盾が見られる事例[6]においては、人員削減の必要性は否定されており、その限りでは、裁判所はかかる人員削減の必要性についても、実質的な審査を行っているといえよう。

　なお、人員削減の必要性の判断時点については、解雇時点を基準に判断を行うのが現在の裁判例の多数となっている[7]。

(3)　解雇回避努力義務の履行

　次に、人員削減の必要性が認められるとしても、使用者には解雇以外の措置をとることにより、解雇を回避するよう努力すべき義務（解雇回避努力義務）が課されている。具体的には、採用の停止、配置転換、出向、一時帰休、希望退職者募集等の措置が考えられるところ、これらの措置を全く講じることなく整理解雇に及んだ場合には、当該整理解雇は権利濫用と判断される[8]。

　もっとも、整理解雇の事案は多様であるので、解雇回避努力義務の内容を一

---

4)　東京自転車健康保険組合事件・東京地判平成 18・11・29 労判 935 号 35 頁。

5)　東洋酸素事件・東京高判昭和 54・10・29 労判 330 号 71 頁。

6)　前者の例として、ゼネラル・セミコンダクター・ジャパン事件・東京地判平成 15・8・27 労判 865 号 47 頁、後者の例として、オクト事件・大阪地判平成 13・7・27 労判 815 号 84 頁。

7)　土田・労働契約法 695 頁注 198。

8)　あさひ保育園事件・最一判昭和 58・10・27 労判 427 号 63 頁。

律に確定することはできない。したがって、求められる解雇回避措置は、それ
ぞれの事案における個別の状況によって変わりうる。たとえば、経営危機に瀕
して整理解雇に着手した事案と、経営危機に陥る前段階での経営合理化のため
に整理解雇が行われた事案とでは、後者の方がより高度の解雇回避努力が求め
られることとなる[9]。しかし、いずれにせよ、もともと解雇自体が「最後の手
段」として行われるべきものであることに加え、整理解雇の場合には労働者に
は帰責性がないことから、解雇回避努力は特に重要な義務と理解され、整理解
雇法理の中心に位置づけられている[10]。

　ところで、上記の解雇回避措置のうち配置転換については、職務（職種）や
勤務地が限定されている労働者が人員削減の対象となった場合に、使用者には
解雇回避措置として配転を検討することが求められるのか否かが問題となる。

　この点につき、一般的な正（規）社員の場合には、使用者には広範な配転命
令権が認められるのが通常であるため、その裏返しとして、整理解雇の場面で
は配転による解雇回避を広く検討すべきことが求められる[11]。これに対して、
職務（職種）や勤務地が限定されている場合には、使用者には労働契約上、配
転命令権が認められていないため、使用者は他の職務（職種）や勤務地で雇用
を維持することを検討する必要はないとする考え方[12]もあり得、またそのよ
うに解したものとみられる裁判例[13]もある。しかし、裁判例の多数は、使用
者に配転命令権がないからといって、解雇回避措置としての配転を検討しなく
てもよいということにはならないとする考え方に立ち、職務（職種）や勤務地
が限定されている事案においても、解雇回避措置としての配転を検討すべき義
務を使用者に課している[14]。

---

9)　菅野 746-747 頁。

10)　土田・労働契約法 695 頁。

11)　たとえば、マルマン事件・大阪地判平成 12・5・8 労判 787 号 18 頁。

12)　大内伸哉『労働法実務講義〔第 3 版〕』（日本法令、2015)509 頁。

13)　たとえば、角川文化振興財団事件・東京地決平成 11・11・29 労判 780 号 67 頁。

14)　職種（職務）限定に関する代表例として、全日本海員組合事件・東京地判平成 11・
3・26 労経速 1723 号 3 頁、勤務地限定に関する代表例として、シンガポール・デベロッ
プメント銀行（本訴）事件・大阪地判平成 12・6・23 労判 786 号 16 頁。また、裁判例
の傾向については、山本陽大＝細川良『多様な正社員に関する解雇判例の分析』（労働
政策研究・研修機構、2014)に詳しい。

第2部　実務編

(4)　人選の合理性

　さらに、解雇回避努力を尽くした上で、一定数の労働者を解雇する必要があるとしても、その際の被解雇労働者の選定は合理的なものでなければならない。この問題は、人選基準自体の合理性と、基準の適用・運用の合理性とに分けることができる。

　この点、まず基準自体の合理性についていえば、法令（たとえば、男女雇用機会均等法6条4号や労組7条1号本文等）に違反するような差別的な人選基準に合理性が認められないことはいうまでもない。またこれに加えて、客観性がなく使用者の恣意的な選定が行われるおそれがあるような抽象的な基準も、合理性が否定される[15]。他方で、客観的な基準としては、労働者の勤務成績や勤務年数、懲戒処分歴、欠勤日数、解雇による経済的打撃の程度等が挙げられるが、いずれの基準（あるいは、これらの基準の組み合わせ）が合理的かは個々の事案によって異なりうるため、裁判例は一般に、当該事案における労・使の判断を尊重する傾向にある。なお、一定年齢以上の労働者を解雇対象とすることについては、年齢という基準は使用者の恣意が入る余地が少なく、また人件費圧縮効果も高いことから、これを合理的な基準と認める裁判例[16]が多いが、労働者の定年年齢までの期間における賃金への期待や再就職の困難さを理由に、経済的な代償や再就職支援なしに年齢を人選基準としたことの合理性を否定した裁判例[17]もある。

　また、人選の基準自体が合理的であっても、その適用・運用が公正でなければ、やはり人選の合理性は否定される。裁判例では、年齢・職位・人事考課結果を人選基準としたが、これらの要素をどのように考慮し、重視したかが不明であった事案や、労働者の能力を基準に人選を行ったが、能力評価の公正さに疑義があった事案では、それぞれ人選の合理性が否定されている[18]。

---

15)　「適格性の有無」という人選基準の合理性が否定された例として、労働大学（本訴）事件・東京地判平成14・12・17労判846号49頁。

16)　最近の例として、日本航空（客室乗務員解雇）事件・東京高判平成26・6・3労経速2221号3頁（最二決平成27・2・4 LEX/DB 25505801により、上告棄却・不受理）がある。

17)　ヴァリグ日本支社事件・東京地判平成13・12・19労判817号5頁。

18)　前者の例として、横浜商銀信用組合事件・横浜地判平成19・5・17労判945号59頁、後者の例として、PwCフィナンシャル・アドバイザリー・サービス事件・東京地判平成15・9・25労判863号19頁。

(5) 解雇手続の相当性

最後に手続面として、使用者には、労働者側に対し当該整理解雇に関して、納得を得るために説明を行い、誠意をもって協議すべき義務（説明・協議義務）が課されている。かかる説明・協議の範囲は、人員削減の必要性や解雇回避措置、被解雇者の選定等、他の3つの考慮要素に広く及ぶものと解されており[19]、このような説明・協議が全く行われなかった場合や、協議の場は持たれたとしても具体的な協議が尽くされなかった場合には、解雇手続は相当性を欠くものとされる[20]。

また、説明・協議の相手方としては、労働組合だけでなく、整理解雇の対象となる（または、その可能性がある）労働者個人に対して実施することが必要な場合もある。特に、日本では、労働組合は非組合員の利益を代表するものではないことからすると、対象労働者が労働組合に加入していない場合には、使用者は当該労働者個人に対しても、説明・協議義務を負う。したがって、この場合には、労働組合のみを相手に説明・協議を行ったとしても、解雇手続の相当性にとっては十分ではないことになる[21]。

3 会社更生手続下における整理解雇

それでは、上記で見た整理解雇法理は、会社更生手続下にある企業（更生会社）において、とりわけ更生計画に人員削減目標が掲げられている場合に、かかる目標を達成するために更生管財人によって行われた労働契約の解除（解約）に対しても適用されるのであろうか。また、適用されるとすれば、そのあり方は平時におけるのとどの程度異なったものとなるのであろうか。

(1) 解雇権の所在

ところで、この点を考察するに当たっては、その前提として、会社更生手続下において更生管財人はいかなる権限に基づいて労働契約の解除（解約）をな

---

19) 土田・労働契約法 700 頁。
20) 前者の例として、北原ウェルテック事件・福岡地久留米支決平成 10・12・24 労判 758 号 11 頁、後者の例として、九州日誠電氣（本訴）事件・福岡高判平成 17・4・13 労判 891 号 89 頁。
21) 赤阪鉄工所事件・静岡地判昭和 57・7・16 労判 392 号 25 頁。

しうるのかについて確認しておく必要があろう。

この点につき、企業は本来、期間の定めのない労働契約を結んでいる労働者（無期契約労働者）に対しては、使用者として民法627条1項に基づく解約権を有している。そして、会社更生手続の開始によって、当該企業が更生会社となった場合には、更生会社の経営・財産に関する管理処分権を更生管財人に専属させる会更法72条1項によって、民法627条1項に基づく解約権もまた、更生管財人に専属するものと解されている[22]。したがって、更生管財人は、まずは民法627条1項を根拠に、更生会社における無期契約労働者に対する労働契約の解約をなしうることになる。

またこれと並んで、労働契約は、労働者の労務提供義務と使用者の賃金支払義務とが対価関係に立つ双務契約（労契6条）であるため、会社更生手続が開始した場合には、いわゆる双方未履行双務契約となる。そして、会更法61条1項は、双方未履行双務契約について更生管財人に対し当該契約を解除する選択肢を認めているため、更生管財人はかかる解除権によっても、更生会社の労働者との労働契約を解除することができることとなる[23]。

(2)　整理解雇法理の適用問題

それでは、これらの権限に基づいて行われた、更生管財人による更生会社の無期契約労働者との労働契約の解除（解約）に対しては、2でみた整理解雇法理がそもそも適用されるのであろうか。

ここではまず、整理解雇法理の根拠条文たる労契法16条（解雇権濫用法理）は、「使用者」による「解雇」を規制対象としていることから、更生管財人による労働契約の解除が、なかんずく会更法61条1項に基づく解除権の行使として行われた場合に、これを「使用者」による「解雇」と評価しうるのかという点が問題となる。もっとも、この点について、CASEと同種事案である日本航空（運航乗務員解雇）事件[24]では、「会社更生法上、労働契約は双方未履行双務契約として、管財人が解除……を選択し得る（同法61条1項）が、管財人

---

22)　戸谷義治「会社倒産と解雇」季労224号（2009）79頁。

23)　なお、これら会更法61条1項に基づく解除権と民法627条1項に基づく解約権の相互の関係性については、戸谷・前掲注22)79-80頁を参照。

24)　東京高判平成26・6・5労経速2223号3頁（最一決平成27・2・5 LEX/DB 25505802により上告棄却・不受理）。

5 倒産労働法

は労働契約上の使用者としての地位を承継している以上、管財人の上記の解除権は、解雇と性格づけられる」との判断がなされている（一方、更生管財人が民法627条1項に基づいて労働契約を解約した場合には、当然に、更生管財人が使用者の地位において解雇を実施したものと評価して差し支えないであろう）。したがって、労働契約の解除（解約）が更生管財人によって行われたこと自体は、当該契約解除（解約）に整理解雇としての法的性質を認め、労契法16条および整理解雇法理を適用することにとっての妨げにはならないといえる。

それでは、（会更法61条1項に基づくにせよ、民法627条1項に基づくにせよ）更生管財人による整理解雇が、会社更生手続下において更生計画を実現するために行われたという事情が、整理解雇法理の適用そのものを排除することはありうるであろうか。この点、実際に、**CASE** と同種事案である日本航空（客室乗務員解雇）事件[25]においては、被告会社側から「会社更生手続下において、更生裁判所から選任された管財人が、中立公正な立場で各利害関係人の調整を図り、その結果策定された更生計画を実現する中で行った整理解雇の判断は、……利害関係人間の利害調整の結果として、当然に適法性が認められると考えるべきである」との主張がなされた。

しかし、これに対して学説・裁判例は、会社更生手続下における整理解雇に対しても、整理解雇法理自体は適用すべきとする点で、一致を見ている。その根拠としては、①会社更生手続は、事業の継続を前提とした制度であり、雇用も存続する可能性があること[26]、②会更法199条2項1号により、裁判所が更生計画の認可を決定するに当たっては、更生計画が法令（一般条項を含む）に適合するものであることが要件とされていることから、更生計画（およびその履行）については、当然に労契法16条（解雇権濫用法理）の適用があると解されること[27]、および③更生計画の策定に当たって、利害関係人間での利害調整が図られているといっても、それは債権者の集団的満足の最大化という倒

---

25) 前掲注16）日本航空（客室乗務員解雇）事件。

26) 土田・労働契約法703頁、戸谷・前掲注22）83頁、前掲注16）日本航空（客室乗務員解雇）事件。

27) 池田悠「会社更生手続における整理解雇の有効性——日本航空（整理解雇）事件」「倒産と労働」実務研究会編『概説・倒産と労働』（商事法務、2012）173頁、細川良「企業倒産における整理解雇——日本航空（整理解雇）事件が示す課題」季労239号（2012）81頁。

産法の目的から検討されたものであって、労働者の保護（雇用保障）という観点からも十分に検討がなされたものであるとはいい難いこと、また会更法上、労働者の過半数組合等には更生計画（案）に関与する権利[28]が認められてはいるものの、それらはあくまで意見表明（陳述）を行う機会を与えるものに過ぎず、労働者保護にとって十分な規制とはいえないこと[29]、の３点に求められる。かくして、学説・裁判例は総じて、会社更生手続下において更生計画を実現するために行われた整理解雇に対しても整理解雇法理を適用することで、労働者保護（雇用保障）の観点から裁判所が別途の審査を行うべきとの立場に立っている。

　もっとも、当該整理解雇が会社更生手続下において行われたものであるといういわば特殊事情を、整理解雇法理の内容である各考慮要素の判断においてどの程度斟酌すべきか（それによって、整理解雇法理の適用のあり方を平時におけるのとどの程度異ならせるべきか）という点については、以下で見るように学説・裁判例の中でも、グラデーションが見られる。

(3)　「人員削減の必要性」判断のあり方

　このようなグラデーションは、整理解雇法理における４つの考慮要素の中でも、「人員削減の必要性」をめぐる判断に際し、当該整理解雇が更生計画のなかに掲げられた人員削減目標を達成するために更生管財人によって行われたものであるという上記特殊事情をどの程度重視するかという点において、最もよく顕れている。

　この点、かかる特殊事情を最大限重視する立場（ａ説）をとっているのが、日本航空（客室乗務員解雇）事件の東京高裁判決[30]である。すなわち、同判決

---

28)　このような権利として、更生計画案に対する意見聴取（会更188条）や、更生計画の認可に関する意見陳述（同199条5項）等がある。

29)　土田・労働契約法703頁、西谷敏＝野田進＝和田肇編『新基本法コンメンタール 労働基準法・労働契約法』（日本評論社、2012)404頁〔荒木尚志〕、池田・前掲注27)173-174頁、細川・前掲注27)81-82頁。

30)　前掲注16)日本航空（客室乗務員解雇）事件。また、同判決は、「〔被告会社〕を存続させ、これを合理的に運営する上でやむを得ないものとして、その人員削減の必要性が認められる」一場面として、「本件会社更生手続に基づき更生会社の事業の維持更生を図るため不可欠な融資を得るために、その時期に整理解雇に係る人員削減を実施する必要性が認められるとき」を挙げている。

は、「〔被告会社の〕管財人がした本件解雇に係る人員削減の実施が、被控訴人〔被告会社〕の事業を維持更生するという目的にかんがみ、本件更生計画……に照らして、その内容及び時期について合理性が認められるときは、更生会社である被控訴人〔被告会社〕を存続させ、これを合理的に運営する上でやむを得ないものとして、その人員削減の必要性が認められる」と判断している。これは、「人員削減の必要性」の判断時点を、更生計画の策定時点に求めた上で、その中で掲げられた人員削減の内容・時期の合理性という観点のみによって、「人員削減の必要性」の有無を問う立場といえよう。

　一方、「人員削減の必要性」判断の基準時点については、当該整理解雇の時点に求めつつ、その判断においては前記特殊事情を重視する立場（b説）もある。たとえば、日本航空（運航乗務員解雇）事件の東京高裁判決[31]は、「人員削減の必要性の有無の判断は、整理解雇の有効性判断の一要素としてのものである以上、判断の基準時点は本件解雇時であ」るとしつつ、人員削減の必要性の判断に当たっては、「会社更生法が更生計画の策定や遂行に付与した法律効果その他を前提として、更生手続における更生計画の策定及びその遂行が有する意義をも踏まえた上で、更生計画等の掲げる諸目標を考慮すべき」として、更生計画において掲げられた人員削減の内容の合理性を中心に判断を行っている。

　このように、「人員削減の必要性」判断をめぐっては、まずはその判断基準時をどの時点に置くかで大きく2つの立場に分かれるのであるが、これら2つの立場の相違は、更生計画の策定時点から実際の解雇時点までの間に、更生会社の財政状況に変化が生じた場合、とりわけ当初更生計画において予想されていたのを上回る営業利益（予想超過収益金）が得られたような場合に、かかる状況変化を「人員削減の必要性」判断において、これを否定する方向で考慮すべきか否かという点において鮮明となる。上記で見た2つの裁判例の事案ではいずれにおいてもこのような状況変化が生じていたのであるが、a説（日本航空（客室乗務員解雇）事件高裁判決）の立場においては、「人員削減の必要性」の判断時点を更生計画の策定時点に求める以上、上記のような計画策定後に生じた状況変化は、その判断においては斟酌されない。これに対して、b説の立場だと、「人員削減の必要性」はあくまで当該解雇の時点において判断するため、上記のような状況変化も考慮されうる。もっとも、日本航空（運航乗務員

---

31)　前掲注24)日本航空（運航乗務員解雇）事件。

第2部　実務編

解雇）事件では、更生計画の中で、予想超過収益金があった場合の使途については、「更生計画の遂行に必要な費用、会社の運営に必要な運転資金……もしくは裁判所の許可に基づく共益債権等の支払いまたは借入金の返済に充てる」旨があらかじめ定められていたことから、東京高裁は「更生計画は、……更生裁判所による認可決定がされると、……以後の更生手続は、管財人による更生計画の遂行として進められ（同法〔会更〕209条）、管財人は更生計画に基づいて事業を遂行する義務を負う」こと等からすれば、予想超過収益金があった場合には、管財人としては更生計画の変更手続を履践すべきであり、かかる手続を経ることなく直ちに人員削減を遂行しないことはできないと判断しており、ここでもあくまで更生計画を重視する立場を堅持している。

　ところで、これら裁判例において示されている立場のほか、「人員削減の必要性」判断のあり方をめぐっては、近時、倒産法学説からも次のような見解[32]が示されている。これはすなわち、更生計画において人員削減の方針が定められる場合には、事前に、公正・衡平な更生手続の実現を職務とする管財人と、会社、利害関係人あるいは資金提供者（スポンサー）との間で多角的な視点から十分な検討がなされ、それによって既に客観的な正当性が確保されていることから、更生計画に基づいて行われた整理解雇について、裁判所が事後的に「人員削減の必要性」を判断するに当たっては、「更生計画策定後から解雇までの期間における事情の変更などによって事業内容や事業組織に変化が生じ、計画策定時に存在した解雇の必要性が解雇の意思表示の間までに消滅したかどうか」を中心に判断すべきとする見解である[33]。これは、a説とは異なり、「人員削減の必要性」の判断時点を解雇時点に求め、更生計画策定後から解雇までの間の状況変化を斟酌すること自体は認める点でb説に近いが、そもそも更生計画において掲げられた人員削減の内容に対する裁判所の審査は不要とする点で、a説はもちろんb説とも異なる立場（c説）と位置づけられよう。

---

32)　伊藤眞「事業再生手続における解雇の必要性の判断枠組み――整理解雇の法理におけるパラダイムシフト（判断枠組みの転換）を目指して」東京弁護士会倒産法部編『倒産法改正展望』（商事法務、2012）2頁。

33)　また、この見解は、事後の事情変更によって解雇の必要性が消滅したといえるためには、①縮小予定の事業部門の現状維持や拡大の方針に転換すること、②かかる方針転換について、利害関係人および裁判所がこれを是認すること、③削減予定であった人員を維持することが、方針転換後の事業活動にとって不可欠と判断されること、という3つの条件が満たされる必要があるとしている（伊藤・前掲注32)14-15頁）。

このように見ると、裁判例および倒産法学においては、判断基準時や裁判所の審査がおよぶ範囲について違いはみられるものの、総じていえば「人員削減の必要性」判断について、更生計画の存在およびその中で人員削減が掲げられているという事情を重視し、その後の状況変化（予想超過収益）による「人員削減の必要性」の消滅についてもこれを容易には認めない立場が示されているものと整理することができよう。

しかし、これに対して労働法学説においては、（先ほど(2)でも見たように）現行法上、更生計画の策定に労働者側が関与できる余地は限定されていることから、裁判所は更生計画の存在を過度に重視すべきではなく、更生計画策定後の状況変化をも含めて、解雇時点における更生会社の財政状況に照らして、「人員削減の必要性」を判断すべきとの立場（d説）[34] も示されている。かかる立場に立てば、会社更生手続下での整理解雇に対する整理解雇法理の適用のあり方は、相対的に見ると、平時におけるそれに接近することになろう。

(4) 「解雇回避努力義務の履行」判断のあり方

またこのほか、前記の特殊事情を斟酌すべき度合いについては、「解雇回避努力義務の履行」をめぐる判断においても、裁判例と労働法学説の間でグラデーションが見られる。

すなわち、先ほど(3)で見た2つの裁判例では、原告労働者側から、被告会社側がワークシェアリングの措置を実施しなかったことをもって、解雇回避の努力が不十分であるとの主張がなされた。しかしこれに対して、東京高裁は、かかるワークシェアリングの措置は、「一時的な措置で問題を先送りする性質のもの」（日本航空（運航乗務員解雇）事件判決）であり、「解雇回避のための抜本的な措置とはなりえない」（日本航空（客室乗務員解雇）事件判決）として、原告側の上記主張を斥けている。これらはいずれも、更生計画において量的な形での人員削減目標が掲げられている以上は、ワークシェアリングのような削減目標達成の妨げとなりうる措置は、解雇回避努力義務の内容とはならないとの発想に基づくものと解され、ここにおいても更生計画重視の姿勢を看取することができよう。

---

34) 戸谷義治「会社更生手続下における整理解雇の有効性判断」日本労働法学会誌120号（2012）237頁。

第 2 部　実務編

しかしこれに対して、労働法学説の中には、とりわけ前記 2 つの裁判例における
ように、会社更生手続中に大幅な予想超過収益金が得られたというような
事案においては、一時的ではあってもワークシェアリングによって雇用を維持
する措置をとることが、使用者側の解雇回避努力として求められる可能性を指
摘するものもある[35]。

4　会社更生手続下における更生管財人の発言と不当労働行為

ところで、労働法と倒産法の交錯をめぐっては、2010 年の JAL 経営破綻を
契機に、会社更生手続中における更生管財人の発言が支配介入（労組 7 条 3 号）
として不当労働行為制度による規制を受けるかという問題も新たに生じている。

事の発端は、当時会社更生手続下にあった JAL の更生管財人であり、また
同社に対する出資予定者でもあった甲機構が、同社の企業内労働組合である乙
組合および丙組合との事務折衝の場において、同時期にこれら組合が更生計画
（案）に基づく人員削減策としての整理解雇の撤回を目的とした争議権確立の
ための一般投票を行っていることに対して、「甲機構としては、争議権が確立
された場合、それが撤回されるまで、更生計画案で予定されている 3500 億円
の出資をすることはできな」いと発言したことにある。これを受けた乙組合お
よび丙組合は東京都労働委員会に対して不当労働行為救済申立てを行い、都労
委はかかる発言が支配介入に当たるとして救済命令を発したところ[36]、甲機
構はこれを不服として同命令の取消訴訟を提起した（以下、「日本航空事件」と
いう）。

一般的にいって、労働組合あるいはその活動に対する使用者の発言（言論）
は、その内容、発表の手段・方法・時期、発表者の地位・身分、それが与える
影響等の諸事情を総合的に考慮して、それが当該組合の組織・運営に影響を及
ぼす（あるいはそのおそれがある）場合には、支配介入の成立が認められるもの
と解されている[37]。そして、上記の発言は、とりわけ争議権の確立という本

---

35)　池田・前掲注 27)191 頁、細川・前掲注 27)85 頁。

36)　日本航空事件・東京都労委命令平成 23・7・5 中労委 HP。

37)　この点につき、山本陽大「支配介入」日本労働法学会編『講座労働法の再生第 5 巻
労使関係法の理論課題』（日本評論社、2017)295 頁以下を参照。

来組合内部の事項に向けて行われたものであり、またその内容が威嚇的であることからすれば、少なくともこれが平時に行われたのであれば、支配介入の成立が認められる可能性は、極めて高いといえる。しかし、日本航空事件では、とりわけ控訴審において、甲機構側が、乙組合および丙組合が争議権を確立しこれを行使することによって運航が停止するような事態が発生した場合には、会社更生手続自体が頓挫するおそれがあることから、上記発言は、争議権確立にかかる甲機構としての見解を表明したものであり許容されると主張したため、ここでも労働法の目的（特に労組法による労働組合の保護）と倒産法の目的との相克が生じることとなった。

　もっとも、この問題に関しては、日本航空事件東京高裁判決[38] は、前者を優位させる判断を示している[39]。そもそも、上記の問題をめぐっては、前提として更生管財人が不当労働行為禁止の名宛人たる「使用者」（労組 7 条）に当たるかが問題となるが、この点について東京高裁は、会更法 72 条 1 項により、更生会社の経営・財産に関する管理処分権を有する更生管財人は、更生会社の従業員に対する労働契約上の使用者としての地位を有すること等を理由に、更生管財人たる甲機構は労組法 7 条にいう使用者にも当たるとした原審の判断[40] を支持している。

　その上で、東京高裁は、「労働組合法は、労働組合を組織して従業員が争議権を確立して争議行為を行おうとしていることによって、雇用されている会社の存立自体を危うくする可能性がある場合であっても、会社を存続させることを優先しているわけではなく、会社が労働組合の運営を支配しようとしたり、その運営に介入しようとすることは認めて」おらず、「争議権が確立されたならば、それが撤回されるまで、機構として、本件更生計画案で予定されている 3500 億円の出資をすることはできないなどと告げて、争議権を確立すれば、確実に更生計画は頓挫して、破綻に至ることを示唆した」甲機構の上記発言は、「争議権の確立に向けて運動中の参加人ら〔乙組合および丙組合〕の活動を抑制し、少なくとも消極的な効果を与えることを意図してなされたものといわざ

38）　日本航空事件・東京高判平成 27・6・18 労判 1131 号 72 頁（最二決平成 28・9・23 LEX/DB 25543912 により上告棄却・不受理）。
39）　土田道夫「企業法と労働法」日本労働法学会編『講座労働法の再生第 6 巻　労働法のフロンティア』（日本評論社、2017）252 頁注 42 も、この点を指摘している。
40）　東京地判平成 26・8・28 労判 1106 号 5 頁。

第2部　実務編

るを得ない」として、支配介入（労組7条3号）の成立を肯定した。

　かくして、会社更生手続下における更生管財人の発言については、前記判決の中で東京高裁自身も述べているように、「〔更生〕管財人としての経営判断としては相当かつ合理的なものであったとしても」、それが「不当労働行為に該当するか否かは、労働組合法7条3号所定の『支配介入』の要件に該当するか否かという観点から、別途検討される」こととなる。

解答

設問1

結論：Z管財人によるXらに対する本件契約解除は有効である可能性が高い。

1　整理解雇法理の適用の有無

CASEでは、2017年12月9日にZ管財人がXらに対して行った本件契約解除の有効性が問われている。ここでまず検討する必要があるのは、本件契約解除に対して、そもそも整理解雇法理が適用されるのか否かである。

　この問題については、まずはじめに、本件契約解除がZ管財人による双方未履行双務契約に関する解除権（会更61条1項）の行使として行われていることから、これに対して整理解雇法理の根拠条文たる労契法16条（解雇権濫用法理）を適用することが可能かという点から検討する必要があろう。なんとなれば、同条はあくまで「使用者」による「解雇」を直接の規制対象とするものであるからである。

　この点、**CASE**ではY社は会社更生手続下にあり、会更法72条1項によって、経営に関する管理処分権が更生管財人に専属することの一帰結として、Z管財人はY社の労働契約（法）上の使用者としての地位（労契2条2項）を承継しているものと考えられる[41]。そうすると、かかる「使用者」としての地位を有するZ管財人による労働契約の解除は、すべからく「解雇」としての法的性質を有するものと解するのが妥当であろう。そして、かかる解雇としての本

---

41)　荒木・前掲注1)5頁。なお、この点に関する議論の詳細については、池田悠「再建型倒産手続における解雇の特殊性と整理解雇法理の適用可能性」「倒産と労働」実務研究会編『詳説　倒産と労働』（商事法務、2013)155頁を参照。

200

件契約解除は、企業倒産というまさにY社側の経営上の理由から人員削減のために行われているのであるから、「整理解雇」としての法的性質を有するものと見ることができる。したがって、本件契約解除がZ管財人による双方未履行双務契約にかかる解除権の行使としてなされたという事情は、労契法16条・整理解雇法理の適用を排除する理由とはなりえない。

そうすると次に、本件契約解除が整理解雇に当たるとしても、**CASE**においては、更生計画（案）の中で人員削減の目標が掲げられており、本件契約解除はかかる目標を達成するためにZ管財人によって行われたという事情があることから、かかる事情によって本件契約解除に対する整理解雇法理の適用が排除されるか否かが問題となる。この点、確かに、更生計画は公正・中立の立場にある更生管財人によって、債権者等の利害関係者間での利害調整を経て策定され、更生裁判所の認可を得たものであることからすれば、それに基づいて行われた整理解雇の適法性（有効性）について、事後的に裁判所が審査を行うことへの疑問もありうるところである。

しかし、現行の会更法は、労働者（の利益代表者）に対して、更生計画の策定手続に十分に関与できるだけの権利を認めていない。**CASE**においても、過半数組合たるC組合に対し、会社更生手続開始決定時および更生計画認可時に意見聴取（陳述）の機会が与えられていたに過ぎない。したがって、上記にいう利害調整は、雇用保障という労働者側の利益をも十分に考慮した上でなされたものと見ることは困難であり、このことを考慮すれば、本件契約解除に対しても整理解雇法理を適用し、その適法性（有効性）について、雇用保障の観点から裁判所が事後的な審査を行うことを認めるべきである。

かくして、整理解雇としての本件契約解除に対しては、整理解雇法理（労契16条）を適用の上、①人員削減の必要性、②解雇回避努力義務の履行、③人選の合理性、④解雇手続の相当性の観点から、それぞれ検討を加えるのが妥当といえる。ただし、各考慮要素の具体的判断に当たっては、本件契約解除が、人員削減を目標に掲げる更生計画の実現のために行われたものであるという事情を十分に考慮する必要があると考えられる[42]。

---

42) 西谷＝野田＝和田編・前掲注29)404頁〔荒木〕。

第 2 部　実務編

2　人員削減の必要性

以上を踏まえ、まずは「人員削減の必要性」について検討する。

この点、**CASE** においては、Z 管財人が 2017 年 8 月 31 日に東京地方裁判所へ提出し、また同年 9 月に可決・認可された更生計画においては、巨額の債務超過に陥っている Y 社について、会社更生手続により事業を維持更生するための事業計画として、2017 年末までに国際線および国内線の事業規模を削減することが掲げられていた。そうすると、Z 管財人が、かかる事業規模に応じた人員体制を構築するために、同じく更生計画中において、人員削減計画として 2017 年末までに Y 社全体で約 5000 人、また Y 社客室乗務員については 550 名の人員削減が必要と判断したことは、更生計画の内容に照らして合理性があり、更生会社を存続させ、これを合理的に運営する上ではやむをえないものと考えられる。したがって、**CASE** において、少なくとも更生計画の策定時点では、「人員削減の必要性」は存在していたものと見ることができる。

もっとも、「人員削減の必要性」は、整理解雇の有効性判断の一要素を成すものである以上、その有無の判断は当該整理解雇の時点において行うべきである[43]。したがって、更生計画策定後から解雇時点までの諸事情をも含めて、その有無についての判断を行うべきであるところ、**CASE** においては、更生計画策定後の 2017 年 10 月以降、毎月、更生計画を上回る営業利益（予想超過収益金）が得られていたという事情がある。そして、かかる予想超過収益金による Y 社の財政状況の改善を重視して、本件契約解除（整理解雇）時点では「人員削減の必要性」はもはや失われていたとする考え方も、確かにありうるところである。

しかし、更生管財人は法律上、更生計画に拘束され、これを遂行する義務（会更 209 条 1 項）を負っているところ、**CASE** では、予想超過収益金の使途については、更生計画中において「更生計画の遂行に必要な費用、もしくは裁判所の許可に基づく共益債権等の支払いまたは借入金の返済」に限定されていたこと、また更生計画中の財務健全化計画においては、リファイナンスによる更生債権の一括弁済に向けての努力が明記され、その後の 2017 年 11 月 30 日に Z 管財人が主要銀行 5 行との間でリファイナンス契約締結のために行った本件基本合意では、人員削減を含む更生計画中の諸施策の実現が前提条件とされて

---

43)　土田・労働契約法 695 頁。

いたことからすると、予想超過収益金が得られたからといって、Z管財人としては更生計画中に掲げられた人員削減を実施しないことはできず、それによって直ちに「人員削減の必要性」が減殺されることにはならないものと解される。したがって、本件契約解除（整理解雇）時点においても、「人員削減の必要性」はなお存在していたものと評価することができる。

3 解雇回避努力義務の履行

次に、「解雇回避努力義務の履行」について検討する。

この点、**CASE**においてY社側は、本件契約解除に先立って、2017年4月から10月にかけて、基本退職金、特別退職金および再就職支援サービスの支給を条件とした本件希望退職措置を4回にわたり実施するという形で一定の解雇回避措置を講じているのであるが、これに加えて、Xら客室乗務員について、B組合が主張するような地上職への配置転換あるいはワークシェアリングによる雇用維持・確保措置を講じる必要がなかったかという点が問題となる。

このうち、地上職への配転について見ると、Y社側はまずXら客室乗務員はその職種が限定されていることを理由に地上職への配転を行うことは困難であると回答しているのであるが、Y社に配転命令権がないといっても、Xら本人が同意すれば、配転を実現することは可能なのであるから[44]、職種限定のみをもってしては、直ちに配転を困難とする理由にはなりえないように思われる[45]。とはいえ、**CASE**においては地上職員も更生計画による人員削減の対象となっており、しかも本件希望退職措置によっても削減目標を達成できていないことからすれば、Y社側がXらについて地上職への配転を困難と判断したとしても、解雇回避努力が不十分と評価することはできないと考えられる。

一方、ワークシェアリングの措置については、慎重な検討を要する。というのは、2でも見たように、**CASE**では更生計画の中で、事業規模の縮小、およびそれに応じた量的な形での人員削減目標が掲げられている点、またその実施が本件基本合意の中でリファイナンス契約の締結のための前提条件とされている点を重視すれば、ワークシェアリングのような人員数そのものの削減と相容れない措置は、解雇回避努力義務の内容として求められないとの理解も十分に

---

44) 西谷417頁。
45) 前掲注14)全日本海員組合事件。

第2部　実務編

ありうる。しかし、労働者側に帰責性のない整理解雇については、特に「最後の手段」として行われるべき要請が働く点を重視すれば、なかんずく 2017 年 10 月以降の予想超過収益金によって Y 社の財政状況に改善が見られる CASE では、かかる財政状況との相関関係において、高度な解雇回避努力義務が Z 管財人に課されるものと理解し、かかる義務の内容として B 組合が主張するようなワークシェアリングの措置の実施が求められる可能性もまた、十分にありうるからである。このような考え方に立てば、CASE においては、Y 社側の解雇回避努力が不十分であったと評価される余地が出てくることとなろう。

4　人選の合理性

続いて、「人選の合理性」について検討するに、CASE では、客室乗務員にかかる整理解雇につき、扶養家族がいることを除外事由とする年齢基準という形で人選基準が設定されている。

この点につき、年齢および扶養家族の有無という基準は使用者の恣意が入る余地が少ない客観的な基準といえること、またかかる人選基準は Y 社と客室乗務員を組織対象とする B 組合との間での協議を経て策定されたものであること、特に扶養家族を除外事由とする点は B 組合からの主張を受けて策定されたものであることを考慮すれば、上記人選基準自体についての合理性は認められるものと考えられる。

もっとも、高年齢者については再就職が困難であることからすれば、経済的な代償等なしに年齢を人選基準とすることは合理性を欠くとの考え方もありうる。しかし、CASE においては解雇対象たる X らに対し、年齢に応じた特別退職金が支給されているのであるから、かかる考え方に立ったとしても、上記人選基準の合理性が揺らぐことはないものと解される（CASE と同種事案における裁判例である日本航空（運航乗務員解雇）事件でも、解雇対象者に特別退職金が支給されていることが、年齢を人選基準として用いることの合理性にとっての一事情として考慮されている）。

かくして、CASE における人選基準自体には合理性があり、その適用・運用に問題がない限り、「人選の合理性」は認められるものと考えられる。

5　解雇手続の相当性

最後に、「解雇手続の相当性」について見ると、CASE では Y 社側は、X ら

が加入するB組合を含めてY社における全組合に対して更生計画案について説明を行うとともに、その中では各組合が組織対象としている職種についての人員削減目標を中心に説明を行っている。また、特にB組合との関係では、客室乗務員にかかる整理解雇の人選基準について協議を行い、その主張を取り入れつつ、最終的な人選基準を策定するとともに、かかる協議の中では、B組合が主張する解雇回避措置についても、結果としてそれをとることはなかったにせよ、Y社側としての理由を示しながら、説明を行っている。

このような経緯からすれば、CASEでは「解雇手続の相当性」をも十分に備えているものと認められてよいように思われる。

6 まとめ

以上を総合すれば、CASEにおけるXらに対する整理解雇としての本件契約解除は、少なくとも③人選基準の合理性、④解雇手続の相当性については、具備しているものと考えられる。また、①人員削減の必要性、および②解雇回避努力義務の履行についても、更生計画の存在を重視する現在の裁判例の水準を前提とすれば、いずれの要素も満たされており、したがって本件契約解除は解雇権の濫用（労契16条）には当たらず、有効と判断される可能性が高い。

もっとも、②解雇回避努力義務の履行、中でも予想超過収益金が得られている財政状況下でのワークシェアリングの措置について、どのように考えるかで、結論が異なる余地もある。

設問2

このように、現在の裁判例の考え方を前提とすれば、CASEにおけるZ管財人によるXらに対する本件契約解除（整理解雇）は、労契法16条（整理解雇法理）に照らしても有効であり、Xらの地位確認請求は認められない可能性が高い。もっとも、労働法学説からは、①人員削減の必要性あるいは②解雇回避努力義務の履行について、上記裁判例とは異なる考え方も示されており、それに従うのであれば結論が揺らぐ可能性も否定できない。それでは、Z管財人としては、CASEのような法的紛争の発生を防ぐために、どのように対応すべきであったのだろうか。

思うに、本項で問われている会社更生手続下における整理解雇について、その有効性に関する裁判所の事後的な審査を認める以上、整理解雇法理にかかる

第2部　実務編

各考慮要素の判断（特に上記①および②をめぐる判断）において、倒産法の目的（債権者の集団的満足の最大化）と労働法の目的（労働者の雇用保障）との相克が生じることは避けがたい。このうち前者を重視し、特に更生計画を重視した場合には、更生計画策定手続への十分な関与がなしえない労働者側の利益軽視であるとの批判がありうる一方、後者を重視し、ひとたび策定され更生裁判所によっても認可された更生計画通りに施策が実施されないとなると、同じく更生計画によってその権利の変更を甘受しなければならない株主や債権者ら他の利害関係人にとって納得しがたい結果となろう。

　結局のところ、このような相克が生じる原因は、会社更生手続をめぐる各ステークホルダーの利益主張・調整の機会が、更生計画策定時点とその後の整理解雇の有効性に関する裁判所の審査時点とに分断されている点にあるように思われる。言い換えれば、現行の会更法が、労働者側に関しては、当該更生会社に関するステークホルダーとして、その他の利害関係人と同等の地位を認めていない点にあるように思われる。それゆえに、学説においても、立法論として、更生計画策定段階における労働者（代表）の幅広い関与権や、更生計画自体に対する労働者側からの事前の異議申立手続等を認めるべき必要性が、つとに指摘されているのである[46]。

　このように見ていくと、**CASE** のような法的紛争を避けるために、更生管財人がなすべきであるのは、更生計画（案）を策定するプロセスにおいてあらかじめ、労働者側（特に **CASE** でいえばA～C組合）についても、株主・債権者らと同等の地位にあるステークホルダーとして積極的に位置づけた上で、その利益主張の機会を十分に保障しつつ、これら労働者側をも含めたあらゆるステークホルダーとの協働において利益調整を行った成果としての更生計画の策定に注力することに尽きるように思われる。「コーポレートガバナンス・コード」の基本原則2[47] が、株主以外のステークホルダーとして、従業員および債権者らを挙げ、これらステークホルダーとの適切な協働の必要性を謳っていることは、会社更生手続における更生管財人をも名宛人とした行為規範としても理解されるべきである。本項で検討したように、たとえば更生会社の従業員の雇

---

46)　戸谷・前掲注34)240頁、細川・前掲注27)86-87頁等。
47)　「コーポレートガバナンス・コード」基本原則2の意義については、差し当たり、土田道夫「M&Aと労働法の課題」野川＝土田＝水島編297頁注84を参照。

206

用の維持にとって一つの大きな分水嶺となる、更生計画中における予想超過収益金の使途についても、上記のようなあらゆるステークホルダーとの協働の中で、その内容が決せられるべきであろう。そして、仮にその内容が CASE におけるのと同様のものになり、結果として整理解雇が実施されたとしても、その策定プロセスにおいて他のステークホルダーとの協働を経ているのといないのとでは、労働者側の納得度もおのずから異なるはずである。既に検討した通り、CASE では Y 社側は各組合に対して、その都度、説明・協議の場を設けてはいるものの、それはどちらかといえば更生計画（案）自体は所与のものとした上で、その実現のための説明・協議に終始している感があり、法的紛争予防の観点からは、なお不十分さが残るように思われる。

なお、かかる「コーポレートガバナンス・コード」基本原則2に基づくステークホルダーとしての労働組合との協働の場面では、労働契約（法）上の使用者たる更生管財人は、労組法、なかんずく同法7条により不当労働行為を禁止される使用者でもある点には留意する必要があろう。前述の通り、現在の裁判例の水準によれば、更生管財人といえども、労働組合と集団的労使関係を営んでゆくに際しては、あくまで既存の労働法（特に労組法）の枠内における行動が求められることになるからである。とりわけ、法的紛争予防の観点からすれば、その都度の発言に当たっては、会社更生手続といういわば特殊状況下にあることを十分に意識し、労働組合の組織・運営に対して消極的な影響を及ぼすことのないよう慎重に行動する姿勢が、更生管財人には求められよう。

〔参考文献〕
　「倒産と労働」実務研究会編『詳説　倒産と労働』（商事法務、2013）、「倒産と労働」実務研究会編『概説　倒産と労働』（商事法務、2012）

　＊執筆協力者　金子修平（2013 年度生）　斉藤守（2013 年度生）

（山本陽大）

6

知的財産法と労働法①——営業秘密の管理・競業避止義務

CASE 1　不正競争防止法・契約上の守秘義務・競業避止義務

　1　X社は、産業用ロボットシステムの製造・販売につきわが国有数のシェアを有する会社である。X社では、営業部および機械設計部でのみ、ロボットシステムの設計図データを共通のパスワードを入力することによって、閲覧し、印刷することが可能であった。このパスワードが変更されたことはなく、パソコン上にパスワードを記載した付箋を貼っている者もいた。なお、設計図データを印刷する際は、部門責任者の許可を要し、その利用が終わり次第廃棄する建前になっており、朝礼において時々、取引先に公開しないこと、印字用紙の管理を厳重にするように注意を行っていた。一方、顧客情報に関しては、営業担当者に紙媒体で配布され、机の上のファイルに収納されており、従業員であれば誰もが閲覧することが可能であり、他の社内向けの文書と大差ない状態で管理されていた。

　2　Y₁は、X社営業部門の責任者であり、これまでの経験を生かした事業を始めることを決意し、在職中から密かに新会社（Y₂社）の設立準備を始め、2017年10月にX社を退職し、同年11月にX社と競合するY₂社を設立した。退職直前の時期において、Y₁は、X社の設計図データおよび顧客情報を印刷して複製し、社外に持ち出した。また、機械設計部の技術者Y₃ら数名に新会社での条件等を提示し、転職を持ちかけたが、Y₃らはこれに応じなかった。その後、Y₃は自らX社を退職し、A社へ転職した。

　3　Y₂社は、X社の設計図データを用いて、Y₂社システムの製造・販売を行い、また、X社の顧客情報のコピーを使用して勧誘等を行った。

　4　X社は、Y₁の活動が不正競争行為（不競2条1項7号）、X社の営業秘密管理規程（就業規則27条）および競業避止義務違反（就業規則28条、29条）

208

6　知的財産法と労働法①——営業秘密の管理・競業避止義務

に該当するとして、X 社の設計図データの使用・開示の差止め、顧客情報を用いて勧誘したことによる損害賠償（売上高の減少分）および Y₂ 社での就労の差止めを求めた。また、退職金規程 5 条 4 号に基づき、Y₁ が X 社の設計図データ及び顧客情報を漏らしたとして、退職金の不支給を行った。さらに、Y₂ 社の活動についても、不正競争行為（不競 2 条 1 項 8 号）に該当するとして、X 社の設計図データおよび顧客情報の使用の差止めと損害賠償を求めた。

設問 1　Y₁ に対する X 社の請求は認められるか。

設問 2　X 社の Y₁ に対する退職金不支給は認められるか。

設問 3　Y₂ 社に対する X 社の請求は認められるか。

CASE 2　退職後の競業避止義務

　1　Y₃ は、X 社（**CASE 1** 参照）の機械設計部で約 10 年間、技術者として、専門的な技術が必要とされるロボット製造に携わっており、年収 900 万円という比較的高額な収入を得ていたが、転職を考えるようになった。ところが、Y₃ のような業務に従事していた者が他に転職する場合には、限られた範囲でしか就労の機会を得ることができなかったため、競合他社での転職活動を行った。その後、2019 年 3 月に X 社を退職し、同年 4 月に、A 社の機械設計部門に入社した。なお、X 社から支給された退職金は、勤務期間や退職理由に基づいて退職金規程によって算出される金額（2500 万円）であった。

　2　X 社は、Y₃ の A 社における就労を知り、競業避止義務違反（就業規則 29 条）に当たるとして、競業行為の差止めを求める 2019 年 4 月 30 日付け内容証明郵便を Y₃ に対し送付した。なお、Y₃ が A 社に転職したことにより、X 社に不都合ないし具体的な損害は発生していない。

設問 1　Y₃ に対する X 社の請求は認められるか。

設問 2　X 社は、**CASE 1・2** のような問題の発生を防ぐために、どのように対応すべきであったか。

> **X 社の就業規則**
> 　X 社の就業規則上の守秘義務規程、競業避止義務規程、退職金規程は、以下のとおりである。
> 第 27 条（守秘義務）
> 　就業期間中はもちろんのこと、退職した後にも、会社の業務に関わる重要な

第2部　実務編

機密事項については一切他に漏らしてはならない。
第28条（兼職避止義務）
　会社の承諾または命令なく、在籍のまま他の会社の役員もしくは使用人となり、または会社およびその他関係会社の利益に反する業務に従事してはならない。
第29条（退職後の競業避止義務）
　会社の業務に関わる重要な機密に関わった社員は、退職後2年間はその機密を利用して、同業他社に転職し、または同業種の事業を営んではならない。

退職金規程
第5条（退職金の不支給、減額）
　次の各号に該当する者については退職金を支給しない。ただし、事情により支給額を減額して支給することがある。
　……
4号　会社の業務に関わる重要な機密事項について他に漏らした者

解説

1　営業秘密の管理

(1)　意　義

　近年、ITの急速な発達に伴い、企業における営業秘密の保護が重要な課題となっている。営業秘密の保護をめぐる規制として、不法行為の特別法としての不正競争防止法（不競法）上の保護規定によって生じる義務と、信義則に基づいて誠実義務として生じる義務がある。不競法は、知的財産法に属する法であるが、「営業秘密の使用・開示」に対する法規制を整備しているため、守秘義務の実質的法源として位置づけられている[1]。一方、契約上の守秘義務は、信義則（労契3条4項）に基づき、使用者の正当な利益を不当に侵害しないよう配慮する義務から当然に生じる義務と解されており、使用者の営業上の秘密やノウハウをその承諾なく使用・開示してはならない義務をいう。これら2つの義務には、要件および効果の面で違いがある。すなわち、不競法上の営業秘密の不正利用行為の要件に該当すると、契約上の守秘義務と比べて、効果の面で手厚い保護が受けられるのに対し、契約上の守秘義務は、不競法の営業秘密

---

1)　土田・労働契約法119頁。

の保護の対象よりも広範であることが特徴となる。

また、企業では、契約上の守秘義務について、在職中および退職後に関する明示の特約を定めている場合も多い。加えて、労働者が使用者の下で獲得した知識・ノウハウを競業会社において利用する恐れを踏まえ、使用者は競合他社での就労そのものを禁止することがある（競業避止義務）。在職中に関しては、信義則に基づき、契約上の守秘義務や競業避止義務が広範に認められる傾向にあるのに対し、退職後に関しては、元労働者の職業選択の自由（憲22条1項）を制約することを意味するため、使用者との利益調整が問題となる（**2**参照）[2]。

なお、独禁法による新たな法的規律については**8**を参照。

(2) 不正競争防止法上の営業秘密の保護

㋐ 営業秘密の不正利用行為

労働者が使用者の営業秘密を使用したり、開示する場面においては、不競法2条1項7号が問題となる。この規定は、労働者が在職中・退職後を問わず信義則上の守秘義務を認める趣旨の規制であり、信義則違反類型の不正行為として位置づけられる[3]。同号は、営業秘密を保有する事業者（以下、「保有者」という）からその営業秘密を示された場合において、不正の利益を得る目的で、またはその保有者に損害を加える目的で、その営業秘密を使用し、または開示する行為を禁止している。すなわち、①対象となる秘密が「営業秘密」であること、②保有者である使用者から「示された」ものであること[4]、③図利加害目的が要件となる。このうち、②については、雇用関係において労働者が正当に示されたものであれば、保有者である使用者から「示された」ものと解される（なお、①および③の要件については、㋑、㋒を参照）。

また、不競法2条1項8号は、営業秘密の転得者による不正行為類型として、「その営業秘密について営業秘密不正開示行為（前号に規定する場合において同

---

2) 営業秘密・秘密保持義務、競業避止義務については、土田・労働契約法118頁以下、706頁以下参照。

3) 経済産業省知的財産政策室編『逐条解説・不正競争防止法〔第2版〕』（商事法務、2019）90頁。

4) 保有者から「示された」営業秘密かどうかをめぐって、営業秘密の「帰属」を問題とすべきか否かで議論が見られる（田村善之『不正競争法概説〔第2版〕』（有斐閣、2003）342頁参照）。

211

第2部　実務編

号に規定する目的でその営業秘密を開示する行為又は秘密を守る法律上の義務に違
反してその営業秘密を開示する行為をいう。以下同じ。）であること若しくはその
営業秘密について営業秘密不正開示行為が介在したことを知って、若しくは重
大な過失により知らないで営業秘密を取得し、又はその取得した営業秘密を使
用し、若しくは開示する行為」も禁止している。つまり、同項7号の不正開示
行為に該当しない場合であっても、契約上の守秘義務違反等による開示行為が
介在したことについて悪意または重過失で営業秘密を取得、使用、開示する行
為を禁止の対象としている[5]。

(イ) 営業秘密

「営業秘密」とは、秘密管理されており（秘密管理性）、有用性があり（有用
性）、非公知である（非公知性）情報をいう（不競2条6項）。こうした要件の趣
旨は、企業が秘密として管理しようとする対象（情報の範囲）が従業員等に対
して明確化されることによって、従業員等の予見可能性、ひいては、経済活動
の安定性を図ることにある[6]。

(a) 秘密管理性

3つの要件のうち、秘密管理性は、単に営業秘密の保有者が秘密とすること
についての意思をもつだけでは不十分であり、その秘密管理意思が、具体的状
況に応じた経済合理的な秘密管理措置によって、従業員に示され、従業員が当
該意思を容易に推認できることが要件であると解されている[7]。この要件は、
従業員の職業選択の自由を考慮し、従業員に帰属する一般的な知識と保護対象
とされる営業秘密との識別可能性を前提とする[8]。具体的には、情報・秘密へ
のアクセスの人的・物理的制限、情報・秘密の区分・特定・表示、守秘義務規
定の存在、これら管理を機能させるための組織の整備を総合して、必要な秘密
管理措置があったかどうか厳格に判断される[9]。なお、従来の経済産業省の指

---

5)　田村・前掲注4)350頁、茶園成樹編『不正競争防止法』（有斐閣、2015)81頁。
6)　経済産業省「営業秘密管理指針」（平成15年1月30日（最終改訂：平成31年1月23
　日））3頁。
7)　経済産業省・前掲注6)5頁。
8)　横田俊之ほか「改正不正競争防止法における営業秘密の法的救済制度について」ジュ
　リ962号（1990)26頁。

針では、①情報にアクセスできる者が制限されていること、②情報にアクセスした者に当該情報が営業秘密であることが認識できるようにされていることの2つの判断要素が掲げられていた[10]。しかしその後、2015年1月に改訂された「営業秘密管理指針」では、①アクセス制限は、②認識可能性を担保する一つの手段であるという位置づけで、認識可能性があれば、十分なアクセス制限がないことのみを根拠に秘密管理性が否定されないことが明らかとなった[11]。また、秘密管理措置の具体的な内容・程度は、当該営業秘密に接する従業員の多寡、業態、従業員の職務、情報の性質、執務室の状況その他の事情によって当然に異なるものとされる[12]。なお、経済産業省が2016年2月に公表した「秘密情報の保護ハンドブック～企業価値向上に向けて～」[13]（以下、「秘密情報の保護ハンドブック」という）では、上記「営業秘密管理指針」で示された最低水準を超えて、情報漏えい対策として有効と考えられる対策が紹介されている（**解答 CASE 2 設問 2** 参照）。

(b) 有用性

有用性は、事業活動に使用される際に、商業的価値を有するものであることを要する。肯定例として、製品の設計図、製法、顧客名簿、販売マニュアル、仕入先リストのような営業上の情報が示されている[14]。一方で、企業の反社会的な行為などの公序良俗に反する内容の情報は、有用性が認められない[15]。

(c) 非公知性

非公知性は、一般的には知られておらず、または容易に知ることができない

---

9) 土田・労働契約法 120 頁。

10) 秘密管理性要件に関する裁判例の変遷については、近藤岳「秘密管理性要件に関する裁判例研究——裁判例の『揺り戻し』について」知的財産法政策学研究 25 号（2009）159 頁、田村善之「営業秘密の秘密管理性要件に関する裁判例の変遷とその当否（その1)(その2)——主観的認識 vs.『客観的』管理」知財管理 64 巻 5 号 621 頁・6 号（2014）787 頁以下を参照。

11) 経済産業省知的財産政策室編・前掲注 3)42 頁。

12) 経済産業省・前掲注 6)8 頁。

13) http://www.meti.go.jp/policy/economy/chizai/chiteki/pdf/handbook/full.pdf

14) 経済産業省知的財産政策室編・前掲注 3)43 頁。

15) 経済産業省・前掲注 6)15 頁。

第 2 部　実務編

ことが必要とされる。具体的には、当該情報が合理的な努力の範囲内で入手可
能な刊行物に記載されていない等、保有者の管理以外では一般的に入手するこ
とができない状態のことをいう[16]。

(ウ)　図利加害目的

「不正の利益を得る目的」（図利目的）は、信義則上の守秘義務に著しく違反
する場合をいい、競争関係にある事業を行う目的に限定されていない。これに
は、自ら不正の利益を得る目的（自己図利目的）のみならず、第三者に不正に
利益を得させる目的（第三者図利目的）も含まれる。この「不正」の具体的な
判断は、当事者間の信頼関係の程度、営業秘密の保有者の利益、営業秘密を示
された者の利益、営業秘密の態様などを勘案してなされるものと解されてい
る[17]。また、「保有者に損害を加える目的」（加害目的）とは、営業秘密の保有
者に対し、財産上の損害、信用の失墜その他の有形無形の不当な損害を加える
目的のことを指し、現実に損害が生じることは要しないものとされている[18]。

(エ)　効　果

不正競争の効果として、差止め（不競 3 条 1 項）、損害賠償（同 4 条、損害額
の推定に関しては、同 5 条を参照）[19]、侵害行為を組成した物の廃棄、侵害行為
に供した設備の除却（同 3 条 2 項）、信用回復措置（同 14 条）などがある。こ
れに加え、民事上の差止請求等の対象となるものとの比較の上で、特に違法性
が高いと認められる侵害行為については、刑事罰（営業秘密侵害罪・同 21 条）
の対象となる。この刑事罰は段階的に改正がなされ、役員・従業者不正使用・
開示罪（同条 1 項 5 号、2003 年改正）、退職者による不正使用・開示罪（同条 1
項 6 号、2005 年改正）、従業者等による営業秘密の領得への刑事罰（同条 1 項 3
号、2009 年改正）、また、2015 年には、罰金刑の上限の引上げ（同条 1 項・3 項、
22 条 1 項 1 号・2 号）や領得行為を除く営業秘密侵害罪について未遂処罰規定
（同 21 条 4 項）、国外犯処罰の範囲拡大（同条 6 項）、営業秘密を侵害した者の

---

16)　経済産業省知的財産政策室編・前掲注 3)44 頁。
17)　土田・労働契約法 121 頁。
18)　経済産業省知的財産政策室編・前掲注 3)97 頁。
19)　なお、不競法 4 条に基づく損害賠償請求は、民法 709 条の請求を排除するものではな
　　い。

不正な利益を任意的に没収・追徴することができる旨の規定（同条10項〜12項）等が設けられており、営業秘密保護の強化が図られている[20]。

(3) 契約上の守秘義務

(ア) 在職中の守秘義務

労働者は、信義則（労契3条4項）に基づく誠実義務として、在職中に知り得た秘密を保持する義務を負っている。この義務は、守秘義務あるいは秘密保持義務ともいわれており、就業規則等に明文の根拠がない場合にも生じる。

労働契約上の守秘義務は、不競法上の営業秘密に該当しない事項についても保護の対象となりうる。すなわち、不競法上の秘密管理性や有用性の要件が及ばず、秘密管理性を欠く情報も秘密としての客観的価値を有する限り、守秘義務の対象と解される[21]。一方で、近年の裁判例の中には、契約上の守秘義務の保護対象につき、不競法上の営業秘密の要件を用いる立場もあり[22]、見解の相違が見られる。

また、守秘義務は、企業の機密を業務以外の目的で使用したり、開示または交付する行為を禁止するものである[23]。すなわち、秘密事項が保有者から「示された」ことや、使用・開示につき、図利加害目的（不競2条1項7号）を要しないため、労働者が自ら開発したノウハウや顧客情報を使用・開示することや、自己の利益でなく使用者の利益を図る目的で使用・開示することも義務違反となりうる[24]。それゆえ、信義則上の守秘義務は、態様の違法性の判断において、不競法上の守秘義務よりも広い範囲で制限が及ぶことになる。

このような守秘義務に違反した場合、使用者は懲戒、解雇、損害賠償請求（債務不履行ないし不法行為）等が可能である。たとえば、職務上知り得た企業秘密の漏洩や社外への持ち出し行為を理由とする解雇ないし懲戒解雇が認められた事例[25]や、債務不履行責任を肯定した事例[26]がある。なお、守秘義務違

---

20) 経済産業省知的財産政策室編・前掲注3)253頁以下参照。

21) 土田・労働契約法124頁。

22) 関東工業事件・東京地判平成24・3・13労経速2144号23頁、レガシィ事件・東京地判平成27・3・27労経速2246号3頁、エイシンフーズ事件・東京地判平成29・10・25 LEX/DB 25449017。

23) メリルリンチ・インベストメント・マネージャーズ事件・東京地判平成15・9・17労判858号57頁。

24) 土田・労働契約法124頁。

第2部　実務編

反と損害との因果関係が立証できない限り、損害賠償は認められない[27]。その他、学説では、情報・秘密が就業規則等で特定されるよう、根拠が明確な場合に限って、差止請求も可能であると解されている[28]。

(イ)　退職後の守秘義務

以前の使用者に対して契約上の守秘義務を負うかどうかという点については、裁判例および学説ともに、契約終了後は消滅するという立場[29]と、信義則上、契約終了後も守秘義務が認められるとする立場[30]とで対立が見られる。この点、不競法が不法行為法の特別法に位置づけられ、その救済の前提として信義則上の義務を認知する趣旨であることを踏まえると、信義則上の守秘義務が退職後も存在することを認めていないものと解される。したがって、退職後の守秘義務については、秘密管理規程等の契約上の明確な根拠が必要となる。

次に、退職後の守秘義務は、不競法上の営業秘密該当性や図利加害目的の要件がないことから、広く解されている。ただし、退職労働者は職業選択の自由（憲22条1項）を保障されており、その制限が過剰となる場合には、公序（民90条）違反と評価される[31]。具体的には、対象とする営業秘密等の特定性や範囲、秘密として保護する価値の有無および程度、退職者の従前の地位等の事情が総合考慮される[32]。たとえば、秘密の範囲が無限定で特定できない場合

---

25)　三朝電機製作所事件・東京地判昭和43・7・16判タ226号127頁、宮坂産業事件・大阪地判平成24・11・2労経速2170号3頁等。

26)　美濃窯業事件・名古屋地判昭和61・9・29判時1224号66頁。

27)　前掲注26)美濃窯業事件。

28)　土田・労働契約法125頁、菅野152頁。

29)　ダイオーズサービシーズ事件・東京地判平成14・8・30労判838号32頁、前掲注22)関東工業事件、前掲注22)レガシィ事件、小畑史子「営業秘密の保護と雇用関係――改正不正競争防止法の意義と特徴」日本労働法研究雑誌33巻11号（1991)38頁。土田・労働契約法708頁等。

30)　三和化工事件・大阪高判平成6・12・26判時1553号133頁。その他、バイクハイ事件・仙台地判平成7・12・22判タ929号237頁。学説では、我妻栄『債権各論（中巻二)』（有斐閣、1962)595頁、盛岡一夫「企業秘密の保護――従業員の転職等を中心として」法律のひろば40巻11号（1987)42頁、樫原義比古「労働者の退職後における競業禁止に関する契約」中川淳先生還暦祝賀『民事責任の現代的課題』（1989)449頁、石橋洋「企業の財産的情報の保護と労働契約」日本労働法学会誌105号（2005)26頁。

31)　土田・労働契約法709頁。

32)　マツイ事件・大阪地判平成25・9・27ジャーナル21号10頁。

や、競合他社も容易に入手可能なものである場合、守秘義務は否定される傾向にある。一方で、重要な機密事項の内容を熟知し、その利用方法・重要性を十分認識している者として、秘密保持を義務づけられてもやむをえない地位にある者については、守秘義務の合理性が肯定される[33]。なお、守秘義務は、営業秘密その他の秘密・情報の漏洩のみを規制する義務であるため、後述する競業避止義務のように義務期間の限定や代償を要件と解する必要はない[34]。

こうして、有効と判断される退職後の秘密管理規程や守秘義務契約に違反した場合には、差止請求[35]、債務不履行による損害賠償請求[36] が可能となる。

2　競業避止義務

(1)　在職中の競業避止義務

労働者は信義則（労契3条4項）に基づき誠実義務として、守秘義務と同様、競業避止義務を負う。すなわち、使用者と競合する企業に就職したり、自ら事業を営まない義務のことである[37]。

競業避止義務違反の類型として、①競合他社での就労の他、②競合他社の設立またはその準備行為、③競合他社の利益を図る行為、④従業員の引抜き・転職の勧誘が挙げられる。まず、①は、使用者の下で獲得した知識・ノウハウを競業会社において利用する恐れが高いと評価される。また、②について、たとえば、取締役や幹部従業員が競業会社設立の計画や従業員を引き抜くための勧誘を積極的に行った結果、会社の業務を混乱させた場合や[38]、在職中に競業会社の取締役に就任し、設立準備を行っていた場合[39] に義務違反が認められ

---

33)　前掲注29) ダイオーズサービシーズ事件。

34)　土田・労働契約法709頁。一方、不競法や不法行為の枠組みを超えた特約については、代償を要件とする見解もある（石田信平「営業秘密保護と退職後の競業避止義務」日本労働法学会誌132号（2019）46頁以下）。

35)　フォセコ・ジャパン・リミティッド事件・奈良地判昭和45・10・23判時624号78頁

36)　前掲注29) ダイオーズサービシーズ事件、アイメックス事件・東京地判平成17・9・27労判909号56頁。

37)　土田・労働契約法125頁。

38)　日本コンベンションサービス事件・大阪高判平成10・5・29労判745号42頁。

39)　橋元運輸事件・名古屋地判昭和47・4・28判時680号88頁、ピアス事件・大阪地判平成21・3・30労判987号60頁、すみれ介護事件・東京地判平成26・11・7ジャーナル36号35頁等。

第2部　実務編

る。さらに、③は、自己または競業会社の利益を図る目的で、競業会社を顧客に紹介したり、競業会社が使用者の協力会社であるかのように装って競業会社に発注させたり、上司に競業会社がより安い価格で顧客と契約する可能性があることを報告しなかった行為等が挙げられる[40]。その他、④については、従業員の転職の自由（職業選択の自由）が考慮されるため、単なる勧誘に留まるものであれば、競業避止義務違反には当たらない。裁判例は、幹部従業員が多数の従業員に対し、計画的かつ極めて背信的に移籍の説得を行った行為につき、従業員の地位、会社内部における待遇および人数、従業員の転職が会社に及ぼす影響、勧誘に用いた方法（退職時期の予告の有無、秘密性、計画性）等を考慮し、誠実義務違反と判断する[41]一方、従業員が一斉に退職したとしても、自発的に退職した場合には、義務違反は成立しないと判断している[42]。

在職中の競業避止義務違反が認められると、使用者による損害賠償請求[43]、労働者の懲戒処分・解雇がなされうる。また、退職金の不支給・減額がなされる場合もある。競業行為への加担行為が、労働者の勤続の功を抹消してしまうほどの著しい信義に反する行為である場合、退職金の不支給が認められる[44]。

(2)　退職後の競業避止義務

(ア)　法的根拠・要件

退職後に労働者が競合他社へ転職し、使用者の競争上の利益が侵害される場合には、退職後の競業避止義務をめぐる問題が生じる[45]。もっとも、労働契約終了後の競業避止義務を認めるとすると、守秘義務と比べて、労働者の職業活動を制約することになる。そのため、労働者の職業選択の自由（憲22条1

---

40)　エーブライ事件・東京地判平成15・4・25労判853号22頁。その他、協立物産事件・東京地判平成11・5・28時判1727号108頁参照。

41)　ラクソン事件・東京地判平成3・2・25労判588号74頁。

42)　池本自動車商会事件・大阪地判平成8・2・26労判699号84頁。

43)　前掲注40)エーブライ事件。なお、競業避止義務違反が認められても、その行為と損害との間に因果関係が認められない場合には、損害賠償請求は認められない（前掲注39)すみれ介護事件)。

44)　イーライフ事件・東京地判平成25・2・28労判1074号47頁。

45)　小畑史子「退職した労働者の競業規制」ジュリ1066号(1995)119頁、土田道夫「競業避止義務と守秘義務の関係について——労働法と知的財産法の交錯」中嶋士元也先生還暦記念『労働関係法の現代的展開』(信山社、2004)199頁以下参照。

項）がより重視され、契約上の明確な根拠が必要となる[46]。なお、契約上の明示の根拠をめぐっては、個々の労働者と使用者間の特約を要するか、それとも、就業規則規程で足りるかという点で議論がある[47]。

また、競業避止義務は、労働者の職業選択の自由（憲22条1項）が考慮され、合理性が審査される（合理性審査論）[48]。すなわち、①労働者の地位・職務が競業避止義務を課すのにふさわしいものであること、②前使用者の正当な利益（秘密・情報）の保護を目的とすること、③競業制限の対象職種・期間・地域から見て職業活動を不当に制限しないこと、④適切な代償が存在すること等を総合して義務の有効性は判断され、公序（民90条）に違反した場合、無効となる[49]。なお、裁判例の中には、競業行為の禁止の内容が必要最小限度にとどまっており、かつ、競業行為禁止により労働者の受ける不利益に対する十分な代償措置を講じている場合、公序違反に該当しないとして、より一層厳格に判断する立場（必要最小限制約論）[50]や、競業禁止規定の趣旨を合理的な範囲に限定的に解釈し、規定の有効性を認める立場（合理的限定解釈論）[51]もある。

---

46)　土田・労働契約法 710 頁。

47)　土田・労働契約法 710 頁。

48)　土田・労働契約法 711 頁。

49)　前掲注 35)フォセコ・ジャパン・リミティッド事件、岩城硝子ほか事件・大阪地判平成 10・12・22 知的裁集 30 巻 4 号 1000 頁、キヨウシステム事件・大阪地判平成 12・6・19 労判 791 号 8 頁、前掲注 29)ダイオーズサービシーズ事件、新日本科学事件・大阪地判平成 15・1・22 労判 846 号 39 頁、トーレラザールコミュニケーションズ事件・東京地決平成 16・9・22 労判 882 号 19 頁、ヤマダ電機事件・東京地判平成 19・4・24 労判 942 号 39 頁、トータルサービス事件・東京地判平成 20・11・18 労判 980 号 56 頁、アメリカン・ライフ・インシュアランス・カンパニー事件・東京地判平成 24・1・13 労判 1041 号 82 頁、リンクスタッフ事件・大阪地判平成 27・8・3 LEX/DB 25541202。一方、競業避止義務が不競法上の営業秘密の保護を目的とするか否かによって根拠・要件を分けて考える立場（根拠・要件二分論）として、東京リーガルマインド事件・東京地決平成 7・10・16 労判 690 号 75 頁がある。

50)　東京貨物社事件・東京地判平成 12・12・18 労判 807 号 32 頁、前掲注 22)関東工業事件。

51)　前掲注 36)アイメックス事件、アートネイチャー事件・東京地判平成 17・2・23 労判 902 号 106 頁、ダンス・ミュージック・レコード事件・東京地判平成 20・11・26 判時 2040 号 126 頁、三田エンジニアリング事件・東京高判平成 22・4・27 労判 1005 号 21 頁等。

第 2 部　実務編

(イ)　具体的判断

①労働者の地位・職務について、使用者特有の知識やノウハウ等の営業秘密を得る地位・職務に従事している場合、競業避止義務を課すことの合理性が肯定される要素となる。たとえば、営業方針や経営戦略を知りうる立場の従業員[52]や取締役[53]が、競合他社に就職すると、営業秘密を利用する可能性が高いと評価される。

次に、②前使用者の正当な利益について、不競法上の営業秘密だけでなく、使用者が保有する技術上の秘密やノウハウ等を保護する目的があれば、競業避止義務の合理性が認められうる[54]。一方で、一般的な業務に関する知識、経験、技能については、競業避止義務の対象とならない[55]。

また、③競業制限の対象職種・期間・地域については、その制限の範囲が妥当か否か審査され、使用者の利益と比べ、労働者の職業選択の自由を過剰に侵害している場合、合理性が否定される。たとえば、競業制限の職種を限定せず、期間も 5 年で、地域的な限定もない場合、合理性を否定する要素となる[56]。なお、期間に関しては、2 年間とすることが、業界における経験の価値を陳腐化するものと評価される場合もあれば[57]、使用者の利益を考慮すれば、比較的短期間であると評価される場合もあり[58]、個々の事案に応じて判断される。

最後に、④代償措置については、労働者の受ける不利益を補償する措置（給付金等）があったかどうかが審査される[59]。近年の裁判例は、代償措置がないか不十分であるとされる場合、競業避止義務の合理性を否定する傾向にある[60]。たとえば、退職金は、勤務中の労働の対価としての意味を有するものであり、競業避止義務の性質を有するものではない[61]。ただし、算出される金額を上

---

52)　前掲注 49)ヤマダ電機事件。

53)　リーフラス事件・東京地判平成 24・1・17 LEX/DB 25491225。

54)　第一紙業事件・東京地判平成 28・1・15 労経速 2276 号 12 頁。

55)　前掲注 51)ダンス・ミュージック・レコード事件、前掲注 51)アートネイチャー事件。

56)　前掲注 49)岩城硝子ほか事件。

57)　前掲注 49)アメリカン・ライフ・インシュアランス・カンパニー事件。

58)　前掲注 49)トーレラザールコミュニケーションズ事件。

59)　なお、代償措置として、独立支援制度を設けたことを評価する裁判例として、前掲注 49)トータルサービス事件がある。

60)　前掲注 49)岩城硝子ほか事件、前掲注 49)キヨウシステム事件、前掲注 50)東京貨物社事件、前掲注 49)新日本科学事件、前掲注 49)リンクスタッフ事件等。代償措置を重視する立場を支持する学説として、土田・労働契約法 716 頁。

220

6　知的財産法と労働法①──営業秘密の管理・競業避止義務

回る退職金の支払いを受けている場合、代償措置と評価されることもある[62]。

(ウ)　違反の効果

退職後の競業避止義務違反の効果として、損害賠償請求、競業の差止請求、退職金の不支給・減額等が挙げられる。

まず、損害賠償請求については、顧客奪取による損害を肯定する事案[63]や、損害賠償の予定ないし違約金を定める特約に基づく損害賠償を認めた事案[64]がある。一方で、競業避止義務違反が認められたとしても、義務違反と損害（収益の減少）との因果関係が否定される場合もある[65]。

また、差止請求については、事後的な損害賠償と異なり、競業行為それ自体を差し止める点で職業活動への萎縮効果が特に高いことが指摘されている[66]。そこで、裁判例は、不競法上の差止請求規定を参照し、「当該競業行為により使用者が営業上の利益を現に侵害され、又は侵害される具体的なおそれがある場合」に限定して、差止請求を認めている[67]。

さらに、退職金の減額・不支給は、退職金が功労報償的性格を併せ持つことから、合理性のない措置であるとはいえない[68]。しかし一方で、退職金が賃金後払的要素も併せ持つこと、退職従業員の職業選択の自由が考慮され、労働の対償を失わせることが相当であると考えられるような顕著な背信性がある場合に限り、減額・不支給が認められる[69]。具体的には、不支給・減額条項の

---

61)　前掲注 49)岩城硝子ほか事件。

62)　前掲注 53)リーフラス事件。

63)　前掲注 29)ダイオーズサービシーズ事件。

64)　前掲注 49)ヤマダ電機事件。

65)　前掲注 36)アイメックス事件。

66)　土田・前掲注 45)202 頁。

67)　前掲注 49)東京リーガルマインド事件。なお、競業避止義務が不競法上の営業秘密の保護を目的としているか否かによって、根拠・要件を二分する立場（根拠・要件二分論）にたち、営業秘密の不正使用・開示を伴う競業に対し、不競法の差止請求（3 条 1 項）の直接適用を支持する学説として、石田信平「営業秘密保護と退職後の競業規制（3・完）──アメリカにおける不可避的開示論の形成と展開を踏まえて」同志社法学 319 号（2007)250 頁参照。

68)　三晃社事件・最二判昭和 52・8・9 労経速 958 号 25 頁。

69)　中部日本広告社事件・名古屋高判平成 2・8・31 労判 569 号 37 頁。その他、前掲注 38)日本コンベンションサービス事件。

第 2 部　実務編

必要性、労働者の退職の経緯・目的、競業によって生じた前使用者の損害等を
総合して審査される。

　その他、競業避止特約がない場合であっても、不法行為に基づく損害賠償請
求が例外的に肯定されることがある。裁判例では、元従業員等の競業行為が、
社会通念上自由競争の範囲を逸脱した違法な態様で元雇用者の顧客を奪取した
ような場合、不法行為が肯定されうるが、肯定例はほとんど見られない[70]。

解答

CASE 1 設問 1
結論：Y_1 に対する X 社の請求は一部認められる。
＜X 社は、設計図データの使用・開示に関する差止め（不競 3 条 1 項）、損
害賠償請求（同 4 条）、設計図データの使用・開示および顧客情報を用いた
勧誘に関する債務不履行に基づく損害賠償請求を行うことができる。＞

(1)　不競法 2 条 1 項 7 号該当性

　設問 1 では、第一に、Y_1 の行為が不競法 2 条 1 項 7 号に基づく不正競争行
為と認められるか否かが論点となる。

　CASE 1 において、Y_1 が退職直前の時期において X 社から持ち出したとされ
る設計図データおよび顧客情報が、不競法 2 条 6 項に基づく「営業秘密」に該
当するか検討を行う。「営業秘密」として保護されるための要件として、「秘密
管理性」、「有用性」、「非公知性」を満たす必要がある（**解説 1** (2)(イ)参照）。

　まず、設計図データに関しては、営業部および機械設計部の者しかアクセス
できないこと、アクセスする際、パスワードの入力が必要であり、印刷する際
も、部門責任者の許可を要していた。パスワードが変更されず、パソコン上に
パスワードを記載した付箋を貼っている者もいたとしても、営業部門の責任者
であった Y_1 にとっては、当該情報が営業秘密であることを客観的に認識でき

---

70)　肯定例として、ネットドリーム事件・大阪地判平成 27・12・10 ジャーナル 49 号 40
　頁。一方、サクセスほか（三佳テック）事件・最一判平成 22・3・25 民集 64 巻 2 号 562
　頁では、元雇用者の営業秘密に係る情報を用いたり、会社の信用をおとしめたりするな
　どの不当な方法で営業活動を行ったとは認められず、元雇用者と取引先との自由な取引
　が阻害されたという事情がないこと等から、不法行為該当性が否定されている。

たものと認めるのが相当である[71]。また、設計図データはロボットシステム
の製造において、商業的価値を有し、有用性が肯定される。さらに、X社では、
取引先で当該情報を公開しないよう注意を行っている点を踏まえると、X社の
管理以外では入手することが困難であったといえ、非公知性も認められる。し
たがって、設計図は、不競法2条6項のいう「営業秘密」に該当する。

　一方、顧客情報は、営業担当者に紙媒体で配布され、机の上のファイルに収
納され、従業員であれば誰もが閲覧することが可能であることから、十分にア
クセス制限がなされていない。また、当該情報が、他の社内向けの文書と大差
ない状態で管理されていたことからも、秘密として管理していると認識するこ
とはできないと評価できる[72]。よって、秘密管理性が認められず、不競法2
条6項のいう「営業秘密」に該当しない。

　次に、X社の営業秘密（設計図データ）をY_1が使用・開示した行為について、
図利加害目的があったか否かが問題となる。Y_1は、X社の営業部門の責任者
という立場でありながら、退職直前に設計図データを社外に持ち出し、その後
X社と競合するY_2社を設立している。そして、Y_2社は当該データを用いてY_2
社システムの製造・販売を行っていることから、Y_1が競争関係にある事業を
行う目的で、不正に使用・開示したことが認められる。

　したがって、Y_1の設計図データの使用・開示行為は、不競法2条1項7号
に基づく不正競争行為に該当する。よって、X社は、Y_1に対して、設計図デー
タの使用・開示に関する差止請求（同3条1項）、設計図データの使用・開示に
よって生じた損害の賠償請求（同4条）が可能となる。一方、X社の顧客情報
に関しては、同法2条6項のいう「営業秘密」に該当しないため、不競法上の
救済は得られないことになる。

(2)　契約上の守秘義務違反の成否

　次に、**CASE 1**において、在職中に設計図データおよび顧客情報を持ち出し
た行為が、契約上の守秘義務違反に該当するかどうか問題となる。

　まず、在職中の守秘義務の法的根拠について検討を行う。X社では、就業規
則27条に在職中および退職後に関する守秘義務規程が置かれている。**解説1**

---

71)　産業ロボット事件・名古屋地判平成20・3・13判時2030号107頁参照。
72)　車両変動状況表事件・東京地判平成12・12・7判時1771号111頁参照。

第2部　実務編

(3)⑦のとおり、在職中に関しては、就業規則等に明文の根拠がなくても、信義則（労契3条4項）に基づく守秘義務が生じるものと解されている。就業規則27条は、こうした義務の内容を明文化したものと評価することができる。

　一方、退職後の守秘義務については、契約上の明確な根拠が必要となる（**解説1**(3)⑦参照）。X社とY₁との間で守秘義務に関する誓約書といった特約は存在しないものの、就業規則27条は、「退職した後にも、会社の業務に関わる重要な機密事項については一切他に漏らしてはならない」とし、退職後の守秘義務規程を定めており、一応、明示の根拠があるものと評価することができる。

　もっとも、退職労働者は職業選択の自由（憲22条1項）を保障されていることから、守秘義務によって過剰に制限されてはならない。そこで、対象とする営業秘密等の特定性や範囲、秘密として保護する価値の有無および程度、退職者の従前の地位等の事情が総合考慮され、その制限が必要かつ合理的な範囲を超える場合には、公序良俗に違反し無効となる（**解説1**(3)⑦参照）[73]。**CASE 1**の場合、確かに、守秘義務規程のいう「会社の業務に関わる重要な機密事項」が具体的に何を意味するのか明確ではない上、顧客情報は、十分に管理がなされておらず、秘密として要保護性が高いということはできない。しかし、Y₁はX社の営業部の責任者であった上、設計図データおよび顧客情報が競合他社に漏洩すれば、X社にとって不利益が生じることを踏まえると、退職後の守秘義務も合理的な範囲であると一応評価できる。

　そこで、退職直前の時期に、Y₁がX社の設計図データおよび顧客情報を印刷して複製し、退職後、社外で使用した行為が、就業規則27条（守秘義務）違反として認められるか否かが問題となる。この点、契約上の守秘義務については、不競法上の営業秘密の要件が及ばず、秘密管理性を欠く情報であっても、秘密としての客観的価値を有する限りで、保護の対象と解すべきである（**解説1**(3)⑦参照）[74]。X社の設計図データについては、秘密としての要保護性が高く、客観的価値を肯定することができる。一方、X社の顧客情報は、秘密としての要保護性は高くないが、競合他社に漏洩すれば、X社の顧客を奪われる可能性が高いことを踏まえると、当該情報は秘密としての客観的価値を有す

---

73)　前掲注32)マツイ事件。

74)　土田・労働契約法124頁。一方、不競法上の営業秘密とほぼ同一に解する裁判例（前掲注22)レガシィ事件等）もある。

るものと解されよう。また、競合他社の設立準備を行っていた Y_1 が当該情報を退職直前の時期に持ち出した上、退職後も Y_2 社が当該情報を使用している点を考慮すると、X 社の競争上の利益を侵害しうるものと評価できる。

したがって、Y_1 の設計図データおよび顧客情報の持ち出し行為は、就業規則 27 条（守秘義務）違反に該当する。よって、X 社は Y_1 に対して、債務不履行に基づく損害賠償請求を行うことができる。なお、差止請求については、情報・秘密が契約や就業規則等で特定され、根拠が明確な場合に限り認める立場[75] が妥当である。**CASE 1** の場合、上記秘密・情報が就業規則等で特定されていないことから、差止請求は認められない。

(3) 契約上の競業避止義務違反の成否
① 在職中の競業避止義務

CASE 1 では、Y_1 が在職中から密かに新会社（Y_2 社）の設立準備を始めており、かかる行為が競業避止義務に違反するか否かが問題となる。

在職中の労働者は、信義則（労契 3 条 4 項）に基づき、競業避止義務を負っている（**解説 2** (1)参照）。X 社就業規則 28 条には、会社の承諾または命令なく、在籍のまま他の会社の役員もしくは使用人となり、あるいは会社の利益に反する業務に従事してはならない旨の規定（兼職避止義務）があり、競合他社で事業を営む場合にはこれに該当する。しかし、Y_1 は、在職中、Y_2 社の設立準備にとどまり、競合他社の取締役に就任したというような事実はないことから、当該条項に違反するとはいえない。

また、Y_1 は、在職中、機械設計部の技術者 Y_3 ら数名に新会社での条件等を提示し、転職を持ちかけている。このような転職の勧誘行為が、競業避止義務に違反するか否かが問題となる。この点、**解説 2** (1)のとおり、従業員の転職の自由（職業選択の自由）が考慮されることから、単なる勧誘にとどまる場合には、競業避止義務違反とならない。**CASE 1** において、Y_3 らは、Y_1 の転職の勧誘に応じていない点、Y_3 は自発的に退職し、Y_2 社ではなく、A 社に転職している点を踏まえると、Y_1 の行為は、単なる転職の勧誘にとどまり、著しく背信的なものと評価することはできない。

一方、Y_1 の設計図データや顧客情報の持ち出し行為を、Y_2 社の設立準備の

---

75) 土田・労働契約法 125 頁、菅野 152 頁。

第 2 部　実務編

一連の行為と捉えると、X 社の競争上の利益を侵害しうるものといえ、この点については、在職中の競業避止義務に違反したものと評価できる。その違反の効果として、設計図データや顧客情報を競業会社で使用する目的で持ち出したことによって生じた損害賠償（売上高の減少分）の請求が可能となる。なお、Y₂ 社での就労に対する差止請求の可否については、次で述べるとおり、退職後の競業避止義務の有効性が問題となる。

②　退職後の競業避止義務

退職後の競業避止義務については、契約上の明示の根拠が必要となる。CASE 1 では、就業規則 29 条に退職後の競業避止義務の定めがあるが、X 社と Y₁ との間では、個別の競業避止特約を結んでいない。**解説 2 (2)(ア)**のとおり、契約上の明示の根拠をめぐって、個々の労働者と使用者間の特約を要するか、それとも、就業規則規程で足りるかという問題がある。この点、退職後の競業避止義務は、労働契約本体と密接に関連し、付随する権利義務は就業規則の対象となる労働条件（労契 7 条）に該当するという見解が適切である[76]。それゆえ、就業規則規程に基づく競業避止義務が法的根拠として認められる。

次に、競業避止義務の要件について検討する。退職後の競業避止義務は、労働者の職業選択の自由（憲 22 条 1 項）を制約しうるため、その合理性が問題となる。その合理性の内容については、①労働者の地位・職務が競業避止義務を課すのにふさわしいものであること、②前使用者の正当な利益（秘密・情報）の保護を目的とすること、③競業制限の対象職種・期間・地域から見て職業活動を不当に制限しないこと、④適切な代償が存在すること等を総合して義務の有効性が判断されることになる（**解説 2 (2)(イ)**参照）。

CASE 1 によると、就業規則 29 条は、退職後 2 年間、同業他社での就業を禁止するものである。確かに、Y₁ は営業部の責任者であり、部門責任者として、設計図のような営業秘密の管理に関しては、相当高度の注意義務を課せられていたものと考えられる。そして、X 社には既存顧客を維持する利益があり、競業制限期間についても、2 年と比較的短期であったといえる。しかし一方で、競業制限期間に対する代償措置は全く考慮されていないこと、全国一円にかつ一律に同種の事業への就業を制約していることを踏まえると、労働者の職業選

---

76)　土田・労働契約法 710 頁。

6　知的財産法と労働法①——営業秘密の管理・競業避止義務

択の自由（憲22条1項）を過度に侵害し、公序良俗（民90条）に違反するもの
と評価できる。よって、就業規則29条は無効と解される[77]。この結果、X社
は、Y_1 に対し、Y_2 社での就労の差止めを求めることまではできない。

CASE 1 設問2

結論：X社の Y_1 に対する退職金不支給は認められる。

　退職金の不支給に関しては、X社退職金規程5条に根拠規定が置かれ、会社
の業務に関わる重要な機密事項について他に漏らした者を対象としている（4
号）。そこで、この規定に基づき、Y_1 が設計図データおよび顧客情報を Y_2 社
のために持ち出した行為が、退職金不支給の対象となるかどうか検討する。

　裁判例は、在職中の競業行為が極めて悪質である場合、労働者の勤続の功を
抹消してしまうほどの著しい信義に反するものとして、不支給条項を有効と判
断する傾向にある（**解説2(2)(ウ)参照**）[78]。**CASE 1** の場合、Y_1 は営業部門の責任
者であり、設計図データのような営業秘密の管理に関して、相当高度の注意義
務を課せられていたものといえる。また、退職直前における設計図データおよ
び顧客情報の持ち出し行為は、競合他社である Y_2 社のためになされたもので
ある。それによって、売上高の減少といった損害が生じていることを踏まえる
と、Y_1 の行為は極めて悪質であり、Y_1 の勤続の功を抹消してしまうほどの著
しい信義に反する行為に該当し、X社による退職金不支給は認められる。

CASE 1 設問3

結論：Y_2 社に対するX社の請求は一部認められる。
＜X社は、Y_2 社に対し、設計図データの使用・開示に関する差止め（不競3
条1項）、損害賠償請求（同4条）を行うことができる。＞

　Y_2 社によるX社の設計図データおよび顧客情報の使用が、不競法2条1項
8号に基づく不正競争行為に該当するかどうか問題となる。
　前提として、不競法が対象としているのは「営業秘密」（2条6項）であるか

---

77)　前掲注49)岩城硝子ほか事件等。
78)　前掲注44)イーライフ事件。

227

第 2 部　実務編

ら、**CASE 1 設問 1** で検討したとおり、設計図データのみ保護の対象となる。そして、Y_1 が競業関係にある Y_2 社設立のために設計図データを開示した行為（不正開示行為）が介在したことを、Y_2 社は知っていたものと評価することができる。したがって、不正開示された営業秘密の悪意・重過失での使用に該当する（2 条 1 項 8 号）。よって、X 社は、Y_2 社に対して、設計図データについてのみ、使用・開示に関する差止請求（不競 3 条 1 項）、使用・開示によって生じた損害の賠償請求（同 4 条）を行うことができる。

CASE 2 設問 1

結論：Y_3 に対する X 社の請求は認められない。

　就業規則に基づく競業避止義務が法的根拠となることは、**CASE 1 設問 1** (3) ②で述べたとおりである。同様に、退職後の競業避止義務の合理性に関して、①労働者の地位・職務、②前使用者の正当な利益（秘密・情報）の保護目的、③競業制限の対象職種・期間・地域、④適切な代償の有無について検討を行う。

　CASE 2 によると、Y_3 は、X 社における機械設計部の技術者として、約 10 年所属しており、産業用ロボットシステムの製造に関する機密情報を知りうる立場にあったといえる。また、X 社ロボット製造技術は重要な営業秘密と評価できる一方、Y_3 の業務は、専門的な技術が必要で、収入が比較的高額であることも考慮すれば、X 社の利益（営業秘密）を保護するためには、技術者であった Y_3 に競業避止義務を課す必要性が高いものであったことが認められる。

　しかし、Y_3 のような業務に従事していた者が他に転職する場合、限られた範囲でしか就労の機会を得ることができないことを踏まえると、競業避止義務の範囲は広範で、期間は 2 年間と比較的長いものと解される。このように、就業規則 29 条の競業避止規程は、Y_3 にとって不利益を過重に課すものと評価できる。また、X 社からの退職金の額は、勤務期間や退職理由に基づいて退職金規程によって算出される金額であるにとどまり、競業避止義務を課すことに比べると、十分な額であるとはいえない（**解説 2** (2)(イ)参照）。よって、就業規則 29 条における競業避止規程には合理性があるとは解されない。

　以上のとおり、本件競業避止規程は、合理性を欠き、公序（民 90 条）に違反し、無効と評価される。したがって、X 社は、Y_3 に対し、競業行為の差止めを求めることはできない。

6　知的財産法と労働法①──営業秘密の管理・競業避止義務

CASE 2 設問 2

最後に、X 社について、法的リスク管理の観点から留意すべき点について検討を行う。**CASE 1** では、設計図データや顧客情報のように、X 社にとって秘密として保持すべき情報管理の徹底、退職後の有効な競業避止特約の取決めが重要な課題となる。

まず、営業秘密の管理については、秘密情報の保護ハンドブック[79] が参考になる。これによると、情報漏洩対策の流れとして、①保有する情報の把握・評価および秘密情報の決定、②秘密情報の分類、③分類に応じた対応の選択、④情報漏洩対策のためのルール化、⑤社内体制（秘密情報の管理の実施状況の確認、見直し等）の構築がある。このうち、④は、秘密情報の取扱い等に関する社内の規程の策定として、適用範囲や秘密情報の定義の明確化、秘密情報の分類、分類ごとの対策、管理責任者や秘密情報およびアクセス権の指定に関する責任者を定めておくこと等を掲げている[80]。

X 社の場合、設計図データや顧客情報に関するアクセス制限（アクセス権の付与・管理、アクセス権者の ID 登録等）の徹底やペーパレス化、秘密情報の復元が困難な廃棄・消去を行うこと等が考えられる。秘密情報を印刷して複製することのないよう、コピー防止用紙やコピーガード付きの記録媒体・電子データ等による情報管理も、秘密情報の複製を困難にする観点から有効となる。

退職者に向けた対策として、退職の申出を受けた後、秘密情報へのアクセス権を削除する等の対策や、機密情報が記録された媒体等を社外へ持ち出さないよう措置（秘密情報の社外持ち出しを物理的に阻止する措置や社外へのメール送信・Web アクセスの制限等）を講じることが挙げられる[81]。加えて、PC やネットワーク等の情報システムにおけるログの記録・保存、その旨の周知を行うことで、対策をより厳格化する例もある。また、退職時には、守秘義務の内容を明確にするためにも、個別に守秘義務（秘密保持）契約を締結することが推奨される。具体的には、退職予定者等との面談等を通じて、在職中にアクセスし

---

79)　前掲注 13)。
80)　秘密情報の保護ハンドブック 21 頁以下。「営業秘密管理指針」では、従業員への意識啓発の方法として、労使の対話の場、情報管理ルール等に係る研修、自社の扱う営業秘密の重要性、許される共有の範囲、営業秘密として秘密にしなければならない期間等について、従業員に対する周知を図ることが望ましいとの指摘もなされている。
81)　秘密情報の保護ハンドブック 55 頁以下参照。

229

第2部　実務編

た秘密情報の確認、守秘義務の対象となる秘密の特定が望ましい。その他、守秘義務契約において、対象となる情報が記録された資料や記録媒体を返還するとともに、電子データの消去、その情報を自ら一切保有しないことを確認する条項を定めることで、退職者が返還・消去すべき情報を認識することができる。

　次に、営業秘密の保護をより実効的なものとするためには、退職後の競業避止特約を締結することが考えられる。CASE 2 では、競業避止義務の効力は否定されたが、これは、X 社就業規則 29 条に基づく競業避止義務が、競業制限の対象職種・期間・地域において広範に過ぎ、漠然不明確条項として公序違反と評価される内容のものだったからである。一方、X 社のロボット製造技術という営業秘密は法的保護に値するので、X 社としては、この競業避止規程を見直し、合理的内容に改める必要がある。たとえば、競業制限期間を見直して 1 年に限定し、あるいは、対象職種について、同業他社ではなく、X 社における職種と同職種に限定することが考えられる。また、競業避止義務については、就業規則が義務の根拠となるかについても争いがあること（**解説 2**⑵⑺）を考慮すると、X 社としては、Y₃ の退職時に、個別の競業避止特約を締結することが望ましい。特約内容としては、上記見直し後の競業避止規程と同様、競業制限期間を 1 年に限定しつつ、競業制限の範囲（対象職種）について、ロボット製造技術者という Y₃ の業務内容を考慮してロボット技術業務に限定し、代償措置として割増退職金を支払う等の内容が考えられる。

〔参考文献〕
　土田道夫「労働市場の流動化をめぐる法律問題（上）」ジュリ 1040 号（1994）53 頁以下、土田道夫「競業避止義務と守秘義務の関係について――労働法と知的財産法の交錯」中嶋士元也先生還暦記念論集『労働関係法の現代的展開』（信山社、2004）、経済産業省知的財産政策室編『逐条解説　不正競争防止法〔第 2 版〕』（商事法務、2019）

＊執筆協力者　上西健太郎（2013 年度生）　村上誠章（2013 年度生）　綿世斗輝（2013 年度生）　新居あすか（2015 年度生）　森真（2015 年度生）

(河野尚子)

7

知的財産法と労働法②
——職務発明・職務著作

CASE 1　職務発明と相当の利益

　1　Y 社は、主に金融商品取引を営む大手証券会社であり、X₁ は、Y 社に 2016 年 9 月に中途採用され、金融商品開発部に所属し、金融商品の開発および電子取引システムの開発に従事する者である。X₁ は、前職で電子取引システムのエンジニアをしていたため、Y 社でも、通常業務である金融商品開発のほか、電子取引システムの構築に寄与することを期待されており、Y 社との間の労働契約書に基づき、Y 社社員の平均年収の倍近くに当たる約 3000 万円の年収（年俸）を得ている。なお、Y 社には、従業員の 70％で組織する Z 労働組合が存在するが、X₁ は、Z 組合の組合員ではない。

　2018 年、X₁ は電子取引に際して行われる、法的リスクチェックに係る伝送遅延時間を短縮する方法等に係る職務発明（以下、「本件発明」）を単独で行った。本件発明により、Y 社の電子取引 1 回毎の遅延時間を約 170 マイクロ秒から、業界トップクラスの数値である約 3 マイクロ秒にまで減少させ、近年大手金融各社がこぞって力を入れている超高速取引システムの構築に貢献した。なお、本件発明が特許法 35 条 1 項所定の職務発明に当たることに争いはない。

　2　Y 社は 2019 年 5 月 1 日付で、Y 社発明規程 7 条に基づき、本件発明について特許を受ける権利を取得し、X₁ は、同規程 10 条に基づき、報奨金を受ける権利を取得した。同年 8 月 23 日、Y 社は本件発明に関する出願を行い、2020 年 8 月に特許権を取得した。この結果、Y 社は、2020 年 8 月から現在（2022 年 8 月）に至るまで権利実施料として総額約 2 億円の利益を得ている。

　これを受けて、Y 社は、Y 社発明規程 10 条 1 項に基づき、X₁ に対して出願時報奨金として 3 万円、権利取得時報奨金として 10 万円、また発明によって経済的利益を得たことに対する報奨金として 200 万円を支払った。また、Y 社は、

第2部　実務編

2021年3月、本件発明を評価し、これをさらに発展させることを目的として、同規程10条3項に基づき、X_1の2021年度の年俸を30万円増額して約3030万円に昇給させるとともに、年間1000万円の研究費を支給する措置を講じた。

3　X_1に対する報奨金の支払手続に係る事実関係は以下のとおりである。

Y社は、2015年改正特許法35条が2016年4月1日に施行された後、XがY社に入社する前に、同年7月15日付でY社発明規程（Y社発明または考案に関する規程）を改正した。その際、Y社は、Z労働組合との間で協議を行い、合意に達したが、労働協約は締結していない。また、Y社は、X_1の入社後、X_1を含む中途採用者対象のオリエンテーションにおいて、Y社発明規程に関する協議を行い、同規程の内容について説明した。ただし、協議はY社からの一方的な説明のみで終始し、質疑応答の機会が設けられることはなかった。

Y社発明規程は、Y社が社内に設けているイントラネットを通じてY社の従業員に開示されており、X_1も、その内容を確認することができた。

Y社発明規程においては、報奨金および報奨金に代わる利益の付与に関する従業者からの意見聴取手続に関する規定は存在しないが、従業者が報奨金額等に不満がある場合の再評価申請手続が規定されている。この手続は、法務部長、人事部長、財務部長および従業者が所属する事業部の長によって構成される発明委員会が行うものとされている。もっとも、X_1のY社入社以前には、職務発明制度に詳しく、Z組合との協議を担当した法務部長が発明委員会のメンバーであったが、他社に転職したため、X_1の入社時点では、後任の法務部長を含めて、発明委員会のメンバーの中に職務発明制度に詳しい者は存在しなかった。

4　X_1は、本件発明によってY社は他社に対し優位に立ち、事実上権利実施料以上の利益を得ているにもかかわらず、X_1に対するY社の報奨金は不十分であると考え、2021年3月、Y社発明規程の再評価申請手続を用いて報奨金の増額を求めた。Y社は、発明委員会を開催して検討したが、再評価と報奨金の増額はしないとの回答を行った。ただし、発明委員会の上記のような状況から、発明委員会を2回開催したものの、本件発明の価値について十分検討しないまま回答したものである。なお、X_1が所属する金融商品開発部長のTは、X_1の依頼を受け、その意向を踏まえて発明委員会で本件発明の価値について説明したが、顧みられることはなかった。

5　X_1は、2020年8月、Y社の定める発明規程により支払われた報奨金は、特許法35条4項所定の「相当の利益」に当たらないとして、1億円の支払いおよび遅延損害金の支払いを求めて訴訟を提起した。

6　Y社発明規程の概要は、以下のとおりである。

7 知的財産法と労働法②——職務発明・職務著作

第7条（権利の帰属）

　社員がした職務発明については、その完成時点から、特許を受ける権利または専用実施権および仮専用実施権を設定する権利はY社に帰属するものとする。

第10条（報奨金）

　当社が社員のした職務発明について、特許または実用新案の出願を行ったとき、当該職務発明に係る特許権または実用新案権を取得したとき、発明又は考案の実施により当社が金銭的利益を得たときには、当該職務発明を行った社員等に対して出願1件ごとに報奨金を支払う。

2項　報奨金の額、支払方法等については、別途定める手続により発明委員会が決定するものとする。

3項　発明委員会は、昇進、昇給、ストック・オプションの付与、研究休暇（有給）の付与、研究費の増加・研究環境の改善等、相当の経済上の利益の供与をもって報奨金の支払いに代えることができる。

第15条（再評価申請手続）

　発明委員会は、発明者の再評価の申請に基づき、報奨金またはそれに代わる利益の付与の妥当性を検証するものとする。

設問1　X₁の請求は認められるか：Y社がX₁に対して行った報奨金の付与は、特許法35条4項所定の「相当の利益」と評価できるか（「相当の利益」と評価できない場合に生ずる利益算定の問題について検討する必要はない）。

設問2　Y社は、このような問題の発生を防ぐために、どのように対応すべきであったか。

CASE 2　職務著作

　X₁の配偶者であるX₂（工学系の研究者）は、X₁が本件発明に関する研究を行うのと平行して、本件発明の詳細を解説した論文を執筆しており、本件発明の完成後の2018年、Y社に同論文を提供した（以下、「本件論文」）。Y社は、X₁による電子取引システム開発に期待していたため、X₂に対し、1年の期間を定めて論文作成作業を委託した。Y社は、そのオフィスの一角をX₂の作業用スペースとして提供し、基本給名目で毎月約20万円を支給し、給与明細書も交付していたが、他方、X₂との間の契約を委託契約書名目で締結し、タイムカードによる勤務管理を行わず、作業内容・方法に関する指揮監督も行っていなかった。

233

第2部　実務編

　Y社は、本件論文の内容が優れていたので、2019年5月、X_2に無断で、X_2の氏名を著作者として表示することなく、本件論文を会社の超高速取引システムに関するPR文書に記載した。X_2は、本件論文をX_2名義で公表しようと考えていたところ、上記PR文書は、本件論文をそのまま記載していたため、本件論文の著作者はX_2であり、Y社によるPR文書の作成・配布は著作権侵害に当たると主張し、上記文書の発行および配布の差止めを請求して訴訟を提起した。

設問　X_2の請求は認められるか：X_2が作成した本件論文は、職務著作に該当するか。

解説

1　職務発明と相当の利益

(1)　意　義[1]

　従業者等が使用者等の業務範囲に属する発明を行い、かつ、発明に至った行為が現在または過去の職務に属する場合に、その発明を「職務発明」という（特許35条1項）。特許法35条は、特許を受ける権利について長らく従業者帰属主義を採用し、職務発明をした従業者等が特許を受けたときは、使用者は契約、勤務規則その他の定めによって特許を受ける権利もしくは特許権を承継させ、または専用実施権を設定することができること、その場合、発明労働者は相当の対価の支払いを受ける権利を有すること（改正前2項・3項）を規定してきた。

　しかし、特許法35条は2015年に改正され、特許を受ける権利を使用者原始帰属とすることを可能としつつ（選択的使用者原始帰属）、従業者が相当の利益を受ける権利を有することを内容とする法制度に改正された。特許を受ける権

---

1)　職務発明と相当の利益については、土田・労働契約法144頁以下参照。2015年改正については、深津拓寛ほか『実務解説職務発明——平成27年特許法改正対応』（商事法務、2016）、「知的財産権の帰属」日本工業所有権法学会年報39号（2016）所収の諸論稿（特に、横山久芳「職務上作成される創作物の権利の帰属について——『創作者主義』と『一般雇用原則』の二つの視点からの検討」同号185頁）参照。職務発明・職務著作における当事者の権利義務の法的性格について理論的考察を行うものとして、土田道夫「職務発明・職務著作と労働法の規律——労働法と知的財産法の交錯問題に関する一考察」日本労働法学会誌132号（2019）52頁参照。

利の従業者原始帰属およびそれを前提とする相当対価請求権制度から、選択的使用者原始帰属およびそれを前提とする相当利益請求権制度への転換である。

すなわち、「従業者等がした職務発明については、契約、勤務規則その他の定めにおいてあらかじめ使用者等に特許を受ける権利を取得させることを定めたときは、その特許を受ける権利は、その発生した時から当該使用者等に帰属する」（特許35条3項）。また、従業者等は、使用者等に特許を受ける権利を取得もしくは特許権を承継させ、または専用実施権を設定した場合は、「相当の金銭その他の経済上の利益（……「相当の利益」という。）を受ける権利を有する」（同条4項）。さらに、相当の利益は、その内容を決定するための基準の策定に際して行われる使用者等・従業者等間の協議の状況、基準の開示の状況、相当の利益内容の決定に際して行われる従業者等からの意見聴取の状況等を考慮して不合理であると認められるものであってはならない（同条5項）。相当の利益についての定めがない場合またはその定めにより相当の利益を与えることが上記5項により不合理と認められるときは、相当の利益の内容は、発明により使用者等が受けるべき利益の額、使用者等が行う負担、貢献および従業者等の処遇その他の事情を考慮して定めなければならない（同条7項）。

特許法35条は、①職務発明を奨励しつつ（インセンティヴの付与）、②従業者の利益を適切に保護し、③発明と報償という給付の均衡を図ることで、使用者と従業者との利益調整を行い、もって産業の発展に寄与することを趣旨としており、この基本趣旨は、2015年改正の前後で変化はない[2]。2015年改正の内容は、①特許を受ける権利について選択的使用者原始帰属を採用したこと、②従業者の特許法上の報酬請求権を肯定しつつ、これを相当の対価から相当の利益に改めたこと、③相当利益の決定に係る当事者の予測可能性と法的安定性を高めるため、使用者・従業者間の調整手続（改正特許35条5項）に関する指針（ガイドライン）を策定したこと（同条6項）の3点に集約される[3]。

(2)　労働法との関係

特許法35条は、「従業者等」「使用者等」という概念を定めるが、これらは、労働法上の労働者（労契2条1項）・使用者（同条2項）とは異なる特許法独自の概念である。すなわち、「使用者等」は企業のほか、国・地方公共団体・大

---

2)　中山信弘『特許法〔第3版〕』（弘文堂、2016）51頁等参照。

第2部　実務編

学等研究機関を含み、「従業者等」は、労働法上の労働者のみならず、役員、国家公務員・地方公務員を含む（以下、単に「使用者」「従業者」という）。また、「使用者等」は、発明に至る職務を提供し、発明に対する人的・物的・経済的資源の提供を行う者と理解されており、労働契約のような契約関係の存在も要しないと解される。この結果、出向・労働者派遣における職務発明上の使用者は、出向元・派遣元ではなく、従業者が実際に職務に従事する出向先・派遣先とされることがある[4]。

　職務発明と相当の利益は、労働契約で定められた場合も、労働法上の労働と賃金との対価関係とは異質な面を有する。特許法35条は、特許を受ける権利等を使用者に帰属させた上、発明に対する報償として従業者の相当利益請求権（使用者の相当利益付与義務）を定めている。すなわち、相当の利益は、単なる労働の対価ではなく、特許法上の特別給付を意味する。したがってまた、相当の利益を賃金に含めて支払うことは、原則として許されないと解される（本書**第1部 1** II 5(3)参照）[5]。他方、職務発明と相当の利益は「労働条件」には該当するため、同法35条とともに労働法が重畳的に適用される[6]。この結果、特許法の規律と労働法の規律が相違するケースが生じうるが、その場合は、労働法の規律とは別に特許法の規律が適用されることになる。この点、特許法35

---

3)　産業構造審議会知的財産分科会特許制度小委員会「我が国のイノベーション促進及び国際的な制度調和のための知的財産制度の見直しに向けて」(2015)。①の趣旨は、企業の知財戦略・イノベーション戦略を推進するためには、特許を受ける権利の使用者原始帰属を可能とすることで、企業が特許を円滑かつ確実に取得・管理できるようにすることが適切であるという点に求められ、②の趣旨は、企業（使用者）のイノベーションを強化するためには、研究者のインセンティヴの確保が前提となるところ、使用者の規模・業種・研究開発体制・遵法意識・従業者の処遇には濃淡があるため、職務発明に対する相当利益を付与すべき義務を法定することが適切であるという点に求められる。

4)　ただし、出向社員・派遣社員が行った発明の関係で使用者となるのが出向元・派遣元か、それとも出向先・派遣先かは個別具体的な事実関係にもよるため、当事者間の契約で規定しておくことが望ましい（深津ほか・前掲注1)93頁）。

5)　土田・労働契約法146頁、土田・前掲注1)65頁参照。

6)　土田・労働契約法146頁、土田道夫「職務発明とプロセス審査——労働法の観点から」田村善之＝山本敬三編『職務発明』(有斐閣、2005)152頁以下、土田・前掲注1)66頁。これに対し、職務発明・相当利益に対する労働法の適用を否定する見解もあるが（深津ほか・前掲注1)212頁）、同書も自認するとおり(214頁)、労働法の適用に関する確立された判例法理が存在しない以上、法的リスク管理の観点からは、労働法の適用がありうることを前提に対処することが適切であろう（労働法適用否定説として、高橋淳＝松田誠司編著『職務発明の実務Q&A』(勁草書房、2018)266頁も参照）。

236

7　知的財産法と労働法②──職務発明・職務著作

条6項の指針（第二の一2(四)）は、契約、勤務規則その他の定めには労働協約・就業規則が含まれるため、相当利益の決定基準を協約・就業規則で定めることも可能としつつ、当該基準について労働法上の効力が発生した場合も、当該利益の不合理性が直ちに否定されるわけではなく、不合理性の判断は、あくまで特許法35条5項に基づいて判断されると述べている。特許法35条と労働法の重畳適用を認めつつ、同条の規律が従業者に有利である場合にその優先適用を肯定する立場と解される。

(3)　権利帰属の要件

　特許法35条3項は、特許を受ける権利を使用者に帰属させる根拠として「契約、勤務規則その他の定め」を掲げている。「契約、勤務規則その他の定め」における権利帰属の定め方としては、「職務発明については、その発明が完成したときに、会社が特許を受ける権利を取得する」等の規定が考えられる。「勤務規則」は、労働法上の就業規則のみならず、それ以外の規則を含む特許法固有の広い概念であるが、就業規則として作成されれば、労基法（89条、90条）・労契法（7条、9条～13条）の規律に服する。

　この点、2015年特許法改正に伴い、多くの企業は、特許を受ける権利の従業者帰属を前提とする社内規定（「職務発明については、その発明が完成したときに、会社が特許を受ける権利を承継する」）から、使用者帰属を前提とする上記規定への改訂を行った（行う）ものと解されるが、職務発明制度には労働法が適用されるため、上記改訂が就業規則によって行われる場合は、就業規則による労働条件の不利益変更を意味し、規定の周知と内容の合理性を求められることになる（労契10条）。しかし、上記の規定は、特許を受ける権利の使用者帰属を内容とする法改正に則ったものであるから、10条の解釈としても合理性を認められるものと解される[7]。いずれにせよ、特許を受ける権利の二重譲渡問題を回避するためにも、同権利の帰属自体を争う紛争（使用者帰属か従業者帰属か）を避けるためにも、使用者帰属規定への改訂は不可欠となる[8]。

---

7)　本文で述べた特許を受ける権利の帰属に係る改訂を含め、企業が2015年特許法改正を受けて職務発明規程を従業者の不利益に変更した場合は、前述した労働法適用肯定説・否定説の対立（(2)）が顕著となるが、紙幅の関係上割愛する。肯定説による検討として、土田・前掲注1)66頁、否定説による検討として、深津ほか・前掲注1)215頁、高橋＝松田編著・前掲注6)269頁参照。概観として、本書**第1部1Ⅱ5**(3)。

第 2 部　実務編

　以上に対し、契約、勤務規則その他の定めにおいて使用者帰属の手続が規定
されなかった場合は、特許を受ける権利は、改正前と同様、従業者に帰属する。
法人によっては、特許を受ける権利の従業者帰属を希望する法人もある（大学
等研究機関、優秀な研究者を惹き付けるために戦略的に従業者帰属を選択する企業
など）ことから、そうした対応の途を残すための規律である。

(4)　**相当の利益**

(ア)　概　説

　相当の利益（特許 35 条 4 項）の前身を成すのは相当の対価（2004 年改正特許
35 条 3 項）である。この点について、特許法 35 条は長らく、使用者の受ける
べき利益および貢献度を考慮すべきとの簡素な規定を置くにとどまり、裁判例
は、この規定について発明の対価の実体的相当性を綿密に審査する態度を示し
てきた[9]。しかし、特許法 35 条は 2004 年、手続的規律を重視する内容で改正
された。すなわち、同条 4 項は、職務発明の対価は不合理と認められるもので
あってはならないとの規範を規定した上、対価の不合理性の判断に関して、対
価決定に至る手続（使用者・従業者間の「協議の状況」、基準の「開示の状況」、
「従業者等からの意見の聴取の状況」）を重視する制度を採用した。この結果、対
価の相当性に関する実体的審査（2004 年改正特許 35 条 5 項）は、対価の決定が
上記 4 項によって不合理と認められる場合に限定されることになった。2004
年改正特許法下の裁判例として、証券会社の元従業員が行った職務発明に係る
相当対価の決定に関して、発明規程の策定に関する協議が行われておらず、発
明規程の開示もなく、従業員との間の意見聴取も行われていないこと、そうし
た手続の不備を補うような特段の事情も存在しないことから、対価の不合理性
を肯定した例がある[10]。

　2015 年特許法改正に伴い、従業者に対する給付は、相当の対価から相当の

---

　8)　特許を受ける権利の二重譲渡問題とは、従業者が発明を完成させた直後にライバル企
　　業に転職し、特許を受ける権利をライバル企業に譲渡し、同企業が出願した場合、ライ
　　バル企業に特許を受ける権利が帰属してしまうという問題である（パリ取りフォルダー
　　事件・知財高判平成 22・2・24 判時 2102 号 98 頁参照）。一方、特許を受ける権利の帰
　　属が争われた代表例としては、日亜化学工業事件（中間判決）・東京地判平成 14・9・19
　　判時 1802 号 30 頁が挙げられる。
　9)　オリンパス光学工業事件・最三判平成 15・4・22 民集 57 巻 4 号 477 頁。
　10)　野村證券事件・知財高判平成 27・7・30 LEX/DB 25447416。

利益に転換したが、相当の利益（相当利益の不合理性）についても、手続的規律が重視されることに変わりはない（2004年改正特許法の35条4項・5項の関係は、2015年改正特許法においても、35条5項・7項の関係としてそのまま維持されている）。この手続的規律のうち「協議の状況」は、相当利益の決定基準の策定（制度設計）に関する使用者・従業者集団間の協議の状況を意味し、「従業者等からの意見の聴取の状況」は、個々の発明に関する相当の利益の決定に際しての従業者個人の意見の聴取を意味する（異議申立・再評価制度を含む）。この点、指針は、「協議」について、相当利益の決定基準の適用対象となる職務発明を行う従業者またはその代表者と使用者との間で行われる話合い全般を意味すると定義し（第二の一1㈢）、「意見の聴取」については、相当利益の決定基準に基づいて、特定の職務発明に係る相当の利益の内容を決定する場合に当該職務発明の発明者である従業者から意見（質問や不服等を含む）を聴くことを意味すると表現しており（第二の一1㈤）、集団的性格を有する「協議」と個人的性格を有する「意見の聴取」を区別している。

2015年改正特許法の特長は、以上の手続的規律を具体化する指針を特許法に基づく告示（経済産業省告示131号）として公表したこと（35条6項）であり、指針が定める手続的規律は、「相当の利益」の決定をめぐる訴訟において尊重されるべきものである。すなわち、改正法の下で、使用者が指針の手続的規律に従って相当の利益を決定している場合は、特段の事情がない限り、35条5項の不合理性は否定され、同条7項の適用を受けることはないものと解される。指針は、①特許法35条5項〜7項の意義、②相当の利益の内容を決定するための基準の策定・形式・内容、③協議の対象者・方法・程度、④開示の対象者・方法・程度、⑤意見の聴取の対象者・方法・程度、⑥その他の事項（金銭以外の「相当の利益」を付与する場合の手続、基準を改定する場合の手続、新入社員等に対する手続、退職者に対する手続、中小企業等における手続、大学における手続など）に関するガイドラインを詳細に規定している。

㈠　手続のあり方

指針によれば、協議・開示および意見聴取手続に関して使用者が留意すべきポイントは以下のとおりである。一言でいえば、従業者がこれら手続の全局面にわたって関与できるよう適切に機会を提供することと、協議および意見聴取に際して真摯に対応することの2点となろう[11]。上記指針に即して敷衍する。

第2部　実務編

(a)　不合理性の判断方法（指針第二の一1㊁）

特許法35条5項所定の「その定めたところにより相当の利益を与えること」とは、契約、勤務規則その他の定めにより与えられる利益の内容が決定され、付与されるまでの全過程を意味する。したがって、相当利益の不合理性についても、上記の定めに基づいて特定の職務発明に関する相当の利益の内容が決定され付与されるまでの全過程が総合的に判断されるが、特に、35条5項が規定する手続の状況の適正さが第一に検討されるべきポイントとなる。ただし、各手続の一部または全部が適正に履行されていない場合も、利益の決定・付与に至る全過程を総合的に評価した結果、不合理と認められない場合がありうる。

(b)　協議（指針第二の二）

協議の対象者は、相当利益の決定基準が適用される従業者である。協議の方法については、特定の方法を採用すべきという制約はなく、たとえば、従業者等が一堂に会して話合いを行ったり、イントラネットの掲示板や電子会議等を通じて集団的に話合いを行うことも協議に該当する。また、従業者が代表者を通して話合いを行うことや、使用者が代理人を通して話合いを行うことは、ともに協議と評価される。たとえば、協議について、労働組合の代表者が当該労働組合に加入している従業者を正当に代表している場合は、当該代表者と使用者の話合いは、当該組合に加入している従業者と使用者との間の協議と評価される。他方、代表者がある従業者を正当に代表していない場合は、当該従業者と使用者との間の協議とは評価されない。「正当に代表している」とは、従業者が代表者に対して使用者との協議について明示的・黙示的に委任していることをいう[12]。

法は、協議について、使用者と従業者またはその代表者が相当利益の決定基

---

11)　経団連産業技術本部編著『職務発明制度Q&A——平成27年度改正特許法・ガイドライン実務対応ポイント』（経団連出版、2016）53頁参照。相当の利益に関する手続のあり方については、深津ほか・前掲注1)42頁以下も参照。

12)　なお指針は、使用者と従業者代表者との協議について、仮に一部従業者からの委任がなかったとしても、使用者と代表者の間で十分な利益調整が行われた場合は、当該一部従業者に係る協議の状況について、必ずしも不合理性が肯定される方向に働くものではないとした上、その例として、多数従業員が加入する労働組合が使用者との間で従業者の利益を代表して誠実かつ公正に交渉を行った場合は、非組合員である従業者との協議の状況について不合理性が否定される方向に働くことがありうると述べる。

準について合意することまで求めるものではない。したがって、使用者と従業者が合意に至らなかったとしても、実質的に協議が尽くされたと評価できる場合は、協議の状況としては不合理性を否定する方向に働く。他方、協議の結果、使用者と従業者が合意に至った場合は、不合理性をより強く否定する方向に働くことになる。

なお使用者は、相当利益の決定基準の策定後に入社した従業者（新入社員）との間でも協議を行う必要がある。ただし、この協議については、既に従業者との協議を通じて策定した基準が社内で運用されていることや、当該基準が安定的に運用されることが従業者全体にとって有益であることに鑑みると、新入社員に対しても当該基準をそのまま適用することを前提に、使用者が新入社員に対して説明を行うとともに、新入社員から質問があれば回答するという方法も許容される。もとより使用者は、新入社員との間でも実質的な協議を行う必要がある。

(c) 開示（指針第二の三）

開示の対象者は、相当利益の決定基準が適用される従業者である。開示の方法については、特定の方法によるべきとの制約はなく、従業者が基準を見ようと思えば見られるような措置がとられていれば、不合理性を否定する方向に働く。イントラネットで開示する場合、従業者が共用の電子機器を使用して容易にイントラネットを閲覧できる環境にある等、従業者が基準を見ようと思えば見られるような状況にあれば、開示の状況としては不合理性を否定する方向に働くことになる。なお、相当利益の決定基準が開示されていると評価できるためには、相当利益の内容・決定方法・付与条件等、相当の利益の内容を決定するための事項を具体的に開示する必要がある。

(d) 意見の聴取（指針第二の四）

意見の聴取の対象者は、相当利益の決定基準が適用される従業者である。意見の聴取の方法については、特定の方法を採用すべきという制約はない。また、従業者が相当利益の内容について意見を表明しなかったとしても、使用者が従業者に対して意見の聴取を求めたと評価できる事実があれば、意見の聴取が行われたものと評価される。意見の聴取の方法・時機については、①使用者があらかじめ従業者から意見を聴取した上で相当の利益の内容を決定するという方

第2部　実務編

法（事前意見聴取手続）と、②使用者がいったん相当利益の決定基準に基づき決定した相当の利益を従業者等に付与した後に、当該従業者に相当の利益の内容の決定について意見を求め、意見が表明されればそれを聴取するという方法（事後的意見聴取手続）の双方が許容される。

　使用者は、従業者の意見に対して真摯に対応する必要がある。たとえば、使用者が従業者から提出された意見に対して全く回答を行っていない場合は、意見の聴取の状況としては不合理性を肯定する方向に働く。他方、法は、相当の利益の内容の決定について使用者・従業者間で個別の合意がなされることまで求めているものではないから、合意に至らなかったとしても、実質的に意見聴取が行われたと評価できる場合は、不合理性を肯定する方向に働くことはない。また、意見の聴取の結果、使用者と従業者が合意に至っている場合は、不合理性をより強く否定する方向に働くことになる。

　使用者は、従業者から聴取した意見について誠実に検討する必要があり、必要に応じて相当の利益の内容を再度決定することが望ましい。また、使用者と従業者の間で相当の利益の内容の決定について見解の相違が生じた場合に備えて、社内の異議申立制度を整備し、従業者に周知させて有効に機能させることは、意見の聴取の状況としては不合理性をより強く否定する方向に働く[13]。

㈝　金銭以外の相当の利益

　金銭以外の相当の利益については、その要件および具体的内容が問題となる。2015年改正前の相当の対価は金銭に限定されていたため、その経済的価値は明確であったのに対し、相当の利益は非金銭的利益を含む点で相当の対価より経済的価値が不明確となるからである。この点、指針（第三の一1）は、相当の利益の要件として、①経済的価値を有するものであること（経済性）と、②職務発明を生み出したことを理由とするものであること（牽連性）の2点を掲げている。この結果、表彰のように従業者の名誉を表するにとどまるものは、要件①を充足しないことから相当の利益たりえないし、使用者が発明とは無関

---

13)　異議申立を審議する審議体のメンバーとしては、発明部門の責任者、法務部門の責任者、知財部門の責任者等が想定されるが、審議の中立性・客観性を確保するため、発明者本人のほか、社外弁護士や社外弁理士等を含めることが推奨されている（経団連産業技術本部編著・前掲注11)66頁）。

係に付与する経済上の利益は、要件②を充足しないことから「相当の利益」に
該当しない。指針は、ⓐ使用者負担による留学の機会の付与、ⓑストック・オ
プションの付与、ⓒ金銭的処遇の向上を伴う昇進・昇格、ⓓ法令および就業規
則所定の日数・期間を超える有給休暇の付与、ⓔ職務発明に係る特許権に関す
る専用実施権の設定または通常実施権の許諾を掲げている（第三の一3）。ただ
し、いずれも例示であり、企業のイノベーション戦略に即して柔軟なインセン
ティブ施策を講ずることは可能である。

　なお、従業者に対する研究費の増額や研究環境・研究施設の整備は、従業者
が享受できる利益であり、使用者の経済的負担に基づくものであるから、相当
の利益に該当するようにも思われるが、他方、使用者に帰属する性格のもので
あり、従業者個人の権利・利益に帰属しないとして消極に解する見解もあるこ
とから、慎重に対処すべきであろう[14]。

　上記のとおり、金銭以外の相当の利益は経済的価値を有することを要件とす
るが、金銭給付と比較すれば、その経済的価値が不明確となることは否定でき
ない。したがって、使用者は、金銭以外の相当の利益の価値や内容について、
協議・開示・意見の聴取から成る手続において真摯に説明・情報提供を行う義
務を負い、従業者の理解・納得を得る必要がある。また、相当の利益が職務発
明の価値に相応するものか否かは、金銭給付か非金銭給付かを問わず、その決
定手続とは別に、例外的に実体的司法審査の対象となると考えるべきであろう。
その結果、使用者が付与した利益が発明の価値に照らして著しく過小な場合は、
当該利益の不合理性を肯定すべき特段の事情を認め、「相当の利益」性を例外
的に否定すべきである。2015年改正特許法35条5項は、相当の利益について、
協議の状況・開示の状況・意見の聴取の状況「等」を考慮要素として規定する
が、この「等」は、こうした例外的実体的審査の根拠となるものと解され
る[15]。

14）　深津ほか・前掲注1)129頁、経団連産業技術本部編著・前掲注11)34頁参照。
15）　土田・労働契約法150頁、土田・前掲注1)59頁参照。

第2部　実務編

2　職務著作と労働法

(1)　概　説

著作権法 15 条 1 項は、一定の要件の下で、法人その他使用者（法人等）の業務に従事する者が職務上作成する著作物について、法人等が著作者となることを認め、法人等に著作権・著作者人格権を認めている。職務発明においては、特許を受ける権利の使用者帰属が肯定される一方、発明に対する給付として従業者の相当利益請求権が保障される（特許 35 条）のに対し、職務著作では、法人等への直接的帰属が認められ、また、職務発明における相当利益請求権に相当する権利も規定されていない。その理由は、職務著作が類型的に属人性（個性）の乏しい創作物であり、一般の労働給付に近いという点に求められている[16]。

(2)　職務著作の要件

職務著作の要件は、①法人等の発意に基づくものであること、②その法人等の業務に従事する者が作成するものであること、③従事する者が職務上作成する著作物であること、④その法人等の著作名義で公表すること、⑤作成時において契約、勤務規則その他に別段の定めがないことの 5 点である。

CASE 2 との関係で重要な要件である①～③について概観すると、①「法人等の発意」とは、法人等の取締役会や代表取締役が具体的な指示をした場合が典型であるが、対外的な代表権限はないものの指揮監督権限を有する上司が指示をした場合や、著作物創作中または創作後に法人等が承認した場合も含まれる。また、法人等における著作物の創作は、商品等の開発過程で生まれることが多く、職務上の具体的な指示・命令等に基づかずに発生することもあるため、業務従事者が著作物作成の職務に携わっていれば、その作成は法人等の予想するところとされ、発意の要件を充足するものと解されている[17]。

②「法人等の業務に従事する者」については、法人等と雇用関係がある者が

---

16)　横山・前掲注 1)195 頁以下、潮海久雄「労働関係における知的財産権の帰属、報酬、人格権的側面についての横断的考察」日本工業所有権法学会年報 39 号（2015)161 頁以下等。土田・前掲注 1)70 頁も参照。

17)　田村善之『著作権法概説〔第 2 版〕』（有斐閣、2001)380 頁。

244

該当することについては異論ないが、著作権法 15 条 1 項は、「業務に従事する者」と規定していることから、会社と委任関係にある会社役員（会社 330 条）や一人会社の代表取締役も業務従事者に含まれると解される。派遣労働者や委任・請負契約にある者が含まれるか否かについては、本条の特殊性から限定的に解すべきとする否定説[18] と、実質的に指揮命令関係にあればよいとする肯定説[19] に分かれており、肯定説に立つ場合は、出向も含まれる[20]。

　この点、判例は、法人との間で雇用関係にある者の「業務に従事する者」性について、法人等の指揮監督下において労務を提供する実態にあり、法人等がその者に対して支払う金銭が労務提供の対価と評価できるか否かを、業務態様、指揮監督の有無、対価の額および支払方法等に関する具体的事情を総合的に考慮して判断する立場を示した[21]。法人等との雇用関係の存否が争われるケースでは、労働法上の労働者（労基 9 条、労契 2 条 1 項）と同様、「使用従属性」および「報酬の労務対償性」によって実質的に判断する立場を明示したものである。

　③「従事する者が職務上作成する著作物」とは、一般的には、業務従事者が法人等の指示で具体的に職務を与えられ、そのプロセスで作成することをいうが、直接の指揮命令がなくても、業務従事者の職務上の義務遂行として通常予期され、または予定される著作行為を含むものと解されている[22]。

解答

CASE 1 設問 1

　結論：X_1 の請求は、少なくとも一部認められる：Y 社が X_1 に対して行った報奨金の付与について、特許法 35 条 4 項所定の「相当の利益」と評価することはできない（相当の利益に係る不合理性の判断方法については、**解説 1** (4)(イ)(a)を参照）。

---

18)　斎藤博『著作権法〔第 3 版〕』（有斐閣、2007）126 頁。
19)　中山信弘『著作権法〔第 2 版〕』（有斐閣、2014）177 頁。
20)　船舶情報管理システム事件・知財高判平成 23・3・15 LEX/DB 25443237 は、出向元からの指示があったこと等を理由に職務著作性を肯定している。
21)　RGB アドベンチャー事件・最二判平成 15・4・11 判時 1822 号 133 頁。
22)　駒田泰土＝潮海久雄＝山根崇邦『知的財産法 II　著作権法』（有斐閣、2016）62 頁。

第 2 部　実務編

1　協議の状況（**解説 1**(4)(イ)(b)参照）

指針によれば、使用者が、従業者を正当に代表する労働組合との間で相当利益の決定基準に関する話合いを行えば、従業者との間の協議と評価され、また協議の結果、使用者と従業者の代表者が合意に至った場合は、不合理性はより強い方向で否定される。また、使用者は、相当利益の決定基準の策定後に入社した従業者（新入社員）との間でも協議を行う必要があるが、新入社員に当該基準をそのまま適用することを前提に、使用者が新入社員に対して説明を行うとともに、新入社員から質問があれば回答するという方法も許容される。

CASE 1 の場合、Y 社は、2015 年改正特許法 35 条の施行後、2016 年 7 月 15 日付で Y 社発明規程を改正したが、その際、Y 社従業員の 70％で組織する Z 労働組合との間で協議が行われ、合意に達している。したがって、Z 組合員との間では、協議が行われたものと評価できる。Z 組合が組合員を正当に代表しているか否かについては記述がないが、Z 組合が組合員の意見を集約して協議に臨み、組合員が特に異議を唱えていない限り、Z 組合に対し、Y 社との協議について明示的・黙示的に委任しているものと評価できよう。

もっとも、X_1 は、Z 組合の組合員ではなく、かつ、Y 社発明規程の改正後に Y 社に入社した新入社員であるので、Y 社は、Z 組合との間の協議とは別に、X_1 との間でも協議を行う必要がある。この協議については、上記のような説明方式が許容されるが、Y 社発明規程に関する十分な説明を行うとともに、X_1 に対して質問の機会を付与し、実質的な協議を行う必要がある。この点、本件では、Y 社は X_1 入社後の中途採用者対象のオリエンテーションの場で協議を行ったが、Y 社からの一方的な説明のみで終始し、質疑応答の機会を設けていない。こうした状況の下では、Y 社は、新入社員である X_1 に対して、話合いをすることなく策定済みの基準を適用したものと評価され、X_1 との間では協議が行われていないと評価されるものと解される。

2　開示の状況（**解説 1**(4)(イ)(c)参照）

指針によれば、従業者が相当利益の決定基準を見ようと思えばいつでも見られるような状況に置かれていれば、開示の状況としては、不合理性を否定する方向に働くものとされる。本件の場合、Y 社発明規程は社内イントラネットを通して Y 社従業員に開示されており、X_1 もその内容を確認することができたのであるから、開示は適正に行われており、相当利益の不合理性を否定する方

246

向に働くものと解される。また、開示については、相当利益の内容や決定方法が具体的に開示されている必要があるが、本件では、Y社発明規定全体がイントラネットを通して開示されているため、この点も満たすものと解される。

3 意見の聴取の状況（**解説1**(4)(イ)(d)参照）

指針によれば、意見の聴取の方法・時機については、①使用者があらかじめ従業者から意見を聴取した上で相当の利益の内容を決定するという方法（事前意見聴取手続）と、②使用者が相当の利益を従業者に付与した後に意見を求め、意見が表明されればそれを聴取するという方法（事後的意見聴取手続）がある（**解説1**(4)(イ)(d)）ところ、Y社の場合、従業者の意見聴取手続については規定がないが、従業者が報奨金額に不満がある場合の再評価申請手続が規定されているため、②の方法を採用しているものと解される。問題は、この制度が実質的に機能しているかである。この点、指針は、意見の聴取の状況に関して、従業者から聴取した意見に対する使用者の真摯かつ誠実な検討と、異議申立制度の整備を重視しているが、本件ではどうか。

まず、Y社発明委員会は、法務部長、人事部長、財務部長および事業部の長によって構成されており、発明者であるX_1や社外弁護士はメンバーとされていない。異議申立に係る審議体のメンバーについては、審議の中立性・客観性を確保するため、発明者本人のほか、社外弁護士や社外弁理士等を含めることが推奨されているが（**解説1**(4)(イ)(d)）、必須ではなく、上記のような社内の法務部門等の責任者でも直ちに中立性・客観性を欠くことにはならないと解される（指針も、審議体の構成メンバーについては触れていない）。

問題は、X_1による再評価申請時において、Y社発明委員会のメンバーの中に職務発明制度に詳しい者が存在しなかったことと、発明委員会が本件発明について再評価と報奨金増額をしない旨回答した際、委員会を2回開催したものの、本件発明の価値について十分検討しないまま回答したということである。こうした状況は、制度・手続が実質的に機能していないと評価されることに帰着する。上記のとおり、異議申立に係る審議体に発明者本人を参加させないことは、直ちに審議体の中立性・客観性を失わせることにはならないが、その場合は、審議体による真摯かつ誠実な検討がより強く要請されるはずである。

また、Y社は、本件発明の完成後、X_1の年俸を約3030万円に昇給させるとともに、年間1000万円の研究費を支給する措置を講じており、これは、Y社

第2部 実務編

発明規程10条3項に基づいて、報奨金の支払いに代えて昇給および研究費の増加の措置を講じたものであるところ、こうした措置が相当の利益（金銭以外の相当の利益）として評価されるか否かについては、より慎重に審議手続を行う必要がある（**解説1**(4)(ウ)）。それにもかかわらず、本件では、そうした慎重な審議は行われていない。要するに、本件では、事後的意見聴取手続としての再評価申請手続が有効に機能していないため、意見の聴取に関する真摯かつ誠実な検討の要素を欠き、相当利益の不合理性を肯定する方向に働く事情となるものと解される。

もっとも、本件では、金融商品開発部長のTがX₁の意向を踏まえて、発明委員会にて本件発明の価値について説明しているので、この点をどのように考慮すべきかが問題となる。しかし、この場合、発明者であるX₁の意見について、上司であるTが主観的・恣意的に解釈して発言する可能性があるため、公正な意見聴取が行われたものとは認め難い。しかも、発明委員会がTの説明を踏まえて慎重に審議したのであればともかく、Tの説明を顧みることはなかったというのであるから、事後的意見聴取が適切に行われたと評価することはできない。以上から、Y社は、X₁の意見聴取を真摯かつ誠実に行ったものとはいい難く、相当の利益の不合理性を肯定する方向に働くものと解される。

4　その他の事情

以上のとおり、本件では、相当の利益に関する手続的考慮要素である①協議の状況、②開示の状況、③意見の聴取の状況のうち、①・③が不合理性を肯定する方向に働いている。前記のとおり、相当利益の不合理性については、これら3要素から成る手続の適正さが重視されるため、本件利益の不合理性が肯定される可能性はかなり高い。しかし他方、これら3要素は相当利益の不合理性に関する中心的考慮要素ではあるものの、利益の不合理性については、利益の決定に至る全過程が総合的に評価されるため、手続が適正に行われていない場合も、相当利益の決定が直ちに不合理と解されるわけではない（**解説1**(4)(イ)(a)）。

こうした全過程の事情（④その他の事情）としては、特に、使用者が従業者に付与した利益の実体的相当性について検討する必要がある。本件の場合、ⓐY社がX₁に対して出願時報奨金として3万円、権利取得時報奨金として10万円、実績報奨金として200万円を支払ったこと、ⓑY社がX₁に対して高額

248

な年俸（3000万円）を支給していること、ⓒ発明規程10条3項に基づき、X_1の年俸を約3030万円に昇給させるとともに、年間1000万円の研究費を支給する措置を講じたことが、手続の不適正さを補うに足りる事情となるか否かが問題となる。

まず、ⓐY社が2019年にX_1に付与した報奨金（3万円 + 10万円 + 200万円）について。この点、やや古いが、2004年改正特許法35条の施行後の2006年に行われた調査[23]によれば、回答企業のうち87.5％が特許出願時に、81.8％が特許権登録時に報奨金を支払っており、その額は、出願時が平均9941円（最大10万円、最小1000円）、登録時が平均2万3782円（最大30万円、最小1200円）であり、また、自社実施または他社への実施許諾後に実績補償を行う企業は76.8％であって、過半数の企業は上限を設けておらず、上限額を設けた企業の平均値は約1208万円（自社実施時）ないし約2292万円（他社への実施許諾・権利譲渡時）であった。このデータと比較すると、Y社がX_1に付与した報奨金が特に高額ということはできない。また、Y社が本件発明によって、約3年間で総額約2億円もの利益を得ていることを考えても、X_1に対する報奨金を特に高額なものと評価することはできない。

次に、ⓑY社がX_1に対して高額の年俸（3000万円）を支給していることについてはどうか。確かに、X_1の年俸は、Y社社員の平均年収の倍以上に達しているため、X_1の職務上の貢献（本件発明）に対する見返りを意味し、「その他の事情」として考慮されうるようにも見える。しかし、前記のとおり（**解説1**(2)）、相当の利益は、職務発明に対して特許法35条が特に定めた給付（特別給付）であり、労働の対価である賃金（労基11条、労契6条）とは性格を異にする。したがって、相当の利益を賃金に含めて支払うことは原則として許されないし、相当利益の不合理性の評価に際して賃金額の多寡を考慮することもできないと解される。以上から、本件においても、X_1の賃金額を考慮要素とすることは適切でない。裁判例においても、本件に類似する事案について、職務発明をした従業員が顧客拡大という目的で雇用された者であることに着目し、同人に対する高額の給与も、もっぱら上記目的に対応する労務の対価に過ぎないと判断した例がある[24]。

---

23) 独立行政法人労働政策研究・研修機構「従業員の発明に対する処遇についての調査」JILPT調査研究シリーズ No. 27（2006）。

第2部　実務編

以上に対し、ⓒY社がX₁の2021年度の年俸を約3030万円に昇給させるとともに、年間1000万円の研究費を支給する措置を講じたことは、相当の利益として考慮されうる事情である。しかし、まず、研究費の支給を相当の利益と評価できるかについては見解が分かれており、使用者の経済的負担によって従業者が享受できる利益であるとして積極に解する見解がある一方、従業者個人の権利・利益に帰属しないとして消極に解する見解もあり、指針も、こうした議論を考慮して、研究費の支給を相当の利益として例示していない（**解説1**(4)(ウ)）。私は、消極説は形式的に過ぎると考えるが、こうした議論がある以上、相当の利益として評価することは困難であろう。

一方、Y社がX₁の年俸を約3000万円から約3030万円に昇給させたことについては、指針が金銭以外の相当利益として例示する「金銭的処遇の向上を伴う昇進・昇格」に対応する措置であり、相当の利益としてカウントできる措置である。もっとも、30万円の昇給がX₁の発明の価値に相応するかについては、上記報奨金と同様、Y社が本件発明によって得ている利益の大きさを考えれば、直ちに肯定することは困難と解される。

5　結　論

以上を総合すると、Y社が発明規程に基づいてX₁に対して行った相当利益の付与については、協議および意見聴取手続において重大な不備があり、また、相当利益額や研究費等について上記手続の不適正さを補うに足りる特段の事情があるとも認められないので、Y社が発明規程によって相当の利益を支払うことは不合理と解される。よって、X₁の請求は、少なくとも一部認められる。

CASE 1 設問2

では、Y社は、以上のような問題の発生を防ぐために、どのように対応すべきであったか。特許法35条5項所定の手続的要素およびその他の事情（相当の利益の内容）の両面から検討しよう。

---

24)　前掲注10)野村證券事件。これに対し、相当の利益が特許法35条5項によって不合理と認められた場合は、相当の利益の内容は、同条7項によって定められることになるが、この場合は、「従業者等の処遇」が考慮要素となるため従業者の給与額を考慮することは許される。

1 手続面について

まず、手続面では、指針に即して①協議、②開示、③意見の聴取から成る手続を適正に行うことに尽きる。前記のとおり（**解説**1(4)(イ)）、これら手続について使用者が留意すべきポイントは、従業者がこれら手続の全局面にわたって関与できるよう適切に機会を提供することと、協議および意見聴取に際して真摯に対応することの2点である。一方、使用者が指針の手続的規律に従って相当の利益を決定している場合は、利益の不合理性は原則として否定される。

この観点から本件を見ると、②の開示については問題はない。問題は、①協議および③意見聴取である。まず、協議については、Y社は、X_1を含む中途採用者対象のオリエンテーションの場で協議を行っており、これ自体は問題ないが、一方的説明に終わらせず、X_1を含む中途採用者に質問の機会を与えて質疑応答の場を設け、実質的協議を行ったと評価される状況を作出すべきであった。

次に、意見聴取についてはより深刻な問題がある。Y社発明委員会のメンバーの中に職務発明制度に詳しい者が存在しなかったということ自体、異常な事態であるが、そうした事態が一時的に発生することはやむをえないとしても、その場合は、社外弁護士や社外弁理士をメンバーに加え、またはこれらの者に相談するなどして真摯かつ誠実に検討し、その結果をX_1に伝えた上、X_1からさらに質問・照会があれば、データの開示を含めてそのつど丁寧に説明するなどして、意見聴取手続を適正に行うべきであった。X_1の上司であるT金融商品開発部長の説明への対応についても同じことがいえる。

この点、2004年改正前特許法施行下の事案であるが、キヤノン事件[25]では、会社は、①職務発明取扱規程を、労働協約に基づく労使協議会の協議を経て制定し、②個々の発明者に対し、実績対価等級および対価額について異議申出の権利を認め、③発明者に対し、実績に顕著な変化があった場合はいつでも実績対価等級および対価額について再評価を求める権利を認め、④公正な特許評価のため、実績対価等級・対価額・表彰・異議申立理由の有無・再評価申請の理由の有無の決定について、多数の上級技術者を含む特許審査委員会を設けた上、個々の発明者との間の説明・協議を経て対価決定に至っている。このように、

---

25) 東京地判平成19・1・30判時1971号3頁、知財高判平成21・2・26判時2053号74頁。

第2部　実務編

キヤノン事件は、相当対価決定に至る手続を極めて丁寧に行った事案であるが、司法判断としては、対価の相当性が否定され、原告（元社員）による対価請求が一部認容された。しかし、これは、本事件が、対価決定に至る手続を重視する 2004 年改正特許法施行以前の事案であり、裁判所が対価の実体的相当性を審査する判例法理[26) を適用して判断したためである。これに対し、手続的規律を重視する内容に改正された 2004 年改正特許法・2015 年改正特許法の下では、使用者がキヤノン事件のような手続を行っていれば、2015 年改正特許法の指針を十分クリアする手続を行ったものと評価され、相当利益の不合理性は否定されるものと解される。

2　その他の事情（「相当の利益」の内容）について

　Y 社が X_1 に対して実績報奨金として 200 万円を支払った後、X_1 の再評価申請に応じなかった理由としては、高額の年俸（3000 万円）を職務上の貢献（本件発明）に対する見返りとして支給しているとの認識を有していることが挙げられる。前記のとおり、相当の利益と賃金は性格を異にするので、相当の利益を賃金に含めて支払うことは原則として許されないが、実質的に考えれば、Y 社の認識も理解できないわけではない。この点、X_1 のように、金融商品の電子取引システムの構築を主要な職務として中途採用された従業員については、賃金の一部について発明への報奨金であることを明記し、賃金の基本部分と明確に区分して支給していれば、当該報奨金相当部分を相当の利益として認めることは例外的に可能と解される。たとえば、年俸額 3000 万円のうち、基本年俸（固定年俸）を通常業務（金融商品開発）への対価（賃金）として支給しつつ、業績年俸のうち一定分を報奨金相当部分（相当利益相当部分）として支給する（業績年俸中、その余の部分は通常業務への対価として支給する）といった方法が考えられる[27)。こうした支給方法の下では、Y 社が本件発明後に行った 3030 万円への昇給についても、より明確に相当の利益として位置づけることが可能となる。

　もっとも、以上のような賃金（年俸）の支払方法も、相当の利益を特許法上の給付と位置づける現行法の下では、リスクを伴うことを否定できない。やはり、年俸については通常業務への対価（賃金）と位置づけた上、別途、相当の

---

26)　前掲注 9)オリンパス光学工業事件。

7　知的財産法と労働法②——職務発明・職務著作

利益を慎重な手続の下で決定するオーソドックスな方法が適切であろう。その場合、X_1 と Y 社は、個別労働契約において年俸額を合意しているので、Y 社としては、X_1 との合意によってその年俸を通常業務に対応する額に引き下げた上、当該引下げ分を相当利益に充当するといった対応策が考えられる。

CASE 2
結論：X_2 の請求は認められない：X_2 が作成した本件論文は、職務著作に該当する。

　本設問との関係で重要な職務著作の要件は、当該著作が①法人等の発意に基づくものであること、②その法人等の業務に従事する者が作成するものであること、③従事する者が職務上作成する著作物であることの 3 点である。
　まず、本件論文は、①・③の要件を充足するものと解される。①については、業務従事者が著作物作成の職務に携わっていれば、その作成は法人等の予想するものとされ、発意の要件を充足すると解されている（**解説 2**(2)）ところ、本件では、Y 社は X_2 に対し、1 年の期間を定めて論文作成作業を委託し、X_2 は同委託契約に基づいて論文を執筆したのであるから、Y 社の発意に基づいて本件論文を作成したものということができる。また、同じ理由から、要件③も満たす。なお、本件論文が要件④（法人等の著作名義で公表すること）および⑤（契約、勤務規則等に別段の定めがないこと）を充足することも明らかである。
　問題は、要件②である。この点、判例[28]は、「業務に従事する者」性について、法人等の指揮監督下において労務を提供する実態にあり、法人等がその者に対して支払う金銭が労務提供の対価と評価できるか否かを基準に判断している（**解説 2**(2)）ところ、本件では、ⓐ Y 社は、そのオフィスの一角を X_2 の作業用スペースとして提供し、ⓑ基本給名目で月給約 20 万円を支給し、給与明

---

27)　この点、前掲注 10)野村證券事件は、職務発明をした従業員に対する高額の給与（約 3000 万円）につき、同人が顧客拡大という目的で雇用されたことを理由に、上記目的に対応する労務の対価に過ぎないとして相当の対価性を否定したが、**CASE1** のように、従業者が職務発明をもたらす蓋然性の高い職務（金融商品の電子取引システムの構築）を主要な職務として雇用されたケースでは、本文のような区分要件を満たせば、賃金の一部を相当の利益として支給することも可能と解される。
28)　前掲注 21)RGB アドベンチャー事件。

第2部　実務編

細書を交付する反面、ⓒX₂との間の契約を委託契約書名目で締結し、ⓓタイムカードによる勤務管理を行わず、ⓔ作業内容・方法に関する指揮監督も行っていない。このうち、ⓐ・ⓑがX₂の「業務に従事する者」性を肯定する方向に働く事情となるのに対し、ⓒ～ⓔは、「業務に従事する者」性を否定する方向に働く事情を意味する。

　しかし、前掲判例は、当該事案で「業務に従事する者」性が争われたアニメーション製作デザイナーにつき、ⓒのような契約形式は形式的な事由にとどまるとして重視せず、ⓓについても同じく重視していない。そして、デザイナーが上記ⓐ・ⓑと同様の事実に加え、会社の企画したアニメーション作品に使用するものとして本件図画を作成したことから、会社の指揮監督の下で労務を提供し、その対価として金銭支払いを受けていたことが窺えると評価している。この観点から本件を見ると、上記ⓐ・ⓑの事実に加え、Y社は、X₂の作業内容・方法に関する指揮監督こそ行っていないものの、X₁による電子取引システム開発に期待してX₂に論文作成作業を委託したのであるから、X₂を基本的な指揮監督の下に置いて労務を提供させ、その対価として金銭（基本給）を支給したものということができる。したがって、本件論文は、要件②を充足する。

　以上から、X₂が作成した本件論文は、職務著作に該当するものと解される。よって、X₂の請求は認められない。

〔参考文献〕

　特許庁総務部総務課制度審議室編『平成27年特許法等の一部改正　産業財産権法の解説』（発明推進協会、2016）、知的財産研究所「企業等における特許法第35条の制度運用に係る課題及びその解決方法に関する調査研究報告書」（2014）、野村総合研究所「職務発明に関する各国の制度・運用から見た研究者・技術者等の人材流出に関する調査研究報告書」（2014）。

＊執筆協力者　吉江美月（2015年度生）　国本陽奈（2016年度生）　子安夏琳（2016年度生）

（土田道夫）

8

独占禁止法と労働法

CASE 1 　労働組合法上の労働者──フランチャイズ契約

　1　Y社は、全国でコンビニエンス・ストア事業を展開する会社（フランチャイザー・本部）であり、商号、商標、その他商品、営業の象徴となるY社マーク、独自のY社経営ノウハウおよび店舗経営の支援を統合した「Y社システム」を開発・保有している。加盟者（フランチャイジー）は、Y社が用意した定型的な契約書に基づいて、フランチャイズ契約を締結している（以下、「本件フランチャイズ契約」という）。本件フランチャイズ契約では、Y社は、加盟者に対し、Y社システムにより加盟店を経営することを許諾し、かつ、本部として継続的に同システムによる経営指導や技術援助等を行うことを約する一方、加盟者は、会社に対し、一定の対価（以下、「本部フィー」という）を支払うものとされている。また、加盟者は独立した小売事業者である旨も規定されている。

　2　加盟者は、店舗開業の際、契約タイプ、法人を共同フランチャイジーとするか、単独店舗とするか複数店舗にするか、自ら決定することができる。同様に、店舗の立地も、Y社が提示した出店候補地の立地調査報告書等に基づいて、決定している。そして、本件フランチャイズ契約締結時、Y社に対し、加盟金および開店準備手数料を支払い、元入金を預託することになっており、加盟店の過半数は、開店の際、店舗投資等のために相当額の費用を負担している。

　3　加盟者は、店舗運営を行う際、販売する商品の仕入代金、従業員の給料などの営業費やその他の店舗運営に際しての費用を負担している。一方、加盟者における売上金は、毎日Y社に送金されており、Y社から加盟者に支払われる「営業利益」に相当する金銭はY社が管理している。加盟者はY社から「営業利益」を原資として、毎月「引出金」、3か月毎に「配分金」の支払いを受けている（これを「オープンアカウント・システム」という）。仮に仕入代金が売上金

255

第 2 部　実務編

を上回っている場合でも、不足分が自動的に会社から融資され、加盟者は不足
分の資金調達をする必要がないなど、加盟者の資金管理の簡便化が図られてい
る。加えて、Y 社が、年中無休・24 時間営業を行う加盟者に対し、24 時間営業
奨励金（毎月 10 万円）、最低基準額を下回る加盟店に対し、事業年度末日や契
約終了時に暫定的に最低保証金を支払っている。また、店舗運営は、通常の場合、
店長だけでなく、他の従業員により行われており、加盟者が自らの判断で必要な
従業員を募集・採用し、その労働条件を決定し、賃金を支払うなど、使用者とし
て諸種の人事管理を行っている。さらに、商品の仕入れに関しては、Y 社が加盟
者に推奨商品とその仕入先を推奨し、その商品の範囲、代金に関する基本契約を
仕入先との間で締結し、仕入代金の支払いを代行している。推奨商品の仕入価格
も、加盟者が自由に定めることはできず、Y 社システム下での一定の制約が課さ
れている。ただし、加盟者自らの判断で、仕入量を決めたり、推奨商品をどの範
囲で販売するかを選択したり、推奨商品以外の商品を販売することもできる。そ
の他、店舗の営業日・営業時間については、年中無休・24 時間営業が原則とされ
ており、実態としても、年中無休・24 時間営業を行う店舗がほとんどである。

　4　Y 社は、ブランドイメージの維持や Y 社システムの統一性の確保のため、
加盟店の運営に関し研修や評価制度等を設け、Y 社チェーンとして会社と一体の
ものと認識されるような外部への表示（内外装、看板、ユニフォーム等）を求
めている。また、本件フランチャイズ契約上、Y 社イメージおよび同システムに
違反する行為をしてはならない義務を課している。加えて、日々の店舗運営業
務は、Y 社のシステムマニュアルに基づいて行われ、店舗経営支援の一環として
Y 社による助言、指導がなされている。なお、こうした助言や指導は、加盟者へ
の拘束力を持つものではない。

　5　A らは、Y 社との間で本件フランチャイズ契約を締結する加盟者かつ加盟
店の店長であり、2019 年 8 月、申立組合（X 組合）を結成した。X 組合員は、
加盟者が事業主として自ら店舗の運営方法等を決めることができる余地は極め
て少ない上、再契約されない店舗は約 3 割あることから、Y からの指示、指導や
助言、推奨に従わない場合、協調性がないとの理由で再契約を拒否されるので
はないかとの不安を抱えていた。そこで、X 組合は、Y 社に対して組合結成を通
知するとともに、「加盟者が再契約を希望する際に Y 社が可否を決定する具体的
な判断基準について」を議題とする団体交渉を 2 度申し入れた。これに対し、Y
社は団体交渉に応ずるとの回答をしなかった。そこで、X 組合が、本件 A らは
労組法上の労働者に該当し、本件団交拒否は労組法 7 条 2 号に違反するものと
して、不当労働行為救済申立てを行った。

設問1　Y社は、X組合の団体交渉申入れに応ずる義務を負うか。

設問2　本ケースのような問題の発生を防ぐために、企業法務として留意すべき点は何か。

CASE 2　引抜き防止協定・退職後の競業避止義務

　1　B、C、D、Eの4社は、中堅のIT企業で競争関係にあり、ITに関する高度な技術・専門知識を有する労働者を多数擁している。

　2　B～E社は、互いの労働者の引き抜き、採用を行わない取り決めを秘密裏に行った（引抜き防止協定）。なお、引抜き防止協定は、対象者（職務や部門等）や期限が定められておらず、B～E社の労働者は当該協定について周知されず、かつ、同意もしていなかった。

　3　Zは、B社で高度な技術を有するエンジニアとして就労していたが、よりよい待遇のC社に転職したいと考えていた。そこで、Zは、知り合いのC社の社員Pにこの旨を伝えた。しかし、Pは、C社の人事部・部長であり、B社とC社との間で秘密裏に引抜き防止協定を結んでいること、また、過去にC社からB社に転職しようとした優秀な社員Qが、当該協定を理由に採用されなかったことを知っていた。そのため、Pは、引抜き防止協定があるため、Zを採用することは難しい旨伝えた。Zは、当該協定さえなければ、C社で採用され、よりよい待遇で働けたのではないかと考えている。

　4　B社における待遇に不満を抱くZは、自ら起業することを考え、金融機関からスタートアップ融資を受けてB社と同一事業のIT企業G社を設立することとした。そして、Zは、G社設立に先立つ2019年9月30日付でB社を退職した。Zが自社と競合関係に立つことを警戒したB社は、Z退職直前に、ノウハウ保護を目的として守秘義務特約を結ぶと同時に、「Zは、B社と競合関係に立つ企業の設立、就職その他形態の如何を問わず5年間は関与しない」との競業避止特約の締結に応ずるよう求めた。Zは、この競業避止特約が広範に過ぎることに疑問を抱き、義務内容の合理性についてB社に対し説明を求めたが、B社は説明に応じないばかりか、Zが特約に応じない限り退職金を支給しないと回答した。このため、Zはやむなく競業避止特約の締結に応じた。なお、競業禁止に対する代償措置は講じられていない。

　Zは、B社退職後の11月からG社の事業を開始した。ただし、守秘義務特約を守ってB社のノウハウは開示せず、Z社独自の商品開発に従事している。しかし、B社は、Zの行為は競業避止特約に違反するとして、G社の事業の差止

第 2 部　実務編

> めおよび損害賠償を請求してきた。

設問 1　B 社・C 社間の引抜き防止協定は、人材獲得市場での競争を阻害したとして、独禁法上の「不当な取引制限」(2 条 6 項、3 条) に該当するか。なお、B 社・C 社は、引抜き防止協定について、互いの労働者の育成に要した費用を回収する目的であったと主張している。

設問 2　B 社・Z 間の競業避止特約については、独禁法上いかなる問題があるか。

> [!NOTE]
> 解説

1　労働組合法上の労働者

(1)　意　義

　近年、雇用形態・就労形態の多様化により、労働者と事業者のグレーゾーンに位置する人々が増加している[1]。このような者が、就労条件について交渉するために、労働組合を結成し、団体交渉を申し入れることがある。こうした団体交渉に会社が応じる義務があるかどうかは、労組法上の労働者性が認められるか否かによって判断される。

　労組法上の労働者は、「賃金、給料その他これに準ずる収入によって生活する者」(3 条) と規定され、労基法・労契法上の労働者よりも広い概念と解されている[2]。これまで、業務委託契約者・公演出演契約者の労組法上の労働者性をめぐる紛争を契機として、労組法上の労働者性の概念および判断要素について議論が行われ[3]、上記契約者については、周知の最高裁 3 判決 (新国立劇場運営財団事件[4]、INAX メンテナンス事件[5]、ビクターサービスエンジニアリング事

---

1)　土田・労働契約法 57 頁以下参照。
2)　菅野 781 頁以下、土田・概説 355 頁。
3)　山川隆一「労働者概念をめぐる覚書」労委労協 (2010)651 号 2 頁、菅野和夫「業務委託契約者の労働者性——労組法上の労働者の範囲に関する最高裁二判決」ジュリ 1426 号 (2011)4 頁、竹内 (奥野) 寿「労働組合法上の労働者」季労 235 号 (2011)230 頁など参照。
4)　最三判平成 23・4・12 民集 65 巻 3 号 943 頁。

件6)）によって決着を見た。これに対し、フランチャイズ契約は、フランチャイザーが商標、経営のノウハウ等を用いて事業を行う権利を付与する一方、加盟者はその見返りとして一定の対価を支払い、事業に必要な資金を投下して本部の指導および援助の下に事業を行う継続的関係と解されており7)、業務委託契約等の労務供給契約とは異なる側面を有しているため、加盟者が労組法上の労働者に含まれるか否かはより微妙な問題となる8)。

(2) 判断基準

労組法3条の労働者は、労働組合による団体交渉を助成するための同法の保護を及ぼすべき者はいかなる者かという観点からの定義と解されており、労契法や労基法上の定義とは明確に異なる9)。つまり、労働契約（雇用）以外の請負や委任のような契約類型であっても、団体交渉の保護を及ぼす必要性や適切性が認められる場合には、労組法上の労働者と判断されうる。そこで、労組法上の労働者について、どのように判断すべきかが問題となる。

この点、前述の最高裁3判決は、一般論を示さず、具体的判断にとどまったものの、事業組織への組入れ、契約内容の一方的・定型的決定を重視する判断を行った。前掲INAXメンテナンス事件は、住宅設備機器の修理補修等を主たる事業とする会社と修理補修業務に関する業務委託契約を締結していたCE（カスタマーエンジニア）の労働者性について、以下のとおり判断している。すなわち、①CEは会社の事業の遂行に不可欠な労働力として、その恒常的な確保のために会社の組織に組み入れられていること（事業組織への組入れ）、②会社がCEとの間の契約内容を一方的に決定していたこと（契約内容の一方的・定型的決定）、③CEの報酬が労務の提供の対価としての性質を有していること（報酬の労務対価性）、④CEは、各当事者の認識や契約の実際の運用において、会社の個別の修理補修等の依頼に応ずべき関係にあったこと（業務の依頼に応

---

5) 最三判平成23・4・12労判1026号27頁。
6) 最三判平成24・2・21民集66巻3号955頁。
7) 小塚荘一郎『フランチャイズ契約論』（有斐閣、2006)12頁参照。
8) なお、フランチャイズ契約の場合、契約締結時の説明義務や情報開示に関する民法上の規律、独禁法の規律（優越的地位の濫用（2条9項5号）、抱き合わせ販売等（一般指定10項）、拘束条件付取引（同12項）等）が存在する。
9) 菅野781頁、山川・前掲注3)6頁以下。

第2部　実務編

ずべき関係)、⑤CE は、会社の指定する業務遂行方法に従い、その指揮監督の下に労務の提供を行っており、かつ、その業務について場所的・時間的に一定の拘束を受けていたこと（広い意味での指揮監督下の労務提供・一定の時間的場所的拘束性）を考慮し、労働者性を肯定した。一方、労働者性に否定的に働く消極的要素である顕著な事業者性については、⑥CE にとって独自の営業活動を行う時間的余裕は乏しかったと推認される等として否定した。

　本判決の後、2011 年 7 月に出された厚生労働省の「労使関係法研究会報告書（労働組合法上の労働者性の判断基準について）」（以下「報告書」）も同様の立場を示している。すなわち、報告書は、労組法上の労働者性について、契約の文言によってではなく、その実態（当事者の実際の意識や契約の実際の運用）によって判断する立場[10] を前提に、上記①〜⑥の判断要素を総合判断すべきものとしている。特に、①②は、団体交渉の保護を及ぼす必要性と適切性という視点に基づく労組法独自の判断要素となり、また、③とともに労組法上の労働者性に関する基本的判断要素に位置づけられる。この 2 つの要素が存在すれば、団体交渉によって就労条件引下げ等の問題を解決すべき関係が存在するため、団体交渉の保護を及ぼすべき必要性と適切性が肯定されるからである[11]。一方、④⑤は、補充的判断要素とされる。また、上記①〜⑤の諸要素の総合考慮によって労働者性が肯定されうる場合も、特段の事情として、⑥労働者性が否定されるような顕著な事業者性があるか否かが判断要素となる。ここでは、労務提供者が恒常的に自己の才覚で利得する機会を有し、自らリスクを引き受けて事業を行う者と見られるかがポイントとなり、たとえば、業務における損益や機材、材料等を負担している場合、他人労働力を利用する可能性や実態があ

---

10)　菅野 788 頁。

11)　土田・概説 357 頁。なお、報告書の立場に対しては、他人の指揮命令下において自身の労務を提供せざるをえないという労働者の基本的性格を脱落させてしまい、零細事業者・下請業者等との区分を著しく不明確化するとともに、労働者概念の固有性を見失わせるとの批判も見られる（同「『労働組合法上の労働者』は何のための概念か」季労 228 号（2010）134 頁以下、同「『労働者』性判断基準の今後——労基法・労働契約法上の『労働者』性を中心に」ジュリ 1426 号（2011）55 頁以下、土田道夫＝武内匡「フランチャイズ・システムにおける労働組合法上の使用者——店舗従業員に対するフランチャイザーの労組法上の使用者性」季労 255 号（2016）122 頁以下参照）。この見解は、使用従属性（④・⑤）を労組法上の労働者の判断要素としても重視しつつ、契約の実際の運用や当事者の認識に即してより実質的かつ柔軟に解釈すべきものと解する。

る場合等に顕著な事業者性が肯定される[12]。

(3) フランチャイズ契約

(ア) 労務供給契約性

フランチャイズ契約は、継続的なライセンス契約と理解され、業務委託契約等の労務供給契約とは異なる側面がある。そのため、形式的には、加盟者（フランチャイジー）が会社（フランチャイザー・本部）に対して労務を提供しているとはいえない。しかし、労組法上の労働者性は契約の運用実態によって判断されることから、フランチャイズ契約も、会社と加盟者の関係を実質的にみて、労務供給関係と評価できる可能性もある。そこで、フランチャイズ関係の特質を踏まえつつ、会社と加盟者の関係について労務供給関係と評価できる実態があるかという点も含めて、労組法上の労働者性の判断がなされる[13]。

(イ) 労組法上の労働者性判断

労組法上の労働者性は、前記(2)の判断基準に即した判断がなされる傾向にある。実際に、コンビニエンス・ストア事業のフランチャイズ契約を締結した加盟者について、労組法上の労働者性を否定する中労委命令（セブン－イレブン・ジャパン事件[14]、ファミリーマート事件[15]）の判断が示されている[16]。以下、報告書の内容に触れつつ、フランチャイズ契約における加盟者（フランチャイジー）の労働者性について概説する。

まず、基本的判断要素である①事業組織への組入れについては、報告書によれば、労務供給者の労働力を確保する目的で契約が締結され（契約の目的）、業務の遂行の量的ないし質的な面において不可欠ないし枢要な役割を果たす労働

---

12) ただし、業務委託上、各種機器などは原則として自己調達するとされていたとしても、労働者性を否定する方向では重視しない傾向があることが指摘されている。

13) セブン－イレブン・ジャパン事件・平成31・3・15中労委命令・裁判例データベース掲載、ファミリーマート事件・中労委平成31・3・15中労委命令・裁判例データベース掲載。

14) 前掲注13)。

15) 前掲注13)。

16) なお、いずれも地労委では労働者性が肯定されていた（ファミリーマート事件・東京都労委決平成27・3・17別冊中労時1488号1頁、セブン－イレブン・ジャパン事件・岡山県労委決平成26・3・13別冊中労時1461号1頁）。

第2部　実務編

力として組織内に位置づけられている場合（組入れの状況）に事業組織への組入れが肯定される。この点、フランチャイズ契約においては、まずは加盟者の事業者としての独立性の有無、さらに独立性がある場合でもなお会社の事業組織への組入れに係るその他の事情の有無、補充的に広い意味での指揮監督下の労務提供・一定の時間的場所的拘束（後述）、専属性が審査されている[17]。独立性の判断に関しては、加盟者の事業の実施や経営形態等に関する意思決定への会社の関与の有無、業務の内容が問題とされる。

　この点、中労委命令は、加盟者の店舗経営による利益や損失が加盟者自身に帰属し、加盟者が店舗経営に係る費用を負担し、資金調達、従業員の募集・採用および労働条件、店舗の立地等について自らの判断で決定している点で、事業者としての独立性を肯定した。なお、店舗の営業日・営業時間については、加盟者が自由に選択することはできず、また、資金の管理や販売商品の仕入れに関しても、一定の制約が課されている点で、通常の小売事業者よりも裁量の幅は限定される側面もあった。しかし、加盟者は、フランチャイズ契約に基づく利益を享受している面もあり、これらを前提とした上で、自らの裁量で経営判断をし損益を帰属させていると評価し、事業者としての独立性を認めている。加えて、会社の研修や評価、会社と一体のものと認識されるような外部への表示は、ブランドイメージの維持やシステムを確保するために、経営のあり方に向けられたものであるとして、事業組織への組入れを否定した。その他、フランチャイズ契約において、事実上副業を行うことが困難なことがあったとしても、加盟者が他の事業を営むことが禁じられていない場合、会社と加盟者間の専属性は重視されていない[18]。

　また、②契約内容の一方的・定型的決定について、報告書によれば、契約締結や更新の際に、労務供給者が相手方と個別に交渉して労働条件等の契約内容に変更を加える余地が実際上存在しない場合に契約内容の一方的決定が認定される。これに対し、中労委命令において、フランチャイズ契約は、加盟者が独立した事業者である限り、加盟者の労務供給や労働条件ではなく、店舗経営という事業の活動の態様について規定しているものと捉えられている[19]。その

---

17)　前掲注13)セブン－イレブン・ジャパン事件、前掲注13)ファミリーマート事件。
18)　前掲注13)セブン－イレブン・ジャパン事件。
19)　前掲注13)セブン－イレブン・ジャパン事件、前掲注13)ファミリーマート事件。

ため、会社による一方的かつ定型的な契約内容の決定が、会社と加盟者間での交渉力の格差を示すものであるとしても、労働者性を根拠づけるものにはならない。

さらに、③報酬の労務対価性については、報告書によれば、相手方の労務提供者に対する評価に応じた報奨金等、仕事の完成に対する報酬とは異なる要素が加味されたり、一定額の支払いが保証されている場合に労務対価性が肯定されるほか、労務提供の態様とも関連して理解されており、労務提供につき裁量を与えられていない場合の報酬は、基本的には労務提供の対価とみなされる。これに対し、中労委命令によると、フランチャイズ契約は、会社が加盟者に対してシステムを利用して経営を行う権利等を与えるとともに店舗経営に対する支援を行い、加盟者がその対価として金員を支払うというものである場合、加盟者が労務を提供するものではない。加えて、加盟者が獲得した営業利益を会社が管理して加盟者に支払うという構造（オープン・アカウント・システム）は、自ら獲得した営業利益を、ロイヤリティを差し引くなどの清算を経た上での払戻しを受けるという、簡便ないし合理的な決済手段であり、加盟者の労務供給に対する報酬としての性格を有するものと評価する前提を欠くものと評価される[20]。

次に、補充的判断要素とされる④業務の依頼に応ずべき関係は、報告書によれば、実際の契約上の運用上、労務供給者の業務依頼の拒否に対して、契約の解除や契約更新の拒否等不利益取扱いの可能性がある場合や、実際の契約の運用や当事者の認識上、労務供給者が相手方からの業務の依頼を拒否できず、実際に拒否する者がほとんど存在しない場合、肯定される。これに対し、フランチャイズ契約においては、当事者間で基本的な労務供給に係る契約等が存在せず、会社から加盟者に対して個別の業務が依頼されるといった事情が認められない場合、検討の対象とされていない[21]。一方、⑤広い意味での指揮監督下の労務提供・一定の時間的場所的拘束は、労務供給の態様についての詳細な指示や定期的な報告等が存在する場合、業務量や労務提供日時・場所に関して労務供給者に裁量の余地がない場合、肯定される。この点、フランチャイズ契約においては、事業者として独立性（他人労働力、店舗立地の選択、経営判断、店

---

20) 前掲注 13)セブン－イレブン・ジャパン事件、前掲注 13)ファミリーマート事件。

21) 前掲注 13)セブン－イレブン・ジャパン事件、前掲注 13)ファミリーマート事件。

第2部　実務編

舗運営業務の遂行の態様等）が考慮され、加盟者の労務供給に対する時間的・場所的拘束、指揮監督としての性格を有するものでない限り認められていない[22]。

最後に、労働者性を否定する要素である顕著な事業者性（⑥）は、フランチャイズ契約において、加盟者が独立した事業者として、事業形態、店舗数、商品の仕入れ等に関し、恒常的に独立した経営判断により利得する機会を有し、事業の費用を負担し、その損失や利益の帰属主体となり、他人労働力等を活用（従業員を雇用）して、自らリスクを引き受けて事業を行っている場合に認められる[23]。

なお、顕著な事業者性を有する加盟者も、契約内容が一方的かつ定型的に決定される点で、会社との間で交渉力の格差が生じる場合がある。こうした格差は、経済法等の下での問題解決が想定される事業者間における交渉力格差であると解されている[24]。

(4) 労働組合法上の労働契約

仮に、労務供給者が労組法上の労働者と認められると、労働組合を結成し団体交渉を行い、労働協約を締結することができる。労働協約は、労組法16条に基づく規範的効力が及び、労働協約に定める労働条件その他の労働者の待遇に関する基準に違反する労働契約の部分は、無効となる。ところが、労組法上の労働者と評価される者の労務供給契約は、労基法・労契法上の労働契約ではないため、労組法16条のいう労働契約に該当するかが問題となる[25]。

この点、報告書によれば、労組法16条の「労働契約」の概念は、労基法が制定される以前の旧労組法当時から存在し、労基法上の労働者概念に限定して解する必然性はないことから、労基法上の労働者に該当しない労務供給者の締結する労務供給契約をも含むものとされる[26]。

---

22)　前掲注13)セブン−イレブン・ジャパン事件、前掲注13)ファミリーマート事件。
23)　前掲注13)セブン−イレブン・ジャパン事件、前掲注13)ファミリーマート事件。
24)　前掲注13)セブン−イレブン・ジャパン事件、前掲注13 ファミリーマート事件)。
25)　荒木576頁。
26)　野川忍『労働協約法』（弘文堂、2015)158頁。菅野876頁も同旨。

2　独占禁止法と労働法の適用関係

(1)　問題の所在

労組法上の労働者と認められた労務供給者は、同時に事業者としての側面を有している。仮に、労務供給者が独禁法上の事業者に該当するとすれば、これらの者と会社が締結した労働協約は、同法で禁止されているカルテル行為、すなわち「不当な取引制限」（2条6項・3条）に該当するのか否かという問題が生ずる[27]。

「不当な取引制限」とは、「事業者が、契約、協定その他何らの名義をもつてするかを問わず、他の事業者と共同して対価を決定し、維持し、若しくは引き上げ、又は数量、技術、製品、設備若しくは取引の相手方を制限する等相互にその事業活動を拘束し、又は遂行することにより、公共の利益に反して、一定の取引分野における競争を実質的に制限すること」をいう（独禁2条6項）。カスタマーエンジニア等の事業者の報酬について定める労働協約は、形式的には価格協定のようなハードコアカルテルに該当しうることから、独禁法と労組法の規制の競合が問題となる[28]。

周知のとおり、独禁法は、事業者間の公正かつ自由な競争を促進するとともに、一般消費者の利益の確保と国民経済の健全な発達の促進を目的とする法である（1条）。この点、事業者が不当な取引制限、私的独占、不公正な取引方法等によって市場支配力を形成・維持・強化すると、同法が実現しようとする目的が確保されない結果が生じうる。そこで、同法は、事業者のこうした行為を規制し、市場における公正かつ自由な競争の促進を図っている。

独禁法が対象とする「事業者」（2条1項）は、法人（企業）のみならず、役員・従業員等の個人も含むが、従来の独禁法運用上、労働契約など請負以外の就労形態は「事業」に当たらないものとされ、労働者に対する同法の適用は慎重に判断されてきた。しかし、近年、長期雇用制度の変化、ITの進展による外部人材・高度専門人材活用の増加等を背景として就労形態が多様化し、フ

---

27)　荒木尚志「労働組合法上の労働者と独占禁止法上の事業者——労働法と経済法の交錯問題に関する一考察」渡辺章先生古稀記念『労働法が目指すべきもの』（信山社、2011）185頁以下参照。

28)　荒木・前掲注27）190頁。

第2部　実務編

リーランスなど雇用によらない自営的就労が増加している。すなわち、前述した労働者と事業者のグレーゾーンに位置する人々はさらに増加する傾向にある。また同時に、雇用による就労・自営的就労を問わず、事業者による移籍制限・対価決定行為や過大な守秘義務・競業避止義務など、発注者の競争を妨げ、役務提供者に不利益をもたらしうる問題が発生している。そこで、公正取引委員会は、2018年2月15日、「人材と競争政策に関する検討会報告書」（以下「公取委報告書」）を公表した[29]。

(2)　独占禁止法と労働法・労働組合法の適用関係

まず、独禁法と労働法・労組法の適用関係が問題となる。この点、上記のとおり、独禁法の従来の運用上は、労働者は事業者性を否定され、同法を適用除外されてきた。しかし、公取委報告書はこの立場を改め、労働者が当然に独禁法上の事業者に当たらないと考えることは適切でないと明言する。この結果、労働者または使用者の一つの行為について独禁法と労働法の双方の適用が問題となり、両法が競合する場面が生ずるが、公取委報告書は、労働法が規律する分野については、独禁法の適用が問題となる場合も、原則として同法の問題とはならないと述べ、労働法を優先適用する立場（労働法優先適用論）を明らかにしている。すなわち、公取委報告書は、従来、労働者が独禁法を適用除外されてきたのは、労働者保護のために各種の労働法制が制定されたことを踏まえたものと述べ、こうした経緯によれば、今日においても、伝統的な労働者は事業者に当たらず、労働者の行為は独禁法上の問題とならないと論ずる。のみならず、労働法制により規律されている分野については、行為主体が使用者であるか労働者（団体）であるかにかかわらず、原則として独禁法上の問題とはならないと解することが適当と述べる[30]。

---

29)　http://www.jftc.go.jp/cprc/conference/index_files/180215 jinzai 01.pdf　公取委報告書については、「特集　人材と競争政策」公正取引 811 号（2018）、荒木尚志「人材市場における労働法と独占禁止法の役割——『人材と競争政策に関する検討会報告書』をふまえて」ビジネス法務 18 巻 8 号（2018）150 頁、土田道夫「人材獲得市場における労働法と競争法の機能」ジュリ 1523 号（2018）48 頁など参照。

30)　なお、公取委報告書は、労働法の「制度の趣旨を逸脱する場合等の例外的な場合には、独占禁止法の適用が考えられる」と述べるが（10 頁）、労働法の「制度の趣旨を逸脱する場合」の意義は判然としない。いかなる場合に労働組合の行為が独禁法上の規制に抵触するかについても同様である。土田・前掲注 29)50 頁参照。

この結果、労働協約の締結や争議行為等の労働組合の活動は、労組法によって正当とされる行為である限り、原則として独禁法上問題とならないことになる。したがって、労務供給者が会社との間で締結した労働協約は、独禁法が禁止するカルテル行為（不当な取引制限（2条6項・3条））に該当しない。

ところで、こうした公取委報告書の立場は、労働者・労働組合の行為に対する独禁法の適用について学説上有力に主張されている実質的適用除外アプローチ[31]を摂取したものである。実質的適用除外アプローチとは、労働者が独禁法上の事業者（2条1項）に該当することを肯定した上、労働協約の締結や争議行為等の労働組合の活動が不当な取引制限（同条6項）や不公正な取引方法（同条9項）等に該当するか否かを問題とするアプローチである。その前提には、独禁法上の事業者要件について、弊害要件を満たす可能性のある者は全て事業者に該当すると解する帰納的な解釈が存在する[32]。このアプローチも、①競争の実質的制限・公正競争阻害性等を実質的に審査して独禁法を適用除外する立場、②労働組合の行為である限り、独禁法との関係でも正当化されるとして適用除外する立場、③労働組合の行為については原則として独禁法の適用除外を認めつつ（②）、同法を不適用とすることが独禁法政策上、看過しえない場合に適用可能性を肯定する立場に分かれるが[33]、公取委報告書は③説に近い立場を示したものと解される。

3 競争法（独占禁止法）の規律[34]

(1) 人材獲得市場と独占禁止法

CASE 2 については、公取委報告書が主眼とする人材獲得市場における独禁法の機能が問題となる。この点、公取委報告書は、個人として働く者（役務提供者）の獲得をめぐって、役務提供を受ける企業等（発注者・使用者）間で行われる競争について、競争を妨げ、役務提供者に不利益をもたらしうる行為に対する独禁法上の考え方を整理している。公取委報告書は、全ての役務提供契

---

31) 荒木・前掲注27)202頁、白石忠志『独占禁止法〔第3版〕』（有斐閣、2016)149頁。
32) 白石・前掲注31)149頁。
33) 荒木・前掲注27)200頁以下参照。
34) 以下の解説については、土田・前掲注29)48頁以下を参考とした（土田教授の承諾を得た）。

第2部　実務編

約（雇用（労働契約）・請負・委任等）を対象とし、労働契約上の労働者および
それ以外の労務供給契約における役務提供者の双方を検討対象としている。

　公取委報告書によれば、「人材獲得市場」とは、発注者が互いに役務提供者
の獲得に係る条件を他の発注者よりよいものとすることで優れた役務提供者の
獲得をめぐって競争する場をいい、その特質は、個人と企業組織の間に情報
量・交渉力格差が存在すること、秘密保持を目的とする行為が行われること、
人材育成投資費用の回収を目的とする行為が行われることに求められる。その
上で報告書は、人材獲得市場における競争制限行為として特に発注者の行為に
着目し、発注者の共同行為（複数の発注者が行う競争制限行為）と、その単独行
為（個々の発注者が単独で行う競争制限行為）に分けて検討している。その際、
公取委報告書は、①上述した不当な取引制限のほか、②不公正な取引方法（独
禁19条）および③優越的地位の濫用（同2条9項5号、19条）の3点からアプ
ローチしている。

(2)　発注者の共同行為の規律

　まず、公取委報告書は、複数の発注者が共同して役務提供者との取引条件を
決定することは、本来人材獲得市場において決定されるべき取引条件を共同し
て人為的に決定することを意味し、競争に及ぼす悪影響が極めて大きいことか
ら、不当な取引制限の禁止（独禁2条6項・3条）に該当し、原則として違法で
あると述べる。そして、複数の発注者が一定の役務提供に対して共同して行う
価格（対価）決定行為について、人材獲得市場における発注者間の人材獲得競
争を停止・回避するものであるところ、価格（対価）は人材獲得における最も
重要な競争手段であるため、競争の実質的制限を生じさせるものであり、独禁
法上問題となるとしている。

　公取委報告書が指摘する価格（対価）決定行為の具体的内容は明らかでない
が、いわゆる賃上げ抑制行為が属するものと思われる。賃上げ抑制行為は、複
数の発注者が役務提供者の報酬について一定額または一定範囲内とすることを
協定する行為をいうが、人材獲得市場における競争抑制効果が大きいこと、発
注者間の行為であり、労働法制の対象外の行為であることから、独禁法を適用
され、不当な取引制限と評価されるものと解される。

　次に、公取委報告書は、複数の発注者が共同して役務提供者の移籍・転職を
制限する取決めを行い、または移籍・転職者に対して不利益を課す行為につい

268

ても、役務提供者の就労先の変更を制限し、発注者間の人材獲得競争を停止・回避するとともに、商品・サービス市場の供給に係る競争を阻害しうることから、独禁法上問題となりうると述べる。こうした発注者（使用者）の共同行為としては、引抜き防止協定が考えられる。引抜き防止協定とは、複数の使用者が相互に相手方の労働者の引抜きを行わないことを協定し、発注者間の人材獲得競争を制限することをいう。この点、米国では、大手IT企業6社がIT人材に係る引抜き防止協定を締結したことにつき、各社の競争能力を低下させ、競争により適切に機能したはずの価格決定メカニズム（賃上げメカニズム）を害したとして、米国連邦司法省が訴追したケースがある[35]。前記のとおり、公取委報告書によれば、労働法制により規律されている分野は原則として独禁法上の問題とはならないとされるところ、引抜き防止協定は、発注者間の協定（行為）として労働法制の対象外の行為であるため、日本において同種の行為が行われれば、独禁法を適用され、不当な取引制限と評価される可能性がある。

　賃上げ抑制・引抜き防止協定ともに、独禁法3条違反とされれば、同法の行政的サンクション（排除措置命令（7条）、課徴金（7条の2）、刑事罰（89条、95条等））の対象となる。問題は、労働者（役務提供者）が使用者（発注者）のこれら行為を理由としてその民事責任（損害賠償責任）を追及しうるか否かであり、この点は労働法上の論点となる。これも、独禁法上の損害賠償責任（25条）と、一般不法行為責任（民709条）が考えられるが、労働者の損害の範囲や主張立証責任については先例がないため、今後の課題となろう。

(3)　発注者の単独行為の規律

　次に、公取委報告書は、発注者の単独行為に対する独禁法の規律について、退職労働者の守秘義務・競業避止義務を主要な検討対象としている。もともとこれら両義務は、労働法および知的財産法による規律の対象となるが（→**6**）、公取委報告書によれば、守秘義務・競業避止義務について、独禁法（競争法）による新たな法的規律が可能となる。

　まず、公取委報告書は、発注者の単独行為の規律に係る基本的考え方を、①

---

35)　2010年9月24日米国連邦司法省公表。U.S. v. Adobe Systems, Inc.,et al.（March 17, 2011 Final Judgement）。公取委報告書2頁注10参照。日本経済新聞2018年7月30日付朝刊「法務」面も参照。

第2部　実務編

自由競争減殺・競争の実質的制限（独禁2条5項）、②競争手段の不公正さ（一般指定14項）、③優越的地位の濫用（独禁2条9項5号）の各観点から整理する。そして、守秘義務・競業避止義務について、①自由競争減殺の観点からは、発注者が営業秘密等漏洩の防止の目的のために合理的に必要な範囲内で守秘義務・競業避止義務を課すことは直ちに独禁法上問題となるものではないが、これら義務は役務提供者が他の発注者に対して役務を提供することを抑制する効果を有するため、他の発注者が必要な役務提供者を確保できないなど商品供給や参入が困難となるおそれを生じさせる場合は独禁法上の問題となる、またその場合、守秘義務・競業避止義務の内容や期間がその目的に照らして過大であるほど独禁法上の問題となりやすい等と述べる。また、②競争手段の不公正さの観点からは、発注者が役務提供者に対し虚偽の説明を行い、または十分な説明を行わないまま両義務を課している場合は独禁法上の問題となると述べ、③優越的地位の濫用の観点からは、取引上優越的地位にある発注者が役務提供者に守秘義務・競業避止義務を課すことによって役務提供者が他の発注者に対して役務を提供する機会を喪失させ、不当に不利益を与える場合は独禁法上の問題となると論じている。

　退職労働者の守秘義務・競業避止義務は、労働法上は職業選択の自由・情報利用の自由によって制限される一方、知的財産法においては、逆に営業秘密保護の要請によって守秘義務規制が強化されるため、両法分野の保護法益の調整が重要な課題となる（→ **6** ）[36]。一方、公取委報告書によれば、守秘義務・競業避止義務について、市場における公正かつ自由な競争の促進という競争法（独禁法）の観点を踏まえた新たな法的規律が可能となる。前記のとおり、公取委報告書は、労働法制により規律されている分野について独禁法の原則的適用除外を肯定するが、同時に、上記両義務については、それが労働契約終了後（退職後）の義務であることに着目して、原則独禁法上の問題とならない使用者の行為とは異なる行為と評価し、独禁法が適用されうる行為に位置づけている（28頁注70）。この結果、守秘義務・競業避止義務は、労働法・知的財産法の規律とは別に独禁法の規律の対象となり、前記①～③のケースは、独禁法の観点からも違法と解される可能性がある。特に、守秘義務・競業避止義務の内

36）　土田道夫「企業法と労働法学」日本労働法学会編『講座労働法の再生第6巻　労働法のフロンティア』（日本評論社、2017）248頁も参照。

容・期間が過大な場合（①）や、優越的地位の濫用が認められる場合（③）は、労働法と独禁法の重複適用が肯定されることになろう。

解答

CASE 1 設問 1
結論：Ａらは労組法上の労働者に該当しないため、Ｙ社は、Ｘ組合の団体交渉申入れに応ずる義務を負わない。

1　労組法上の労働者性
CASE 1 設問 1 では、フランチャイズ契約を締結するＡら加盟者（店長）の労組法上の労働者性が主として問題となる。**解説 1**(2)・(3)で述べたとおり、労組法上の労働者性は、契約の運用実態に即して、①事業組織への組入れ、②契約内容の一方的・定型的決定、③報酬の労務対価性、④業務の依頼に応ずべき関係、⑤広い意味での指揮監督下の労務提供、一定の時間的場所的拘束性、⑥顕著な事業者性の判断要素を総合考慮して判断される。フランチャイズ契約においては、フランチャイズ関係の特質も踏まえつつ、会社と加盟者の関係について労務供給関係と評価できる実態があるかという点も含め、検討される。

2　具体的判断
次に、**解説 1**(3)(イ)の具体的判断要素に沿って **CASE 1** の検討を行う。
①　事業組織への組入れ
フランチャイズ契約においては、まず加盟者の事業者としての独立性が問題とされる。**CASE 1** において、Ａらは、店舗開業に関する事項（法人化、契約形態、店舗数等）について自ら決定でき、事業の実施や経営形態等に関する意思決定に対するＹ社の関与は認められていない。また、Ａらは、店舗開店や運営の場面において、自ら資金を調達するとともに事業の費用を負担している。そして、損失や利益の帰属主体となり、自らの判断で従業員の雇用や人事管理等を行うことで他人労働力等を活用し、自ら選択した場所でコンビニエンスストアの経営を行っている。なお、Ｙ社オープン・アカウント・システムによる資金の管理、商品の仕入れおよび営業日・営業時間（年中無休・24 時間営業体制）について、一定の制約はあるものの、経営者として相当の裁量を有する独立した小

第2部　実務編

売事業者としての性格は失っていないものと評価される。

　また、事業組織の組入れに係るその他の事情として、Y社の研修や評価制度、Y社チェーンとしての外部への表示は、事業者としての店舗運営への制約と見る余地もある。しかし、これらは、Y社ブランドイメージの維持や、システムの統一性を確保するために加盟店の経営のあり方に向けられたものである。加えて、店舗運営上の助言や指導に関しても、後述するとおり、Aらは広い意味でもY社の指揮監督の下で労務を供給しているとはいえない。

　以上のことから、Aらは、Y社の事業活動に不可欠な労働力として、会社の事業組織に組み入れられていると評価することはできない。

　②　契約内容の一方的・定型的決定

　本件フランチャイズ契約の内容は、Y社が用意したもので、一方的かつ定型的に決定されている。しかし、Aらは独立した小売事業者であることからすると、本件フランチャイズ契約は、Aらの労務供給や労働条件というよりは、加盟者による店舗経営という事業活動の態様について規定していると見るのが相当であり、Y社がその内容を一方的に決定していることは、Y社とAらの間での事業者としての交渉力の格差を示すものであるとしても、加盟者の労組法上の労働者性を根拠づけるものとはいえない。

　③　報酬の労務対価性

　本件フランチャイズ契約の主旨は、Y社がAらに対して、Y社システムを利用してコンビニエンス・ストアの経営を行う権利を与えるとともに店舗経営への支援を行い、Aらがその対価として金員を支払うことにある。この主旨を考慮すると、Aらの労務供給に対する報酬としての性格を有するものと評価する前提を欠いている。また、「引出金」や「配分金」は、オープン・アカウント・システムに着目すれば、外形上、Aらへの報酬のように見える側面もある。しかし、実際には、Aらが獲得した営業利益を、本部フィーを差し引く等の清算を経た上での払戻しを受けているにとどまり、簡便ないし合理的な決済手段であるから、加盟者の労務供給の対価と評価することはできない。さらに、24時間営業奨励金は、24時間営業には他人労働力が不可欠であること、最低保証金は、暫定的に支払われるものであることを考慮すると、加盟者の労務供給の対価と見ることはできない。

　④　業務の依頼に応ずべき関係

　当事者間で基本的な労務供給に係る契約等がなく、加盟者に対し個別の業務

272

が依頼されるといった事情がない場合には、検討の対象とされない。

⑤　広い意味での指揮監督下の労務提供・一定の場所的時間的拘束性

Ａらは、独立した小売事業者として、自らの判断で店舗立地を選択した上、従業員を雇用し、相当の裁量をもって経営判断、店舗運営業務を行っていることから、Ｙ社から時間的・場所的拘束を受けて労務を供給しているとはいえない。また、店舗において店舗運営業務に従事する際には、実際上マニュアルに従い、Ｙ社の助言・指導を受けてはいるものの、本件フランチャイズ契約に違反する行為に対するものを除いては、これらに拘束力があるとはいえず、それにより店舗での業務遂行が事実上制約を受ける面があるとしても、かかる制約は加盟者の事業活動としての店舗運営への制約と見るべきものである。Ａらは広い意味でも会社の指揮監督の下で労務を供給しているとはいえない。

⑥　顕著な事業者性

Ａらは、独立した小売事業者であり、自身の小売事業の経営全体に関し、法人化、契約形態、店舗数等に関する経営判断、また、日々の商品の仕入れの工夫や経費の支出等に関する判断や業務の差配によって、恒常的に独立した経営判断により利得する機会を有している。そして、自らの行う小売事業の費用を負担し、その損失や利益の帰属主体となり、補助的な範囲のものにとどまらない他人労働力等を活用して、自らリスクを引き受けて事業を行っているのであって、顕著な事業者性を備えていると評価できる。

以上の諸事情を総合考慮すると、Ａらは、Ｙ社との関係において労組法上の労働者に該当しないものと解される。

CASE 1 設問 2

CASE 1 においては、加盟者は労組法上の労働者に該当しないものと解されるが、労働者性が認められるかどうか不明確な場合であっても、会社は、説明、協議、話し合いを行うことが望ましい[37]。また、労組法上の労働者に該当しなくても、事業者間において交渉力格差が生じている場合には、適切な問

---

37)　石井妙子「個人業務請負に関する労働組合法上の労働者性と企業の対応——最高裁判例の評価と今後の企業実務上の問題」第一東京弁護士会労働法制委員会編『個人請負の労働者性の問題——労組法上の労働者性と実務対応のポイント』（労働調査会、2011）304頁以下参照。

第2部　実務編

題解決の仕組みの構築やそれに向けた当事者の取組み、とりわけ会社における配慮も望まれる。この点、前記のとおり（**解説1**(3)）、中労委は、フランチャイジーの労組法上の労働者性を否定する判断を示したが、傍論において上記の点を付言しており、留意する必要がある[38]。特に、本部の加盟者募集やフランチャイズ契約締結後の本部と加盟者の取引の場面においては、独禁法の下での問題解決も想定されうる。公正取引委員会「フランチャイズ・システムに関する独占禁止法上の考え方について」[39] によれば、本部の加盟者募集の際には、加盟希望者の適正な判断に資するための十分な情報を開示することが適切である。また、フランチャイズ契約締結後の本部と加盟者との取引の際、独禁法2条9項5号（優越的地位の濫用）や一般指定の第10項（抱き合わせ販売等）または第12項（拘束条件付取引）等に該当することもある。たとえば、取引上優越した地位にある本部が加盟者に対して、フランチャイズ・システムによる営業を的確に実施するために必要な限度を超えて、正常な商慣習に照らして不当に不利益を与える場合には、本部の取引方法が独禁法上の優越的地位の濫用（2条9項5号）に該当する。優越的地位の濫用の具体的な行為として、取引先の制限、仕入れ数量の強制、見切り販売の制限、フランチャイズ契約締結後の契約内容の変更、契約終了後の競業禁止などが挙げられる。

その他、中小企業等協同組合法により、加盟者（フランチャイジー）が同業者等と共同組合を設立し、労組法の団体交渉や労働協約と機能的に類似した制度を利用するケースも考えられる[40]。この場合、当該交渉ができない、または、団体協約の内容につき協議が調わないときは、行政庁に対し、そのあっせんや調停を申請することが可能となる。

CASE 2 設問 1
結論：B社・C社間の引抜き防止協定は、独禁法上の「不当な取引制限」（2条6項、3条）に該当する可能性が高い。

---

38)　前掲注13)セブン－イレブン・ジャパン事件、前掲注13)ファミリーマート事件参照。
39)　https：//www.jftc.go.jp/dk/guideline/unyoukijun/franchise.html 参照。
40)　ただし、中小企業等協同組合法には不当労働行為制度がない点、事業主に対して正当な活動等に対する民刑事免責（労組法1条2項、8条）がない点等の相違点もある（岩永昌晃「集団的労使関係の当事者」日本労働法学会編『講座労働法の再生第5巻　労使関係法の理論課題』（日本評論社、2017)32頁参照）。

274

前記のとおり（**解説3**(2)）、引抜き防止協定については、発注者の共同行為として、独禁法上の不当な取引制限（2条6項、3条）に該当するか否かが問題となる。CASE 2 の場合、IT 企業の B 社と C 社が共同して互いの労働者の移籍・転職を制限する内容の取決めを行うことにより、人材獲得市場における競争が実質的に制限されるか否かが審査される。ところで、こうした取決めについては、それが移籍・転職する役務提供者の育成に要した費用を回収する目的で行われている場合にも違法と評価されるか否かが問題となる。B 社・C 社も、本件引抜き防止協定について、互いの労働者の育成に要した費用を回収する目的であったと主張している。この点、公取委報告書は、育成費用の回収が育成のインセンティブにつながり、競争促進効果をもたらすことがあるとしても、それが人材獲得市場にもたらす競争阻害効果を上回るものであるのかを考慮する必要があると述べ、育成費用の水準の適切さ、取決め内容の相当性、移籍・転職制限以外のより競争制限的でない他の育成費用回収手段の有無といった内容・手段の相当性を併せて判断すべきものとしている。その上で、通常は育成費用回収目的を達成する手段として他に適切な手段が存在しないということはないと論じており、原則として独禁法上違法と解する立場と思われる。これによれば、CASE 2 の引抜き防止協定の場合も、育成費用の回収による競争促進効果が競争阻害効果を上回るものと評価できない限り、「不当な取引制限」として違法と評価されるものと解される。

この結果、引抜き防止協定は違法と解され、独禁法のサンクション（排除措置命令（7条）、課徴金（7条の2）等）の対象となる。また、Z が C 社に対し、独禁法 25 条や一般不法行為（民 709 条）に基づき、引抜き防止協定がなければ、Z が C 社で採用され、B 社よりも高い報酬を得られたとして損害賠償を請求する可能性もあるが、この点は今後の検討課題となろう。この点、米国では、**解説**で紹介した米国大手 IT 企業間の引抜き防止協定に係る司法省訴追に引き続いて従業員が IT 企業に対して行った集団訴訟に係る和解において、一定期間の給与を基礎とする和解金が支払われた事例があり[41]、参考となる[42]。

---

41) In re High-Tech Employee Antitrust Litig.,No. 11 -CV-02509 -LHK, 2015 WL 5158730 (N.D. Cal. Sept. 2 , 2015).

第 2 部　実務編

CASE 2 設問 2

結論：B 社・Z 間の競業避止特約は、独禁法上違法と解される可能性がある。

　前記のとおり（**解説 3(3)**）、公取委報告書は、発注者の単独行為に対する独禁法の規律について、退職労働者の守秘義務・競業避止義務を検討対象とした上、①自由競争減殺・競争の実質的制限、②競争手段の不公正さ、③優越的地位の濫用の各観点から整理し、①自由競争減殺の観点からは、役務提供者が他の発注者に対して役務を提供することを抑制する効果を有する場合は独禁法上の問題となり、特に両義務の内容・期間が過大であるほど問題となりやすいこと、②競争手段の不公正さの観点からは、使用者が役務提供者に義務を課す際に虚偽または不十分な説明を行っている場合は独禁法上の問題となること、③優越的地位の濫用の観点からは、取引上優越的地位にある発注者が役務提供者に両義務を課すことで役務提供者が他の発注者に対して役務を提供する機会を喪失させ、不当に不利益を与える場合は独禁法上の問題となることを指摘する。

　ところで、上記のとおり、退職労働者の守秘義務・競業避止義務の独禁法上の評価については、両義務の内容・期間の過大さや、義務内容に関する使用者の説明の適切さ・十分さが具体的基準とされているところ、これら基準は、労働法の規律と共通する面がある。**CASE 2** で問題となる退職後の競業避止義務について見ると、退職労働者の職業選択の自由（憲 22 条 1 項）を考慮して、契約上の明確な根拠（特約または就業規則）を要するとともに、ⓐ労働者の地位の高低、ⓑ使用者の営業秘密の保護を目的とするなど競業規制の必要性があること、ⓒ対象職種・期間・地域から見て職業活動に過大な制約を及ぼさないこと、ⓓ適切な代償が存在することという 4 要素を総合して厳格に判断される。また、ⓔ手続的要件としては、使用者は競業避止特約の締結に際して、労働者

---

42)　参考までに、米国司法省の訴追において示された法的評価を紹介すると、以下のとおりである。すなわち、「被用者の引抜きに関する被申立人相互間の合意（cold calling）は、シャーマン法（Sherman Act）1 条の下では、それ自体が（per se）違法である。費申立人らの互いに共同した行為は、被用者の獲得をめぐる競争能力を減退させるとともに、労働条件設定の際に適用される通常の賃金決定メカニズムを崩壊させるものである、また、そのような引抜き防止協定は、高度先端技術を持った被用者を勧誘すると憂い重要な競争形態を排除するとともに、全体として、勧誘されるべき被用者の犠牲（競走場重要な情報を奪われ、よりよい雇用機会にアクセスできなくなるという犠牲）の下、競争を実質的に減少させるものであるから、反競争的（anticompetitive）なものである」。

276

に必要な情報を提供する義務を負い、その履行の有無が競業避止義務の有効性に影響しうる。その結果、競業避止義務が職業活動を不当に制約すると判断されれば、職業選択の自由が構成する公序（民90条）違反として無効と解される[43]。これら5点の考慮要素は、独禁法上の法的評価基準である内容面の基準（義務内容・期間の過大さ）および手続面の基準（義務内容に関する使用者の十分な説明の有無）と共通するものといえよう。

　これをCASE 2について見ると、B社がZに求めた競業避止特約は、「Zは、B社と競合関係に立つ企業の設立、就職その他形態の如何を問わず5年間は関与しない」というものであり、義務の内容面を見ると、対象職種・地域に限定がなく、競業禁止期間も5年と過度に長期にわたっており（通常、合理的とされる期間は1～2年である）、職業活動の制約（ⓒ）という観点から見て過大なものである。また、Zの競業禁止に対する代償措置（ⓓ）も講じられていない。さらに、こうした競業避止特約に疑問を抱いたZが特約の合理性についてB社に対し説明を求めたところ、B社は説明に応じないばかりか、Zが特約に応じない限り退職金を支給しないと回答したため、Zはやむなく競業避止特約の締結に応じたという事情がある。これらの点を踏まえると、本件競業避止特約は、労働法上は公序（民90条）違反として無効と解されるとともに、独禁法上も、上記内容面・手続面の基準から見て、①自由競争減殺・競争の実質的制限、②競争手段の不公正さ、③優越的地位の濫用の各規律に違反し、違法と解される可能性が高い。

　以上のとおり、公取委報告書によれば、退職労働者に対する過大な競業避止義務については、労働法の規律のみならず、市場における公正かつ自由な競争の促進という競争法（独禁法）による新たな法的規律が及ぶことになった。企業法務としては、こうした新たな規律に留意して合理的な競業避止義務の設計に取り組む必要がある。

〔参考文献〕

荒木尚志「労働組合法上の労働者と独占禁止法上の事業者——労働法と経済法の交錯問題に関する一考察」渡辺章先生古稀記念『労働法が目指すべきもの』（信山

---

43)　土田・労働契約法710頁以下参照。代表的裁判例として、岩城硝子ほか事件・大阪地判平成10・12・22知的裁集30巻4号1000頁。

第 2 部　実務編

社、2011)、土田道夫「人材獲得市場における労働法と競争法の機能」ジュリ 1523
号（2018）48 頁以下

＊執筆協力者　乙守麻衣（2014 年度生）　川端大樹（学部 2013 年度生）　石井栞里
　（2017 年度生）

（河野尚子）

9

グローバル人事——国際労働関係法①

CASE 1　外国人社員の解雇

　Cは米国人であり、S社は、ワシントン州に住所地を置く米国法人である。S社の親会社であり、日本・東京に住所地を置く証券会社T社は、米国人証券ディーラーが必要となったため、S社に社員の出向を求めたところ、S社は社員Cを選定し、2016年9月、5年の期間を定めてT社に出向させた。Cの給与・人事考課、労働時間・休日・休暇等の労働条件や昇降格等の人事管理については、C・S社が締結した雇用契約上、T社の就業規則に準拠するものとされ、実際上もT社が行っている。一方、解雇・退職については、「本件雇用契約を終了させるには、各当事者は他の当事者に適切な方法で通知を送付しなければならない。その通知から2か月経過した後に雇用は終了する」とのC・S社間の雇用契約条項が適用される。なお、Cの職務は証券ディーラーに限定されている。

　Cは、T社東京本社で勤務したが、期待された証券ディーラーとしての能力が十分でなく、再三の指導後も改善されず、2年連続で人事考課が最下位グループに属する状況となった（人事考課は適正に行われたものとする）。そこで、T社はS社にCの解雇を求め、S社は、2019年3月31日付で、C・S社間の上記雇用契約書に基づいてCを解雇した。これに対し、Cは、法の適用に関する通則法12条1項に基づき、日本の労契法16条を適用すべき意思表示を行い、解雇の無効を主張して、東京地方裁判所に地位確認の訴えを提起した。

設問1　CがS社に対して提起した地位確認訴訟について、東京地方裁判所は裁判管轄を認められるか。

　①　CとS社との雇用契約において、裁判管轄の合意がない場合はどうか。

279

第2部　実務編

② CとS社との雇用契約において、米国ワシントン州裁判所を専属的管轄裁判所として指定する合意がなされていた場合はどうか。

③ S社がCを解雇する際、Cとの間で②の合意を取り決めた場合はどうか。

設問2 以下①～③の場合、Cの訴えはいずれの国の法によって判断されるか。

① C・S社間の雇用契約において、日本法を準拠法とする合意がある場合。

② C・S社間の雇用契約において、準拠法に関する合意がない場合。

③ C・S社間の雇用契約において、ワシントン州法を準拠法とする合意がある場合。

設問3 設問2③において、労働時間のみはT社で決定するが、給与（年俸）はT社の人事考課を参考にC・S社間の交渉・合意により決定し、休暇・昇降給・昇降格・雇用継続の可否についても、S社がT社の人事考課を参考に決定している場合、③の結論は変わるか。

設問4 Cの解雇について、日本の労基法20条は適用されるか。

設問5 Cの解雇について日本の労契法16条が適用される場合、解雇の効力はどのように判断されるか。

設問6 S社がT社の依頼を受けてCを解雇したところ、Cは、解雇したのは親会社であるT社だとして解雇無効を主張し、T社に対する地位確認訴訟を東京地方裁判所に提起した。この訴訟の帰趨はどうなるであろうか。なお、C・S社間の雇用契約においては、準拠法に関する合意は存在しないものとする。

CASE 2　外国人社員の競業行為

1　鉄鋼企業Y社は、1960年代から製鉄事業の製品である電磁鋼板分野に参入し、さらなる技術革新のため電磁鋼板研究部を設け、研究開発を行ってきた。Y社は1997年4月1日、Z（日本に住所を有するドイツ人）を期間の定めのない労働契約で雇用し、東京本社の電磁鋼板研究部に配属した。Zは、製鉄業の研究技術者としての知識経験を有しており、2013年6月20日に退社するまで、約16年間Y社電磁鋼板研究部に所属し、研究開発の中枢部に直接関与した。

280

9　グローバル人事──国際労働関係法①

　2　Y社が開発した方向性電磁鋼板は、某国鉄鋼大手企業との間のライセンス契約により取得した技術の精度を格段に高め、さらに独自技術により大量生産を可能にしたものであるため、その製造過程には多くの技術的秘密（以下「本件製法データ」）が存在していた。そこで、Y社は、本件製法データについて人的・物理的アクセスを制限するなどして厳重に管理してきた。また、Y社は、本件製法データの研究開発にZが深く関わってきたことから、Zに守秘義務・競業避止義務を課す目的で、1997年4月の電磁鋼板研究部配属時に以下の内容の契約を締結するとともに、2013年6月の退職時にも同一内容の契約を締結した（以下「本件特約」）。なお、Y社は、電磁鋼板研究部に属する社員に対して機密保持手当を支給しており、Zも同手当（月30万円）を支給されていた。

＜競業避止特約（本件特約）＞

第1条　Zは、雇用契約存続中・終了後を問わず、Y社電磁鋼板研究部における方向性電磁鋼板の研究開発過程で業務上知り得た秘密を他に漏えいしない。
第4条　Zは、雇用契約終了後1年間、Y社と競業関係にある企業の部門で、Y社在籍時に勤務していた部門と同種の部門に直接にも間接にも関係しない。
第10条　この契約に関して裁判上の紛争が生じた場合、日本国・東京地方裁判所を管轄裁判所とし、その際の紛争解決に係る準拠法は日本法とする。

　なお、本件特約は、英語・ドイツ語でも表記されており、Y社は、Zに対して特約の内容について時間を掛けて丁寧に説明し、Zも納得の上、署名した。
　3　Zは、ドイツ企業への転職の意欲が高まり、2013年6月20日、Y社を退職し、同年9月、ドイツに本社がある鉄鋼生産量世界第3位のグローバル鉄鋼企業であるW社に入社し、フランクフルトに住所地を移した。その際、Zは、Y社退職の際、本件製法データをコピーして取得するという行為を行った。
　その後、Zは、W社の中核的研究技術者として勤務し、W社から高額の報酬を受領してきた。特に、W社が方向性電磁鋼板の生産に乗り出し、その大量生産を実現する段階では、Zは、Y社退職時に入手した本件製法データをW社に開示した上、同データを使用することによって実験プロセスを短縮し、Y社が約8年を要した開発を1年半というごく短期間で終えることに成功した。その結果、方向性電磁鋼板の日本市場におけるW社のシェアは、2016年度にはY社と同レベルに迫るものとなった。
　4　方向性電磁鋼板については、欧米の競合メーカーも技術を確立できず、Y社からライセンス供与を受けて製造してきた経緯があるにもかかわらず、W社がY社からのライセンス供与を受けずに開発して市場に投入し、シェアを急激

281

第 2 部　実務編

に高めたことから、Y 社は、W 社の急激な発展に疑念を有していた。そして、2018 年、世界的な産業スパイ事件が発生し、その捜査の過程で、W 社の方向性電磁鋼板技術が Y 社から流出した技術であることが明らかになったため、Z による営業秘密の流出の事実が顕在化した。事態を重く見た Y 社は W 社に対して警告を行ったが、望ましい対応は得られなかった。

　5　そこで、Y 社は 2019 年 6 月、Z に対し、本件特約 1 条、4 条違反行為の差止めならびに債務不履行または不法行為に基づく損害賠償を求めて訴えを提起するとともに、W 社に対しても、不法行為に基づく損害賠償を求める訴えを提起した。

設問 1　①　Y 社が Z に対し、日本の裁判所（東京地方裁判所）に訴えを提起した場合、同裁判所の裁判管轄は認められるか。
　　　　　②　Z・Y 社間の労働契約において、裁判管轄に関する合意が存在しない場合はどうか。
設問 2　①Y 社が Z に対して行った損害賠償請求および②W 社に対して行った損害賠償請求は、それぞれ認められるか。
設問 3　本ケースのような問題の発生を防ぐために、企業法務として留意すべき点は何か。

解説

1　労働契約の準拠法

(1)　問題の所在

社会経済のグローバリゼーションに伴い、労働契約が国際的に展開されるケースが増えている。これにも、①労働契約が日本国内で展開される場合と、②労働契約が日本国外で展開される場合がある。また、①も、①ⓐ日本人が外国企業に雇用されて日本国内で就労する場合、①ⓑ外国人が日本企業に雇用される場合、①ⓒ外国人が外国法人に雇用されて日本国内で就労する場合など多様であるし、②も、②ⓐ日本企業に雇用された日本人が外国に派遣されて就労する場合、②ⓑ日本人が外国で外国企業に雇用される場合、②ⓒ外国人が日本企業に雇用されて外国で就労する場合に分かれる。本項では①ⓑを取り上げる。

282

このような国際的労働契約に適用される法規を決定することを準拠法の決定という。冒頭の各 CASE において労働契約紛争が生じた場合に、労働契約を規律するのは日本法か外国法かを決定することを意味する。たとえば、**CASE 1** の解雇の場合、日本では解雇権濫用規制が存在するが（労契 16 条）、米国ではそうした規制はなく、随意雇用原則（employment at will）が支配しているため、解雇が認められやすくなる[1]。

(2)　準拠法の基本的ルール──法の適用に関する通則法[2]

準拠法に関しては、2006 年、法例を改正して、法の適用に関する通則法（以下「通則法」）が成立した。通則法は、労働契約に関する特則を定めている。

まず、通則法 7 条は、「法律行為の成立及び効力は、当事者が当該法律行為の当時に選択した地の法による」と規定し、当事者自治の原則（準拠法選択の自由）を宣言している。したがって、労働契約の準拠法について当事者間に明示の合意（法選択）があれば、それに従うことになる。

実際には、このような明示の法選択が行われないことが多い。そこで、通則法は、労働契約につき、法例 7 条に関する裁判例・学説[3] を継承して、労務提供地法と事業所所在地法を重視する準拠法選択ルール（客観的連結規範）を規定した。すなわち、通則法は、明示の準拠法の選択がない場合につき、法律行為（契約）の成立・効力は当該法律行為に最も密接な関係がある地の法によるとのルール（最密接関係地法ルール＝ 8 条 1 項）を規定した上、労働契約の特例として 12 条 3 項を設け、労働契約において労務を提供すべき地の法（労務提供地法）を最密接関係地法と推定し、労務提供地法を特定できない場合は、雇入事業所所在地法（労働者を雇い入れた事業所の所在地法）を最密接関係地法として推定すると規定する。同条 2 項が労務提供地法を最密接関係地法と推定する規定を設けた趣旨は、労働契約の継続性・集団性に鑑み、同一の職場で働

---

1)　菅野和夫＝荒木尚志編『解雇ルールと紛争解決──10 カ国の国際比較』（労働政策研究・研修機構、2017）392 頁以下参照。

2)　本項については、土田・労働契約法 839 頁以下、土田道夫「外国人労働者の就労と労働法の課題」立命館法学 357・358 号（2014）1649 頁以下参照。

3)　ルフトハンザ事件・東京地判平成 9・10・1 労判 726 号 70 頁（ドイツの航空会社に勤務する日本人客室乗務員の労働条件変更に関する準拠法をドイツ法と判断）、米国ジョージア州事件・東京地判平成 18・5・18 労経速 2085 号 24 頁（米国ジョージア州極東代表部の閉鎖に伴う日本人職員の解雇に関する準拠法を日本法と判断）等。

第2部　実務編

く労働者と同等の保護を提供すべきであるという点に求められよう[4]。

(3)　日本国内で就労する労働者

　通則法によれば、日本国内で就労する労働者については、まず、当事者の法選択によって準拠法が決定される（7条）。したがって、当事者が労働契約の締結に際して日本法を準拠法として選択した場合は、日本法が適用される。また、準拠法に関する合意がない場合も、日本国内で就労し、労働条件の決定・管理が日本の事業所で行われている労働者については、通則法12条2項・3項により、労務提供地法・事業所所在地法である日本法が最密接関係地法と推定され、この推定が覆らない限り、日本法が適用されることになる（冒頭の①ⓐ～ⓒを問わない）。すなわち、日本国内で就労する労働者については、労働者が日本の労働法による保護を求める限り、原則として日本法が適用される。裁判例も同様に解している[5]。

　もっとも、労務提供地法を最密接関係地法とする規律は推定を意味することから、当事者は、①労務提供地法以外の法選択（黙示の意思による法選択（通則7条））を主張し、または、②労務提供地法以外の法が最密接関係地法であること（同8条1項）を反証して労務提供地法の推定を覆し、当該地の法を準拠法として主張することができる。①の例としては、米国人労働者が米国企業に採用後、日本法人に派遣され、一定期間日本で勤務した後に米国勤務への復帰が予定されている場合が挙げられる。また、②の例としては、米国企業に雇用された米国人社員が日本法人に出向し、日本で就労しているものの、労働条件の

---

4)　BGCキャピタルマーケッツジャパンLLCほか事件・東京地判平成28・9・26 LEX/DB 25543877（林貴美「判解」ジュリ1518号（2018）312頁）参照。

5)　Tulett Prebon（Hong Kong）Limited（Tulett Prebon Europe Limited）事件・東京地判平成25・12・18ジャーナル24号6頁（香港の証券会社から関連会社の日本支店に出向した英国人従業員の契約期間中途解除につき、当事者が出向契約において日本法を準拠法選択したことや、同従業員が主に日本国内で勤務していたことから、日本法を最密接関係地法と推定して準拠法と解し、解雇権濫用規制（労契16条）を適用）、アイシン機工事件・名古屋地岡崎支判平成27・5・26労経速2289号9頁（準拠法選択の合意がない状況下でのブラジル人従業員の労災事案につき、労務提供地が日本であることを理由に日本法を最密接関係地法と推定して準拠法と解し、使用者の安全配慮義務違反を肯定）、ネギシ事件・東京高判平成28・11・24労判1158号140頁（中国人従業員の解雇事案につき、アイシン機工事件と同じ理由から日本法を準拠法と解し、雇用機会均等法9条を適用して判断）等がある。

284

決定や雇用管理が米国企業によって行われ、同企業が主要な権限を掌握しているケースが挙げられる。この種のケースでは、労務提供地は日本であるものの、契約の展開により密接な関係を有するのは米国法であるから、使用者は、労務提供地法を最密接関係地法とする推定を覆し、雇入事業所所在地法である米国法を準拠法として主張できるものと解される。

2　当事者自治の限界——強行規定の適用

(1)　通則法上の強行規定

上記のとおり、労働契約の準拠法については、当事者自治の原則（準拠法選択の自由）が妥当する。他方、労働法の中には、当事者の意思にかかわらず強行的に労働契約を規律する規定も存在するため、当事者自治の原則の適用について問題が生ずる。特に、日本国内で展開される労働契約について、当事者が明示的に外国法を選択した場合は、日本の労働法の保護が失われる結果となるため、重要な問題となる。

この問題について、通則法は、労働者保護の見地から、労働者の意思表示によって最密接関係地法中の強行規定の適用を認める特例を新設し、立法的解決を行った。すなわち、同法12条1項は、当事者が7条・9条によって最密接関係地法以外の法を準拠法として選択した場合も、労働者が使用者に対し、最密接関係地法の中の特定の強行規定を適用すべき旨を意思表示した場合は、その強行規定をも適用すると規定し、同条2項は、最密接関係地法として労務提供地法（労務提供地を特定できない場合は雇入事業所所在地法）を推定する旨規定する。「特定の強行規定」とは、当事者が約定によって排除できない規定をいい、労働者の意思表示は、裁判上のみならず裁判外でも可能とされる。

特定の強行規定の典型は、当事者の権利義務を規律する私法的強行規定であり、労契法の強行規定（安全配慮義務（5条）、就業規則の拘束力（7条）、就業規則の最低基準効（12条）、合意原則（8条）、就業規則変更規定（9条、10条）、出向命令権濫用規制（14条）、懲戒権濫用規制（15条）、解雇権濫用規制（16条）、有期労働契約の中途解雇の禁止（17条1項）、有期労働契約法制（18条～20条）等）や、労働契約承継法・雇用機会均等法の強行規定が代表例である。また、労働契約を規律する判例法理のうち、強行法的性格を有する法理（人事権濫用法理、退職後の競業避止義務の規律等）も特定の強行規定に当たる。

第2部　実務編

裁判例では、英国法人に雇用され、関連法人の日本支店に出向した後に英国法人によって雇止めされた従業員が、通則法12条1項に基づいて日本法（労務提供地法）の強行規定（労契16条、19条）を適用すべき旨意思表示したケースにつき、日本法を最密接関係地法と解し、その適用を肯定した例がある[6]。

(2)　絶対的強行法規

次に、通則法は、従来から認められてきた法廷地の絶対的強行法規を肯定する趣旨に立っている[7]。絶対的強行法規とは、契約当事者による準拠法選択とは無関係に、その法規が存在する法廷地において当然に適用される法規をいい、当事者の意思にかかわらず適用される。すなわち、絶対的強行法規は、当該法廷地の裁判所の職権によって適用され、特定の強行規定のような労働者の意思表示を必要としない。

ある法規が絶対的強行法規に該当するか否かは、当事者意思とは無関係に適用を強行する立法意思（立法政策）を有しているか否かを基準とし、特に、刑罰や行政監督等の国家的・公法的制裁を備えているか否かを重視して判断される。この結果、労基法等の労働保護法や労組法は、日本独自の労働法政策に基づく立法として絶対的強行法規と解される。これに対し、労契法・労働契約承継法・雇用機会均等法は、刑事制裁を備えておらず、私法としての性格を基本とするため、絶対的強行法規には該当しない。

(3)　日本国内で就労する労働者

通則法によれば、労契法の強行規定は特定の強行規定に該当し（12条1項・2項）、労基法は絶対的強行法規に該当する。したがって、日本国内で就労する労働者については、労契法の強行規定は労働者の意思表示を待って適用され、労基法は労働者の意思表示にかかわらず適用される。この結果、たとえば、米国企業の日本法人と米国人労働者の間に生じた解雇紛争については、両者が労働契約において明示的に米国法を準拠法として選択し、日本法を排斥した場合

---

6)　前掲注4)BGC キャピタルマーケッツジャパン LLC ほか事件。同旨、ブルースター・シリコーンズ・ホンコン事件・東京地判平成 28・5・20 LEX/DB 25543053。

7)　法制審議会国際私法（現代化関係）部会「国際私法の現代化に関する要綱中間試案」第 4 - 6（注）、別冊 NBL 編集部編『法の適用に関する通則法関係資料と解説（別冊NBL 110 号）』（商事法務、2006)参照。

9　グローバル人事――国際労働関係法①

も、労働者が特定の強行規定である労契法16条の適用を主張すれば、同条が適用される。また、労基法上の解雇制限規定（20条）は、絶対的強行法規として当然に適用される。同様に、米国人労働者が日本国内で労働災害に被災した場合は、労働者は、労契法5条を特定の強行規定として主張し、日本の安全配慮義務法理の適用を受けることができる。

　一方、日本国内で就労する労働者であっても、適用法規が複数国間に跨る場合は複雑な問題が発生する。この点については、**解答**（**CASE 2**）で述べる。

3　労働契約の国際裁判管轄[8]

(1)　概　説

　国際裁判管轄の決定の問題とは、国際的労働契約をめぐる紛争が発生し、日本の裁判所に提訴された場合、いかなる要件の下で日本の裁判所に管轄権を認めるべきかという問題である。

　この問題については、2011年、民事訴訟法および民事保全法が改正され、労働契約に関する国際裁判管轄規定が設けられた。すなわち、改正民事訴訟法は、個別労働関係民事紛争（労働契約の存否その他の労働関係に関する事項について、個々の労働者と事業主との間に生じた民事に関する紛争）について、3条の2、3条の3の管轄原因に加え、①労働者が訴えを提起する場合、労働契約において労務の提供地（それが定まっていない場合は雇入事業所所在地）が日本国内にあるときは、日本の裁判所に裁判管轄を認める旨を規定する（3条の4第2項）一方、②事業主から労働者に対して訴えを提起する場合については、労働者の住所地においてのみ訴えを提起することができる旨規定する（同条3項）。

　また、③専属的管轄合意（管轄裁判所の指定を当事者に委ねることを内容とする合意）については、原則として有効と解する従来の判例法理[9]を改め、ⓐ労働契約終了時の合意であって、契約終了時における労務提供地の裁判所を指定する合意およびⓑ労働者が合意された国の裁判所に訴えを提起し、または、事業主が日本もしくは外国の裁判所に訴えを提起した場合において、労働者が当該合意を援用した場合に限り有効とすること（ⓐは3条の7第6項1号、ⓑは同

---

8)　詳細は、土田・労働契約法862頁以下、土田・前掲注2)1677頁以下参照。
9)　ユナイテッド航空事件・東京高判平成12・11・28判時1743号137頁。

287

第2部　実務編

2号）を規定している。国際裁判管轄について日本の裁判所の管轄を原則とし、従来は外国裁判所の管轄指定を安易に肯定する結果をもたらしてきた専属的管轄合意の効力を制限するなど、労働者保護の立法政策を採用したものである。

(2) 日本国内で就労する労働者

以上の規律によれば、日本国内で就労する労働者については、基本的に日本の裁判所の管轄権が肯定される。たとえば、日本企業で就労する労働者の解雇をめぐって、労働者が解雇無効の訴えを提起する場合は、日本人・外国人を問わず、個別労働関係民事紛争について労働者が訴えを提起する場合に該当することから、日本の裁判所が裁判管轄を肯定される（民訴3条の4第2項）。一方、外国の裁判所を専属的管轄裁判所として指定する専属的管轄合意が事前に取り決められた場合（前掲注9）ユナイテッド航空事件）は、通則法によれば、同合意は労働契約終了時の合意のみ有効とされることから（3条の7第6項1号）、同号に反して効力を否定され、日本の裁判所が管轄権を認められる。さらに、使用者が労働者を解雇する際に専属的管轄合意を取り決めた場合は、労働契約終了時の合意の要件は充足しているものの、契約終了時における労務提供地の裁判所を指定する合意の要件（同号）を充足しないため、やはり同号違反として効力を否定されるものと解される。

これに対し、事業主が労働者に対して訴えを提起する場合は、問題はより複雑となる。この点については、**解答（CASE 2 設問 1）**の箇所で述べる。

4　外国人社員の労働契約

(1) 外国人の在留・就労資格、労働法の適用関係

外国人の雇用・就労について、日本は、専門的・技術的分野の外国人労働者を受け入れつつ、単純就労者は受け入れないという基本政策を採用してきた。この政策に従い、外国人の在留・就労資格を規定する基本法が出入国管理及び難民認定法（入管法）である。入管法によれば、就労が認められる在留資格は、①外交、②公用、③教授、④芸術、⑤宗教、⑥報道、⑦高度専門職、⑧経営・管理、⑨法律・会計業務、⑩医療、⑪研究、⑫教育、⑬技術・人文知識・国際業務、⑭企業内転勤、⑮興行、⑯技能、⑰技能実習、⑱文化活動、⑲短期滞在、⑳留学、㉑研修、㉒家族滞在、㉓特定活動の合計23資格であり、さらに㉔永

住者、㉕日本人の配偶者等、㉖永住者の配偶者等、㉗定住者も就労を認められる。特に、⑦高度専門職は、高度人材の受け皿として注目されている。

また、単純就労者の受入れ禁止政策も、2018年の入管法改正に伴い一部修正され、「相当程度の知識又は経験を必要とする技能」、「熟練した技能」を有する外国人労働者について在留資格「特定技能1号」「特定技能2号」が創設され、建設・介護・外食・農業・宿泊など14業種で受入れが解禁された。

日本において、入管法上の就労資格を得て合法的に就労する外国人労働者の場合、労働契約の有効性に疑問はない。**CASE 1・CASE 2**に登場する外国人は、いずれも合法的に就労する高度人材であり、在留資格に問題はなく、労働契約の有効性にも問題はないと考えられる。

外国人社員に対する労働法令の適用関係は、以下のように解される。まず、労基法、最低賃金法、労働安全衛生法、労災保険法等の労働保護法は、日本国内で就労する外国人労働者に等しく適用され、この点は、入管法上の合法就労か不法就労かを問わない（昭和63・1・26基発50号）。これら労働保護法は、労働者の就労の原因にかかわらず、現実の雇用関係における労働者の保護を目的とする法令であることと、国際私法（抵触法）の観点からも、これら法令は当事者の意思にかかわらず適用されるべき強行法規（絶対的強行法規）であること（**解説2**(2)）が根拠である。労組法についても同様に解される。

(2) 労働条件——退職後の守秘義務・競業避止義務、解雇

外国人社員の労働条件については多くの論点があるが、詳細は省略し、**CASE 1・CASE 2**に登場する守秘義務・競業避止義務および解雇について、準拠法決定の観点から簡潔に解説する[10]。

(ア) 労働者の守秘義務・競業避止義務については、当事者が明示的に外国準拠法を選択しない限り、日本の判例法理が適用される（通則12条3項）。特に、**CASE 1**で問題となる退職後の守秘義務・競業避止義務については、著しく合理性を欠く特約は公序（民90条）違反として無効となるとの判例法理が確立されているところ、この判例法理は、強行的判例法理として特定の強行規定を意味する（**解説2**(1)）ため、労働者は、外国準拠法が明示的に選択された場合も、特定の強行規定としてこの判例法理の適用を主張できるものと解される

---

10) 詳細は、土田・労働契約法854頁以下、土田・前掲注2)1659頁以下参照。

第2部　実務編

（通則 12 条 1 項・2 項）。もっとも、退職後の競業避止特約は、労働契約終了後に関する契約であるから、厳密な意味での労働契約（同条 1 項）ではないが、労働契約と密接に関連することから、通則法 12 条の適用ないし類推適用が認められる[11]。これに対し、守秘義務と密接に関連する不競法については、同法を不法行為法と性質決定した上、不法行為の準拠法（通則 17 条）を適用する見解が有力である[12]。

　(イ)　外国人社員の解雇についても、当事者が明示的に外国準拠法を選択しない限り、日本の労契法 16 条（解雇権濫用禁止規定）、15 条（懲戒権濫用禁止規定）が適用される（通則 12 条 3 項）。また、労契法 16 条、15 条は特定の強行規定である（**解説 2**(1)）から、当事者が明示的に外国準拠法を選択した場合も、労働者は、同条の適用を主張することができる（通則 12 条 1 項・2 項）。さらに、労基法の解雇制限規定（19 条〜22 条）は、絶対的強行法規として当然に適用される。このうち、外国人社員に対する解雇権濫用規制（労契 16 条）の適用のあり方については、**解答**（**CASE 1 設問 5**）で解説する。

　解答

　CASE 1 設問 1

　設問 1 では、C が S 社に対して提起した地位確認訴訟の裁判管轄が論点となる。改正民事訴訟法（**解説 3**）によれば、以下のようになろう。

　設問 1 ①は、個別労働関係民事紛争（民訴 3 条の 4 第 2 項）について労働者が訴えを提起する場合に当たる。この種の訴えについては、労務提供地または雇入事業所所在地が日本国内にあるときは、日本の裁判所が裁判管轄を認められるところ、**CASE 1** では、労務提供地が日本・東京（T 社の住所地）であることに疑いはないから、東京地方裁判所は裁判管轄を肯定される（同条同項）。

　②については、専属的管轄合意の効力が問題となる。この点、専属的管轄合意は、労働契約終了時に合意された場合にのみ有効とされる（民訴 3 条の 7 第 6 項 1 号）ところ、本件の専属的管轄合意は、C・S 社間の雇用契約締結時に取

---

11)　櫻田嘉章＝道垣内正人編『注釈国際私法第 1 巻』（有斐閣、2011）277 頁〔高杉直〕参照。

12)　櫻田＝道垣内編・前掲注 11)450 頁以下〔西谷祐子〕参照。

り交わされているため、同号に反して効力を否定され、東京地方裁判所が裁判管轄を肯定される。

③については、C・S社間の専属的管轄合意はCの解雇時に行われているので、労働契約終了時の専属的管轄合意の要件は充足する。しかし、同合意は、ワシントン州裁判所を管轄裁判所として指定する合意であり、契約終了時における労務提供地の裁判所（**CASE 1** では日本の裁判所）を指定する合意の要件（民訴3条の7第6項1号）を充足しないため、やはり同号違反として効力を否定され、東京地方裁判所が裁判管轄を認められるものと解される。

以上を要するに、使用者（S社）から見れば、日本の裁判所への提訴は原則として甘受すべきということになる。

CASE 1 設問 2

設問2 については、S社が行ったCの解雇について、日本法・ワシントン州法のいずれが適用されるか（準拠法の決定）が論点となる（**解説1**）。

まず、①については、C・S社が明示的に日本法を準拠法として選択しているため、通則法7条（当事者自治の原則）によって、日本法が準拠法となり、労契法16条（解雇権濫用規制）が適用される。

次に、②では、C・S社間で準拠法選択が行われていないため、通則法8条によって最密接関係地法が準拠法となる。そして、**CASE 1** では、Cは、日本法人であるT社に出向して日本国内で就労し、給与・労働条件の決定や人事管理もT社で行われているため、最密接関係地法の規律（同12条2項・3項）によって、労務提供地法・雇入事業所所在地法である日本法が最密接関係地法と推定される。したがって、この推定が覆らない限り、Cは、労契法16条の適用を主張することができる（推定が覆る場合については、**設問3** 参照）。

③では、C・S社間でワシントン州法が準拠法として選択されているので、同法が適用されうる。しかし、通則法12条1項によれば、当事者が外国法を準拠法として選択した場合も、労働者は最密接関係地法中の特定の強行規定の適用を主張できるため、労務提供地法である日本法が最密接関係地法と推定される限り、Cは、特定の強行規定である労契法16条の適用を主張することができる。この点、本問では、Cの給与・人事考課、労働時間等の労働条件や人事管理については、C・S社間の雇用契約上、T社の就業規則に準拠するものとされ、実際上もT社が行っているとあり、労務提供地法である日本法を最

第 2 部　実務編

密接関係地法と推定することが適切であるため、C は、労契法 16 条の適用を
主張することができる。

　以上を要するに、使用者（S 社）から見れば、日本の解雇権濫用規制（労契
16 条）の適用についても原則として甘受すべきということになる。

CASE 1 設問 3

結論：**設問 2** ③の結論は変わる可能性がある。

1　解雇に関する準拠法

　設問 3 では、労務提供地法である日本法を最密接関係地法とする上記の推
定が覆るか否かが問題となる。結論としては、上記推定が覆り、C は、日本の
労契法 16 条の適用を主張できない可能性がある。前記のとおり（**解説 1**(3)）、
日本で就労する外国人労働者の労働条件や人事管理を外国の使用者が掌握して
いるケースでは、使用者は、契約の展開により密接な関係を有するのは外国法
であるとして日本法を最密接関係地法とする推定を覆し、外国法を準拠法とし
て主張できるところ、本問では、S 社は T 社の人事考課を参考としつつも C
との交渉・合意によって給与（年俸）を決定し、C の昇降給・昇降格・雇用継
続の可否等も S 社が決定しているため、契約の展開により密接な関連性を有
する法（最密接関係地法）は雇入事業所所在地法であるワシントン州法である
ことを立証して日本法の推定を覆すことが可能と解される。すなわち、**設問 2**
③の結論とは異なる可能性がある。その場合、米国連邦法およびワシントン州
法には日本法のような解雇権濫用規制がないことから、S 社が雇用契約に基づ
いて 2019 年 3 月 31 日付で行った C の解雇は有効と解されることになろう。

　この点、前掲注 4）BGC キャピタルマーケッツジャパン LLC ほか事件は、
英国法人に雇用され、日本支店に出向した従業員の雇止めについて、通則法
12 条 1 項所定の最密接関係地法が使用者である英国法人の住所地法である英
国法か、労務提供地法である日本法かが争われたケースであるが、判決は、英
国法人が賃金額の決定や雇用契約の更新拒絶の判断を同法人で行い、懲戒処分
や苦情申立制度等についても同法人の制度が適用されるなど、賃金の決定・支
払い、雇用継続、出向関係等を包接する雇用管理地は英国であり、本件契約に
より密接な関係を有するのは英国法であるから、労務提供地法（日本法）を最
密接関係地法とする推定が覆ると主張したのに対し、十分な理由を示すことな

292

く斥けている。疑問の残る判断である。

これに対し、**設問3**において、S社がT社の人事考課を参考にCの給与や昇降給・昇降格・雇用継続の当否等を決定していることの実質が、S社がこれら決定をT社の人事考課に基づいて行っているというものであれば、**設問2**③の結論は変わらないものと解される。この場合、形式的にはS社が上記事項を決定しているものの、実質的には日本法人であるT社が決定しており、Cの労働条件や人事管理は相変わらずT社が掌握していると評価できるからである。加えて、前記のとおり（**解説1**(2)）、通則法12条2項が労務提供地法を最密接関係地法と推定する規定を設けたことの趣旨を、外国人労働者に対して同一の職場で働く労働者と同等の保護を提供するという点に求めれば、労務提供地法である日本法を最密接関係地法とする推定を覆すことには慎重であるべきという考慮も働く。この場合、日本法を最密接関係地法とする推定が覆ることはなく、Cは、労契法16条の適用を主張することができる。

2　通則法上の公序

設問2について、上記のうち日本法の推定が覆ることを肯定する立場に立つ場合は、通則法上の公序規定（42条）の適用も論点となりうる。設問では、日本法人であるT社がCに関する自らの人事考課を踏まえて米国法人であるS社にCの解雇を求め、S社がこれを受けてCを解雇しているところ、上述した通則法12条2項の趣旨を踏まえれば、T社で就労する労働者のうち、米国人であるCの解雇に対して日本法（労契16条）の適用を否定し、ワシントン州法を適用することは、同一の職場で働く労働者と同等の保護を否定する結果になり、通則法42条の公序規定が対象とする事態（日本の国際私法秩序を著しく害するおそれがある場合）に該当する可能性があるからである。

この点、公序規定の発動要件は、①外国法の適用結果の反公序性（準拠外国法を事案に適用した結果、日本が維持しようとする国際私法秩序を著しく害するおそれがあること）および②内国関連性（事案が日本と密接な関連性を有していること）に求められる[13]ところ、**設問3**の事案が要件②を充足することに疑いはないから、要件①の充足いかんがポイントとなる。この点、外国人労働者に対して同一の職場で働く労働者と同等の保護を提供するという通則法12条2項

---

13)　中西康ほか『国際私法〔第2版〕』（有斐閣、2018）110頁以下参照。

第 2 部　実務編

の趣旨を重視すれば、Cの解雇にワシントン州法を適用することは要件①を充
足し、公序規定（通則 42 条）が発動される余地がある。この場合、内国法であ
る日本法（労契 16 条）が適用されることになろう。一方、Cは米国人であり、
その労働条件や人事管理を掌握するS社も米国法人であって、CがT社の
プロパー社員ではなく、S社からの出向者であることを重視すれば、公序違反
と解する必要はないとの評価も成り立ちうる。各自検討されたい。

CASE 1 設問 4

結論：日本の労基法 20 条は適用される。

　設問 4 については、前記のとおり（**解説 2**(2)）、労基法は絶対的強行法規に
該当するので、同法 20 条（解雇予告制度）は、Cの意思表示の有無にかかわら
ず当然に適用される。このほか、同法 19 条（解雇制限規定）や 22 条（退職時等
の証明）も同様に適用される。

CASE 1 設問 5

　設問 5 は、Cの解雇に日本の労契法 16 条が適用される場合の解雇の有効性
という実質法上の論点を問う設問である。この場合、Cの解雇については、同
条に基づき、客観的合理的理由および社会通念上の相当性が要件となるととも
に、具体的には、T社就業規則の解雇事由規定（たとえば「職務遂行能力が劣り、
向上の見込みがないとき」）への該当性が問題となるところ、Cのような外国人
社員については、その専門能力を期待して、職種・職務を限定して雇用する
ケースが多いことから、能力不足を理由とする解雇紛争が発生しうる。

　上記のとおり、解雇については、客観的合理的理由の存在および社会通念上
の相当性を要求される（労契 16 条）ところ、能力不足を理由とする解雇につい
ては、ⓘ高度の能力・適格性が要求されることから、そうした高度の能力に客
観的に問題ありとされれば解雇事由該当性が肯定され、ⓘⓘその場合、職種・職
務を限定して雇用されることから、職種転換・配転による解雇回避措置も原則
として必要とされない。この結果、解雇権濫用（解雇の客観的合理的理由の有
無）の判断は緩和されることになる[14]。しかし、ⓘⓘⓘ使用者が期待した業績・能
力を発揮しないことが解雇事由に直結するわけではなく、教育・指導によって

294

労働者の能力向上に努めることが解雇の有効要件となる（**解説4**(2)）[15]。

　この点は、外国人社員の場合も同様であり、いかに専門的能力の発揮を期待して雇用した外国人社員といえども、適切な教育・指導を怠ったり、極めて短期の業績評価によって解雇することは解雇権濫用と評価される。裁判例では、外資系投資機関を顧客とする不動産ビジネスの拡大目的で採用した外国人エグゼクティブ・ダイレクターを採用後、わずか3か月半で成績不良により解雇したことにつき、雇用契約の内容として会社に利益をもたらす業績を上げることが含まれていたとしても、このような短期間に業績を上げられなかったことを理由に解雇することは許されないとして解雇権濫用を肯定した例がある[16]。

　CASE 1の場合、Cは、即戦力の証券ディーラーとしての能力を期待されて職務を限定してT社に中途採用されたものの、能力が十分でなく、再三指導・教育を行ったものの改善されず、2期連続で人事考課が最下位グループに属する状況となったというのであるから、Cの人事考課が適正に行われたのであれば、T社就業規則の解雇事由該当性が肯定され、解雇の合理的理由が肯定される。そして、当該解雇に社会通念上の相当性（労働者の情状、他の労働者の処分との均衡、使用者側の対応等）および解雇手続の相当性を欠く点がなければ、解雇は有効と判断される可能性が高いものと解される。

CASE 1 設問6

　設問6の特色は、Cが本来の使用者であるS社ではなく、出向先であるT社に対して解雇無効を主張している点にある。まず、抵触法上の論点としては、**設問2**と同様、S社が行ったCの解雇に関する準拠法の決定および裁判管轄が論点となる。本問の場合、準拠法については、C・S社間で準拠法選択が行われていないため、最密接関係地法の規律（通則8条、12条2項・3項）が及び、CがT社に出向して現に就労している地の法（労務提供地法）である日本法が最密接関係地法として適用される[17]。次に、裁判管轄についても、労務提供地が日本国内にあるときは、日本の裁判所が裁判管轄を認められるところ、C

14）　典型的裁判例として、ドイツ証券事件・東京地判平成28・6・1ジャーナル54号39頁。
15）　典型的裁判例として、ブルームバーグ・エル・ピー事件・東京高判平成25・4・24労判1074号75頁。本文の詳細は、土田・労働契約法666頁以下参照。
16）　共同都心住宅販売事件・東京地判平成13・2・27労判812号48頁。
17）　前掲注4)BGCキャピタルマーケッツジャパンLLCほか事件。

はT社に出向して就労しており、労務提供地は日本であるから、東京地方裁判所の管轄権が肯定される（民訴3条の4第2項。以上、**解説1・3**）。

　以上のように、Cの解雇について日本法が適用されるとすると、次の問題は、日本法の解釈として、C（出向社員）とT社（出向先）の間に包括的な労働契約が成立しているか否かである。Cは、T社が出向先として解雇を行ったと主張しているところ、これは、C・T社間に労働契約が成立していることを前提とする主張だからである。この点、出向労働関係の法的性質については、労働者・出向先間の労働契約と解する見解が有力である（二重の労働契約説）。もっとも、二重の労働契約といっても、その意味は、労働者が出向先の指揮命令権に服して労働する一方、出向先は安全配慮義務等の義務を負うという部分的契約関係（権利義務関係）にとどまり、労働者が出向先の従業員としての地位を取得するという意味での包括的契約関係まで成立するわけではない。その代わり、出向先も、労働者の地位を失わせる解雇権を有するわけではなく、解雇権は出向元が保有するのが通例である。したがって、出向先による解雇という事態は原則として観念できず、これを前提とする労働契約上の地位確認の訴えは棄却されるものと考えられる[18]。

　設問6においても、上記のような例外的事情が存在しない限り、CによるT社に対する地位確認の訴えは棄却されるものと考えられる。

CASE 2 設問1 ①
結論：日本の裁判所（東京地方裁判所）の裁判管轄は認められる。

　設問1①は、事業主が労働者に対して訴えを提起する場合に該当する。この場合について、民訴法は、事業主が労働者の住所地においてのみ訴えを提起することができる旨規定する（3条の4第3項）とともに、一定の要件の下で専属的管轄合意を認めている（3条の7第6項1号・2号（**解説3**参照））。

---

18)　土田・労働契約法442頁、山口浩一郎監修・「統合人事管理」研究会編著『統合人事管理──グローバル化対応の法律実務』（経団連出版、2015）47頁以下〔山川隆一〕参照。裁判例として、JPモルガン証券事件・東京地判平成24・8・17ジャーナル9号12頁。なお、出向社員・出向先間に黙示の労働契約が成立したと評価できる場合や、出向元が形骸化してその法人格を否認できる事情がある場合は、例外的に労働契約上の地位確認も可能と解されるが、稀なケースにとどまるであろう。

9　グローバル人事——国際労働関係法①

まず、本件紛争が「個別労働関係民事紛争」（民訴3条の4第2項）に該当するか否かが問題となる。Zの退職後（労働契約終了後）の競業に関する紛争であることを理由とする否定説もありうるが、「労働関係に関する事項について個々の労働者と事業主との間に生じた民事に関する紛争」として「個別労働関係民事紛争」と解して差し支えないであろう。

次に、**設問1**①では、Z・Y社間の専属的管轄合意に基づき、日本の裁判所（東京地方裁判所）に管轄権が認められるものと解される。すなわち、本件では、Y社は、Zとの間で1997年4月の電磁鋼板研究部の配属時および2013年6月の退職時に締結した本件特約10条において、日本国・東京地方裁判所を管轄裁判所とする旨の合意を設けている。この点、民訴法3条の7第6項1号によれば、専属的管轄合意は、労働契約終了時の合意であって、契約終了時における労務提供地の裁判所を指定する場合に有効とされるところ、Y社がZとの間で1997年4月に締結した管轄合意はZ採用時の合意であるため、この要件を充足しない。しかし、Y社が2013年6月の退職時に締結した管轄合意は、Zの退職時（労働契約終了時）に行われた合意であり、その時点のZの労務提供地である日本の裁判所（東京地裁）に訴えを提起できる旨を定めたものであるため、有効な合意と解される。したがって、本件では、当該管轄合意により、東京地方裁判所に裁判管轄が認められる。

CASE 2 設問1②

結論：日本の裁判所（東京地方裁判所）の裁判管轄は認められない。

以上に対し、**設問1**②については、日本の裁判所（東京地裁）の管轄権は否定されるものと解される。すなわち、民訴法3条の4第3項によれば、事業主が原告となるときは、労働者の住所地が管轄原因となるので、Zの住所地がフランクフルトにある本問では、日本の裁判所（東京地裁）の管轄権は否定され、ドイツの裁判所の管轄に服することになる。

もっとも、**設問1**②では、Y社がZの競業行為について、債務不履行と併せて不法行為に基づく損害賠償を請求しているので、民訴法3条の6の併合管轄規定によって東京地方裁判所の管轄を認める余地がある。すなわち、同条によれば、一の訴えにおける数個の請求のうち、日本の裁判所が一の請求について管轄権を有する一方、他の請求について有しない場合は、各請求間に密接な関

第 2 部　実務編

連がある場合に裁判管轄を肯定されるところ、Z に対する Y 社の債務不履行に
基づく損害賠償請求と、不法行為に基づく損害賠償請求の間には密接な関連性
が認められる。そして、不法行為に関する訴えについては、不法行為があった
地が日本国内にある場合に日本の裁判所の管轄権が肯定される（民訴 3 条の 3
第 8 号）ところ、**CASE 2** のように、加害者の行為地と結果発生地が異なる隔
地的不法行為については、行為地と結果発生地の双方が管轄原因としての不法
行為地となると解されている[19]。**CASE 2** の場合、Z の競業によって日本に所
在する Y 社に損害が発生しており、結果発生地が日本であることから、併合
管轄によって Y 社の訴えに係る日本の裁判所の管轄を肯定する余地がある。

CASE 2 設問 2 ①
結論：Y 社の請求は認められる。

1　競業避止義務・守秘義務に関する準拠法

設問 2 では、まず、Z の退職後の競業避止義務違反（本件特約 4 条違反）・守
秘義務違反（同 1 条違反）に関する準拠法の決定が論点となる。

まず、Y 社は、Z に対し、本件特約 1 条、4 条違反を理由に競業行為・営業
秘密漏えい行為の差止めおよび債務不履行に基づく損害賠償を請求している。
そして、Z・Y 社は、本件特約 10 条において日本法を準拠法とする旨の明示の
合意を行っている。通則法 7 条は、当事者自治の原則（準拠法選択の自由）を
規定しているため、同条によって、日本法がそのまま準拠法となりそうである。

しかしながら、**CASE 2** の解答はそれほど単純ではない。すなわち、本件の
場合、Y 社は、日本法の観点からは合理的な競業避止特約（本件特約 4 条）を
締結し、かつ、明示的に日本法を準拠法として選択しているが、なお日本法の
適用を主張できない可能性がある。通則法によれば、当事者が日本法を準拠法
として選択した場合も、当該合意された日本法が最密接関係地法以外の法であ
る場合は、労働者は最密接関係地法中の特定の強行規定の適用を主張できるか
らである（12 条 1 項・2 項）。

この結果、Z・Y 社間の競業避止特約に関する最密接関係地法が競業地法で

---

19)　松浦馨ほか『条解民事訴訟法〔第 2 版〕』（弘文堂、2011）56 頁以下参照〔新堂幸司＝
　　高橋宏志＝高田裕成〕。

あるドイツ法と推定されれば、労働者が退職後の競業避止義務に関するドイツ労働法中の強行規定（ドイツ商法典74条以下）の適用を主張した場合、当該規定が適用されることになる。この点、ドイツ商法典74a条は、退職後の競業避止義務について、補償金（競業禁止期間につき、直近報酬の少なくとも50％の額）の支払いを要件と規定しており、これを必須の要件としない日本法（判例法理）より厳格であるため、Y社は、Zの責任追及に際してより不利な地位に置かれることになる[20]。なお、退職後の競業避止特約は、厳密な意味での労働契約（同条1項）ではないが、労働契約と密接に関連することから、通則法12条の適用ないし類推適用が認められる（**解説4(2)**）。

　そこで、本件競業避止特約の最密接関係地法が日本法かドイツ法かが問題となるが、競業避止特約が労働契約と密接に関連すること、競業避止特約締結時の労務提供地法を準拠法とすることについては労使ともに予見可能性が高いことを考えると、Z・Y社間の労働契約における労務提供地法である日本法を最密接関係地法と解するのが合理的であろう。もっとも、これに対しては、退職後の競業避止義務が労働者の職業選択の自由および国の経済・知的財産政策と密接に関連していること等を理由に、競業地法を最密接関係地法と解する見解もあり、これによれば、**CASE 2**における最密接関係地法はドイツ法と解されることになる[21]。しかし、このように解すると、Zが実際にどの国で競業行為を行うかを予測できないY社にとっては不意打ちとなり、競業避止義務の効力について重大な利害を有するY社にとって公平を欠く結果となるため、やはり労務提供地法（日本法）を最密接関係地法と解すべきであろう。

　この結果、Z・Y社間の競業避止特約（本件特約4条）に関する最密接関係地法は日本法と推定され、両者が予定した準拠法選択と同様、日本の判例法理が適用されることになる。すなわち、Y社は、Zに対し、日本の競業避止義務法理によって責任を追及することができる。具体的な対抗手段としては、損害賠償請求（民415条）のほか、Zの競業行為の差止請求が可能と解される（本項3参照）。Zの守秘義務違反（本件特約1条違反）についても同様に解される。

20）　ドイツの競業避止義務法制については、石田信平「退職後の競業避止特約――ドイツの立法規制とその規制理念（一）（二）」同志社法学324号99頁・325号305頁（2008）参照。
21）　RYUICHI YAMAKAWA, Transnational Dimension of Japanese Labor and Employment Laws：New Choice of Law Rules and Determination of Geographical Reach, Vol. 31, No. 2, Comparative Labor Law and Policy Journal, 2010, pp 363.

第2部　実務編

2　不法行為に関する準拠法

次に、Y社はZに対し、不法行為に基づく損害賠償を請求している。この点、通則法17条は、不法行為の準拠法を加害行為の結果発生地法と定めているところ、結果発生地とは、加害行為による直接の法益侵害の結果が現実に発生した地のことをいう[22]。本件の場合、Zの加害行為（競業行為および秘密漏えい行為）はドイツで行われている一方、加害行為の結果は、Y社のシェアの侵奪という形で日本において発生していることから、結果発生地法は日本法となり、日本法が準拠法となるものと解される。したがって、Y社は、日本の不法行為法（民709条）に基づいて、Zに対して損害賠償を請求することができる。

ところで、通則法17条ただし書は、「その地〔結果発生地——筆者注〕における結果の発生が通常予見することのできないものであったとき」は、加害行為地法（**CASE 2**ではドイツ法）が準拠法となると規定する。この点、ただし書の上記要件については、加害者および加害行為の性質・態様、被害発生の状況等、当該不法行為に関する客観的事情に照らして規範的に判断すべきものと解されている[23]ところ、**CASE 2**の場合、Zは約16年もの間Y社に在籍し、退職時に本件製法データを取得し、W社転職後に本件製法データをW社に開示しているのであるから、17条ただし書への該当性は認められず、同条本文に従って、結果発生地法である日本法が準拠法となるものと解される。

なお、Y社がZの営業秘密漏えい行為に対して不競法上の不正競争（2条1項7号）として責任追及を行う場合（不正競争を理由とする差止請求（3条）、損害賠償請求（4条）等）を想定すると、同法を不法行為法と性質決定した上、不法行為の準拠法（通則17条）を適用する見解が有力である（**解説4**(2)(ア)）ことから、不法行為の場合と同様、日本法が準拠法となるものと解される。なお、Zの行為に対しては、刑事罰の適用もある（役員・従業者不正使用・開示罪（不競21条1項6号））。

3　本件特約の有効性・効果

次に、準拠法（抵触法）の問題を離れて、本件特約の実体法上の有効性およ

---

22)　小出邦夫編著『逐条解説　法の適用に関する通則法〔増補版〕』（商事法務、2014）193頁参照。
23)　小出編著・前掲注22)194頁、櫻田＝道垣内編・前掲注11)445頁〔西谷祐子〕参照。

9　グローバル人事──国際労働関係法①

び効果について検討しよう。

(1)　競業避止義務

　まず、本件特約が規定する退職後の競業避止義務（4条）の有効性について
検討する。この点、退職後の競業避止義務については、契約上の義務は契約終
了とともに終了することと、競業避止義務は労働者の職業選択の自由（憲22
条1項）に強い制約効果を及ぼすことから厳格に判断される（**解説4**(2)参照）。
　まず、競業避止義務の法的根拠としては、契約上の明確な合意（競業避止特
約）または就業規則規定が必要とされる。また、競業避止義務の要件も厳格に
解釈され、その準則は、①労働者の地位・職務が競業避止義務を課すのに相応
しいものであること、②前使用者の正当な利益（営業秘密・顧客リスト等の重要
な秘密情報）の保護を目的とすること、③競業制限の対象職種・期間・地域か
ら見て職業活動を不当に制限しないこと、④適切な代償が存在することの4点
に置かれ、これらを総合して義務の有効性が判断される。この結果、競業避止
義務が退職者の職業活動を不当に制約するものと判断されれば、職業選択の自
由が構成する公序（民90条）違反として無効と解される[24]。一方、競業避止
義務が有効な場合の効果としては、損害賠償請求、競業の差止請求、退職金の
不支給・減額等が挙げられる。このうち差止請求の要件は、不競法上の差止請
求規定（3条1項）を参照して、「競業行為により使用者が営業上の利益を現に
侵害され、又は侵害される具体的なおそれがある場合」に求められる[25]。
　CASE 2 の場合、①については、Z は約16年もの間 Y 社電磁鋼板研究部にて
研究開発の中枢部に直接関与していたことから問題はなく、②については、Y
社は同社の重要な営業秘密保護の目的で本件特約を締結していることから問題
はない。また、③についても、本件特約は、退職後の競業禁止期間を1年に限
定し、対象職種を Y 社と競業関係にある企業の同種部門に限定する一方、対
象地域を限定していないものの、本件製法データの性格（汎用性）から見て問
題はないと解される。問題は④（代償）であり、Y 社が Z に支給していた機密
保持手当（月30万円）を代償として評価できるかが問題となる。在職中の手当

---

24)　代表的裁判例として、岩城硝子ほか事件・大阪地判平成10・12・22知的裁集30巻4
　　号1000頁。詳細は、土田・労働契約法711頁以下参照。
25)　東京リーガルマインド事件・東京地決平成7・10・16労判690号75頁。

301

第2部　実務編

を退職後の競業禁止の代償と評価できるかについては疑問もあるが、代償の有無は、あくまで競業避止義務の合理性に関する考慮要素の一つであるから、CASE 2のように競業規制の必要性が高く、競業制限の範囲が合理的範囲にあり、かつ手当額が30万円と高額に上る場合は、機密保持手当を代償と評価した上、競業避止特約の合理性を肯定することに問題はないであろう。さらに、競業避止特約については、⑤手続的要素として、使用者が特約締結時に必要な情報を提供したか否かも特約の有効性に影響する事情となるところ、CASE 2では、Y社は、Zに対して特約の内容について時間を掛けて丁寧に説明し、Zも納得の上で署名したとあるので、この点についても問題はないと解される。

　以上、①～⑤を総合考慮すれば、本件特約4条は不合理とはいえず、有効と考えられる。そして、CASE 2の事実関係3・4によれば、Zの競業行為により、Y社が「営業上の利益を現に侵害され、又は侵害される具体的なおそれがある場合」に該当すると評価できる（前掲注25）東京リーガルマインド事件）ため、Y社は、Zに対して競業行為の差止めを求めるとともに、債務不履行を理由とする損害賠償を請求することができる（民415条）。

(2)　守秘義務・不正競争防止法

　次に、本件特約中の守秘義務（1条）の有効性および不競法上の論点についても簡単に検討しておく。まず、退職後の守秘義務については、その根拠として契約上の明確な根拠（秘密管理規程、守秘契約）を要するとともに、退職労働者の職業選択の自由（憲22条1項）の観点から無制限に肯定されるわけではないが、対象とする秘密・情報の特定性・範囲、秘密として保護する価値の有無・程度、労働者の地位・職務等を総合して合理的なものと認められれば有効とされる[26]。CASE 2の場合、Zは約16年間、Y社の研究開発の中枢に関与していたこと、本件特約1条は、対象となる秘密を「Y社電磁鋼板研究部における方向性電磁鋼板の研究開発過程で業務上知りえた秘密」として特定していること等から、その有効性に問題はないものと解される。

　最後に、Y社がZに対し、不競法上の不正競争（2条1項7号）として責任追及を行う場合を想定すると、不正競争の成立要件は、ⓐ対象となる秘密が

---

26)　土田・労働契約法708頁以下参照。裁判例として、マツイ事件・大阪地判平成25・9・27ジャーナル21号10頁。

9　グローバル人事——国際労働関係法①

「営業秘密」であること（同条6項——秘密管理性、有用性、非公知性を要件とする）、ⓑ保有者から「示された」秘密であること（同条1項7号）、ⓒ不正の利益の取得または加害の目的（図利加害目的）で使用・開示すること（同号）の3点である[27]。**CASE 2**の場合、ⓐについては、Y社は本件製法データについて人的・物理的アクセスを制限するなど厳重に管理してきたとあるので問題はなく、ⓑについても、本件製法データはZの考案・開発によるものではなく、Y社電磁鋼板研究部における研究開発によって行われたものであるから、Y社からZに「示された」ものと評価できる。さらに、ⓒについても、図利加害目的の有無は、営業秘密の価値・開発に要した時間・費用、使用・開示による損害、使用・開示の態様（秘密の不正取得・使用の有無、競業の態様の背信性等）を中心に判断されるところ、本件製法データの重要性は明らかであるし、Zによる使用・開示の態様は悪質と評価できる。したがって、Y社はZに対し、不競法に基づくより実効的な責任追及（差止請求（3条1項）、損害賠償請求（4条））を行うことが可能と解される。

　以上から、Zに対するY社の請求は認められる。

CASE 2 設問 2 ②
　結論：Y社の請求は認められる。

　W社に対する責任追及としては、W社の不法行為に基づく損害賠償責任が考えられる。この点については、Zに対する不法行為責任の追及と同様、加害行為の結果発生地法である日本法が準拠法となるものと解される（通則17条）。
　したがって、Y社は、日本の不法行為法（民709条）に基づいて、W社に対して損害賠償を請求することができる。また、不競法上は、W社がZからY社の営業秘密の開示を受けて方向性電磁鋼板を開発し、Y社のシェアを奪った行為は転得者の不正競争（2条1項8号・9号）に該当し、かつ、同法の準拠法は結果発生地法である日本法と解されるので、Y社は、W社に対しても、同法に基づく差止請求（3条1項）等のより実効的な責任追及を行うことが可能と解される。
　以上から、W社に対するY社の請求は認められる。

---

27)　土田・労働契約法118頁以下参照。

第 2 部　実務編

CASE 2 設問 3

それでは、**CASE 2** について、企業法務として留意すべき点は何か。国際裁判管轄、準拠法、競業避止特約の設定という 3 つの観点から整理しよう。

1　国際裁判管轄

CASE 2 のように、外国人社員が日本企業を退職した後に本国に戻って競業行為を行うケースでは、国際裁判管轄のマネジメントは重要な課題となる。

この点、**CASE 2** では、Y 社は Z との間で専属的管轄合意（民訴 3 条の 7 第 6 項）を有効に締結しているため、日本の裁判所に訴訟を提起することができた（**設問 1** ①）。しかし、**設問 1** ②で想定したように、専属的管轄合意を設けていない場合や、専属的管轄合意が民訴法の要件を充足しないケースでは、外国人社員の住所地が管轄原因となるため、企業が日本の裁判所に訴えを提起したとしても訴訟を遂行することはできない。また、**CASE 2** のように、外国人社員が有する秘密の重要性が高いケースでは、場合によっては国の産業政策にも関わる紛争となるため、日本の裁判所が管轄権を肯定されるか否かは、一企業のみならず、一国の産業政策にも影響を及ぼす可能性がある。したがって、企業としては有効な専属的管轄合意を設けることが必要となる。

2　準拠法

準拠法についても、どの国の法が準拠法として決定されるかによって、競業避止特約の有効性判断に影響が生ずるため、企業としては、法的紛争が生じた際に適用を予見できる国の法を準拠法とする旨の準拠法条項も特約中に設けておく必要がある。実際、**CASE 2** の本件特約では、日本法を準拠法とする条項が盛り込まれている。とはいえ、前記のとおり、通則法上、使用者が準拠法合意を締結したとしても、当該準拠法が最密接関係地以外の法である場合は、外国人社員が自国法中の特定の強行規定を最密接関係地法として主張し、その結果、準拠法合意が覆される可能性があるため、留意が必要である。

また、**CASE 2** のように、国際裁判管轄と準拠法の双方を企業に有利なものとして設定した場合、外国人社員が競業避止特約の締結自体を拒むという事態が発生しうる。企業としては、こうした事態は最も回避すべき事態であるため、専属的管轄合意または準拠法合意のいずれか一方を断念するといった対応も考慮する必要がある。この点は、通則法を前提とする渉外法務の限界であり、企

業法務としては、営業秘密の管理を徹底し、競業避止特約の内容を見直す等の知的財産法務上の方策を併せ講ずる必要がある。営業秘密の管理については、**CASE 2** の場合、Z が Y 社退職に際して本件製法データをコピーして取得するという最悪の事態が発生しているため、Y 社としては、経済産業省「営業秘密管理指針」（2015 年 1 月（2019 年 1 月最終改訂））や「秘密情報の保護ハンドブック——企業価値向上に向けて」（2016 年 2 月）を踏まえて秘密管理を徹底する必要がある。

3　競業避止特約の設定

　前記のとおり、**CASE 2** において Y 社が Z との間で締結した競業避止特約は有効と評価されるが、代償については問題が残っている。この点、Z のようなドイツ国籍の社員については、母国法であるドイツ法（**解答の CASE 2 設問 2** ①の 1 参照）に倣い、特別の対応として退職後の競業禁止に対応する補償金を支給することが考えられる。

　また、企業が外国人社員と競業避止特約を締結する際には、特約内容等を丁寧に説明することで、特約の解釈・効力をめぐる法的紛争を未然に防止することができると考えられる。その際には、英語または母国語による説明が求められよう。この点、**CASE 2** では、Y 社は本件特約を英語・ドイツ語でも記載した上、その内容を丁寧に説明しており、妥当と解される。

〔参考文献〕

　山口浩一郎監修・「統合人事管理」研究会編著『統合人事管理——グローバル化対応の法律実務』（経団連出版、2015）、別冊 NBL 編集部編『法の適用に関する通則法関係資料と解説（別冊 NBL 110 号）』（商事法務、2006）、「シンポジウム国際労働法の展開と課題」日本労働法学会誌 120 号（2012）、早川智津子「外国人労働者」『講座労働法の再生第 6 巻　労働法のフロンティア』（日本評論社、2017）

＊執筆協力者　藤澤佑介（2013 年度生）　池尻奈央恵（2013 年度生）　米倉沙里菜（2013 年度生）

（土田道夫）

10

グローバル人事——国際労働関係法②

CASE 1　海外勤務の根拠

　1　総合商社X社は近年、海外事業展開を積極的に進めているが、当初は就業規則上の国内転勤規定（「転居を伴う配置転換を命じることがある」）しかなかったため、2002年3月、労働組合との協議を経て就業規則を改訂し、「業務上の必要性に基づき、現時点で存在し、また将来において設立される海外事業所への転勤を命じることがある」との海外勤務規程を設け、全社員に周知させた。その後、X社は海外事業展開を活発化させ、国内従業員の海外転勤も頻繁に行われるようになった。なお、上記海外勤務規程においては、海外勤務中の労働条件や健康管理措置・危機管理対策が詳細に規定されている。

　2　2019年1月、X社は新たな事業拡大のためトルコ・イスタンブールのZ事業所を拡充し、国内社員から2名をZ事業所に派遣することを決定した。そして、B（1995年採用、勤続年数23年）およびC（1998年採用、勤続年数20年）に対し、上記海外勤務規定に基づいて海外転勤を打診した。しかし、Bらは、「トルコのように、テロや内戦によって命を落とす危険がある国への勤務については本人同意が必要なはずだ」と主張して応じない。X社は、その後もBらに対して説明・説得を行ったが、Bらはなお応じようとしなかった。そこで、X社は、同年4月1日付でB・Cの同意を得ないままZ事業所への赴任を発令した。なお、X社とB・Cの間で締結された労働契約には勤務地限定の合意はない。

設問1　X社がB・Cに対して行った海外勤務命令はB・Cを拘束するか。

設問2　X社が有能な社員Dに対し、ベトナム→中国→ドイツ→イギリス→アメリカと連続して海外転勤を命じ、その結果、Dが15年もの間日本に帰国できない状況が生じた場合、法的な問題点はあるか。

10 グローバル人事——国際労働関係法②

CASE 2 海外勤務社員のメンタルヘルス

　1　Ｆ社は、東京都に本店を置く鉄鋼メーカーである。Ｆ社は、事業拡大を目的として2011年、タイ国に法人Ｇ社を設立し、工場を建設した。Ｋ（日本人）は、2000年にＦ社に雇用され、2016年3月、タイ国Ｇ社に海外駐在員として5年の期間を定めて出向し、営業部員として勤務してきた。Ｆ社の海外勤務規程には、「海外勤務者の人事・労働条件は、労働時間管理を除いて会社の就業規則による」との規定がある。Ｇ社における業務は、月残業時間が恒常的に100時間前後を推移するなど過酷な状況が続いたところ、Ｇ社赴任から約2年経過後の2018年4月、Ｇ社からＦ社に対し、Ｋが最近、繰り返し意味不明な発言をしたり、現地社員に暴言を吐くなど、深刻なメンタルヘルス不全の状況にあるとの情報が届いた。このため、Ｆ社はＫに対して現地の医療機関の診療を受けることを勧めたが、Ｋが拒否したため、様子を見ることとした。

　しかし、その後もＫの体調は好転しなかったため、2018年7月、Ｋは自ら一時帰国して日本の医療機関の診察を受けたところ、うつ病と診断された。そこで、Ｋは、日本に帰国してＦ社を退職した後、Ｆ社およびＧ社に対し、長時間労働によりうつ病を発症したとして、債務不履行（安全配慮義務違反）または不法行為に基づく損害賠償を求める訴えを東京地方裁判所に提起した。

設問1　ＫがＦ社に対して提起した損害賠償請求訴訟について、東京地方裁判所の裁判管轄は認められるか。なお、Ｋ・Ｆ社間の労働契約において、裁判管轄に関する合意は存在しないものとする。

設問2　Ｋの請求は認められるか。なお、Ｋ・Ｆ社間の労働契約中、準拠法に関する合意は存在しないものとする。

設問3　Ｆ社が期間を定めることなくＫをＧ社に出向させ、引き続きＦ社に在籍させるが、Ｆ社への復帰を予定していない場合、**設問2**の結論は変わるか。

設問4　Ｆ社は、本件のような問題の発生を防ぐために、どのように対応すべきであったか。

設問5　ＫがＧ社出向中、時間外労働の割増賃金の支払いを受けていなかったため、Ｆ社に対して割増賃金を請求したとする。この請求は認められるか。

307

第 2 部　実務編

CASE 3　海外勤務社員の不正行為

　1　J（日本人）は、1990 年に CASE 2 の F 社に雇用され、資材調達業務に従事してきた社員であるが、2013 年 3 月、G 社設立に伴い、海外駐在員として 5 年の期間を定めて G 社に出向し、営業次長に就任した。

　2　F 社は、各国現地法人における不正行為の防止と早期発見を目的として、従来から内部通報制度を設けてきた。G 社設立から 4 年余が経過した 2018 年 7 月、F 社は、J が現地の業者からリベートを供与されているとの情報を現地社員の内部通報によって取得した。この情報が事実であれば、贈収賄事件として大問題となる可能性があるため、F 社は、J に貸与しているパソコン情報のアクセス記録を抜き打ちで調査したところ、相当程度高い蓋然性でリベート供与が行われているとの確証を得た。もっとも、事実関係が完全に解明されたわけではないことから、F 社は、事実関係の調査および J に対する処分を検討するため、2018 年 9 月、J に対して即刻帰国して F 社に出社するよう業務命令を発した（以下「本件復帰命令」）。なお、F 社就業規則には、「業務上の必要性に基づき、海外事業所からの復帰を命じることがある」旨の規定があり、F 社海外勤務規程には、「海外勤務者の人事・労働条件は、労働時間管理を除いて会社の就業規則による」との規定がある。

設問 1　F 社の措置に問題はないか。また、企業は、本件のような問題の発生を防ぐために、どのように対応すべきか。

設問 2　J のリベート供与問題が事実であることが判明したため、F 社は J に対して復帰を命じたが、J が応じないため、2019 年 3 月 31 日付で、J を G 社出向（タイ国在住）のまま懲戒解雇したとする。J が解雇無効を主張して F 社に対して地位確認を求める訴えを提起した場合、日本の労契法 15 条、16 条および労基法 20 条は適用されるか。なお、J・F 社間の労働契約中、準拠法に関する合意は存在しない。

308

10 グローバル人事——国際労働関係法②

CASE 4　**海外勤務社員の兼職**

　M（日本人）は、H社（日本に本店を有する自動車メーカー）との間で労働
契約を締結し、研究技術職として就労していたが、2017年、H社がドイツのフ
ランクフルトに設立した子会社Y社に5年の期間を定めて出向し、フランクフ
ルトに住所地を移した。H社は、就業規則において「会社の許可を受けずに他
に雇用され、または事業を行ってはならない」と定め、その違反を懲戒事由と
して規定している。また、H社の海外勤務規程には、「海外勤務者の人事・労働
条件は、労働時間管理を除いて会社の就業規則による」との規定がある。

　Mは、Y社出向中の2019年9月、同社と競業関係にあるドイツ国内のV社の
子会社であるU社（部品メーカー）においてパートタイマー（短時間就労者）
として勤務を開始した。この情報を掴んだH社は、H社・Y社の企業秘密の漏洩
を恐れて、Mに対し、Y社と連名で兼職を取り止めるよう通告したが、Mは、職
業選択の自由を主張して応じようとせず、逆に、H社・Y社に対し、兼職の許可
を求める訴えをドイツのヘッセン州労働裁判所に提起した。

設問　Mの訴えは、いずれの国の法によって判断されるか。

解説

1　労働契約の準拠法

(1)　問題の所在

　社会経済のグローバリゼーションに伴い、労働契約が国際的に展開される
ケースが増えている。これにも、①労働契約が日本国内で展開される場合と、
②労働契約が日本国外で展開される場合がある。また、①も、①ⓐ日本人が外
国企業に雇用されて日本国内で就労する場合、①ⓑ外国人が日本企業に雇用さ
れる場合、①ⓒ外国人が外国法人に雇用されて日本国内で就労する場合など多
様であるし、②も、②ⓐ日本企業に雇用された日本人が外国に派遣されて就労
する場合、②ⓑ日本人が外国で外国企業に雇用される場合、②ⓒ外国人が日本
企業に雇用されて外国で就労する場合に分かれる。**9**では①ⓑを取り上げたが、
本項では、②ⓐ（海外勤務）を取り上げる。労働契約の準拠法については、**9**
で解説したので省略し、海外勤務に固有の課題について解説する[1]。

309

第 2 部　実務編

(2)　海外勤務労働者

9 で解説したとおり、通則法 7 条は、準拠法の決定について当事者自治の原則（準拠法選択の自由）を宣言した上、明示の準拠法選択がない場合につき、法律行為（契約）の成立・効力は当該法律行為に最も密接な関係がある地の法によるとのルール（最密接関係地法ルール＝ 8 条 1 項）を規定する。そして、労働契約の特例として同法 12 条 3 項を設け、労働契約において労務を提供すべき地の法（労務提供地法）を最密接関係地法と推定し、労務提供地法を特定できない場合は、雇入事業所所在地法（労働者を雇い入れた事業所の所在地の法）を最密接関係地法として推定すると規定している。したがって、労働者が海外で労務を提供する場合（長期の海外駐在・海外出向）も、まずは当事者の法選択によって準拠法が決定され（通則 7 条）、法選択がない場合は、労務提供地法を最密接関係地法と推定する規律（同 12 条 2 項・3 項）によって外国法が準拠法とされる。

　もっとも、この解釈を貫くと、海外勤務労働者が日本の労働法の保護を享受できない事態が生じうる。たとえば、海外駐在先でうつ病に罹患した労働者が日本に帰国後、使用者の労災民事責任を追及しようとする場合、労務提供地法である外国法が最密接関係地法と推定されれば、労働者は、日本の安全配慮義務規定である労契法 5 条の適用を主張できない結果が生じうる。

　しかし、この場合も、労務提供地法を最密接関係地法とする規律は推定を意味するため、労働者は、①黙示の意思による法選択（通則 7 条）を主張し、また、②労務提供地法以外の法を最密接関係地法と主張することで労務提供地法の推定を覆し、日本法を最密接関係地法（準拠法）として主張できるものと解される（**9解説 1**(3)参照）。

　まず、①黙示の意思による法選択については、当事者による法選択は、明示の意思のみならず、当事者が現実に有している黙示の意思による法選択も認められるところ、労働者が一定期間海外で勤務した後に日本への復帰を予定している場合は、本来の労務提供地法である日本法を選択したとの黙示の意思を認めるべきであろう。この場合、海外勤務期間中に限って準拠法が日本法から外

---

1)　本項については、土田・労働契約法 839 頁以下、土田道夫「海外勤務労働者と国際労働関係法の課題」村中孝史ほか編『労働者像の多様化と労働法・社会保障法』（有斐閣、2015）262 頁以下参照。

国法に変更されると解するよりも、当該期間を含めて日本法が選択されていると解する方が当事者意思に合致するからである。これに対し、労働者が長期にわたってもっぱら海外で勤務し、客観的に見て本来の労務提供地である日本への復帰が予定されていない場合は、労務提供地の変更を認め、新たな労務提供地法（外国法）を最密接関係地法と推定することが可能である[2]。

また、②上記のような黙示の法選択が認定されない場合も、労働者は、労務提供地法以外の法が労働契約の展開により密接な関係を有する地の法（最密接関係地法（通則8条1項）であることを立証して労務提供地法の推定を覆し、日本法を準拠法として主張できるものと解される。そこでたとえば、会社の海外勤務規程上、「海外勤務者の人事・労働条件は、労働時間管理を除いて会社の就業規則による」と規定され、雇用・労働条件管理が日本で行われている場合は、日本法を最密接関係地法と解し、日本法の適用を肯定すべきである。こうしたケースでは、海外勤務労働者の労働契約に密接に関係するのは労務提供地法（外国法）ではなく日本法と解されるからである[3]。

---

2) この点、最近の裁判例（BGC キャピタルマーケッツジャパン LLC ほか事件・東京地判平成 28・9・26 LEX/DB 25543877）は、英国法人に雇用され、関連米国法人の日本支店に出向した従業員が雇止めされたケースにつき、従業員が長期（3 年 2 か月）にわたってもっぱら海外（日本の出向先）で勤務し、客観的に見て本来勤務地（英国）への復帰が予定されていない場合は、労務提供地が変更されたものと解し、新たな労務提供地法である日本法を最密接関係地法と推定している。本件では、使用者である英国法人は、従業員の日本勤務は出張や出向等の一時的滞在であり、英国に戻ることが予定されていたから、労務提供地法は依然として英国法であると主張したが、判決は、通則法 12 条 2 項所定の労務提供地については、現実の労務の提供がどこでされたかを基礎に判断すべきであり、労働契約継続途中に労務提供地が変更された場合は、新たな労務提供地法を最密接関係地法と推定することが可能であるところ、本件では、従業員が約 3 年 2 か月の間継続的にもっぱら日本で勤務しており、また、英国法人が従業員を英国に戻すことを予定して日本で勤務させていたとの事実も認められないことから、労務提供地が変更された場合に当たると判断した（**9 解答**（**CASE 1 設問 3**）参照）。
　もっとも、本件は、上記従業員が通則法 12 条 1 項に基づき、特定の強行規定（労契 16 条、19 条）の適用を求めて意思表示を行った事案であり（**解説 2** 参照）、これら強行規定の適用に係る判断の前提として最密接関係地法（通則 12 条 2 項）を日本法と判断したことと、海外から日本への出向者の事案という点で、日本からの海外勤務労働者とは逆方向の事案に関する判断であることに留意されたい。なお、通則法 9 条は、「当事者は、法律行為の成立及び効力について適用すべき法を変更することができる」と規定し、当事者間合意による準拠法の変更を認めているが、上記裁判例が説く労務提供地法の変更との関係は明確でなく、今後の課題として残されている。
3) 以上、土田・労働契約法 843 頁、850 頁参照。

第2部　実務編

(3)　海外勤務地法が企業に不利なケース

　他方、海外勤務労働者が労務を提供する地の法が労働者により有利な法である場合は、使用者が不測の不利益を被る事態が生じうる。たとえば、日本企業からドイツの子会社に出向して勤務する日本人労働者が退職後、ドイツの企業で競業行為を行う場合、使用者が日本法の観点からは許容される競業避止特約を締結していても、競業避止義務に関するドイツ法の規律がより厳格であり、労働者により有利であることから、労務提供地法であるドイツ法が最密接関係地法と推定されれば同法が適用され、使用者は、日本の競業避止義務法理に基づく責任追及をなしえない結果が生じる。

　しかし、ここでも、上記労災事例と同様、雇用・労働条件管理が日本本社で行われている場合は、使用者は、労務提供地法以外の法（日本法）が最密接関係地法（通則8条）であることを立証して労務提供地法の推定を覆し、日本法（競業避止義務に関する判例法理）の適用を肯定することが可能と解される。

2　通則法上の強行規定

　🈴で解説したとおり、通則法12条1項は、当事者が最密接関係地法以外の法を準拠法として選択した場合も、労働者の一方的意思表示によって最密接関係地法中の強行規定の適用を認める特例を規定し、同条2項は、最密接関係地法として、労務提供地法（労務提供地法を特定できない場合は雇入事業所所在地法）を推定すると規定する。特定の強行規定としては、労契法の強行規定、労働契約承継法・雇用機会均等法の強行規定、強行法的判例法理が挙げられる。

　ところが、海外勤務労働者については、労契法等の特定の強行規定の主張を肯定することが困難なケースが生じうる。たとえば、前出の労災事例（1(2)）において、当事者が労働災害の民事責任について明示的に外国法を選択した場合は、労務提供地法である外国法が最密接関係地法と推定されることから、労働者は、日本法の特定の強行規定である労契法5条の適用を主張することは困難となりうる。

　しかし、この場合も、労契法5条の主張は可能と解される。すなわち、労務提供地法を最密接関係地法とする規律（通則12条2項）は推定規定であるから（🈴 **解説**1(3)）、労働者側で、労務提供地法以外の法（日本法）が最密接関係地法（通則8条1項）であることを立証して上記推定を覆せば、最密接関係地法

312

である日本法の強行規定の適用を主張することができる。

3　労働法の域外適用

　準拠法は、もっぱら当事者間の合意や労契法等の私法規範を対象とする規律であり、労基法等の労働保護法を含むか否かは明らかでない。そこで、これら法規が海外勤務労働者の労働契約にどのように適用されるかが問題となる。これが「労働法の域外適用」の問題である。以下、労基法を中心に解説する。

　この点、労基法は、刑罰法規として刑法の属地主義（1条、8条）を適用され、「事業」を適用単位とするため、その適用対象となる（同法違反が処罰対象となる）のは国内の事業に限られる。また、労基法の私法上の効果（13条）に関しても、同法が労働条件の最低基準を定めて労働者を保護するという日本の労働政策を具体化した基本法であることから、やはり日本国内の「事業」を適用範囲とするものと解される。以上から、海外における労基法の適用は原則として否定される。ただし、労働者が国内の「事業」に所属しつつ、一時的に海外で就労する場合は、海外における独立の「事業」とはいえないため、労基法が適用され、その限りで域外適用が認められる。労働安全衛生法・最低賃金法・労災保険法等の労働保護法についても同様に解される。

　問題は、いかなる場合に労働者が国内の「事業」に所属しているといえるかであるが、この点は、事業所の所在地ではなく、労働者が国内の使用者の指揮命令や人事管理の下で就労しているか（海外出張型）、それとも海外事業所の指揮・管理下で就労しているか（海外派遣型）によって判断すべきであろう。具体的には、短期の商談等の就労が「海外出張型」に当たり、長期の海外駐在や海外子会社への出向が「海外派遣型」に当たるものと解される[4]。

4）「海外出張型」勤務と「海外派遣型」勤務の区別は、労災保険法上の海外派遣者特別加入制度（33条6号・7号、36条）を参考としたものである。すなわち、特別加入制度においては、海外出張型勤務（国内の使用者の指揮命令に従って就労する場合）と、海外派遣型勤務（国外の使用者の指揮命令に従って就労する場合）に区分した上、後者を特別加入制度の対象としつつ、前者については、国内の「事業」に属するものとして労災保険法の直接の対象としている。近年の裁判例では、中国現地法人の総経理の職にあった日本人労働者の死亡事故につき、上記の区分基準を用いた上、海外出張者と判断して労災保険法を適用した例がある（中央労働基準監督署長事件・東京高判平成28・4・27労判1146号46頁）。

第 2 部　実務編

　この結果、海外出張型については、国内の「事業」の延長として労基法の域
外適用を肯定することが可能である。また、海外派遣型については、海外に独
立の「事業」があることから労基法の適用を原則として否定しつつ、人事異動
や解雇等の一定の措置について国内の使用者が権限を留保している場合は、そ
の限りで国内の「事業」における使用を認めて労基法の域外適用を肯定するこ
とが可能である[5]。たとえば、海外勤務労働者の解雇に関する労基法 20 条の
適用や、賃金が国内で支払われる場合の同法 24 条の適用が挙げられる。

4　労働契約の国際裁判管轄

　9で解説したとおり、労働契約の国際裁判管轄については、2011 年の民訴
法・民事保全法の改正により、労働契約に関する国際裁判管轄規定が設けられ
た。改正民訴法は、国際裁判管轄について日本の裁判所の管轄を原則とし（3
条の 4 第 2 項・3 項）、従来は外国裁判所の管轄指定を安易に肯定する結果をも
たらしてきた専属的管轄合意の効力を制限する（3 条の 7 第 6 項 1 号・2 号）な
ど、労働者保護の立法政策を採用している。海外勤務労働者の労働契約紛争を
めぐる裁判管轄についても、上記民訴法の規律が適用される。詳細は、後述す
る（**解答 CASE 2 設問 1**）。

5　海外勤務の法的根拠

(1)　概　説

　労働者の海外派遣に関しては、抵触法上の問題とは別に、海外勤務の法的根
拠を何に求めるかという実質法上の論点がある。この点については、上述した
海外派遣型と海外出張型に分けて考えるべきであろう。

　まず、海外派遣型の場合は、原則として本人の同意を要すると解すべきであ
る。海外派遣型も、海外事業所への派遣（海外転勤・駐在）と、海外の子会社
への出向（海外出向）に分かれるが（法的には、前者は配転に当たり、後者は出向
に当たる）、ともに労働条件や生活環境の激変を伴い、法的側面でも、準拠法

---

5)　山川隆一『国際労働関係の法理』（信山社、1999）188 頁。

や裁判管轄の変更をもたらしうるため、労働者本人の意思を尊重する必要性が高いからである。したがって、労働協約・就業規則上、国内人事異動（配転・出向）に関する規定や「海外勤務を命ずることがある」旨の規定があるにとどまる場合は、海外勤務の義務は発生しないものと解される。

これに対し、海外勤務規程（労働協約・就業規則）において、海外派遣中の労働条件（賃金・海外赴任手当、労働時間・休日・休暇、職務内容等）、海外勤務期間、海外転勤に伴う配慮措置（語学研修の機会の付与、健康管理措置、危機管理・安全管理対策、家族帯同の場合の配慮措置（現地の保育施設・学校の紹介等）、単身赴任の場合の配慮措置（定期帰省の配慮、家族訪問の配慮等））、復帰条件等が労働者の利益に配慮して整備されている場合は、労働者の個別的同意がなくても海外勤務を命じうると考えられる。海外勤務規程が就業規則として整備された場合は契約内容補充効が発生し（労契7条）、労働協約として整備された場合は規範的効力が発生するからである（労組16条）。ただし、この場合も、労働者の人選が合理性・相当性を欠く場合や、上記の配慮措置が実際には不十分な場合は、権利濫用が成立しうる（労契3条5項、14条）。

なお、以上のような海外勤務規程を就業規則において新たに設ける場合は、就業規則による労働条件の不利益変更の問題（労契10条）が発生する。この場合、変更の合理性を確保するためには、十分な経済的補償（海外赴任手当等）に加えて、上述した労働条件や危機管理措置の整備が「変更後の就業規則の内容の相当性」（同条）として必須となるものと解される。

以上に対し、海外出張型の場合は、海外派遣型のような問題がないため、原則として一方的な出張命令が可能と解される（ただしここでも、海外出張の性格に鑑み、就業規則上、海外出張の根拠規程を設けておくことが望ましい）。

(2) ハイリスク地域における海外勤務の法的根拠

もっとも、「海外派遣型」「海外出張型」を問わず、特に危険な地域（ハイリスク地域）における海外勤務については、労働者本人の同意を要するものと解される。ここでは、労働者の生命・身体に特別の危険を及ぼす勤務と労働義務の関係をめぐる議論が参考となろう。この点、判例は、日韓関係が緊迫していた状況の下で、電電公社職員がだ捕される危険のある朝鮮海峡でのケーブル修理作業を拒否した事案につき、この種の危険は、労使双方が万全の配慮をしても避け難い軍事上のものであり、本来予想される危険の類ではなく、職員の意

第2部　実務編

思に反して義務を強制すべきではないとして労働義務を否定している[6]。ハイリスク地域における勤務についても、この法理が妥当するものと解される。

解答

CASE 1 設問 1

結論：Ｘ社が2019年4月1日付でＢ・Ｃに対して行った海外転勤命令は、Ｂ・Ｃを拘束しない可能性がある。

1　海外勤務規程改訂の拘束力

設問 1では、①Ｘ社が行った海外勤務規程（就業規則）の改訂の拘束力および②Ｘ社がＢ・Ｃに対して行った海外勤務命令の有効性が論点となる。

まず、①については、Ｘ社は、就業規則を改訂して「業務上の必要性に基づき、現時点で存在し、また将来において設立される海外事業所への転勤を命じることがある」との海外勤務規程を新設しているので、これが就業規則による労働条件の不利益変更として従業員を拘束するか否かが問題となる[7]。この点、本件海外勤務命令は、**解説 5**で述べた海外派遣型に当たるところ、海外派遣型については原則として本人同意を要するが、海外勤務規程の内容に合理性が認められれば海外転勤命令の根拠となるものと解される。

就業規則による労働条件の不利益変更については、労契法10条が労働条件変更の合理性と労働者への周知を要件と定めているところ、本件では、Ｘ社は海外勤務規程を全社員に周知させているので、周知の要件は満たしている。問題は、変更の合理性であるが、同条によれば、ⓐ労働者の受ける不利益の有無・程度、ⓑ労働条件変更の必要性、ⓒ変更後の就業規則の内容の相当性、ⓓ

---

6)　電電公社千代田丸事件・最二判昭和43・12・24民集22巻13号3050頁。土田・労働契約法854頁参照。

7)　なお、Ｘ社による海外勤務規定の新設については、海外転勤に伴い賃金・給与に変化がなく、またはかえって海外赴任手当によって増加するケースでは、そもそも労働条件の「不利益変更」に当たらないとの見解も考えられる。しかし、海外転勤が賃金以外の多様な労働条件や労働環境に悪影響を及ぼす（またはその可能性がある）以上、やはり不利益変更に該当するものと考えるべきであろう。労契法10条所定の「労働条件〔の〕変更」は、労働条件を現実に変更する場合だけでなく、不利益変更の可能性がある場合も含むからである（土田・労働契約法569頁、荒木＝菅野＝山川134頁参照）。

316

労働組合等との交渉の状況、ⓔその他就業規則の変更に係る事情の5点を総合して判断される。

CASE 1の場合、変更の必要性（ⓑ）については、経済社会のグローバル化が進展する中、X社が海外事業展開を活発化させるために海外勤務規程を新設する必要性は認められるものと解される。他方、労働者の受ける不利益の有無・程度（ⓐ）については、海外転勤は労働条件・労働環境の不利益変更（またはその可能性）を伴うことが通常であるため、相当に大きいものと解される（**解説5**(1)参照）。そこで、変更後の就業規則の内容の相当性（ⓒ）がポイントとなる。この点については、**解説**で述べたとおり、十分な経済的補償（海外赴任手当等）に加えて、労働条件・処遇上の配慮措置の整備が必須となるものと解される。その内容としては、労働条件の整備（賃金・海外赴任手当、労働時間・休日・休暇、職務内容等）、海外勤務期間、健康管理措置、家族帯同・単身赴任の場合の各配慮措置とともに、テロや人質事件が頻発する今日の世界にあっては、危機管理体制の整備が必須となろう。この点、**CASE 1**では、X社の海外勤務規程においては、海外勤務中の労働条件や健康管理措置・危機管理対策が詳細に規定されているとあるが、その内容が上述した内容を備えていれば、変更後の就業規則の内容の相当性（ⓒ）を肯定され、就業規則の拘束力（契約内容変更効（労契10条））が肯定されるものと解される。なお、X社は労働組合との協議を経て就業規則を改訂したとあるので、労働組合等との交渉の状況（ⓓ）についても問題ないものと考えられる。

2　本件海外勤務命令の有効性

では、②X社が海外勤務規程に基づいてB・Cに対して行ったトルコ・イスタンブールのZ事業所への転勤命令は両名を拘束するか。この点については、まず、B・Cの労働契約における勤務地限定の合意の有無が問題となる。仮に勤務地限定の合意があれば、労契法10条ただし書所定の特約優先規定によって勤務地限定の合意が優先され、B・Cについては、海外勤務規程の拘束力は生じないと解されるからである[8]。しかし、**CASE 1**では、勤務地限定の合意

---

8)　土田・労働契約法574頁参照。労契法10条ただし書は、労働者・使用者が就業規則による変更を予定しない労働条件を合意していた場合は、その特約が優先すること（同条本文の契約内容変更効が発生しないこと）を規定しているところ、労働契約上の勤務地限定合意は、そうした特約に該当するものと解される。

317

第 2 部　実務編

はないとされているので、海外勤務規程の拘束力そのものは及ぶものと解される。

　そこで次に、トルコ・イスタンブールの Z 事業所における勤務がハイリスク地域における勤務（労働者の生命・身体に特別の危険を及ぼす勤務）に当たるか否かが問題となる。仮にハイリスク地域勤務と評価されれば、本人の意思に反して労働義務を強制すべきものではないとの判例法理（前掲注 6）電電公社千代田丸事件）によって本人同意が要件となり、海外勤務規程に基づく転勤命令は無効と解されるからである（**解説 5**(2)参照）。

　この点については、「特別の危険」の有無・程度を個々の地域の状況によって判断するほかない。一つの目安となるのは外務省海外安全ホームページ[9]であるが、2019 年時点では、イスタンブールはシリア国境地域と異なり、4 段階ある危険レベルのうち、最も危険度の低いレベル 1 に指定されている。この点を重視すれば、Z 事業所における勤務をハイリスク地域における勤務とまで断定することは困難であり、X 社は、B・C に対し、海外勤務規程に基づいて Z 事業所への転勤を発令できるものと解される。とはいえ、リスク地域の危険レベルは日々刻々と変化するのであり、イスタンブールも深刻な危険レベル地域であることは事実であるから、**CASE 1** においても、権利濫用の規制（労契 3 条 5 項）が及ぶことに留意する必要がある。すなわち、使用者がこの種の海外勤務について必要な危機管理措置を講じなかった場合は、転勤命令権の濫用と評価され、労働者は当該転勤命令を拒否することができる（労契 3 条 5 項）。本問でも、X 社がこうした措置を講じているか否かがポイントとなる。

　これに対し、外務省海外安全ホームページにおいて、イスタンブールが渡航中止レベルに指定されたような状況では、Z 事業所における勤務はハイリスク地域勤務と評価され、判例法理によって本人同意が要件と解される可能性がある。この場合、X 社は、B・C が主張する本人同意要件に対抗することは困難であり、海外勤務規程に基づく Z 事業所への赴任を発令することはできず、B・C は海外転勤命令を拒否することができる。

　以上をまとめれば、**CASE 1** のようなハイリスク地域（またはそれに準ずる地域）における事業所の拡充は、回避できれば回避する方がよいが、回避できない場合は、①労働条件・各種配慮措置・危機管理体制を整備し、②当該制度に

　9）　www.anzen.mofa.go.jp/info/pcinfectionspothazardinfo_052.html

318

ついて十分説明して社員の同意を得た上、③赴任前研修を行うことが必須となろう。②社員の同意については、法的リスク管理の観点からは、あくまで同意を拒む社員については転勤を強制しない選択肢も考えられる。

CASE 1 設問 2

設問 2 では、**設問 1** のようなハイリスク勤務の問題は生じないため、個々の海外転勤命令について問題は生じない。ただし、DがX社の嫌悪する戦闘的な少数組合員であることを理由に設問のような長期海外転勤を行った場合は不当労働行為（労組 7 条 1 号）の問題が生ずるし、同じく嫌悪する政党所属員等であることを理由に行ったような場合は、均等待遇原則（労基 3 条）違反の問題が生じうる。そして、こうした転勤命令は、不当な動機・目的に基づく転勤命令と評価され、権利濫用（労契 3 条 5 項）を成立させることがある[10]。

また、転勤命令は、労働者に通常甘受すべき程度を著しく超える不利益を与える場合は、やはり権利の濫用と評価される[11]ところ、Dに家族がいる場合において、家族帯同の機会を与えないまま 15 年にわたって海外転勤を繰り返し、帰国のチャンスを与えないようなケースでは、人選の相当性を欠くとともに、Dに通常甘受すべき程度を著しく超える家庭生活上の不利益を与えるものと評価され、やはり転勤命令権の濫用が成立しうる（**解説 5**(1)参照）。企業としては、Dが有能な社員であったとしても、上記のような権利濫用の誹りを受けないためにも、過度に長期にわたる連続的転勤は避けるべきであろう。

CASE 2 設問 1

結論：東京地方裁判所の裁判管轄は認められる（**9 解説 3** 参照）。

設問 1 は、個別労働関係民事紛争について労働者が訴えを提起する場合に当たる。この点、KがF社に対して提起した損害賠償請求訴訟は、F社の安全配慮義務違反を争う紛争であるから、個別労働関係民事紛争（民訴 3 条の 4 第 2 項）に該当することは明らかである。そして、民訴法 3 条の 4 第 2 項によれ

---

10)　土田・労働契約法 423 頁参照。
11)　東亜ペイント事件・最二判昭和 61・7・14 労判 477 号 6 頁。土田・労働契約法 424 頁以下参照。

319

第2部　実務編

ば、労働者が原告となる場合、労務提供地または事業所所在地が日本にあれば、日本の裁判所が管轄権を有するところ、Kが日本に帰国後、F社に在職しながら日本の裁判所に損害賠償請求訴訟を提起した場合は、現実の労務提供地である東京地方裁判所に裁判管轄が認められる。これに対し、**CASE 2** では、Kは日本に帰国後、F社を退職した後に訴えを提起しているが、この場合も、契約が終了している場合は終了時の労務提供地の裁判所に管轄権が肯定される[12]ことから、やはり日本の裁判所の管轄権が肯定されるものと解される[13]。

これに対し、G社に対する損害賠償請求訴訟については、G社はタイ国に所在し、労務提供地・事業所所在地ともに日本（東京）ではないことから、東京地方裁判所の裁判管轄が認められない可能性がある。ただし、**CASE 2** では、KはF社・G社に対して損害賠償請求訴訟を提起しているので、民訴法3条の6の併合管轄規定によって東京地方裁判所の管轄を認める余地がある。すなわち、同条によれば、一の訴えにおける数個の請求のうち、日本の裁判所が一の請求について管轄権を有する一方、他の請求について有しない場合は、各請求間に密接な関連がある場合に裁判管轄を肯定されるところ、F社に対する損害賠償請求・G社に対する損害賠償請求の間には密接な関連性が認められるため、後者の訴えについても東京地方裁判所の管轄権が認められる余地がある。

CASE 2 設問 2

結論：Kの請求は認められる。

1　安全配慮義務に関する準拠法

設問 2 では、まず、F社・G社の安全配慮義務違反に関する準拠法の決定が論点となる。**CASE 2** の場合、準拠法に関する明示の合意が存在しないことから、通則法8条によって最密接関係地法が準拠法となる。そして、同法12条3項によって、K・F社間の労働契約における労務提供地法であるタイ国法が最密接関係地法と推定されれば、同国法が適用され、Kは、日本の安全配慮義務規定である労契法5条の適用を主張できない結果が生じうる（Kは日本に帰国後、F社を退職しているため、労務提供地法が日本法であるとはいえない）。

---

12)　国際裁判管轄研究会「国際裁判管轄研究会報告書(6)」NBL 887 号 (2008) 118 頁参照。

13)　土田・前掲注 1) 281 頁以下参照。

320

しかし、この場合も、労務提供地法を最密接関係地法とする規律は推定を意味するため、Kは、①黙示の意思による法選択を主張し、また、②労務提供地法以外の法を最密接関係地法と主張することで労務提供地法の推定を覆し、日本法を最密接関係地法として主張できるものと解される（**解説1(2)**）。

まず、①黙示の意思による法選択については、労働者が一定期間海外で勤務した後に日本への復帰を予定している場合は、本来の労務提供地法である日本法を選択したとの黙示の意思を認めうるところ、Kは2016年3月、F社に雇用されつつ5年の期間を定めてG社に出向しているので、一定期間の海外勤務後に日本復帰を予定している場合に該当し、上記黙示の意思を認定することができる。また②については、労働者は、労務提供地法以外の法が労働契約の展開により密接な関係を有する地の法（最密接関係地法（通則8条））であれば、その点を立証して労務提供地法の推定を覆し、日本法を準拠法として主張できるところ、F社の海外勤務規程には、「海外勤務者の人事・労働条件は、労働時間管理を除いて会社の就業規則による」との規定があり、雇用・労働条件管理が日本で行われていると解されることから、Kは、日本法を最密接関係地法として主張し、日本の労働法（労契5条）の適用を主張することができる。

では、**CASE 2**において、K・F社が労働災害の民事責任について明示的にタイ国法を選択した場合はどうか。しかし、この場合は、当事者が最密接関係地法以外の法を準拠法選択した場合に該当することから、労働者は、最密接関係地法である日本法の「特定の強行規定」の適用を主張することができる（通則12条1項・2項）。上記のケースについても、Kは、日本の労働法（労契5条）の適用を主張できるものと解される。

2 不法行為に関する準拠法

次に、KはF社・G社に対し、不法行為に基づく損害賠償を請求している。この点については、通則法17条が不法行為の準拠法を加害行為の結果発生地法と定めていることから、タイ国法が準拠法となる。しかし、この場合も、Kは、通則法20条に基づき、日本の不法行為法（民709条）の適用を主張できるものと解される。すなわち、通則法20条は、同法17条の原則規定の例外として、当事者間の契約に基づく義務に違反して不法行為が行われたことに照らして、17条により適用すべき法の属する地よりも明らかに密接な関係がある他の地の法があるときは、当該地の法による旨を規定している（契約準拠法へ

第 2 部　実務編

の附従的連結）。

　この点、契約準拠法への附従的連結は、実質法上、当事者間の契約に基づく義務に違反して行われた行為が債務不履行と同時に、不法行為の成立要件も満たし、請求権競合が生ずるような場合に認められる[14]ところ、**CASE 2** における使用者（F 社）の安全配慮義務違反は、まさに請求権競合が生ずる場合に当たると解される。近年の裁判例は、安全配慮義務違反について、債務不履行と同時に不法行為が成立すると判断しているからである[15]。

　したがって、K は、F 社の不法行為（過重労働に起因するうつ病の発症）が労働契約に基づく安全配慮義務（労契 5 条）に違反して行われたことと、日本法が準拠法（通則 7 条）または最密接関係地法（同 12 条 3 項）であること（上述）を立証すれば、日本の不法行為法の適用を主張できるものと解される。

3　F 社・G 社の安全配慮義務違反

　次に、抵触法の問題を離れて、F 社・G 社の安全配慮義務違反の有無について検討しよう。この点、**CASE 2** は海外出向の事例であるので、出向における安全配慮義務の法理が参考となる。まず、出向先については、安全配慮義務は、使用者が「労働契約に伴い」負う義務である（労契 5 条）ため、出向先は当然にこの義務を負うものと解される。すなわち、出向においては、労働者・出向先は部分的とはいえ労働契約関係に入る（二重の労働契約説。**9 解答 CASE 1 設問 6** 参照）ことから、出向先は、この契約関係に伴う義務として安全配慮義務を負うことになる。また、安全配慮義務はもともと「ある法律関係に基づいて特別な社会的接触の関係に入った当事者間において」認められた義務であり、労働契約と同視できる関係（労務の管理支配性＝指揮命令関係）が存在すれば、直接の労働契約関係にない当事者間でも認められる[16]ところ、出向においては、労務指揮権が出向先に移転するため、出向先は、この指揮命令関係に付随して安全配慮義務を負うと解することもできる。裁判例も、出向先が「使用

---

14)　小出邦夫編著『逐条解説　法の適用に関する通則法〔増補版〕』（商事法務、2014）235 頁。契約準拠法への附従的連結については、櫻田嘉章＝道垣内正人編『注釈国際私法第 1 巻』（有斐閣、2011）507 頁〔西谷祐子〕も参照。

15)　大庄ほか事件・大阪高判平成 23・5・25 労判 1033 号 24 頁、大裕事件・大阪地判平成 26・4・11 ジャーナル 29 号 2 頁。土田・前掲注 1）270 頁以下参照。

16)　陸上自衛隊八戸車輌整備工場事件・最三判昭和 50・2・25 民集 29 巻 2 号 143 頁。

者」として安全配慮義務を負い、労働者の状況に応じて業務軽減措置等の適切な措置を講ずる義務を負うことは異論なく肯定している[17]。

　一方、出向元については、労働者との間で労働契約関係にあり、基本的労務指揮権を有していることから、それに付随する範囲で一定の安全配慮義務を負うものと解される。裁判例も同様に解しており、「出向元は、出向先及び出向労働者との間の合意により定められた権限と責任、労務提供、指揮監督関係等の具体的実態に応じた内容の、安全配慮義務を負う」と判断した上、出向元は人事考課や労働者の申告に基づき、長時間労働や過重負担の問題を認識し、または認識しえた場合に適切な措置を講ずる義務を負うと判断した例がある[18]。要するに、出向においては、出向労働者に対する安全配慮義務を一次的に負うのは出向先であるが、出向元も一定の範囲で配慮義務を負うことになる。

　使用者の安全配慮義務違反を理由とする損害賠償責任を肯定するためには、義務の存在および義務違反の事実のほか、業務内容とうつ病との因果関係および使用者による傷病の予見可能性が要件となる。**CASE 2** の場合も、G 社（出向先）については、G 社における過重労働が事実であること、それにもかかわらず、G 社が何ら業務軽減等の適切な措置を講じていないこと、K の過重労働とうつ病発症との間に相当因果関係が存在すること、K のうつ病発症罹患が G 社にとって予見可能であったこと等の事情が立証されれば、G 社は安全配慮義務違反の責任を免れず、損害賠償責任（民 415 条）を負う。一方、F 社（出向元）は、直ちに安全配慮義務を負うわけではないが、G 社からの情報や本人の申告等によって K の長時間労働等の事実を認識できた場合は、K のうつ病罹患を防止するため、人員配置の見直し、労働時間の短縮、職務の軽減等の適切な措置を講ずべき義務があり、それを怠った場合は損害賠償責任を免れない。

CASE 2 設問 3

結論：**設問 2** の結論は変わる可能性がある。

　前記のとおり（**解説 1** (2)）、労働者が一定期間海外で勤務した後に日本への

---

17)　JFE スチール（JFE システムズ）事件・東京地判平成 20・12・8 労判 981 号 76 頁。

18)　前掲注 17)JFE スチール（JFE システムズ）事件。結論としては、出向元の認識可能性を否定して安全配慮義務違反を否定。ほぼ同旨、四国化工機ほか 1 社事件・高松高判平成 27・10・30 労判 1133 号 47 頁。土田・労働契約法 446 頁参照。

第2部　実務編

復帰を予定している場合は、本来の労務提供地法である日本法を選択したとの黙示の意思を認めうるが、一方、労働者が長期にわたってもっぱら海外で勤務し、客観的に見て本来の労務提供地である日本への復帰が予定されていない場合は、労務提供地の変更を認め、新たな労務提供地法（外国法）を最密接関係地法と推定することが可能である[19]。

　この点、**設問3**では、F社は期間を定めることなくKをタイ国のG社に出向させ、F社への復帰を予定していないことから、労務提供地法が変更されたものと解し、新たな労務提供地法であるタイ国法を最密接関係地法と推定することが当事者意思に合致するものと解される。この結果、Kは日本の労働法（労契5条、民709条）の適用を主張することができず、Kの損害賠償請求は認められない可能性がある。

CASE 2 設問 4

　CASE 2 の場合、F社はG社から2018年4月に、Kの深刻なメンタルヘルス不全情報を得ていたのであるから、使用者（出向元）として実効的な措置（メンタルヘルス・マネジメント）を講ずる必要があったと解される。F社は、Kに現地の医療機関の診療を受けることを勧めたものの、Kが拒否したため様子を見ることとしたとあるが、これでは手遅れであり、現にKは日本の医療機関を受診してうつ病と診断され、F社・G社に対して損害賠償訴訟を提起している。こうした事態を防ぐためには、F社は、産業医の意見を聴取しつつ、G社と連携して、Kに対して現地または日本の医療機関の受診を説得するとともに、Kの心身の状況によっては、人員配置の見直し、労働時間の短縮、職務の軽減、休職等の適切な措置を講ずる必要がある。もっとも、こうした措置は、仕事の取り上げやキャリアの中断という不利益をもたらしうるため、Kの意思を尊重して行う必要があるが、本人同意を待って措置したのでは健康状況の増悪が避けられないほど重篤な場合は、ストレスチェック（労安衛66条の10）や専門医の診断等を参考に、業務命令による一方的措置を行うべきであろう[20]。

　近年には、海外勤務に起因する脳・心臓疾患死やメンタルヘルス不全に起因する自殺について、労災認定（労災保7条1項1号）が行われる例が増加して

---

19)　前掲注2)BGC キャピタルマーケッツジャパン LLC ほか事件。
20)　この点については、土田・労働契約法529頁以下参照。

324

いる[21]。しかし、労災認定や民事損害賠償はあくまで事後的な紛争処理にとどまるのであり、それよりも重要なことは、実効的なメンタルヘルス・マネジメントによって社員の傷病・死亡という不幸な事態の発生を防止することである。また、抜本的な原因として恒常的な長時間労働の実態が存在するのであれば、現地子会社等と連携して実効的な労働時間短縮措置を講ずる必要がある。

CASE 2 設問 5
結論：認められない可能性が高い。

設問 5では、労基法の域外適用の有無が論点となる。**解説 3**で前述した域外適用ルールによれば、海外派遣型（長期の海外駐在、海外子会社への出向）の場合は、労基法の適用は原則として否定され、人事異動や解雇等の措置について国内の使用者が権限を留保している場合に限って同法が域外適用される。この点、**CASE 3**は海外派遣型であり、また、F社の海外勤務規程上、労働時間管理は同社の就業規則によらないものとされていることから、時間外労働と割増賃金は、出向元であるF社が権限を留保している事項ともいえない。したがって、労基法37条の適用は否定されるものと解される。すなわち、F社に対するKの割増賃金請求は否定される可能性が高い。

とはいえ、こうした事態は、海外勤務社員のモチベーションを大幅に低下させることになり、人事管理上は問題がある。F社としては、G社に指導を行い、現地法（タイ国法）に即した適切な労働時間管理を実行させる必要がある。

CASE 3 設問 1
結論：Jに対する本件復帰命令は拙速と評価される可能性がある。

1 F社の措置の問題点

CASE 3のような海外勤務社員の不正行為は増加しており、現地社員の内部

---

21) 国・八王子労基署長（パシフィックコンサルタンツ）事件・東京地判平成 19・5・24 労判 945 号 5 頁、松本労基署長（セイコーエプソン）事件・東京高判平成 20・5・22 労判 968 号 58 頁等。木下潮音「海外赴任者の労務管理——企業のリスク対策を検証する」会社法務 A 2 Z 2013 年 5 月号 20 頁参照。

第 2 部　実務編

通報によって発覚することも少なくない。**CASE 3** では、F 社は 2018 年 7 月、J へのリベート供与が相当程度高い蓋然性を持って行われているとの確証を得たとあるから、事実関係の調査と処分検討のため、J に対して本件復帰命令を発することも理解できないわけではない。しかし、本件不正行為は刑事事件（贈収賄）に発展する可能性のある事案であるから、上記の対応は、捜査権限を有する現地警察等から見れば、被疑者の逃亡幇助行為と評価されかねないので、避けるべきであろう。むしろ、J には自宅待機を命じた上で、現地であるタイ国で事実関係を究明した上、J のリベート供与問題が事実と判明し、または刑事事件性が明らかとなった段階で復帰命令を発する方が賢明と思われる[22]。その場合、F 社就業規則には「業務上の必要性に基づき、海外事業所からの復帰を命じることがある」旨の規定があるので、問題ないと解される。

　なお、**CASE 3** では、F 社は、疑惑調査のため、J に貸与しているパソコン情報のアクセス記録を抜き打ち調査したとあるが、こうした調査に問題はないだろうか。この点については、社員に貸与したパソコン端末にもプライバシーの保護は及ぶものの、企業ネットワークの私的利用の問題であることから、プライバシーの保護は相当程度縮減されると解されており、調査の目的・手段・態様を総合考慮して社会通念相当と認められる範囲であれば、本人同意を得ないまま調査してもプライバシー侵害とならないと解されている。裁判例では、労働者に対する疑惑が具体的で調査の必要性が高い一方、メール調査が事前の継続的監視ではなく、事後に行われた調査であることから違法性を否定した例がある[23]。**CASE 3** でも、同様に解される可能性が高い。

　もっとも、日本法に即して見れば、こうした調査は個人情報保護法との関係で問題が残るので、企業としては、インターネット利用規程を整備して、アクセス記録の抜き打ち調査を含めて私的利用ルールを明確化する必要がある。すなわち、こうした調査は、個人情報の取得を意味するため、企業は、個人情報保護法 15 条、18 条に留意して、ネットワーク利用規程において、その目的（不正行為の防止、営業秘密の漏洩防止等）を具体的に特定するとともに、公表ま

22）　自宅待機命令は、懲戒処分を決定するための暫定的措置として業務命令によって命じうる措置であり、懲戒処分には該当しないので、これを行うことの法的リスクは低い（土田・労働契約法 481 頁参照）。

23）　日経クイック情報事件・東京地判平成 14・2・26 労判 825 号 50 頁。

たは労働者に通知する必要がある。一方、このような特定と公表・通知を行えば、調査に際して労働者の同意を得なくても法違反とはならず、したがって、プライバシー侵害の問題も生じないものと解される[24]。

2 企業対応

では、企業は、海外勤務社員の不正行為を抜本的に防止するためにどのように対応すべきであろうか。企業の法務・人事部門としては、不正行為の禁止を含む諸規範・諸規程をグループ規模で整備して周知および研修・教育を行い、コンプライアンス（法令遵守・企業倫理遵守）を徹底させる必要がある。すなわち、企業グループとしてのグローバル行動指針やコンプライアンス規程を整備してコンプライアンスの理念と取組み体制を確立するとともに、そこに不正行為の禁止を明確に位置づけた上、適切な内部通報制度を設計し、実効性のある制度として機能するよう運用する必要がある[25]。こうした諸規範・諸規程を社員に遵守させる根拠としては、誓約書の提出を推奨する意見があり[26]、実務的には有効であるが、社員の内心の自由（憲19条）との抵触というセンシティブな問題があるので、慎重に対処すべきであろう。現実策としては、就業規則上、これら規範・規程を社内規則として明記して社員の遵守義務を規定した上、懲戒事由として「本規則その他社内規則に違反したとき」を定めておけば、規範・規程に不合理な点がない限り、就業規則の契約内容補充効によって契約内容となるため（労契7条）、社員の遵守義務を確保することができる。

また、グローバル企業としては、行動指針やコンプライアンス規程をグローバルなグループ共通の規範として統一し、懲戒規程等についても統一する必要

---

24) この点について、厚生労働省および経済産業省の「個人情報の保護に関する法律についての経済産業分野を対象とするガイドライン」（平成16・10・22厚労・経産告4号）は、従業員のモニタリングに際しての留意事項として、目的の特定と社内規程の制定および明示、責任者とその権限の規定、モニタリングの実施に関する社内規程の策定と徹底、実施状況に関する監査・確認等を掲げており、参考となる。

25) 東京証券取引所「コーポレートガバナンス・コード」（2018改訂）は、内部通報の体制整備の実現と運用状況の監督を上場会社の取締役会の責務と定めており（原則2-5「内部通報」）、内部通報がコーポレート・ガバナンス（企業統治）においても重要な意義を有することを示している。本書**第1部1** Ⅱ 1、土田・労働契約法500頁参照。

26) 山口浩一郎監修・「統合人事管理」研究会編著『統合人事管理──グローバル化対応の法律実務』（経団連出版、2015）242頁〔市川佐知子〕。

第 2 部　実務編

がある。そうした統一ルールがなければ、同一の不正行為がグループ内のある
会社やある国では規程違反となるが、他の会社や他の国では違反とならないと
いう不統一が生じ、制度の機能不全をもたらすからである。実務では、いわゆ
るインテグリティ（integrity ＝高度の社会的責任の遂行と企業倫理の実践）を社員
に約させることが推奨されており、参考となる[27]。また、不正行為の定義は
国の法制度や取引慣行によっても異なりうるため、各国ごとのコンプライアン
スリスク体制を確立した上、グループとして共有する必要がある。

CASE 3 設問 2

設問 2 は、海外勤務労働者の懲戒解雇に関する準拠法の決定（労契 15 条、16
条の適用の可否）および労基法の域外適用の可否を問う設問である
（**解説 1**(2)・**3** 参照）。

　まず、労契法 15 条、16 条の適用については、J・F 社間の労働契約において
は準拠法の指定がないため、G 社所在地の労務提供地法であるタイ国法が最密
接関係地法と推定されれば、J は、労契法 15 条、16 条の適用を主張できない
ことになる。しかし、ここでも **CASE 2 設問 2** と同様、労務提供地法を最密接
関係地法とする規律は推定を意味するため、J は、①黙示の意思による法選択
を主張し、または②日本法を最密接関係地法と主張することで労務提供地法の
推定を覆し、15 条、16 条を準拠法として主張できるものと解される。

　まず、①については、J は、2013 年 3 月、F 社に在籍しつつ 5 年の期間を定
めて G 社に出向しており、5 年間の G 社勤務の後に F 社復帰を予定している
ため、日本法選択の黙示の意思を認めることが可能と解される。また②につい
ては、F 社の海外勤務規程上、「海外勤務者の人事・労働条件は、労働時間管
理を除いて会社の就業規則による」との規定があり、雇用・労働条件管理が日
本で行われていると解されることから、J は、日本法が労働契約の展開により
密接な関係を有する地の法（最密接関係地法（通則 8 条 1 項））として主張する
ことができる。

　次に、労基法 20 条については、同法の域外適用の可否が論点となる。この
点、J は G 社に海外出向しているので、**解説 3** で述べた海外派遣型に当たる。

---

27)　山口監修・「統合人事管理」研究会編著・前掲注 26)209 頁〔名取勝也〕、242 頁〔市
　　川〕参照。

この場合、労基法の適用は原則として否定されるものの、解雇等の一定の措置について国内の使用者が権限を留保している場合は、その限りで国内の「事業」における使用として労基法の域外適用が肯定されるところ、**設問2**では、まさにJの解雇が争点となっているので、労基法20条が適用されるものと解される。

CASE 4 設問

結論：Mの訴えは、日本法によって判断されるものと解される。

CASE 4 では、兼職許可制の適用について、日本法・ドイツ法のいずれが適用されるか（準拠法の決定）が論点となる。そして、本問は、海外勤務労働者が労務を提供する地の法が労働者により有利な法である場合に、使用者が不測の不利益を被る事態が生じうることを示す例である（**解説1**(3)）。すなわち、H社が就業規則で規定する包括的兼職許可条項（「会社の許可を受けずに他に雇用され、または事業を行ってはならない」）は、日本法（判例法理）の観点からは許容される条項である。裁判例は、こうした兼職許可条項について、職業選択の自由（憲22条1項）の観点から合理的限定解釈を加えつつも、その効力自体は否定しない立場を採用しているからである[28]。これに対し、ドイツ法の規律はより厳格であり、上記のような包括的兼職許可条項は、民法の約款法制上、約款条項を対象とする一般的内容規制（民法典307条1項）に違反するものとして無効と解されるなど、労働者により有利である[29]。このため、労務提供地法であるドイツ法が最密接関係地法と推定されれば同法が適用され、H社は、Mが2019年9月に開始したU社における兼職に対し、日本の兼職法理に基づく責任追及をなしえない結果が生じうる。

しかし、ここでも、**CASE 2 設問2**と同様、労務提供地法を最密接関係地法とする規律は推定を意味するため、H社は、Mの訴えに対して、①黙示の意思による法選択を主張し、または②労務提供地法以外の法を最密接関係地法と

---

28) 典型的裁判例として、マンナ運輸事件・京都地判平成24・7・13労判1058号21頁。土田・労働契約法116頁以下参照。

29) ドイツの兼職法制については、河野尚子「兼職をめぐる労働時間の通算制・契約上の兼職避止義務のあり方——ドイツ法との比較法的研究」日本労働法学会誌124号（2014）195頁参照。

329

第2部　実務編

主張することで労務提供地法の推定を覆し、日本法を準拠法として主張できるものと解される。まず、①については、M は 2017 年、H 社に雇用されつつ 5 年の期間を定めて Y 社に出向しており、5 年間の海外勤務後に日本復帰を予定していることから、本来の労務提供地法である日本法を選択したとの黙示の意思を認定することができる。また②については、H 社の海外勤務規程には、「海外勤務者の人事・労働条件は、労働時間管理を除いて会社の就業規則による」との規定があり、雇用・労働条件管理が日本で行われていると解されることから、H 社は、日本法が労働契約の展開により密接な関係を有する地の法（最密接関係地法（通則 8 条））として主張することができる。この場合、日本法にはドイツ民法典 307 条 1 項のような強行規定が存在しないことから、日本法（兼職に関する判例法理）が適用されることになる。

では、当事者が明示的に準拠法選択を行った場合はどうか。まず、M・H 社が日本法を準拠法として選択すれば、日本法の適用が原則となるが、この場合も、労働者は最密接関係地法中の特定の強行規定の適用を主張できるため、M がより有利なドイツの兼職法制を最密接関係地法として主張すれば、当該規定が適用され、包括的兼職許可条項はドイツ民法典 307 条 1 項違反として無効とされる結果が生じうる。とはいえ、ここでも、労務提供地法を最密接関係地法とする規律は推定を意味するので、H 社の側で、労務提供地法以外の法（日本法）が最密接関係地法（通則 8 条）であることを立証すれば、上記推定を覆し、当事者が選択した日本法の適用を主張することは可能と解される。これに対し、M・H 社がドイツ法を準拠法として選択していれば、それに従うことになる。

〔参考文献〕

山口浩一郎監修・「統合人事管理」研究会編著『統合人事管理——グローバル化対応の法律実務』（経団連出版、2015）、別冊 NBL 編集部編『法の適用に関する通則法関係資料と解説（別冊 NBL 110 号）』（商事法務、2006）、シンポジウム「国際労働法の展開と課題」日本労働法学会誌 120 号（2012）、米津孝司「国際労働関係法の課題」『講座労働法の再生第 6 巻　労働法のフロンティア』（日本評論社、2017）

＊執筆協力者　藤澤佑介（2013 年度生）　池尻奈央恵（2013 年度生）　米倉沙里菜（2013 年度生）

（土田道夫）

11

コンプライアンス体制の構築と労働法

CASE [1] 週刊誌に対する企業不正の内部告発

　東京に本社を置いて洋菓子の製造販売を行っている Y 社は、東証一部に上場する株式会社で、貸借対照表に計上する資本金は 180 億円である。Y 社埼玉工場の工場長である Z は、Y 社の全社的なコストダウンの方針を受けて、材料を捨てない、余らせない、という意識を徹底させて製造コストを引き下げることとし、2015 年頃から、1 日程度消費期限が切れた牛乳であったとしても、においをかいで品質的に問題がなければ、シュークリームやシューロールの製造に利用することを指示するようになった。

　2000 年 4 月から期間の定めのないパートタイマーとして埼玉工場で働いている X は、消費者の信頼を裏切る Z のやり方に不満を持っていたが、Y 社では、長年にわたって、創業家の圧倒的威厳を背景とした一族支配が行われ、従業員が忌憚のない意見や提案を行いにくい雰囲気があり、またそれが、指示されたことだけをやっていけばよい、指示されないことをやっても報われない、という工場内の雰囲気にもつながっていたため、X は、仕方なく、Z の指示に従っていた。しかし 2016 年 9 月に、Z が、厚生労働省の衛生規範が求める出荷基準（1 グラムにつき 100000 以下の細菌数）を満たさないシューロールの出荷を許可したことをきっかけとして（Y 社が定める出荷規定では、厚生労働省の衛生規範を遵守することが要求されていた）、X は、これ以上、消費者の信頼を裏切るよ

---

1)　本ケースは、2007 年 1 月に報道された不二家期限切れ原材料使用問題に執筆者が大幅な脚色を加えて作成したものであり、正確な事実関係を反映したものではない。同問題の事実経過については、不二家『品質管理関連の実態調査』（2007 年 3 月 30 日）、同『信頼回復対策会議最終報告書』（2007 年 3 月 30 日）参照。

第2部　実務編

うな商品出荷や製造方法を続けていくことは社会的に見て大きな問題であると考えるようになった。Xは、Zに対して、消費期限切れの牛乳の使用を止めること、衛生規範の出荷基準を遵守することを提案したが、Zは、Xの提案を受け入れず、むしろZは、それ以降、Xを嫌悪するようになり、Xが些細なミスをした場合には、「お前なんてやめてしまえ」、「今すぐ首にしてやる」と怒鳴りつけるなど、他の従業員の前でXを激しく叱責するようになった。

　Xは、Zに対する私怨を募らせる一方で、次第に、このままでは埼玉工場で働き続けることは難しいと感じるようになっていった。Xは、埼玉工場で行われている杜撰な製造プロセスや出荷の実態を本社のコンプライアンス室に通報しようかと考えた。Y社では、社内の不正の早期発見と是正を図る観点から、コンプライアンス室を通報先とする内部通報規程が整備されていたためである（後掲内部通報規程参照）。

　しかし、Y社社長Vが商品企画ばかりを重視して生産現場の声を軽視しているところがあったことに加えて、Y社は上記内部通報制度の運用に積極的ではない面があった。実際、Y社は、従業員用のウェブサイトに内部通報規程を掲載していたが、説明会を開催して従業員に説明を行ったこともなく、同制度が実際に利用されたことも聞いたことがなかった。また、Y社の内部通報制度では匿名通報が許容されておらず、通報者の氏名が社内に広まってしまうことに対する危惧もあった。Xは、こうした内部通報制度を利用しても、埼玉工場における不正行為が改められ、自分が置かれている状況が改善される可能性は低いと考えた。そこでXは、思い切って、週刊誌に埼玉工場の実態を掲載するように持ち掛けようと考えた。週刊誌に掲載されれば、埼玉工場の不正行為が是正され、自分が置かれている状況も改善されると思ったからである。Xは、週刊誌の掲載により、Y社に大きな損害が及ぶ可能性を認識していた。しかし、それは一時的なものであって、長期的にみれば、企業利益の改善が促進されるとともに、企業倫理やコンプライアンスの観点から、Y社の経営層が風通しのよい社風にする必要性に気付く契機になると考え、なにより、埼玉工場の実態は消費者が知るべき情報であると思い、告発を決意したのである。Xは、告発に当たって、普段着用している眼鏡を小型の隠しカメラ付き眼鏡にかけ替えて埼玉工場での作業に従事し、埼玉工場の実態に関する証拠を集めた。また、普段から施錠されていないZの作業室に無断で入室し、衛生規範の出荷基準に違反する出荷を許可した証拠書類を自身のスマートフォンでスキャンした。Xは、Zの作業室に入室するために、入社以来仲良くしていた同僚のWにZの足止めを依頼していた。

　A社は、企業の不祥事、政治家や芸能人のスキャンダルなどに関する記事を掲載する週刊誌を発行していた。A社の週刊誌は、確実な情報を提供するという

点において定評があり、大きな社会的影響力を持っていたため、2016 年 11 月頃、X は A 社に対して、埼玉工場の実態について情報提供を行い、週刊誌に掲載してもらえるように依頼したところ、A 社は、X が提供する動画データ、音声データや内部資料から真実性が高いと判断し、同年 12 月 15 日発売の週刊誌に掲載することを決定した。

　Y 社の埼玉工場における不正の実態が週刊誌に掲載されると、この件に関するマスコミ報道が相次いでなされ、Y 社に抗議の電話やメールが殺到した。Z は Y 社の業績向上を一途に考えて行った自らの指示で Y 社の信用を失墜させてしまったと深く反省し、Y 社のコンプライアンス室に、今回の不祥事は自らの責任であること、週刊誌に掲載されたことは事実であること、調査には積極的に協力することを報告した。そこで Y 社は、翌日 17 日に記者会見を行い、週刊誌掲載の記事は事実であるが、健康被害は報告されていないこと、社内における衛生管理に関する実態調査を徹底的に行った上で、再発防止に関する取組みを行うこと、最低 1 か月は工場における洋菓子製造の操業を停止するとともに洋菓子店における販売を停止とすることを発表し、併せて、消費者の信頼を裏切ったことに対する謝罪を行った。

　記者会見の翌日、Y 社は、工場における食品衛生管理の実態を調査する特別チームを設置し、社内調査に当たらせた。埼玉工場以外でも、消費期限切れの牛乳を使用していた工場があることが判明した。また、Y 社は、保健所から埼玉工場の立入検査を受け、消費期限が 1 日過ぎた牛乳を科学的検証なしに原材料として使用したことが食品衛生法 50 条 3 項およびそれを受けた埼玉県食品衛生法施行条例 3 条（別表 1「原材料として使用する食品は、適切なものを選択し、必要に応じ、前処理を行った後、加工に供すること」）に違反することを指摘され（ただし、衛生規範は指導基準であるため、衛生規範の出荷基準に反したことの違法性は問われなかった）、是正するよう行政指導を受けた。

　Y 社は、保健所の指摘や特別チームの実態調査を受けて、今回のような事態の再発を防止するための取組みに関する検討を開始するとともに、今回のような事態を招いた Z に対する懲戒処分を検討した。同時に Y 社は、週刊誌に情報を提供した者が埼玉工場の従業員ではないかと疑い、Z や埼玉工場の従業員に対する聞き取りを通じて、X が情報漏洩者ではないかと推測し、X 本人に確かめたところ、最終的に、X は情報漏洩の事実を認めたため、X に対する懲戒処分も検討した。また、X に対する調査の過程で W が情報の漏洩に協力していたことも明らかとなった。Y 社の懲戒委員会では、X の告発によって、食品衛生管理の全社的な見直しのきっかけを得ることができたのであって、X を懲戒処分に付することは適切ではないという意見もあったが、Y 社工場および販売店

333

第2部　実務編

の操業および販売開始が2月中旬になると見込まれており、今年度赤字の見通しである（Y社は創業以来赤字に陥ったことがなかった）ことから、XおよびWに対する懲戒処分が必要であるとの意見が多数を占めた。また、Zについても、自ら不正行為を通報したので、処分の際にはその点を考慮すべきであるという意見があったが、不正が外部に発覚した後にZがコンプライアンス室に通報したに過ぎないので、Zに対する懲戒処分の減免を考慮する必要はないという意見が多数を占めた。Y社の懲戒委員会は、懲戒処分に関する会社の方針を伝えて弁明の機会を与えるためにZ、X、Wと面談した上で、XとWについては、Y社就業規則79条3号・4号および80条3号に基づいて2週間の出勤停止処分（X）、1週間の出勤停止処分（W）とし、Zについては、同79条7号および80条4号に基づいて工場長から工場長補佐への降格処分とし、懲戒委員会を開催した上で取締役会において正式に決議し、Z、X、Wに通知した。

　なお、Y社は、内部通報規程に加えて、お客様の安全を十分に確認し、お客様の満足度を高めることを第一に考えること、法令や社内規定を遵守することを定めた企業倫理規程を策定していた。さらに、Y社の製造・出荷規程は、消費期限を超過した材料は廃棄すること、厚生労働省の衛生規範を遵守することなどを定めていた。また、就業規則、企業倫理規程、製造・出荷規程および内部通報規程のいずれも、全従業員に周知されていた。

Y社就業規則

第79条（懲戒事由）

　　従業員が以下のいずれかに該当する場合、次条の規定に従い懲戒処分を行う。

　（略）

　2号　職場秩序を乱し、または業務の正常な運営を妨げたとき

　3号　会社の名誉、信用を傷付けたとき

　4号　会社の機密、その他公表していない事項を外部に漏らしたとき

　（略）

　7号　業務上の指示に違反し、またはY社の諸規定に違反したとき

　8号　その他前号に準ずる行為があったとき

第80条（懲戒処分の種類）

　前条の懲戒処分は、その情状により次の区分に従って行う。

　1号　譴責　始末書をとり将来を戒める。

　（略）

　3号　出勤停止　3か月以内の期間の出勤を停止し、その期間中の賃金は支給しない。

　4号　降格　職位を引き下げ、または解任する。

　……

Y 社内部通報規程[2]

第1条（目的）

　　本規程は、法令違反、社内規定違反（以下、法令違反等）に該当する行為に関する通報手続とそれに対する適切な処理の仕組みを定め、コンプライアンス経営の強化を図ることを目的とする。

第2条（責任者）

　　本規程の運用に関しては、社長を責任者とする。

第3条（通報者、通報対象、通報先）

　　全従業員および役員（以下、社員等）は、法令違反、社内規定違反（以下、法令違反等）に該当する行為があることを知った場合、直属の上司または社内のコンプライアンス室に通報することができる。

第4条（通報の方法）

　　通報者は、所属と氏名を明らかにした上で、法令違反等の事実を書面化して、社内メール、ファックス、郵便の方法により行うものとする。

第5条（事実関係の調査）

1　コンプライアンス室は、通報を受けたときは、関連する部署と連携しつつ、速やかに通報内容に関する事実関係を調査する。ただし、通報処理業務に携わる者は、自らが関係する不正行為についての相談及び通報の処理に関与してはならない。

2　コンプライアンス室は、通報を通報者が通報をした日から20日以内に、当該通報者に対し、通報調査の実施その他の今後の対応について通知する。

第6条（調査結果の通知と是正措置）

1　当社は、調査の結果、不正行為が明らかになった場合には、速やかに是正措置及び再発防止措置を講じなければならない。

2　コンプライアンス室は、調査の結果および是正措置がとられた場合の内容を通報者に通知する。

第7条（通報者の保護）

1　通報を受け付けたコンプライアンス室は、通報者の同意がない限り、通報者の特定につながる秘密を開示してはならない。

2　当社は、通報者に対して、通報したことを理由として、不利益取扱い（職場環境を害する行為を含む）を行わない。ただし、通報が不正の目的をもってなされた場合はこの限りではない。

3　コンプライアンス室は、通報処理終了後も、通報者に対して通報を理由とした不利益取扱いや職場内での嫌がらせ等が行われたりしていないかを確認するなど、通報者保護に係る十分なフォローアップを行う。

第8条（協力義務）

　　社員等はコンプライアンス室の諸活動に全面的に協力し、資料の提出、事情

---

2)　同規程は、消費者庁「内部通報制度に関するモデル内部規程」および同「民間事業者における内部通報制度に係る規程集」(2011)を参照して作成した。

第2部　実務編

　の聴取を求められたときは、これに応じなければならない。
第9条（処分）
1　法令違反行為等の存在が確認された場合には、就業規則に基づいて懲戒処分を
　行う。
2　法令違反行為に関与した者が自ら通報した場合には、処分を減免することがあ
　る。

設問1　Xに対する懲戒処分は有効か。
設問2　Y社は、このような問題の発生を防ぐために、内部通報制度が機能
　　するように改善したいと考えている。どのような点が検討されるべき
　　か。

解説

　労働者による企業不祥事の防止・是正という観点から展開されてきた法的規
律は、次の3つの類型に区分することができる。第一に、①労働者が、企業不
正を外部に告発（内部告発）した場合に、それを理由とする企業の不利益取扱
いを無効とする判例法理の展開である。第二に、②労働者の行政機関やそれ以
外の外部への告発（内部告発）、企業内に対する通報（内部通報）を理由とする
不利益取扱いを無効とする公益通報者保護法（公通法）である。第三に、③上
場企業に対する金融商品取引法（金商法）上の内部統制報告書制度、コンプラ
イ・オア・エクスプレインに基づく上場企業に対するコーポレートガバナン
ス・コードの適用、会社法における取締役会の内部統制システム基本方針決議
義務を通じて、企業に対して内部通報制度の構築を促す法的規律である。

　①の判例法理は、企業による報復行動から内部告発者（労働者）を保護して、
公益を確保するという観点によるものであり、③の法的規律は、取締役会ある
いは上場企業に対して内部通報制度の整備を促して、不正行為の予防・是正に
向けた企業の自浄作用を高めることを目的とする。一方、公通法（②）は、内
部告発者である労働者を保護するという面では①の判例法理と同じ目的に資す
るが、内部通報に対する不利益取扱いを禁止して内部通報制度の整備を促し、
企業の自浄作用を高めるという面では③の法的規律と接点がある。もっとも、
①の判例法理は内部告発者の保護に焦点を当てるものであって、内部通報の取
扱いにも焦点を当てる公通法（②）とは、その点において区別される。また、

336

③の法的規律によって、内部通報を理由とする不利益取扱いの禁止が制度化される ことが多いが、これは、企業自身が整備した制度による通報者保護であって、強行法規を通じて報復行動を禁止する公通法（②）とは一線を画する[3]。公通法（②）が、犯罪行為等の通報に保護を限定しているのに対して、③の法的規律は、幅広い通報対象を前提とした通報者保護制度の整備を促している点でも異なる。以下では、こうした区分を前提としつつ、まずは、内部告発者保護に関する判例法理（①）を概観することとしたい。

1　内部告発者の保護に関する判例法理

　内部告発には、企業の不正行為を外部に明らかにして公益を保護する側面がある。しかし他面において、業務上の秘密を漏らして企業の名誉や信用を傷付け、場合によっては、倒産の危険に晒すほどの損害を与える側面もある。後者の側面は、内部告発者に対する企業の報復行動を誘発するが、前者の側面は、こうした企業の報復行動を防止し、むしろ、労働者の内部告発を促進すべきことを要請する。裁判例の多くは、このような内部告発の性質を考慮して、内部告発は就業規則上の懲戒事由に該当する行為であるものの、消費者利益などの公益を保護するものでもあるため、内部告発に正当性が認められる場合は、懲戒事由該当性を否定し、あるいは懲戒権の権利濫用を肯定する形で、内部告発を理由とする懲戒処分を無効としてきた（**CASE** においてＸには判例法理の保護があるが、Ｗに判例法理の保護があるかどうかは問題となろう）[4]。

　生協理事による生協の私物化に関する内部告発が問題となった 2003 年の大阪いずみ市民生協事件[5] は、内部告発の正当化根拠と正当性を判断する考慮要素について、次のように判示している。第一に、正当化根拠については、告発内容が真実を含む場合には、そうした組織体等の運営方法等の改善の契機と

---

3)　この点を混同する裁判例として、オリンパス事件一審判決・東京地判平成 22・1・15 労判 1035 号 70 頁。

4)　Gregor Thüsing and Gerrit Forst, 'Whistleblowing Around the World：A Comparative Analysis of Whistleblowing in 23 Countries' in Gregor Thüsing and Gerrit Forst（eds），*Whistleblowing‐ A Comparative Study*（Springer, 2016）1 は、内部告発協力者に対する保護法が必要であることを指摘している。

5)　大阪いずみ市民生協事件・大阪地堺支判平成 15・6・18 労判 855 号 22 頁。

第2部　実務編

もなりうること、内部告発を行う者の人格権ないし人格的利益や表現の自由等との調整が必要であること、であり、第二に、正当性の判断基準については、①内部告発内容の当該組織体にとっての重要性、②告発内容の根幹部分の真実相当性、③目的の公益性、④告発手段と態様の相当性を総合考慮すること、である。内部告発に関する裁判例の多くは、概ね上記判断基準に則した判断を行ってきているといえよう。

(1)　内部告発の正当化根拠と告発内容

　人格の発展という個人的な価値のみならず、情報流通による公益保護、民主主義の維持・発展などといった社会的な価値の保障を射程に収める表現の自由が、名誉毀損罪の免責要件を定めた刑法 230 条の 2 の基礎になっているのと同様に、こうした表現の自由が内部告発の重要な正当化根拠であることは疑いない[6]。上記大阪いずみ市民生協事件が掲げる、組織体等の運営方法等の改善、あるいは、ある裁判例[7] が言及するコンプライアンス経営の実現という正当化根拠も、表現の自由が保障するそうした社会的価値から導くことが可能である。

　このような視点に立脚した場合、上記①（内部告発内容の当該組織体にとっての重要性）については、公共の利害に関わる告発であればよいということになるが、裁判例の中には、法令違反の是正・抑止に内部告発の正当化根拠を置くものがあり、これによれば、正当化される内部告発は、企業の違法行為の告発に限定されることになろう[8]。名誉権と表現の自由の調整を規律する刑法 230 条の 2 は、公共の利害に関するものについて名誉毀損罪の免責を認めており、

---

6)　大和田敢太「企業リスク管理と内部告発者保護制度──内部告発の法的評価に関連して」彦根論叢 342 号（2003）227 頁参照。公益の確保に正当化根拠を求める学説として、土田・労働契約法 496 頁。また、正当化根拠に関する学説については、土田道夫＝安間早紀「内部告発・内部通報・公益通報と労働法」季労 249 号（2015）137 頁以下、小宮文人「内部告発の法的諸問題」日本労働法学会誌 105 号（2005）72 頁以下など参照。山川和義「労働者による企業コンプライアンスの実現」日本労働法学会編『講座労働法の再生　第 4 巻』（日本評論社、2017）90 頁は、内部告発は複数の正当化根拠によって基礎づけられる、とする。

7)　学校法人田中千代学園事件・東京地判平成 23・1・28 労判 1029 号 59 頁。

8)　学校法人矢谷学園ほか事件・広島高松江支判平成 27・5・27 労判 1130 号 33 頁、甲社事件・東京地判平成 27・11・11 労経速 2275 号 3 頁。前掲注 7)学校法人田中千代学園事件も参照。

338

名誉毀損罪の免責を違法行為の摘示に限定しているわけでないものの、労働者は、労働契約上の誠実義務を負っているため、違法行為の告発に限って正当化されるという見方がありえるのである。

　しかし、たとえば、CASE とは異なり、賞味期限切れの牛乳を製造に用いることは違法ではないが、国民の知るべき情報であるということができる。また、法規制の中には、社会的に不正な事象が生じたことを受けて初めて整備されたものがあることも考慮すべきである[9]。内部告発の対象を違法行為に限定することは、公益や消費者保護の観点から行われるべき法整備に向けた情報の流通を阻害しかねない。正当化される告発内容を、当該組織体にとって重要な、あらゆる事項を含むと解することが適切でない一方、これを法令違反行為に限定する見方も妥当性を欠く。法令違反に加えて、指針や行政解釈、さらには組織体が自主的に設定した社内規定に違反する行為、社会的に著しく不適切な行為が、正当化されうる内部告発の対象事実であるというべきであろう。上記大阪いずみ市民生協事件が示す①の要素（内部告発内容の当該組織体にとっての重要性）も、こうした観点から理解されるべきである。

(2)　真実相当性と目的の公益性

　内部告発の正当性判断において次に問われる真実相当性とは、告発内容の根幹部分が真実であるか、真実であると信じるにつき相当の理由が存在しているかを問うものである。内部告発が仮に違法行為の是正に向けられたものであったとしても、それが事実でない場合、あるいは真実であると信じる相当な理由がない場合、その正当性が否定されることになる[10]。ここで相当の理由とは、通報内容を裏付ける内部資料等がある場合や関係者による信用性の高い供述がある場合など相当の根拠があることを指している[11]。もっとも、告発内容の根幹部分に真実相当性が認められれば、告発内容に不正確な指摘や誇張した表現が含まれていたとしても、告発の正当性は否定されない[12]。さらに、事実

---

9)　たとえば、景品表示法は、1960 年のニセ牛缶事件を契機として制定されたとされる。

10)　真実相当性が否定され懲戒処分の効力が肯定された例として、アワーズ（アドベンチャーワールド）事件・大阪地判平成 17・4・27 労判 897 号 26 頁、前掲注 7)学校法人田中千代学園事件、大王製紙事件・東京高判平成 28・8・24 LEX/DB 25543754 など参照。

11)　消費者庁消費者制度課編『逐条解説・公益通報者保護法』（商事法務、2016）112 頁。

12)　前掲注 5)大阪いずみ市民生協事件。

第 2 部　実務編

に基づく意見表明や論評については、それが人身攻撃に及ぶなど意見ないし論評としての域を逸脱したものでない限り正当性は否定されない（公正な論評法理）[13]。

　また、目的の公益性とは、公益を図ることに告発の主たる動機があることを求める要件である[14]。労働条件の改善、労働契約上の地位の保持、経営陣の失脚といった私的な目的が併存しているだけで内部告発の正当性が否定されるわけではないが、公益を図ることが主たる動機となっていなければ、内部告発の正当性は否定される[15]。

(3)　手段と方法の相当性

　内部告発が正当であるというためには、さらに、労働者が負っている誠実義務の観点から、告発の手段と方法に相当性が認められなければならない。上述したとおり、誠実義務を負う労働者が行う内部告発については、名誉毀損罪の免責要件を定めた刑法 230 条の 2 と異なり、その正当性判断においてこうした要素が考慮されているのであって、裁判例では、①告発内容の真実性を明らかにするための資料の無断持ち出しや情報への不正アクセスを伴う告発、②顧客や従業員のプライバシーあるいは個人情報への配慮を欠いた告発、③内部通報を経ない内部告発、が相当性を欠くかが問題とされてきた。

　①については、前掲大阪いずみ市民生協事件は、内部資料を無断に持ち出したという点については相当性を欠く面があったものの、それによって内部告発全体の正当性が直ちに否定されるとは解されないとしていた。ただ、①については、資料の無断持ち出しとその内容の開示行為そのものを理由とする懲戒処分（あるいは損害賠償請求等）の効力が問題となるケースもある。この点については、顧客の信用情報にアクセスして印刷して機密情報を取得したものの、会社内部の不正疑惑を解明する目的でなされたのであって違法性が大きく減殺され懲戒解雇は無効であるとした裁判例[16]があるほか、資料の無断複写とその

---

13)　海外漁業協力財団事件・東京高判平成 16・10・14 労判 885 号 26 頁、サンケイ新聞事件・最三判平成 9・9・9 民集 51 巻 8 号 3804 頁参照。

14)　小宮・前掲注 6)76 頁。

15)　目的の公益性が否定された例として、前掲注 8)甲社事件、前掲注 10)大王製紙事件、三菱電機事件・神戸地尼崎支判平成 20・2・28 判時 2027 号 74 頁参照。

16)　宮崎信用金庫事件・福岡高宮崎支判平成 14・7・2 労判 833 号 48 頁。

内容開示が不法行為に該当するかが問われた事案で、告発内容が真実であることを示すために必要な行為で、アクセス制限のないキャビネットから資料を取り出して複写するもので社会的相当性を欠くということもできないため、正当行為として違法性が阻却されるとした裁判例[17]もある。一方、理事長のメールに不正にアクセスしてメールファイル、添付ファイルを大量に閲覧、印刷したために懲戒解雇された事案で、公益通報の目的があったということはできないとして、懲戒解雇の効力を肯定した例[18]もある。資料の無断持ち出しやデータに対する不正アクセスおよびそれらの開示を理由とする懲戒解雇の効力や不法行為の成否については、内部告発目的あるいは内部告発との一体性に基づく正当化の法理が形成されてきているという評価が可能である。

②については、セクハラやパワハラの被害者が特定されるような情報が漏洩するような告発行為につき相当性があるとまでは評価できないが、告発の経緯に照らすと解雇は重きに失し無効であるとしたもの[19]などがある。告発手段の相当性が問題となる①と②については、相当性を欠くものであっても、それ自体に基づいて内部告発全体の正当性が否定されない判断がなされる傾向にある。またここでは、公通法では、①と②に関する手段の相当性が保護を受ける前提として考慮されない点も指摘しておきたい[20]。

③の内部通報を経ない内部告発については、真実相当性が疑われる不正経理をマスコミに告発した事案につき、内部機関に対する調査検討の手続を経ないで外部に公表することは誠実義務に反して許されないとされた例[21]がある一方、会社ぐるみでヤミカルテルが行われていたケースにおいて、仮に、管理職でもなく発言力も乏しかった告発者が会社内部で不正是正のための努力をしたとしても、会社がこれを聞き入れる可能性は極めて低かったとして、十分な内

---

17) 東京地判平成 19・11・21 判時 1994 号 59 頁。

18) A信用金庫事件・福井地判平成 28・3・30 判時 2298 号 132 頁。そのほか、公益通報目的を否定してデータ等の無断取得を理由とする懲戒解雇の効力を肯定した例として、全日本自治体労働者共済生活協同組合島根県支部事件・広島高松江支判平成 25・10・23 LEX/DB 25502230。

19) 財団法人骨髄移植推進財団事件・東京地判平成 21・6・12 労判 991 号 64 頁。

20) 土田＝安間・前掲注 6)156 頁参照。

21) 群英学園事件・東京高判平成 14・4・17 労判 831 号 65 頁。内部通報手続を経由しない内部告発が誠実義務に違反するとした近時の裁判例として、前掲注 7)学校法人田中千代学園事件。

第2部　実務編

部努力をしないままに外部の報道機関に内部告発したことは無理からぬことで
あるとされた例[22]がある。告発者の会社内部における地位にもよるが、経営
トップの指示に基づいて不正行為が行われている場合など、内部通報を行った
としても不正が是正される可能性が低い場合にまで内部での不正是正の努力を
行うことが求められているわけではない、といえよう。また、行政機関や外部
と内部の境界に位置する機関（たとえば、理事会など）に対する告発について
は、マスコミに対する告発やインターネットを通じた告発と比べて、求められ
る内部努力の水準が低下するということもできる。

2　公通法による保護

　以上において、判例法理の具体的内容を概観したが、こうした判例法理には、
どういった内容の通報や告発をどこに行えば不利益な取扱いから保護されるの
かが明確ではないという問題があった[23]。そこで2005年に公通法が制定され、
労務提供先、行政機関、外部機関の3つの通報先（告発先）に応じた保護要件
が明確に法定されたのである。同法は、判例法理と異なり、保護が及ぶ告発や
通報を、犯罪行為（あるいは最終的に刑罰が適用される行政処分による履行確保が
用意されている法律違反）に限定する一方、内部告発だけでなく内部通報を理
由とする不利益取扱いを明確に禁止している。同法による保護が及ばない場合
については、判例法理による保護がなお重要な役割を果たしている（6条参照）
が、同法が適用される犯罪行為等の告発や通報については、判例法理ではなく、
同法によって処理されることになったといえよう。

　公通法による保護が適用されるためにはまず、当該通報が同法の定める通報
対象事実に関するものでなければならない（2条1項）。内部告発の判例法理で
は、民事法違反や社会的に著しく不適切な行為も、正当化される告発の対象事
実に含まれるが、これに対して、公通法では、通報の対象事実が、①刑法、食
品衛生法、金融商品取引法などといった個人の生命、身体の保護、消費者の利
益の擁護、環境の保全、公正な競争の確保などの観点から制定されている法律
に定められている犯罪行為の事実、あるいは②最終的に刑罰規定に違反する行

---

22)　トナミ運輸事件・富山地判平成17・2・23労判891号12頁。
23)　消費者庁消費者制度課編・前掲注11)7頁。

為につながる法令違反行為に関する事実、に限定されている（同条3項）。

　公通法が適用されるためには、さらに、当該通報が、「不正の利益を得る目的、他人に損害を加える目的その他の不正の目的でな」いことが必要である（2条柱書）。名誉毀損罪の免責要件や判例法理のように、目的の公益性が要求されていないのは、保護される通報や告発が一定の犯罪行為や法令違反行為に限定されているためである[24]。公益を図ることが主たる動機になっていることが必要でないことはもちろん、公益目的がない場合であっても、不正の利益を得る目的や他人に損害を与える目的などの不正な目的による通報や告発でなければ、上記要件を充足する。また、不正の目的があることは使用者側・企業側が負うとされている[25]。

　公通法の保護を受けるには、最後に、当該通報が、①通報対象事実の発生やそれによる被害の拡大を防止するために必要である者（外部機関）、②通報対象事実について処分等の権限がある行政機関（権限ある行政機関）、③労務提供先、のいずれかでなければならないが、これに加えて、②と③については通報対象事実に関する真実相当性が求められ（①については通報対象事実が生じ、または生じようと思料されることが求められ）、また③については、公通法3条3号イからロのいずれかに該当することが要求されている。

3　内部通報制度の構築

　このように、公通法は、通報対象事実を犯罪行為等に限定しつつ、労務提供先、行政機関、外部機関の3つの通報先（告発先）に応じた保護要件を規定するものである。判例法理と異なり、内部通報を理由とする不利益取扱いを明確に禁止している点に同法の特徴があるが、これに加えて、企業のコンプライアンス経営に関する取組みを促すという同法に付された付帯決議を踏まえて、消費者庁において内部通報の処理手続に関するガイドライン[26]が作成されたことも併せて指摘されるべきであろう（2005年に作成されたガイドラインは2016

---

24)　消費者庁消費者制度課編・前掲注11)52頁。
25)　司法書士事務所事件・大阪高判平成21・10・16判例集未登載。
26)　消費者庁「公益通報者保護法に関する民間事業者向けガイドライン」(2005)、同「公益通報者保護法を踏まえた内部通報制度の整備・運用に関する民間事業者向けガイドライン」(2016)。

343

第2部　実務編

年に改訂されており、以下では、2016 年度版のものを単にガイドラインという)[27]。
これらにより、内部通報を理由とする不利益取扱いが生じないような処理手続
の制度化が各企業に促されることになったからである。2018 年から部分的に
開始されたガイドラインの適合性に関する内部通報認証制度により、ガイドラ
インに即した通報制度の設置がいっそう進展することが予想されよう。

　またここでは、以上の内部通報手続の制度化が、次のような法的規律を通じ
て、さらに促されてきていることにも目を向ける必要がある。2018 年から部
分的に開始されたガイドラインの適合性に関する内部通報認証制度により、ガ
イドラインに即した通報制度の設置がいっそう進展することが予想されよう。

　第一に、上場企業に適用される金融商品取引法（金商法）上の内部統制報告
書制度である。上場会社は、財務報告に係る内部統制システムについて評価し
た報告書を提出しなければならない（金商法 24 条の 4 の 4）とされており、内
部統制システムを評価する際に準拠される企業会計審議会の実施基準[28] にお
いて、内部通報制度が情報の伝達とモニタリングの仕組みの一つとして掲げら
れているのである。企業会計審査会の基準によれば、内部統制システムとは、
①業務の有効性および効率性、②財務報告の信頼性、③法令遵守、④資産の保
全、の 4 つの目的が達成されているとの合理的な保証を得るために、業務に組
み込まれ、組織内の全ての者によって遂行されるプロセスをいい、統制環境、
リスクの評価と対応、統制活動、情報と伝達、モニタリングおよび IT への対
応の 6 つの基本要素から構成されるものである。金商法の内部統制報告書制度
は、この 4 つの目的のうち②の財務報告の信頼性に焦点を当てた規制である。

　第二に、上場企業に適用されるコーポレートガバナンス・コードである。こ
のコードは、コーポレートガバナンスの実現に資する主要な原則を取りまとめ
たものであるが、その中で、内部通報について適切な体制の整備を行うことが
要求されている[29]。上場企業が同コードの原則を実施しない場合には、実施
しないことについて十分な説明を行うことが求められる（コンプライ・オア・
エクスプレイン）ため、内部通報の制度化を強力に促進する規制である。

　第三に、会社法が、大会社、監査等委員会設置会社、指名委員会等設置会社

---

27)　ガイドライン 11 頁。
28)　企業会計審議会「財務報告に係る内部統制の評価及び監査に関する実施基準」(2011)。
29)　東京証券取引所「コーポレートガバナンス・コード」(2018)原則 2-5。

の取締役会（あるいは取締役）に対して、業務の適正を確保するための内部統制システムの基本方針を決定すべきことを要求していること（348条3項4号・4項、362条4項6号・5項、399条の13第1項1号ロ・ハ、416条1項1号ロ・ホ）も、内部通報の制度化を促すものであると見ることができる。同法は、上記の金商法と異なり、内部通報制度に具体的に言及しているわけではないが、内部通報制度は、会社法上の内部統制システムの構成要素である法令遵守体制の一要素として位置づけられよう。

　以上のように、企業内における内部通報制度の整備は、公通法およびガイドラインだけでなく、多様な法規範を通じて強力に促されているということができる。もとより内部通報制度は法律上義務づけられているわけではなく、その具体的な内容は、各企業に委ねられている。ただ、制度化された場合には、当該制度に従った通報の処理を当該企業は義務づけられることになる[30]。ここでは、内部通報の制度設計に際して問題となると思われるいくつかの論点について若干の検討を加えることとしたい。

(1)　通報窓口

　まず、通報窓口については、コンプライアンス室や総務部などといった社内の適切な部署とするか、法律事務所あるいは労働組合などの事業者の外部に設定するか、窓口を複線化するか、経営陣からの独立性をどのように確保するか、セクハラやマタハラに関する相談窓口や既存の職制ルートを通じた通報との関係をどのように整序するか、といった点などについて検討する必要がある。また、グループ企業の場合にはグループ共通の窓口を設定するか、という点についても検討すべきであるが、この場合、子会社従業員の通報についても適切に対応すべき信義則上の義務を負う場合があることには留意する必要があろう[31]。

(2)　通報対象の範囲

　以上に加えて、制度設計に関して検討されるべき重要な事項は、内部通報制度の通報対象となる不正行為の範囲である。この点ついて、コーポレートガバ

---

30)　オリンパス事件・東京高判平23・8・31労判1035号42頁。
31)　イビデン元従業員ほか事件・最一判平成30・2・15労判1181号5頁。

第2部 実務編

ナンス・コードは、「違法または不適切な行為」に関する内部通報制度の整備を要求し（原則2-5）、ガイドラインは「法令違反のほか、内部規程違反等」とし[32]、法令違反以外の不正行為についても通報の対象とすることを求めている。確かに、法令違反に該当しないものであっても、企業が自主的に定めて外部に公表している企業倫理やそれに基づく行動指針に違反する行為を内部通報制度によって監視することは、消費者の信頼保障や組織の持続的発展に資する取組みであるといえよう。実際、内部通報制度を整備している企業の多くが、公通法のように通報対象事実を限定せず、就業規則等の社内規定違反を通報対象に含めている[33]。しかし、一方において、企業が自主的に定めた規定は、企業が一方的に定めたもので民主的正統性が欠けていること、就業規則のように外部に公表されないものもあること、そのため規定の内容自体の正当性が保障されているわけではないことも考慮されるべきである[34]。また他方において、たとえば、企業倫理違反を対象に含める場合には、企業倫理自体の内容が明確でないところもあり、相当に幅広い内容が内部通報制度の対象となることも考慮される必要がある。内容の正当性が疑わしい社内規定あるいは内容が明確でない企業倫理の監視体制が内部通報制度によって強化されることにより、被通報者の権利が侵害される事態が生じる可能性があるのである。法令違反以外の不正行為を内部通報制度の対象とすることは、消費者の信頼保障や組織の持続的発展のために必要な措置であるが、社内規定自体の合理性や企業倫理の明確化などにより、個々の労働者の権利が侵害されないような取組みも併せて求められるべきである。

(3) 真実相当性と目的要件

内部通報制度における通報については、さらに、通報対象に関する真実相当性、通報の目的要件が要求されるかが問題となる。公通法では、同法の通報対象事実に関する通報について不正目的がないことが要件とされる一方、目的の

---

32) ガイドライン5頁。
33) 消費者庁・後掲注50)39頁参照。
34) たとえば、多くの就業規則に兼業禁止規定が設けられているが、兼業を一般的に禁止することには合理性がなく、労務提供への支障や企業秘密の漏洩などの危険性がある場合に、例外的に兼業が禁止されうるに過ぎない。マンナ運輸事件・京都地判平成24・7・13労判1058号21頁参照。

公益性は求められていない。また、同法では、労務提供先に対する通報については真実相当性が要求されていない。内部通報制度の制度設計においても、同法が適用される通報については、真実相当性が保護要件とされるべきではない。ただ、不正目的の通報を排除することは規定される必要がある。誹謗中傷を内容とする通報は排除される必要があろう。

　問題は、公通法が適用されない通報（たとえば、民事法違反や社内規定違反の通報）の場合に、目的要件と真実相当性を要求するかである。労働者の通報を促す観点から、不正目的がないことのみを求める制度設計がありえるのに対して、被通報者の名誉毀損や内部通報制度の濫用を防ぐ観点から、真実相当性と不正目的がないこと（あるいは目的の公益性）、のいずれも要求する制度設計も考えられる。どのような制度設計が採用されるかによって、内部通報に対する保護の在り方も異なる。なお、裁判例では、セクハラやパワハラに該当する行為を理事長に通報した事案において、「事実でない事柄を、不当な目的で、不相当な方法で行うものであれば、違法なものとなり、懲戒事由ともなりうる」とした例[35]がある。

(4)　不利益取扱いの禁止、通報者と被通報者の秘密保護

　内部通報制度の最も中心的な仕組みは、通報者に対する不利益取扱いが禁止される点にある。上述したように、公通法では、犯罪行為等に該当しない不正行為の通報を理由とする不利益取扱いが禁止されているわけではない。それは、内部通報制度によって禁止されることになるのである。

　内部通報を理由とする不利益取扱いを禁止するのは、もとより、内部通報を促すためである。しかし、通報を促すためには、不利益取扱いが単に禁止されるだけでは不十分であって、通報者に対する不利益取扱いが防止される制度的な配慮が、多面的な側面から検討されなければならない。たとえば、不利益取扱いを行った者に対する制裁処分を課す規定も必要であろう。また、不利益取扱いから通報者を保護するためには、通報者の氏名等の情報が通報窓口担当部署の関係当事者以外に漏洩することを防ぐ必要もある。担当部署の関係当事者には、通報者の同意がない限り、通報者の特定につながる情報を漏洩しない守秘義務が課されるべきである。個人情報の共有が許される範囲を最小限とする

---

35)　前掲注 19)財団法人骨髄移植推進財団事件。

第2部　実務編

こと[36]、漏洩者に対する懲戒処分を明記することも検討に値する。

通報者の特定を防いで通報を促す、いっそう効果的な制度は、匿名通報を許容することであるということもできる。ただ、匿名通報を許容することにより、真実性に欠ける通報、私怨に基づく通報などが生じる可能性がある。場合によっては、被通報者の名誉が傷付けられることもあろう。匿名通報によって生じるデメリットも併せて考慮しつつ、それを許容するかどうかが検討されるべきである。

また、秘密保護が徹底されるべきなのは、通報者だけではない。被通報者は通報により組織内における名誉が毀損される可能性がある。通報者のみならず、被通報者の特定につながる情報が漏洩しないよう措置が十分に講じられるべきであろう。通報者や被通報者の秘密保護は、個人情報保護やプライバシー保護の観点からも要請されるものである。

(5)　社内リニエンシー

ガイドラインが指摘するように、不正行為の通報を促すという観点からは、「法令違反等に関与した者が、自主的な通報や調査協力をする等、問題の早期発見・解決に協力した場合には、例えば、その状況に応じて、当該者に対する懲戒処分等を減免することができる仕組み」[37]（社内リニエンシー）を整備することも検討されるべきである。企業秩序を侵害する不正行為は懲戒処分の対象となるが、当該不正行為の自主的な通報が企業秩序の回復に寄与する場合もあるからである。また、こうした社内リニエンシー制度を通じて通報を促すという政策的配慮も否定されるべきではない。たとえば裁判例でも、被告環境局で河川清掃業務に従事する職員が、自身も含めて、業務中に拾い上げた金員を私物化している旨の通報を行ったところ、これに対して被告が通報者であるXを懲戒免職処分とした事案につき、「Xが内部告発をしたことで……領得行為の違法性が直ちに減少するとはいい難いが……本件内部告発を行った結果……違法又は不適切な取扱いの実態が明らかとなり、清掃作業中に発見された物等の取扱いが明確化されるなど、その是正が図られたものであって、この点は、懲戒処分の選択に当たりXに有利な事情として考慮すべきことは明らかである」として、懲戒免職の効力を否定するものがある[38]。

---

36)　ガイドライン8頁。

37)　ガイドライン11頁。

38)　大阪市（河川事務所職員・懲戒免職）事件・大阪地判平成24・8・29労判1060号37頁。

348

社内リニエンシーを制度化した場合、不正を自主的に通報した従業員に対する懲戒処分を必ず減免しなければならないか、という点も問題になるが、**CASE** の Y 社内部通報規程 9 条のような規定の仕方の場合、懲戒処分を減免することがありうる、という理解になろう。

⑹　通報義務

労働者の通報を促すという観点から一部の企業で制度化されている、あるいは提言されている注目すべき仕組みとして、社内リニエンシーのほかに、労働者に対する通報義務がある。不正行為の通報を労働者に義務づける制度を導入する企業はそれほど多くないといわれる[39] が、2011 年の消費者庁の調査を見ると、こうした通報義務を導入している企業が散見される[40]。

裁判例では、労働者の通報義務につき、コンビニエンスストアで店員として勤務していたアルバイト従業員が、同じく店員として勤務していた同僚による日常的、継続的な商品の窃盗行為を雇用主に報告しなかったことが不法行為に該当するかが問題となった事案において、「一般に、本件店舗のような店で店員として勤務する従業員は……誠実義務として……他の従業員による不正行為を発見したときは、雇用主にこれを申告して被害の回復に努めるべき義務をも負担するものと解するのが相当であ〔り〕……その不作為によって他の従業員による不法行為（不正行為）を容易にしたものとして、不法行為に対する幇助が成立する」としたもの[41] がある。金銭や商品を直接扱う店舗従業員の窃盗や横領に関する判示であると位置づけることができよう。また、骨髄移植推進財団の総務部長が常務理事兼事務局長によるパワハラ・セクハラ行為の事実を理事長に報告した事案において、総務部長の職責に基づく通報義務を肯定した例[42] もある。

以上のように裁判例は、上級管理職の職責としての通報義務や店舗従業員の窃盗や横領に関する通報義務を肯定しているが、ここで問題となるのは、こうした部分的な通報義務を内部通報規定によって拡張することは可能か、社内規

---

39)　全国農業協同組合連合会特別調査委員会『調査報告書』(2017)50 頁。
40)　消費者庁・前掲注 2)「規程集」。
41)　さえき事件・福岡地小倉支判平成 10・9・11 労判 759 号 72 頁。
42)　前掲注 19)財団法人骨髄移植推進財団事件。

第2部　実務編

定違反を含む幅広い不正行為に関する通報義務を、全ての労働者に課すことができるか、という点である。全労働者に不正行為の通報義務を課せば、不正行為に関する情報伝達が促進され、内部統制の実効性向上に資するといえよう。しかし、こうした通報義務の拡張が、労働者に過度な負担を課すことに繋がるという点も看過されてはならない。

(7)　調査協力義務

　内部通報制度の制度設計の際に検討されるべき論点として最後に指摘しておきたいのは、労働者の調査協力義務が規定されるべきかどうか、である。ガイドラインでは、不正行為に関する労働者の調査協力義務は規定化されるべきであるとされているものの、ここでは、①他の労働者に対する指導、監督ないし企業秩序の維持などを職責とし、調査への協力が職務の内容になっている者は調査に協力する義務を負う一方、②これ以外の場合には、調査対象である違反行為の性質、内容、当該労働者の違反行為見聞の機会と職務執行との関連性、より適切な調査方法の有無等諸般の事情から総合的に判断して、調査に協力することが労務提供義務を履行する上で必要かつ合理的であると認められない限り調査協力義務を負うことはない、という最高裁判決[43]との関係が問題となる。

　不正行為の事実関係に関する迅速かつ適切な調査を実現するという観点に立つと、不正行為に関する労働者の調査協力義務は、内部通報制度に規定されるべきである。しかし、不正行為に関する組織の調査権の根拠が、労働者の労務提供義務に付随する企業秩序維持義務にある以上、内部通報制度における調査協力義務も、上記①②を確認的に規定するものであると解される必要があろう。不正行為に関する調査が「企業の円滑な運営上必要かつ合理的なものであること、その方法態様が労働者の人格や自由に対する行きすぎた支配や拘束でないこと」に配慮することが求められる[44]というべきである。

---

43)　富士重工業事件・最三判昭和52・12・3労判287号7頁。
44)　日経クイック情報事件・東京地判平成14・2・26労判825号50頁。

11　コンプライアンス体制の構築と労働法

解答

設問 1

　Xの週刊誌に対する内部告発（本件内部告発）は、Y社の名誉や信用を傷付けるとともに社内資料の無断スキャンなどを通じて、公表していない事項を外部に漏洩し、これらによりY社に大きな損害を与える行為であって、Y社就業規則79条3号・4号の懲戒事由に該当するものであるといえよう。しかし、本件内部告発に公通法が適用される場合や本件内部告発に正当性が認められる場合には懲戒事由の該当性が否定され、あるいは懲戒権行使の濫用が認められ、Xに対する懲戒処分の効力は否定されることになる。

1　公通法の適用

　公通法は、国民の利益保護に関わる法令の規定の遵守を図る観点から、同法3条に定めるところによる公益通報をしたことを理由とする解雇を無効とするとともに、解雇以外の不利益取扱いについても禁止している。そのため、本件内部告発が同条の公益通報に該当する場合、本件内部告発を理由とする懲戒処分（不利益取扱い）は無効と判断されるべきことになる。

　本件内部告発が公通法による保護を受けるためには、少なくとも、(1)第一に、本件内部告発に不正な目的がないこと（2条1項柱書）、(2)第二に、本件内部告発が、同法の規定する通報対象事実に関するものであること（同条3項、3条）が必要になるが、本件内部告発が企業外部に向けられたものであったため、以上の2つの要件に加えて、(3)第三に、通報対象事実が生じ、またはまさに生じようとしていると信じるに足りる相当な理由があること（3条3号柱書）、(4)第四に、労務提供先あるいは権限を有する行政機関に対する公益通報をすれば解雇その他不利益な取扱いを受けると信じるに足りる相当な理由があること（同号イ）あるいは、個人の生命または身体に危害が発生し、または発生する急迫した危険があると信じるに足りる相当の理由があること（同号ホ）、(5)第五に、通報対象事実の発生またはこれによる被害の拡大を防止するために必要であると認められる者に対する通報であること（同号柱書）、が求められる。公通法は、企業内部（労務提供先）に対する通報の保護要件（3条1号）よりも、企業外部に対する告発の保護要件を高く設定しているのである。

351

第2部 実務編

(1) 不正目的の要件

以上のうち、(1)不正目的の要件につき、**CASE** では、工場長 Z に対する X の私怨や、本件内部告発により Y 社に大きな損害が及ぶ認識が認められるものの、本件内部告発により、Y 社の不正を是正するとともに消費者利益を確保するという目的が X に存在していたことが認められ、本件内部告発に不正な目的は存在していなかったということができる。公通法は、「不正の利益を得る目的、他人に損害を加える目的その他の不正の目的でな」いことを公益通報の要件としており、もっぱら公益の確保を図ることを要件としていない（2条）のであって、公益以外の目的が併存しているだけで不正な目的に該当するわけではないからである（**解説 2** 参照）。

(2) 通報対象事実

次に問題になるのは、通報対象事実の要件である。これについては、公通法が通報対象事実を刑事罰の対象となる犯罪行為の事実に限定しているところ（2条3項）、本件内部告発の対象事実である消費期限切れの牛乳使用と衛生規範に違反する商品出荷のうち、前者の事実は刑事罰の対象となる食品衛生法違反であって、公通法の通報対象事実であると評価することができる一方、衛生規範違反は、犯罪行為でもなく法違反でもないため、公通法が適用される通報対象事実ではない、という問題がある。この点については、食品衛生法違反の事実に関する告発についてのみ公通法の適用があると解すべきであろう。

これに対して、内部告発の対象事実に犯罪行為に関する事実が含まれていれば、仮に内部告発の対象事実の一部に犯罪行為に関しない事実が含まれていたとしても、全体として公通法2条3項の通報対象事実の要件を満たす、という見方がありえる。また、逆に、告発の対象事実に犯罪行為に関する事実が含まれていたとしても、内部告発の対象事実の一部に犯罪行為に関しない事実が含まれていれば、全体として同項の通報対象事実の要件を満たさない、という見方もありえる。しかし、これらの見方は、いずれも適切ではない。内部告発が名誉毀損に該当する場合があるにもかかわらず、公通法が不正目的の要件を緩やかに設定しているのは、犯罪行為に関する事実の通報を促進する趣旨であって、犯罪行為に関わらない事実の通報を促進する趣旨ではないこと、公通法の保護を受けることができない場合であっても、内部告発の一般法理による保護が図られる場合があること、が考慮されるべきである。したがって、X の内部

告発は、食品衛生法違反に関する告発についてのみ、要件(2)を満たすことになる。

(3) 真実相当性と告発先

　不正目的と通報対象事実の要件に加えて問われるべきことは、本件内部告発に、(3)真実相当性がみられるとともに、(4)労務提供先に対する通報により不利益を受けると信じる相当な理由があり、あるいは、個人の生命または身体に危害が発生し、または発生する急迫した危険があると信じるに足りる相当の理由があって、(5)通報対象事実の発生またはこれによる被害の拡大を防止するために必要であると認められる者に対する通報であるか、という点である。

　このうち(3)真実相当性とは、通報対象事実が生じ、またはまさに生じようとしていると信じるに足りる相当な理由があることをいうが、本件内部告発の内容については、Ｙ社もこれを認めて記者会見を行っているため、肯定されるべきものであるといえよう。また、(5)の要件についても、Ａ社発行の週刊誌が確実な情報を提供するという点で定評があり、大きな社会的影響力を持っていたのであって、通報対象事実の発生またはこれによる被害の拡大を防止するために必要であると認められる者ということができる。

(4) 不利益を受ける、あるいは生命・身体に危害が発生すると信じる相当な　理由

　最後に問題となるのは、本件内部告発に、(4)①労務提供先に対する通報により不利益を受けると信じる相当な理由があるか（公通３条３号イ）、あるいは②個人の生命または身体に危害が発生し、または発生する急迫した危険があると信じるに足りる相当の理由があるか（同号ホ）、である。公通法は、告発先を労務提供先、権限ある行政機関、企業外部の３つに区分して異なる要件を設定し、労務提供先への通報（内部通報）を促進するという観点から、企業外部に告発する場合の保護要件を最も高く設定し、真実相当性に加えて、上記の①や②などを求めているのである（その他の事由については、**解説２**参照）。

　まず、本件内部告発のうち、Ｙ社による消費期限切れの牛乳使用については、上記②の該当性が認められる可能性があろう。さらに **CASE** の事実を見ると、①の該当性が問題となりうる、次のような２つの事実も確認することができる。一つは、Ｘが本件において問題となっている通報対象事実の見直しをＺに提案した後に、Ｚから仕事の些細なミスに関して激しい叱責を受けるようになった

第2部　実務編

こと、もう一つは、Y社では、内部通報制度の利用実績が皆無で、経営者がこれを積極的に使用していなかったこと、である。①の要件は、労働契約上、労働者が負うべき誠実義務を反映したものであって、内部通報や権限ある行政機関に対する通報により労働者が「不利益を受けると信じるに足りる相当な理由」がない限り、企業の損害を回避するために、企業内部や行政機関に通報すること（以下、内部通報等）を労働者に要求するものであるが、ここではそうした労働者の誠実義務を反映した「相当な理由」がいかなるものであるかが問題となる。

第一に、経営者による不正の指示あるいは黙認がある場合には、労働者が「不利益を受けると信じるに足りる相当な理由」があるというべきである。このような場合に労働者が企業内に通報しても、不正是正が実現される期待可能性が低いだけでなく、当該労働者が、当該企業から何らかの不利益を受ける可能性が高いからである。

また第二に、上司に通報したことによって当該上司から事実上の嫌がらせを受けた場合あるいは、第三に、企業が内部通報制度を積極的に運用していない場合も、「不利益を受けると信じるに足りる相当な理由」が肯定されるべきであろう[45]。もっとも、第二あるいは第三のケースでは、内部通報等（第二のケースでは上司の上司あるいは経営層への通報）により労働者が不利益な取扱いを受けない可能性や不正が是正される可能性がなお残されており、誠実義務を厳格に解する立場から労働者に内部通報を要求し、「相当な理由」を否定する見方が生じうる。しかし、ここでは、内部通報を通じて得た不正情報を隠蔽しようとする企業が見られてきたこと、内部通報等を理由として不利益を受けたり、事実上の嫌がらせを受けたりする例も多いこと、したがって、内部通報制度の整備を通じて通報者の保護が図られていない場合には内部通報によって通報者が不利益を受ける可能性が高いこと、が考慮されるべきである。そこで**CASE**の事実を見ると、Y社経営者による指示や黙認は見られないものの、Zによる叱責があったこと、Y社において内部通報制度が全く整備されていなかったことが確認されるのであって、①の公通法3条3号イの該当性が肯定される必要があろう。

---

45)　石田信平「労働者の内部通報をめぐる法的諸問題」季労230号（2010）235頁参照。

11 コンプライアンス体制の構築と労働法

(5) 結 論

　以上において検討してきたように、①本件内部告発には不正の目的がないこと、②真実相当性が肯定されること、③労務提供先や権限ある行政機関に対する通報により不利益を受けると信じるに足りる相当な理由があり、また、個人の生命または身体に危害が発生し、または発生する急迫した危険があると信じるに足りる相当の理由があること、④Ａ社は、通報対象事実の発生またはこれによる被害の拡大を防止するために必要であると認められる者であること、その一方で、⑤食品衛生法違反に関する事実については通報対象事実の要件を満たすものの、衛生規範違反についてはその要件を満たさないこと、が認められる。したがって、食品衛生法違反に関する内部告発については公通法が適用され、Ｙ社は、それを理由とする懲戒処分を行うことはできないということができる。

2　内部告発の正当性

　そこで次に問題となるのは、衛生規範違反の告発を理由とする懲戒処分が有効になるかである。上記のとおり、食品衛生法違反に該当する事実の告発を理由とする懲戒処分は、公通法に基づいて無効となるが、ここではさらに、衛生規範違反の告発を理由とする懲戒処分の効力が問われなければならない。裁判例は、①内部告発内容の当該組織体にとっての重要性、②告発内容の真実相当性、③目的の公益性、④告発手段と態様の相当性、を総合考慮して、内部告発が正当であると評価される場合には懲戒処分を無効とする法理を形成してきており[46]、公通法はこのような保護法理の適用を排除するものではないのであって（6条）、ここでは、こうした法理に基づいて、本件内部告発（とりわけ衛生規範違反の告発）に正当性が認められ、本件懲戒処分の効力が否定されるかが問われることになるのである。

(1)　告発内容の当該組織体にとっての重要性

　本件内部告発が正当であるためには、まず、告発内容がＹ社の運営方法の改善につながるような重要事項でなければならない。企業の名誉を毀損する行為である内部告発が正当化されるのは、それが企業組織体の運営方法の改善につながるためだからである。この点につき、ここでいう組織体にとっての重要

---

46)　たとえば、前掲注5)大阪いずみ市民生協事件。

第2部　実務編

事項は、法令違反行為に限定されるべきであって、厚生労働省の洋生菓子の衛生規範は含まれないとする見方もあろう。特に本件のような企業外部に対する告発の場合は、名誉や信用の毀損による損害が大きくなる可能性があるために、そうした見方がいっそう要求されると見ることもできる。しかし、①刑事上の名誉毀損罪の違法性阻却事由の要件として定められている公共の利害の要件（刑法230条の2）は、法令違反行為に限定されているわけではないこと、②誠実義務の観点から正当化される告発内容を限定すれば、国民や消費者が知るべき情報の伝達が阻害され、適正な民主主義の運営が損なわれることを考慮する必要があろう。法令違反はもとより、企業倫理に反する行為や社内規定違反なども、当該組織体にとって重要なものであると把握されるべきである。

　こうした観点から**CASE**を見ると、洋生菓子に関する厚生労働省の衛生規範は法令に該当するわけではないものの、食品衛生水準向上の観点から各事業主にその遵守が推奨されている基準であり、その遵守いかんは公共の利害に関わる事項であるということができる。また、Y社の内部規定では衛生規範を遵守することが規定されているため、衛生規範に違反することは同時にY社の出荷規定に違反することをも意味する。したがって、衛生規範違反に関する事実は、Y社の運営方法の改善につながる重要事項であるということができる。

⑵　告発内容の真実相当性と目的の公益性

　公通法の適用に関する**解答設問11**⑶と同様に、本件内部告発の真実相当性は認められるというべきであるが、内部告発の正当性判断において考慮されるべき、目的の公益性については、どのように考えられるべきであろうか。第一に、内部告発の正当性判断における目的の公益性は、もっぱら公益を図る目的に出たものであることまでは要求されないというべきであろう。目的の公益性を過度に限定して解釈することは、正当な内部告発の保護法理の適用範囲を著しく限定する結果になるからである。もっとも第二に、内部告発の正当性判断における目的の公益性は、公通法の場合と異なり、単に不正の目的がないというだけでなく、告発の主たる動機に公益性が認められることが必要である。公通法では通報対象事実が犯罪行為に該当する事実に限定されているために、これに加えて主観的要件に関して過度な限定を付すことは適切ではない一方、内部告発の正当性判断では、通報対象事実が犯罪行為に限定されているわけでは

356

ないからである。

そこで、Xの告発の主たる動機に公益性があったかどうかを見ると、①Xが、不正を指示していたZに私怨を募らせ、自らが置かれている状況を改善する意図を有するようになったのは、不正行為の見直しをZに提案したことに対するZの報復行動に原因があること、②Y社の不正行為に関する事実は消費者が知るべき情報であると考えたこと、③長期的視点に立ったY社の利益を考慮したこと、④確実な情報を提供する週刊誌を発行しているという点で定評があったA社に告発したこと、が認められるのであって、全体として見れば、Xの告発の主たる動機は、公益を図るものであったと評価することができる。

(3) 告発手段の方法と態様の相当性

本件内部告発の正当性については、以上に加えて、告発手段や告発の態様に相当性があるかという点も問題となる。Y社の労働者であるXは、労働契約上、Y社の利益を害さないという誠実義務を負っているからである。

本件内部告発の告発手段を見ると、①ICレコーダーや小型カメラが搭載された眼鏡を用いて不正の証拠を収集したこと、②Zの作業室に無断で入室して資料を無断でスキャンしたこと、③工場長Zに不正行為の見直しを提案したもののY社本社には通報せずにA社に告発したこと、が認められ、これらの行為が誠実義務の観点から相当性を欠くものであるかどうかが問題となる。まず①については、それ自体としては誠実義務に反する行為であると評価できるものの、Y社に大きな損害を与える行為ではなく、またプライバシーが確保されるべき個室などに盗聴器を取り付けたわけでもないのであって、相当性を欠く手段であるとはいえない。

一方、②については、Zに無断で社内の資料をスキャンしたことは、情報の窃取に該当する行為であって、相当性を欠く告発方法であるということもできる。ただ、特にアクセス制限されていない作業室に入室して資料をスキャンするというもので、内部告発の正当性を全体として否定するほどの不相当な行為であるという評価もできない（資料を無断でスキャンしたこととそれをA社に開示したことを理由とする別個の懲戒処分を課すことができるかという問題もあるが、資料の無断スキャン行為によって結果としてY社の違法行為が是正されたため、これらを理由とする懲戒処分の効力も否定されるべきである）。

③についても、XがY社本社に通報していれば不正が是正された可能性が存

第 2 部　実務編

在していたという評価が可能であり、Xの告発手段に問題があるという見方ができる。Y社は、週刊誌発売日の翌々日に記者会見を行い、不正について徹底的に調査して、再発防止に関する取組みを行うことを公表しており、仮にXがY社本社に通報していたとすれば、Y社の自浄作用により不正が是正されたことも否定できないからである（A説）。しかしその一方で、誠実義務に基づいて労働者に内部通報を求めることができるのは、報復行動や不利益取扱いがなされないことが制度上担保された内部通報制度が整備されている場合に限定されるという見方もありえる[47]。**CASE** では、Y社経営者による指示や黙認は見られないものの、職制ルートを通じた内部通報を行ったにもかかわらず工場長Zによる叱責（報復）があったこと、Y社の内部通報制度が全く機能していなかったことが確認され、これらの点を重視すると、Y社による不正是正（自浄作用）の期待可能性を否定する視点が浮上する（B説）。

　裁判例の傾向によると、**CASE** の事案では、Y社による不正是正の期待可能性があった、という見方も生じうる（A説）[48]。しかし、ここでは、Y社による不正是正の期待可能性を否定する見方を支持したい（B説）。第一に、内部通報制度の多くは、公通法やコーポレートガバナンス・コードなどのインセンティブ規制を通じて制度化されているに過ぎず、単に見せかけの仕組みとして整備されている側面があるのであって、見せかけの仕組みから実質的に機能する仕組みへの変化を促すには、B説が適切である。第二に、内部通報や内部告発は、同一組織に所属する者の不正を通報あるいは告発するという、反感を招きやすい行動であるが、特に内部通報については、匿名性が守られない危険性が内部告発の場合に比して高く、したがって報復行動に直面する危険性も高いため、A説による場合、内部通報も内部告発も行わない労働者の行動を促し、不正行為の是正に繋がらない。

　以上の点を踏まえると、Y社本社に内部通報を行うことなく週刊誌に告発したXの告発手段については相当性が肯定されるべきであるといえよう。もっとも、Xは、Y社埼玉工場を管轄する保健所などの行政機関に告発することもできたため、週刊誌を発行するA社に告発したことの相当性が問われる必要も

---

47)　石田・前掲注 45)235 頁。
48)　前掲注 21)群英学園事件、前掲注 7)学校法人田中千代学園事件、前掲注 22)トナミ運輸事件。

ある。しかし、この点については、Y社の内部通報制度が機能不全の状態にあったことに問題があり、告発先の選択についてXに過度な期待をすることは適切でないということができる。

(4) 結 論

上記のとおり、本件内部告発については、Y社の運営方法の改善につながるような重要事項を告発内容とするものであって、告発内容の真実性と目的の公益性が認められ、告発の手段と態様の相当性も肯定される。そのため、Xに対する出勤停止の懲戒処分は、懲戒事由該当性（就業規則 79 条 3 号・4 号）を欠くとして、あるいは懲戒権行使を濫用したものとして、無効と判断されるべきことになる（労契 15 条）。

設問 2

内部通報制度の整備が法律によって義務づけられているわけではないが、内部通報制度は、企業不正を予防・発見する効果的な仕組みである。金商法の内部統制報告書制度、コーポレートガバナンス・コードが上場会社に対して、また、公通法のガイドラインが各企業に対して、内部通報制度の整備を促しているのも、こうした考慮によるものである。

Y社では、内部通報制度が設けられていたものの、説明会開催を通じて、従業員に同制度の趣旨や利用にする説明が行われたことはなく、同制度が利用されたことも皆無であった。内部通報制度は、企業不正の予防や発見に各労働者による監視を活用しようとする仕組みである。そのため、何よりも、労働者が同制度の存在とその趣旨を十分に理解、認識することが必要である。同時に、内部通報による企業不正の早期発見と予防の重要性に対する労働者の理解を深めることも求められよう。そこで、まずY社では、内部通報制度の改善に当たって、同制度の内容と趣旨が労働者に十分に周知・説明される必要がある。もっとも、ここでは、Y社では、創業家の圧倒的威厳を背景とした一族支配がなされてきたため、従業員が意見や提案をし難い雰囲気があったことも考慮される必要があろう。労働者の通報をいっそう促す制度的な工夫が、Y社の内部通報制度には求められる。労働者に対する過度な負担とならないように、また被通報者の利益にも配慮しつつ、労働者の通報を促す以下のような仕組みが検討されるべきである。

第2部　実務編

(1) 不利益取扱いの禁止、通報者・被通報者の秘密保護

　労働者の通報を促すためには、通報者に対する不利益取扱いの発生を防ぐ制度が必要であり、不利益取扱いの禁止や関係当事者の守秘義務の規定化が少なくとも必要であろう（Y社内部通報規程7条では、不利益取扱いの禁止と守秘義務が定められている）。ただ、それだけでは不十分である。裁判例では、関係当事者の守秘義務が規定された内部通報制度が設けられていたにもかかわらず、通報者の特定につながる情報が漏洩し、これにより通報者が報復的配転を受けたケース[49]があったことも踏まえると、以上の措置に加えて、いっそう多面的な視点から通報者に対する報復行動を防止する措置が検討されるべきである。たとえば、不利益取扱いを行った者に対する制裁処分規定、情報を共有する範囲を最小限に限定する規定、漏洩者に対する制裁処分規定を整備することが求められる。また、通報者の秘密保護に加えて、被通報者に関する個人情報漏洩禁止規定も設けられるべきであろう。

(2) 外部通報窓口の設置

　Y社内部通報規程では、直属の上司または社内のコンプライアンス室が、通報先として設定されている（3条）。通報窓口については、通報の促進や通報者あるいは被通報者の秘密保持の観点を踏まえつつ、職制ルートを通じた通報やセクハラ・マタハラに関する相談窓口などとの関連をも視野に入れた検討が求められるが、少なくとも、Y社では、社内の通報窓口に加えて、経営幹部から独立性が確保された外部窓口が設置されることが必要である。企業の不正行為には、①企業経営者の指示の下で行われる場合と②中間管理職や同僚、部下などによって行われる場合とがあるが、特に①の場合のような不正を経営から独立していない窓口に通報したとしても、不正の隠ぺいや通報者に対する報復が生じる可能性がある。また、創業家の圧倒的な威厳の下で経営がなされてきたY社の従業員に、経営者の不正を社内窓口に行うことを期待することもできない。通報窓口の外部設置には、通報者の個人情報の漏洩を防ぐというメリットもある[50]。ガイドラインやコーポレートガバナンス・コードが、経営陣から独立した外部窓口の設置を行うことを要求しているのも、これらの考慮が背景にあると見ることができる[51]。

---

49)　前掲注30)オリンパス事件。

11 コンプライアンス体制の構築と労働法

(3) 真実相当性、目的の相当性

公通法は、内部通報について、「通報対象事実が生じ、又はまさに生じよう としていると思料する場合」であること、不正目的がないことを保護要件とし ている。Y社の内部通報制度においても、同法が適用される通報対象事実につ いては、事実を知った場合だけでなく、「通報対象事実が生じ、又はまさに生 じようとしていると思料する場合」にも制度が適用されるようにすべきであろ う。また、私怨に基づく通報を抑制するために、不正目的の通報を排除する規 定が設けられるべきである。

問題は、公通法が適用されない通報対象事実の通報である。内部通報制度の 濫用防止を強調すると、真実相当性と不正目的がないことが制度適用の要件と して定められるべきであろう。内部通報によって企業不正を発見・予防するこ とが期待できるが、真実相当性を欠く通報や私怨に基づく通報により被通報者 の組織内における名誉毀損あるいはプライバシー侵害の恐れがあるからである。 これに対して、通報をいっそう促すという視点によると、真実相当性は要求さ れるべきでないということになる。創業家の圧倒的威厳の下で経営が行われて きたY社では、内部通報制度の利用実績が皆無であったが、今後これをいっ そう促す必要があるという観点から、Y社における内部通報制度の通報は、原 則として、真実相当性は要件とされるべきではない、としておきたい。した がって、Y社内部通報規程3条は、「全従業員及び役員（以下、社員等）は、法 令違反、社内規定違反（以下、法令違反等）に該当する行為が生じ、又はまさ に生じようとしていると思料する場合、社外に設置された通報機関、社内のコ ンプライアンス室または直属の上司に通報することができる」といった内容の 規定に変更される必要がある。

---

50) ガイドラインは、通報者の匿名性を確保し、経営上のリスクに係る情報を把握する機 会を拡充するために、可能な限り事業者の外部に通報窓口を設置すべきであるとしてい る。なお、消費者庁『平成28年度 民間事業者における内部通報制度の実態調査報告 書』によると、外部通報窓口の設置理由の一つとして、「通報者の匿名性を確保しやす い」ことを挙げる企業が約半数（48％）見られる。

51) コーポレートガバナンス・コードは、社外取締役と監査役の合議体を具体例として挙 げている（補充原則2-5①）。なお、筆者はかつて、経営から独立した通報先を確保す る必要があるという視点から、監査役を窓口とする内部通報制度を法律で義務づける必 要性を指摘した。石田信平「コーポレートガバナンスと内部通報制度の関係について ——サーベンス・オックスリー法を中心として」季労217号（2007）172頁。

第 2 部　実務編

(4)　匿名通報

　CASE において X がコンプライアンス室に通報しなかった理由の一つに、匿名通報が許容されていなかった点がある。そこで Y 社の内部通報制度において匿名通報が制度化されるべきかという点が問題となる。

　一般的に、匿名通報には通報を促進する効果がある。通報者の匿名性が完全に確保されれば、通報者に対する不利益取扱いが完全に排除されるからである。しかし、匿名通報を認めることによって、不正通報が助長される恐れがある。また、匿名通報では事実関係を十分に調査することができない可能性があるため、顕名通報によるべきことを定める例も多い。そこで、たとえば、匿名通報については、顕名通報の場合と異なり、通報内容を裏付ける内部資料等がある場合や関係者による信用性の高い供述がある場合など相当の根拠がある場合という要件（真実相当性）を要求するという考え方がありえる。ただし、匿名通報の場合には、通報者に対して、調査を行う旨や調査（公通 3 条 3 号ニ）の結果を報告（同 9 条）することはできないことも併せて明記されるべきである。

(5)　通報義務

　労働者の通報を促す最も効果的な仕組みは、不正通報に関する労働者の義務を制度化することである。近時では、企業不祥事を受けて設置された第三者調査委員会が、労働者の通報義務を制度化すべきことを提言している。たとえば、JA 農協が経営する神戸プレジール本店において、料理長が但馬牛フィレを神戸ビーフフィレと偽って提供した事案について設置された特別調査委員会の報告書は、JA 農協で整備されていた内部通報制度が本件事案において機能しなかった原因として、①料理長による偽装行為が他人事であって自分の事ではないという意識がスタッフに見られたこと、②これとは逆に、自分が被害者となるハラスメント事案においては内部通報制度が利用される傾向があること、③そうすると、本件のような場合に通報を促すには、コンプライアンス意識の向上や内部通報制度の周知といった一般的な施策では不十分であり、通報しないことが不利益となる仕組み——通報の義務化——を考えざるをえないとしている[52]。また、東洋ゴム工業が免震積層ゴムの性能を偽装して大臣認定を得た事案に関して設置された外部調査チームの報告書も、「従業員が法令違反に該

---

52)　全国農業協同組合連合会特別調査委員会・前掲注 39) 50 頁。

当する事実など一定の重要な事実について認識した場合には、自身の関与の有無にかかわらず、原則として、内部通報窓口への通報義務を課す」べきであるとし、通報の義務化を提言している[53]。

確かに、全労働者に不正行為の通報義務を課せば、不正行為に関する情報の伝達が促進され、これによる企業不正の是正が期待できる。しかし、通報義務に基づいて通報した場合であっても、上司や経営幹部による不正行為を通報した場合になされうる報復の完全な排除は困難であること、通報は当該組織における被通報者の名誉を毀損する側面があること、通報が職務内容となっている場合を除くと、通報行為と職務遂行とは一応切り離されるべきこと、が考慮される必要がある。労働契約の誠実義務から導かれる通報義務を超えた義務を内部通報規程によって課すことが許容されるのは、外部窓口が設置されるなど、報復行動に対する十分な配慮がなされていることが前提とされるべきである。また、犯罪行為や個人の生命に危険を及ぼす行為に関する不正で、当該不正が行われていることに確証がある場合などに限定されるべきである。Y社でも、こうした観点から、通報義務の制度化が検討される必要があろう。

(6)　その他

以上のほかに、Y社の内部通報制度を改善するために検討されるべきことは、不正是正に寄与した通報者に報奨金を支給する仕組みである。ただし、報奨金の支給によって、通報者が特定されてしまう恐れがある。通報者が特定されないような支給方法が検討されるべきである。

〔参考文献〕
　土田道夫＝安間早紀「内部告発・内部通報・公益通報と労働法」季労249号(2015) 135頁、山川和義「労働者による企業コンプライアンスの実現」日本労働法学会編『講座労働法の再生第4巻』(日本評論社、2017) 75頁、石田信平「労働者の内部通報をめぐる法的諸問題」季労230号 (2010) 225頁

(石田信平)

---

53)　「免震積層ゴムの認定不適合」に関する社外調査チーム『調査報告書』(2015)288頁。

12

企業の情報管理

CASE 1 　出向先・取引先への従業員情報の提供

　1　Y₁社は、ファミリーレストランのチェーン展開を行う従業員約 1 万 2000
名の株式会社である。Y₂社は、Y₁社の子会社であり、フードコート・社員食堂
等の運営を行う従業員約 2000 名の株式会社である。X₁は、Y₁社に雇用される
労働者であり、戸籍上は女性、性自認は男性のトランスジェンダーであるが、
職場においては、女性ものの服装を身に着け、女性として行動していた。

　2　X₁は、職場における女性としての振舞いにストレスを感じており、2018
年 5 月 14 日、精神科を受診して、性同一性障害であり、また、合併症としてう
つ病を発症していると診断された。医師の勧めに従って、X₁は、まず、休職を
してうつ病の治療を受け、その後、性同一性障害に関する精神科領域の治療を
受けることにした。そこで、X₁は、同月 16 日、上司に対して、上記の診断内容
（トランスジェンダーであることを含む）と治療方針を伝えて、傷病休職（休職
期間は、同年 5 月 21 日から 8 月 20 日まで）のための手続をとった。この手続
の過程で、Y₁社は、同社の人事情報データベース（従業員の氏名・連絡先・経
歴等の情報を含むデータベース）の X₁に関するデータ（「就業上の配慮」の項
目）に、「トランスジェンダーである旨を申告している」との記載を追加した。

　3　Y₂社は、2019 年 7 月 1 日から、ショッピングモール（A モール）に設置
されるフードコートの運営を受託することになった。この店舗には、パート・
アルバイトを含めて 160 名が配置されることになったが、その中には、復職し
た X₁を含む 15 名の Y₁社からの出向者が含まれていた。Y₁社は、「出向に当たり、
会社は、出向を命じられた従業員の人事情報を、出向先となる関連会社等に提
供する」とする Y₁社の就業規則に基づき、Y₂社に、人事情報データベースから
X₁らの人事情報の一部を提供したが、その中には「就業上の配慮」に関する項

364

目も含まれていた（以下では当該情報のうちX_1の性自認に関するものを「本件情報①」とする）。Y_2社は、提供を受けた人事情報を、同社の人事情報データベース（従業員の氏名・連絡先・経歴等の情報を含むデータベース）に追加した。

　4　Aモールの運営会社であるA社は、各テナントに対して、ダイバーシティ戦略の一環として店舗の改築を予定しており、そのための資料にしたいとして、店舗の設備について各テナントの従業員がもつニーズについて申告することを依頼した。Y_2社も、運営の開始に先立って、2019年5月14日、同様の依頼を受け、同年6月7日、人事情報データベースから、上記のニーズをもつ従業員のデータのうち「性別」・「年齢」・「就業上の配慮」に関する項目のみを出力して、これをA社に手渡した（以下では当該情報のうちX_1の性自認に関するものを「本件情報②」とする）。その後、同月18日に開催されたフードコートの従業員を対象とする研修の中で、A社の担当者は、「みなさんの中にはトランスジェンダーの方もいると伺っていますが、店舗の改築後には、従業員の共用施設として、そういった方も利用できる多目的トイレが設置されます」との発言をした。この発言を聞いて、自身の情報がY_2社やA社に提供されていると考えたX_1が確認したところ、Y_1社の担当者は、Y_2社への情報提供を認め、また、Y_2社の担当者は、A社への情報提供を認めた。

　5　X_1は、これらが本人の同意を得ない第三者への情報提供であり、個人情報保護法23条に違反するとして、民法709条に基づき慰謝料の支払いを請求している。これに対して、Y_1社は、X_1はかつて他の関連会社への出向に当たって行われた人事情報の提供について異議を唱えていなかった（ただし、トランスジェンダーであることを申告する前のことであった）ことに照らせば、出向に伴う情報提供に関する黙示的な同意があり、また、就業規則の規定によっても本人同意を得ていると主張し、Y_2社は、A社には個人を識別できないように加工した情報を提供しており、X_1の個人データを提供したわけではないと主張している。

設問1　Y_1社に対するX_1の請求は認められるか。

設問2　Y_2社に対するX_1の請求は認められるか。

設問3　個人データの提供に関して本件のようなトラブルを回避するために、Y_1社・Y_2社は、いかなる措置をとる余地があったか。

第 2 部　実務編

CASE 2　評価情報等の開示請求、SNS 利用に関する規律・調査

1　Y₃ 社は、家電製品の製造・販売等を行う従業員約 8000 名の株式会社である。X₂ は、Y₃ 社に雇用され経営企画部で広報業務に従事する労働者である。

2　Y₃ 社の就業規則には、「従業員は、会社に対して、自身が識別される保有個人データの開示を請求することができる。ただし、人事考課に関する情報のうち本人の評価に関する部分については、この限りでない」、「会社は、第 1 項の請求を受けた場合、書面により、保有個人データを開示する。ただし、個人情報保護法 28 条 2 項 1 号から 3 号までに該当する場合は、その全部又は一部を開示しないことができる」という規定がおかれている。

3　X₂ は、2018 年 7 月 10 日、残業中に職場で食べた夕食の写真を SNS に投稿したが、写真の中に、翌週の記者発表で配布する予定だった新製品に関する資料が写り込んでいた。これを見た消費者がこの情報を拡散したことで、相当数の消費者がこの写真を目にし、翌日にはこの企画について消費者から数件の問い合わせが寄せられた。これらの問い合わせの内容から、Y₃ 社は、X₂ の投稿によって記者発表前の情報が外部に漏洩したことを認識した。その後、Y₃ 社は、今回の情報流出について調査を行ったが、その過程で、X₂ がこの他にも SNS で不適切な情報（取引先に打合せに赴いた旨をその取引先の社名を挙げて投稿するなど）を発信し、また、他部署の同僚との会話の中で製品企画に関する機密情報に言及していたことが確認された。

4　これを受けて、Y₃ 社は、X₂ の懲戒処分について検討するとともに、X₂ には多数の機密情報を扱う経営企画部での業務への適格性がないと判断して、商品管理部への配転を行うこととし、2018 年 9 月 13 日、その旨を X₂ に内示した。しかし、X₂ は、これに不満を抱き、配転が妥当かを判断するために、人事考課、人事異動および情報漏洩の調査に関する情報に含まれる自身に関する情報を開示するよう請求してきた（以下では当該情報を「本件情報③」とする）。なお、X₂ が開示を求める情報のうち、人事考課に関する情報は、従業員の氏名、評価者の氏名などを用いて検索できるデータベースに記録されており、人事異動に関する情報は、議事録に記録されており、情報漏洩の調査に関する情報は、従業員の氏名、調査担当者の氏名、調査協力者の氏名などを用いて検索できるデータベースに記録されている。

5　また、Y₃ 社は、SNS 利用に起因するトラブルを防止するための措置として、① SNS 利用に関する社内規程を整備すること、および、② 従業員の SNS 利用の状況を監視することを検討している。

設問1　Y₃社は、X₂の請求に応じる必要があるか。

設問2　保有個人データの開示請求について円滑な対応をするために、Y₃社は、いかなる措置をとりうるか。

設問3　SNS利用に起因するトラブルを防止するために①・②の措置をとるに当たって、Y₃社は、いかなる点に留意する必要があるか。

解説

1　法制度の枠組み

(1)　法制度の概要

　企業活動における情報管理をめぐる法律問題は多岐にわたるが、「企業法務と労働法」という観点からみた中心的な課題は、労働者の個人情報やプライバシーの取扱いである。これに関連する法制度として、個人情報の保護に関する立法や規定、および、プライバシーの侵害に関わる不法行為法制がある。

　前者を構成するのが、個人情報の取扱いに関する一般法である個人情報保護法のほか、特定個人情報（(3)⑦参照）の取扱いに関する規定を含む番号法（マイナンバー法）、求職者の個人情報の取扱いに関する規定を含む職業安定法、派遣労働者の個人情報の取扱いに関する規定を含む労働者派遣法などである。なお、個人情報保護法については、2015年に、労働者の個人情報の取扱いとの関係でも重要な内容を含む改正が行われている（要配慮個人情報の取扱い、保有個人データの開示請求権など）。また、労働者の健康情報の取扱いに密接に関わる規定として、労働者の健康診断やストレスチェックなどに関する規定を含む労働安全衛生法がある。これらの立法は、そこに含まれる各規定および当該規定の内容を具体化するガイドライン・指針・通達等[1]によって個人情報等の取扱いに関する行為規範を設定して、労働者に対する法益侵害（プライバシー侵害・名誉毀損等）を予防するものである。

　後者を構成するのが、広範な問題領域（報道・出版による私事の公表、企業・団体等の活動における個人情報の開示・漏洩、インターネット上における情報の開示・投稿など）について判例・裁判例が形成してきたプライバシー侵害や名誉毀損に関する判例法理であり、また、近時には、人事労務管理に関する情報の取扱いをめぐる裁判例の蓄積もみられる。これらは、労働者に対する法益侵害

第2部　実務編

が発生した場合にこれにより労働者が被った損害を塡補するものであるが、判例・裁判例における判断枠組みの提示や事案の蓄積によって、一定の行為規範を形成することもある。

(2)　法的規律を受ける主体

㋐　情報保護法制

個人情報の保護に関する諸規定は、事業者（法人企業であれば当該法人、個人企業であれば事業主個人）を対象とする。すなわち、個人情報保護法は、個人情報データベース等を事業の用に供している者（個人情報取扱事業者。個人情報2条5項）を名宛人とする。個人情報データベース等とは、個人情報を含む情報の集合物のうち、データベース、目次・索引等を付したファイル・冊子等などの形態をとるものである（同条4項、個人情報令3条2項）。したがって、大多数の事業者は、個人情報保護法の適用を受ける。また、番号法・職業安定法・労働者派遣法・労働安全衛生法に含まれる関連規定（または、これらに基づく通達等）は、事業者を名宛人とする（ただし、健康診断等に関する守秘義務は、当該事務に従事した労働者等を名宛人としている。労安衛105条）。

---

1)　個人情報保護法については、「個人情報の保護に関する法律についてのガイドライン（通則編）」（以下では「ガイドライン（通則編）」とする）、『『個人情報の保護に関する法律についてのガイドライン』及び『個人データの漏えい等の事案が発生した場合等の対応について』に関するQ&A」（以下では「Q&A」とする）などがあり、番号法については、「特定個人情報の適正な取扱いに関するガイドライン（事業者編）」、『『特定個人情報の適正な取扱いに関するガイドライン（事業者編）』及び『（別冊）金融業務における特定個人情報の適正な取扱いに関するガイドライン』に関するQ&A」があり、職業安定法については、「職業紹介事業者、求人社、労働者の募集を行う者、募集受託者、募集情報等提供事業を行う者、労働者供給事業者、労働者供給を受けようとする者等が均等待遇、労働条件等の明示、求職者等の個人情報の取扱い、職業紹介事業者の責務、募集内容の的確な表示、労働者の募集を行う者等の責務、労働者供給事業者の責務等に関して適切に対処するための指針」（平11労告141号）があり、労働者派遣法については、「派遣元事業主が講ずべき措置に関する指針」（平11労告137号）があり、労働安全衛生法については、「雇用管理分野における個人情報のうち健康情報を取り扱うに当たっての留意事項」（以下では「健康情報通達」とする）がある。また、現在は廃止されたが、「雇用管理分野における個人情報保護に関するガイドライン」（平16厚労告259号。以下では「雇用管理情報ガイドライン」とする）、「雇用管理分野における個人情報保護に関するガイドライン：事例集」（以下では「事例集」とする）も参考になる。

(イ) 不法行為法制

プライバシー侵害等による不法行為責任は、事業者のほか法人企業の取締役や事業者が雇用する労働者に対しても追及される（民709条）。また、取締役や労働者による不法行為が職務（事業）の執行に当たり行われた場合には、事業者に対しても賠償責任が及ぶ（会社350条、民715条）。

(3) 法的保護を受ける情報

(ア) 情報保護法制

個人情報保護法にいう個人情報とは、生存する個人に関する情報であって、当該情報に含まれる氏名、生年月日その他の記述等により特定の個人を識別できるもの（他の情報と容易に照合することができ、それにより特定の個人を識別できるものを含む）、および、個人識別符号が含まれるものである（2条1項。これに対して、特定の個人を識別できないように個人情報を加工して得られる情報であって所定の要件を満たすものは、匿名加工情報として、個人情報とは別個の規制に服する。同条9項、36条〜39条）。個人識別符号に該当するのは、個人番号（マイナンバー）、社会保険の適用に関する各種の記号・番号などである（個人情報2条2項、個人情報令1条、個人情報則2条〜4条）。

個人情報保護法は、情報の管理態様に即して、個人情報全般の取扱いに関する規定とともに、個人情報の一部である個人データや保有個人データにのみ適用される規定を含んでいる。個人データとは、個人情報データベース等を構成する個人情報である（個人情報2条6項）。また、保有個人データとは、個人データのうち個人情報取扱事業者がその取扱いにつき所定の権限（開示、内容の訂正、追加・削除、利用の停止、消去、および、第三者への提供の停止を行うことのできる権限）をもつものである（同条7項、個人情報令4条、5条）。

また、個人情報の保護に関する立法は、情報の性質に即して、要配慮個人情報、特定個人情報、求職者や派遣労働者の個人情報などの特に保護の必要が高い情報について、特別の取扱いを求めている。要配慮個人情報とは、2015年改正により導入された情報の類型であり、本人に対する不当な差別や偏見などが生じないようにその取扱いに特に配慮を要する所定の記述等[2]が含まれる個人情報である（個人情報2条3項）。また、特定個人情報とは、個人番号をその内容に含む個人情報である（番号2条8項）。

第2部　実務編

(イ)　不法行為法制

プライバシー侵害に関する判例法理は、典型的には「他人にみだりに知られ
たくない……プライバシーに属する情報」を保護の客体としてきたが[3]、近時
は、氏名・住所・電話番号といった秘匿性のより低い情報にも保護を及ぼして
いる[4]。もっとも、不法行為の成否は、被侵害利益の性質だけでなく侵害行為
の態様をも考慮して判断されるため、これらの情報を提供・漏洩したことなど
が直ちに違法性を基礎づけるわけではない。

なお、近時は、プライバシー侵害という構成ではなく、個人情報保護法への
違反という構成を用いて、不法行為の成立を認める裁判例もみられる[5]。この
限りで、個人情報が、不法行為規範によって保護されることもある。

2　情報の取得・提供

(1)　概要と特徴

情報保護法制の一つの柱は、情報の流通局面に関する規制である。個人情報
の取得に当たり事業者が負う義務、個人データの提供に当たり事業者が負う義
務などが、これに該当する。

ここにいう情報の取得や提供とは、法人格を超えた情報の移転のことである。
したがって、事業者の内部における他部門への情報の伝達は、情報の取得や提
供ではない（ガイドライン（通則編）3-4-1、Q&A 5-2。情報の利用や管理の一局
面である。3 参照）。他方で、親子会社やグループ会社のように密接な関係をも

---

2)　人種・信条・社会的身分、病歴、所定の心身の機能の障害があること、健康診断等の
　　結果、医師等により指導・診療・調剤が行われたこと、犯罪の経歴、刑事事件に関する
　　手続が行われたこと、少年の保護事件に関する手続が行われたこと、犯罪により害を
　　被った事実（個人情報2条3項、個人情報令2条、個人情報則5条）。

3)　最二判平成15・3・14民集57巻3号229頁。

4)　最二判平成15・9・12民集57巻8号973頁、最二判平成29・10・23判時2351号7頁。

5)　広島簡判平成17・10・25ウエストロー・ジャパン2005 WLJPCA 10256004、東京地判
　　平成25・1・24ウエストロー・ジャパン2013 WLJPCA 01248008。他方で、秘匿性の高
　　い情報について、特段の事情のない限りは、義務違反があれば不法行為が成立するとす
　　るもの（社会医療法人甲会事件・福岡地久留米支判平成26・8・8判時2239号88頁、
　　福岡高判平成27・1・29判時2251号57頁）、義務違反から直ちには違法性を導かない
　　もの（東京地判平成27・10・28ウエストロー・ジャパン2015 WLJPCA 10288014）など
　　もある。

つ当事者の間での情報の伝達も、情報の取得や提供に該当するため、取得や提供に関する義務に服する（ガイドライン（通則編）3-4-1）。

このうち、取得に関する義務は、個人情報を取得する事業者の行為全般に及ぶ。労働関係の下では、求職者・労働者からの取得（採用活動の中で応募書類・採用面接等により求職者から情報を取得する、給与支払・社会保険等に関する書類、または、配転・休職等の人事に関する面談により労働者から情報を取得するなど）、第三者からの取得（医療機関から労働者の傷病等に関する情報を取得する、関連会社から出向労働者の人事情報を取得するなど）、調査等による取得（社内ネットワークを調査して労働者のパソコンの利用状況に関する情報を取得する、勤務状況を観察して労働者の人事考課に関する情報を取得するなど）などがある。基本的には、取得に当たって不正な手段を用いないことが求められるにとどまるが、一部の情報については、本人の同意、業務上の必要、または、法定の事由がある場合にのみ取得が許容される。

これに対して、提供に関する義務は、個人データを提供する事業者の行為のうち基本的には第三者への提供（医療機関に法定健診等を実施するために必要な情報を提供する、関連会社に出向労働者の人事情報を提供する、取引先や顧客に従業員の情報を提供するなど）にのみ及ぶ（なお、プライバシー侵害に関する判例法理との関係では、本人への提供が違法となることもある。(3)参照）。ただし、個人データの取扱いの委託に伴う提供、事業承継に伴う提供、および、所定の手続の下での共同利用のための提供には、提供に関する規制は及ばない（個人情報23条5項・6項）。事業者による個人データの提供は、個人情報を広範囲に流通させる契機となるため、原則として、本人同意がある場合にのみ許容される。他方で、特定個人情報については、法定の事由がある場合にのみ提供が許容される（番号19条）。なお、情報の提供は、事業者にとっては利用の一形態でもあるため、利用に関する義務（3(2)参照）にも服する。

(2) 情報の取得

個人情報の全般について、不正の手段による取得が禁止される（個人情報17条1項）。虚偽の利用目的を示して求職者や労働者から情報を得ること、録音を隠して求職者や労働者に情報を語らせること、法律違反（(3)参照）が介在することを認識しながら医療機関や関連会社から情報を取得すること、求職者や労働者の私的な行為を隠し撮りすることなどが、この規制に違反する[6]。

第 2 部　実務編

　また、要配慮個人情報については、法令に基づく場合、他の法益を優先すべき所定の場合、保護を不要とすべき所定の場合などを除いて、取得に当たり事前の本人同意が要求される（個人情報 17 条 2 項、個人情報令 7 条、個人情報則 6条）。もっとも、労働者から本人の情報を適正に取得する場合、および、個人情報取扱事業者から個人情報を取得する場合（(3)参照）には、通常は、事業者が改めて本人から同意を得る必要はない（ガイドライン（通則編）3-2 -2）。

　なお、第三者からの取得については、情報のトレーサビリティを確保するための規制も設けられている。すなわち、事業者が第三者提供により個人データを取得する場合には、第三者による個人データの取得の経緯などに関する確認が義務づけられ（個人情報 26 条 1 項・2 項、個人情報則 15 条）、また、所定の事項に関する記録の作成と保存が義務づけられる（個人情報 26 条 3 項・4 項、個人情報則 16 条〜 18 条）。

　プライバシー侵害に関する判例法理においては、メールの利用履歴や労働者の位置情報について、調査を必要とする事情（非違行為の調査、就業時間中の緊急連絡や事故対応のための居場所確認など）の有無などを考慮して情報取得の違法性が判断されている[7]。また、HIV 感染や B 型肝炎ウィルス感染といった秘匿性の高い健康情報については、検査を必要とする特段の事情が認められ、かつ、検査の内容・目的や必要性を告知して労働者本人の同意を得た場合でなければ、取得は違法となる[8]。

(3)　情報の提供

　個人データについては、法令に基づく場合、または、他の法益を優先すべき所定の場合を除いて、事前の本人同意を得ない第三者への提供が禁止される（個人情報 23 条 1 項。要配慮個人情報を除く個人データについては、所定の手続の下でオプトアウト方式によって提供することができる。同条 2 項〜 4 項）。医療機関

---

6)　ガイドライン（通則編）3-2 -1、宇賀克也『個人情報保護法の逐条解説〔第 6 版〕』（有斐閣、2018）141 頁参照。

7)　F 社 Z 事業部事件・東京地判平成 13・12・3 労判 826 号 76 頁、日経クイック情報事件・東京地判平成 14・2・26 労判 825 号 50 頁、東起業事件・東京地判平成 24・5・31労判 1056 号 19 頁。なお、**解答 CASE 2 設問 3** 参照。

8)　B 金融公庫事件・東京地判平成 15・6・20 労判 854 号 5 頁、千葉 HIV 解雇事件・千葉地判平成 12・6・12 労判 785 号 10 頁。

に対して、法定健診、ストレスチェックなどを実施するために必要な情報を提供することは、法令に基づく場合に当たる（健康情報通達第3の5(2)・(3)）。同意の取得に当たっては、提供の都度同意を得る、個人情報の取得時に包括的に同意を得るなどの方法が想定されている（Q&A 5-8。詳細については、**解答CASE 1 設問 1**参照）。ただし、出向・転籍に伴う情報の提供に当たっては、可能な限りその都度、意思確認を行うことが望まれるとされていた（事例集3(2)）。

これらと並んで、情報のトレーサビリティを確保するための規制も設けられており、事業者が第三者に個人データを提供した場合には、提供先の名称等、本人の氏名等、本人同意に基づく提供については同意を得た旨などに関する記録の作成と保存が義務づけられる（個人情報25条、個人情報則12条〜14条）。

プライバシー侵害に関する判例法理においては、HIV 感染に関する情報について、健康診断を行った派遣先から派遣元への提供を違法と判断し、また、告知には慎重な配慮が必要だとして派遣元から労働者本人への提供（告知）も違法と判断したものがある[9]。

3 情報の利用・管理

(1) 概要と特徴

情報保護法制のいま一つの柱は、事業者内部での情報の取扱いに着目した規制である。個人情報の利用に関して事業者が負う義務、個人データの管理に関して事業者が負う義務などが、これに該当する。

このうち、利用に関する義務は、事業者に利用目的の特定を求めてその範囲内で利用を認めることを基本とするが、一部の情報については、業務上の必要、または、法定の事由がある場合にのみ利用が許容される。

また、管理に関する義務は、正確性の確保等に関する努力義務（個人情報19条）、および、安全管理に関する義務により構成されるが、人事労務管理との関係では、安全管理措置の実施や従業者の監督に当たって、労働者による個人データの取扱いをいかに規律すべきかが問題になる。

---

9) HIV 感染者解雇事件・東京地判平成7・3・30判時1529号42頁。

第2部　実務編

(2)　情報の利用

(ｱ)　利用目的の特定

個人情報の全般について、利用目的の特定が義務づけられる（個人情報15条
1項）。「人事労務管理に関わる諸手続（年金・労働保険等）を行うため」（本人
の個人情報の場合）、「法令に基づく各種手続、社内規定に基づく各種手当の支
給、および、緊急の連絡に使用するため」（家族の個人情報の場合）など（事例
集2参照）、どのような事業の用に供され、どのような目的で利用されるのか
を本人が想定できる程度に具体的に特定することが望ましい（ガイドライン
（通則編）3-1-1）。また、利用目的の特定に当たっては、労働組合等に事前に通
知し、必要に応じて協議をすることが望ましい（Q&A 2-2）。

利用目的を特定した後にこれを変更できるのは、変更前の利用目的と関連性
を有すると合理的に認められる範囲に限られる（個人情報15条2項）。この範
囲を超えて利用するには、本人の同意を得る必要がある（同16条1項）。

(ｲ)　利用目的の通知等

個人情報の全般について、情報の取得時に、事前に利用目的が公表さている
場合を除いて、事後の速やかな利用目的の通知か公表が義務づけられる（個人
情報18条1項）。労働者本人から直接書面（電磁的記録を含む）に記載された個
人情報を取得する場合には、事後の通知・公表ではなく、事前の利用目的の明
示が求められる（同条2項）。利用目的を変更した場合には、変更された利用
目的の本人への通知か公表が義務づけられる（同条3項）。ただし、他の法益
を優先すべき所定の場合、または、取得の状況からみて利用目的が明らかな場
合には、以上の通知・公表・明示は要求されない（同条4項）。

(ｳ)　利用目的の範囲内での利用

個人情報の全般について、法令に基づく場合、または、他の法益を優先すべ
き所定の場合を除いて、利用目的の達成に必要な範囲を超えた取扱いは禁止さ
れる（個人情報16条）。医療機関が、診療のために取得した労働者の健康情報
を、雇用管理のために利用することは、目的外利用になる[10]。目的外利用を
するには、事前の本人同意が要求される（同条1項）。

---

10)　前掲注5)社会医療法人甲会事件。

(3) 情報の管理

個人データについて、安全管理のために必要かつ適切な措置を講じること（個人情報20条。ガイドライン（通則編）8参照）、および、情報を取り扱う従業者と委託先に対して必要かつ適切な監督を行うこと（個人情報21条、22条。ガイドライン（通則編）3-3-3、3-3-4参照）が義務づけられる。

安全管理措置の実施や従業者の監督に関連して、情報を取り扱う従業者の範囲が問題になりうる。一般論としては、個人データを取り扱う従業者とその役割、従業者が取り扱う個人データの範囲などを明確化することが求められる（ガイドライン（通則編）8-3）。プライバシー侵害に関する判例法理においては、健康情報について、被侵害利益の性質（情報の秘匿性など）と侵害行為の態様（情報取得の経緯、情報伝達の目的など）を考慮して情報共有の違法性が判断されている[11]。

4　本人の関与

(1) 概要と特徴

情報の不適切な取扱いを防ぐために、情報の取扱いに対する本人の関与が認められる。保有個人データに関する事項の公表（個人情報27条1項）ならびに利用目的の通知に関する事業者の義務、および、保有個人データの開示に関する本人の請求権は、関与の前提として本人が自身に関する情報の利用目的や内容を認識するための規制である。そして、保有個人データの訂正等に関する本人の請求権、および、保有個人データの利用停止等に関する本人の請求権が、本人が自身に関する情報の取扱いに具体的に関与するための規制である。

(2) 利用目的の通知と保有個人データの開示

本人は、保有個人データの利用目的の通知を求め、または、保有個人データの開示を請求できる（個人情報27条2項、28条1項）。事業者は、前者につき、公表された事項によって当該情報の利用目的が明らかな場合、または、他の法益を優先すべき所定の場合を除いて、本人に対して、これを通知する義務を負

---

11)　前掲注9）HIV感染者解雇事件、神戸地判平成17・3・25ウエストロー・ジャパン2005 WLJPCA 03259006、甲社事件・東京地判平成26・3・7労経速2207号17頁、前掲注5）社会医療法人甲会事件。

第2部　実務編

い（同27条2項）、後者につき、他の法益を優先すべき所定の場合を除いて、本人に対して、情報を開示する義務を負う（同28条2項）。人事考課に関する情報については、労働組合等と必要に応じて協議をして、非開示とされうる情報に関する事項を定めて、労働者に周知しておくことが推奨される（Q&A 6-9）。また、事業者は、非通知・非開示の決定をした場合、または、情報が存在しない場合には、本人に対して、そのことを通知する義務を負い（個人情報27条3項、28条3項）、非通知・非開示とする場合には、その理由を説明する努力義務を負う（同31条）。開示請求については、事業者の対応に納得しない本人は、当該請求に関する訴えを提起し、または、仮処分を申し立てることができる（同34条）。

(3)　保有個人データの訂正等

保有個人データの内容が事実でない場合には、本人は、事業者に対して、その内容の訂正・追加または削除を請求できる（個人情報29条1項）。請求を受けた事業者は、調査をしてその結果に基づき訂正等を行う義務を負う（同条2項）。また、事業者は、本人に対して、対応の内容を通知する義務を負い（同条3項）、請求に即した措置をとらない場合には、その理由を説明する努力義務を負う（個人情報31条）。事業者の対応に納得しない本人は、当該請求に関する訴えを提起し、または、仮処分を申し立てることができる（同34条）。

(4)　保有個人データの利用停止等

保有個人データが利用目的による制限（3(2)(ウ)参照）に違反して取り扱われ、または、適正な取得（2(2)参照）に違反して取得された場合には、本人は、事業者に対して、情報の利用停止または消去を請求でき（個人情報30条1項）、保有個人データが第三者提供の制限（2(3)参照）に違反して提供されている場合には、本人は、事業者に対して、第三者提供の停止を請求できる（同条3項）。これらの請求を受けた事業者は、請求に理由がある場合には、前者につき、違反の是正に必要な限度で利用停止等を行う義務を負い（同条2項）、後者につき、第三者提供を停止する義務を負う（同条4項）。また、事業者は、本人に対して、対応の内容を通知する義務を負い（同条5項）、請求に即した措置をとらない場合には、その理由を説明する努力義務を負う（個人情報31条）。事業者の対応に納得しない本人は、当該請求に関する訴えを提起し、ま

たは、仮処分を申し立てることができる（同34条）。

解答

CASE 1 設問 1

結論：X_1の請求は認められる：情報提供に当たりY_1社がX_1の同意を得ていたとはいえず、当該提供行為について不法行為が成立する。

1 問題の所在

本問において、X_1は、個人情報保護法への違反を理由として、不法行為に基づく損害賠償を請求しているため、同法への違反の有無、および、不法行為の成否が問題になる。

Y_1社の人事情報データベースは、従業員の個人情報を含む情報の集合物であって、特定の個人情報をパソコン上で検索できるように体系的に構成しているから、個人情報データベース等に該当する（個人情報2条4項）。そうすると、当該データベースを事業の用に供するY_1社は、個人情報取扱事業者に当たり（同条5項）、当該データベースを構成する本件情報①は、個人データに該当する（同条6項）。また、Y_1社・Y_2社は法人格を異にしており、共同利用の要件（個人情報23条5項3号）も充足していないため、本件情報①の提供は、個人データの第三者提供に当たる。したがって、本件情報①の提供については、本人同意の有無が問題になる（同条1項柱書。**解説 2**(3)参照）。

また、個人情報保護法に基づく事業者の義務は公法上の義務であり、当該義務への違反が直ちに不法行為法上の違法性を基礎づけるわけではない。したがって、Y_1社が第三者提供に関する義務に違反している場合には、事業者の義務違反と不法行為の成否との関係が問題になる（民709条。**解説 1**(3)(イ)参照）。

2 本人同意の有無

(1) 本人同意の意義

個人情報保護法にいう「本人の同意」とは、本人の個人情報が、事業者によって示された取扱方法で取り扱われることを承諾する旨の本人の意思表示をいうと説明されている（ガイドライン（通則編）2-12）。本件情報①の提供につき明示の同意がない本問では、情報提供に関する黙示的な承諾をもって本人同

第2部　実務編

意を認定できるか、および、出向時の情報提供に関する就業規則の規定に基づいて本人同意を認定できるかが問題になる。

(2)　黙示の同意

　同意の態様については、明示の同意を要するか黙示の同意で足りるかをめぐって議論があるが、行政解釈は、黙示の同意を認める余地を排除していない（Q&A 1-57）。情報の不当な取扱いを予防する趣旨からは明示の同意を求めることにも理由はあるが[12]、黙示的であっても情報の取扱いを承諾する本人の意思を認定できる場合であれば、本人同意があったと評価することが[13]、本人の利益にも事業者の便宜にも適った解釈であろう。

　本問では、X_1は、従前の出向に当たり行われた個人データの提供について異議を述べておらず、このことは、一般的には、黙示の同意を基礎づける事情の一つといえる。しかし、そのときに提供されたのは氏名・連絡先等の秘匿性の高くない情報のみであり、その他に、出向に当たり性自認等の秘匿性の高い情報が提供されるとX_1が認識していたことを示唆する事実はない。このような事実関係の下において、自身の性自認に関する情報の提供を承諾するX_1の意思があったと評価することには無理がある。したがって、本問では、本件情報①の提供につきX_1の黙示の同意があったとは認められない。

(3)　就業規則に基づく同意

　同意の取得方法については、提供時にその都度の同意を得るほか、取得時などに包括的な同意を得ることも可能と解されている（Q&A 5-8）。就業規則は、合理的な労働条件を定めていること、および、労働者に周知されていることを要件として、労働契約の内容を規律するが（労契7条）、出向に当たり出向先に人事情報を提供する旨の規定に基づいて本人同意を認定できるかについては、見解が分かれている。この点に関する行政解釈の立場は明らかでないが、本人同意の意義についての上記の理解を敷衍すると、「本人の意思表示」ではない就業規則に基づいて本人同意を認定することはできないと解される。他方で、学説においては、一定の場合には就業規則に基づいて本人同意を認定できると

12)　宇賀・前掲注6)136頁参照。
13)　岡村久道『個人情報保護法〔第3版〕』（商事法務、2017）125-126頁。

解する見解もある[14]。これらに従うと、当該規定の合理性を検討することになるが、本問においては、本件情報①が、センシティブ情報である、出向先の労務管理に不可欠ではないなどの事情をどう評価するかがポイントになる。

3　不法行為の成否

就業規則に基づく本人同意を否定する立場をとると、本件情報①の提供について X_1 の同意はないため、Y_1 社は、個人情報保護法23条1項が規定する義務に違反している。個人情報等の取扱いに関する事業者の義務違反と不法行為の成否との関係については裁判例の態度が分かれているが（**解説1**(3)(イ)参照）、不法行為に関する学説には、権利利益の侵害を惹起しうる行為を禁止して私人を保護することを目的とする取締法規（保護法規）に違反する行為があり、この違反行為によって当該法規の保護法益が侵害された場合には、不法行為法上の違法性が肯定されるとの考え方がある[15]。本問においても、個人情報保護法が個人の権利利益を保護することを目的としていること（1条）、および、第三者提供に関する規制が本人の権利利益への影響が大きい取扱いの可否を本人の意思に委ねるものであることに鑑みると、第三者提供の制限への違反については、上記の学説にいう取締法規（保護法規）への違反として、それにより同法により保護されるべき本人の法益が侵害された限りにおいて、不法行為法上の違法性が導かれると解すべきである[16]。

本問では、秘匿性の高い性自認に関する情報が第三者に提供されたことにより X_1 の法益が侵害されたと評価でき、したがって、個人情報保護法に違反す

---

14)　出向に伴う情報提供につき少なくとも雇用確保のための措置として提供範囲等が明示されている場合には同意を肯定できるとする見解（岩出誠「個人情報保護法と労働関係——実務上の観点から」日本労働研究雑誌543号（2005）21頁・27頁）、一般的には就業規則が根拠となるが、センシティブ情報については本人同意を要するとする見解（土田・労働契約法138-139頁）などがある。これに対して、同意に関する就業規則の条項は合理性を欠くとして、就業規則に基づく同意を否定する見解（砂押以久子「個人情報保護法の労働関係への影響」労旬1606号（2005）11-14頁）もある。

15)　吉村良一『不法行為法〔第5版〕』（有斐閣、2017）61頁。

16)　労働法学説には、個人情報保護法に違反する事業者の行為を違法とする見解（土田・労働契約法140頁）、同法への違反を不法行為の成立に直結させるのではなく、プライバシー侵害の判断枠組みを用いて情報利用の必要性との調整を図りつつ違法性を判断すべきとの見解（河野奈月「判批」村中孝史＝荒木尚志編『労働判例百選〔第9版〕』（有斐閣、2016）29頁）などがある。

第2部 実務編

るY$_1$社の提供行為については違法性が認められる。そして、性自認という情報の性質に照らせば精神的損害の発生も認められ、また、提供行為と損害との因果関係も明らかである。以上より、Y$_1$社の提供行為は不法行為を構成し、X$_1$の慰謝料請求は認められる。

CASE 1 設問 2

結論：X$_1$の請求は認められない：Y$_2$社の情報提供は本人同意のない第三者提供に当たるが、当該提供行為による法益侵害は認められず、不法行為は成立しない。

1 問題の所在

本問においても、X$_1$は、個人情報保護法への違反を理由として、不法行為に基づく損害賠償を請求しているため、同法への違反の有無、および、不法行為の成否が問題になる。

Y$_2$社の人事情報データベースは、従業員の個人情報を含む情報の集合物であって、特定の個人情報をパソコン上で検索できるように体系的に構成しているから、個人情報データベース等に該当する（個人情報2条4項）。そうすると、当該データベースを事業の用に供するY$_2$社は、個人情報取扱事業者に当たり（同条5項）、当該データベースを構成する本件情報②は、個人データに該当する（同条6項）。また、Y$_2$社・A社は法人格を異にしており、共同利用の要件（個人情報23条5項3号）も充足していないため、本件情報②の提供は、第三者への情報提供である。ところで、A社の求めに応じて提供された本件情報②は、A社にとっては、Y$_2$社の従業員の中に所定の就業上の配慮を要する者がいるとの情報にとどまる。そこで、提供先からみると個人識別性がない個人データの提供も、第三者提供に関する規制に服するのかが問題になる（同条1項柱書。**解説** 1 (3)(ア)・2 (3)参照）。

また、Y$_2$社が第三者提供に関する義務に違反している場合には、**設問1**と同様に、個人情報保護法への違反と不法行為の成否との関係が問題になる（民709条。**解説** 1 (3)(イ)参照）。

2 個人データへの該当性

提供元が自身の保有する個人データに加工（氏名の削除など）を行ってそれ

単独では個人識別性のない情報を作成して、提供先が当該情報の提供を受けた場合において、提供に関する規制が及ぶか否かについては見解の対立がある。規制対象となる個人データへの該当性（正確には、その前提となる、個人識別性の有無）を判断するに当たって、提供元と提供先のいずれを基準にするかという問題である。提供によって本人の権利等が侵害される危険が高まるのは提供先にとって個人識別性がある場合であるとして、提供先を基準とする見解もあるが（提供先基準説）[17]、本人同意等の義務を負う提供元にとっては提供先において個人識別性があるか否かを判断するのが困難であるとして、提供元を基準とする見解が有力であり、行政解釈も同様である（提供元基準説）[18]。事案によっては過剰規制となる可能性を否定できないものの、条文の文理にも適っている提供元基準説によるべきであろう[19]。

提供元のY₂社を基準とすると、本件情報②は、Y₂社の個人情報データベースに含まれる情報と容易に照合でき、それによりX₁を識別できるから（個人情報2条1項1号）、個人データへの該当性の前提となる個人識別性が認められる。そうすると、Y₂社の情報提供は個人データの第三者提供に当たり、X₁の同意なしにこれを行ったY₂社には個人情報保護法への違反が認められる。

3　不法行為の成否

既にみたとおり、第三者提供に関する義務への違反によって個人情報保護法により保護される法益が侵害された場合には、不法行為法上の違法性が導かれると解される（**設問1**参照）。本問では、上記のとおりY₂社による本件情報②の提供は第三者提供に関する義務に違反しているが、これにより法益が侵害さ

---

17)　岡村久道「パーソナルデータの利活用に関する制度見直しと検討課題（中）」NBL 1020号（2014）72-73頁、岡村・前掲注13)244-246頁、森亮二「パーソナルデータの匿名化をめぐる議論（技術検討ワーキンググループ報告書）」ジュリ1464号（2014）26-27頁。

18)　辻畑泰喬『Q&Aでわかりやすく学ぶ平成27年改正個人情報保護法』（第一法規、2016）26-28頁、新保史生「パーソナルデータの利活用を促進するための枠組みの導入等」自由と正義65巻12号（2014）20-21頁、個人情報保護委員会事務局『『個人情報の保護に関する法律についてのガイドライン（通則編）（案）』に関する意見募集結果」（2016）No. 19。

19)　提供先基準説による場合には個人データへの該当性について個人識別性のみを提供先を基準に判断し、その他の要件（個人情報データベース等への該当性など）に関しては提供元を基準とせざるをえないが、これは技巧的に過ぎる解釈といわざるをえない。

第2部　実務編

れたか否かについては、検討の余地がある。裁判例においては、問題とされる
情報がその受け手において本人に関する情報であると認識できることが、プラ
イバシー侵害または名誉毀損が成立する前提であると位置づけられている[20]。
個人情報保護法への違反につき不法行為の成否が問題となっている本問におい
ても、匿名化された情報が提供されたことによる不快や不安の感情のみから法
益侵害を認定するのは困難であり、本件情報②がA社においてX₁に関する情
報であると認識できることが、法益侵害を認定する前提とみるべきであろう。
本問では、職場においてX₁は女性として振る舞っていること、および、A社
のフードコートに勤務する従業員は160名に及ぶことを考慮すると、本件情報
②につきA社が上記の認識をもつとは考えられない。したがって、Y₂社の情
報提供による法益侵害は認められず、不法行為は成立しない。

CASE 1 設問 3

本件情報①・②は、性自認に関する情報としてセンシティブ情報に属するも
のであり、また、当該情報の提供は、緊急の必要または高度の必要に迫られた
ものでもない。このような事情に鑑みると、本問におけるトラブルを回避する
ためには、① そもそも情報提供の必要があるかを熟慮して、② 情報提供の必
要があると判断した場合には、提供につき本人の同意を得るべきであったと考
えられる。

すなわち、X₁のうつ病は性同一性障害の合併症として発症していること、
そして、一般にはうつ病が再発する可能性を排除できないことを考慮すると、
出向先であるY₂社に本件情報①を提供することは、Y₂社がX₁の健康管理を
行うに当たり有益といえる。このような観点からは、Y₁社は、X₁に対して情
報提供の目的や利益を説明して、情報提供につきX₁の同意が得られた場合に、
Y₂社に本件情報①を提供することが望ましかったといえる。

また、性同一性障害をもつ者の中には職場において人的・物的な支援を必要
とする者がいることに照らすと、X₁を使用するY₂社またはX₁の就労場所を
管理するA社に本件情報①・②を提供することは、X₁の職場環境を整備する
に当たり有益とみる余地もある。もっとも、性同一性障害を含むLGBTへの

---

20)　東京高判平成 13・2・15 判時 1741 号 68 頁、大阪高判平成 20・10・31 判時 2057 号 24
　　頁、東京地判平成 28・5・24 ウエストロー・ジャパン 2016 WLPCA 05248016。

12　企業の情報管理

対応には、企業がこれに関する情報を収集した上で積極的に就業上の配慮を行う、従業員がこれに関する情報を申し出たことを受けて必要な就業上の配慮を行うなど様々な態様があるため、情報提供の必要を認めるか否かは、この点についてのY₁社・Y₂社の方針次第である。仮にY₁社・Y₂社がその必要を認める場合には、Y₁社・Y₂社は、X₁に対して情報提供の目的や利益を説明して、情報提供につきX₁の同意が得られた場合に、Y₂社・A社に本件情報①・②を提供することが望ましかったといえる。

CASE 2 設問 1
結論：Y₃社は請求に応じなくてよい：人事異動に関する情報は保有個人データに該当せず、人事考課と情報漏洩の調査に関する情報には非開示事由があるため、いずれも開示の対象にならない。

1　問題の所在
本問において、X₂は、個人情報保護法に基づき、保有個人データの開示を請求しているため、保有個人データへの該当性、および、非開示事由の有無が問題になる。

2　保有個人データへの該当性
本件情報③のうち、人事考課に関する情報、および、情報漏洩の調査に関する情報は、Y₃社のデータベースに登録されているため、個人情報データベース等を構成し、かつ、Y₃社が開示等の権限を有するといえるから、保有個人データに該当する（個人情報2条7項。**解説 1**(3)(ア)参照）。これに対して、人事異動に関する情報は、議事録として保存されているため、個人情報データベース等を構成しているとはいえず（同条4項。文書作成ソフトの検索機能によって個人を検索できるだけでは、特定の個人情報を検索できるよう体系的に構成されているとはいえない。Q&A 1-37）、保有個人データに該当しない（同条7項。**解説 1**(3)(ア)参照）。したがって、本件情報③のうち開示義務の対象となりうるのは、人事考課に関する情報、および、情報漏洩の調査に関する情報である。

3　非開示事由の有無
保有個人データに該当する場合であっても、当該情報の開示によって「当該

383

第2部　実務編

個人情報取扱事業者の業務の適正な実施に著しい支障を及ぼすおそれがある」ときには、事業者は開示を拒否できる（個人情報28条2項。**解説4**(2)参照）。

かつての行政解釈は、このような情報の例として「人事評価、選考に関する個々人の情報」を挙げており（事例集2）、学説にも、人事考課等の評価情報については開示を拒否できるとする見解がある[21]。人事考課に関する情報のうち特定の評価者による裁量的な評価を含む部分が開示されると、評価者と被評価者との間の信頼関係が損なわれ、または、それを避けるために率直な評価が難しくなることなどが想定されるが、これらの影響は企業組織の運営上の著しい支障といえるから、非開示事由への該当性を肯定すべきであろう。本問では、本件情報③のうち評価者による定量的な評価（評価点等）や定性的な評価（コメント等）については、開示の必要がないと解される。

また、情報漏洩の調査に関する情報については、調査対象者の氏名や聴取内容の詳細が開示されると、調査への従業員の協力に支障が生じることが予想され、また、懲戒処分の実施前において非違行為に関する証拠の有無・内容等が処分対象者に開示されると、懲戒手続の円滑な実施に支障が生じることが想定されるため、当該影響につき非開示事由への該当性を肯定すべきである。本問では、本件情報③のうち Y_3 社の従業員への聴取に関する部分や X_2 による情報漏洩の証拠に当たる部分については、開示の必要がないと解される。

CASE 2 設問 2

本件情報③は、情報開示の対象ではないが、X_2 は、当該情報の開示を要望している。このような要望をもちうる従業員に適切に対応するためには、①情報開示に関する法制度の枠組みとそれを前提とした企業の方針について従業員の理解を得るための取組みを行うとともに、②個別の開示請求についてより深刻な紛争への発展を避けるための対処を行う必要があると考えられる。

まず、情報開示に関する企業の方針を策定するに当たっては、労働組合と協

---

21) 岩出・前掲注14)23頁。これに対して、業務運営への「具体的かつ現実的な障害」がある場合に限ってこれに該当するとの見解（砂押・前掲注14)19-20頁）、労働組合等と協議をして非開示に関する事項を定めることが努力義務とされていたこと（雇用管理情報ガイドライン第8の2(3)。現在でも、同様の対応が推奨されている。Q&A 6-9)を受けて、非開示の対応に関する行政解釈の立場を、基本的には労使自治に委ねる趣旨であると解する見解（土田・労働契約法139頁）などもある。

議をして、非開示とされうる情報に関する事項を定めて、従業員に周知しておくことが考えられる（Q&A 6-9）。もっとも、当該措置の実効性は、この問題についての組合内部における情報共有や意見集約をめぐる状況に大きく依存するものであり、かつ、企業はこのような労働組合の内部関係に介入することはできないことには留意すべきである。このほか、労使協議、従業員研修などを通して従業員の理解を深めることもできるが、これらの措置を実施するか否かは、個々の企業における労使関係の状況、情報管理の方針などを前提として当該措置の費用対効果を勘案して判断することになろう。

　また、開示対象でない情報について開示請求を受けた場合には、当該請求に対して適切に対処することが重要になる。開示を拒否すると判断した場合には、請求を放置せず遅滞なくその旨を従業員に通知するとともに（個人情報 28 条3 項）、その理由を説明すべきである（同 31 条）。請求の到達から 2 週間が経過すると当該請求に関する訴えの提起が可能になるため（同 34 条）、これらの通知と説明はできる限り 2 週間のうちに行うことが望ましい。

CASE 2 設問 3

1　利用規程の整備

　SNS の利用規程には、就業規則（またはその付属規程）の形式をとるものと、指針・ガイドライン・ポリシー等の形式をとるものがある[22]。いずれを用いるか（または、双方を用いるか）は、法的な側面からみた下記の特徴を考慮した上で、SNS 利用に関する各事業者の方針（事業者の規律を強く及ぼすか、従業員の自主性を尊重するかなど）に基づいて決定することになる。

　就業規則の形式をとる場合、一般的には、服務規律に関する規定においてSNS の利用に当たり労働者が遵守すべき事項（就業時間中における SNS の私的利用の禁止、SNS 利用に当たっての機密情報の漏洩の禁止および企業の信用毀損の禁止など）を定めた上で、懲戒処分に関する規定において当該事項への違反を懲戒事由に位置づけることになる。これらの規定はその内容が合理的であれば労働者との関係において労働契約の内容となる（労契 7 条）。事業主が策定し

---

22)　規定例として、金井高志＝毎熊典子「ソーシャルメディアにかかわるトラブル対応Q&A」労務事情 1217 号（2011)7 頁・9 頁、小山博章編著『労務専門弁護士が教える SNS・IT をめぐる雇用管理——Q&A とポイント・書式例』（新日本法規出版、2016)53-56 頁。

第 2 部　実務編

た方針に従った SNS の利用を、懲戒の威嚇を用いながら労働者に対して強制するところに、この方法の特徴がある。

　ただし、服務規律との関係では、私生活上の SNS 利用に対する規制は私的領域への介入や表現活動（憲 21 条）への制約という側面をもちうるため、業務上の理由から規制することが必要であるだけで規定の合理性が導かれるのではなく、労働者にその制約を甘受させることが許容されるかをも考慮して合理性が判断されることに留意すべきである。SNS のアカウントをもつ労働者にその届出を義務づける規定（この規定は、私的な行動や発言、個人的な交友関係といった通常であれば使用者に知られない（場合によっては隠したい）事実を使用者が把握することを可能にする）、SNS のプロフィールや投稿における社名の記載を禁止する規定（この規定は、私的な人間関係の中でも個人の属性として公表されることの多い所属企業を SNS 上の交流において公表すること妨げる）などは、労働者の私的な SNS 利用が企業にとって業務運営の阻害や信用の毀損という不利益の原因になりかねないという近時の状況を考慮してもなお、その合理性は疑わしいと思われる。

　また、懲戒処分との関係では、私生活上の行為については当該行為が企業秩序を直接に侵害する場合や当該行為が企業の社会的評価を毀損する場合に初めて懲戒処分が課されうることに留意する必要がある[23]。SNS への投稿によって商品やサービスに対する信用が低下した場合（食品会社の従業員が不衛生に食料品を扱う投稿、ホテルの従業員が宿泊客のプライバシーに関する情報を公表する投稿、特定の顧客や取引先を批判する投稿など）や企業秘密や顧客情報が流出した場合（公式発表前に新規事業や新製品・新サービスの内容に言及する投稿など）は、企業秩序を直接に侵害したと認められるため、懲戒事由への該当性が肯定されやすい。これに対して、企業活動とは無関係な投稿であるが、その内容や表現が不適切であり、かつ、投稿者の所属企業が特定されたために、当該投稿に対する非難が企業にまで及んだ場合（犯罪行為や非倫理的な行為を行ったことを告白する投稿、他人に対する侮辱や差別を行う投稿など）は、企業秩序への影響が間接的であるため、業務運営の阻害や社会的信用の毀損などの有無・程度などから現に企業秩序が侵害されたと評価できる場合に初めて、懲戒事由への該当性が肯定されることになる。

---

23)　国鉄中国支社事件・最一判昭和 49・2・28 民集 28 巻 1 号 66 頁。

指針・ガイドライン・ポリシー等の形式をとる場合には、SNS利用に関する事業主の基本方針、SNS利用に関する留意事項などを定めることになる。これらの規程自体には法的な拘束力はなく、従業員に対して当該事項に即してSNSを利用することを推奨するものである。他方で、就業規則の中にこれらの規程の遵守を義務づける条項をおく場合には、労働者への義務づけを伴うこともある。

すなわち、機密情報を漏洩する投稿を禁止する、会社を批判する投稿を禁止する、会社の商品・サービスに関するステマを禁止するなどの規定について遵守を求める範囲では、業務に関連する合理的な内容（労契7条）として労働者を拘束すると解される。他方で、投稿に当たり社名の記載を禁止する、政治や宗教に関する投稿を禁止するなどの規定について遵守を求める限りでは、私的領域への過度の介入であり労働者を拘束しえないと解される。

また、これらの規程には、投稿に当たり社会人（または従業員）としての自覚を促す、良識ある情報発信や慎重な情報発信を求める、批判に対する感情的な反論の自制を求めるといった抽象度の高い規定が盛り込まれることもある。これらは、就業規則による遵守の義務づけの有無とはかかわりなく、SNS利用によるトラブルを理由とする懲戒処分に当たり、非違行為の非難可能性を高める事情（企業が不適切な投稿を防ぐ措置をとる中で、従業員が非違行為に及んだとの評価を導く事情）として考慮される余地もある。

2　利用状況の監視

利用規程に違反した投稿等の有無を調査するために、SNSの利用状況を監視することが考えられる。監視の方法としては、①会社内の担当部署（担当者）により、社内ネットワークの利用状況やインターネット上の情報を調査する、②監視ソフトにより、パソコン・タブレット・スマートフォン等の機器の利用状況を調査する、③専門業者への委託により、自社やその商品・サービス等に関するインターネット上の情報を調査するなどの方法がありうる。監視の可否や態様をめぐっては、下記のような法律問題が生じうる。

①の方法のうち社内ネットワークの調査は、事業者の施設管理権に基づいて実施できるが、合理的な目的（企業秩序の維持など）のために、適切な手段・態様（権限ある担当者による監視、個人の恣意に基づかない監視など）によって行う必要がある[24]。また、調査目的、責任者・権限、実施方法などを制度化することや、調査により取得した個人情報の取扱いについて労働組合と協議する

ことも望ましい（Q&A 4-6）。このような対応により、個人情報の取得や利用に関する規制（**解説2**(2)・**3**(2)参照）への違反も回避できると考えられる。

①の方法のうちインターネット上の情報の調査は、広く一般に向けて公開された情報の調査であり、事業者も当然に行うことができる。なお、問題のある投稿等を発見して、画面の印刷やデータの保存をすれば個人情報を取得したことになるため（Q&A 3-4）、この場合にも、取得や利用に関する規制（**解説2**(2)・**3**(2)参照）に従う必要がある。

②の方法は、会社所有の機器への監視ソフトの導入であれば、事業者の施設管理権に基づいて実施できる。また、個人所有の機器を業務利用するか否かについて従業員に裁量がある限りでは、業務利用を認める条件として監視ソフトの導入を求めることも許容されると解すべきであろう。いずれの場合にも、監視の実施を就業時間中に限るなどのプライバシーへの適切な配慮が求められる[25]。他方で、これ以外の場合に、個人所有の機器への監視ソフトの導入を義務づけることはできないと解すべきである。機器の利用状況についても一定の範囲においてプライバシーの保護が及ぶと解されるため、社内ネットワークの調査と同様に、監視の制度化や労働組合との協議をすることが望ましい。

③の方法は、広く一般に向けて公開された情報の調査であり、当然に行うことができる。この場合にも、事業者は専門業者を通じて従業員の個人情報を取得することになるため、取得や利用に関する規制（**解説2**(2)・**3**(2)参照）に従うことが求められる。

〔参考文献〕

　宇賀克也『個人情報保護法の逐条解説〔第6版〕』（有斐閣、2018）、岡村久道『個人情報保護法〔第3版〕』（商事法務、2017）、三宅弘＝小町谷育子『個人情報保護法の法律相談』（青林書院、2017）、小山博章編著『労務専門弁護士が教えるSNS・ITをめぐる雇用管理——Q&Aとポイント・書式例』（新日本法規出版、2016）

（坂井岳夫）

---

24)　前掲注7)F社Z事業部事件参照。
25)　前掲注7)東起業事件参照。

13

女性の活躍——ダイバーシティ人事

CASE 1 妊娠中の軽易業務転換に伴う降格措置と均等法9条3項

　YはA病院を運営する法人であり、Xは2001年4月1日より理学療法士としてYとの間で期間の定めのない労働契約を締結し、リハビリテーション科に配属されている。A病院のリハビリテーション科には、患者の自宅を訪問し業務を行う「訪問リハビリチーム」とA病院内においてその業務を行う「病院リハビリチーム」があるが、Xは前者に所属していた。2011年4月1日、Xはそのキャリアを評価されてYより訪問リハビリチームの副主任（管理職）に任ぜられ、以後は訪問リハビリ業務の取りまとめ等も行うようになった。

　2015年2月11日、第一子の妊娠が判明したXは、労基法65条3項に基づいて軽易業務への転換をYに請求したため、YはXを訪問リハビリチームから病院リハビリチームへと異動させるとともに、副主任の地位を免じるという措置を行うこととした（本件措置1）。本件措置1のうち副主任を免ぜられることについてXは強い反感を抱き、人事部長Bに対してなぜ降格されなければならないのかという旨の抗議を行った。しかしBは、副主任の仕事は残業も多く妊娠中のXにとっては管理職としての責任・負担が大き過ぎるであろうことや、訪問リハビリチームよりは院内で勤務が可能な病院リハビリチームの方が比較的業務の負担が軽いであろうことを理由として述べた上で（実際に訪問リハビリチームでは利用者の都合に応じて休日出勤や夜間勤務を行うため、勤務時間が不規則となることが多い）、Xを軽易な業務へ転換させるためには取らざるをえない措置であることを説明した。またBは、Xが産前産後休業または育児休業を取得し終えて復職する段階でXの希望を聴取することを口頭で伝えた。そこで、Xは以上を踏まえて本件措置1に承諾・同意したが、その態様は納得の上であるとはいえないものであった。その後、Xは2015年9月1日から同年11月

389

第2部　実務編

30日まで産前産後休業を、さらに同年 12 月 1 日から 2016 年 9 月 30 日まで育児休業を取得した。B は、育児休業取得中の X に対して復職後の意向を聴取したところ、X は従前どおり訪問リハビリチームに副主任として復職することを希望した。

2016 年 10 月 1 日、X は育児休業を終了し職場に復帰することとなり、Y はその際 X を訪問リハビリチームには異動させたが、副主任の地位に任ずることはなかった（本件措置2）。本件措置2について X は約束が違うと抗議したが、B はこれに対し、訪問リハビリチームにおいては X が軽易業務への転換を理由として病院リハビリチームに異動して以来、C という理学療法士が副主任の地位に就いて業務を行っているため、X を再び副主任に戻すことはできないことを述べ、本件措置2を変更しない意向を明らかにした。なお、C の職歴は X と比較すると6年程短いものであった。また、X は副主任の地位を免ぜられることによって副主任への役職手当である月1万円の報酬を得ることはできなくなったが、妊娠中の軽易業務への転換に伴う降格措置であることを考慮し、代替措置として X の職務遂行能力を評価する目的で特別調整手当として月 5000 円を支給することとした。

X は Y のこれらの措置に納得できず、本件措置1は男女雇用機会均等法（均等法）9条3項に反し無効であるとして、副主任の地位にあることの確認、および副主任の地位を任ぜられた場合に得られたであろう役職手当との差額または当該差額相当額（慰謝料）の支払いを求めて、訴訟を提起した。

＊副主任は、管理職規定において、管理者の機能・任務・資質・資格・権限が定められた職位であり、行うべき職務や役割が定められている。

設問1　本件措置1について、X の請求は認められるか。

設問2　本件措置1および本件措置2に関連して、妊娠中の軽易業務への転換および産前産後休業・育児休業制度等を運用するに伴い、整備しておくことが望ましいものは何か（手続規定、ガイドライン、相談窓口等）。また、実際にこれらを運用する際に、どのような点に留意すべきか。

CASE 2　育児中・育休取得後の配転命令の有効性、育休取得後の処遇

Y は精密機械の製造販売を主たる業とする株式会社である。X_1（女性）は 2000 年 4 月に、X_2（女性）は 2010 年 4 月に、職種・職務内容・勤務地限定のな

い総合職としてＹに雇用された。その後、X_1は大阪本社の技術開発本部企画室に配属され技術開発・製造業務に従事し、X_2は大阪本社の営業本部販売促進課に配属され2013年からは同課の海外営業推進室で業務に従事していた。Ｙの就業規則には「業務上の都合により社員に異動を命じることがある。この場合には正当な理由なしに拒むことはできない」との規定がある。

2010年4月、Ｙは名古屋事業所で新商品の製造を始めるに際し、職務の類似性や技術の応用可能性等の公正な選定基準を立てた上で、対象者（10名）を選定し、X_1に対して名古屋事業所への配転を打診した。これに対して、X_1は、3歳の子がおり、日常的な家事を含めた育児を共働きの夫と協力して行わざるをえないため、本件配転に応じることはできないと回答したため、Ｙは、本件配転の趣旨や必要性、X_1のキャリアアップにも繋がること（昇進・昇給）、子連れで赴任する場合には会社規程によって保育所やベビーシッターの手配（金銭的給付を含む）のほか、帰省手当や転居に伴う金銭的負担軽減措置を行うことを説明した。X_1はなおも配転に伴う負担増加を理由に本件配転を断ったが、ＹはX_1に対して名古屋事業所への配転を命じた（本件配転命令1）。

2012年4月、Ｙは、職能資格制度を廃止するとともに、年俸制を採用し職務と成果による処遇（職務報酬、成果報酬、調整報酬）を基本とする職務等級制度を導入した。X_2は、第1子出産に伴い、2016年7月16日から9月30日まで産前産後休業（産休）および同年10月1日から育児休業（育休）を取得して、2017年4月から販売推進課に復職する予定であった。同年3月中頃、Ｙは、X_2が職場復帰するに当たって適正と思われる人員配置を考慮し、①育児等と両立しての勤務となるため、相当程度体力を使う仕事については避けるべきこと、②欠員が出ていて人員を補充すべき部署があることを理由に、X_2を海外営業推進室から海外出張等がなく比較的難易度の低い国内営業推進室への配転を考えてX_2に打診した。もっとも、海外営業推進室と国内営業推進室では職務内容の性質の違いから職務グレード・職務報酬に違いがあり、海外営業推進室の職務報酬が550万円である一方、国内営業推進室の職務報酬は500万円であった。なお、本件配転によって職務グレード・職務報酬が変化することについて、Ｙの就業規則にその旨が規定されていた。

X_2は、フルタイムのベビーシッターを確保するとともに、夫や母親のサポートが得られるなど育児負担については家庭内で賄う準備があり、以前の経験を踏まえて海外営業推進室に復帰したとしても十分に力を発揮できるとして、本件配転の打診を拒んだが、Ｙは、X_2に対して国内営業推進室へ配転を命じた（本件配転命令2）。その結果、X_2は本件配転によって職務報酬を引き下げられた上、成果報酬はその年俸査定期間（2016年4月1日から2017年3月31日まで）中

第2部　実務編

における X_2 の業務遂行状況において、特に X_2 が本件産休に入るまでの間は見るべき成果を上げていないことおよび本件産休後に迎えた繁忙期を経験していないこと等を考慮してゼロと査定され、0円とされたことから、配転に伴う調整報酬 20 万円と合わせて、2017 年度の年俸額は 520 万円となり、前年度と比較して 120 万円の減額となった。X_2 は、本件配転命令 2 は無効であると主張している。

設問 1　Y が X_1 および X_2 に対して行った本件配転命令 1、同 2 は有効か。

設問 2　Y が X_2 の成果報酬をゼロと査定することは問題ないか。

設問 3　Y は、X_1 および X_2 らの女性労働者を積極的に登用するために、どのような人事管理制度を整備・運用すべきか。

解説

1　女性の活躍——ダイバーシティ人事

少子高齢化と人口減少の進展に伴い、女性労働力への期待は高まっている。

近年では、「『日本再興戦略』改訂 2014」[1] において、女性の活躍推進が成長戦略の 1 つの主要施策とされ、2015 年に女性の職業生活における活躍の推進に関する法律（女性活躍推進法）が制定された（2016 年 4 月 1 日施行）[2]。

同法は、女性の採用・昇進等の機会の提供および活用が行われること、職業生活と家庭生活の円滑かつ継続的な両立を可能とすること、女性の職業生活と家庭生活の両立に関し、本人の意思が尊重されるべきことを理念として、女性の職業生活における活躍を推進することを目的としている。主な内容は、企業に対して、①自社における女性の活躍に関する状況の把握（採用者に占める女性比率、勤続年数の男女差、労働時間の状況、管理職に占める女性比率等）、②把握した内容に基づく課題の分析、③課題の解決に向けた目標設定、④国が作成する事業主行動計画策定指針を参考に、自社の課題解決に必要な取組みをまとめた行動計画の策定・公表、⑤自社の女性の活躍に関する現状を求職者の選択に

---

1)　「『日本再興戦略』改訂 2014——未来への挑戦」（2014 年 6 月 24 日閣議決定）。

2)　菅野 264-272 頁参照。なお、2019 年 5 月 29 日、事業主行動計画の策定義務の対象拡大、情報公表の強化を内容とする女性活躍推進法の改正案が国会で成立した。

資するよう公表といった取組みを義務づけている[3]。

　また前述した「『日本再興戦略』改訂2014」に基づき策定された「コーポレートガバナンス・コード」[4]は、上場会社に対して、自らの持続的な成長と中長期的な企業価値の創出を達成するためにはステークホルダーとの適切な協働が不可欠であり（基本原則2）、社内における女性の活躍推進を含む多様性の確保を推進すべき（原則2−4）としており、こうしたことも女性活躍推進を後押しするものとなっている。

　もっとも、女性の年齢階級別就業率はM字カーブを描いており、第1子出産を機に離職する女性の割合は約5割に減少しつつあるものの依然として多い[5]。このため、女性が働き続けるためには、妊娠・出産・育児をサポートするシステムが必要である。

　これまで女性の雇用に関する法制度上のサポートとしては、女性と母性（妊娠・出産時の女性）を区別し、育児と介護については男女ともに役割を担うことを前提として、①均等な機会と待遇の確保（民90条、労基法、男女雇用機会均等法（均等法））、②母性への配慮（労基法、均等法）、③育児と介護への配慮（育児介護休業法（育介法）等、就業継続のための施策）が図られてきた。しかし、依然として育児・介護等の家庭責任の多くを女性労働者が負う現状が存在するため、男性労働者の長時間労働の是正等の働き方改革が求められるのである。つまり、男女を問わず、仕事と生活の調和（ワーク・ライフ・バランス。労契3条3項参照）を実現しつつ働くことができる環境整備（労働時間・休暇・休業制度等）が重要な政策的課題となっている[6]。

　そこで、本項では、女性の就業継続・活躍推進を図る施策として、妊娠・出産・育児に関する不利益取扱いの禁止およびダイバーシティ人事の基礎をなす成果主義人事・人事考課を取り上げる。

---

3)　土田・労働契約法749-750頁参照。女性活躍推進法に関しては、小畑史子「女性活躍推進法の制定」ジュリ1494号（2016）50頁、「シンポジウム・女性活躍推進と労働法」日本労働法学会誌130号（2017）の諸論稿等参照。

4)　株式会社東京証券取引所「コーポレートガバナンス・コード——会社の持続的な成長と中長期的な企業価値の向上のために」（2015年6月1日（2018年改訂））。

5)　国立社会保障・人口問題研究所「第15回出生動向基本調査（結婚と出産に関する全国調査）」（2015）によれば、第1子出産前後の妻の就業継続率は、これまで4割前後で推移してきたが、2010年〜14年では53.1％へと上昇したと指摘される。

第2部　実務編

2　妊娠・出産等を理由とする不利益取扱いの禁止

(1)　マタニティ・ハラスメントという用語

　女性労働者の増加や社会意識の変化等から、近年、マタニティ・ハラスメント（マタハラ）といった用語がよく聞かれるようになった。マタニティ・ハラスメントとは、法的な定義ではないが、働く女性が妊娠・出産・育児をきっかけに職場で精神的・肉体的な嫌がらせを受けたり、妊娠・出産・育児などを理由とした解雇や雇い止め、自主退職の強要で不利益を被ったりするなどの不当な扱いの総称とされる[7]。そこで、以下では、妊娠・出産・育児休業等を理由とする不利益取扱いや妊娠・出産・育児休業等に関するハラスメントについては、マタニティ・ハラスメント（マタハラ）と同義と解している。

(2)　妊娠・出産等を理由とする不利益取扱いの禁止[8]

(ア)　男女雇用機会均等法

　均等法9条によれば、事業主は、女性労働者が婚姻・妊娠・出産したことを退職理由として予定する定めをしてはならず（1項）、妊娠中または出産後1年を経過しない女性労働者（妊産婦）の解雇は、事業主が3項に規定する理由に基づく解雇でないことを証明しない限り無効とされる（4項）。

　そして、均等法9条3項において、事業主は、女性労働者が妊娠・出産また

---

6)　土田・労働契約法735頁参照。育児・介護などの家庭責任が女性に偏りがちであるという現状を是正し、女性の活躍を推進するためには、男女を問わず、長時間残業しなくても十分能力を発揮し、仕事と生活を両立させつつ働くことのできる環境を法的に整備することが重要である。2018年働き方改革関連法によって規定された時間外労働の上限規制（労基36条）、使用者の年休付与義務（同39条）、労働時間の適正把握義務（労安衛66条の8の3）、フレックスタイム制の見直し（労基32条の3）、勤務間インターバル制度（労働時間等設定改善法2条）、産業医・産業保健機能の強化（労安衛13条4項・6項）が有意義である。

7)　たとえば、小酒部さやか『マタハラ問題』（筑摩書房、2016)82頁参照。マタハラもハラスメントの1つであるが、「昭和の価値観押しつけ型」（たとえば、「女性は妊娠・出産したら家庭に入るべき」、「女性は家庭を第一に考えるべき」といった一方的な配慮・言動）、「いじめ型」、「パワハラ型」（たとえば、妊娠・出産、子育てから長時間勤務が難しい女性労働者に対して一方的に長時間勤務を強制する）、「追い出し型」（たとえば、解雇、会社を辞めざるをえない状況に追い込む）の4つに類型化されている（小酒部・前掲88-121頁）。

8)　土田・労働契約法742-748頁参照。

は産前休業の請求（労基65条）、産後休業の取得（同条2項）、その他妊娠・出産に関する事由であって厚生労働省令で定めるもの（均等法施行規則（均等則）2条の2で、①妊娠したこと、②出産したこと、③妊娠中および出産後の健康管理に関する措置（母性健康管理措置）を求めまたは当該措置を受けたこと、④坑内業務・危険有害業務の就業制限を受けること、またはこれらの業務に従事しなかったこと、⑤産前休業を請求・取得し、または産後の就業制限により就業できず産後休業を取得したこと、⑥軽易業務への転換を請求し、または軽易な業務に転換したこと（労基65条3項）、⑦変形労働時間制・時間外労働・休日労働・深夜業の免除を請求したこと、またはこれらの労働をしなかったこと、⑧育児時間の請求・取得をしたこと、⑨妊娠・出産に起因する症状により労務の提供ができないかできなかったこと、または労働能率が低下したことを例示する）を理由として解雇その他の不利益取扱いをしてはならないと定めている[9]。均等法9条3項について、法的には、妊娠・出産等を理由とするものか、また不利益取扱いに該当するかどうかが問題となるため、以下ではその意味を確認しておく。

　まず「理由として」の意義について、均等法に基づく指針（均等法指針）[10]は、「妊娠・出産等と、解雇その他不利益な取扱いとの間に因果関係があること」[11]と解している。そして、後述する広島中央保健生協（生協病院）事件の最高裁判決[12]を踏まえた均等法解釈通達[13]の一部改正[14]により、「妊娠・出産等の事由を契機として不利益取扱いが行われた場合は、原則として妊娠・出産等を理由として不利益取扱いがなされたと解される」とし、「契機として」行われたか否かは、「基本的に当該事由が発生している期間と時間的に近接し

---

9)　均等法9条3項の「不利益取扱いの禁止」については、産前産後休業・育児のための勤務時間短縮措置の取得を理由とする賞与不支給が争われた東朋学園事件の最高裁判決（最一判平成15・12・4労判862号12頁）を踏まえて、2006年に均等法が改正された際に、解雇に加えて不利益取扱いが禁止されることになった。

10)　「労働者に対する性別を理由とする差別の禁止等に関する規定に定める事項に関し、事業主が適切に対処するための指針」（平成18年厚生労働省告示第614号）第4。

11)　均等法指針第4の3(1)。

12)　最一判平成26・10・23民集68巻8号1270頁。

13)　「改正雇用の分野における男女の均等な機会及び待遇の確保等に関する法律の施行について」（平成18・10・11雇児発1011002号）。

14)　「『改正雇用の分野における男女の均等な機会及び待遇の確保等に関する法律の施行について』及び『育児休業・介護休業等育児又は家族介護を行う労働者の福祉に関する法律の施行について』の一部改正について」（平成27・1・23雇児発0123第1号）。

第2部　実務編

て当該不利益取扱いが行われたか否かをもって判断する」としている[15]。さらに、「妊娠・出産・育児休業等を契機とする不利益取扱いに係るQ&A」[16]において、「原則として、妊娠・出産・育休等の事由の終了から1年以内に不利益取扱いがなされた場合は『契機として』いると判断する」としており、ただし、妊娠・出産・育休等の「事由の終了から1年を超えている場合であっても、実施時期が事前に決まっている、又は、ある程度定期的になされる措置（人事異動（不利益な配置変更等）、人事考課（不利益な評価や降格等）、雇止め（契約更新がされない）など）については、事由の終了後の最初のタイミングまでの間に不利益取扱いがなされた場合は『契機として』いると判断する」としている。

次に「解雇その他不利益な取扱い」について、均等法指針は、①解雇、②有期労働契約における契約更新拒否、③契約更新回数の引下げ、④退職またはパートタイマーへの契約変更の強要、⑤降格、⑥就業環境を害すること、⑦不利益な自宅待機、⑧減給、賞与における不利益算定、⑨昇進・昇格時の不利益な人事考課、⑩不利益な配置変更、⑪派遣先による派遣役務の拒否を例示している[17]。

(イ)　育児介護休業法

育介法10条においても、事業主に対して、労働者が育児休業の申出をし、または育児休業をしたことを理由として、当該労働者に対して解雇その他不利益な取扱いをしてはならないと定めている[18]。

「理由として」の意義について、育介法に基づく指針（育介法指針）[19]は、

---

15)　「理由として」の解釈につき、均等法解釈通達の解釈（「契機として」と解し「時間的近接性」で判断する）はやや疑問であり、妊娠・出産等の事由と不利益取扱いの両者が「関連している」ことが必要であるとの見解がある（「関連する」とは、労契法20条の「期間の定めがあることにより」の解釈として、因果関係より広い関係性として判例上（長澤運輸事件・東京高判平成28・11・2労判1144号16頁等）で示されたものと同様に解すべきとしている（野田進「妊娠中の客室乗務員に対する軽易業務転換——産前地上勤務と産前休職」労旬1894号（2017）15頁、17頁注7参照））。

16)　厚生労働省「妊娠・出産・育児休業等を契機とする不利益取扱いに係るQ&A」（2015年3月30日公表）問1および（答）。

17)　①～⑥は直ちに不利益な取扱いに該当するが、⑦～⑪は不利益な取扱いかどうかの判断を要するとしている（均等法指針第4の3(3)）。

18)　育介法10条は、2001年法改正により導入された（労務行政編『改訂版詳説育児・介護休業法』（労務行政、2005)80頁参照）。

13 女性の活躍——ダイバーシティ人事

「禁止される解雇その他不利益な取扱いは、労働者が育児休業等の申出等をしたこととの間に因果関係がある行為であること」としており、均等法9条3項と同様に「因果関係がある」ことを意味するものである。そして、後述する広島中央保健生協（生協病院）事件の最高裁判決[20]を踏まえた育介法解釈通達[21]の一部改正[22]により、「育児休業の申出又は取得をしたことを契機として不利益取扱いが行われた場合は、原則として育児休業の申出又は取得をしたことを理由として不利益取扱いがなされたと解される」とし、「契機として」行われたか否かは、「基本的に育児休業の申出又は取得をしたことと時間的に近接して当該不利益取扱いが行われたか否かをもって判断する」としている[23]。

「解雇その他不利益な取扱い」についても、育介法指針は、①解雇、②有期労働契約における契約更新拒否、③契約更新回数の引下げ、④退職またはパートタイマーへの契約変更の強要、⑤自宅待機命令、⑥労働者の意に反して所定外労働・時間外労働・深夜業の制限または所定労働時間の短縮措置等の適用、⑦降格、⑧減給、賞与における不利益な算定、⑨昇進・昇格の人事考課における不利益な評価、⑩不利益な配置変更、⑪就業環境を害することを例示列挙している[24]。

(ウ) 判例——不利益取扱いの禁止とその例外

前掲広島中央保健生協（生協病院）事件の最高裁判決[25]は、均等法9条3項の不利益取扱いのうち、降格について判断したものである。本件において、使

---

19) 「子の養育又は家族の介護を行い、又は行うこととなる労働者の職業生活と家庭生活との両立が図られるようにするために事業主が講ずべき措置に関する指針」（平成21・12・28厚労告第509号）第2の11(1)。

20) 前掲注12)最一判平成26・10・23。

21) 「育児休業・介護休業等育児又は家族介護を行う労働者の福祉に関する法律の施行について」（平成28・8・2職発0802第1号、雇児発0802第3号）。

22) 前掲注14)通達。

23) 「契機として」の具体的な判断については、前述の(ア)の均等法9条3項の箇所で述べたとおりである（厚生労働省・前掲注16)参照）。

24) 育介法指針第2の11(2)。

25) 前掲注12)最一判平成26・10・23。本判決については、土田・労働契約法743-747頁、富永晃一「判批」季労248号（2015)173頁、長谷川珠子「判批」法教413号（2015)35頁、水町勇一郎「判批」ジュリ1477号（2015)103頁等参照。なお、水町「判批」は、本判決の判断枠組みについて理論的に疑問を呈している。

397

用者（病院）に理学療法士として雇用され副主任の職位にあった女性労働者は、妊娠中の軽易な業務への転換（労基65条3項）に際して副主任を免ぜられ（本件措置1）、育児休業の終了後も副主任に任ぜられなかったこと（本件措置2。本件措置1と合わせて、本件各措置という）から、使用者に対し、本件措置1は均等法9条3項に違反する違法、無効なものである等と主張して、管理職（副主任）手当（月額9500円）の支払いおよび損害賠償金、各遅延損害金の支払いを求めた。

　最高裁は、①均等法9条3項の規定は、同法の目的および基本的理念を実現するために、これに反する事業主による措置を禁止する強行規定として設けられたものと解するのが相当であり、女性労働者の妊娠・出産、産前休業の請求、産前産後の休業または軽易業務への転換等を理由として解雇その他不利益な取扱いをすることは、同項違反として違法・無効である、②降格についても、妊娠中の軽易業務への転換を契機として降格させる事業主の措置は、原則として9条3項所定の不利益取扱いに当たる、③ただし、労働者が軽易業務への転換および降格措置により受ける有利な影響・不利な影響の内容や程度、降格措置に係る事業主による説明の内容その他の経緯や当該労働者の意向等に照らして、その自由な意思に基づいて降格を承諾したものと認めるに足りる合理的理由が客観的に存在する場合や、④事業主が降格措置をとることなく軽易業務への転換をさせることに円滑な業務運営や人員の適正配置の確保等の業務上の必要性から支障があり、降格につき、その業務上の必要性の内容や程度および前記の有利な影響・不利な影響の内容や程度に照らして、同項の趣旨および目的に実質的に反しないものと認められる特段の事情が存在する場合は、同項の禁止する取扱いに当たらないと一般論を述べている。

　続けて、最高裁は、具体的判断として、本件降格（本件措置1）については、③について、適切な説明を受けて十分に理解した上で諾否を決定したものとはいえないとして労働者の自由意思に基づく同意の存在を否定し、④について、業務上の必要性は明らかでなく、女性労働者が本件措置1により受けた有利な影響の内容・程度も明らかでない反面、不利な影響の内容・程度は管理職の地位と手当等の喪失という重大なものであると判断し、特段の事情の存否を判断すべきであるとして、原判決[26]を破棄し、差し戻した。

---

26)　広島高判平成24・7・19労判1100号15頁。

13　女性の活躍──ダイバーシティ人事

　本判決は、①均等法9条3項を強行法規と解し、妊娠・出産等を理由とする降格等の不利益取扱いが同項違反として違法・無効となり、②軽易業務への転換を契機とする降格は原則として不利益取扱いに当たるとした上で、②の2つの例外として、③労働者が自由意思に基づいて降格を承諾したと認めるに足りる合理的理由がある場合と、④業務上の必要性から支障があり、特段の事情が存在する場合を提示した点に特徴がある。なお、育児休業の終了後も副主任に命ぜられなかったこと（本件措置2）については、最高裁は判断を行っていないが、櫻井裁判官の補足意見[27]がある。

　以上の広島中央保健生協（生協病院）事件の最高裁判決[28]を受けて、厚生労働省は、均等法解釈通達[29]および育介法解釈通達[30]の一部内容を改正[31]し、軽易業務転換を理由とする降格に関して判断した同判決の射程を拡大して、妊娠・出産・育児休業等を理由とする不利益取扱いに関する一般的ルールを提示している（次頁の図表参照）。

3　女性の活躍推進施策──ダイバーシティ人事

⑴　成果主義人事・賃金と人事考課

　女性の活躍を考える場合に、成果主義人事は、労働者個人の能力・成果を評価して人事処遇を行うものであり、性別等のステレオタイプな属性による人事管理を改革し雇用平等を促進するという意味で有意義である[32]。1990年代以降、企業において、年齢・勤続年数を重視した年功的人事・賃金制度（年齢給、職能給）が修正され、職務・職責・役割等の仕事の価値や、その達成度を基準

---

27)　主な内容として、育介法10条も強行規定であり、均等法9条3項と同様に、一般に降格は不利益な取扱いに該当すること、軽易業務への転換は妊娠中の一時的な措置であるから、育児休業復帰後の地位等の労働条件の比較は、軽易業務への転換前のそれらと比較すべきであること、育介法21条、22条の定める努力義務や指針（平成16年厚労告第460号。平成21年厚労告第509号による改正前のもの）等の一連の法令等の趣旨・目的を踏まえた観点から検討が行われるべきであることを述べている。

28)　前掲注12)最一判平成26・10・23。

29)　前掲注13)通達。

30)　前掲注21)通達。

31)　前掲注14)通達。

32)　土田・労働契約法736頁参照。

399

図表　妊娠・出産、育児休業等を「契機として」不利益取扱いを行った場合

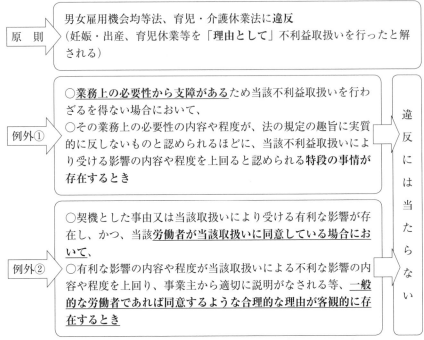

<出典>　厚生労働省「解釈通達（雇用均等・児童家庭局長）のポイント」

に賃金処遇を行う成果主義人事・賃金制度（職務等級制、役割等級制、年俸制等）の導入が進められた[33]。もっとも、従業員個人の成果・業績のみを評価対象として成果主義を徹底すれば、短期的成果主義の弊害（短期的業績のみの評価による長期的人材育成の弊害、従業員のチャレンジ意欲・モラールの低下、個人業績偏重によるチームワークへの悪影響等）が生じるため、企業は最近、従業員個人の成果・業績に加えて意欲・能力や職務行動も考慮する成果中心主義ともいえる制度設計をしていると指摘される[34]。

賃金は、具体的労働の対価という側面と労働者の所得保障という側面を有し

33）　菅野411頁、土田・労働契約法289頁参照。
34）　土田・労働契約法298頁、石井保雄「成果主義・年俸制」土田道夫＝山川隆一編『労働法の争点』（有斐閣、2014）88頁参照。

ているが、成果主義人事は、前者の性格を強化するものであり、公正さが求められる[35]。一方で人事考課は、労働者の意欲・能力・成果を評価して賃金（基本給・賞与）・処遇（昇格・昇進・降格）を決定する制度であり、公正な成果主義人事を行うためには、公正な人事考課が不可欠である。

公正な人事考課（公正な評価）には、人事考課のプロセス全体の公正さが求められる。すなわち、使用者は、①公正・透明な評価制度を設計・開示し、②それに基づいて公正な評価を行い、③評価結果を開示・説明する責務を負うと解されている。そして「公正な評価」は、制度とその運用の公正さに還元され、その下で人事考課が行われていれば、「公正な評価」が行われたものと推定される。したがって、①制度と③手続については、具体的に、ⓐ透明性・具体性のある評価項目・基準の整備、ⓑ評価の納得性を確保するための評価方法（多面評価、評価方法の開示）の導入、ⓒ評価を処遇（昇降給、昇降格、昇進、能力開発、育成、異動）に反映させるためのルールの整備、ⓓ個々の労働者との間の面談・説明・情報提供、ⓔそれらルールの労働者への説明・情報提供・開示、ⓕ紛争処理制度の整備が求められる[36]。

(2) 職務等級制度における配置転換 (配転)

職務等級制度（職務給制度）は、企業内の職務を職務価値に応じて等級に分類し、等級ごとに賃金の上限・中間・下限額による給与範囲を設定する制度である[37]。つまり本制度においては、賃金（基本給・職務給）は、労働者の職務・役割に連動して決定されることになる。

配置転換（配転）と職務等級制度との関係については、連動判断説（配転と職務等級の変動を連動して把握する）をとるか、分離判断説（配転と職務等級が連動せず、分離して運用されているため、配転と職務等級の変動を別個に判断する）をとるかは事実関係に依拠するものである[38]。連動判断説をとった場合には、配転が職務等級の変動（不利益配転の場合は等級の引下げ）に連動し、賃金（基本給）の変動（減額）をもたらしうるため、配転命令の効力自体を厳格に解す

---

35) 土田・労働契約法 290-291 頁参照。
36) 土田・労働契約法 294 頁。
37) 土田・労働契約法 238 頁、第一東京弁護士会労働法制委員会編著『変化する雇用社会における人事権──配転、出向、降格、懲戒処分等の現代的再考』（労働開発研究会、2017）258-261 頁参照。

第2部　実務編

る必要がある。具体的には、①職種限定の合意の有無を慎重に判定する必要があるし、②そうした合意が認定されない場合も、人事権濫用をより厳しく判断すべきである。すなわち、ⓐ配転の業務上の必要性は、職能資格制度下の配転のような広範なものではありえず、使用者が労働者を当該職務に不適格と判断したことの当否（能力・適格性の欠如）を、ⓑ配転先の職務・地位と労働者の能力・適正との適合性（人選の相当性）、ⓒ配転手続の相当性とともに厳格に判断する必要がある。また、ⓓ職務変更（配転）が基本給の変動に直結する以上、賃金減額の有無・程度が配転命令権濫用の重要な判断要素となる。すなわち、配転によって賃金が減額される場合は、そうした重大な経済的不利益を正当化するに足りるだけの高度の業務上の必要性・人選の相当性と手続の履行を要すると解すべきである[39]。

　他方、分離判断説をとった場合には、配転命令の有効性と職務等級の引下げを別個に判断することになる。職務等級の引下げ（降格）については、降格固有の問題となる。すなわち、①法的根拠としては、使用者による一方的降格は許されず、労働者の同意または就業規則上の根拠規定が必要であり、②これら法的根拠に基づく降格命令権が認められる場合も、降格命令権（人事権）濫用（労契3条5項）の判断を慎重に行う必要がある。ⓐ職務等級制度における降格（職務等級の引下げ）については、降格事由該当性を人事考課の公正さに即して厳格に判断するとともに、ⓑ降格幅・賃金減額幅およびⓒ信義則（同条4項）上求められる降格手続の適正さ（降格の必要性・内容に関する説明、本人の意向聴取等）を権利濫用判断の考慮要素とすべきである[40]。

---

38)　土田道夫「判批」季労237号（2012）176頁、石田信平「職務等級制度における降級の効力――L産業事件」平成28年度重要判例解説（ジュリ1505号）（2017）226頁、石井妙子「配転命令」岩村正彦ほか編『実務に効く労働判例精選〔第2版〕』ジュリスト増刊（2018）68頁、君和田信仁「降格・降級」岩村正彦ほか編『実務に効く労働判例精選〔第2版〕』ジュリスト増刊（2018）77頁参照。連動判断説を採用したと考えられる裁判例として、たとえば、コナミデジタルエンタテインメント事件・東京地判平成23・3・17労判1027号27頁、L産業（職務等級降級）事件・東京地判平成27・10・30労判1132号20頁、一般財団法人あんしん財団事件・東京地判平成30・2・26労判1177号29頁、同・東京高判平成31・3・14労経速2379号3頁、分離判断説を採用したと考えられる裁判例として、たとえば、日本ガイダント仙台営業所事件・仙台決定平成14・11・14労判842号56頁、コナミデジタルエンタテインメント事件・東京高判平成23・12・27労判1042号15頁などがある。

39)　土田・労働契約法430-431頁。

13 女性の活躍——ダイバーシティ人事

解答

CASE 1 設問 1
結論：Ｘの請求は認められない。

1 均等法 9 条 3 項
設問 1 で論点となるのは、本件措置 1（労基法 65 条 3 項に基づいて軽易業務への転換に際し訪問リハビリチームから病院リハビリチームへと移動させるとともに、副主任の地位を免じるという措置）が、均等法 9 条 3 項にいう軽易業務への転換を理由とする不利益取扱いに該当するか否かである。

広島中央生協（生協病院）事件において示された判断枠組みを確認すると、①均等法 9 条 3 項を強行法規と解し、妊娠・出産等を理由とする降格等の不利益取扱いが同項違反として違法・無効となり、②軽易業務への転換を契機とする降格は原則として不利益取扱いに当たるとした上で、②の 2 つの例外として、③労働者が自由意思に基づいて降格を承諾したと認めるに足りる合理的理由がある場合と、④業務上の必要性から支障があり、特段の事情が存在する場合を提示している。この判断枠組みによれば、**CASE 1** の場合も、Ｘの労基法 65 条 3 項に基づく軽易業務への転換を理由とする（行政解釈にいう契機とする）（役職の）降格措置が問題となっており、上記②のとおり、こうした場合は原則として均等法 9 条 3 項にいう不利益取扱いに該当すると解される。したがって、例外③および例外④に該当するか否かが次に問題となる。

2 例外③について
まず例外③について、Ｘが自由な意思に基づいて降格を承諾したものと認めるに足りる合理的理由が客観的に存在するかどうかである。

「労働者の自由な意思に基づく同意」の要件の意義・射程をめぐって、議論がなされているところであるが[41]、労使間の交渉力・情報格差を考慮すると、労働者が真意に基づかずやむなく応じることは容易に想定されるため、労働者の同意の真意性はより慎重に判断する必要があり、裁判例においては、一般に

---

40) 土田・労働契約法 409 頁。
41) 土田・労働契約法 596-599 頁参照。

403

第 2 部　実務編

「労働者の自由な意思に基づいてなされたものであると認めるに足りる合理的な理由が客観的に存在することが必要」と解されている[42]。こうした「労働者の自由な意思に基づく同意」については、労基法 24 条の賃金全額払原則をめぐって争われた判例（労働者による退職金債権放棄の意思表示の有効性を判断するもの[43]、使用者が労働者の同意を得てなす相殺について[44]）において述べられ、その後の労働条件変更に関する裁判例においても用いられるようになっている。

　また、労契法が合意原則とともに、信義則（3 条 4 項）および労働契約内容の理解促進の責務（4 条 1 項）を挙げていることからも、労働者の合意に関し、特に重要なのは、労使当事者間の交渉プロセス、すなわち、労働条件の変更に際しその必要性、変更後の内容、代償措置の有無等の内容について、使用者が十分な説明・情報提供を行い、意見を聴取するなど、交渉を尽くしたか否かがポイントとなる[45]。

　CASE 1 の場合、降格措置の前後における職務内容の実質、業務上の負担の内容や程度、労働条件の内容等を勘案し、当該労働者が降格措置による影響につき使用者から適切な説明を受けて十分に理解した上でその諾否を決定しえたか否かが問題となる。この点について、確かに Y は、X に対して降格後の職務内容、業務負担の内容や程度等について一応の説明をしたものと推察できるが、復職に関して、産前産後休業もしくは育児休業を取得し終えて復職する段階にて X の希望を聴取すると口頭で述べているだけである。育介法 21 条 1 項によれば、使用者は、労働者の育児休業中における待遇に関する事項（1 号）、育児休業後における賃金、配置その他の労働条件に関する事項（2 号）、その他の労働条件に関する事項等（3 号）について規定をおき、周知する努力義務を負っているにもかかわらず、**CASE 1** では、そのような事実は本文から明らかではなく、Y は X に対して十分な説明を行っていないようにも思われる。加えて、労働者の同意の態様は納得の上であるとはいえないものである。こうしたこと

---

42)　たとえば、更生会社三井埠頭事件・東京高判平成 12・12・27 労判 809 号 82 頁参照。就業規則に基づく労働条件の不利益変更における労働者の同意の有効性が争われた最近の判例として、山梨県民信用組合事件・最二判平成 28・2・19 民集 70 巻 2 号 123 頁がある。

43)　シンガー・ソーイング・メシーン事件・最二判昭和 48・1・19 民集 27 巻 1 号 27 頁。

44)　日新製鋼事件・最二判平成 2・11・26 民集 44 巻 8 号 1085 頁。

45)　土田・労働契約法 595 頁等参照。

から、Xの自由な意思に基づく同意がなされたとは認定できない。

3　例外④について

　例外④について、事業主が降格措置をとることなく軽易業務への転換をさせることに円滑な業務運営や人員の適正配置の確保等の業務上の必要性から支障があり、降格につき、その業務上の必要性の内容や程度および前記（軽易業務への転換および降格措置）の有利な影響・不利な影響の内容や程度に照らして、同項の趣旨および目的に実質的に反しないものと認められる特段の事情が認められるかどうかである。すなわち、特段の事情に関しては、当該労働者の転換後の業務の性質や内容、転換後の職場の組織や業務態勢および人員配置の状況、当該労働者の知識や経験等を勘案することによって業務上の必要性の有無およびその内容や程度を、また降格措置に係る経緯や当該労働者の意向等を勘案して有利な影響・不利な影響の内容や程度を評価する必要がある[46]。

　CASE 1において、詳細な事実関係は明らかではないが、少なくともYは、Xに対して、副主任の仕事は残業も多く妊娠中のXにとっては管理職としての責任・負担が大き過ぎること、業務転換後の業務の方が比較的負担が軽いこと、軽易な業務へ転換させるためにはとらざるをえない措置であることを述べており、業務上の必要性は認められると解される。また軽易業務への転換および降格措置による有利な影響・不利な影響の内容や程度については、役職手当（月1万円）に代えて特別調整手当（月5000円）を支給しており、不利益は相当緩和されていると解される。これらのことから**CASE 1**においては、特段の事情が存在すると思われる[47]。

　したがって、以上1～3を踏まえると、本件措置1は、均等法9条3項にいう不利益取扱いに該当しないと解される。

---

46)　均等法解釈通達によれば、「業務上の必要性から支障があるため当該不利益取扱いを行わざるを得ない場合において、その業務上の必要性の内容や程度が、法……の規定の趣旨に実質的に反しないものと認められるほどに、当該不利益取扱いにより受ける影響の内容や程度を上回ると認められる特段の事情が存在するとき」と述べており、軽易業務への転換のケースの場合には、業務上の必要性を幅広く解釈すべきであるのに、その点を全く考慮していないかのような解釈には問題があるとの指摘がある（土田・労働契約法746頁注51参照）。

47)　**CASE 1**は、特別調整手当を支給している点で、前掲注12)広島中央保健生協（生協病院）事件とは異なる。

第2部　実務編

CASE 1 設問 2

結論：妊娠・出産・育児休業等に関する制度を運用するに際し、育介法21条、22条、25条に関する手続規定やガイドラインを作成し、相談窓口を設けること、妊娠・出産・育児休業等を理由とする不利益取扱いに該当する場合または例外として認められる場合について、具体例を挙げて対象労働者に周知することが必要である。またこうした制度を運用するに際し、実務担当者は個々の対象労働者の事情を踏まえた上で、会社として合理的に説明のつく対応内容を明らかにした上で、特に職場復帰後のことも含めて対象労働者と丁寧なコミュニケーションを図りながら、適切な措置をとることが求められる。

　まず、妊娠中の軽易業務への転換および産前産後休業・育児休業制度等を運用するに際し、考慮すべき法律上の措置を確認しておこう。

　まず育介法21条に基づき、事業主（使用者）は、育児休業に関して、あらかじめ、①労働者の育児休業および介護休業中における待遇に関する事項（1項1号。労働者が休業中の賃金、その他の経済的給付、教育訓練、福利厚生施設の利用等）、②育児休業および介護休業後における賃金、配置その他の労働条件に関する事項（同項2号。休業終了後の賃金額（労働の対償として支払うもの全てを含む）およびその算定方法、配置（労働者を一定の職務（ポスト）に就けるまたは就けている状態をいい、従事すべき①職務の内容、②就業場所を主要な要素とする）、③その他の労働条件に関する事項（昇進、昇格、年次有給休暇等））等（同項3号）について定め、労働者に周知することが求められ、労働者が育児休業申出をしたときは、当該労働者に対し、前項各号に掲げる事項に関する当該労働者の取扱いを明示するよう努力義務を課している（2項）ことに留意する必要があろう。

　また育介法22条において、事業主は、育児休業申出および育児休業後における就業が円滑に行われるようにするために、育児休業をする労働者が雇用される事業所における労働者の配置その他の雇用管理、育児休業または介護休業をしている労働者の職業能力の開発および向上等に関して、必要な措置を講ずる努力義務を負っている。育介法指針によれば、①育児休業後においては、原則として原職または原職相当職に復帰させるよう配慮すること、②育児休業をする労働者以外の労働者についての配置その他の雇用管理は、①の点を前提に

406

して行われる必要があることに配慮すること、とされていることから、同法自体は努力義務ではあるものの注意が必要である。

さらに、育介法25条（平成29年1月1日施行）において、事業主は、職場において行われるその雇用する労働者に対する育児休業、介護休業その他の子の養育または介護に関する厚生労働省令で定める制度または措置の利用に関する言動により当該労働者の就業環境が害されることのないよう、当該労働者からの相談に応じ、適切に対応するために必要な体制の整備その他の雇用管理上必要な措置を講じなければならないことになっており（育児休業等に関するハラスメント防止措置。均等法11条においては、事業主に対して妊娠・出産等に関するハラスメント防止措置義務を課している）、対応が求められる。

そこで、**CASE 1** において、Y（事業主、使用者）が整備しておくことが望ましいものについては、前述した育介法21条、22条、25条に関する手続規定やガイドラインを作成し、相談窓口を設けることである。加えて、**解説2**(2)において前述したとおり、不利益取扱いに該当する場合または例外として認められる場合について具体例を挙げてX（対象労働者）に周知することも必要となろう。またこうした制度を運用するに際し、人事部長B（実務担当者）はX（個々の対象労働者）の事情を踏まえた上で、Y（会社）として合理的に説明のつく対応内容を明らかにした上で、特に職場復帰後のことも含めてX（対象労働者）と丁寧なコミュニケーションを図りながら、適切な措置をとることが求められる[48]。

CASE 2 設問 1

結論：本件配転命令1については有効、本件配転命令2については、連動判断説に基づき無効と解する。

CASE 2 において、育児を行う労働者に対する配転命令（3歳児を養育する共働きの女性労働者 X_1 に対するキャリアアップにつながるリーダー（昇進・昇給）への配転命令および産前産後・育児休業取得後復職した女性労働者 X_2 に対する軽易業

---

48) 「ここに注目 労働法令のポイント」労政時報3864号（2015）13頁、小磯優子ほか「長期休職社員のためのひとそろえ　休職チェックシート集【育児休業編】」労政時報3939号（2017）58頁以下参照。

第2部　実務編

務への配転命令）が問題となっている。

(1)　X₁の場合

　職能資格制度下における配転の事例である。配転に関して直接規律する法令はないため、配転命令権の根拠と限界は労働契約の解釈の問題となる。通説・判例は、使用者は労働契約の予定する範囲内で労務指揮権を行使して配転を命じうると解し、その範囲を個々の労働契約の解釈によって判断する見解（契約説）の立場に立っている。契約説によれば、配転命令の限界は、①配転命令権の存否に関する労働契約の解釈と、②その解釈の結果、配転命令権が肯定された場合の権利濫用（労契3条5項）の有無で判断され、使用者が配転命令権（人事権）を有する場合も、権利濫用と評価されないことが要件となる（同項）。人事権濫用の成否は、配転に関する業務上の必要性と、配転によって労働者が被る不利益との比較衡量を中心に、配転手続の妥当性も考慮して判断される。判例法理によれば、①転勤命令につき業務上の必要性がない場合、または②業務上の必要性があっても、他の不当な動機・目的をもってなされたときや、労働者に通常甘受すべき程度を著しく超える不利益を負わせるとき等、特段の事情がある場合に、当該転勤命令は権利の濫用となる[49]。これまで共働き・育児等の事情で単身赴任となるような転勤命令については、病気の家族の看護や介護に具体的な支障が生じる場合等を除き、一般的に労働者の被る不利益は通常甘受すべき程度を著しく超える不利益には当たらないと解され、業務上の必要性が認められて労働者の家庭の事情に対する配慮（住宅、別居手当、旅費補助等）がなされた場合に、当該転勤命令は有効と解されてきた[50]。

---

[49]　東亜ペイント事件・最二判昭和61・7・14労判477号6頁。同最高裁判決の判断枠組みは、業務上の必要性について、「余人をもっては容易に替え難い」という高度の必要性は要求されず、「労働力の適正配置、業務の能率増進、労働者の能力開発、勤務意欲の高揚、業務運営の円滑化など企業の合理的運営に寄与する点」があれば足りるとする一方で、労働者の被る不利益は通常甘受すべき程度を「著しく超える」不利益である場合に権利濫用になるとしており、使用者に対して配転の広範な裁量を認めるものである。そして当該判決では、同居している母親（71歳）、保母の妻（28歳）、長女（2歳）と離れて単身赴任となる家庭生活上の不利益は、転勤に伴い通常甘受すべき程度のものと判断されている。

[50]　転勤命令が有効と解された事案として、帝国臓器製薬事件・東京高判平成8・5・29労判694号29頁、新日本製鐵（総合技術センター）事件・福岡高判平成13・8・21労判819号57頁等がある。

408

13　女性の活躍——ダイバーシティ人事

　もっとも、2001年育介法の改正により、子の養育または家族の介護状況に関する使用者の配慮義務（具体的には、対象労働者の育児・介護状況の把握、本人の意向の斟酌、転勤後の育児・介護に関する代替手段の有無の確認等。育介法指針（前掲注19））参照）が規定され（26条）、2007年制定の労契法は「仕事と生活の調和」への配慮を労働契約の締結・変更の基本理念として定めている（3条3項）。こうしたことから、ワーク・ライフ・バランスの観点より、単身赴任をもたらす転勤については、業務上の必要性をより厳しく解するとともに、使用者は単身赴任が労働者にもたらす不利益を回避・軽減するための措置をとるべき信義則上の義務を負うと解すべきとの見解もある[51]。

　CASE 2 について見ると、配転命令の法的根拠として、X_1 は労働契約上、職種・職務内容・勤務地限定のない総合職として雇用されていること（職種・勤務地限定合意の不存在）に加えて、「業務上の都合により社員に異動を命じることがある。この場合は正当な理由なしに拒むことはできない」としていること（就業規則の配転条項の存在）から、使用者の配転命令権は認められる。

　続いて、配転命令権の濫用判断については、配転に関する業務上の必要性と配転によって労働者が被る不利益との比較衡量を行うが、その際、業務上の必要性を厳格に解するとともに、労働者が被る不利益を回避・軽減するための措置（労働者の家庭の事情に対する配慮）および育介法26条の趣旨を考慮して検討する。まず業務上の必要性について、本件配転はその対象者を公正な選定基準に基づき選定しており、余人をもっては容易に替え難いかどうかは **CASE 2** の事実関係から明らかではないが、X_1 は総合職として採用されており、X_1 のキャリアアップにつながるという人員配置の観点から業務上の必要性は認められる。一方で、X_1 が共働きで3歳の子の育児をしていることへの不利益も認められるが、保育所やベビーシッターの手配（金銭的給付を含む）、帰省手当や転居に伴う金銭的負担軽減措置など不利益緩和措置がとられている。もっとも、本件配転に際し、X_1 とYとの間でよく話し合われたかどうかについては **CASE 2** の事実関係から必ずしも明らかではないが、Yが X_1 に対して不利益緩

---

51)　土田・概説178-179頁。菅野和夫『労働法〔第11版補正版〕』（弘文堂、2017）689頁によれば、今後、配転命令権の濫用判断における「転勤に伴い通常甘受すべき程度の不利益」であるか否かの判断基準は、「仕事と生活の調和」の方向への修正が予想されると述べている。

409

第2部　実務編

和措置を行うなど育介法26条に基づく一応の配慮を行ったものと推認される。以上の点を考慮すると、Yの配転命令権の濫用は認められず、本件配転命令1は有効となる可能性が高いと解される。

(2)　X_2の場合

CASE 2について見ると、Yは職務等級制度を導入しており、本件配転命令2によって自動的に職務報酬が引き下げられているが、「本件配転によって職務グレード・職務報酬が変化することについて、Yの就業規則にその旨が規定されていた」とあるため、配転と職務等級の引下げ（降格）については、連動判断説によるのが適当である[52]。

　そこで、本件配転命令2について、配転が職務等級の変動（不利益配転の場合は等級の引下げ）に連動し賃金の変動（減額）をもたらすため、配転命令の効力を厳格に解する必要がある。職種限定の合意の有無については、X_2は総合職として入社しており、その後職種限定の合意をしたことが窺われない。次に配転命令の法的根拠として、就業規則の配転条項が存在するが、職務等級制度下の配転は職能資格制度下のそれよりも厳格に判断すべきであり、高度の業務上の必要性を要すると解する。したがって高度の業務上の必要性とX_2の被る不利益を比較衡量することになるところ、業務上の必要性については、欠員補充目的であるため一応認められるが、X_2の被る不利益は、海外営業推進室での勤務を希望しているため、キャリア形成の不利益および職務報酬の減額と大きいものがあり、さらにX_2が育児の負担に関してフルタイムのベビーシッターを確保するとともに、夫や母親のサポートが得られるなど家庭内で賄う準備が十分であることから、高度の業務上の必要性が否定される。加えて、Yの配転手続について、YはX_2が育児等と両立しての勤務となるため、相当程度体力を使う仕事については避けるべきと考え、海外出張等がない比較的難易度の低い国内営業推進室へ配転を命じていることである。確かに、育介法26条に基づき、Yは子の養育に関する配慮義務を負っているが、その内容は対象労働者の育児状況の把握、本人の意向の斟酌、転勤後の育児・介護に関する代替手段の有無の確認等である。**CASE 2**において、X_2は育児等による負担については家庭内で賄う準備があると述べていることから、Yの配慮は、本人の意向

---

52)　連動判断説については、**解説3**(2)参照。

を十分斟酌して行わなければならず、YがX₂に対して比較的難易度の低い国内営業推進室の業務を担当させることは一方的な配慮にもつながりかねないこと、また本件配転命令2を行うに際し、YとX₂がよく話し合ったという事実が窺われないことなど配転手続の不備がある。以上の点を考慮すると、本件配転命令2は無効と解すべきである。

CASE 2 設問 2

Yは年俸制を採用し、賃金額は職務によって変化する職務報酬と成果報酬からなる職務等級制をとっている。職務等級制度は、成果主義人事・賃金制度の一類型であり、Yは、成果主義を取り入れている以上は公正・透明な勤務成績評価を行うべき責務を負う。人事考課制度について、Y社の勤務成績評価に関しては、①公正・透明な評価制度の整備・開示、②それに基づく公正な評価、③評価結果の説明・開示（フィードバック）、④紛争処理制度の整備が求められ、公正な運用も併せて求められる。**CASE 2** において、人事考課制度については明らかではないが、上記①～④は遵守されなければならない事項である。

CASE 2 で問題となっている 2017 年度の成果報酬については、2016 年 4 月 1 日から 2017 年 3 月 31 日までの 1 年間を査定の対象期間としたものであるが、X₂ は、このうち 2016 年 7 月 16 日以降は本件産休および本件育休を取得して休業していたため、その間の業務実績はなかった。一方で、2016 年 4 月 1 日から休業前日の 7 月 15 日までの期間においては、X₂ は見るべき成果を上げていないとされ、2017 年度の成果報酬をゼロと査定されたが、2016 年 4 月 1 日から同 7 月 15 日までの期間において何も成果がなかったとすること自体相当ではなく、2017 年 4 月 16 日以降に職場復帰して業務に従事し、何らかの成果を上げられる見込みがあるにもかかわらず、2017 年度の成果報酬をゼロと査定するのは、硬直的な取扱いであると考えられる。また、**CASE 2** の成果報酬ゼロ査定は、育休取得後、業務に復帰した後も、育休等を取得して休業したことを理由に成果報酬を支払わないとすることであり、育介法指針（前掲注 19）参照）において「〔休日の〕日数を超えて働かなかったものとして取り扱うことは、〔給与の〕『不利益な算定を行うこと』に該当する」とされている趣旨に照らしても、育休等を取得して休業したことを理由に不利益な取扱いをすることになることから、均等法および育介法の趣旨にも反することになる。

したがって、YがX₂の 2017 年度の成果報酬をゼロと査定することは、合理

第2部　実務編

的に査定する代替的な方法を検討することなく機械的にゼロと査定したものと考えられるから、人事権濫用として違法である。もっとも、成果報酬については金額が決定されておらず、賃金支払請求権として具体化していないため、その差額支払請求については認められないが、不法行為を理由とする慰謝料が認められるものと解する[53]。

CASE 2 設問 3

CASE 2 の特徴は、X_1、X_2はともに育児を行う女性労働者であるが、X_1はキャリアアップより育児等の家庭生活を優先し、X_2は育児に関しては家庭内で賄うことを前提としてキャリアアップを優先していること、YのX_2に対する配慮の結果としてX_2に対して難易度の低い仕事を用意していることである。使用者は、前述したとおり、育介法26条に基づき労働者の配置に関する配慮が求められるが、一方的な配慮にならないよう、労働者本人とコミュニケーションをとることが何より大切である。女性労働者のキャリア形成は個人差があり多様性に富むため、本人の意向を十分斟酌して、本人の希望に応じたキャリア形成をアドバイスすることが必要だと思われる。育児中だからと難易度の低い仕事を一律に用意するのではなく、本人の意思と能力をより活かせる仕事を提供することが求められる。これにより女性の活躍が促進されると思われる[54]。

またこうしたことは、女性の採用・昇進等の機会の提供および活用が行われること、職業生活と家庭生活の円滑かつ継続的な両立を可能とすること、女性の職業生活と家庭生活の両立に関し、本人の意思が尊重されるべきことを理念とする女性活躍推進法が目指していることである。注目すべきは、企業に対して、①自社における女性の活躍に関する状況の把握（採用者に占める女性比率、

---

53)　**CASE 2**（成果報酬をゼロと査定したことなど）は、前掲注38)コナミデジタルエンタテインメント事件をもとに作成している。本事件において、成果報酬ゼロ査定が、均等法や育介法により直接無効になると判断していないが、妊娠・出産・育休等を理由とする不利益取扱いに関する行政解釈（前掲注14)通達参照）によれば、育休の取得時期と近接して報酬を減額することになるため、育休等を「契機として」不利益取扱いが行われた場合に当たると解され、原則として妊娠・出産・育休を理由とする不利益取扱いに該当すると考えられよう。

54)　松浦民恵「企業における女性活躍推進の変遷」佐藤博樹＝武石恵美子編『ダイバーシティ経営と人材活用——多様な働き方を支援する企業の取り組み』（東京大学出版会、2017)83頁以下参照。

412

勤続年数の男女差、労働時間の状況、管理職に占める女性比率等）、②把握した内容に基づく課題の分析、③課題の解決に向けた目標設定、④国が作成する事業主行動計画策定指針を参考に、自社の課題解決に必要な取組みをまとめた行動計画の策定・公表、⑤自社の女性の活躍に関する現状を求職者の選択に資するよう公表といった取組みを義務づけていることであり、とりわけ④の行動計画の策定・公表により、自社にあった形で、女性労働者の活躍促進を可能としていることである。

　男女を問わず、仕事と生活の調和（ワーク・ライフ・バランス。労契3条3項参照）を実現しつつ働くことができる環境整備（労働時間・休暇・休業制度等）を行いつつ、個人の事情に応じた多様な働き方や自律的なキャリア形成の実現が求められている中で、たとえば CASE 2 の問題となった配転（転勤）制度に関しても、辞令を発令する前に、まず転勤を提示し事前交渉の場を設けるといった人事制度の改革も提案されているが[55]、時間や場所に制約がある労働者が働きやすいように、勤務地限定正社員や勤務時間限定正社員（短時間正社員）、テレワーク、フレックスタイム制等のより柔軟な働き方が可能となるような制度を整備・活用することが求められる。

〔参考文献〕

　小山博章編・町田悠生子編著『裁判例や通達から読み解くマタニティ・ハラスメント』（労働開発研究会、2018）、小畑史子「使用者の人事権と労働者の職業キャリア・個人の生活および事情」日本労働法学会編『講座労働法の再生第2巻　労働契約』（日本評論社、2017）179-200 頁。

＊執筆協力者　長田拓之（2016 年度生）、藤井椋平（2016 年度生）

（上田達子）

---

55)　佐藤博樹「ダイバーシティ経営と人材活用」佐藤＝武石編・前掲注 54)14 頁参照。

14

パワー・ハラスメントへの対応

CASE 上司から部下への言動と損害賠償請求・懲戒処分の可否

Y_1 は、精密機械の製造販売等を業とする会社である。Xは、2014年4月1日に Y_1 に雇用され、新人研修を経て営業部に配属された。Xの直属の上司は営業部の副部長を務める Y_2 であり、Y_2 の直属の上司は営業部を統括する部長Aである。

こうした中、2017年5月15日、Xが単独で初めて新規取引先との契約交渉を行うことになった。本取引は、部内でも注目されていた案件であったが、Xのスケジュール管理上のミスにより獲得することができなかった。Y_2 は、取引先から帰ってきたXを部内の個室に呼び出し、「お前、何やってんだ。どうしてくれるんだ」と厳しい口調で叱責した（本件叱責）。Y_2 は誰に対しても口調がきつく、Xは常日頃から Y_2 に苦手意識を持っていたため、小さい声で「はい、すみません」と述べ、深く頭を下げた。

同日夜、Y_2 は「例の件について」と題したメールを営業部の部員全員に送信した。本メールにおいて、今回の取引はXのスケジュール管理上のミスにより獲得できなかったことが述べられ、「皆さんも、社会人として当然のことですが、スケジュール管理の重要性を改めて認識しましょう」と記載されていた（本件メール送信）。

Y_1 では、就業規則23条1項において直行直帰を禁止しており、この点について B人事部長は定期的に社内メールや朝礼等によって従業員に周知していた。しかし、Xは無断で直行直帰をすることがあり、Y_2 からも度々注意を受けていた。同年7月20日、Y_2 はあらかじめ、午前中から外出していたXに対し直帰せずに Y_1 に戻るように指示していた。それにもかかわらずXは、携帯電話で「直帰します」と伝言メモを残した。これに気づいた Y_2 は、Xに電話をかけて会社に戻

るように指示したが、Xは、既に自宅近くまで戻っているということを理由にY_1に戻ることを拒否した。これに憤慨したY_2は、同日午後4時頃に2度にわたって電話をかけ、「Xさん、なぜ会社に戻らないのですか。本当にありえないですよ。どういうつもり」、「Xさん、さっき電話で言いましたけど、本当に、頭にきました。明日覚悟しておいてください」と怒りを露わにする録音を行った（本件7・20留守番電話内での発言）。

　ところで、XとY_2は、同年8月26日から同月30日まで海外出張を予定していた。Y_2は、同月13日から17日まで夏季休暇を取得する予定であったため、同月10日にXと日程調整を行い、出張のための打ち合わせを同月18日に、最終確認を22日に実施することを提案した。シフト表ではXの夏季休暇は同月18日から22日までとされていたが、Xは特に何もクレーム等を述べなかった。同月18日、Y_2は夏季休暇を終え出社したところ、Xは夏季休暇ということで出社していなかった。Y_2は直ちにXに電話をかけ、重要な出張であり、綿密に計画を立てておきたい旨を伝え、夏季休暇中でも一度出社して確認のための打ち合わせをするよう求めた。しかし、Xはこれを拒否し、夏季休暇明けの同月23日に打ち合わせを行うことを提案した。これに対して、Y_2は、同日は既に予定が詰まっていたため再度Xに対し夏季休暇中の出社を求めたが、Xは、自らが同月18日から22日までの間夏季休暇を取ることはスケジュール表やホワイトボードからも明らかであるとして、Y_2の要請を頑として受け付けなかった。このためY_2は準備時間が足りなくなり、本出張については不十分な企画書のまま対応せざるをえなくなった。

　以上のようなXの態度に腹を据えかねたY_2は、怒りを抑えきれなくなり、同月18日午前10時頃、「でろよ、ぶっ殺すぞ！　お前、もう辞めていいよ。辞めろ！　辞表を出せ！」と録音し、Xに対する怒りを露わにした（本件8・18留守番電話内での発言）。この留守番電話を聞いたXは、残りの夏季休暇を不安な気持ちのまま過ごすことを余儀なくされた。同月23日、出社したXは、A部長に対してY_2が自分への風当たりが強いことを相談したところ、A部長はXの席をY_2から離した。

　なお、Xは、同年5月15日以降、欠勤することなく平常どおり出社しており、この間Y_1に対し体調不良を訴えた事実はないが、Y_1に入社する前から「神経性胃炎」を患っており、行きつけのC病院で精神安定剤等の処方を受けている。処方された薬の種類や内容等は、本件叱責、本件メール送信、本件7・20留守番電話内での発言および本件8・18留守番電話内での発言の前後で変化はなかった。

　同年10月下旬頃、Xは、Y_2のことで相談したいと思い、A部長に面会した際に、

第2部　実務編

毎週金曜日にC病院に通院して精神安定剤等の処方を受けている事実を打ち明け、本件8・18留守番電話内での発言を聞いて貰った。するとA部長は、「これはひどい。こんなにひどいとは思わなかった。Y₂君から君への指揮監督権は剥奪し、Y₂君には厳重に注意しよう」と答えた。A部長は、B人事部長に相談し、同年11月1日、Y₂とXの間の業務上の指揮命令関係を解消してXをA部長の部下とした上で、A部長の部下である営業部副部長Dの指揮監督下に置いた。

　同月25日以降、Xは、有給休暇を取って会社を休むようになり、その後Y₁に対して「しばらく休ませてほしい」旨の申出を行うとともに、「Xはうつ病にり患しており、通院中である同年12月1日より、1か月半程度の自宅療養を認める」という内容の同年11月28日付診断書を提出した。

　2018年1月20日、出社したXは、体調が回復しないため、A部長に対して、Y₁を退職して、このような状態になるまで自分を追い詰めたY₂とY₁に対し損害賠償請求をするつもりであることを話した。一方で、こうしたXの事態を重くみたA部長は、Xに対して退職は思いとどまるようにと説得するとともに、Y₂は誰に対しても口調がきついことを認識していたが、Y₂に対する懲戒処分を検討する必要があると考えてB人事部長にその旨を相談した。

Y₁就業規則

第23条（直行、直帰）
1　従業員は、業務の都合により現場に直行または直帰する場合には、会社の許可を得なければならない。
2　やむをえない理由による場合には、前項の規定を適用しない。この場合には速やかに電話等で連絡をとり、承認を得なければならない。

第40条（懲戒処分）
1　従業員が以下の各号に該当する行為を行った場合、懲戒処分に処する。
　①　職場の風紀秩序を乱す行為を行ったとき
　②　他の従業員に対して、暴言、暴行、傷害を行ったとき
　……
2　会社は、従業員が犯した非違行為を考慮して、戒告、譴責、減給、出勤停止、諭旨解雇、懲戒解雇の中から処分を決定する。

設問1　XのY₁およびY₂に対する損害賠償請求は認められるか。

設問2　Y₁はY₂に対して懲戒処分を行うことができるか。

設問3　Y₁としては、このような事態が生じないためにどのように対処すべきであったか。

14　パワー・ハラスメントへの対応

解説

1　職場のパワー・ハラスメントとは何か[1]

(1)　パワー・ハラスメントの概念

　職場のいじめ・嫌がらせ、パワー・ハラスメントは、労働者の尊厳や人格を傷つける許されない行為であるとともに、職場環境を悪化させるものである。パワー・ハラスメント（パワハラ）とは、厚生労働省の2012年報告（厚労省2012年報告）によれば、法的な定義ではないが、「同じ職場で働く者に対して、職務上の地位や人間関係などの職場内の優位性を背景に、業務の適正な範囲を超えて、精神的・身体的苦痛を与える又は職場環境を悪化させる行為」であると定義されている[2]。本定義は、上司から部下に行われるものだけでなく、先輩・後輩間、同僚間、さらには部下から上司に対する行為も含む概念とされている。

　厚労省2012年報告の公表後、職場のパワー・ハラスメントを防止するために、労使の自主的な取組みや厚生労働省による労使の具体的な取組例等の周知広報・実態把握等が行われてきた。それにもかかわらず都道府県労働局における職場の「いじめ・嫌がらせ」の相談件数は増加傾向にあり[3]、「働き方改革

---

1)　内藤忍「パワー・ハラスメント」土田道夫＝山川隆一編『労働法の争点』（有斐閣、2014）32-33頁、「小特集　職場における嫌がらせ——その法理の新展開」法時89巻1号（2017）60-89頁、奥山明良「職場のパワー・ハラスメントをめぐる法律問題を考える」成城法学85号（2017）203頁、根本到「職場のパワーハラスメントと人格権」日本労働法学会編『講座労働法の再生第4巻　人格・平等・家族責任』（日本評論社、2017）49頁、「特集　『職場のパワーハラスメント防止対策についての検討会報告書』を受けて」労旬1914号（2018）6-25頁等参照。

2)　厚生労働省「職場のいじめ・嫌がらせ問題に関する円卓会議ワーキング・グループ報告」（2012年1月30日）5頁。なお、パワー・ハラスメントについて、裁判例は、たとえば「組織・上司が職務権限を使って、職務とは関係ない事項あるいは職務上であっても適正な範囲を超えて、部下に対し、有形無形に継続的な圧力を加え、受ける側がそれを精神的負担と感じたときに成立するものをいう」と定義するものもある（損保ジャパン調査サービス事件・東京地判平成20・10・21労経速2029号11頁、医療法人財団健和会事件・東京地判平成21・10・15労判999号54頁）。

3)　厚生労働省「平成30年度個別労働紛争解決制度の施行状況」（2019年6月26日）によれば、総合労働相談件数111万7983件で、民事上の個別労働紛争の相談件数26万6535件のうち、「いじめ・嫌がらせ」が8万2797件で最も多い。

417

第 2 部　実務編

実行計画」[4] において「職場のパワーハラスメント防止を強化するため、政府は労使関係者を交えた場で対策の検討を行う」とされたことを踏まえ、厚生労働省に「職場のパワーハラスメント防止対策についての検討会」が設置され、2018 年 3 月に報告書（厚労省 2018 年報告書）[5] が公表された。同報告書は、パワー・ハラスメントの概念、防止対策の強化[6]、顧客や取引先からの著しい迷惑行為[7] について取り上げている。職場のパワー・ハラスメントの概念については、前述の厚労省 2012 年報告で示された概念を参考にしつつ、①優越的な関係に基づいて（優位性を背景に）行われること、②業務の適正な範囲を超えて行われること、③身体的もしくは精神的な苦痛を与えることまたは就業環境を害することのいずれの要素も満たすものとして整理している。

(2)　職場における雇用管理上の措置義務の新設

その後、労働政策審議会において、議論・検討が行われ、2018 年 12 月 14 日に「女性の職業生活における活躍の推進及び職場のハラスメント防止対策等の在り方について（建議）」がとりまとめられた。同建議の内容を踏まえて、ハラスメント対策の強化を図る労働施策総合推進法等の改正法案が国会で審議され、2019 年 5 月 29 日に同改正法案が成立した。

主な改正内容は、以下のとおりである。(1)国の施策として、職場における労働者の就業環境を害する言動に起因する問題の解決促進を明記したこと（労働施策総合推進法 4 条 1 項）、(2)①事業主に対して、職場において行われる優越的な関係を背景とした言動であって、業務上必要かつ相当な範囲を超えたものによりその雇用する労働者の就業環境が害されることのないように、当該労働者

---

4)　2017 年 3 月 28 日働き方改革実現会議決定。
5)　厚生労働省「職場のパワーハラスメント防止対策についての検討会報告書」（2018 年 3 月 30 日）。
6)　職場のパワー・ハラスメント防止対策の強化として、対応策の選択肢（①行為者の刑事責任、民事責任（刑事罰、不法行為）、②事業主に対する損害賠償請求の根拠規定（民事効）、③事業主に対する措置義務、④事業主による一定の対応措置をガイドラインで明示、⑤社会機運の醸成といった規定の創設や施策の実施）が示され、それぞれの案についてメリットとデメリットが議論されている。
7)　顧客や取引先からの著しい迷惑行為について事業主に取組みを求めることや社会全体の機運の醸成等の対応を進めるためには、職場のパワー・ハラスメントへの対応との相違点も踏まえつつ、関係者の協力の下で更なる実態把握を行った上で、具体的な議論を深めていくことが必要としている。

14　パワー・ハラスメントへの対応

からの相談対応体制の整備等の雇用管理上の措置義務を課すこと（同30条の2
第1項）、②事業主に対して、労働者が①の相談を行ったこと等を理由として、
当該労働者に対する解雇その他不利益取扱いを禁止すること（同2項）、③①
および②の事業主の講ずべき措置については、厚生労働大臣が指針を定めるこ
と（同3項）、(3)労働者の就業環境を害する(2)①の言動を行ってはならないこ
とや当該言動に起因する問題（優越的言動問題）に対する関心と理解を深める
ため、国はその周知・啓発等を行い、事業主は労働者が他の労働者に対する言
動に注意するよう配慮し、また事業主と労働者は自らの言動に注意する責務を
負うこと（同30条の3）、(4)(2)および(3)に係る労使紛争について、都道府県労
働局長による紛争解決援助や紛争調整委員会による調停の対象とすること（同
30条の5、30条の6）、(5)(2)①および②に違反している事業主に対して、勧告に
従わなかった場合に厚生労働大臣による企業名公表の対象とすること（同33
条2項）である。セクシュアル・ハラスメント（セクハラ）とマタニティー・
ハラスメント（妊娠・出産・育児休業等に関するハラスメント。マタハラ）につい
ても防止対策を強化するため、(2)①および(3)と同様の規定が設けられた（男女
雇用機会均等法11条2項、11条の2、11条の3第2項、11条の4、育児介護休業法
25条2項、25条の2）。

　改正内容のポイントは、セクハラやマタハラの場合と同様に、法律上パワハ
ラという用語を使用せず、パワハラ行為自体を禁止するものではないが、(2)①
のとおり、事業主に対して職場における優越的言動問題に関する雇用管理上の
措置義務を課した点にある。(2)③のとおり、事業主の講ずべき措置の具体的内
容のほか、職場のパワハラの典型的な類型、取引先・顧客等の第三者からのハ
ラスメントや著しい迷惑行為に関する相談対応等については、2018年厚労省
報告書や建議の内容を踏まえて、今後厚生労働大臣が定める指針において示さ
れることになっている。

2　行為類型に関する裁判例

　厚労省2012年報告によれば、パワー・ハラスメントの行為類型として、ⓐ
暴行・傷害（身体的な攻撃）、ⓑ脅迫・名誉毀損・ひどい暴言（精神的な攻撃）、
ⓒ隔離・仲間外し・無視（人間関係からの引き離し）、ⓓ業務上明らかに不要な
ことや遂行不可能なことの強制、仕事の妨害（過大な要求）、ⓔ業務上の合理性

419

第2部　実務編

なく、能力や経験とかけ離れた程度の低い仕事を命じることや仕事を与えない
こと（過小な要求）、⑥私的なことに過度に立ち入ること（個の侵害）が挙げら
れているが、これらは典型的な行為類型であり、網羅的なものではないとして
いる。そして、これらの類型について、ⓐは業務の遂行に関係するものであっ
ても「業務の適正な範囲」には含まれず、ⓑとⓒは、原則として「業務の適正
な範囲」を超えるもの、ⓓないしⓕは、業務上の適正な指導との線引きが必ず
しも容易ではない場合があるとしている。

　これまでいじめ・嫌がらせ、パワー・ハラスメントが問題となった主な裁判
例について、前述の行為類型ごとに概観すると、行為類型ⓑ脅迫・名誉毀損・
ひどい暴言（精神的な攻撃）が多い[8]。また、CASE では、行為類型ⓑの上司か
ら部下への言動（指導・叱責）が問題となっている。このため、以下では、行
為類型ⓑについて取り上げる。

　もっとも、注意すべきことは、対象となる行為（いじめ、嫌がらせの言動）が
パワー・ハラスメントに該当するか否かの問題と当該行為（言動）が「業務の
適切な範囲」や「社会的許容の範囲」を超えて違法行為として不法行為を構成
するか否かは別個の問題であることである。すなわち、パワー・ハラスメント
に該当するか否かの判断自体は当然には違法評価を含むものではなく、それが
違法行為（不法行為）として損害賠償請求等の法的責任を追及しうる行為か否
かに関しては、別途、民法 709 条等所定の要件の該当性判断が求められる[9]。

(1)　脅迫・名誉毀損・侮辱・ひどい暴言（精神的な攻撃）

　この行為類型には、指導・叱責とは関係がなく脅迫や名誉毀損と認められる
場合と、指導・叱責の必要性は認められるが、相当性がないと判断される場合
がある。前者には、職場内に「欠格者」等と記載されたポスターを貼る行
為[10]、仕事ぶり等について突然一方的に非難したりなにかと不快感を露わに
するといった行為を繰り返す[11] 等、職務とは関係がなく個人を侮辱・非難し
たりするような行為が挙げられる。後者には、些細な過誤について執拗に反省

---

8)　裁判例については、浅野毅彦「職場のいじめ嫌がらせパワハラの裁判例の検討」労旬
　　1776 号（2012)6-13 頁、奥山・前掲注 1)246-261 頁、根本・前掲注 1)63-69 頁参照。
9)　奥山・前掲注 1)226 頁参照。
10)　東京都ほか（警視庁海技職員）事件・東京高判平成 22・1・21 労判 1001 号 5 頁。
11)　天むす・すえひろ事件・大阪地判平成 20・9・11 労判 973 号 41 頁。

書等の提出を求めた行為[12]や、「意欲がない、やる気がないなら、会社を辞めるべきだと思います。当 SC にとっても、会社にとっても損失そのものです。あなたの給料で業務職が何人雇えると思いますか。あなたの仕事なら業務職でも数倍の業績を挙げますよ」との内容のメールを本人および職場の同僚十数名に送る行為[13]について、指導・叱責激励の表現として許容される言動を逸脱していると判断されたものがある[14]。また、転勤に応じなければ退職を求める行為[15]や、依願退職を執拗に迫る行為[16]等の退職の強要もこれに含まれる。一般に発言が相手の人格に対して向けられたり、解雇等の恐怖心を煽る行為が繰り返されるほど違法性が認められる。

(2) 上司から部下への言動と不法行為の違法性判断

CASE では、行為類型ⓑの上司から部下への言動（指導・叱責）が違法なものであるかが問題となっている。

上司から部下への言動（指導・叱責）、パワー・ハラスメントと不法行為について、たとえば、ザ・ウィンザー・ホテルズインターナショナル事件[17]において、裁判所は次のように述べている。

「パワーハラスメントは極めて抽象的な概念」であるから、それが「不法行為を構成するためには、質的にも量的にも一定の違法性を具備していることが必要であ」り、パワーハラスメントを行った者とされた者の人間関係（上司等と部下等の人間関係）、当該行為の動機・目的、時間・場所、態様等を総合考慮の上、「『企業組織もしくは職務上の指揮命令関係にある上司等が、職務を遂行する過程において、部下に対して、職務上の地位・権限を逸脱・濫用し、社会通念に照らし客観的な見地からみて、通常人が許容し得る範囲を著しく超える

---

12)　東芝府中工場事件・東京地八王子支判平成 2・2・1 労判 558 号 68 頁。
13)　A 保険会社上司（損害賠償）事件・東京高判平成 17・4・20 労判 914 号 82 頁。
14)　前掲注 13)A 保険会社上司（損害賠償）事件の地裁判決（東京地判平成 16・12・1 労判 914 号 86 頁）では、高裁判決とは異なり、「被告の本件メールは、原告に対する業務指導の一環として行われたものであり、私的な感情から出た嫌がらせとは言えず、その内容も原告の業務に関するものにとどまっており、……いまだ原告の人格を傷つけるもの」ではないと判断している。
15)　エフピコ事件・水戸地下妻支判平成 11・6・15 労判 763 号 7 頁。
16)　東京都ほか（警視庁海技職員）事件・東京地判平成 20・11・26 労判 981 号 91 頁。
17)　東京地判平成 24・3・9 労判 1050 号 68 頁。

第 2 部　実務編

ような有形・無形の圧力を加える行為』をしたと評価される場合に限り、被害者の人格権を侵害するものとして民法 709 条所定の不法行為を構成する」。

　具体的には、上司等の教育・指導・叱責の目的・必要性と、その態様の両面から考察し、①教育・指導等に業務上の正当な目的・必要性があるか否か、また②必要性がある場合であっても、その態様・発言内容等に照らして相当性があるか否かを基準として違法性の有無を判断すべきと指摘される[18]。たとえば、当該言動に指導・叱責の目的・必要性がないのに指導・叱責がなされた場合[19]は、①の段階で違法行為と評価される。次に、指導・叱責の必要性が認められるが、発言の内容が相手を威圧、脅迫、侮辱するものや、軽微なミスに過大な指導・叱責等を行う場合[20]、多数の面前での叱責あるいは多数の者へのメールの送信の場合[21]は②の段階で違法行為と評価される。逆に、叱責の内容が職務に関するものや、厳しい指導が職種・状況から認められる場合[22]等、指導・叱責が合理的なものであると認められる場合は、相当性があり、適法と解される。

3　パワー・ハラスメントと法的責任

　職場におけるいじめ・嫌がらせ、パワー・ハラスメントを受けた労働者は、加害者である上司と使用者に対してその責任の追及が可能である[23]。

---

18)　土田・労働契約法 131 頁、土田・概説 61-62 頁。

19)　誠昇会北本共済病院事件・さいたま地判平成 16・9・24 労判 883 号 38 頁、ファーストリテイリング（ユニクロ店舗）事件・名古屋地判平成 18・9・29 労判 926 号 5 頁、日本ファンド（パワハラ）事件・東京地判平成 22・7・27 労判 1016 号 35 頁、オリンパス事件・東京高判平成 23・8・31 労判 1035 号 42 頁、A 社長野販売事件・東京高判平成 29・10・18 労判 1179 号 47 頁等。

20)　前掲注 12)東芝府中工場事件、前掲注 15)エフピコ事件、大裕事件・大阪地判平成 26・4・11 ジャーナル 29 号 2 頁、暁産業事件・福井地判平成 26・11・28 労判 1110 号 34 頁、加野青果事件・名古屋高判平成 29・11・30 ジャーナル 72 号 2 頁。

21)　前掲注 19)日本ファンド（パワハラ）事件、前掲注 13)A 保険会社上司（損害賠償）事件等。

22)　前田道路事件・高松高判平成 21・4・23 労判 990 号 134 頁、前掲注 2)医療法人財団健和会事件等。

23)　代表取締役に対して会社法 429 条 1 項による損害賠償責任を認めた裁判例として、サン・チャレンジほか事件・東京地判平成 26・11・4 労判 1109 号 34 頁がある。

(1) 加害者の責任

被害者である労働者は、上司に対し不法行為（民709条）に基づく損害賠償請求をなすことができる。不法行為責任が認められるためには、加害者の行為が違法と認められる必要がある。違法性の有無の判断基準について、たとえば、「他人に心理的負荷を過度に蓄積させる行為は、原則として違法」であり、そのような言動か否かは、「これを受ける者について平均的な心理耐性を有するものを基準として客観的に判断されるべき」とする裁判例[24]がある。さらに同裁判例は、当該行為に正当な理由があったか否かについて、「ある程度厳しい指導を行う合理的理由はあった」と判断しつつ、「人格自体を非難、否定する意味内容の言動」であり「目的に対する手段としての相当性を著しく欠くものであったといわなければならず、一般的に妥当な方法と程度によるものであったとは到底いえない」として結論として当該行為の違法性を認めている。

(2) 使用者の責任

(ア) 使用者責任（民715条）、使用者固有の不法行為責任（民709条）

被害者である労働者は、使用者に対して民法715条1項[25]に基づき、加害者たる上司の不法行為責任ないし当該職場の管理者の職場環境配慮義務（不法行為上の注意義務）違反を基礎とする不法行為責任を介して損害賠償責任を問うことができる[26]。使用者が責任を負うか否かは、主として加害者たる上司ないし管理者の行為が使用者の「事業の執行について」行われているかどうかで判断される。「事業の執行について」の解釈基準に関して定説はないが、行為の時間・場所・内容や上司としての地位の利用の有無等を総合考慮することにより職務関連性の有無等が判断されている[27]。裁判例として、たとえば日

---

24) 海上自衛隊事件・福岡高判平成20・8・25労経速2017号3頁。

25) 民法715条1項は、「ある事業のために他人を使用する者は、被用者がその事業の執行について第三者に加えた損害を賠償する責任を負う」と規定している。

26) 山川隆一「職場におけるハラスメント問題の展開と法的規律の動向」法時89巻1号（2017）63頁（前掲注1）「小特集」掲載論文。山川①）参照。当該職場の管理者の職場環境配慮義務（不法行為上の注意義務）違反を基礎とする不法行為責任を介して使用者責任を問う手法は、加害者を特定できない場合や、顧客によるハラスメントのように加害者に民法715条を適用することができない場合にも、使用者責任が認められる余地があると指摘される（山川隆一「セクシュアル・ハラスメントと使用者の責任」花見忠先生古稀記念『労働関係法の国際的潮流』（信山社、2000。山川②）19-20頁）。

第2部 実務編

本ファンド（パワハラ）事件[28]において、「被告会社における職務執行行為そのもの又は行為の外形から判断してあたかも職務の範囲内の行為に属するもの」という判断基準が示されており、行為者の意図とは関係なく判断される[29]。具体的には、職員会議における糾弾行為[30]、暴行が被害者の業務上の行動に不満をいだいた結果である場合[31]等が認められている。

なお、民法715条1項は、使用者の免責事由として「使用者が被用者の選任及びその事業の監督について相当の注意をしたとき、又は相当の注意をしても損害が生ずべきであったときは、この限りでない」と規定しているが、本免責事由は極めて厳格に解されており、裁判例においては、事実上「無過失責任」に近い対応がなされている[32]。

他方、上司等の個人によってではなく、組織ぐるみの嫌がらせ・パワー・ハラスメントが行われた場合は、使用者固有の不法行為責任（民709条）が肯定される[33]。

(イ) 債務不履行責任（民415条等）

使用者は労働契約の付随義務として職場環境配慮義務を負うと解される[34]。パワー・ハラスメントと職場環境配慮義務に関連して、たとえば「使用者は、被用者に対し、労働契約法5条に基づき又は労働契約上の付随義務として信義則上、被用者にとって働きやすい職場環境を保つように配慮すべき義務（職場

---

27) 浦川道太郎「使用者責任の射程」内田貴＝大村敦志編『民法の争点』（有斐閣、2007）280頁、水町勇一郎「パワハラの結末」ジュリ1475号（2015）93頁、山川①・前掲注26)62頁、奥山・前掲注1)280頁参照。

28) 前掲注19) 日本ファンド（パワハラ）事件。

29) セクシュアル・ハラスメントに関してであるが、民法715条における「事業の執行について」という要件の判断に当たって、実質的な考慮要素は、加害行為と職務との密接な関連性、加害行為への近接性（使用者が加害行為を容易にする状況を作り出したこと）であると指摘される（山川②・前掲注26)23頁）。

30) U福祉会事件・名古屋地判平成17・4・27労判895号24頁。

31) 国（護衛艦たちかぜ（海上自衛隊暴行・恐喝））事件・横浜地判平成23・1・26労判1023号5頁。

32) 奥山・前掲注1)280頁、我妻栄ほか『我妻・有泉コンメンタール民法 総則・物権・債権〔第5版〕』（日本評論社、2018)1522頁等。

33) 裁判例として、大和証券・日の出証券事件・大阪地判平成27・4・24ジャーナル42号2頁がある。

環境配慮義務)」を負っており、「パワーハラスメント行為等を未然に防止するための相談態勢を整備したり、パワーハラスメント行為等が発生した場合には迅速に事後対応をしたりするなど、当該使用者の実情に応じて対応すべき義務」があると述べる裁判例がある[35]。したがって、少なくとも違法なパワーハラスメント行為等が認められるような状況がありながらこれを放置するなど、適切な対応を講じないなどといった状況等が認められる場合には、上記の職場環境配慮義務違反となる。

　もっとも、いじめ・嫌がらせ、パワー・ハラスメントとうつ病や自殺等の生命身体健康に対する被害が問題となっている事案においては、安全配慮義務違反の成否が争われることが多い。たとえば、最近の裁判例として、加野青果事件では、「使用者は、その雇用する労働者に従事させる業務を定めてこれを管理するに際し、業務の遂行に伴う疲労や心理的負荷等が過度に蓄積して労働者の心身の健康を損なうことがないように注意する義務（雇用契約上の安全配

---

34)　職場環境配慮義務については、セクシュアル・ハラスメントに関しては、労働者の人格的利益に関わり、契約上の債務として（債務不履行構成として）配慮義務を理論的に根拠づけることは困難との見解もあるが（山川隆一「わが国におけるセクシュアル・ハラスメントの私法的救済」ジュリ 1097 号（1996）70 頁）、不法行為構成よりも債務不履行構成の方がより適合するとの見解（奥山明良「職場のセクシュアル・ハラスメントと民事責任——使用者の債務不履行責任を中心に」中嶋士元也先生還暦記念『労働関係法の現代的展開』（信山社、2004）272 頁）がある。なお、セクシュアル・ハラスメントに関して職場環境配慮義務について述べた裁判例として、三重セクシュアル・ハラスメント（厚生農協連合会）事件・津地判平成 9・11・5 労判 729 号 54 頁等がある。

35)　社会福祉法人和事件・福島地郡山支判平成 25・8・16　LEX/DB 25501638（もっとも、本件は結論として、使用者の職場環境配慮義務違反について、債務不履行責任ではなく、不法行為責任（民 709 条、719 条 1 項）を認めている）。なお、セクシュアル・ハラスメントとパワー・ハラスメントの両者が問題となった事案であるが、医療法人社団恵和会ほか事件・札幌地判平成 27・4・14 労判 1134 号 82 頁では、「被告には原告の主張する職場環境配慮義務の不履行があったというべき」としている。またさいたま市（環境局職員）事件・東京高判平成 29・10・26 労判 1172 号 26 頁では、「安全配慮義務のひとつである職場環境調整義務として、良好な職場環境を保持するため、職場におけるパワハラ、すなわち、職務上の地位や人間関係などの職場内の優位性を背景として、業務の適正な範囲を超えて、精神的、身体的苦痛を与える行為又は職場環境を悪化させる行為を防止する義務を負い、パワハラの訴えがあったときには、その事実関係を調査し、調査の結果に基づき、加害者に対する指導、配置換え等を含む人事管理上の適切な措置を講じるべき義務を負うものというべきである」と述べており、職場環境調整義務（職場環境配慮義務）を安全配慮義務の一つと解している点に特徴がある。

第2部　実務編

義務及び不法行為上の注意義務）を負う」との電通事件の最高裁判決[36]）を参照
して、会社としては、上司の部下に対する叱責行為が社会通念上許容される業
務上の指導の範囲を超えて精神的苦痛を与えるものである場合には、当該叱責
行為を制止ないし改善するように注意・指導すべき義務があると述べてい
る[37]）。

　職場環境配慮義務と安全配慮義務との関係であるが、安全配慮義務は労働者
の生命身体健康等の安全を危険から保護すべき義務として位置づけ、他方職場
環境配慮義務は労働者の労務の円滑な遂行との関係でその名誉やプライバシー、
性的自由等の精神的・人格的利益を保護すべき義務として位置づけることが適
切と考えられる[38]）。

4　パワー・ハラスメントと懲戒処分

　パワー・ハラスメントを行った者に対する解雇の効力が争われる事案[39]）の
ほか、パワー・ハラスメントを理由とする懲戒処分の効力が争われる事案[40]）
も見られる。後者の裁判例として、たとえば、派遣社員に対して「謝れ」、「辞
めてしまえ」等と暴言を浴びせながら同人の椅子を蹴る等した労働者に対する
譴責処分を有効と判断したものがある[41]）。裁判所は有効とした理由として、
労働者の行為は、「人材派遣社員に対する暴言等の言動により、職場秩序を乱
す行為であるから、本件譴責処分には合理的な理由が認められ」、「譴責処分が
懲戒処分の中でも軽い処分であることにかんがみれば、本件譴責処分は社会通
念上相当なものと認められる」と述べている[42]）。

　パワー・ハラスメントは職場環境を悪化させ、そこで働く労働者の働きやす
い職場環境で勤務する利益や、人格的利益を侵害するものであり、また、あま

36）　最二判平成 12・3・24 民集 54 巻 3 号 1155 頁。

37）　前掲注 20）加野青果事件。

38）　奥山・前掲注 34）265 頁。野川忍『労働法』（日本評論社、2018）756 頁も参照。

39）　たとえば、バイオテック事件・東京地判平成 14・11・27 労経速 1824 号 20 頁等。

40）　たとえば、M社事件・東京地判平成 27・8・7 労経速 2263 号 3 頁、東京スター銀行事
　　件・東京地判平成 27・3・18 ジャーナル 41 号 79 頁、Y社事件・東京地判平成 28・11・
　　16 労経速 2299 号 12 頁等。

41）　エヌ・ティ・ティ・ネオメイトなど事件・大阪地判平成 24・5・25 労判 1057 号 78 頁。

426

14 パワー・ハラスメントへの対応

りに悪質な態様であれば業務を阻害しうる行為である。したがって、企業秩序
を侵害する行為であるといえるため、パワー・ハラスメントの行為者に対して
懲戒処分を行うことは許容されうる[43]。

なお、懲戒処分の有効性を判断する際には、その要件として、①懲戒権の法
的根拠が存在すること、②懲戒事由該当性、③懲戒処分の相当性、④適正手続
の遵守が求められる。特に、②に関しては、労働者の行為が就業規則の懲戒事
由に該当すること、そして、懲戒は、労働者の企業秩序違反を対象とする制裁
であるため、労働者が労働契約上の義務に違反しただけでは足りず、企業秩序
を現実に侵害した（業務阻害・職場規律の支障の発生、使用者の損害の発生等）か、
またはその実質的危険が認められることが必要である[44]。

もっとも、懲戒処分が懲戒事由該当性・処分の相当性等の要件を欠き、懲戒
権の濫用と評価されれば、当該処分は無効となる。労契法15条は、こうした
懲戒権濫用法理（懲戒権濫用の要件と無効の効果）を法定しており、①懲戒権の
法的根拠および②就業規則上の懲戒事由該当性によって同条所定の「客観的に
合理的な理由」の有無を判断し、③処分の相当性、④適正手続の遵守によって
同条所定の「社会通念上の相当性」有無を判断すべきことになる[45]。

解答

設問1

結論：XのY₁およびY₂に対する損害賠償請求は一部認められる。

(1) XのY₂に対する損害賠償請求は認められるか

XがY₂に対して損害賠償を請求するには、Y₂の行為が、不法行為（民709
条）に該当することが必要である。Y₂の行為の不法行為該当性については、

---

42) 処分理由として、「人材派遣社員に対して、暴言等の言動により、職場規律を著しく
乱し、業務の遂行に支障をきたすなど、職場の風紀秩序を乱す行為を行った」ことを挙
げており、就業規則上の懲戒事由である「その他、会社施設内において、風紀秩序を乱
すような言動をしたとき」に該当するとされた。
43) セクシュアル・ハラスメントの事案であるが、L館事件・最一判平成27・2・26労判
1109号5頁がある。
44) 土田・概説196頁参照。
45) 土田・概説197頁参照。

427

第 2 部　実務編

解説 2(2)で述べたとおり、Y₂の行為（教育・指導・叱責）の目的・必要性と、その態様の両面から考察し、①教育・指導等に業務上の正当な目的・必要性があるか否か、また②必要性がある場合であっても、その態様・発言内容等に照らして相当性があるか否かを基準として違法性の有無を判断する。Y₂の行為で問題となるのは、ⓐ本件叱責、ⓑ本件メール送信、ⓒ本件 7・20 留守番電話内での発言、ⓓ本件 8・18 留守番電話内での発言である。

第 1 に、ⓐ本件叱責の目的・必要性について、本件叱責は、X のスケジュール管理上のミスにより本取引を獲得できなかったため行われたものであり、その必要性は認められる。続いて本件叱責の態様・内容が相当な範囲内であったかについて、本件叱責の態様は、営業部内の個室に呼び出して行われていること、本件叱責の時間については明らかではないが、謝罪の上「深く頭を下げた」とのみ記述されているので、短時間であったものと推測されること、本件叱責の内容は、X の人格を直接否定するものではないことから、本件叱責は、相当な叱責の範囲内であったと解される。以上より、本件叱責は不法行為に該当しない。

第 2 に、ⓑ本件メール送信の目的・必要性について、本取引は営業部内でも注目された案件であったが、ⓐで述べたように、X のスケジュール管理上のミスにより獲得できなかったことから、そのことを他の営業部の部員にも知らせる必要があるため、本件メール送信の必要性は認められる。続いて本件メール送信の態様・内容が相当な範囲内であったかについて、本件メール送信の態様は、送信先は営業部の全部員に限定されていること、本件メール送信の内容は、X のスケジュール管理上のミスにより獲得できなかった事実と、営業部部員としてのスケジュール管理の重要性を述べたものであり、X の人格を直接否定するものではないことから、本件メール送信は相当な教育・指導の範囲内であったと解される。以上より、本件メール送信は不法行為に該当しない。

第 3 に、ⓒ本件 7・20 留守番電話内での発言の目的・必要性について、本件 7・20 留守番電話内での発言は、禁止されている直行直帰を無断で行い、業務命令を無視した X を叱責する目的で行われたものであるため、その必要性は認められる。続いて本件 7・20 留守番電話内での発言の態様・内容が相当な範囲内であったかについて、本件 7・20 留守番電話内での発言の態様は、午後 4時頃に行われており、一般的には就業時間中と考えられること、本件 7・20 留守番電話内での発言の内容は、Y₂が怒っていることを伝えるためのものであ

るが、Ｘの人格を直接否定するようなものではないこと、確かに「明日覚悟しておいてください」の発言は、Ｘの恐怖心を煽っているようにも思われるが、本件7・20留守番電話の前に、Y_2は直行直帰が認められていない旨をＸに連絡していたため、Ｘ自身もY_2の怒りの原因を理解しているはずであり、「明日こってりしぼってやるぞ」という内容のものであったと考えられることから、本件7・20留守番電話内での発言は相当な教育・指導の範囲内であったと解する。以上より、本件7・20留守番電話内での発言は不法行為に該当しない。

　第4に、ⓓ本件8・18留守番電話内での発言の目的・必要性について、本件8・18留守番電話内での発言は、Ｘの夏季休暇中であるが、事前にY_2から打合せの日程に関する提案を受けてなんらの異議を唱えることもなかったのであるから、少なくともＸが出社しなかったことについて理由を問い質すために行われたものであり、その必要性は認められる。続いて本件8・18留守番電話内での発言の態様・内容は相当な範囲内であったかについて、本件8・18留守番電話内での発言の態様は、午前10時頃に行われており、一般的には就業時間中と考えられること、本件8・18留守番電話内での発言の内容は、「もう辞めていいよ。辞めろ！　辞表を出せ！」といった退職強要に当たりうるものであるが、本発言は1度きりであり、繰り返されたこともないことを勘案すれば、本発言だけでは違法性は認められないのではないかと考えられる。しかし、Y_2は、そのほかにも「ぶっ殺すぞ」というように非常に強い口調でＸを罵る発言をしているため、本件8・18留守番電話内の発言全体を総合すれば、Y_2の発言はＸに対する脅迫行為であり、そしてその内容は一般人が通常許容しうる範囲を著しく超えるものであると考えられる。実際、Ｘは、本留守番電話を聞いた後、不安な休暇を過ごすことになっている。したがって、本件8・18留守番電話内での発言は違法性を帯びると考えられる。

　以上より、本件8・18留守番電話内での発言は、Ｘの人格的利益・人格権を侵害するとともに精神的苦痛（損害）を与えており、またこうした精神的苦痛（損害）を与えることをY_2は予見できたと解される。そこで、本件8・18留守番電話内での発言と本件うつ病の発症との間に相当因果関係が認められるか否かが問題となる。Ｘは、Y_1に入社する前から「神経性胃炎」を患っているため通院して精神安定剤等の処方を受けており、当該精神安定剤等の処方については本件8・18留守番電話内での発言の前後で変化がないこと、本件8・18留守番電話内での発言から2か月ほど後に本件うつ病罹患による自宅療養を求め

429

第2部　実務編

る診断書を提出していることを考慮すれば、本件8・18留守番電話内での発言以降にY₂からXに対する人格や人間性を否定する言動が継続的ないし頻回に行われたかどうかはCASEの事実関係から明らかではないが、高度な蓋然性をもって本件8・18留守番電話内での発言と本件うつ病の発症との間に相当因果関係が認められるとはいい難い。よって、Y₂は、民法709条に基づき精神的苦痛に対する慰謝料の範囲で損害賠償責任を負うと解する。

　したがって、XのY₂に対する損害賠償請求（慰謝料請求）は、本件8・18留守番電話内の発言に関して認められる。

　⑵　XのY₁に対する損害賠償請求は認められるか

　⒜　使用者責任

　Y₁に使用者責任が認められるには、Y₂の行為が「事業の執行につき」行われている必要がある。事業執行性（職務関連性）について検討すると、不法行為に該当すると考えられる本件8・18留守番電話内の発言は、Xとの打合せの日程調整のトラブルが生じ、それに腹を立てたY₂が行ったものであるから、Y₂の職務の執行行為の範囲内であると考えられる。よって、被用者たるY₂が事業の執行につき不法行為を行っている以上、Y₁に使用者責任が認められると考えられるが、ここで、民法715条1項ただし書の適用の有無が問題となる。すなわち、Y₁がY₂の「選任及びその事業の監督について相当の注意をした」と認められ、Y₁の使用者責任が免責されるか否かが問題となる。この点について、Xが相談を持ちかけてきたことを受け、A部長は、Xの席をY₂から離し、その後Y₂とXとの間の指揮命令関係を解消し、Y₂に対して厳重注意を行う等Y₂の監督について一定の注意を行っている。しかし、指揮命令関係を解消するだけでは、Y₂が再びXと接触することを防ぐことはできず十分な措置であるとはいえないし、これらのA部長の措置は本件8・18留守番電話内での発言行為以降になされたものである。したがって、少なくとも、本件8・18留守番電話内での発言行為以前に、上司の部下に対する指導方法に関する研修をY₂に対して行う等の措置を講じていた事情は窺えないことから、「相当の注意をした」と解することはできないため、Y₂の本件8・18留守番電話内での発言行為について、Y₁は使用者責任を免責されえないと考えられる。

　なお、Y₂を上司として管理する立場にあるA部長（管理者）の不法行為法上の注意義務違反についても問題となる。すなわち、本件8・18留守番電話内

430

での発言行為後に、Xが、Y_2が自分への風当たりが強いことを相談した際に、Xの席をY_2から離すだけではなく、管理者としてXから詳細を聞き出した上でより適切な措置をとることが可能であったと考えられる余地がある。この点を考慮すると、A部長の不法行為上の注意義務違反が肯定され、Y_1の使用者責任（民715条）が認められる余地があろう。

以上より、XのY_1に対する損害賠償請求は認められると解する。

(b)　債務不履行責任

(a)の使用者責任とは別に、民法415条に基づきY_1の債務不履行責任を追及することができるかという点も問題となる。**解説3**(2)**(イ)**で述べたとおり、使用者は、労働契約上の付随義務として信義則上、被用者にとって働きやすい職場環境を保つよう配慮すべき義務（職場環境配慮義務）を負うと解される。職場環境配慮義務については、裁判例によれば、「パワーハラスメント行為等を未然に防止するための相談態勢を整備したり、パワーハラスメント行為等が発生した場合には迅速に事後対応をしたりするなど、当該使用者の実情に応じて対応すべき義務があるというべきであって、少なくとも違法なパワーハラスメント行為等が認められるような状況がありながらこれを放置するなど、適切な対応を講じないなどといった状況等が認められる場合には、上記の職場環境配慮義務違反となる」と述べられている[46]。そこで、本件において、Y_2の不法行為（本件8・18留守番電話内での発言）について、Y_1に職場環境配慮義務違反が認められるかどうかが問題となる[47]。

使用者の職場環境配慮義務違反による損害賠償責任を肯定するためには、①職場環境配慮義務違反と傷病との間の相当因果関係の存在および、②使用者の故意・過失をはじめとする帰責事由の存在が要件となる。

まず①について、**解答**(2)(a)で検討したとおり、Y_1においてA部長の講じた措置が不十分であったこと等と、Xのうつ病発症との間に相当因果関係が認められるかを検討する。この点については、A部長がY_2とXとの間の業務上の指揮命令関係を解消するという措置を講じた以降において、Xが何らかの心理的負荷を受けたとの記載が見受けられないため、一概に相当因果関係を肯定す

---

46)　前掲注35)社会福祉法人和事件。
47)　土田・労働契約法 132-133 頁参照。

第2部　実務編

ることはできないが、仮に措置が不十分であったために、それ以降 Y_2 が X に対して接触をしていた場合には、Y_1 の職場環境配慮義務違反と X のうつ病発症との間の相当因果関係を認めることができると解する。

次に②についてであるが、特に過失については、傷病の予見可能性と結果回避可能性が問題となるため、Y_1 が X のうつ病発症を予見できたか否か、予見できた場合に、結果回避可能性があったか否かについて検討する。この点について、X は、2017 年 10 月下旬頃に、A 部長に対して C 病院に通院して精神安定剤等の処方を受けている事実を打ち明けており、また心理的負荷の要因となっている Y_2 の本件 8・18 留守番電話内での内容を伝えていることから、少なくとも A 部長への本相談以降については、X のうつ病発症を予見できたと解することができる。しかし、本相談以前において、X は平常どおり出社しており、体調不良を訴えることはなかったのであるから、Y_1 に予見可能性があったということはできない。また結果回避可能性については、A 部長への本相談以降、Y_1 としては Y_2 に X との接触を禁止させる等の措置を講じることによって、X のうつ病発症を回避する可能性があるといえる。したがって、少なくとも A 部長への本相談以降においては、Y_1 に過失があるということができる。

以上より、A 部長への本相談以降においては、相当因果関係および Y_1 の帰責事由が肯定され、Y_1 に対して、職場環境配慮義務違反による損害賠償責任が認められる余地があろう。

設問2
結論：Y_1 は Y_2 に対して懲戒処分を行うことができる。

Y_1 が Y_2 に対して懲戒処分を行うためには、**解説4**で述べたとおり、①懲戒権の法的根拠が存在すること、②懲戒事由該当性、③懲戒処分の相当性、④適正手続の遵守の要件を満たす必要がある。

CASE において、①懲戒権の法的根拠として、就業規則 40 条 1 項 1 号「職場の風紀秩序を乱す行為を行ったとき」、同項 2 号「他の従業員に対して、暴言、暴行、傷害を行ったとき」があるため、②懲戒事由該当性について検討する。

本件で懲戒処分の検討の対象となる Y_2 の行為は、本件叱責、本件メール送信、本件 7・20 留守番電話内の発言および本件 8・18 留守番電話内の発言の各

432

行為であるが、**設問1**で検討したとおり、本件叱責、本件メール送信、本件7・20留守番電話内の発言の各行為については違法性が認められないため、本件8・18留守番電話内の発言行為のみが検討対象となる。

懲戒処分は、**解説4**で述べたとおり、労働者の企業秩序違反を対象とする制裁であるため、労働者が労働契約上の義務に違反しただけでは足りず、企業秩序を現実に侵害した（業務阻害・職場規律の支障の発生、使用者の損害の発生等）か、またはその実質的危険が認められることが必要である。したがって、本件8・18留守番電話内の発言行為が、Y_1就業規則40条1項1号「職場の風紀秩序を乱す行為を行ったとき」、同項2号「他の従業員に対して、暴言、暴行、傷害を行ったとき」に該当するか否かが問題となる。

まず、Y_1就業規則40条1項1号「職場の風紀秩序を乱す行為を行ったとき」との懲戒事由に関して、セクシュアル・ハラスメントの事案ではあるが、当該行為が「他の職員に対し、その就業意欲を低下させたり、その能力を発揮することの阻害となったりする程の強い不快感を与えるなど、企業秩序や職場規律の維持の観点から看過し難いといえるか否かを検討する必要があり、その検討に当たっては、……当該行為の直接の相手方の主観だけでなく、当該企業の職員構成や営業内容等も踏まえつつ、その一般的な職員の感覚も考慮するのが相当である」[48]としていることを踏まえると、Y_2の本件8・18留守番電話内の発言行為は、他の労働者にとってもその就業意欲を低下させたり、その能力を阻害させたりする程の強い不快感を与えるなどの企業秩序や職場規律を侵害する行為とは言い難いため、当該懲戒事由の該当性は認められない。

次に、Y_1就業規則40条1項2号「他の従業員に対して、暴言、暴行、傷害を行ったとき」との懲戒事由に関して、**設問1**で検討したとおり、本件8・18留守番電話内の発言行為は不法行為に当たるため、同号にいう「暴言」に該当すると解される。そこで③懲戒処分の相当性および④適正手続の遵守が問題となるが、③に関して、Y_1就業規則40条2項に「会社は、従業員が犯した非違行為を考慮して、戒告、譴責、減給、出勤停止、諭旨解雇、懲戒解雇の中から処分を決定する」との規定があるため、本件8・18留守番電話内の発言行為について、Y_2の行為の態様、回数等を勘案すれば、戒告ないしは譴責であれば

---

48)　L館事件・大阪高判平成26・3・28労判1099号33頁。なお、同事件については、最高裁判決がある（前掲注43））。

第 2 部　実務編

処分可能な範囲と考えられる。したがって、④に関して、懲戒委員会を設け
Y_2 に弁明の機会を与える等の適正手続の遵守を図れば、懲戒処分は可能と解
される。

以上より、Y_1 は Y_2 に対して懲戒処分を行うことができると解する。

設問 3

結論：Y_1 としては、以下で述べるパワー・ハラスメントへの対応策を講じ
ておく必要があったと考える。

企業にとって、パワー・ハラスメントへの対応策を講じることは、非常に重
要である[49]。パワー・ハラスメントの発生によって、当事者間の関係が悪化
し、被害者が退職することによって企業の重要な人材が失われる可能性のほか、
被害者の精神障害（うつ病等）の罹患や自殺等によって損害賠償や労災補償の
責任が生じるとともに社会的な信用の低下をもたらす可能性もある。またパ
ワー・ハラスメントの発生によって職場内の環境が悪化し、経営のパフォーマ
ンスが低下することも考えられるからである。

企業のパワー・ハラスメント防止策・対処については、セクシュアル・ハラ
スメントや妊娠・出産・育児休業等に関するハラスメント（マタニティ・ハラ
スメント）を防止するために事業主が雇用管理上講ずべき措置（男女雇用機会均
等法 11 条、11 条の 2、育児介護休業法 25 条）[50] を参考にして、①パワー・ハラ
スメントの防止（事前策）、②パワー・ハラスメントへの対処（事後策）を行う
ことが考えられる[51]。

---

49)　国としても、厚労省 2018 年報告書（前掲注 5)）で述べられているように、業務の適
　　正な範囲や平均的な労働者の感じ方について、また中小企業でも可能な職場のパワー・
　　ハラスメント予防・解決に向けた対応・支援の在り方について、具体例の収集・分析を
　　行うことにより、労使の共通認識が得られるようガイドラインの策定等を行い、職場で
　　対応すべきパワー・ハラスメントの内容や取り組む事項の明確化を図るべきであろう。
50)　措置義務の具体的な内容については、各指針（平成 18・10・11 厚労告 615 号、平成
　　28・8・2 厚労告 312 号、平成 21 厚労告 509 号）において定められている。
51)　具体的な対策については、厚労省 2012 年報告（前掲注 2)）および厚労省 2018 年報告
　　書（前掲注 5)）を参考にした。**解説 1** (2)で述べたとおり、2019 年 5 月 29 日に成立した
　　改正労働施策総合推進法において、職場におけるパワー・ハラスメント防止のために、
　　事業主に対して雇用管理上の措置義務が新設された。雇用管理上の措置の具体的内容等
　　については、今後指針において示される。

434

（1）　パワー・ハラスメントの防止策（事前策）

第一に、企業として「職場のパワー・ハラスメントは防止すべきものである」という方針を明確に打ち出すことが必要である[52]。その際重要になるのが経営トップのメッセージである。経営幹部が職場のパワー・ハラスメント対策の重要性を理解しそれを従業員に明確に示すことは、職場全体に大きな影響を与えるものであり、その後の周知・啓発等の取組みをより実効的なものに高められよう。

第二に、パワー・ハラスメントの防止を念頭に置いた制度設計が求められ、就業規則に関係規定を設ける等の措置を講ずる必要がある。具体的に企業としては、そもそもパワー・ハラスメントとはどのような行為を意味するのかをあらかじめ定義しておくことが必要であろう。パワー・ハラスメントの定義に関しては、**解説1**（1）で述べたとおり、厚労省 2018 年報告書[53] 等を参考にして、企業としてはどのような行為を職場からなくすべきであるのかを整理することで、労使の認識を共有できるようにし、職場の従業員一人ひとりが問題を自覚して対処することができるようにすることが重要である。加えて、パワー・ハラスメントに関する懲戒処分の規定を設けることも有効であろう。就業規則においてパワー・ハラスメントの禁止を明示することで、抑止力となることが期待される。以上の規定は具体例とともに就業規則に規定すべきであるが、その際、就業規則本則とは切り離して、パワー・ハラスメントに関するルールを特則として設けることが従業員への周知に有効と考える。特則として設けることで、パワー・ハラスメント問題への対処方法に関する従業員の理解の促進につながるであろう。

第三に、定期的に従業員アンケートを実施する等により、職場の実態を把握しつつ、職場全体に対して組織の方針や取組みについて周知・啓発をすることが求められる。こうして職場全体の共通認識を作り、労使が一体となってパワー・ハラスメントに向けて取り組むことがパワー・ハラスメント防止には必須であろう。中でも、従業員への研修が重要であり[54]、パワー・ハラスメン

---

52)　厚生労働省「平成 28 年度職場のパワーハラスメントに関する実態調査」（2017 年 4 月
　　 28 日）（厚労省平成 28 年度実態調査）によれば、パワー・ハラスメントの予防・解決に
　　 向けた取組を実施している企業は、増加傾向にあるとはいえ 52.2％である。
53)　前掲注 5)。

第2部　実務編

ト防止の研修・講習会を行う等して、昔ながらの指導のままではパワー・ハラスメントに該当する可能性があることを啓発していく必要があろう。もっとも、こうした研修は段階的に行うことがより効果的であり、経営幹部、中間管理職、一般従業員のように、研修対象となる従業員を区別してそれぞれの従業員に最も関係する内容の研修を行うことが望ましいであろう。

　第四に、相談等に適切に対応するために必要な体制を整備することが求められる。具体的には、社内ホットラインを整備し、誰もが気軽に相談できるネットワークを構築しておくなど、相談や解決の場（相談窓口）を設置する必要がある[55]。それによって、パワー・ハラスメントの被害者だけでなく、周囲でパワー・ハラスメントに気づいた者がすぐに通報できるようにしておけば、パワー・ハラスメントの早期発見が可能となろう。ホットライン（相談窓口）の担当者は、迅速な調査を行い、パワー・ハラスメントであると判明すれば、適切な対処を行う必要がある。なお、ホットラインへ相談した従業員が、それを理由に不利益取扱いを受けることは許されないこと、また当該相談者のプライバシーが保護されなければならないことはいうまでもない。これらのホットラインの存在やその運用規定については、第二で述べたパワー・ハラスメントに関する就業規則に盛り込み、従業員に周知するのが望ましい。

　第五に、職場のパワー・ハラスメントの発生要因の解消を図ることも重要である。厚労省2018年報告書[56]によれば、職場のパワー・ハラスメントの発生要因として、パワー・ハラスメントの行為者および被害者となる労働者個人の問題によるものと、職場環境の問題によるものがあると指摘されている。前者

---

54)　厚労省平成28年度実態調査の結果によれば、従業員の研修はパワー・ハラスメントの防止に効果が高い取組みとして挙げられている。

55)　内部通報制度は企業法務上重要な意味を有しており、社内ホットライン（相談窓口）も内部通報制度の一環を成すため、社内ホットライン等の相談窓口の整備は必須である（土田・労働契約法499-500頁参照）。厚労省平成28年度実態調査の結果によれば、相談窓口の設置もパワー・ハラスメントの防止に効果が高い取組みとして挙げられている。國武英生「職場のハラスメントをめぐる使用者の相談体制と紛争解決——ハラスメントの相談窓口と予防的措置のあり方をめぐって」法時89巻1号（2017）84-89頁（前掲注1）「小特集」掲載論文）も参照。サントリーホールディングスほか事件・東京地判平成26・7・31労判1107号55頁、東京高判平成27・1・28労経速2284号7頁では、パワー・ハラスメント申告に係る内部通報窓口（コンプライアンス室）の担当社員の不法行為責任が否定されている。

56)　前掲注5)参照。

436

については、感情をコントロールする能力やコミュニケーション能力の不足等が挙げられ、その対策として感情をコントロールする手法についての研修、コミュニケーションスキルアップについての研修、マネジメントや指導についての研修等の実施や資料の配布等により、労働者の感情をコントロールする能力、コミュニケーションを円滑に進める能力等の向上を図ることも有効としており、後者については、労働者同士のコミュニケーションの希薄化のほか、業績偏重の評価制度や長時間労働等といったパワー・ハラスメントの行為者となる労働者に大きなプレッシャーやストレスがかかる職場環境も原因として挙げられ、その対策としてコミュニケーション活性化やその円滑化のための研修等の実施のほか、適正な業務目標の設定や業績偏重の評価制度の見直し、適正な業務体制の整備や業務の効率化による長時間労働の是正等を通じて、労働者に肉体的・精神的負荷を強いる職場環境や組織風土を改善することも有効とされる。いずれについても各企業の事情によって有効な方法を模索し、職場のパワー・ハラスメントを防止するためにこれらの発生要因を解消することが求められよう。

(2) パワー・ハラスメントへの対処（事後策）

　職場のパワー・ハラスメントに係る相談の申出があった場合には、その事案に係る事実関係の迅速・正確な確認ならびに被害者および加害者に対する適正な対処が求められる。その際、併せて①相談者に加えて、行為者等のプライバシーを保護するために必要な措置を講ずること、②パワー・ハラスメントの相談・事実確認への協力等を理由とした不利益取扱いを就業規則等で禁止する旨の規定を置き、従業員に周知・啓発することが求められる。また再発を防止するために、行為者に対する再発防止研修を行うことも効果的であろう。さらに行為者に対しては懲戒処分を課すことが考えられる。これは(1)で述べたパワー・ハラスメントに関する懲戒規定に基づいて行うことになるが、パワー・ハラスメント行為者に対する懲戒処分については前述したとおりである（**解説4と解答設問2**）。

　なお、職場におけるパワー・ハラスメントについては、セクシュアル・ハラスメントや妊娠・出産・育児休業等に関するハラスメント（マタニティ・ハラスメント）のように、それらを防止するための事業主に対する雇用管理上の措置義務が2019年5月29日に、労働施策総合推進法において法定されたが、同

第2部　実務編

様の適切な措置（前述したパワー・ハラスメントの防止策・対処）が講じられている場合には、**解説3**(2)で述べた使用者の責任（使用者責任、職場環境配慮義務違反）の判断において、その点が考慮され、使用者（事業主）の民事上の免責が認められる場合があろう[57]。

　企業としてあるべき姿は、パワー・ハラスメントのない誰もが働きやすい職場である。それを現実にするために、企業全体が一つになって、パワー・ハラスメントの防止に努めていく必要があろう。

〔参考文献〕
　山川隆一「講苑　職場におけるハラスメント防止措置義務について」中央労働時報1246号（2019）4-18頁、「特集　パワハラ予防の課題」ジュリ1530号（2019）13-59頁、町田悠生子「企業のパワハラ予防義務化と最新判例分析」労働法学研究会報2696号（2019）4-29頁。

＊執筆協力者　安間早紀（2013年度生）　井口翔悟（2013年度生）

（上田達子）

57）　土田・労働契約法755頁、山川②・前掲注26)29頁、水町・前掲注27)96頁、奥山・前掲注1)294-297頁参照。

15

「働き方改革」と労働法務——労働契約法 20 条／パートタイム・有期雇用労働法

CASE 有期・無期契約労働者間における労働条件相違の適法性

　京都に本社を置くＹ社は、餃子を主力とした中華料理を提供する飲食店を近畿圏中心にチェーン展開する会社である。従業員数は正社員 100 名と、有期雇用労働者である契約社員 100 名の計 200 名である。

　Ｙ社においては、正社員を対象とする就業規則と契約社員を対象とする就業規則があり、給与や配転・出向の範囲などについて異なる定めがなされていた。

　Ａは、2012 年 4 月に契約期間 6 か月の契約社員としてＹ社に雇用され、2017 年 2 月現在まで反復して更新されてきた者である。Ａはチェーン展開された店舗のうちＫ店に勤務しており、その職務内容は、採用時より一貫して、販売戦略の立案と顧客対応である。契約社員であるＡは、業務内容の変更の可能性はあるが、就業場所の異動は予定されていない。

　一方、同店舗には期間の定めのない労働契約を締結する正社員も勤務している。正社員の主たる職務内容はＡと同様に販売戦略の立案と顧客対応であるが、正社員の中からＫ店における販売戦略立案の責任者が選任され、本社で行われる販売戦略会議への参加も義務づけられている（契約社員には当該会議への参加義務がない）。正社員は、業務上の必要性に応じて業務内容および就業場所の変更命令を甘受しなければならず、出向も含めＹ社の営業区域全域にわたり異動の可能性があるほか、将来はＹ社の中核的立場への人材登用の可能性がある者として育成されており、Ｙ社の行う特別の教育訓練を受けるものとされていた。Ｋ店にはＡと同じく 2012 年にＹ社に入社した正社員Ｂが勤務しており、ＢはＫ店における販売戦略の責任者としての職責を与えられていることに伴い、実際に特別の教育訓練を受けていた。

439

第2部　実務編

　Y社の正社員就業規則および契約社員就業規則は以下のとおりである。

《賃金等に関する部分》

	正社員	契約社員
基本給	初任給20万円（＊勤続年数および人事考課に応じて昇給）	時給制（＊初任時の時給1200円。人事考課に応じて昇給あり）
役職手当	役職に応じて支給	なし
超過勤務手当	法定時間外・休日労働に対し、基本給に法定割増率分を上乗せで支給	法定時間外・休日労働に対し、基本給に法定割増率分を上乗せで支給
住宅手当	2万円	なし
家族手当	配偶者：1万円 　子　：5000円	なし
通勤手当	通勤距離に応じて実費支給 （＊2万円を限度）	通勤距離に応じて実費支給 （＊3000円を限度）
給食手当	5000円	なし

《上記以外の労働条件》

共通している部分	
○勤務場所　　　○所定労働時間 ○服務規律　　　○休憩および休日	

正社員	契約社員
○　賞　与　：年2回一定額 ○昇給・昇進：あり ○配転・出向：あり	○　賞　与　：なし ○昇給・昇進：昇給のみ ○配転・出向：なし

○配転・出向については、正社員のうち全員が必ず経験する訳ではないが、毎年一定の
　人数（直近5年間で正社員のうち3割程）が配置転換されている。
　　なお、配転・出向は、事業場の人員補充や、将来のY社の中核を担う人材に様々な
　　仕事を経験させる目的で行われている。

○諸手当の趣旨
　・賞与：長期雇用を予定する正社員に対して将来の勤務へのインセンティブを付与す
　　　るため。
　・住宅手当：転居を伴う配転が予定されている正社員につき、契約社員と比して住宅
　　　コストが増大することが見込まれるため。
　・家族手当：扶養すべき配偶者・子女がいる正社員の生活の補助のため。契約社員は

15 「働き方改革」と労働法務——労働契約法20条／パートタイム・有期雇用労働法

主たる家計者ではないことが一般的であり、補助は不要である。
・通勤手当：労働者が通勤のために要した費用の補填のため。契約社員は居住地に近い店舗に勤務することが通例であり、正社員と比して通勤に要する費用が低額である。
・給食手当：長期雇用を予定する正社員の福利厚生の充実のため。

　Aは上記の正社員就業規則および契約社員就業規則に基づく労働条件で勤務し、現在の時給は1300円まで昇給しており、2017年1月における賃金の総額は23万1800円であった。なお賃金総額の内訳は、時給1300円×勤務時間176時間（＝22万8800円）＋通勤手当3000円である。同店舗に勤務する正社員であるBの基本給は26万円であり（各種手当を除く）、2017年1月における賃金の総額は34万円であった。なお各種手当の内訳は、役職手当3万円、住宅手当2万円、家族手当1万5000円、通勤手当1万円、給食手当5000円である。
　Aは、正社員とほとんど同じ業務に携わっており、同店舗の正社員であるBと比較して月額11万円程度の給与額の差が生じていることに納得できなかったため、Y社に対し訴訟を提起した。

設問1　AはY社に対し、いかなる請求をすることが考えられるか。また、その請求は認められるか。
設問2　改正パートタイム・有期雇用労働法および「同一労働同一賃金ガイドライン」によれば、**設問1**への解答はどうなるか。
設問3　改正法により求められる企業法務上の対応はいかなるものか。

解説

1　問題の所在

　今日、正規労働者・非正規労働者間の問題と認識されているテーマは、その雇用の問題（主として雇止めの問題）と、処遇・労働条件の問題に分かれる。後者の処遇問題については、有期・無期契約労働者間の労働条件格差を労契法が、フルタイム・パートタイム労働者間の格差についてはパートタイム労働法（短時間労働者の雇用管理の改善等に関する法律）がそれぞれ規整してきたが、2018年6月に働き方改革関連法としてパートタイム労働法が改正され、パートタイム・有期雇用労働法として両者が統合されることとなった。（施行は一

441

第2部　実務編

部の猶予措置を除いて 2020 年）。これに伴って労契法から 20 条が削除されるが、有期の雇用の維持に関する 18 条（無期転換制度）および 19 条（雇止めの規制）は労契法に残される。

今般の改正は、「働き方改革実行計画」等において試みられた労働法制の改革の一環である[1]。働き方改革として、長時間労働の是正や柔軟な働き方の実現に加え、雇用形態にかかわらない公正な待遇の確保が狙いである。これはいわゆる同一労働同一賃金の実現を狙ったもので、既に働き方改革実行計画、同一労働同一賃金ガイドラインも示されているところである。

とはいえ、改正法の施行前である現時点においても、パートタイム労働法ではパートタイム・フルタイム間の差別（9 条）や不合理な労働条件の禁止（8 条）が、派遣法にも派遣先労働者との賃金水準の均衡への配慮を求める定めがある（30 条の 3 第 1 項）。さらに、労契法では 20 条が有期契約労働者・無期契約労働者間の不合理な労働条件の格差を禁止している。**CASE** は有期労働者・無期労働者間の待遇格差の問題であるが、これを検討するため、まず現行の労契法 20 条との関係を検討し、次いで改正法でどのような影響が生じうるのか、見ていくことにしよう（現行パートタイム労働法については、基本的に省略する）。

2　労働契約法 20 条

(1)　概　説

2012 年労契法改正により、「有期労働契約を締結している労働者の労働契約の内容である労働条件が、期間の定めがあることにより同一の使用者と期間の定めのない労働契約を締結している労働者の労働契約の内容である労働条件と相違する場合においては、当該労働条件の相違は、労働者の業務の内容及び当該業務に伴う責任の程度（以下この条において『職務の内容』という。）、当該職務の内容及び配置の変更の範囲その他の事情を考慮して、不合理と認められるものであってはならない」とする同法 20 条が制定された。

労契法 20 条は、有期・無期契約労働者間で職務内容や人材活用の仕組み等

---

1)　この他、働き方改革関連法においては、労働時間規制の改革として労基法が改正され、時間外労働を適法化するための 36 協定に限度時間が導入された。この改正も極めて重要であるが、ここでは割愛する。

の相違があることを考慮した上で、不合理と評価しうる労働条件の格差を禁止するものである。均等待遇原則を規定したパートタイム労働法9条のように、あらゆる労働条件の相違を禁止するものではないが、有期・無期労働者間で職務内容や人材活用の仕組みに相違があっても同条の適用対象となる。同条は、訓示規定である均衡考慮の原則（労契3条2項）と異なり、民事的効力を有する強行規定とされる[2]。なお、パートタイム労働法も2014年改正に伴い、労契法20条に倣って同旨の規定を設けている（8条）。

(2) 要 件

(ア) 有期労働契約の締結・同一の使用者・労働条件の相違

まず、労働者が有期労働契約を締結している必要がある。有期労働契約の態様は多様であるが、労契法20条は、有期契約である限りあらゆる形態の契約に適用される。他方、もともと有期労働契約を締結していた労働者であっても、同法18条により無期転換した後については、もはや有期でない以上、同条の適用範囲から外れる[3]。

次いで、同一の使用者に雇用されている有期・無期契約労働者間での労働条件が、期間の定めがあることにより相違している必要がある。同一の使用者とは、労働契約を締結する法律上の主体が同一であることをいう[4]。したがって、事業場が異なっていても、同一法人により雇用されている有期・無期契約労働者間の労働条件に相違があれば足りる。

対象となる労働条件は、賃金や労働条件等の狭義の労働条件のみならず、労働契約の内容になっている災害補償、服務規律、教育訓練、付随義務、福利厚生等労働者に対する一切の待遇を含むと解されている[5]。

(イ) 「期間の定めがあることにより」の意義

労契法20条は、「期間の定めがあること」による（理由とする）不合理な労働条件相違を禁止している。この文言については、①期間の定めの有無と労働

---

2) ハマキョウレックス（差戻審）事件・最二判平成30・6・1労判1179号20頁。平成24・8・10基発0810第2号第5の6(2)カ。
3) 荒木＝菅野＝山川230頁。
4) 平成24・8・10基発0810第2号第5の6(2)ウ。
5) 平成24・8・10基発0810第2号第5の6(2)イ。

第2部　実務編

条件相違との間の因果関係を求める独立の要件と解する見解と、②これを独立の要件と解する必要はなく、有期・無期契約労働者間に労働条件の相違があれば、まずは同条の審査対象とした上で、期間の定めによる相違か否かは不合理性の審査において判断すべきと解する見解が対立している[6]。

裁判例を見ると、従来から下級審では独立要件と捉えつつも、労働条件の相違が期間の定めの有無に関連して生じたものであれば足りるとする等かなり緩やかに認めるものが散見された[7]。この点、最高裁もハマキョウレックス（差戻審）事件[8]においてこれを踏襲し、労働条件が相違するのみでは労契法20条を適用できないとしつつ、期間の定めがあることと労働条件が相違していることの関連性の程度は、不合理性の判断に当たって考慮すれば足りるとし、同条にいう期間の定めがあることによりの意味は、「労働条件の相違が期間の定めの有無に関連して生じたものであることをいうと解する」と立場を明らかにした。また、同日に出された長澤運輸事件最高裁判決[9]では、上記一般論を引用しつつ、定年後に有期で再雇用した嘱託乗務員の労働条件と定年前の無期契約である正社員との間の労働条件の相違につき、定年後再雇用を理由とする相違であって、期間の定めを理由とするものではないとの使用者側の主張を斥け、期間の定めがあることにより相違している場合に当たるとしている（定年後再雇用であるとの事情は不合理性の判断で斟酌されている）。

　㋒　「不合理性」の意義

労契法20条は、有期・無期契約労働者間の労働条件の相違が「不合理と認められるものであってはならない」と定めるが、同法7条や16条に見られる「合理的な……」とは異なる文言となっている。そこで、特に「合理的でなければならない」と定めた場合との判断基準の相違を示すものではなく、合理的

---

6)　議論状況については、土田・労働契約法 794 頁、山本陽大「定年後再雇用制度に基づく有期契約労働者の労働条件と労働契約法 20 条——長澤運輸事件」季労 254 号（2016）146 頁。

7)　日本郵便（東京）事件・東京地判平成 29・9・14 労判 1164 号 5 頁、同事件・東京高判平成 30・12・13 労経速 2369 号 3 頁、ハマキョウレックス（差戻審）事件・大阪高判平成 28・7・26 労判 1143 号 5 頁、長澤運輸事件・東京高判平成 28・11・2 労判 1144 号 16 頁。

8)　前掲注 2)ハマキョウレックス（差戻審）事件。

9)　長澤運輸事件・最二判平成 30・6・1 労判 1179 号 34 頁。

444

ではない相違を違法とするという見解[10]と、合理的ではないが、不合理とまではいえない場合を想定し、その相違が不合理と評価される段階で初めて違法になると捉える見解[11]の対立がある。前者の見解によれば、労働条件の相違に対し訴訟当事者は事実上「合理的な理由」の有無を争うことになるのに対し、後者では労働条件相違に「合理的な理由」があるとはいえないが、なお「不合理」とはいえない場合があることになる。

この点、従来から下級審では、「合理的な理由があることまで要求する趣旨ではない」と述べるものもあり[12]、総じて「不合理性」を問題とするという点では一致していたが[13]、2018年6月1日、最高裁も、労契法20条の文言や有期・無期契約労働者間の労働条件の均衡を判断するに当たって、労使間の交渉や使用者の経営判断を尊重すべき面があることから、同条の不合理と認められるものとは「労働条件の相違が不合理であると評価することができるものであることをいう」とし、従来の裁判例の傾向に沿った判断を下した[14]。ただし、裁判例の多くは、後述するように、不合理性を判断するに当たってかなり詳細に検討を加えているので、具体的審査基準としては合理性を求める立場に接近している[15]。この点は本来理論的には重要であり、判断基準を検討する上で出発点とならなければならない。とはいえ、同条は考慮要素としてわざわざ職務の内容、その変更の範囲の他に「その他の事情」も挙げており、その判

---

10) 緒方桂子「改正労働契約法20条の意義と解釈上の課題」季労241号（2013）24頁、水町勇一郎『「同一労働同一賃金」のすべて〔新版〕』（有斐閣、2019）56頁では、均衡説と均等・均衡説と整理している。

11) 荒木＝菅野＝山川234頁、菅野337頁。

12) 前掲注7）日本郵便（東京）事件。

13) 日本郵便（大阪）事件・大阪地判平成30・2・21労判1180号26頁、同事件・大阪高判平成31・1・24労判1197号5頁、メトロコマース事件・東京地判平成29・3・23労判1154号5頁、同事件・東京高判平成31・2・20ジャーナル85号2頁、前掲注7）ハマキョウレックス（差戻審）事件。

14) 前掲注2）ハマキョウレックス（差戻審）事件。同日に出された前掲注9）長澤運輸事件と合わせて同事件の評釈として、水町勇一郎「有期・無期契約労働者間の労働条件の相違の不合理性――ハマキョウレックス（差戻審）事件・長澤運輸事件高裁判決を素材に」労判1179号（2018）5頁、大内伸哉「労働契約法20条をめぐる最高裁二判決の意義と課題」NBL 1126号（2018）4頁等がある。

15) 特に前掲注7）日本郵便（東京）事件についてこの点を指摘するものとして、野川忍「労働契約法20条をめぐる解釈基準の可能性――日本郵便事件（東京地判平29.9.14労判1164号5頁）を素材として」季労259号（2017）107頁。

第2部　実務編

断はあらゆる事情の総合考慮とならざるをえないこと、裁判所が不合理性を審
査するとしつつ、実質的には相当に立ち入った審査を行っていることから、実
務的に重要なのは具体的判断基準となろう。

　なお、労契法 20 条の文言上、労働者側に不合理性を基礎づける事実の主張
立証責任が課され、使用者側は不合理性の評価を妨げる事実について主張立証
することになる[16]。もっとも、行政通達は司法上の判断は双方の主張立証を
尽くした結果の総体としてなされるものであって、立証の負担が有期契約労働
者側に一方的に負わされることにはならないと解しており[17]、裁判所も両者
の主張立証に係る同条が掲げる諸要素の総合考慮であるとしている点には留意
すべきである[18]。

㈜　不合理性の判断要素

　不合理性の判断要素は、①労働者の職務の内容（業務の内容・当該業務に伴う
責任）、②職務の内容・配置の変更の範囲（人材活用の仕組み）、③その他の事
情、の 3 点である[19]。

　①職務の内容は、直接的な業務の内容のほか、部下の数、求められる役割、
時間外労働の有無・程度、クレームの対処等の緊急時の対応なども含めて勘案
される。②職務の内容・配置の変更の範囲は、昇進や配置転換の有無・範囲で
あるが、今後の見込みでも足り、人材活用の仕組みとも説明される。

　③その他の事情であるが、ここには①、②に関連する事情が想起される。し
かし最高裁は、前掲長澤運輸事件[20] において、労働者の賃金に関する労働条
件は、①、②から一義的に定まるものではなく、使用者の経営判断や労使自治
に委ねられる部分が大きいと述べ、③のその他の事情は①、②に関連する事情
に限定されないとの判断を示した。そして、その他の事情として有期契約労働
者が定年退職後に再雇用された者であるという事情を考慮した。その他の事情
の具体例として施行通達[21] では合理的な労使慣行が挙げられているが、それ

---

16)　前掲注 2)ハマキョウレックス（差戻審）事件。
17)　平成 24・8・10 基発 0810 第 2 号第 5 の 6(2)キ。
18)　前掲注 7)日本郵便（東京）事件。
19)　土田・労働契約法 794 頁。
20)　前掲注 9)長澤運輸事件。
21)　平成 24・8・10 基発 0810 第 2 号第 5 の 6(2)エ。

以外にも労働条件の設定手続（組合等との交渉の有無・状況）、年齢、勤続年数などの属人的要素、労働時間・休日・休暇設定の自由度、所定外労働の有無、兼職の自由の有無等の拘束の程度の違いも含まれることになるといえよう[22]。

　それでは、①、②が同一と評価された場合には、判断基準はどのようなものになるだろうか。長澤運輸事件は、バラセメントタンク車の乗務員が定年後に有期で再雇用された事案であり、定年前後で乗務員としての職務の内容に変化がないとして①、②の同一性が認められている。この事件において、地裁判決は①、②が同一であれば有期・無期契約労働者間の労働条件の相違は特段の事情がない限り不合理であるとの評価を免れないとする判断枠組みを示し、争われた各種手当等の格差を労契法20条違反とした（正社員就業規則の適用を受ける労働契約上の地位の確認を認めた）[23]。しかし、高裁判決はこの判断枠組みを否定し、①、②は概ね同一であるとしつつも、③その他の事情として、定年後の継続雇用制度における有期労働契約では賃金が一定程度減額されることは一般的であることや、手当・歩合給等で正社員との賃金の差額を縮める努力をしていること等を考慮して、不合理性を否定した[24]。最高裁も概ね高裁判断を支持し、精勤手当とこれに関連する時間外勤務手当の格差のみを不合理と判断した[25]。したがって、①〜③の考慮要素の位置づけとしては、①②を中心に判断がなされるものの、これが同一であったとしても、なお③の要素が勘案され、労働条件の相違が不合理と評価できるレベルに達しているか否かが総合考慮されるものであるといえよう。

　これに対して、①②に違いが認められるケースではどうか。この場合にも、③も含めて総合考慮され、その相違の大きさが許容される限度を超えるものかどうかが審査され、これを超えれば違法となる[26]。とはいえ、次に見るように審査は相違する労働条件ごとに個別的に行われるので、裁判所は対象となる労働条件によっては、相違の大きさをさほど重視していない。この点は対象と

---

22)　土田・労働契約法794頁、同「働き方改革推進法の意義と課題」自由と正義70巻4号（2019年）13頁。

23)　長澤運輸事件・東京地判平成28・5・13労判1135号11頁。

24)　前掲注7)長澤運輸事件。同事件については荒木尚志「定年後嘱託再雇用と有期契約であることによる不合理格差禁止──労働契約法20条の解釈」労判1146号（2017)5頁が詳しい。

25)　前掲注9)長澤運輸事件。

26)　土田・労働契約法799頁以下。

第 2 部　実務編

なる労働条件ごとに検討する必要があるので、後述する（**解答 1(4)**）。

(オ)　比較の手法

　不合理性の判断は、個々の労働条件ごとに行うのか、賃金全体を見て判断するのか。この点につき、行政通達では、労契法 20 条の不合理性の判断は、有期・無期契約労働者間の労働条件の相違について、個々の労働条件ごとに判断されるものとされている[27]。長澤運輸事件最高裁判決も、労働者の賃金が複数の賃金項目から構成されている場合、賃金項目ごとにその趣旨が異なっており、それにより考慮すべき事情や考慮の仕方も異なりうると述べ、個別的に不合理性の判断を行うべきであるとした。ただし、ある賃金項目の有無および内容が、他の賃金項目の有無および内容を踏まえて決定されている場合には、そのような事情も不合理性の判断に当たって考慮されることになるとも述べている。具体的判断としても、正社員（無期）に対して基本給、能率給および職務給の支給がある一方、嘱託乗務員（有期）に対して基本賃金および歩合給の支給がなされていることにつき、基本賃金の額および歩合給計算の係数が能率給の係数より高く設定されていること、団体交渉の結果基本賃金・歩合給の増額がなされていること等を指摘し、不合理性を否定している（同事件では結論として精勤手当およびこれに関連する時間外勤務手当のみ不合理とされた）。

　また日本郵便（大阪）事件[28]では、有期契約社員に不支給となっている外務業務手当や郵便外務業務精通手当等においては、賃金体系全体をも勘案しその不合理性が否定され、年末年始勤務手当においては正社員の待遇を手厚くすることで有為な人材の長期的確保を図るという事情は同手当の趣旨目的から見て補助的なものに過ぎないとして、不合理性が肯定された。これらの判断から、不合理性は個々の労働条件ごとに判断されること、関連する労働条件があればその事情も踏まえて判断されることが分かる。関連する労働条件は、趣旨が明瞭で限定的な手当等の労働条件であれば、より認められにくくなるだろう。なお、有期契約が反復更新されて契約期間が長期間（5 年以上）に及んでいる者

---

27)　平成 24・8・10 基発 0810 第 2 号第 5 の 6(2)オ。これに対し、荒木・前掲注 24)5 頁は、ある手当が別の手当や労働条件の補完的な役割を担うことがありうるから、過度に個々の労働条件ごとに比較するという手法に拘泥すべきではないとして批判する。

28)　前掲注 13)日本郵便（大阪）事件。

15 「働き方改革」と労働法務——労働契約法 20 条／パートタイム・有期雇用労働法

とそうでない者を区別し、前者については一定の手当の不合理性を肯定する裁判例がある[29]。実際に長期間雇用されている有期契約労働者に対してなんらかの手当を支給しない理由が、長期雇用を想定していないということでは不合理と評価されうるということであろう。

(3) 効 果

労契法 20 条の私法的効力についてはどうか。従来から裁判例では強行的効力は認められてきたが、最高裁もこれを肯定した[30]。すなわち、不合理な労働条件を定める労働契約（就業規則、労働協約）の定めは無効となるので、これに伴い逸失利益について不法行為に基づく損害賠償請求が可能になる。救済範囲につき、前掲日本郵便（東京）事件では、年末年始手当で 8 割、住宅手当につき 6 割相当額を損害と認めている[31]。労働条件相違の不合理性は総合考慮によって判断されることを考えると、一定の相違は正当化される場合が十分に考えられるから、こうした一部不支給部分が不合理と評価されて差額相当額を請求できるとする見解（割合的認定説）は首肯できる[32]。

それでは、不法行為に基づく損害賠償請求を超えて、無期契約の正社員と同様の賃金が支給される労働契約上の地位の確認やこれを前提とする未払賃金の請求をすることは可能だろうか[33]。この点につき、最高裁は、労契法 20 条には直律的効力を定める文言が存在しないことを踏まえて、有期契約労働者と無期契約労働者との労働条件の相違が同条に違反する場合であっても、同条の効力により当該有期契約労働者の労働条件が比較の対象である無期契約労働者の労働条件と同一のものとなるものではないと判示し、同条による直接的な補充効を否定した。もっとも、最高裁は正社員に適用される就業規則と契約社員に適用される就業規則とが別個独立のものとして作成されているときには、正社員用就業規則が契約社員に適用されることは、就業規則の合理的な解釈として

---

29) 前掲注 13）日本郵便（大阪）事件高裁判決。
30) 前掲注 2）ハマキョウレックス（差戻審）事件、平成 24・8・10 基発 0810 第 2 号第 5 の 6(2)カ。
31) 学校法人大阪医科薬科大学（旧大阪医科大学）事件・大阪高判平成 31・2・15 労判 1199 号 5 頁においても、60％を下回る賞与を不合理としている。
32) 土田・労働契約法 802 頁。
33) 行政通達は、無期契約労働者と同じ労働条件が認められるとしている（平成 24・8・10 基発 0810 第 2 号第 5 の 6(2)カ)。

第2部　実務編

困難であるとも判示している[34]。このことは、不合理とされて無効・空白となった労働条件も、別途補充規範があればこれによって補充されることがありうることを示唆している。たとえば有期・無期契約労働者双方に適用される就業規則において、ある手当が定められる一方、有期契約労働者には当該手当を支給しない旨の定めがある場合、その不支給の定めが無効となれば、本則に立ち返って、有期契約労働者にも当該手当を受ける権利が認められうる[35]。これに対して、無期契約労働者に適用される就業規則と有期契約労働者に適用される就業規則が全く別個に定められている場合には、それぞれの就業規則の適用範囲の解釈の問題となり、有期契約労働者に無期契約労働者就業規則の適用がないとされれば、地位確認請求は否定され、損害賠償請求にとどまるということになる[36]。

3　パートタイム・有期雇用労働法

(1)　概　説

2018年、働き方改革として多くの労働関係法令が改正された。その中で労契法20条は削除され、パートタイム労働法に移行することになり、同法の名称も短時間労働者及び有期雇用労働者の雇用管理の改善等に関する法律（パートタイム・有期雇用労働法）へと改められた（施行は原則2020年)[37]。

(2)　通常の労働者と同視すべき短時間・有期雇用労働者に対する差別的取扱いの禁止

パートタイム・有期雇用労働法9条では、「事業主は、職務の内容が通常の労働者と同一の短時間・有期雇用労働者……であって、当該事業所における慣行その他の事情からみて、当該事業主との雇用関係が終了するまでの全期間において、その職務の内容及び配置が当該通常の労働者の職務の内容及び配置の変更の範囲と同一の範囲で変更されることが見込まれるもの（……「通常の労

---

34)　前掲注2)ハマキョウレックス（差戻審）事件。
35)　前掲注9)長澤運輸事件。
36)　前掲注2)ハマキョウレックス（差戻審）事件、前掲注7)日本郵便（東京）事件、前掲注13)日本郵便（大阪）事件。
37)　同法については、水町・前掲注10)67頁以下が詳しい。

働者と同視すべき短時間・有期雇用労働者」という。）については、短時間・有期雇用労働者であることを理由として、基本給、賞与その他の待遇のそれぞれについて、差別的取扱いをしてはならない」と定められた。

　本規定は、改正前パートタイム労働法9条を、有期契約労働者にも波及させるものである。改正前9条と比較すると、「賃金の決定、教育訓練の実施、福利厚生施設の利用その他の待遇について、差別的取り扱いをしてはならない」との文言から、「基本給、賞与その他の待遇のそれぞれについて……」へとその内容が一部変わっているが、改正前9条でも禁止されるのはあらゆる労働条件の相違（労働時間は除く）であったので[38]、実質的には、適用対象が有期契約労働者に拡大されるほかはその内容に変化はない。したがって、有期契約労働者に対する規制としては、新たに通常の労働者と同視すべき有期雇用労働者とされれば、あらゆる労働条件の相違が禁じられる（期間を定める部分は例外）こととなる。現行労契法20条との関連でいえば、当該事業主との雇用関係が終了するまでの全期間において、考慮要素の①、②（職務の内容・人材活用の仕組み）が同一と評価されれば、有期雇用労働者であることを理由としたものではないといえない限り、労働条件の相違が禁止されることになる。

(3)　不合理な待遇の禁止

　上記9条に加えて、パートタイム・有期雇用労働法8条では、不合理な待遇の禁止として、「事業主は、その雇用する短時間・有期雇用労働者の基本給、賞与その他の待遇のそれぞれについて、当該待遇に対応する通常の労働者の待遇との間において、当該短時間・有期雇用労働者及び通常の労働者の業務の内容及び当該業務に伴う責任の程度（以下「職務の内容」という。）、当該職務の内容及び配置の変更の範囲その他の事情のうち、当該待遇の性質及び当該待遇を行う目的に照らして適切と認められるものを考慮して、不合理と認められる相違を設けてはならない」と定める。

　本条は、従来の労契法20条、パートタイム労働法8条を統合し、有期・無期契約労働者間および短時間労働者・通常の労働者間の労働条件の不合理な相違を禁止するものである。上記2規定を継承して、私法的効力を有する強行規定と解される。規定ぶりとしては、それらの法律と異なってそれぞれの待遇ご

---

38)　土田・労働契約法816頁。

第2部　実務編

とにその性質・目的に照らして適切な要素を考慮して不合理性を個別に審査することを明示しており、判断手法の明確化に寄与しよう。また、本条では、労契法 20 条にあった「期間の定めがあることにより」との文言が削除されている。この点については、改正前パートタイム労働法 8 条でも、「短時間労働者であることを理由とする」とは明記されていなかったが、行政解釈は短時間労働者であることを理由とする労働条件の相違でなければならないことは自明であるので、条文上明記されていないとしていた[39]。そのことに照らして、パートタイム・有期雇用労働法においても、期間の定めがあることによるとの要件（判例によれば労働条件の相違が期間の定めに関連する必要がある）は維持されると解する立場もありうる。これに対して、同条の実効性の確保や勤務地限定の有無等、前提条件が異なる者に対する均衡待遇の確保を求めることとの整合性、有期雇用労働者であること以外の理由の存在は不合理性の判断の中で考慮できること等を指摘し、有期雇用労働者であることを理由とする相違は求められていないとする見解もある[40]。労契法 20 条の解釈でもこうした議論があり、裁判所も関連する労働条件で足りるとかなり緩やかな解釈をとったこと、期間の定めがあることによらない相違とはいかなるものというのか想定し難いことを鑑みれば、パートタイム・有期雇用労働法では、期間の定めがあることによるかどうかを、不合理性とは別に独立要件として認める必要はないと思われる。

　パートタイム・有期雇用労働法 8 条の解釈については、これまでの労契法 20 条、パートタイム労働法 8 条における議論の他、以下に紹介するものが指針となる。

(4)　「同一労働同一賃金ガイドライン」

　2015 年に同一労働同一賃金推進法[41] が定められ、その実現に向けて 2016 年 12 月に同一労働同一賃金ガイドライン案が、2018 年 12 月に同一労働同一賃金ガイドラインが示された[42]。また、2017 年の「働き方改革実行計画」で

---

39)　平成 26・7・24 基発 0724 第 2 号等第 3 の 3 (2)。

40)　水町・前掲注 10) 82 頁。

41)　労働者の職務に応じた待遇の確保等のための施策の推進に関する法律。

42)　https://www.kantei.go.jp/jp/headline/ichiokusoukatsuyaku/hatarakikata.html

は、働き方改革の考え方、実現のロードマップが示されており、ガイドライン案についても触れられている。ガイドラインは、同一企業・団体内における正規・非正規労働者間の不合理な待遇差の解消を目指すものであり、いかなる待遇差が不合理なものとなるかを示し、問題になる例、ならない例として具体例を付したものである。現時点では労契法20条の解釈に当たってガイドラインが参酌されていないが[43]、改正法はガイドライン案の実現を意図したものであるので、同法の解釈には影響を与える[44]。

　ガイドラインでは、種々の労働条件について、どのような相違が不合理となりうるか、具体的な例が挙げられている。概ね従来の裁判所の判断に近いものの、賞与や基本給等、従来の裁判例では不合理性が認められにくい部分にも踏み込んでいる。たとえば、基本給については、職業経験・能力に応じて支給するのであれば、無期雇用フルタイム労働者と同一の職業経験・能力を蓄積している有期・パートタイム労働者には、これに応じた部分につき同一の支給をしなければならず、これに違いがある場合には、その相違に応じた支給をしなければならないとし、具体的に問題となる例（不合理と評価されうる例）として、無期契約労働者の職業経験が、現在の業務に関連性を持たない場合を挙げている。同様に業績・成果に応じた支給であればパートタイムにのみ販売目標達成にかかる支給がない場合、勤続年数に応じた支給であれば有期契約労働者の勤続年数を当初の雇用契約開始時から通算していない場合などが、それぞれ問題となる例（不合理とされうる例）として挙げられている。また、賞与や手当についても具体例が挙げられており、たとえば賞与については貢献に応じて支給している場合に、同一の貢献をしている有期・パートタイム労働者に支給しない、あるいは貢献にかかわらず支給している賞与を有期・パートタイム労働者に支給しないことが、問題となる例として挙げられている。その他、ガイドラインでは昇給や賃金の決定基準、定年後の継続雇用、福利厚生、教育訓練、安全管理についても触れられている（派遣労働者の待遇についても対象としている）。

(5)　説明義務

　事業主は、新たに説明義務も課される（パートタイム・有期雇用労働法14条）。

---

43)　前掲注7)日本郵便（東京）事件。
44)　水町・前掲注10)5頁以下で法改正の経緯を詳しく紹介している。

第 2 部　実務編

改正前パートタイム労働法でも差別的取扱いの禁止（9 条）、賃金（10 条）、教育訓練（11 条）、福利厚生施設（12 条）、通常の労働者への転換（13 条）に関して事業主が講ずべきこととされている事項についての雇い入れ時における説明（14 条 1 項）、また労働条件に関する文書交付等（6 条）、就業規則作成の手続（7 条）および 9 条から 13 条までの規定により措置を講ずべきこととされている事項に関する決定をするに当たって考慮した事項について、パートタイム労働者の求めに応じて説明する義務（14 条 2 項）を負っている。改正パートタイム・有期雇用労働法は、これを拡大し有期雇用労働者（有期契約労働者）をこの説明義務の対象者に含めるとともに、不合理な待遇の禁止（8 条）に関する措置を説明義務の対象に含め、またパートタイム・有期契約労働者からの求めに応じて、通常の労働者との間の待遇の相違の内容および理由、同法 6 条から 13 条までの規定により措置を講ずべきこととされている事項に関する決定をするに当たって考慮した事項についての説明義務が課される。

　また、ガイドラインを補完することとなる行政通達[45]では、短時間・有期雇用労働者との間に賃金の決定基準・ルールの相違がある場合の取扱いとして、その相違が当該待遇の性質および当該待遇を行う目的に照らして適切と認められるものの客観的および具体的な実態に照らして、不合理と認められるものであってはならないとしており、制度や期待される役割が異なるといった抽象的な説明を超えて、具体的な説明責任を負わせるものとなっている。

　この説明義務は、不合理な待遇の禁止規定に関し訴えを提起することを可能とするための情報的基盤となるものであるから、労働者からの求めに対し待遇の相違の内容と理由について事業主が十分な説明をしなかったことは、待遇の相違の不合理性を基礎づける重要な事情となる[46]。また、説明を求めたことを理由とする解雇その他の不利益取扱いは禁止される。

　説明の対象となる比較対象者は画一的に法定されていないため、説明を求めるパートタイム・有期雇用労働者と最も職務内容等が近いと使用者が判断する労働者ないし労働者集団でよい。もっとも、その労働者ないし集団を選択した

45）　「短時間・有期雇用労働者及び派遣労働者に対する不合理な待遇の禁止等に関する指針」（平成 30 年 12 月 28 日厚労告 430 号）、「事業主が講ずべき短時間労働者及び有期雇用労働者の雇用管理の改善等に関する措置についての指針」（平成 30 年 12 月 28 日厚労告 429 号）。

46）　水町・前掲注 10）121 頁。

454

理由も説明する必要があるし、パートタイム・有期雇用労働者が司法判断を求める際に裁判所が比較対象とするのは、使用者が判断した労働者ないし労働者集団とは限らない。あくまで説明義務の履行としての比較対象者に限って、使用者が判断できるということである[47]。

　説明義務自体は、従来から労契法20条で紛争が生じた場合に使用者は有期・無期契約労働者間の労働条件の相違が不合理ではないと主張する必要があったため、いわば反射的効果として使用者には労働条件の相違が生じる理由を説明する必要があったが、本改正により正面から課せられることとなった。使用者は基本給、賞与、手当等労働条件の内容を問わず、全ての待遇について相違する内容、理由、考慮事項を説明できるよう、あらかじめ整理しておくことが求められる。基本給はもちろん、各種手当や賞与等、個別の労働条件ごとに相違があれば、その相違がどのような計算に基づくのかについて確認が必要である。労働条件の相違は基本的に個別の労働条件ごとに判断されるのであるから、賃金体系全体として貢献度が異なることによるというような曖昧な説明ではその義務を果たせない。ガイドラインや働き方改革実行計画を参考に労働条件の相違についてのチェックが求められるし、場合によっては賃金体系の見直しが迫られることも考えられる。

(6)　行政 ADR

　労契法20条がパートタイム・有期雇用労働法8条に移行したことにより、パートタイム労働者について定められた行政ＡＤＲ（裁判外紛争解決手続）が有期雇用労働者にも拡大され、特に同条（不合理な待遇の禁止）についても行政による履行確保および行政ＡＤＲの対象となるに至った。労契法20条を削除し、パートタイム・有期雇用労働法に移行させる最大の理由はこの行政ＡＤＲの対象とすることに求められている。また、行政による履行確保措置においても、非正規であることを理由とする不支給など解釈が明確な場合には報告徴収・助言・指導・勧告の対象としていくことが適当とされている[48]。

---

47)　労働政策審議会建議「同一労働同一賃金に関する法整備について（報告）」（2017年6月9日）。
48)　労働政策審議会建議・前掲注47)。

第 2 部　実務編

解答

1　設問 1 について
(1)　請　求
CASE では、A（有期契約労働者・契約社員）は正社員（無期契約労働者）との賃金支払いの差額を問題視しており、労契法 20 条違反を主張することになるだろう。具体的には、Aと、Bをはじめとする正社員との間の基本給や各種手当の格差ないし不支給が、同条に違反する期間の定めに基づく不合理な取扱いの相違であるとして、これを定める契約社員就業規則が無効であり、その定めに基づく取扱いが民法 709 条の不法行為に該当するとして、差額賃金分の損害賠償請求を行うこと、ならびに正社員と同様の賃金支払いを受けることのできる労働契約上の地位の確認請求、契約上の未払賃金の請求（差額賃金の支払請求）を行うことが考えられる。

(2)　比較対象者
以下、労契法 20 条違反の成立の有無を検討する。なお、理論的には基本給や各種手当ごとに要件を検討することになるが、比べるべき契約・実態は同一であるので、まとめてここで検討し、基本給や手当ごとの特徴は別途取り上げることとする。

まず、Aの労働条件に対する比較対象者は、Aと同じ店舗に勤務する正社員でよいのか、他の店舗で勤務する者を含めるか、あるいは本社で全く異なる職務に従事する正社員も比較対象とするべきなのだろうか。範囲を広げれば広げるほど、相違は大きくなるから不合理性を否定しやすくなってしまい、労契法 20 条の意義が薄れると考えられる。他方、**CASE** のように有期契約労働者には配置転換がないが、正社員にはある程度配置転換を行うことを前提としているような場合には、正社員のキャリアの一部に過ぎない同店舗での勤務のみを比較対象とすることは、正社員に期待される職務の一部を取り出して比較対象にするものとして、適切でないようにも思われる。

この点、前掲メトロコマース事件[49] では、駅構内の売店において販売業務に従事していた契約社員（有期契約労働者）が、同じく売店業務に従事してい

---

49)　前掲注 13)メトロコマース事件。

456

る正社員（無期契約労働者）のみを比較対象者として主張したが、裁判所は、正社員の大半は、その従事する業務が売店業務に限られず各部署において多様な業務に従事すること、ごく一部の正社員が売店業務に専従しているが、それらは売店業務を担っていた互助会からの移籍や契約社員からの登用であることを指摘し、「売店業務に従事する正社員のみならず、広く被告の正社員一般の労働条件を比較の対象とするのが相当である」と判示している。学校法人大阪医科薬科大学事件では、手当につき比較対象を正社員全体としつつも、基本給については採用時期の近接した正職員としている[50]。前掲日本郵便（東京）事件では、より広く比較対象とすべきとの使用者側の主張を斥け、「原告ら契約社員と労働条件を比較すべき正社員は、担当業務や異動等の範囲が限定されている点で類似する新一般職とするのが相当である」とされた。

つまり裁判例は、比較すべき個別の労働条件の性質に応じ、まず職務内容や人材活用の仕組みが同様の無期契約労働者を比較対象としているが、配置転換の可能性が異なるような場合には、一時的に有期労働契約者と同じ業務を行っている無期契約労働者がいた場合でも、これに限定せず、比較の対象をより広げているということがわかる。職務内容や人材活用の仕組み（①、②）が全く異なる職種を比較対象としても不合理性は肯定しがたいので、なによりまず職務内容や人材活用の仕組みが同一の正社員を比較対象とすることは妥当だろう。

CASE において現場の店舗で勤務する正社員は一部で、大半の正社員は異なる働き方をしており、かつ配置転換が頻繁に行われているといった事情があれば、それらを含めてより広範な業務に従事する正社員が比較対象者となりえよう。また、他の店舗で同様の業務が行われており、店舗ごとに労働条件が異なっているという事情があれば、他の店舗の正社員を比較対象とすることも考えられる。しかし、本問ではそのような事情は見受けられないので、現場の店舗で勤務している正社員を比較対象者として検討する。

(3) 要 件

労契法20条の要件のうち、「同一の使用者」性は問題なく肯定されよう。また、「期間の定めがあること」を理由とした相違か否かについては、期間の定めの有無によって適用される就業規則が異なり、これによって労働条件が異

---

50) 前掲注31)学校法人大阪医科薬科大学（旧大阪医科大学）事件。

第 2 部　実務編

なっているのであるから、期間の定めがあることを理由にする、ないし少なくともこれに関連して生じた労働条件の相違であることは明らかである。

では、労契法 20 条が挙げる各考慮要素はどうか。まず、①職務の内容については、A は顧客対応の他に販売戦略の立案まで行っており、基本的な職務の内容は同一である。ただし、正社員にのみ販売戦略会議に参加し、特別の教育訓練を受けることが義務づけられており、この点を見ればある程度相違があるといえる。

②職務の内容・配置の変更の範囲（人材活用の仕組み）について見ると、正社員には配転・出向の可能性があること、将来的には Y 社の中核的人材への登用可能性があることから、相当な違いがある。とはいえ、契約上の義務の相違があれば直ちに②に相違があると評価されるとは限らない。改正前パートタイム労働法 9 条に関わる事案であるが、所定労働時間が正社員より短い有期契約を反復更新してきた準社員につき、適用される就業規則が異なることにより、配転や出向、チーフ、グループ長等へ任命等に違いがあるものの、正社員でも転勤が少なく、原告労働者の属する九州管内では直近 10 年以上配転がなかったこと、5 年前の労働条件変更まで、準社員がチーフ、グループ長等へ任命されたことがあったこと等に触れ、通常の労働者と同視すべき短時間労働者であると認めているものがある[51]。すなわち、同事件において裁判所は契約上の義務づけは異なっていても勤務実態が同一であるとして、原告である短時間労働者を通常の労働者と同視すべきと評価しているのである。そのことから、CASE においても、②の相違を具体的に裁判所に主張するためには、形式的に配転・出向や登用の可能性があるというだけでは足りないだろう。現実に Y 社において、正社員（無期契約労働者）に配転等がどの程度なされていたか、店長等への登用の実態がどのようなものであったかなど、人材活用の仕組みの相違が形式的なものではないとの主張を Y 社は行う必要がある。CASE では直近 5 年間で 3 割強が配転しているとの実態と、特別の教育訓練の実施がなされているところから、実態として相違があるとの主張は受け容れられよう。

③その他の事情としては、正社員を厚遇することによる長期雇用のインセンティブが考えられる。長期雇用を前提とする正社員へ手当等の支給を手厚くすることにより、優秀な人材の確保、定着を図ることには人事施策上相応の合理

---

51)　ニヤクコーポレーション事件・大分地判平成 25・12・10 労判 1090 号 44 頁。

性を有するとして、かような趣旨目的で労働条件に相違を設けた裁判例がある[52]。CASE においても、かような趣旨目的での相違であるとの主張が、それぞれの労働条件の不合理性を考慮するに際して、正社員への厚遇策としてある程度不合理性を否定する方向に作用しうるが、具体的な評価は個々の労働条件ごとに評価される。

(4) 各種手当

(ア) 通勤手当

それでは、具体的に個別の労働条件ごとに検討しよう。まず通勤手当について、前掲ハマキョウレックス事件では、正社員には5万円を限度とし、通勤距離に応じて通勤手当が支給される（2km以内は一律5000円）のに対し、契約社員には3000円を限度としていたことにつき、その不合理性が認められた。同事件では、使用者が、正社員にのみ配置転換に基づく長距離通勤が予定されていると主張したが、高裁および最高裁は、通勤手当は考慮要素①、②と無関係に支給されるものであるという点を指摘し、斥けている。一般的な①、②の相違では通勤手当の相違を正当化できないということである。また、定額支給である通勤手当は精勤手当の一種であるという会社主張が、就業規則の解釈や実際上の機能等から、名目のみならず実質も通勤手当であるとして斥けられ、当該相違が不合理とされた例もある[53]。同事件では、会社が通勤手当を設けた理由は、求人に有利という配慮があったとされたが、裁判所はそれ自体、本件相違の合理性を肯定できる理由とは考え難いとも指摘されている。すなわち、手当の名称で直ちにその性質が決定されるわけではないが、通勤手当の場合にはそれが通勤に要する費用の補填ではないと主張するには当然のことながら相応の理由が求められるし、一般的な③その他の事情での正当化も困難であるということであろう。

CASE の通勤手当の相違は、契約社員、正社員双方とも実費支給であるが、限度額には正社員が2万円であるのに対して契約社員であるAには3000円と差が生じている。実費支給であるところから、通勤手当は通勤に要する費用の補填であることが明らかであり、CASE ではK店をはじめとする店舗に勤務す

---

52) 前掲注7)日本郵便（東京）事件、前掲注13)メトロコマース事件。

53) 九水運輸商事事件・福岡高判平成30・9・20 ジャーナル82号36頁。

第2部　実務編

る契約社員、正社員どちらであっても住居地から就業地までの移動の必要が生
じるので、考慮要素①②についての相違は意味をなさない。Y社は正社員と契
約社員では通勤に要する費用が異なると主張しているが、この主張だけでは通
勤手当の相違を正当化する理由とはなりえない。

　もっとも、Y社の主張の意図が、たとえば契約社員は交通費3000円までの
枠内に居住する者のみを採用しており、就業場所の変更は想定せず、労働者が
自己の都合でこの枠外に住居を移したときに、3000円の枠を超えた分を不支
給とする一方で、配転のある正社員では住居の限定ができないので、限度額を
変えているという趣旨であり、かつ現実にそのような取扱いがなされているの
であれば、まさしく通勤手当について検討すべき考慮要素①、②が異なるから、
その取扱いの相違は不合理性を否定され、労契法20条に違反しないと評価さ
れる可能性も残るだろう。しかし、**CASE**ではそうした事情も明らかになって
いないから、Y社の措置は違法と評価される可能性が高い。

　(イ)　住宅手当

　住宅手当は正社員にのみ2万円が支給されている。そのように取扱いに相違
を設けている理由を、Y社は正社員に対してのみ転居を要する配転が生じるか
らであるとするが、この相違はどうか。

　Y社の主張にはそれなりの理由があるが、この場合の②の相違はまさにその
ような配置転換の実態がどの程度であるかにかかる。Y社には、ある程度の頻
度で配置転換が生じるために無期契約労働者・正社員にのみ住宅コストの増大
があり、またはその蓋然性が高いという事実の主張立証まで求められよう。こ
れに成功すれば、その増大に応じた範囲で取扱いの相違が不合理ではないと評
価されうる。**CASE**では直近5年に3割強が配転しているが、その評価および
その中で居住地の変更を要するものがどのくらいあるかにかかってくるだろう。

　もっとも、手当の不支給による有期契約労働者・契約社員への不利益は、住
宅コストの増大という事実に比べて過剰なものであってはならないので、手当
の額の妥当性は別途問題となりうる。これについて、判例は、本問と同様に2
万円の住宅手当を有期契約労働者のみに不支給とする措置につき、住宅費用が
多額となりうることを考慮して支給することは不合理とはいえないと判断し、
上記②の違いを重視して労契法20条違反を否定している[54]。他方、家賃等の

---

54)　前掲注2)ハマキョウレックス（差戻審）事件。

460

額に応じて支給される住宅手当につき、その不支給は不合理であるとしてその6割を損害と認めた例もあるが[55]、この事案では住宅手当には福利厚生的側面と人事異動の負担軽減的側面が認められ、転居の予定のない新一般職（無期契約労働者）にも住宅手当の支給がなされているという事情があった。

CASE について見ると、住宅手当の趣旨・目的が問題となるが、Y 社主張のように配転のある正社員の負担軽減であるとされれば、そのような正社員特有の負担軽減を図ることにより、長期雇用のインセンティブを付与するとの主張を裁判所も受け容れる可能性がある。

CASE では、転居を伴う配転の義務が正社員にのみ課されていること、実際にそのような配転が行われていることなどは不合理性を否定する要素である。2 万円という住宅手当の額についても、現在のわが国の住宅事情から見て、相当な範囲内に収まっていると考えられよう。これに対して、配転義務のない正社員にも一定額を支給している等の事情があると、住宅手当に人事異動の負担軽減的側面に合わせ福利厚生的側面があるとされ、福利厚生的側面について相違を設けることの不合理性が審査されうる。そうなれば契約社員に住宅手当の一切を不支給とする取扱いは違法と評価され、損害賠償請求において割合的認定がなされる余地が生じる。ただ CASE では、配転義務のない正社員に対しても住宅手当の支給があるといった事情が存しないから、A に対する不支給が不合理とは評価されない可能性が高い。

(ウ) 給食手当

給食手当は正社員にのみ 5000 円が支給されている。行政通達において食堂の利用に相違を設けることは特段の理由がない限り不合理であるとされている。裁判例を見ると、前掲ハマキョウレックス事件において、地裁が給食手当の不支給を不合理ではないとしたのに対し、高裁・最高裁は給食手当が給食の補助であって考慮要素①、②とは無関係に支給されるものあることを指摘して、その不合理性を認めている。

ここでも、給食手当は食事に要する費用の補助であると考えられ、その点で契約社員と正社員との間に①、②の要素に相違がない。たとえば両者の業務内

---

55) 前掲注 7) 日本郵便（東京）事件。また、1 万 5900 円ないし 9200 円の住宅手当の不支給につき不合理性を否定した地裁を覆し、住宅手当の不支給を不合理としたものとして、前掲注 13) メトロコマース事件高裁判決がある。

第 2 部　実務編

容が異なり、Aについては労働時間中に店舗内での食事が必ず提供されている
が、正社員は外回りなどが想定されるのでこれが保障されていないといった事
情があれば、①の職務の内容の相違として、そのような取扱いの相違が許容さ
れる可能性が考えられる。しかし、**CASE** ではそのような事情は存しない。
CASE における Y 社の主張は福利厚生の充実というのであるが、福利厚生であ
れば格別正社員に限る必要性もなく、要するに正社員厚遇を行うことによって、
長期雇用のインセンティブを確保するという主張になろう。そのような主張も
住宅手当等ではある程度裁判所は考慮しているが、それは正社員にのみ生じる
負担を軽減するという趣旨・目的と関連する範囲内にとどまっている。食事に
要する費用は正社員、契約社員問わず発生するところ、給食手当それ自体が月
額 5000 円と設定されているところから見ても、食事に要する費用の補助と認
定される可能性が高く、Y 社の措置は違法と評価されることになるだろう。

　㈔　家族手当

　家族手当は、配偶者 1 万円、子 5000 円であり正社員にのみ支給される。Y
社は、契約社員は主たる家計者でないことが一般的であると述べるが、家族を
扶養する労働者への負担軽減を意図する手当であれば、①、②に無関係に設定
されたものであり、契約社員・正社員間で異なる支給要件を設定すべき理由は
見当たらない。家族手当の支給要件をどのようにするかは契約自由の範疇であ
るから、Y 社主張の中にあるように家計の主たる担い手にのみ支給するという
要件を設定することは可能かもしれないが、それを契約社員・正社員間で違え
てはならないだろう。正社員は常に家計の主たる担い手であって、契約社員は
これと異なるとは限らない。結局これまで見てきた通勤手当などと同様に、①、
②と関連性のない手当を支給するに当たっては、同一の支給要件を設定し、適
用する必要があるということになる。**CASE** においても、Aに対する家族手当
の不支給取扱いは不合理であり、違法と評価される可能性が高い[56]。

　㈕　役職手当

　CASE において役職手当は正社員のみに支給されているが、そもそもAは役
職に就いていないので、その不合理性が問題となる余地はなく、役職手当を請

---

56)　なお、被扶養配偶者の収入要件や世帯主要件は、実質的に性差別をもたらしうるもの
　　（間接差別）として別の法的考慮が働く可能性がある（男女雇用機会均等法 7 条参照）
　　との指摘がある。水町・前掲注 10)112 頁。

求することはできない。なお、**CASE** を離れると、役職手当を支給する趣旨・目的は役職に就くことによる職務内容、責任等の負担の増加に対応するものと解されるところ、正社員と契約社員が同一の役職についており、職務内容や責任の程度が同じであるのに契約社員に支給していない場合であれば、不合理な労働条件の相違であると評価されることがありうる。

(5) 基本給

CASE における契約社員・正社員間の総支給額に生じる差の多くは上記検討した手当によるものであり、これを除くとＡと正社員との間の基本給部分での差額は 3 万円弱となる。それではこの基本給の取扱いの差は不合理と評価されるだろうか。

労働契約の基本的労働条件となる基本給については、契約社員・正社員間で賃金の決定基準が異なっており、単純に比較ができない。そこで、①、②の違いが大きく影響することになる。労契法 20 条は、同一労働同一賃金を法で強制する趣旨のものではない。そこで挙げられている考慮要素に応じて取扱いの差を許容するものであり、手当等が違法と評価されやすいのは、その支給の趣旨・目的から同条における考慮要素の①、②等に直接左右されない部分が多いからである。この点、裁判例では前掲長澤運輸事件の地裁判決が基本給の相違も含めて不合理であると認めているが、同事件は①、②の相違がほぼ認められなかった事案という特殊性があり、また高裁・最高裁判決では不合理性が否定されている。前掲日本郵便（東京）事件、前掲日本郵便（大阪）事件でも、基本給の一部を手当化したものとされた外務業務手当の支給につき、同手当の支給の有無は賃金体系の違いに由来するものである等として、不合理性は否定された[57]。

CASE においては、正社員は販売戦略立案の責任者になるなど、職務の内容と責任の程度にある程度の差がある。またＹ社の中核的人材への登用可能性がある者として育成され、特別の教育訓練を受けることとなっており、業務内容

---

[57] 前掲注 7) 日本郵便（東京）事件、前掲注 13) 日本郵便（大阪）事件。定年後再雇用の事案ではあるが、長期雇用を前提とする正社員の賃金制度と嘱託・臨時社員の賃金制度はその前提を異にしており、賃金額に差異があること自体をもって不合理といえないことは明らかであるとした日本ビューホテル事件（東京地判平成 30・11・21 労経速 2365 号 3 頁）もある。

第2部　実務編

の変更、出向を含めて異動の可能性がある等人材活用の仕組みは相当の相違がある。そのため、その相違に応じた賃金の格差は不合理と評価されない。確かに、格差があまりに大きいということであれば、割合的認定がなされ、ある限度までが不合理と評価されて損害賠償の対象となるという可能性は残る。とはいえ **CASE** ではAが 22 万 8800 円、これに対してBは 26 万円であるから、その差額は 3 万円強であり、総支給額からの割合で見てもあまり大きいとはいえない。よって、基本給部分については不合理とは評価されない可能性が高い。

(6)　賞　　与

　CASE における賞与の支払いはどうだろうか。一般的に、賞与は支給日以前に算定基礎期間を設け、この間の企業業績、労働者の貢献度等を算出して支給額が決定される。こうした支給実態から、賞与は、賃金の後払い的性格と功労褒賞的性格を併せ持っていると説明される[58]。

　賞与支給額の相違も、その趣旨・目的に照らして不合理であってはならないから、たとえば会社への貢献度により支給するものであれば、その異なる貢献度から説明できる範囲内でなければならない。そのような賞与について、有期契約労働者の貢献が全くないといえるような事情がなければ、有期契約労働者に賞与を一切不支給とする措置は不合理と考えられよう。とはいえ、賞与が長期雇用を予定する正社員の将来の勤務へのインセンティブ・厚遇策としての性格も併せ持つなら、それに対応する部分について相違を設けることは不合理とはいえない[59]。そうすると、割合的認定がなされ一定範囲内において不合理な格差であり、その範囲内で損害賠償請求が認められることが考えられる。

　もっとも、こと賞与に関しては、手当のように支給の趣旨・目的が一様ではないから、慎重な判断が求められよう。会社への貢献を考慮するとしても、たとえば①が異なると、具体的には正社員（無期契約労働者）の貢献が残業等も含め期ごとに相当変わってくる一方で、有期契約労働者が定型的な業務に従事し、その貢献が期ごとにさほど変わらないという場合には、無期契約労働者らの貢献は賞与で評価しつつ、有期契約労働者の貢献は基本給に組み込む、ある

---

58)　土田・労働契約法 272 頁以下。
59)　前掲注 13)メトロコマース事件、ヤマト運輸（賞与）事件・仙台地判平成 29・3・30
　　労判 1158 号 18 頁。

15 「働き方改革」と労働法務——労働契約法20条／パートタイム・有期雇用労働法

いは別途定額の手当を支給する等で対処することはありうるのであり、労契法20条はかような措置を違法と評価するものではない。したがって、賞与の支給等については、ある程度賃金体系全体も勘案し、不合理かどうかを検討する必要がある。

裁判例にも、有期契約のアルバイト職員に対する賞与の支給が違法とされたものがある。そこでは賞与を、算定期間に就労していたこと自体に対する対価としての性格が強いと認定しつつ、付随的に長期就労への誘因や使用者の経営判断、貢献度の差異を考慮して、比較対象となる正社員の賞与支給基準の60％を下回ると不合理な相違であると示された[60]。

CASE では、Y社は正社員への厚遇策という主張をしているが、ごく一般的な賞与であれば、その性格が正社員への厚遇策その一点であるという主張は認められず、算定対象期間における貢献度等に応じたものでもあると評価されるものと考えられる。また、**CASE** では考慮要素の①で大きな違いがないのであるから、Aの貢献は基本給に組み入れられており、正社員の貢献のみが賞与で支給されているとの主張を裁判所が受け容れるかどうかは疑問である。そうすると、全額を不支給とする措置は違法と評価される可能性が高く、割合的な認定に基づき、一定範囲で差額賃金相当額の損害賠償請求が可能になるものと考えられる。

(7) 小 括

以上から、Aに対する手当等の不支給部分のうち一部は労契法20条違反であって契約社員就業規則の当該部分は違法無効となるから、Aに対する手当等の不支給取扱いは不法行為を構成する。Aによる差額賃金相当部分ないし割合的に認定された部分の逸失利益につき損害賠償請求は認容されるものと考えられる。

それでは、Aが正社員と同様の賃金が支給されうる契約上の地位の確認を求めることは可能か。**CASE** では、Aの労働条件中無効となった部分を正社員就業規則の定めで補充できるかどうかが問題となる。この点、前掲ハマキョウレックス事件では、正社員、契約社員に適用される就業規則が別個独立して作成されている場合には、両者の労働条件の相違が労契法20条に違反する場合

---

60) 前掲注31)学校法人大阪医科薬科大学（旧大阪医科大学）事件。

第2部　実務編

に、正社員就業規則が契約社員に適用されることになると解することは就業規則の合理的な解釈として困難であるとされた。CASE でも、就業規則が別個独立に作成されているので、正社員就業規則の定めでAの労働条件が補充されると解することはできないだろう。よって、Aによる正社員就業規則の適用を受ける地位の確認請求、差額賃金の支払請求は認められないと考えられる。

2　設問2について

(1)　パートタイム・有期雇用労働法9条

解説で触れた改正パートタイム・有期雇用労働法制とガイドラインに沿って、CASE を再検討しよう。**設問1**と相違が生じる部分に焦点を当てる。

パートタイム・有期雇用労働法9条では、通常の労働者と同視すべき有期雇用労働者に対する有期雇用労働者であることを理由とする差別的取扱いが禁止される。通常の労働者と同視すべき有期雇用労働者であるか否かは、雇用関係の全期間において、職務の内容および配置の変更の範囲が、通常の労働者と同一である者をいう。そこで、まず CASE におけるAにこのパートタイム・有期雇用労働法9条該当性が問題となる。しかし、前述したように（**解答**1(3)）Aと正社員とでは職務の内容（販売戦略会議への参加、特別の教育訓練）、配置の変更の範囲（配転・出向の有無、中核的人材としての登用可能性）に相違があるので、同条の適用は否定されよう。

(2)　パートタイム・有期雇用労働法8条

では、パートタイム・有期雇用労働法8条はどうか。同条は、労契法20条をパートタイム労働法8条に統合し、一部文言の修正を加えるものであるから、基本的な解釈は労契法20条と同様である。

(ア)　各種手当

具体的な各種手当についてはガイドラインが指針となるが、パートタイム・有期雇用労働法8条が「当該待遇の性質及び当該待遇を行う目的に照らして適切と認められるものを考慮して、不合理と認められる相違を設けてはならない」と定めているところから、個々の労働条件ごとに、考慮要素を検討するということが労契法20条に比してより明確であることや、ガイドライン等による解釈指針が示されていることから、総じて職務内容、人材活用の仕組みの違いによって不合理性が否定されにくい。手当については顕著であろう。

466

ガイドラインによれば、通勤手当、給食手当は同一の支給が求められている
ため、Ｙ社の措置は不合理となる。手当の名称と実態が異なるので、ガイドラ
インで同一の支給が求められている手当とＹ社の手当は異なるという主張は考
えられないではないが、当然これを基礎づける事実の主張立証が必要となる。
役職手当についても、有期雇用労働者についてのみ支給しないとか、違いに応
じた支給をしないということであれば違法となる。

　これに対し、家族手当や住宅手当については、ガイドラインで触れられてい
ない。しかし、家族手当については、その趣旨・目的が扶養家族の生活の援助
であると考えるなら、①職務の内容、②職務の内容および配置変更の範囲とは
無関係の手当と考えられるため、有期・無期契約労働者間で同一の支給要件を
設定する必要があろう。一方、住宅手当については、前記のとおり、判例・裁
判例は、上記②の違いを重視して不合理性を否定する傾向にあり[61]、改正法
（パートタイム・有期雇用労働法８条およびガイドライン）の下でもこの判断が維
持される可能性がある。これに対し、住宅手当の趣旨が従業員の生活補助費的
な性格にあると認定されれば、同条違反が肯定される可能性は否定できない。
こうした点を踏まえると、改正法の下では、諸手当については、①〜③の事情
に照らして認められる範囲で、各種手当から切り離して基本給等に組み込む制
度設計を採用することも考えられる。

　(イ)　基本給

　各種手当と異なり基本給については、職務内容、人材活用の仕組みが十分に
考慮されることになる。ガイドラインでは問題にならない例として、特殊な
キャリアコースが設定され職業能力の習得に相違がある場合、定期的に職務内
容や勤務地変更があり、管理職となるためのキャリアコースの一環として、店
舗等において、パートタイム労働者と同様の定型的な仕事に従事している場合
等を挙げている。もっとも、基本給についても、職務や能力、勤続年数等に着
目して決定しているのであれば、その部分につき、同一の職務や能力、勤続年
数等を有する有期雇用労働者にも同様に支給する必要があるし、相違があれば
その相違に応じた支給が求められる。

　CASE における正社員の基本給は勤続年数と人事考課で定まるもので、契約
社員との間には職務内容、人材活用の仕組みの違いが存在している。そうする

---

61)　前掲注2)ハマキョウレックス（差戻審）事件。

第2部　実務編

と、職務内容、人材活用の仕組みの相違から相当な範囲では基本給の相違も正当化されよう。ただ、それら相違とは異なり勤続年数で基本給を定める、あるいは昇給させている部分については、有期契約労働者にも同一の、あるいは勤続年数の相違に応じた支給・昇給が求められる可能性がある。人事考課についても同様となる。Ｙ社には職務内容、人材活用の仕組みから、有期契約労働者を時間給で雇用していること、支給額に生じる相違が職務内容、人材活用の仕組みの相違から生じる範囲内であることの説明が求められることになる。

(ｳ)　賞　与

賞与については、ガイドラインは貢献に応じて支給しようとする場合、同一の貢献をしている有期雇用労働者にも同様の支給を求めている。また、問題となる例として、会社の業績等への貢献に応じた支給をしている会社において、無期契約労働者と同一の会社業績の貢献がある有期契約労働者に同一の支給をしていない場合のほか、無期雇用労働者には職務内容や貢献等にかかわらず全員に支給しているが、有期雇用労働者には支給していない場合を挙げている。**CASE** における賞与は年2回一定額となっているため、職務内容や貢献等にかかわらない全員への支給とみなされれば、問題となる例に当たると評価されよう。Ｙ社としては、正社員に付随する職務の負担に応じた貢献に対応するものとして正社員にのみ支給しているとか、長期雇用を予定する正社員に対する将来の勤務へのインセンティブとの趣旨で支給していると主張することが予想されるが、それにより不合理ではないと評価されるためには正社員とＡら契約社員との間には賞与の不支給を正当化するほどの職務内容等の相違がなければならない。また、基本給の相違も念頭に総支給額の格差も問題とされよう。ガイドラインの下では、賞与を一律不支給とする措置は不合理となる可能性がある。

(3)　説明義務について

解説で述べたとおり、改正パートタイム・有期雇用労働法の下では、使用者の説明義務が拡大される（14条）。**CASE** において問題となるのは、改正後の8条に関する説明である。施行前であっても、労契法20条の紛争となれば、説明義務として求められる内容が裁判で争われるから、改正法施行前であっても、使用者はその対応をしておくことが望ましい。

使用者の説明義務は、諸手当にとどまらず、基本給・賞与から福利厚生まで全ての待遇について求められる。使用者は、比較対象として適切な労働者グ

468

ループを選出し、そのグループを選出した理由を説明する。そしてたとえば手当が問題なら、当該手当の趣旨・支給要件・額、正社員と契約社員との相違を示すとともに、その理由および相違を設けるに際して考慮した事項を示さなければならない。

　考慮要素としては、①職務内容、②人材活用の仕組み、③その他の事情として、基本的な職務内容や特別の業務負担の有無、求められる役割・責任の程度、時間外労働の有無・程度等の他、職業経験・能力、業績・成果、勤続年数、作業環境や勤務形態の相違が考えられる。さらに、当該労働条件設定手続（組合等との交渉・協議の有無・状況)、非正規労働者に対する一定の手当等の支給、労働時間・休日・休暇設定の自由度、兼職の自由の有無等の相違、他の労働条件による格差軽減の存在等も考慮要素となる。使用者は、正社員・契約社員間の労働条件の相違を個別の労働条件ごとに、どのような考慮要素をもって相違を設けたのかについて具体的に説明する責任を課されている[62]。

　なお、正社員への厚遇策としての長期雇用へのインセンティブは、相違を設ける理由として否定されるべきではないが、どのような相違でも主張しうるわけではない。賞与や住宅手当の相違につきそのような観点も考慮して不合理性を否定しつつ、夏期冬期休暇については国民的意識や慣習が背景にある休暇であること、正社員と契約社員間で繁忙期に相違もないのに契約社員に対してのみ全く付与しないことは不合理であるとする裁判例があるし[63]、通勤手当の相違について、求人に有利であるという主張が斥けられて不合理であるとされた例もある[64]。正社員への厚遇策を設けるにせよ、いかなる理由に基づき、どのような労働条件で厚遇策を設定し、どの程度設けるかということも、使用者は検討し、具体的に説明する必要がある。

3　説問3について

改正法に対応するため、パートタイム・有期契約労働者を雇用している使用

---

62)　橘大樹「法改正が目指す『不合理な待遇差』の禁止とは」ビジネス法務18巻2号（2018)32頁、北岡大介『「同一労働同一賃金」はやわかり』（日本経済新聞出版社、2018)参照。

63)　前掲注7)日本郵便（東京）事件、前掲注13)日本郵便（大阪）事件。

64)　前掲注53)九水運輸商事事件。

65)　前掲注45)。

第2部　実務編

者は賃金制度の再検討が求められる。前述のとおり行政からは、いくつかの裁判例を踏まえてガイドラインおよびこれを補完する通達[65]が出されており、まずはこれを参照することが重要である。

　各種手当についてはガイドラインの示す具体例を参考に、手当の趣旨・目的を再度確認し、労働者の求めに応じて説明できるように整理する必要がある。無期契約労働者（正社員）にのみ支給している手当でその説明が十分につかないものは、パートタイム・有期契約労働者（非正規社員）にも支給することが望ましいが、場合によっては各種手当の整理・統合が必要になることもあるだろう。また、本来の趣旨・目的と各種手当の名称に乖離がある場合には、これを改める必要がある。

　CASE では、**設問2** で違法とされうる各種手当についてはもちろん、たとえば住宅手当についても同一の支給要件を設定し、契約社員にも支給することが望ましいだろう。配転義務の相違により支給の有無を決定することが直ちに違法と評価されるとは考えにくいが、その場合でも配転の実態についての確認と、その相違による正社員の住宅費の負担増と支給額の妥当性は検討するべき課題である。

　これに対して基本給についてガイドラインの示す具体例は、基本給の一部分にせよ同一の決定基準で支給されている場合（年功給や職務給など）に対応している。そこでは、例えば能力や経験に応じて支給するのであれば、通常の労働者と能力や経験が同一ならば同一の、相違があってもその相違に応じた基本給を支払わなければならないと示しており、まさに同一労働同一賃金的なルールを明示している。これに対して決定基準が異なる場合には、具体例は示されず、条文どおりに、職務の内容、当該職務の内容および配置の変更の範囲その他の事情のうち、当該待遇の性質および当該待遇を行う目的に照らして、不合理と認められるものであってはならないと示すのみである。支給基準が異なるケースについてはその実態は様々であり、だからこそ具体例を示しにくいのはやむを得ない。ただ、少なくとも通達が示しているように、賃金決定基準に相違があるのであれば、その相違を設ける理由を明らかにすることは必要である。そうした賃金決定基準の相違から、結果として生じる賃金格差がどの程度まで許容されるのか、その具体的な判断基準は裁判例の蓄積を待つほかない。

　この点は賞与についても同様のことがいえる。賞与についてもガイドラインが具体例を示しているが、たとえば貢献度に応じて支給しているのであれば、

470

15 「働き方改革」と労働法務──労働契約法 20 条／パートタイム・有期雇用労働法

無期契約労働者と同様に貢献しているパートタイム・有期契約労働者にも賞与を支給せよというにとどまるのであって、実際には賞与は多様な趣旨・目的を包含するものであるから、慎重な検討が求められるのは前述のとおりである。ただし、多様な趣旨・目的があるということは、一切支給しないという措置を正当化しにくいということでもある。賞与の趣旨・目的と賞与の支給決定基準が合致しているかを確認し、場合によってはパートタイム・有期契約労働者への賞与の（一部）支給を検討すべきである。特に有期契約労働者への賞与不支給を違法とする裁判例がある点には留意すべきである[66]。

また、賃金制度の再検討にあわせて、職務の内容と責任の範囲、人材活用の仕組みが明確に区分され、実態としても規定どおりの運用がなされていたかどうかも確認する必要がある。裁判例においてその他の事情が広く検討対象として評価されるとしても、基本的には職務の内容等の相違が法文に明記された基本的な評価基準なのである[67]。

CASE では店舗勤務となる正社員の職務の内容は契約社員のそれと同一である部分が多い。正社員の中から販売戦略の責任者が選任されること、人材活用の仕組みが異なることは見て取れるが、それぞれどのように異なるのか、また基本給の決定基準を違えている理由は何か、具体的には契約社員を時給制（職務に対応して決定していると考えられる）としている理由について、**CASE** で見受けられるように長期雇用のインセンティブや人材活用の仕組み等で説明できる範囲であるかどうか、確認が求められよう。賃金制度の違いとその狙いをより具体的に示す必要がある。

これらの賃金制度の見直しによって、労働条件が変わることが考えられる。たとえば従来から支給していた手当の整理・統合は労働者にとって（とりわけ正社員に）不利益な変更となる。そのような変更の適法性は、たとえば就業規則で行えばその変更そのものに合理性が求められるから、別途検討が必要である（労契 10 条）。

〔参考文献〕

引用したもののほか、久堀文「労働者側の目線から見た働き方改革関連法につ

---

66)　前掲注 31)学校法人大阪医科薬科大学（旧大阪医科大学）事件。

67)　なお、通達では定年に達した後に継続雇用された労働者については、継続雇用されているということ自体が不合理性を検討する上でその他の事情として考慮されると示している。

471

第2部　実務編

いて」自由と正義70巻4号（2019）19頁、倉重公太朗「使用者側から見た働き方改革関連法の実務的留意点」自由と正義70巻4号（2019）25頁、沢崎敦一「均等・均衡待遇に関する労務管理」労経速2361号（2018）20頁、TMI総合法律事務所働き方改革サポートデスク編著『同一労働同一賃金対応の手引き』（労務行政、2019）、高仲幸雄『ガイドライン・判例から読み解く同一労働同一賃金Q&A』（経団連出版、2019）

＊執筆協力者　長田拓之（2016年度生）

（篠原信貴）

事項索引

あ 行

あっせん　　　　　　　　　　274
安全配慮義務 ‥‥ 69, 72, 87, 160〜, 164, 165,
　　167, 170, 172〜, 296, 320, 322, 323, 425
安全配慮義務履行体制構築義務
　　　　　　　 19, 168〜, 174, 176, 180
ESG 投資　　　　　　　　　　52
異議申立制度　　　　　　　　247
異議申出権　　　　　 23, 107, 113, 120
育児介護休業法　　　　　　　396
育児休暇の申出・取得を理由とする不利益
　な取扱いの禁止　　　　　　396
育児休業　　　　　　　396, 406, 411
意見の聴取の状況　　　　 239, 241, 247
因果関係・過失相殺　　　　　162
インテグリティ　　　　　　　328
うつ病自殺　　　　　　　　　161
営業秘密 ‥‥‥ 27, 208, 210〜, 214, 216, 222,
　　229, 270, 300, 301, 303, 305
　　──の保護　　　　　　　27
営業秘密管理指針　　　　　　213
営業秘密侵害罪　　　　　　　214
役務提供契約　　　　　　　　18
M&A　　　　　　 20〜, 100, 133, 141
　株式取得型──
　　　　　 10, 24〜, 100, 133〜, 151
　事業取得型──　　 100, 102〜, 134
　事業譲渡型──　　　　　　110
オープン・アカウント・システム
　　　　　　　　　　263, 271
オプトアウト方式　　　　　　37
親会社　　　　　　　　　　　149
親子会社　　　　　　　　　　370

か 行

海外勤務規程　　　　　　　 316〜
海外勤務社員の不正行為　　　325
海外勤務の法的根拠　　　　 314〜

ハイリスク地域における──　　315
海外勤務労働者 ‥‥‥‥‥ 310, 313, 314, 328
解　雇　　　　　　　 85, 136, 294〜
解雇回避措置　　　　　　　　189
解雇回避努力義務
　　　　　 188, 190, 197〜, 203, 204
解雇規制　　　　　　　　　　165
外国人雇用　　　　　　　　　60
外国人の在留・就労資格　　　288
外国人労働者　　　　　　　　56
解雇権の所在　　　　　　　　191
解雇権濫用規制 ‥‥‥ 9, 283, 290, 292, 294
解雇権濫用法理　　　 126, 187, 200
解雇手続の相当性　　　　　　191
開示の状況　　　　　　　 241, 246
会社解散　　　　 23, 136, 144, 145, 148
　　──を理由とする解雇　　24
会社更生手続 ‥‥‥ 32, 191〜, 198, 200, 202
会社更生法　　　　　　 200, 206
会社分割　　　　 22〜, 103, 106, 112〜, 119
　　──の法的性格　　　　　22
会社法　　　　　　　　　　　3
合　併　　　　　 103, 105, 111, 117
株主価値モデル　　　　　　 8, 12
カルテル　　　　　　　　　　265
過労死　　　　　　　　　 161, 169
管轄権　　　　　　　　　　　287
管轄原因　　　　　　　　　　287
環境 CSR　　　　　　　　　 47
危機管理措置　　　　　　　　318
危機管理体制　　　　　　　　317
企業組織の変動　　　　　 3, 20〜
企業秩序　　　　　　　　　　386
企業不祥事　　　　　　　　　362
企業法　　　　　　　　　　 2〜
企業名公表　　　　　　　　　57
危険負担　　　　　　　　 86, 89
偽装解散　　　　　　　　　　147
基本給　　　　　 453, 463, 467, 468

473

事項索引

義務的団交事項 …………………… 115
吸収合併 …………………………… 103
協議の状況 ……………… 239, 240, 246
競業行為 …………………………… 221
競業制限の対象職種・期間・地域 …… 220
競業の差止請求 ……………… 221, 301
競業避止義務 ……… 28, 40, 211, 217, 228,
　230, 266, 269～, 276, 289, 298～, 301, 305
　在職中の—— ……………… 217, 225
　退職後の—— ……………… 218～, 226
競業避止義務違反 ………………… 208
——の効果 ………………………… 221
強行的判例法理 …………………… 289
行政ADR …………………………… 455
業務委託契約 ……………… 258, 261
業務起因性 …………………………… 87
業務軽減措置 ……………… 170, 180
業務上の必要性 …………………… 409
業務に従事する者 ………… 245, 253
均等待遇原則 ……………… 319, 443
勤務規則 …………………………… 237
金融商品取引法 …………… 336, 344
組入れ除外規制 …………………… 76
経営判断原則 ……………………… 20
継続雇用制度 ……………………… 447
契約準拠法への附従的連結 ……… 321
契約上の地位の移転 ……………… 18
契約内容の一方的・定型的決定
　……………………………… 262, 272
契約内容変更効 …………………… 317
契約内容補充効 …………………… 315
研究費の支給 ……………………… 250
兼職許可制 ………………………… 329
譴　責 ……………………………… 426
顕著な事業者性 …………… 264, 273
権利濫用 …………………………… 319
——の規制 ………………………… 318
合意原則 ………………… 6, 76, 83
合意承継説 ………………………… 109
公益通報 …………………………… 14
公益通報者保護法 ……… 14, 336, 342～
降　格 ……………………… 397, 405
公　序 ……………… 219, 224, 227

交渉力の格差 ……………………… 272
更生管財人 ……………… 192, 193, 201
——の発言と不当労働行為 ……… 198
更生計画 ……………… 193, 195, 197
公正な評価 ………………………… 401
高齢者雇用 ………………………… 59
コーポレート・ガバナンス ……… 8～
コーポレートガバナンス・コード
　………… 8, 12, 168, 206, 336, 344, 359, 393
国際裁判管轄 ……… 35, 287, 296, 304, 314
国際的な労働契約 ………… 283, 287, 309
国際労働関係法 ………………… 4, 34
5条協議 ……………… 108, 119, 122
個人情報 ………………… 348, 369～
——の管理 ………………………… 375
——の取得 ………………………… 371
——の提供 ………………………… 372
——の本人開示 …………………… 38
——の利用 ………………………… 374
個人情報保護法
　……… 36, 38, 326, 367～, 377～, 381, 383
個人データ ……………… 369, 380
個別的労働関係法 ………………… 6
個別的労働関係民事紛争 ……… 287, 290
雇用によらない就労 ……… 75, 91～
雇用保障 ……………… 194, 201
コンプライアンス ………… 43～, 338

さ　行

債権法改正 ……………… 16～, 68
裁判管轄 ……………… 287, 288, 320
最密接関係地法
　……… 35, 283, 295, 299, 310～, 321
債務引受の規律 …………………… 18
採用専権条項 ……… 21, 110, 125
差止請求 ……………… 214, 216, 228
三六協定 …………………………… 174
産前産後休業 ……………… 395, 406
CSR ……………………… 3, 43～, 56
——と情報の手法の活用 ………… 56
自営的就労 ………………………… 266
雇用によらない—— ……………… 41
時間外労働の上限規制 …………… 11

事項索引

指揮監督 ······························ 254
事業譲渡
　······ 10, 21～, 101, 104, 109～, 114～, 125
事業所所在地 ······················ 320
事業組織への組入れ ············ 261, 271
事業主の説明義務 ···················· 11
仕事と生活の調和 ···················· 393
支配介入 ···························· 198
社会的責任投資 ······················ 52
社内リニエンシー ···················· 348
自由意思に基づく同意
　············ 90, 112, 118, 122, 398, 403
自由意思による同意の法理 ········· 84, 86
就業規則 ········· 17, 74, 81, 216, 237, 315,
　316, 378, 379, 385, 410, 450
従業者 ···························· 236
従業者原始帰属 ······················ 30
自由競争 ·························· 42
自由競争減殺 ························ 40
集団的労使自治 ······················ 7
集団的労働法 ························ 7
出　　向 ···················· 295, 322, 373
守秘義務 ········· 27, 40, 210, 212, 214～, 218,
　223, 224, 266, 269～, 276, 289, 298～, 302,
　347, 360
　在職中の── ···················· 215
　退職後の── ···················· 216
準拠法 ········· 34, 282～, 291, 298, 300, 303,
　304, 309～, 313, 320, 321, 329
　不法行為に関する── ·············· 321
準拠法選択の自由 ················ 283, 310
障害者雇用 ·························· 58
承継強制の不利益 ···················· 105
承継排除の不利益 ·············· 21, 104
承継法理 ···························· 109
使用者 ···························· 236
使用者原始帰属 ······················ 234
使用者責任 ···················· 423, 430
使用従属性 ·························· 245
情報開示 ························ 48, 50
消滅時効 ························ 69～, 88
賞　　与 ···················· 453, 464～, 468
　──の支給日在籍条項 ·············· 88

職業選択の自由
　············ 57, 211, 218～, 224, 276, 299, 302
職能資格制度 ···················· 402, 408
職場環境配慮義務 ············ 423, 424, 431
職務給制度 ························ 401
職務著作 ························ 244
　──の要件 ···················· 244, 253
職務等級制度 ················ 401, 410, 411
職務発明 ···················· 29～, 237, 240
女性活躍推進法 ············ 54, 57, 392, 412
女性の雇用 ·························· 59
人員削減の必要性 ········· 188, 194～, 202
　──判断基準時点 ···················· 195
人格権 ···························· 338
信義則 ···························· 91
人事考課 ········· 89, 376, 383, 384, 399～
　──制度 ···························· 411
　公正な── ························ 401
真実解散 ···················· 136, 144, 147
真実相当性 ························ 339
新設合併 ···························· 103
人選の合理性 ···················· 190, 204
随意雇用原則 ························ 283
ストック・オプション ··············· 243
ストレスチェック ···················· 324
　──制度 ···················· 168, 170
成果主義人事・賃金 ············ 153, 399～
　──制度 ···························· 411
請求権競合 ························ 322
誠実義務
　············ 210, 215, 217, 339, 354, 356, 357
整理解雇 ········· 33, 117, 187～, 191～,
　196, 202, 204
　──法理 ···················· 192, 200
責任投資原則 ························ 52
セクシュアル・ハラスメント
　···················· 349, 425, 433
絶対的強行法規 ···················· 286, 290
説明義務 ···················· 453～, 468
説明責任 ···························· 50
善管注意義務 ········· 19, 163～, 166, 176
センシティブ情報 ···················· 37
専属的管轄合意 ············ 288, 297, 304

475

事項索引

選択的使用者原始帰属 ……………… 30, 234
全部承継 ………………………………… 103
全部包括承継 …………………………… 103
素因減額 ………………………………… 162
相対的有力原因説 ……………………… 162
相当の対価 ……………………………… 238
相当の利益 ……… 30, 238～, 246～, 252
　──の不合理性 ………………… 248, 249
　金銭以外の── ……………………… 242
属地主義 ………………………………… 313
ソフト・ロー ……………………………… 13
損害賠償請求 ……… 214, 221, 222, 227, 301

た　行

代　償 ……………………………… 226, 228
　──措置 ……… 144, 219, 220, 230, 277
退職金 …………………………………… 72
　──の不支給・減額 ……… 221, 227, 301
ダイバーシティ雇用
　…………………… 7, 53, 54, 392～, 399～
ダイバーシティ・マネジメント ………… 55
多元主義モデル ………………… 8, 10, 12
団交応諾義務 ……………… 124, 125, 127
短時間・有期雇用労働者 …………… 450
短時間労働者 ………………………… 458
団体交渉 ………… 140, 258, 260, 271
団体交渉義務 …………… 25, 138, 150
団体交渉権保障 ……………………… 138
知的財産法 ………………………………… 4
懲　戒 ……………… 337, 386, 426, 432
懲戒規制 ………………………………… 165
懲戒権の法的根拠 ………………… 427, 432
懲戒事由該当性 …………………… 427, 432
懲戒処分の相当性 ………………… 427, 432
調　停 ………………………………… 274
著作権 …………………………………… 244
著作行為 ………………………………… 245
著作者人格権 ………………………… 244
著作物 ………………………………… 253
賃上げ抑制行為 ……………………… 268
賃　金 ………………… 88, 400, 443～
　──の消滅時効 ………………………… 72
賃金請求権 ……………………………… 69

賃金全額払原則 ……………………… 404
通則法 …………………………… 286, 310
　──の強行規定 ……………………… 285
通則法上の公序 ……………………… 293
通知義務 …………………… 107, 113, 120
通報者・被通報者の秘密保護 ……… 360
手　当 ……………………………… 453, 459～
定型約款 …………… 17, 73～, 76, 83, 90
　──による契約内容の変更 …… 79～, 84
　──の該当性 ………………………… 74
　──の契約内容への組入れ …… 75, 84
定型約款規制 …………………………… 73
　──による契約内容の変更 ………… 90
デュー・デリジェンス …………………… 141
　人事・労務── ………………………… 26
転　籍 ………………………………… 373
同一労働同一賃金 …………… 442, 463
　──ガイドライン ……………………… 452
倒産手続 ………………………………… 186
倒産労働法 …………………………… 4, 32～
当事者自治の原則 ………… 283, 291, 298
当然承継説 ……………………………… 109
独占禁止法 ……………………… 39, 265～
　──と労働法の適用関係 …………… 265～
　──の適用除外 ……………………… 41
特定承継 ………………………………… 104
　──ルール ……………………………… 21
特定の強行規定 ……… 285～, 291, 298, 312
特別退職金 …………………………… 204
匿名通報 ……………………………… 348
特約優先規定 ………………………… 317
特許を受ける権利 …………………… 234
図利加害目的 ………………………… 214
取締役の対第三者責任
　…………… 12, 19, 136, 145, 160, 163～

な　行

内部告発 ……………… 14, 336, 337, 357
　──手段と方法の相当性 ……… 340, 357
　──通報対象事実 …………………… 352
　──の正当化根拠 …………………… 338
　──の正当性 ………………………… 355
　──の目的の公益性 ………………… 356

476

内部通報 ······················· 15, 336
内部通報制度 ················· 343〜, 359
　——外部通報窓口 ··················· 360
　——真実相当性 ·········· 346, 353, 360
　——通報義務 ················· 349, 362
　——匿名通報 ····················· 362
　——不利益取扱いの禁止 ······· 347, 360
　——目的的相当性 ················· 360
内部統制システム ····················· 344
　——構築義務 ·········· 12, 16, 19, 166〜
内容規制 ··························· 81
7条措置 ······················ 108, 123
入管法 ····························· 288
妊娠・出産等を理由とする不利益取扱いの
　禁止 ···················· 394〜, 397
任務懈怠 ······· 163, 165, 174, 176, 178, 180
年俸制 ····························· 411

は 行

パートタイム・有期雇用労働法 ········· 450
パートタイム労働者 ··················· 454
買収企業 ····················· 137, 139
　——の使用者性 ···················· 24
　——の労契法上の使用者性 ··········· 146
　——の労組法上の使用者性 ··· 138, 148〜
配置転換（配転）
　················ 189, 401, 408, 446, 457, 459
配転条項 ··························· 410
配転手続 ··························· 410
働き方改革推進法 ········· 10, 394, 442, 450
パワー・ハラスメント ····· 349, 417〜, 434
　——と懲戒処分 ···················· 426
　——の防止 ······················· 435
　——への対処 ····················· 437
比較対象者 ························· 456
引抜き防止協定 ················ 269, 274
非公知性 ····················· 213, 223
人の生命・身体侵害に係る損害賠償請求権
　······························· 71
　——の消滅時効 ···················· 17
秘密管理性 ················ 212, 213, 224
秘密情報の保護ハンドブック ··········· 213
秘密保護 ··························· 347

表現の自由 ························· 338
表明・保証条項 ············ 26, 142〜, 152
不意打ち条項規制 ····················· 77
不合理性の判断要素 ··················· 446
不合理な待遇の禁止 ··················· 454
不合理な労働条件 ··················· 463
不合理な労働条件相違の禁止
　······················· 11, 442, 451
不正競争 ··························· 211
　——の効果 ······················· 214
不正競争行為 ······················· 208
不正競争防止法 ········· 27〜, 290, 300, 302
不正行為 ··························· 211
不当条項規制 ························ 78
不当な取引制限 ················ 41, 265
不当労働行為
　··············· 115, 123, 128, 154, 198, 319
部分承継 ··························· 103
部分的使用者性 ····················· 139
部分的包括承継 ····················· 106
　——ルール ···················· 22, 23
不法行為 ········· 290, 300, 321, 421, 423〜
プライバシー ······ 37, 326, 361, 370, 382
フランチャイザー ··················· 261
フランチャイジー ··················· 261
フランチャイズ契約 ········· 259, 261, 271
フリーランス ················· 41, 265
不利益取扱い ················ 128, 347
併合管轄 ··························· 298
報酬の労務対価性 ············· 263, 272
報酬の労務対償性 ··················· 245
報奨金 ····························· 363
法人格の形骸化 ····················· 137
法人格の濫用 ····· 25, 137, 138, 146, 147
法人格否認の法理 ········· 137, 146, 147
法の支配 ····························· 5
法の適用に関する通則法（通則法）
　························· 4, 34, 283
法令遵守体制 ··············· 3, 16, 345
　——の構築 ······················· 14
母性健康管理措置 ··················· 395
保有個人データ ····················· 383
　——の開示 ················· 375, 383

477

事項索引

——の利用停止等 …………………… 376
本人の同意 ………………………… 377

ま 行

マタニティ・ハラスメント ……… 394, 434
民事再生手続 ………………… 32, 186
無期雇用労働者 ………… 192, 442〜, 449
名誉毀損 ……………………………… 361
メンタルヘルス・マネジメント ……… 324
黙示の意思による法選択 …… 284, 310, 321
目的の公益性 ……………………… 339
目的の不当性 ……………………… 146
持株会社 ……………… 140, 149, 150

や 行

約 款 ………………………………… 73
雇入事業所所在地 ………………… 290
雇入事業所所在地法 ……… 35, 283, 310
優越的地位の濫用 …………… 40, 42, 268
有期雇用労働者
　　　　　……… 442〜, 449〜, 454, 468
——の差別的取扱い ……………… 466
有期労働契約 ……………………… 443
有用性 ……………………………… 213
要配慮個人情報 ……… 36, 367, 369, 372

ら 行

履行の割合に応じた報酬請求権 ……… 88
労使慣行 …………………………… 446
労使自治の原則 ……………………… 6
労働基準法 ………………… 72, 313
労働協約 ………………… 74, 264
労働組合 ………… 258, 374, 376, 384
労働組合法 ………………………
　　——上の使用者
　　……… 115, 116, 124, 127, 138〜, 155, 199
　　——上の労働契約 …………… 264
　　——上の労働者 ……… 258, 261〜, 271
　　——と独禁法 ………………… 41
労働契約 …… 27, 35, 72〜, 101〜, 137, 146,
　　161, 173, 192, 199, 210, 236, 282, 289, 299,
　　309〜, 408, 433, 442〜

——上の使用者 …………………… 139
——の国際裁判管轄 …………… 34, 287
——の準拠法 ……………………… 309〜
——の承継 ……………………… 102〜
外国人社員の—— …………………… 288
労働契約承継法 …………… 22, 106
労働契約法 ……………………… 81
——上の使用者 …………… 137, 151
——上の労働者 ………………… 258
労働災害 ……………………………… 19
労働 CSR ……………………… 47〜
労働時間削減措置 ……………… 180
労働者 ………………… 236, 258
労働条件 ………………… 82, 264
——の相違 ……………………… 458
——の不合理性 …………… 444, 459
——の不利益変更 …… 9, 102, 110〜, 114,
　　121, 135, 136, 138, 144, 146, 148, 149, 152,
　　237, 316
労働条件変更法制 ………………… 9
労働法 ………………………… 2〜
——の域外適用 ……… 313〜, 325, 328
——の企業法における特色 ………… 4
企業法としての—— ………………… 2
コーポレート・ガバナンスと—— …… 8
労務給付地法 …………………… 35
労務提供義務 …………………… 350
労務提供地 ………… 287, 297, 320
——の変更 ……………… 311, 324
労務提供地法 …… 35, 283, 285, 291, 295, 299,
　　310, 311, 321
労務の管理支配性 ……………… 322

わ 行

ワークシェアリング …………… 197, 203
ワーク・ライフ・バランス ……… 393, 413
若者雇用 ……………………………… 59
割合的認定説 …………………… 449
割増賃金 …………………………… 153

478

企業法務と労働法

2019年11月25日　初版第 1 刷発行

編　　者　　土　田　道　夫

著　　者　　「企業法務と労働法」研究会

発 行 者　　小　宮　慶　太

発 行 所　　株式会社　商 事 法 務
　　　　　　〒103-0025 東京都中央区日本橋茅場町 3-9-10
　　　　　　TEL 03-5614-5643・FAX 03-3664-8844〔営業部〕
　　　　　　TEL 03-5614-5649〔書籍出版部〕
　　　　　　https://www.shojihomu.co.jp/

落丁・乱丁本はお取り替えいたします。　　　　印刷／広研印刷㈱
© 2019 Michio Tsuchida　　　　　　　　　　Printed in Japan
　　　　　　　Shojihomu Co., Ltd.
　　　　　ISBN978-4-7857-2750-5
　　　　　＊定価はカバーに表示してあります。

[JCOPY] ＜出版者著作権管理機構　委託出版物＞
本書の無断複製は著作権法上での例外を除き禁じられています。
複製される場合は、そのつど事前に、出版者著作権管理機構
（電話 03-5244-5088、FAX 03-5244-5089、e-mail: info@jcopy.or.jp)
の許諾を得てください。